● 入选"十四五"国家重点图书出版规划

丹曾文化

「人文·智识·进化丛书」

黄怒波 ◎ 主编

《史记》人物传记讲读

刘国民 ◎ 著

图书在版编目(CIP)数据

《史记》人物传记讲读 / 刘国民著；黄怒波主编. —北京：北京大学出版社，2022.10
（人文·智识·进化丛书）
ISBN 978-7-301-33324-2

Ⅰ.①史… Ⅱ.①刘… ②黄… Ⅲ.①中国历史 – 古代史 – 纪传体 ②《史记》– 历史人物 – 人物研究 Ⅳ.① K204.2

中国版本图书馆CIP数据核字（2022）第166968号

书　　　名	《史记》人物传记讲读
	《SHIJI》RENWU ZHUANJI JIANG DU
著作责任者	刘国民 著　黄怒波 主编
责 任 编 辑	张亚如　刘清愔
标 准 书 号	ISBN 978-7-301-33324-2
出 版 发 行	北京大学出版社
地　　　址	北京市海淀区成府路205号　100871
网　　　址	http://www.pup.cn　新浪微博：@北京大学出版社
微信公众号	通识书苑（微信号：sartspku）
电 子 信 箱	zyl@pup.pku.edu.cn
电　　　话	邮购部 010-62752015　发行部 010-62750672
	编辑部 010-62753056
印 刷 者	三河市北燕印装有限公司
经 销 者	新华书店
	650毫米×980毫米　16开本　33.25印张　450千字
	2022年10月第1版　2022年10月第1次印刷
定　　　价	99.00元

未经许可，不得以任何方式复制或抄袭本书之部分或全部内容。
版权所有，侵权必究
举报电话：010-62752024　电子信箱：fd@pup.pku.edu.cn
图书如有印装质量问题，请与出版部联系，电话：010-62756370

"人文·智识·进化丛书"
学术委员会

主　席：谢　冕
副主席：柯　杨　杨慧林

"人文·智识·进化丛书"
总　序

　　在我国国民经济和社会发展"十四五"规划开始的时候，人文学者面临从知识的阐释者向生产者、促进者和管理者转变的机遇。由"丹曾文化"策划的"人文·智识·进化丛书"，就是一次实践行动。这套丛书涵盖了文、史、哲等多个学科领域，由近百位人文学科领域优秀的学者著述。通过学科交叉及知识融合探索人类文明的起源、人类与自然的和谐共生、人类的生命教育和心理机制，让更多受众了解中国传统文化与文学，形成独具中华文明特色的审美品格。

　　这些学科并没有超越出传统的知识系统，但从撰写的角度来说，已经具有了独特的创新色彩。首先，学者们普遍展现出对人类文明知识底层架构的认识深度和再建构能力，从传统人文知识的阐释者转向了生产者、促进者和管理者。这是一种与读者和大众的和解倾向。因为，信息社会的到来和教育现代化的需求，让学者和大众之间的关系终于有了教学互长的机遇和可能。在这个意义上，我们不能再教"谁是李白"了，而是共同探讨"为什么是李白"。

　　所以，这套丛书的作者们，从刻板的学术气息中脱颖而出，以流畅而优美的文本风格从各自的角度揭示了新的人文知识层次，展现了新时代人文学者的精神气质。

　　这套丛书的人文视阈并没有刻意局限，每一位学者都是从自身的学术积淀生发出独特的个性气息。最显著的特点是他们笔下的传统人文世界展现了新的内容和角度，这就能够促成当下的社会和大众以新的眼光来认识和理解我们所处的传统社会。

最重要的是，这套丛书的出版是为了适应互联网社会的到来。它的知识内容将进入数字生产。比如说，我们再遇到李白时，不再简单地通过文字的描写而认识他。我们将会采取还原他所处时代的虚拟场景来体验和认识他的"蜀道"，制造一位"数字孪生"的他来展现他的千古绝唱《蜀道难》的审美绝技。在这个意义上，这套丛书会具有以往人文知识从未有过的生成能力和永生的意境。同时，也因此而具备了混合现实审美的魅力。

当我们开始具备人文知识数字化的意识和能力时，培育和增强社会的数字素养就成了新时代的课题。这套丛书的每一个人文学科，都将因此而具有新的知识生产和内容生发的可能性。更重要的是，在我们的国家消除了绝对贫困之后，我们的社会应当义不容辞地着手解决教育机会的公平问题。因此，这套丛书的数字化，就是对促进教育公平的一个解决方案。

有观点认为，当下推动教育变革的六大技术分别是：移动学习、学习分析、混合现实、人工智能、区块链和虚拟助手（数字孪生）。这些技术的最大意义，应该在于推动在线教育的到来。它将改变我们传统的学习范式，带来新的商业模式，从而引发高等教育的根本性变化。

这套丛书就是因此而生成的。它在当前的人文学科领域具有了崭新的"可识别性"和"可数字性"。下一步，我们将推进这套丛书的数字资产的转变，为新时代的人文素质教育和终身教育的需求提供一种新途径、新范式。而我们的学者，也有获得知识价值的奖励和回报的可能。

感谢所有学者的参与和努力。今后，你们应该作为各自学术领域 C2C 平台的建设者、管理者而光芒四射。

"人文·智识·进化丛书"主编

黄怒波

2021 年 3 月

目录

■ 前　言 1

■ 第一章　"风追司马"——司马迁的学思历程 9
　第一节　司马迁的生命历程 10
　第二节　司马迁的史学精神 37

■ 第二章　"仁而下士"——战国"四公子"的传记 54
　第一节　孟尝君之养士 55
　第二节　平原君之养士 64
　第三节　信陵君之养士 69
　第四节　春申君之养士 78

■ 第三章　"合纵连横"——战国策士的传记 86
　第一节　苏秦之合纵 87
　第二节　张仪之连横 97
　第三节　范雎、蔡泽之相秦 105

■ 第四章　"刻暴寡恩"——法家人物的传记 119
　第一节　商鞅之亡身灭家 119
　第二节　李斯之腰斩于咸阳市 128
　第三节　晁错之斩于东市 144
　第四节　法家人物的悲剧命运 149

第五章 "将在军，君令有所不受"——将军的传记 155
- 第一节 司马穰苴等古之名将 155
- 第二节 飞将军李广 172
- 第三节 大将军卫青、骠骑将军霍去病 182

第六章 "士为知己者死"——刺客、游侠的传记 199
- 第一节 刺客专诸、豫让、聂政 199
- 第二节 荆轲刺秦王 210
- 第三节 游侠朱家、郭解 225

第七章 "楚汉之争"——天才英雄的传记 234
- 第一节 楚霸王之虐戾灭秦 235
- 第二节 汉高祖之平定海内 264

第八章 "萧规曹随"——汉名相的传记 292
- 第一节 萧何之持家守成 293
- 第二节 曹参之无为而治 303
- 第三节 历史文本的虚构 311

第九章 "知其雄，守其雌"——汉谋臣的传记 320
- 第一节 张良之运筹帷幄 321
- 第二节 陈平之七出奇计 334

第十章 "狡兔死，良狗烹"——汉三王的传记 349
- 第一节 梁王彭越、淮南王黥布 350
- 第二节 淮阴侯韩信 364

第十一章 "人能弘道，无如命何"——汉后妃的传记 384
- 第一节 吕太后的命运 386
- 第二节 薄太后、窦太后的命运 398

第三节　武帝后妃的命运 402
第四节　司马迁的命运观 410

第十二章　"深文周纳，严刑酷罚"——武帝酷吏的传记 416
第一节　郅都、宁成、周阳由 419
第二节　赵禹、张汤 425
第三节　义纵、王温舒 435
第四节　减宣、杜周 442

第十三章　"高山仰止，景行行止"——儒家人物的传记 448
第一节　学术人物 448
第二节　至圣孔子 452
第三节　孟子、淳于髡、荀卿 474

第十四章　"得意而忘言"——道家与文学人物的传记 485
第一节　老子、庄子 485
第二节　屈原、贾谊、司马相如 496

前言

司马迁是我国历史上伟大的史学家、文学家和思想家。他博极群书，好学深思，心知其意，一生全身心地投入《史记》的著述中，"斯以勤矣"。但命运多舛。天汉二年（前99），他为李陵辩护，而遭下狱、受宫刑的奇耻大辱。这不仅是身体上的残缺，也是精神人格上的残缺。他在《报任少卿书》中沉痛地说，"诟莫大于宫刑。刑余之人，无所比数""最下腐刑，极矣""夫中材之人，事有关于宦竖，莫不伤气，而况于慷慨之士乎""每念斯耻，汗未尝不发背沾衣也"。面临生死抉择的严重困境，他写下震烁千古的名言：

人固有一死，或重于泰山，或轻于鸿毛，用之所趋异也。（《报任少卿书》）

知死必勇，非死者难也，处死者难。（《廉颇蔺相如列传》）

司马迁忍辱求生，发愤著作《史记》，展现出崇高的生命尊严与坚强不屈的自由意志。他说："所以隐忍苟活，幽于粪土之中而不辞者，恨私心有所不尽，鄙没世而文采不表于后也。"（《报任少卿书》）正是因为《史记》这部伟大著作，他才能永垂不朽，重于泰山！这激励了后世无数的仁人志士在穷厄中发愤有为，以立德、立功、立言而称名于后世。

《史记》是"史家之绝唱，无韵之《离骚》"（鲁迅《汉文学史纲要》），是一部"纪传体"通史。上起黄帝，下讫太初，突显了大一统的历史观。它具有宏大的五体结构，以本纪、表、书、世家、列传控御历史，安排历史，使历史在五种体例中得到突出、关联和

完整的体现。宋代史学家郑樵说："使百代而下，史官不能易其法，学者不能舍其书，六经之后，惟有此作。"（《通志·总序》）

司马迁那渊博的学识、深邃的思想、不朽的人格，令后人仰慕不已；《史记》是史书的登峰造极之作，令后人高山仰止。我们虽然有"绿窗明月在，青史古人空"（崔颢诗）的悲慨，但司马迁之伟大的人格与《史记》之千古不磨的真价值，却如江汉之水，滚滚地永恒东流，"丘原无起日，江汉有东流"（陈师道诗）。

孟子曰："颂其诗，读其书，不知其人，可乎？是以论其世也。"（《孟子·万章下》）《孔子世家》云："太史公曰：《诗》有之：'高山仰止，景行行止。'虽不能至，然心乡往之。余读孔氏书，想见其为人。"《屈原贾生列传》云："太史公曰：余读《离骚》《天问》《招魂》《哀郢》，悲其志。适长沙，观屈原所自沉渊，未尝不垂涕，想见其为人。"我们同情之阅读《史记》，了解司马迁其人其事其思，论其所生活的时代，未尝不垂涕，"怅望千秋一洒泪，萧条异代不同时"（杜甫诗）。

《史记》是以人物传记为中心的历史著作。其所涉及的人物有四千多个，重要人物数百名。传记的主要人物是帝王将相等政治人物，也有孔子、孟子等学术人物。因此，传记的人物基本上是历史中的英雄。英雄，即是不平凡的人物，是非常之人，行非常之事，立非常之功，具有独特的个性与传奇的人生。司马迁说："古者富贵而名磨灭，不可胜记，唯倜傥非常之人称焉。"（《报任少卿书》）汉武帝诏曰："盖有非常之功，必待非常之人。"（元封五年诏）我们虽不能说英雄创造历史或英雄造时势，但英雄确实在历史的形成和发展中发挥了重大的作用，尤其是帝王将相等政治人物。历史的兴亡之际，往往是英雄豪杰辈出的时代。春秋战国时代、秦楚汉时代、武帝时代，英雄们建立了不朽的功业，展现出发愤图强、坚强不屈的人生。《史记》成功地塑造了一大批栩栩如生、光彩照人的悲剧英雄形象，使全书洋溢着浓郁的悲剧色彩，具有感人的艺术魅力。"大江东去,浪淘尽,千古风流人物"(苏轼词),我们每个人与生俱来都有崇尚英雄、争当英雄的天性,所谓"天地英雄气,千秋尚凛然"(刘禹锡诗)。

本书的主要特点有六。

其一,本书对《史记》的人物传记分类选读,共列举十四类英雄人物,较为全面而集中地展现英雄人物的个性、遭遇、功业、声名等。《史记》人物传记,根据时代的先后传写历史人物,也有以类相从的特征,例如《儒林列传》《酷吏列传》《刺客列传》《屈原贾生列传》等。分类选读,打破了时代的先后,把同类人物结合在一起,讨论这些传记的共同主题;不仅讲述英雄人物的独特性、差异性,也揭示其共同性、相通性,在常与变、普遍与特殊、历时与共时中阐释英雄人物的命运。例如,书中设"'仁而下士'——战国'四公子'的传记"一章,战国时代,士阶层兴盛,诸侯之间相互征伐,得士者强,失士者亡,故四公子皆好士养士,这一基本主题贯穿他们的传记;但四公子的个性、命运、功业又表现出差异性,从而各具独特的魅力。

其二,本书以《史记》文本的细读为中心。文本的细读,是本书的中心内容,保证我们讲述英雄人物故事的根源性、可靠性、真实性。读者只有在文本的细读中,才能穿越历史的时空,真切地体验、感受和把握英雄人物的生命和生活。为了准确地理解文本的意义,本书对重点的疑难字词、名物制度等予以注释,力求做到精要、准确、明白。本书的体例,是把一篇传文分成数段,予以注释和讲解。在文本的细读中,把训诂与义理结合起来,从而避免两种偏弊:或空言义理,涉及字、词、句的训释即往往出现错误,所谓"硬伤";或训释具体、详细、明白,而少谈义理,从而破碎大义。

其三,本书突出英雄传记的故事性。英雄人物的一生动荡曲折,自有其开端、发展、高潮、结局。他们本身就是一部传奇,一个故事。我们要讲好英雄人物的传奇故事,因为故事最具有生动性、趣味性、艺术性，能感人至深。司马迁是一个讲故事者，我们要接着司马迁讲故事。虽然历史本身或许不能构成一个完整的故事，因为混沌的历史不像故事那样具有井然有序而又曲折动人的情节结构；但我们可从中发现故事，通过建构的想象力编织情节结构，从而创造一个完整的故事，讲述故事的意义。

其四，本书突出英雄传记的文学性。《史记》首先是历史文本，其叙事的基本方式是历史性叙事，而又交融文学性叙事，所谓"史有诗心""史有文心"。历史性叙事的基本特征有四：一是叙述历史事实；二是骨架性、概略性叙事，较少涉及血肉；三是断裂性、跳跃性叙事，难以构成一个完整的故事；四是外在性叙事——重视人物行动的描写，以史家的叙述语言为主，语言直白、明确而少有隐曲委婉的言外之意。文学性叙事是把骨架与丰满的血肉结合起来，具体、细致、生动地叙述历史的事件，从而创造出栩栩如生的艺术形象。文学性叙事重视叙述一系列事件发生和发展的历程，形成曲折生动、引人入胜的故事情节，从而构成一个完整的故事。文学性叙事是内在性叙事。叙述者以全知全能的视角而透入人物的内心世界，具体地展示人物复杂的心理和情感。重视人物个性化语言的描写。人物的对话是置于具体的语境中的，且根据不同人物的个性而设置，一方面能体现人物的个性品格，另一方面能展示具体、形象的语境。文学性叙事的语言具有委婉含蓄、意在言外的特征。

《史记》的文学性较强，司马迁在历史性叙事当中，较多地融合了文学性叙事。一般而言，史家如果特别喜欢传主本人，或特别喜欢传主的某些事迹，则往往狠下功夫，其叙事具体、生动、形象，偏重文学性叙事。韩信是司马迁最为欣赏和赞佩的伟大军事家，他的人生遭遇又是悲剧性的，深为司马迁所同情。因此，《淮阴侯列传》偏重文学性叙事，例如萧何追韩信：

信数与萧何语，何奇之。至南郑，诸将行道亡者数十人，信度何等已数言上，上不我用，即亡。何闻信亡，不及以闻，自追之。人有言上曰："丞相何亡。"上大怒，如失左右手。居一二日，何来谒上，上且怒且喜，骂何曰："若亡，何也？"何曰："臣不敢亡也，臣追亡者。"上曰："若所追者谁何？"曰："韩信也。"上复骂曰："诸将亡者以十数，公无所追；追信，诈也。"何曰："诸将易得耳。至如信者，国士无双。王必欲长王汉中，无所事信；必欲争天下，非信无所与计事者。顾王策安所决耳。"王曰："吾亦欲东耳，安能郁郁久居此乎？"何曰："王计必欲东，能用信，信即留；不能用，信终亡耳。"王曰："吾为公以为将。"何曰："虽为将，信必不留。"王曰："以为大将。"何曰："幸甚。"于是王欲召信拜之。何曰："王素慢无礼，今拜大将如呼小儿耳，此乃信所以去也。王必欲拜之，择良日，斋戒，设坛场，具礼，乃可耳。"王许之。诸将皆喜，人人各自以为得大将。至拜大将，乃韩信也，一军皆惊。

此一事件被后世小说、戏剧演绎成"萧何月下追韩信"的故事，无疑受到了司马迁之文学性叙事的重要影响。此段文字主要由萧何和刘邦的对话组成。他们两人的语言具有个性化的特征。尤其是刘邦，其人是天才英雄，盛气凌人，喜欢骂人而不伤人，悟性高，有灵活性。"上大怒""上且怒且喜""骂何曰""上复骂"等，描写了刘邦的情感表现及其转变历程。"诸将皆喜，人人各自以为得大将。至拜大将，乃韩信也，一军皆惊"，透入诸将的内心世界，完全是文学家的一腔胸怀。

文学性叙事，具有艺术的趣味性，既能描绘栩栩如生的人物形象，又能表现生活的情趣、动人的情感，而有强烈的感染力。例如《淮阴侯列传》：

汉四年，(信)遂皆降平齐。使人言汉王曰："齐伪诈多变，反覆之国也，南边楚，不为假王以镇之，其势不定。愿为假王便。"当是时，楚方急围汉王于荥阳，韩信使者至，发书，汉王大怒，骂曰："吾困于此，旦暮望若来佐我，乃欲自立为王！"张良、陈平蹑汉王足，因附耳语曰："汉方不利，宁能禁信之王乎？不如因而立，善遇之，使自为守。不然，变生。"汉王亦悟，因复骂曰："大丈夫定诸侯，即为真王耳，何以假为！"乃遣张良往立信为齐王，征其兵击楚。

这段文字生动传神,具有极高的文学性。刘邦开始大骂韩信欲自立为王,张良、陈平蹑足,且附耳语;刘邦悟性极高,其心思极灵极活,然后又大骂韩信为何不做真王。刘邦之前后的态度发生了根本性的变化,其表现的形式皆是大骂,不过前一骂是真骂,后一骂乃是假骂,颇为滑稽而富有戏剧性,生动地展现出刘邦的个性特征。

其五,本书突出《史记》文本的思想性。《史记》主要记录历史人物的事迹,以叙述和解释为主,也有不少议论的文字,表现司马迁之哲学的沉思。《伯夷列传》的文本特征是"反论赞之宾,为传记之主"(钱钟书语),其思想性较强。

或曰:"天道无亲,常与善人。"若伯夷、叔齐,可谓善人者非邪?积仁洁行如此而饿死!且七十子之徒,仲尼独荐颜渊为好学。然回也屡空,糟糠不厌,而卒蚤夭。天之报施善人,其何如哉?盗跖日杀不辜,肝人之肉,暴戾恣睢,聚党数千人横行天下,竟以寿终。是遵何德哉?此其尤大彰明较著者也。若至近世,操行不轨,专犯忌讳,而终身逸乐,富厚累世不绝。或择地而蹈之,时然后出言,行不由径,非公正不发愤,而遇祸灾者,不可胜数也。余甚惑焉,傥所谓天道,是邪非邪?

"傥所谓天道,是邪非邪",包含了复杂矛盾的思想。一是司马迁对天道予以怀疑和批判。怀疑天道即怀疑人道,即怀疑"善有善报,恶有恶报"的人伦道德法则。司马迁怀疑天道而肯定非理性天命的存在,实际上是对历史人物以及他自己人生遭遇荒谬性、非理性的控诉。他为那些善人没有得到善报的悲剧命运抱不平。他悲惨的人生遭遇,使他对命运的非理性产生了深切的体验。二是司马迁又不能完全否定天道的存在,因为在历史现实中也存在善人得到善报、恶人遭受厄运的事,历史丰富复杂,历史的真实是偶然性和必然性、理性和非理性并存。三是司马迁怀疑天道的存在,又希望存有天道以主持公平和正义。

历史文本所叙述的事件是历史性事件,有的历史性事件也是思想性的事件,而表现出思想的意义。我们在解读《萧相国世家》时,首先立足于传记文本的细读,把握其历史性事件的陈述,然后据此展开思想性的论述:传记较少正面描写萧何在治国安民时的具体事件,传记的主线是叙述刘邦和萧何之间的冲突和融合,以此剪裁史实,结构故事;这种叙事结构来自司马迁对萧何命运的阐释,说明在皇权专制政治中君臣关系的险恶。这篇传记的具体事件大概是真实的,但编织情节而结构成一个传奇的故事类型,是最大的虚构。

《史记》是史学、文学、哲学的统一。闻一多先生说:"……文学是要和哲学不分彼此,才庄严,才伟大。哲学的起点便是文学的核心。只有浅薄的、庸琐的、渺小的文学,才专门注意花叶的美茂,而忘掉了那最原始、最宝贵的类似哲学的仁子。"(《庄子》)读者不仅能从中获得历史的真实,且能唤起审美的享受,得到思想的启迪。文学以真挚的感情打动人,情感是美丽的;哲学以精深的思想启迪人,思想是美丽的。情感之美与思想之美相融合。

其六,本书运用西方解释学的一般理论,创新地诠释司马迁的《史记》。一是重视文本诠释的循环。这包括文本之部分与整体的循环,从而融会贯通地把握文本的内容;也包括文本与解释者之间的循环,即文本不是对象性的存在,而是与解释者的视域相融合。二是重视解释学的应用功能。我们对任何文本的解释,都是在某一特定的历史条件下进行的,故解释在任何时候都包含一种旨在对过去和现在进行沟通的具体应用,应用功能表现了解释学与时俱进的品格。我们通过对《史记》文本的解释,由古典的《史记》文本走向现实的社会、政治和人生,以开掘其现实和超越的意义。三是重视解释学的"突出"观点。解释者对文本的解释总是"突出"某些内容,这是前见和先见所发生的作用,陶渊明所谓"不求甚解,每有会意,便欣然忘食"(《五柳先生传》)。我们讲解《史记》时,总是重点突出某些内容,因为解释者在这些方面有较为丰富的知识和深切的人生体验,故不遗余力地加以阐发。四是文本没有所谓的原意

（一元性），文本的意义具有多元性和开放性。解释者不是被动地复制文本的原意，而是发挥其主观能动性，对文本的意义进行创造性的解释，因而文本常释常新。这肯定了解释者在解释文本过程中的能动性、创造性。

1997年9月5日，我带着一身泥土的气息，从乡村袁店中学来到湖北大学师从何新文教授，攻读文学硕士学位。时年三十余岁，我一无所立。何老师给我买了一套《史记》（中华书局本，共十册）。我的硕士论文是《论司马迁的死亡之思》，颇受到何老师、尚永亮老师的好评。2005年9月，我在中国青年政治学院任教时，开设"《史记》导读"课程。2009年8月，我出版了《好学深思 心知其意——司马迁〈史记〉二十讲》著作（中国社会科学出版社，2009）。2017年9月，我任教于中国社会科学院大学，依然开设"《史记》导读"课程。春去秋来，花开花落，我一直坚持讲授这门课，至今已有十六个年头。在这期间，《史记》虽不是我学术研究的中心内容，但始终伴随着我的阅读、思考和写作，"不思量，自难忘"（苏轼词）。司马迁之忍辱求生、发愤著书的坚强不屈意志，"好学深思，心知其意"的求知精神，慷慨悲凉、自卑寡欢的落寞情怀，"信而见疑，忠而被谤"的不幸命运等，深深地影响着我，有的已内化到我的生命和生活中。

我要真诚感谢北京丹曾文化有限公司的黄怒波先生，没有他对中国传统文化的热爱与慷慨资助，本书难以出版。我要真诚感谢北京丹曾文化有限公司的刘健博士，没有他的信任、支持、帮助，我不可能写作本书。我再一次沉浸在《史记》的阅读、思考和写作中。当最终完成此书时，我抚摸着何老师当初送我的十册《史记》，不胜悲慨：时之往矣，人之老矣，事之休矣！

2021年9月10日

/ 第一章 /

"风追司马"
——司马迁的学思历程

"风追司马",风中追寻,虚无缥缈。司马迁所生活的时代,他的人生遭遇,他的气质个性,他的思想情感等,皆在历史的尘烟中缥缈难寻。唐人崔颢诗云:"绿窗明月在,青史古人空。"(《题沈隐侯八咏楼》)这不能不使我们生发怀古之幽情。唐人王维《孟城坳》曰:"新家孟城口,古木余衰柳。来者复为谁?空悲昔人有。"人生如寄,来去匆匆。昔人之有,今日已为无;今人之有,将来亦要归无;那么今人何必悲惜昔人之所有呢?但我们总是如此,今者悲悯昔者之有无,如同来者悲悯今者之有无,"后之视今,亦犹今之视昔"(王羲之《兰亭集序》)。

司马迁是我国历史上伟大的史学家、文学家和思想家,他所著的《史记》乃是"史家之绝唱,无韵之《离骚》"(鲁迅《汉文学史纲要》)。他那渊博的学识、深邃的思想、不朽的人格,令后人仰慕不已,"丘原无起日,江汉有东流"(陈师道《南丰先生挽词》)。

读其书,知其人,论其世。孟子曰:"颂其诗,读其书,不知其人,可乎?是以论其世也。"(《孟子·万章下》)《孔子世家》:"太史公曰:《诗》有之:'高山仰止,景行行止。'虽不能至,然心乡往之。余读孔氏书,想见其为人。"《屈原贾生列传》:"太史公曰:余读《离骚》《天问》《招魂》《哀郢》,悲其志。适长沙,观屈原所自沉渊,未尝不垂涕,想见其为人。"我们读《史记》,须知司马迁的个性和遭遇,论其所生活的时代,同情之理解司马迁的思想和情感。新儒家徐复观《王充论考》："一个人思想的形成，常决定于四大因素。一为其本人的气质，二为其学问的传承与功夫的深浅，三为其时代的背景，四为其生平的遭遇。此四大因素对各思想家的影响力，有或多或少的不同；而四大因素之中，又互相影响，不可作孤立的单纯的断定。"① 因此，我们将以《太史公自序》《报任少卿书》《伯夷列传》《货殖列传》等文本细读为基础，来讨论司马迁的学思历程与史学精神。

第一节 司马迁的生命历程

司马迁的命运是悲剧性的，《史记》也成功地塑造了一大批悲剧人物的形象，使全书洋溢着浓郁的悲剧色彩，这无疑揭示了人类普遍的悲剧命运。杜甫《咏怀古迹》："怅望千秋一洒泪，萧条异代不同时。"虽然我们异代相隔，但共同的命运皆是萧条，故在读其书、知其人、论其世中不觉洒下同情的泪水。李商隐《落花》："芳心向春尽，所得是沾衣。"有情的芳心面对暮春之落英缤纷而泪湿沾衣。

一、世典周史

《太史公自序》简要地追述司马氏家族的世系（世代相承的系统），突出"司马氏世典周史"；载录其父司马谈《论六家要指》的文章，使其文传承于后世，这是孔子所谓"君子病没世而名不称焉"之意。司马迁作史，有悠久的家族传统和深厚的史学渊源，是继承和发扬先祖的遗业和光荣。

---

① 徐复观：《两汉思想史（第二卷）》，华东师范大学出版社，2001，第344页。

🟢 原文一

　　昔在颛顼❶，命南正重以司天，北正黎以司地❷。唐虞之际，绍重黎之后❸，使复典之，至于夏商，故重黎氏世序天地。其在周，程伯休甫其后也。当周宣王时，失其守而为司马氏。司马氏世典周史❹。惠襄之间，司马氏去周适晋。晋中军随会奔秦❺，而司马氏入少梁❻。

　　自司马氏去周适晋，分散，或在卫，或在赵，或在秦。其在卫者，相中山。在赵者，以传剑论显❼，蒯聩其后也❽。在秦者名错，与张仪争论，于是惠王使错将伐蜀，遂拔，因而守之。错孙靳，事武安君白起❾。而少梁更名曰夏阳。靳与武安君坑赵长平军，还而与之俱赐死杜邮，葬于华池。靳孙昌，昌为秦主铁官，当始皇之时。蒯聩玄孙卬为武信君将而徇朝歌❿。诸侯之相王，王卬于殷。汉之伐楚，卬归汉，以其地为河内郡。昌生无泽，无泽为汉市长⓫。无泽生喜，喜为五大夫，卒，皆葬高门。喜生谈，谈为太史公。（《太史公自序》）①

🟢 注释

❶颛（zhuān）顼（xū）：五帝之一。❷南正、北正：官名。重、黎：人名。❸绍：继承。❹典：主管。❺中军：中军主帅。❻少梁：古梁国，为秦所灭，改称少梁，后更名夏阳，在今陕西韩城西南。❼剑论：剑术的理论，与"兵书"相应。❽蒯（kuǎi）聩（kuì）：剑客。❾司马错、司马靳皆秦之名将。❿徇：略地。⓫市长：管理市场的官吏。

　　司马迁追溯始祖至颛顼时南正重、北正黎，他们主管天地之事。在周，程伯休甫是其后代。周宣王时，失其官守而为司马氏，司马氏世代主管周史。司马氏入梁。司马错、司马靳是秦名将。司马卬是秦楚之际的名将，项羽封其为殷王。司马昌、司马无泽主管工商业。这皆对司马迁知识的构成产生了重要的影响。

---

① 司马迁：《史记》，中华书局，1982，第3285—3286页。本书所征引《史记》原文据此。

原文二

太史公学天官于唐都❶，受《易》于杨何，习道论于黄子❷。太史公仕于建元、元封之间❸，愍学者之不达其意而师悖❹，乃论六家之要指曰：

《易大传》："天下一致而百虑，同归而涂。"夫阴阳、儒、墨、名、法、道德，此务为治者也❺，直所从言之异路❻，有省不省耳❼。尝窃观阴阳之术，大祥而众忌讳❽，使人拘而多所畏；然其序四时之大顺，不可失也。儒者博而寡要❾，劳而少功，是以其事难尽从；然其序君臣父子之礼，列夫妇长幼之别，不可易也。墨者俭而难遵❿，是以其事不可遍循；然其强本节用，不可废也。法家严而少恩；然其正君臣上下之分，不可改矣。名家使人俭而善失真⓫；然其正名实，不可不察。道家使人精神专一，动合无形⓬，赡足万物⓭。其为术也，因阴阳之大顺，采儒墨之善，撮名法之要⓮，与时迁移，应物变化，立俗施事，无所不宜，指约而易操⓯，事少而功多。儒者则不然。以为人主天下之仪表也，主倡而臣和，主先而臣随。如此则主劳而臣逸。至于大道之要，去健羡⓰，绌（chù）聪明⓱，释此而任术。夫神大用则竭，形大劳则敝。形神骚动⓲，欲与天地长久，非所闻也。（《太史公自序》）

注释

❶太史公：司马谈。天官：天文星历。❷道论：道家学说。❸建元、元封之间：公元前140年到公元前110年。建元（前140—前135）、元封（前110—前105），武帝年号。❹师悖（bèi）：各从其师，惑于一师的偏见，而不能通达大体。悖，惑。❺务为治者：六家学说皆是为了治理国家。❻各自的说法不同。道不同，不相为谋。直：但，只。❼一偏之道，务此则忽彼。省（xǐng）：明白。❽重视祥瑞灾异，多忌讳。❾"六艺"经传以千万数，累世不能通其学，当年不能究其礼。❿尚节俭而难以尽行。⓫俭：拘束。拘于礼数、名分而失其情实。⓬无形：无一定的样式和规则。道家涵融万物万理以为一而空灵不昧，故能从事物的本身出发以穷究其

实情，所谓"其术以虚无为本，以因循为用。无成势，无常形，故能究万物之情"。⓭事物的本然皆得到充分而自由的实现。⓮撮（cuō）：摘取。⓯道理简明，容易实行。⓰去掉刚强、贪欲，以柔弱、知足自守。⓱绝圣弃智。绌：通"黜"。⓲神者，生之本也；形者，生之具也。若不先定其神形，而曰"我有以治天下"，何由哉？

司马谈，即太史令（太史公），是一位继承先秦学风的宏博之士。他所写的《论六家要指》，条理各家流派，衡论六家得失。论五家各有所长，亦各有所短；但独推崇道家，认为道家兼五家之长而去其所短。"有法无法，因时为业；有度无度，因物与合。故曰'圣人不朽，时变是守。虚者道之常也，因者君之纲'也。"道家内心虚静而没有形成固定的样式和法则，即涵融万物万理以为一而空灵不昧，故能因顺万物的本性，而让万物的本性得到充分而自由的实现，所谓"无人被排挤"原则（exclusion of no body）。①司马迁载录其文，一方面使之传于无穷，另一方面也表明自己深受父亲之学的影响。

钱钟书盛赞司马谈之胸怀广阔而能兼容异量之美，不同于荀子、李斯、董仲舒等独断专行，"党同伐异"。他在《管锥编》中说：

按司马谈此篇以前，于一世学术能概观而综论者，荀况《非十二子》篇与庄周《天下》篇而已。荀门户见深，伐异而不存同，舍仲尼、子弓外，无不斥为"欺惑愚众"，虽子思、孟轲亦勿免于"非""罪"之诃（hē，呵斥）焉。庄周推关尹、老聃者，而豁达大度，能见异量之美，故未尝非"邹鲁之士"，称墨子曰"才士"，许彭蒙、田骈、慎到曰"概乎皆尝有闻"；推一本以贯万殊，明异流之出同源，高瞩遍包，司马谈殆闻其风而说者欤！……盖有偏重而无偏废，庄周而为广大教化主，谈其升堂入室矣。②

---

① 赵汀阳：《论可能生活：一种关于幸福和公正的理论（修订版）》，中国人民大学出版社，2004，第311页。
② 钱钟书：《管锥编（一）》，生活·读书·新知三联书店，2007，第618—619页。

二、父亲遗命

司马迁，字子长，名迁，夏阳（今陕西韩城）人，生于汉景帝中元五年（前145）。从下至上曰"迁"。《诗经·伐木》："出自幽谷，迁于乔木。"孟子曰："今也南蛮鴃（jué）舌之人，非先王之道，子倍子之师而学之，亦异于曾子矣。吾闻'出于幽谷、迁于乔木'者，未闻下乔木而入于幽谷者。"（《孟子·滕文公上》）从幽谷上至乔木，即迁。

❀ 原文三

太史公既掌天官❶，不治民。有子曰迁。

迁生龙门❷，耕牧河山之阳❸。年十岁则诵古文❹。二十而南游江、淮，上会稽❺，探禹穴，窥九疑❻，浮于沅、湘；北涉汶、泗，讲业齐、鲁之都❼，观孔子之遗风，乡射邹、峄❽；厄困鄱、薛、彭城❾，过梁、楚以归。于是迁仕为郎中，奉使西征巴、蜀以南，南略邛、笮、昆明❿，还报命。（《太史公自序》）

❀ 注释

❶ 太史令的职责是主管天文星历，解释灾异，主卜筮之事，记录重要的人事等。❷ 龙门：龙门山，在今陕西韩城东北，即大禹治水时开凿的龙门山。❸ 河山之阳：河之北，山之南。河，黄河。❹ 古文：相对于汉之隶书，秦之小篆、大篆与六国的文字皆为古文。❺ 会（kuài）稽：今浙江会稽山，山上有孔，名为禹穴，相传禹葬于此。❻ 九疑：九疑山，又作九嶷山，今湖南道县东南，相传舜葬于此。❼ 在齐临淄、鲁曲阜讲习儒家的学业。❽ 乡射：儒家所讲习的古礼。州（乡）官于春秋两季，在乡学里召集乡民按照一定的仪式举行饮酒和射箭。峄（yì）：峄山。❾ 鄱：同"蕃"（pí），在今山东滕州。薛：战国时齐国孟尝君的封地，在今山东滕州南。彭城：楚汉时项羽的国都，在今江苏徐州。❿ 略：巡行。邛（qióng）、笮（zé）：地名，在西南夷。

司马迁的少年时代是在故乡夏阳度过的。黄河之水从龙门山的狭谷之间磅礴而出，气势恢宏，一泻千里，其地势风光壮阔而神奇。李白《将进酒》："君不见，黄河之水天上来，奔流到海不复回。"这有助于培养司马迁之气壮与好奇尚异的个性。

十岁时，他来到长安，从师大儒孔安国，学习古文《尚书》。《儒林列传》曰："孔氏有古文《尚书》，而安国以今文读之，因以起其家。"《尚书》的语言"佶屈聱牙"，这为司马迁打下了深厚的古文功底。他从师董仲舒，学习《公羊春秋》。《儒林列传》曰："董仲舒……孝景时为博士。下帷讲诵，弟子传以久次相受业，或莫见其面，盖三年董仲舒不观于舍园，其精如此。"董仲舒是汉代公羊学的大师，为汉儒之首，治学勤勉，思想精深。班固曰："仲舒遭汉承秦灭学之后，六经离析，下帷发愤，潜心大业，令后学者有所统一，为群儒首。"（《汉书·董仲舒传》）这有助于培养司马迁之好学深思的个性。

元朔三年（前126），司马迁二十岁，在父亲的安排下，到全国各地游历考察，前后时间有六七年。他饱览祖国的壮丽山河，访寻历史人物的遗迹，广泛地收集历史资料，深入地调查、体察民生疾苦。这对于他史识、史德的培养有重要的作用。他更为同情和关怀下层民众生产、生活的艰难和苦痛。清人顾炎武说："秦楚之际，兵所出入之途，曲折变化，唯太史公序之如指掌。"（《日知录》26卷）

司马迁访寻黄帝、尧、舜的遗迹。《五帝本纪》："学者多称五帝，尚矣。然《尚书》独载尧以来；而百家言黄帝，其文不雅驯（多寓言、神话），荐绅先生难言之。……余尝西至空桐（黄帝传道于此），北过涿（zhuō）鹿（黄帝、尧、舜的都城），东渐于海，南浮江、淮矣。至长老皆各往往称黄帝、尧、舜之处，风教固殊焉（其风俗受他们影响，本来就不同寻常）。"他来到齐鲁之都，观孔子的遗风流韵，不胜仰慕之情，徘徊留恋，而不愿离去。他来到留侯的家乡。《留侯世家》："上曰：'夫运筹策帷帐之中，决胜千里之外，吾不如子房.'余以为其人计魁梧奇伟,至见其图,状貌如妇人好女。盖孔子曰：'以貌取人,失之子羽。'留侯亦云。"他本来以为张良的相貌应是魁梧的伟男子,但看到张良的画像,其形貌如同妇人好女；由此明白,人的形貌与其个性品质并没有确定的关系。他来到丰沛,访寻丰沛集团主要人物的遗迹。《樊郦滕灌列传》："吾适丰沛,问其遗老,观故萧、曹、樊哙、滕公之家,及其素,异哉所闻！方其鼓刀屠狗卖缯之时,岂自知附骥（千里马）之尾,垂名汉廷,德流子孙哉？"这些丰沛集团的主要人物,起事之前不过是狱吏、屠狗和卖缯之徒,并没有特异的表现；他们哪知后来因跟随刘邦而建立了不朽的功勋,德流子孙呢？这如同苍蝇附千里马尾而行千里,《伯夷列传》"颜渊虽笃学,附骥尾而行益显"。

元狩四年（前119）,司马迁回到长安,入仕做了郎中。郎中是皇帝的侍从人员,是官员的储备库。当时是大汉最兴盛的时期,武帝正当壮年,故巡行、祭祀之类的活动尤多。司马迁随从武帝到过许多地方。

元鼎六年（前111）,司马迁奉命出使西南夷,对西南各地作了一次深入的游历和考察。

元封元年（前110）,武帝封禅泰山,这是汉家的伟大盛事。自古受命帝王,何尝不封禅？"盖有无其应而用事者矣,未有睹符瑞见而不臻（至）乎泰山者也。"（《封禅书》）在泰山上筑土为坛以祭天,报天之功,故曰封；在泰山下小山梁父除地以祭,报地之德,故曰禅。当时,武帝和群臣皆热衷于封禅的大事,以为是千年之一遇。司马迁的父亲司马谈随从武帝封禅,至洛阳而病重,故司马迁从西南赶到洛阳。

◎ 原文四

是岁天子始建汉家之封❶,而太史公留滞周南❷,不得与从事,故发愤且卒。而子迁适使反,见父于河、洛之间。太史公执迁手而泣曰："余先周室之太史也。自上世尝显功名于虞夏，典天官事❸。后世中衰，绝于予乎？汝复为太史，则续吾祖矣。今天子接千岁之统❹，封泰山，而余不得从行，是命也夫，命也夫！余死，汝必为太史；为太史，无忘吾所欲论著矣。且夫孝始于事亲，中于事君，终于立身。扬名于后世，以显父母，此孝之大者。❺ 夫天下称诵周公，言其能论歌文、武之德，宣周、邵之风，达太王、王季之思虑，爰及公刘，以尊后稷也❻。幽、厉之后，王道缺，礼乐衰，孔子修旧起废❼，论《诗》《书》，作《春秋》，则学者至今则之❽。自获麟以来四百有余岁❾，而诸侯相兼，史记放绝❿。今汉兴，海内一统，明主贤君忠臣死义之士，余为太史而弗论载，废天下之史文，余甚惧焉，汝其念哉！"迁俯首流涕曰："小子不敏，请悉论先人所次旧闻⓫，弗敢阙。"（《太史公自序》）

◎ 注释

❶ 元封元年，封禅泰山。❷ 留滞：因病停留。周南：洛阳。❸ 典天官：主管天文星历。❹ 据《封禅书》，西周初年（前11世纪），成王封禅泰山；始皇也曾封禅泰山，但汉家不予承认。从周初至武帝时大约有九百年，举其成数曰"千岁"。❺ 以上数句出自《孝经》首章。❻ 后稷：周之始祖。❼ 修旧起废：整理旧有的，振兴崩坏的。❽ 则之：以之为准则。❾ 鲁哀公十四年（前481），西狩获麟。《春秋》记事止于此。《公羊传》曰："麟者，仁兽也。有王者则至，无王者则不至。有以告者曰：'有麕而角者。'孔子曰：'孰为来哉！孰为来哉！'反袂拭面，涕沾袍。"❿ 放绝：散失断绝。⓫ 次：排比，编列。

元封元年，武帝封禅泰山。封禅是汉家的大事，其主要条件有二：一是易姓为王，二是太平盛世。封禅之目的，在形式上是报答天地诸神的功德，在实质上是表明自己的王朝是受命于天，因而皇权具有神圣性和合理性，同时颂扬盛世的豪迈和风流。作为主管天文星历的太史令，司马谈自然要陪侍天子封禅且承奉重要的职事。

他到洛阳时因病停留下来，悲愤交集："今天子接千岁之统，封泰山，而余不得从行，是命也夫，命也夫！"学人多认为司马迁不赞成武帝封禅之事，以为浮夸和虚妄。但是，司马谈对汉家的封禅盛事给予肯定和赞颂，因不能参加封禅盛事而抱恨去世。

司马谈临死之际，谆谆教诲司马迁："且夫孝始于事亲，中于事君，终于立身。扬名于后世，以显父母，此孝之大者。"孝始于侍奉自己的父母，此是小孝；中于事君，以得君行道，治国平天下，这亦是中孝；最终立身，即立德、立功、立言，以扬名于后世，自己的父母也因此而得到尊显，这是对父母最大的孝。司马谈勉励司马迁通过立言以立身扬名，立言即效法周公和孔子。他嘱咐司马迁一定要著作史记，以完成司马氏家族的历史使命。司马迁聆听父亲的遗言，俯首流涕曰："小子不敏，请悉论先人所次旧闻，弗敢阙。"这是司马迁作史的重要原因之一，即继承家族的传统、秉受父亲的遗命。

元封三年（前108），司马迁为太史令。

太初元年（前104），汉家改历，用太初历，以正月为岁首（秦历以十月为岁首）。司马迁四十二岁，开始著作《史记》。

三、李陵之祸

天汉二年（前99），李陵兵败投降，司马迁为之辩护而下狱；天汉三年的春天，他自请宫刑。他在《报任少卿书》中沉痛地叙述其受宫刑的奇耻大辱，这不仅是形体上的残缺，也是精神人格上的残缺不全："诟莫大于宫刑。刑余之人，无所比数，非一世也，所从来远矣""夫中材之人，事有关于宦竖，莫不伤气，而况于慷慨之士乎""最下腐刑，极矣""每念斯耻，汗未尝不发背沾衣也"。

《报任少卿书》（或名《报任安书》）是一封书信，司马迁作于征和二年（前91），此时《史记》已完成。[①]

[①] 此书信见于《汉书·司马迁传》，又载于《昭明文选》。本书所征引《报任少卿书》，参酌二者。

《汉书·司马迁传》曰:"迁既被刑之后,为中书令,尊宠任职。故人益州刺史任安予迁书,责以古贤臣之义。迁报之曰……"任安,字少卿。他先为益州刺史,曾写信给司马迁。武帝征和年间,他为北军使者护军。征和二年(前91),江充巫蛊案起,戾太子刘据发兵与丞相战于长安城中(武帝时在甘泉),任安受太子节而按兵观望。后太子败而逃亡,任安以"持两端"(首鼠两端)下狱,于征和二年十二月被腰斩。司马迁在此年的十一月写这封书信。

原文五

夫仆与李陵俱居门下❶,素非相善也。趣舍异路❷,未尝衔杯酒、接殷勤之余欢。然仆观其为人自奇士,事亲孝,与士信,临财廉,取予义,分别有让❸,恭俭下人❹,常思奋不顾身以徇国家之急❺。其素所畜积也,仆以为有国士之风。夫人臣出万死不顾一生之计,赴公家之难,斯已奇矣。今举事一不当,而全躯保妻子之臣,随而媒蘖其短❻,仆诚私心痛之!且李陵提步卒不满五千,深践戎马之地,足历王庭,垂饵虎口,横挑强胡,仰亿万之师,与单于连战十余日,所杀过当❼。虏救死扶伤不给❽,旃裘之君长咸震怖,乃悉征左右贤王,举引弓之民,一国共攻而围之。转斗千里,矢尽道穷,救兵不至,士卒死伤如积。然李陵一呼劳军❾,士无不起,躬流涕,沫血饮泣❿,张空拳,冒白刃,北向争死敌者⓫。

陵未没时,使有来报⓬,汉公卿王侯皆奉觞上寿。后数日,陵败书闻,主上为之食不甘味,听朝不怡。大臣忧惧,不知所出。仆窃不自料其卑贱,见主上惨凄怛悼⓭,诚欲效其款款之愚⓮。以为李陵素与士大夫绝甘分少⓯,能得人之死力⓰,虽古名将不过也。身虽陷败,彼观其意,且欲得其当而报汉⓱。事已无可奈何,其所摧败,功亦足以暴于天下矣⓲。仆怀欲陈之而未有路,适会召问,即以此指推言陵功,欲以广主上之意⓳,塞睚眦之辞⓴。未能尽明,明主不深晓,以为仆沮贰师㉑,而为李陵游说,遂下于理㉒。拳拳之忠,终不能自列。因为诬上，卒从吏议。家贫，财赂不足以自赎，交游莫救，左右亲近，不为一言。身非木石，独与法吏为伍，深幽囹圄之中㉓，谁可告诉者！此正少卿所亲见，仆行事岂不然邪？李陵既生降，隤其家声㉔，而仆又佴以蚕室㉕，重为天下观笑。悲夫！悲夫！事未易一二为俗人言也㉖。（《报任少卿书》）

◎ 注释

❶ 门下：宫门内。❷ 两人的取舍不同，一是武将，一是文官。❸ 言行各当其宜，谦让。❹ 谦恭自约，甘居人后。俭：约束。❺ 徇：殉，舍身从事。❻ 媒蘖（niè）：像酵母涨大一样夸大别人的短处。❼ 杀伤敌人的人数超过己方牺牲的人数。当：相等。❽ 死伤人数多，不能及时救死扶伤。❾ 劳（lào）军：鼓励士兵。❿ 满脸是血，眼中含泪。沫：同"頮"（huì），以水洗面。⓫ 争死敌者：争先与敌人决一死战。⓬ 使者报李陵正与匈奴军队死战。⓭ 怛（dá）悼：痛苦。⓮ 效：献。款款：恳切忠诚。⓯ 绝甘分少：好的东西，自己不要；少的东西，分给别人。⓰ 爱护士卒，士卒为之而死。⓱ 李陵暂且忍辱求生，欲在匈奴建立一份与其罪相当的功劳，来报答汉朝。⓲ 暴（pù）：昭示。⓳ 广：宽慰。⓴ 睚（yá）眦（zì）之辞：因微小的怨恨而构陷他人的言辞。睚眦，怒目而视。㉑ 沮（jǔ）：诋毁。贰师：贰师将军李广利，武帝宠姬李夫人之弟。当时，他率数万大军与李陵一同进攻匈奴。㉒ 理：治狱官。㉓ 囹（líng）圄（yǔ）：监狱。㉔ 隤（tuí）：堕坏。㉕ 佴（èr）：打入。㉖ 一二：今之所谓"一一地"。

司马迁申述为李陵辩护的原因。其一，李陵有国士之风。其二，李陵兵败投降固然是错误的，但李陵在投降之前，建功甚伟，其功过相当。其三，李陵率领五千步兵，横挑强胡，与亿万之师接战数十日，杀伤敌人众多；最后在救兵不至的情况下被迫投降。其四，李陵是暂时投降，忍辱求生，欲在匈奴建立一份与其罪相当的功劳，报答汉朝。其五，李陵兵败投降后，一些"全躯保妻子之臣"诋毁其短；主上忧虑，大臣不知如何劝慰，自己欲为主上解忧，刚好主上诏问，即推言陵功。

司马迁着力铺排李陵与匈奴死战的场面。李陵率领五千步兵，与匈奴的军队接战数十日，杀伤敌人很多，"转斗千里，矢尽道穷，救兵不至，士卒死伤如积"。然李陵大声一呼，士卒皆爬起来，满脸是血，眼中含着眼泪，赤手空拳，争先恐后地与敌人拼命。行文运用夸张的手法予以渲染，且语句简短，富有节奏，加强了文章的气势和情感的力量，再现了李陵率领士卒与匈奴主力死战的峥嵘场面。这说明李陵勇猛善战，爱护士卒，士卒皆为他而死，他是一位好将帅；且在困境中，李陵仍战斗不息；他最后是被迫投降。

司马迁认为，李陵是暂时忍辱求生，将来要发愤报仇。这是受到忍辱发愤之死亡观的影响。士人可忍受耻辱，保全生命，以期日后作出一番事业来报仇雪恨。忍辱发愤易于招致世人的嘲弄和唾骂。事前和事中，世人认为你是苟且偷生、贪生怕死、好死不如赖活着；只有等到事后，你建立了一番功业时，世人才能明白你忍辱发愤。忍辱发愤的"辱"有一定的限度，小耻小辱可忍，但大耻大辱不能忍。韩信受胯下之辱是小辱，投降卖国乃是大辱。李陵率领五千士兵与匈奴决战，数千士卒战死沙场，作为一位失败的将领只能兵败自杀，如何能兵败投降而忍受这样的不世之辱呢？在西汉"杀身成仁""死节"的风气中，李陵的兵败投降是完全不能接受的。

李陵是否有忍辱发愤之志呢？《汉书·李广苏建传》：

于是李陵置酒贺武曰："今足下还归，扬名于匈奴，功显于汉室，虽古竹帛所载，丹青所画，何以过子卿！陵虽驽怯，令汉且贳（shì，赦免）陵罪，全其老母，使得奋大辱之积志，庶几乎曹柯之盟，此陵宿昔之所不忘也。收族陵家，为世大戮，陵尚复何顾乎？已矣！令子卿知吾心耳。异域之人，一别长绝！"陵起舞，歌曰："径万里兮度沙幕，为君将兮奋匈奴。路穷绝兮矢刃摧，士众灭兮名已颓。老母已死，虽欲报恩将安归！"陵泣下数行，因与武决。

苏武作为使臣，滞留匈奴十九年，而始终不肯投降；出使时年轻强壮，归来时须发尽白。李陵的确有忍辱发愤之志，欲为曹沫之事。曹沫是战国时鲁国的将领，与齐国三战三败，丧师失地；后来在柯之盟会上，他劫持齐桓公，要求齐国归还所占领的鲁国土地。汉家残酷无情，杀其老母，族灭其家，彻底阻断了李陵的归来之路。司马迁的推断基本上是正确的。但关键的问题是，李陵所忍受的耻辱太大，且李陵忍辱发愤具有滞后性，在当时不能为武帝和大臣所相信。李陵在投降前为汉家立了许多功绩，不应抹杀。世上的风气本来就是这样，若你最终失败了，你就是一败涂地，以前的功劳一笔抹杀或忽略不计；若你最终胜利了，以前的平庸即罩上灿烂的光环，以前的过失也另有一番深义。这即是"胜者王侯败者贼"。

司马迁所谓"未能尽明，明主不深晓"，实际上是说明主不明；唐人孟浩然诗曰"不才明主弃，多病故人疏"（《归终南山》）。司马迁最终以"诬上""沮贰师"的罪名而下狱、受宫刑。他倾诉了罪非其罪的满腔悲愤。他深切地感受到世态的冷暖炎凉，交游莫救，左右亲近不为一言，而深幽监狱之中；家中贫困，不能以财物赎死罪，故自请宫刑。

要之，司马迁申述自己为李陵辩护的原因，且悲愤填膺，认为自己罪非其罪。

李陵之祸表现了司马迁富有理性、正直敢言、不惧权势的可贵品质。这一事件，一是有利于他透彻了解现实社会政治的各种弊端和丑恶，二是有利于加强他的反省和批判精神，三是有利于深化他的思想情感，四是有利于强化他的理性精神（在他任气、尚奇的个性中）。

四、生死抉择

下狱、受宫刑，使司马迁痛不欲生，多次想到一死了之。士大夫之嘲讽、怨恨，也使司马迁备受痛苦。司马迁陷入了孤独、自卑的境地。《盐铁论·周秦》："今无行之人，贪利以陷其身，蒙戮辱而捐礼义，恒于苟生。何者？一旦下蚕室，创未瘳（chōu，病愈），宿卫人主，出入宫殿，由得受俸禄，食太官享赐，身以尊荣，妻子获其饶。"这是士大夫暗骂司马迁。

司马迁说：

顾自以为身残处秽，动而见尤，欲益反损，是以独抑郁而与谁语！谚曰："谁为为之，孰令听之？"盖钟子期死，伯牙终身不复鼓琴。何则？士为知己用，女为说己者容。若仆大质已亏缺矣，虽材怀随、和，行若由、夷，终不可以为荣，适足以发笑而自点耳。（《报任少卿书》）

自己身残处秽，生命尊严丧失，道德人格亏缺，动不动就会遭到指责。士为知己者用，没有知己，为谁而用；没有知己，谁人相信、理解、同情。唐人骆宾王《在狱咏蝉》曰："无人信高洁，谁为表予心。"唐人李商隐《蝉》曰："五更疏欲断，一树碧无情。"彻夜悲鸣的蝉，到天亮时，它的声音已渐渐稀疏，快要断绝，但一树碧绿，对蝉的悲鸣无动于衷。

◎ 原文六

且负下未易居❶，下流多谤议。仆以口语遇此祸❷，重为乡党所笑，以污辱先人，亦何面目复上父母丘墓乎❸？虽累百世，垢弥甚耳❹！是以肠一日而九回，居则忽忽若有所亡，出则不知其所往。每念斯耻，汗未尝不发背沾衣也！身直为闺阁之臣❺，宁得自引于深藏岩穴邪❻？故且从俗浮沉，与时俯仰，以通其狂惑❼。今少卿乃教以推贤进士，无乃与仆私心刺谬乎❽？今虽欲自雕琢，曼辞以自饰❾，无益于俗，不信，适足取辱耳。要之死日，然后是非乃定。（《报任少卿书》）

◎ 注释

❶ 处于下位的人不易生存，因为多遭受他人的非议和指责。《论语·子张》曰："君子恶居下流，天下之恶皆归焉。"❷ 口语：只是讲了几句话

（而并非作下罪恶的行为）。❸ 我侮辱了祖先，又致身残毁，"太上辱先，其次辱身"。❹ 积至百世，也难以洗刷此污垢的耻辱。❺ 闺阁之臣：中书令，是由宦官担任的。❻ 引：推荐。❼ 通其狂惑：疏散自己的烦闷。❽ 刺谬：乖背。❾ 美词以自我修饰。曼：美。

司马迁反复表达他遭受宫刑的耻辱和痛苦，"是以肠一日而九回"。精神被折磨得恍恍惚惚，出则不知其往，居则若有所亡，正如李清照《声声慢》"寻寻觅觅，冷冷清清，凄凄惨惨戚戚"。他生活于低贱污秽之中，其言行只能随俗浮沉，"以通其狂惑"。

"要之死日，然后是非乃定。"到了终点死日，人之一生的行事才能贯通完整地显现出来，人之一生的意义和价值才能最终展现出来。在人的一生中，终点尤具有意义，故评价人的一生，必须等到终点，才能盖棺定论。司马迁认为，自己完成了《史记》，即到达人生的终点，世人或能明白自己忍辱不死的原因。

所谓死节，即在下狱之前自杀，从而保持生命的尊严和人格的独立完整。汉人有崇尚死节的风气。司马迁面临生死抉择的严峻困境，而写下震撼千古的名言：

人固有一死，或重于泰山，或轻于鸿毛，用之所趋异也。（《报任少卿书》）

且勇者不必死节，怯夫慕义，何处不勉焉！（《报任少卿书》）

知死必勇，非死者难也，处死者难。（《廉颇蔺相如列传》）

原文七

仆之先，非有剖符丹书之功❶，文史、星历，近乎卜祝之间，固主上所戏弄，倡优畜之❷，流俗之所轻也。假令仆伏法受诛，若九牛亡一毛，与蝼蚁何以异！而世又不与能死节者❸，特以为智穷罪极，不能自免，卒就死耳。何也？素所自树立使然也❹。人固有一死，或重于泰山，或轻于鸿毛，用之所趋异也。❺ 太上不辱先，其次不辱身，其次不辱理色❻，其次不辱辞令❼，其次诎体受辱，其次易服受辱❽，其次关木索、被箠楚受辱❾，其次剔毛发、婴金铁受辱❿，其次毁肌肤、断肢体受辱⓫，最下腐刑，极矣。

　　传曰"刑不上大夫"⓬，此言士节不可不勉励也。猛虎处深山，百兽震恐，及其在槛阱之中⓭，摇尾而求食，积威约之渐也⓮。故士有画地为牢势不入，削木为吏议不对⓯，定计于鲜也⓰。今交手足，受木索，暴肌肤，受榜箠⓱，幽于圆墙之中，当此之时，见狱吏则头抢地⓲，视徒隶则心惕息。何者？积威约之势也。及已至此，言不辱者，所谓强颜耳，曷足贵乎！

　　且西伯，伯也，拘羑里⓳；李斯，相也，具五刑⓴；淮阴，王也，受械于陈；彭越、张敖，南乡称孤，系狱抵罪；绛侯诛诸吕，权倾五伯，囚于请室；魏其，大将也，衣赭衣㉑，关三木；季布为朱家钳奴；灌夫受辱于居室。此人皆身至王侯将相，声闻邻国，及罪至网加㉒，不能引决自裁。在尘埃之中㉓，古今一体，安在其不辱也！由此言之，勇怯，势也；强弱，形也㉔。审矣，曷足怪乎！夫人不能早自裁绳墨之外，已稍陵夷至于鞭箠之间㉕，乃欲引节，斯不亦远乎！古人所以重施刑于大夫者㉖，殆为此也。（《报任少卿书》）

注释

❶ 剖符丹书之功：臣子为国家立下大功，朝廷授"剖符丹书"作为凭证，而世代享有特权。❷ 倡优：乐工伶人，地位卑贱。❸ 与（yǔ）：赞许。❹ 这是素日所从事的职业和所处的地位决定的。❺ 人本来就有一死，有的死重于泰山，有的死却轻于鸿毛，这是因为抉择的不同。❻ 不辱理色：不受他人脸色的愤怒之辱。理色，面色。❼ 不辱辞令：不受他人言辞的斥责之辱。❽ 易服受辱：为囚徒受辱。易服，换上囚徒的衣服。❾ 关木索：披木枷、绑绳索。关，披戴。箠（chuí）楚：刑具。箠，杖。楚，荆木。❿ 剔（tì）毛发：髡（kūn）刑。婴金铁：钳刑，以铁链束颈。⓫ 劓（yì）、割鼻子）、刖（yuè，断脚）、黥（qíng，在脸上刺记号，涂上墨）等肉刑。⓬ 士大夫犯法，赐死而免于刑罚，以保持生命的尊严和人格的独立完整。⓭ 阱（jǐng）：捕野兽的陷坑。槛（jiàn）：关野兽的木笼。⓮ 威约逐渐加

之，积久而至于此。威：外在的威力。约：外在的约束。⑮ 义不对：坚守士人的气节，不与狱吏对质。⑯ 早早拿定主意。鲜：先，或曰"明"。⑰ 榜（péng）：通"搒"，鞭打。⑱ 抢（qiāng）地：叩头碰地。⑲ 羑（yǒu）里：地名。⑳ 遍受五刑。㉑ 赭（zhě）衣：囚衣。㉒ 网加：陷于法网。㉓ 尘埃之中：监狱中。㉔ 这两句话出自《孙子·势篇》。㉕ 陵夷：丘陵削成平地，比喻衰落。㉖ 重：不轻易。

　　行文的章法颇为曲折跌宕，其主旨隐约幽微，大有"贤人君子幽约怨悱不能自言之情"。①行文的主要用意，是司马迁为自请宫刑而忍辱求生的行为作辩解。司马迁因"诬上""沮贰师"的死罪而下狱。他有三种抉择，一是伏法受诛，二是自裁，三是赎死罪。赎死罪或是通过钱财，或是通过宫刑。行文的第一层次是说明，如果自己伏法受诛，死得轻如鸿毛，像蝼蚁的死亡一样毫无意义。世人不许他死节，而认为他智穷罪极，不能免于一死。为何是这样的呢？因为他的地位低下、职业卑贱，原没有什么品节可言。行文的第二层次是说明人生所遭受的耻辱有不同的层级，最下"腐刑"。"太上不辱先"至"最下腐刑"，非一气蝉联、从轻到重地递进排列。前两句的句式相同，意义是从重到轻：自己受辱也就罢了，但不要辱没先人。以下八句的句式相同，是就辱身而言。辱身由轻至重，最轻的是受他人的脸色之辱，最重的是腐刑之辱。关于耻辱的层级，这不仅是司马迁的看法，也是古代礼法制度的通义。行文的第三层次是说明士人有深重的耻辱感，自尊自重，有独立完整的道德人格，士可杀而不可辱，士节不可不勉励。下狱之后，士人遭受狱吏的辱骂和毒打，生命尊严逐渐丧失，独立人格不断贬损；在强大外力的不断威逼和约束下，他们渐渐变得怯懦和软弱，"见狱吏则头抢地，视徒隶则心惕息"。司马迁充满感慨地说，"勇怯，势也；

---

① 叶嘉莹：《神龙见首不见尾——谈〈史记·伯夷列传〉的章法与词之若隐若现的美学特质》，《天津大学学报（社会科学版）》1999年第1期。

强弱，形也"，外在形势的强制和逼迫，使勇敢的人变得怯懦、强大的人变得软弱；那些曾自诩为勇敢强大的人，虽有一定的内在修养，但如果置身监狱之中，也是摇尾乞怜。其意在说明自己下狱之后已遭受了深重的耻辱，自裁不是死节，也没有多大意义；自请宫刑而忍辱求生，不过是再加一层耻辱而已。司马迁的家中没有钱财以赎罪，只能自请宫刑而免于一死。行文的第四层次是以古代的王侯将相文王、李斯、韩信等下狱后忍辱求生，来为自己作辩护。

原文八

夫人情莫不贪生恶死，念亲戚，顾妻子，至激于义理者不然，乃有不得已也。❶今仆不幸，早失父母，无兄弟之亲，独身孤立，少卿视仆于妻子何如哉❷？且勇者不必死节，怯夫慕义，何处不勉焉！❸仆虽怯懦欲苟活，亦颇识去就之分矣❹，何至自沉溺缧绁之辱哉❺！且夫臧获婢妾犹能引决❻，况仆之不得已乎！所以隐忍苟活，幽于粪土之中而不辞者，恨私心有所不尽，鄙没世而文采不表于后也❼。（《报任少卿书》）

注释

❶为义理所激发而舍生取义，不再顾念父母和妻子。❷已轻妻子，故反问之。❸勇烈者，不必死于名节，也可忍辱求生。怯懦者慕义而立名，何处不勉于死呢？即怯懦者为小节小义而轻易地丧失自己的生命。❹去就之分：舍生取义。❺缧（léi）绁（xiè）捆绑犯人的绳索；指拘禁，囚禁。❻臧（zāng）获：奴仆。引决：自杀。❼没世：去世。孔子曰："君子病没世而名不称焉。"

司马迁继续委婉曲折地诉说他忍辱不死的原因。他不是顾念父母和妻子。他不是怯懦而不敢死，婢妾奴仆之卑贱者皆敢死，自己为何不能死？他不是不知"杀身成仁""舍生取义"之美。他之所以隐忍苟活，是因为《史记》没有完成，担心死后他的文章不能流传于后世。

真正的勇者在陷于生死的困境时，要理性思考和慎重抉择生死：首先要抉择，是求生还是趋死，抉择标准是两者中哪一个意义更大。假如选择了死，那么以何种方式死，何种方式的死更有价值；假如选择了生，那么以何种方式生，何种方式的生更有意义。司马迁在《史记》中特别重视根据传主的人生遭际而阐述这种生死抉择的思想。

在《廉颇蔺相如列传》中，司马迁叙述了蔺相如在生死困境中的三次选择。

第一次，蔺相如持和氏璧来到秦国，其使命是："城入赵而璧留秦；城不入，臣请完璧归赵"。在秦廷上，秦王骄横无礼，欲留璧而无意偿赵王城邑。蔺相如选择了死，立下"臣头今与璧俱碎于柱矣"的决心，"怒发上冲冠"，义正词严地斥责秦王的无礼，揭露秦王欲抢夺和氏璧而不偿赵城的背信弃义，并忤逆秦王之意，运用智谋要回和氏璧而从小道归璧于赵。蔺相如明白，凭借秦王的专横和残暴，他不免一死，但他视死如归，决心以死维护赵国的利益和尊严，自己也不辱使命。如果他在秦廷上畏惧秦王的残暴，而任凭秦王戏弄、欺骗、抢夺和氏璧，则自己虽生，但生得耻辱。如果蔺相如在秦廷上不畏惧死，但没有计谋，而硬与秦王拼命，则死得有些价值，但不是价值的最大化，不能保护赵国的利益，自己则有辱使命。因此，面对死亡的困境，相如选择了死亡；且进一步选择了如何死，他毫不畏惧，斥责秦王的无理和失信，运用智慧而完璧归赵。

第二次，秦、赵会于渑池，秦王使赵王鼓瑟，秦史官记曰："某年月日，秦王与赵王会饮，令赵王鼓瑟。"这是秦王凭借大国的威势而侮辱赵王。蔺相如勇气壮烈且富有智谋，上前曰："赵王窃闻秦王善为秦声，请奏盆缶秦王，以相娱乐。"秦王怒，不许。相如向前进缶，跪请秦王。秦王不肯击缶。相如曰："五步之内，相如请得以颈血溅大王矣！"左右欲以刀杀相如，相如张目叱之，左右皆靡。于是秦王不怿，为一击缶。相如使赵史官记曰："某年月日，秦王为赵王击缶。"相如不畏惧死，其内心充溢着浩然之气，其气至大至刚、配义与道：不畏强暴，把赵国的尊严和利益置于自己的生命之上。

第三次，蔺相如回到赵国，封为上卿，位在廉颇之上。廉颇自以为有攻城野战之功，而鄙视蔺相如不过以口舌取得上卿之位，扬言说："我见相如，必辱之。"面对廉颇的羞辱，蔺相如回避廉颇，而不与他争斗——这是不计较个人的私仇，而以国家的利益为重为急。蔺相如的宽宏大度使廉颇感动和惭愧，廉颇"负荆请罪"，共演一出"将相和"的千古名剧。

综之，前两次，蔺相如在面对生死抉择的困境时，首先选择了死；其次在怎样死的选择中，他选择智勇双全的方式，无所畏惧，气势壮烈，且充分运用自己的智慧和勇气维护赵国的利益和尊严，自己也不辱使命。第三次，蔺相如没有为了个人的尊严而奋一时之气，与廉颇争斗，而是忍辱求生，这是以国家利益为重。司马迁称赞说："方蔺相如引璧睨柱，乃叱秦王左右，势不过诛，然士或怯懦而不敢发。相如一奋其气，威伸敌国，退而让颇，名重泰山，其处智勇，可谓兼之矣！"

鲁迅《论人言可畏》曰：

至于阮玲玉的自杀，我并不想为她辩护。我是不赞成自杀，自己也不豫备自杀的。但我的不豫备自杀，不是不屑，却因为不能。凡有谁自杀了，现在是总要受一通强毅的评论家的呵斥，阮玲玉当然也不在例外。然而我想，自杀其实是不很容易，决没有我们不豫备自杀的人们所渺视的那样轻而易举的。倘有谁以为容易么，那么，你倒试试看。

自然，能试的勇者恐怕也多得很，不过他不屑，因为他有对于社会的伟大的任务。那不消说，更加是好极了，但我希望大家都有一本笔记簿，写下所尽的伟大的任务来，到得有了曾孙的时候，拿出来算一算，看看怎么样。

在鲁迅看来，自杀并不容易，"千古艰难唯一死"，自杀需要勇气，故我们对自杀的人应表示一份敬意。有些人不屑自杀，因为他们自认为不是没有死的勇气，而是没有死的理由，他们还有伟大的事业要做，因而不能死。实际上，真正能成就伟大事业的人究竟是少数，大多数人不过以此作为自己偷生乱世的主要支撑点。

司马迁自请宫刑，忍辱求生，最终完成了《史记》的著述。

当代作家陈村说：

在我眼里，一个生命的尊严远远高于一橱最珍贵的书籍。书毕竟只是书。我要完整的司马迁，宁可没有《史记》。①

评论家黄子平说：

然而在这里依然很难得出答案：难道司马迁生命的尊严不正高扬在他的《史记》里么？难道作家不正是以自毁的方式肯定了生命意志的自由么？难道没有《史记》的司马迁还会是完整的么？②

若司马迁没有《史记》，则湮没无闻。

司马迁从天汉三年（前98）到征和二年（前91）的八年中，忍辱求生，发愤著书。这深刻地表现出司马迁坚强不屈的生命意志和好学深思的创造精神。司马迁作《史记》，从他个人上来说，是让自己的文采流传于后世；从"述往事，思来者"上来说，他怀抱历史的责任感和时代的使命感，以《史记》总结历史的经验教训，"稽其成败兴坏之纪"，为将来者指明了前进的方向。司马迁正因为有《史记》的伟大著作，所以才能永垂不朽！

五、发愤著书

天汉四年（前97），司马迁任中书令。他忍辱负重，发愤著作《史记》。《汉书·司马迁传》曰："迁既被刑之后，为中书令，尊宠任职。"中书令，掌诏诰答表，皆机密之事，出入奏事，秩千石，

---

① 陈村：《死给"文革"》，《上海文学》1986年第9期。
② 黄子平：《千古艰难唯一死——读几部写老舍、傅雷之死的小说》，《读书》1989年第4期。

由宦官任职。

原文九

古者富贵而名磨灭，不可胜记，唯倜傥非常之人称焉❶。盖文王拘，而演《周易》；仲尼厄，而作《春秋》；屈原放逐，乃赋《离骚》；左丘失明，厥有《国语》；孙子膑脚❷，《兵法》修列；不韦迁蜀，世传《吕览》；韩非囚秦，《说难》《孤愤》；《诗》三百篇，大抵圣贤发愤之所为作也❸。此人皆意有郁结，不得通其道，故述往事，思来者❹。及如左丘无目，孙子断足❺，终不可用，退而论书策，以舒其愤，思垂空文以自见❻。（《报任少卿书》）

注释

❶倜（tì）傥（tǎng）：卓异。称：称名于后世。❷膑（bìn）脚：削去膝盖骨的酷刑。❸大抵（dǐ）：大都。❹叙述往前行事，思将来者知自己的志向。❺左丘、孙子，与司马迁一样身毁不用，故特别突出之。❻空文：文章。自见：自现己情。

讲解

这段文字也见于《太史公自序》。

司马迁阐述了"发愤著书"的思想。当文王、仲尼、屈原、左丘、孙子等陷入人生的困境当中时，他们没有死节，而是忍辱求生；但他们不是苟且偷生，而是在困境和耻辱中发愤著书。他们一方面抒发了自己的人生悲愤，希望将来的人知晓自己的心志；另一方面又表现出自己坚强不屈的生命意志，且因文采传于后世而立名不朽。"勇者不必死节"，他们也是勇者。

"发愤著书"的含义丰富，一是说明著者在困境中有不平和怨恨，故要通过文辞表达出来，即韩愈所谓"不平则鸣"；二是说明著者在困境中有深沉之思，故其著述更为工巧，欧阳修所谓"穷而后工"。韩愈《送孟东野序》："大凡物不得其平则鸣：草木之无声，风挠之鸣。水之无声，风荡之鸣。其跃也，或激之；其趋也，或梗之；其沸也，或炙之。金石之无声，或击之鸣。人之于言也亦然，有不得已者而后言。其歌也有思，其哭也有怀，凡出乎口而为声者，其皆有弗平者乎！"物不平则鸣，人不平则歌哭、则言说。欧阳修《梅圣俞诗集序》曰："予闻世谓诗人少达而多穷，夫岂然哉？盖世所传诗者，多出于古穷人之辞也。凡士之蕴其所有，而不得施于世者，多喜自放于山巅水涯之外，见虫鱼草木风云鸟兽之状类，往往探其奇怪，内有忧思感愤之郁积，其兴于怨刺，以道羁臣寡妇之所叹，而写人情之难言。盖愈穷则愈工。然则非诗之能穷人，殆穷者而后工也。"世上诗人并非少达而多穷，而是诗人穷者则后工。自我陷于困境中，对现实的社会政治和人生有深刻的理解，胸中有一股激荡的不平之情，有一种强烈的批判精神，其诗文自工。清人赵翼诗曰："国家不幸诗家幸，赋到沧桑句便工。"(《题遗山诗》)

原文十

仆窃不逊，近自托于无能之辞，网罗天下放失旧闻，略考其行事，综其终始，稽其成败兴坏之纪❶。上计轩辕❷，下至于兹❸，为十表，本纪十二，书八章，世家三十，列传七十，凡百三十篇。亦欲以究天人之际，通古今之变，成一家之言。草创未就，会遭此祸，惜其不成，是以就极刑而无愠色。仆诚以著此书，藏诸名山，传之其人❹，通邑大都。则仆偿前辱之责，虽万被戮，岂有悔哉！❺然此可为智者道，难为俗人言也。(《报任少卿书》)

注释

❶稽：考察。纪：理。❷轩辕：黄帝。❸指武帝太初元年（前104）。❹其人：与己同志的人。❺当年因《史记》没有完成，故忍受奇耻大辱而不死；现在，《史记》已完成，我愿意偿还以前所受的耻辱之债，即使遭受肢解之戮，也决不后悔。虽万被戮：肢解之刑，死得非常艰难和痛苦。《离骚》："亦余心之所善兮，虽九死其犹未悔""虽体解吾犹未变兮，

岂余心之可惩"。

司马迁概要介绍了《史记》的著述情况。一是广泛搜集材料，"网罗天下放失旧闻"；二是考证材料的真伪，"略考其行事"；三是按照历史事件的发展顺序和内在的因果关系，以贯通始终；四是揭示历史事件所具有的意义和价值，从而为将来者指明方向。所谓"究天人之际"，即推究历史发展所包含的天命因素和人事因素的分野。际，指相连而又相分，不易于辨明。所谓"通古今之变"，即从黄帝开始一直贯通到武帝太初年间，既写出历史的变化和发展，又揭示历史变化中的不变常道。所谓"成一家之言"，即自己的言论，并不受官方权威的影响，而能自成一家，以保持史家的独立自由之思。

《太史公自序》中也有一段相关的文字，较为详细地说明其著作《史记》的情况。

原文十一

维我汉继五帝末流，接三代绝业。❶周道废，秦拨去古文❷，焚灭《诗》《书》，故明堂石室金匮玉版图籍散乱❸。于是汉兴，萧何次律令，韩信申军法，张苍为章程，叔孙通定礼仪，则文学彬彬稍进，《诗》《书》往往间出矣❹。自曹参荐盖公言黄老，而贾生、晁错明申、商，公孙弘以儒显，百年之间，天下遗文古事靡不毕集太史公。太史公仍父子相续纂其职❺。曰："呜呼！余维先人尝掌斯事，显于唐虞，至于周，复典之，故司马氏世主天官。至于余乎，钦念哉❻！钦念哉！网罗天下放佚旧闻，王迹所兴❼，原始察终，见盛观衰，论考之行事，略推三代，录秦汉，上记轩辕，下至于兹，著十二本纪，既科条之矣❽。并时异世❾，年差不明，作十表。礼乐损益，律历改易，兵权山川鬼神，天人之际❿，承敝通变⓫，作八书。二十八宿环北辰，三十辐共一毂⓬，运行无穷，辅拂股肱之臣配焉，忠信行道，以奉主上，作三十世家。扶义倜傥⓭，不令己失时，立功名于天下，作七十

> 列传。凡百三十篇，五十二万六千五百字，为太史公书序，略以拾遗补艺❶，成一家之言，厥协六经异传，整齐百家杂语❶，藏之名山，副在京师❶，俟后世圣人君子❶。第七十。太史公曰：余述历黄帝以来至太初而讫，百三十篇。（《太史公自序》）

❀ 注释

❶ 汉家认为，秦命短祚，不成为一个朝代，是"闰"，故汉家接周之末业。❷ 秦烧毁用先秦古文字写成的书籍。❸ 玉版：刻文字于玉版。❹ 间出：断断续续地出。❺ 仍：因袭。纂：任。❻ 钦念：郑重记住。钦，敬。❼ 王者之业是如何兴起的。❽ 科条：分类条理。❾ 同时因年历、世代不同，而难以明辨。例如公元前476年，是周敬王四十四年，齐平公五年，楚惠王十三年等。❿ 指《封禅书》。⓫ 指《平准书》。⓬ 众星同绕北辰，诸辐咸拱一毂（gǔ），以像诸侯重臣尊辅天子。毂：车轮的中心部分，有圆孔，可以插轴。⓭ 扶义：以义自持。倜（tì）傥（tǎng）：卓异之人。⓮ 补艺：补"六艺"的缺失。⓯ 厥协、整齐：整合。传（zhuàn）：解经的作品。⓰ 正本藏于名山，副本留在京师。⓱ 等待后世君子观览。《公羊传》哀公十四年"制《春秋》之义以俟后圣，以君子之为，亦有乐乎此也"。

司马迁简述了《史记》五种体例所形成的全书构造。他以这五种体例控御历史，安排历史，使历史在这五种体例中得到突出、关联和完整的体现。

六、寂寞身后事

征和二年（前91），《史记》完成，司马迁写作《报任少卿书》。这是千古奇文，文中他痛定思痛，悲歌慷慨。其感慨啸歌，大有燕赵烈士之风；忧愁幽思，则又直与《离骚》对垒。这距司马迁遭李陵之祸已有八年。在短暂的人生中，八年的时光不算太短。其他人可能早已淡忘了八年前的那场灾难，但司马迁的痛苦和耻辱仍是那么深重，长歌当哭，须是在痛定思痛之后。他要向世人表白：他为李陵辩护是正当合理的，他所受"诬上""沮贰师"的罪名是不当的，他之所以忍辱求生，是为了完成《史记》的著述。明人孙执升说："史迁一腔抑郁，发之《史记》；作《史记》一腔抑郁，发之此书。识得此书，便识得一部《史记》。盖一生心事，尽泄于此也。纵横排宕，真是绝代大文章。"（《评注昭明文选》引）①

征和三年（前90）后，司马迁的事迹湮灭无闻。他的卒年，不得而知，《汉书》没有记载，大概卒于公元前86年。公元前87年，武帝去世。司马迁的一生与武帝相始终。杜甫《梦李白》曰："千秋万岁名，寂寞身后事。"从唐代以后，司马迁的声名越来越大，"虽与日月争光可也"。但是，司马迁在生前备受耻辱，名声扫地；无声无息地死了，没有人知道他何时死去，也没有人记载其家族的兴衰，只知他有一个女儿。在他死后数百年间，《史记》并未见重，他的声名不显，是如此的寂寞、萧条！

司马迁的女儿嫁给了杨敞。《汉书·杨敞传》记录此事。杨敞在昭帝时任丞相，封为安平侯，谨慎畏事。

明年，昭帝崩。昌邑王征即位，淫乱，大将军光与车骑将军张安世谋欲废王更立。议既定，使大司农田延年报敞。敞惊惧，不知所言，汗出洽背，徒唯唯而已。延年起至更衣，敞夫人遽从东箱谓敞曰："此国大事，今大将军议已定，使九卿来报君侯。君侯不疾应，与大将军同心，犹与无决，先事诛矣。"延年从更衣还，敞、夫人与延年三语许诺，请奉大将军教令，遂共废昌邑王，立宣帝。

"敞夫人"，即司马迁之女，颇有谋识，且行事果断。《汉书·杨恽传》曰："忠弟恽，字子幼，以忠任为郎，补常侍骑。恽母，司马迁女也。恽始读外祖《太史公记》，颇为《春秋》。以材能称。"杨恽是司马迁的外孙，《史记》由他"宣布"。杨恽与戴长乐出于私人恩怨而相攻讦，且自恃家族之隆以及自己的才能，时时好妄言。他拟《报任少卿书》而写《报孙会宗书》，宣帝见而恶之，廷尉判

---

① 参见韩兆琦：《史记选注集评》，广西师范大学出版社，1995，第613页。

处杨恽大逆无道，将他腰斩。

唐人褚遂良书写《故汉太史司马公侍妾随清娱墓志铭》的碑文，见于韩城司马祠内，记录司马迁的侍妾随清娱之事。

❂ 原文十二

永徽二年九月❶，余判同州道，夜静坐于西所，若有若无，犹梦犹醒，见一女子，高髻盛妆，泣谓余曰："妾，汉太史司马迁之侍妾也。赵之平原人，姓随名清娱。年十七事迁，同游名山大川，携妾于此，会迁有事去京，妾缟居于同❷，后迁故，妾亦忧伤寻故❸，葬于长乐寺之西。天帝闵妾未尽天年，遂司此土，代异时移，谁为我知，血食何所？君亦将主此地，不揣人神之隔，乞一言铭墓，以垂不朽。"余感寤铭之。铭曰：嗟尔淑女，不世之姿❹。事彼君子，弗终厥志，百千亿年，血食于斯。①

❂ 注释

❶永徽二年：651年。❷缟（gǎo）居：穷困而居。❸寻：随即，不久之后。
❹不世：不世出。

清娱能知遇司马迁，确有不世之才，但命运悲惨，中道永诀，不遂其志，寄寓他乡，望断良人，遂伤悼而夭死，但死而不亡，可谓至情之人。"厚地高天，堪叹古今情不尽；痴男怨女，可怜风月债难偿。"（《红楼梦》第五回）其事未必是实，但其情是真。读其碑文，令人感慨伤情。盖情之所至，可以忘事之虚实。明人汤显祖《牡丹亭》写杜丽娘因情而死，因情而生；其事虽幻想浪漫，但其情一往情深。《牡丹亭》作者题词云：

天下女子有情，宁有如杜丽娘者乎！梦其人（柳梦梅）即病，病即弥连（一病不起），至手画形容，传于世而后死。死三年矣，复能冥莫

---

① 李长之在《司马迁之人格与风格》一书中批评说："有人说他（司马迁）有一个侍妾随清娱，可是这是褚遂良所见的一个女鬼，更觉荒唐。"

（墓）中求得其所梦者而生。如丽娘者，乃可谓之有情人耳。情不知所起，一往而深。生者可以死，死可以生。生而不可与死，死而不可复生者，皆非情之至也。梦中之情，何必非真？天下岂少梦中之人耶！……第（只）云理之所必无，安知情之所必有邪！

第二节　司马迁的史学精神

《史记》是纪传体通史。上起黄帝，下讫太初，突显大一统的历史观。追寻其本原，即追寻民族之根。

一、史有文心

《史记》具有宏大的五体结构，以本纪、表、书、世家、列传控御历史，安排历史。这与编年体史书《春秋》不同。"本纪"十二，主要记载帝王的事迹。"世家"三十，主要记载诸侯王的事迹。"列传"七十，主要记载功臣贤人的事迹。"书"八，专题记述政治、经济、天文、地理等制度的沿革。"表"十，以表格的形式列出历史的大事纲目。

宋代史学家郑樵说：

使百代而下，史官不能易其法，学者不能舍其书，六经之后，惟有此作。（《通志·总序》）

清代史学家赵翼说：

司马迁参酌古今，发凡起例，创为全史。……自此例一定，历代作史者遂不能出其范围。（《廿二史札记》卷一）

"纪传体"，即以人物传记为中心，主要叙述历史人物的个性与命运。命运，即命的运行，即生命历程的展现。任何个体的命运都是一部传奇，引人入胜。《史记》涉及的人物有四千多个，重要人物数百名。传记的人物主要是帝王将相等政治人物，也有像孔子、孟子等学术人物。他们是历史中的英雄，是傥非常之人，有独特的个性与传奇的人生。他们是非常之人，行非常之事，立非常之功。司马相如《难蜀父老书》："盖世必有非常之人，然后有非常之事；有非常之事，然后有非常之功。非常者，固常之所异也。"我们虽不能说英雄创造历史或英雄造时势，但英雄确实在历史中发挥了重大的作用，尤其是在中国传统的社会中，帝王将相的成败是推动历史发展的重要力量。我们与生俱来都有崇尚英雄的天性。

《史记》首先是一部历史著作。

历史有两种含义：一是真的历史，即客观的历史，随着时间流逝而万劫不复；二是写的历史，即史家所叙述、解释和评价的历史。史学的基本结构是，叙述、解释、评价。一般认为，史实的叙述和解释是史家的天职，而历史评价带有史家的主观性，有碍于事实真相的叙述。历史评价，有事功评价与道德评价。事功评价是对历史人物之行为成败的效果评价。道德评价是对历史人物之行为善恶的评价。道德评价在人事的叙述中有天然的合理性与正当性。但传统史学普遍存在"道德超载"的现象，即不分青红皂白将道德作为历史理解的核心原则，将事情的成败一归于道德因素，所谓"正义必胜""仁人无敌于天下"等。因此，我们在强调道德视角在史学中的必要性时，也承认其次要性或边缘性。司马迁往往是"寓论断于叙事之中"。历史有"鉴往知来"的作用。前事不忘，后事之师。"述往事，思来者。"（司马迁）"一切历史都是现代史。"（克罗齐）史家通过叙述历史且揭示其意义，对人类的现在和未来承担着责任，所谓"通古今之变"。

《史记》是历史性叙事与文学性叙事的融合。

叙述或叙事，即通过对某件事情或某些事情依时间顺序的描述，而构成一个可以理解的场景或有意义的文本结构。历史文本和文学文本的共同特征是叙述或叙事。文学文本的叙事主要是文学性叙事。历史文本的叙事主要是历史性叙事，也交融文学性叙事，所谓

"史有诗心""史有文心"。

历史性叙事的基本特征有四：第一，叙述历史事实；第二，骨架性、概略性叙事，较少涉及血肉；第三，断裂性、跳跃性叙事，难以构成一个结构完整的故事；第四，外在性叙事——重视人物行动的描写而很少透入人物的内心世界，以史家的叙述语言为主，语言直白、明确而少有隐曲委婉的言外之意。《史记》的历史性叙事弱于《汉书》，而文学性叙事强于《汉书》，突出地表现了司马迁的"诗心""文心"。

文学性叙事具有以下基本特征。

其一，把骨架与丰满的血肉相结合，具体、细致、生动地叙述生活的事件，从而创造出栩栩如生的艺术形象，文学是对社会生活的形象反映。

其二，有完整的故事结构，重视叙述一系列事件之发生和发展的历程，形成曲折生动、引人入胜的故事情节，且各个情节之间具有内在的有机联系，井然而有序。

其三，文学性叙事是内在性叙事。叙述者一般以全知全能的叙述方式深入人物的内心世界，具体地展示人物复杂的心理和情感，以揭示人物之立体的性格特征。重视人物个性化语言的描写。人物的对话是置于具体的语境当中的，根据不同人物的个性而设置，一方面体现人物的个性，另一方面展示具体、形象的语境。叙述语言具有委婉含蓄、意在言外的特征，有隐喻和象征的意义。

其四，文学性叙事是以情动人。

试举二例。汉十二年，刘邦回到长安，疾愈甚，愈欲易太子。他得知吕后、太子羽翼已成，无法更立太子。《留侯世家》：

戚夫人泣，上曰："为我楚舞，吾为若楚歌。"歌曰："鸿鹄高飞，一举千里，羽翮（hé，翅膀）已就，横绝四海。横绝四海，当可奈何！虽有矰（zēng）缴（zhuó）（系绳的短箭），尚安所施！"歌数阕，戚夫人嘘唏流涕，上起去，罢酒。

天才英雄末路穷途，楚歌楚舞表现出其无奈和凄惶之情。

《孔子世家》：

太史公曰：《诗》有之："高山仰止，景行行止。"虽不能至，然心乡往之。余读孔氏书，想见其为人。适鲁，观仲尼庙堂车服礼器，诸生以时习礼其家，余祗（zhī，恭敬）回留之不能去云。天下君王至于贤人众矣，当时则荣，没则已焉。孔子布衣，传十余世，学者宗之。自天子王侯，中国言"六艺"者折中于夫子，可谓至圣矣！

这段文字洋溢着司马迁对孔子的敬仰、思慕之情。

《史记》的文学性较强，因为司马迁在历史性叙事中，较多地融合了文学性叙事。一般而言，史家如果特别喜欢传主本人，或特别喜欢传主的某些事迹，则往往狠下功夫，叙事具体、生动、形象，而偏重文学性叙事。

二、不虚美，不隐恶

《汉书·司马迁传》"赞"对司马迁《史记》予以总结性的评价。

◎ 原文一

赞曰：自古书契之作而有史官❶，其载籍博矣。至孔氏纂之，上断唐尧，下讫秦缪。唐虞以前，虽有遗文，其语不经❷，故言黄帝、颛顼之事未可明也❸。及孔子因鲁史记而作《春秋》，而左丘明论辑其本事以为之传，又纂异同为《国语》。又有《世本》，录黄帝以来至春秋时帝王公侯卿大夫祖世所出。春秋之后，七国并争，秦兼诸侯，有《战国策》。汉兴伐秦定天下，有《楚汉春秋》。故司马迁据《左氏》《国语》，采《世本》《战国策》，述《楚汉春秋》，接其后事，讫于天汉。其言秦汉，详矣。至于采经摭传❹，分散数家之事，甚多疏略，或有抵梧❺。亦其涉猎者广博，贯穿经传，驰骋古今，上下数千载间，斯以勤矣。又其是非颇缪于圣人❻，论大道则先黄老而后六经，序游侠则退处士而进奸雄❼，述货殖则崇势利而羞贱贫，此其所蔽也❽。然自刘向、扬雄博极群书，皆称迁有良史之材，服其善序事理，辨而不华❾，质而不俚❿，其文直，其事核⓫，不虚美，不隐恶，故谓之实录。乌呼！以迁之博物洽闻⓬，而不能以知自全，既陷极刑，幽而发愤，书亦信矣⓭。迹其所以自伤悼，《小雅》巷伯之伦。⓮夫唯《大雅》"既明且哲，能保其身"，难矣哉！(《汉书·司马迁传》)

注释

❶ 书契（qì）：文字。❷ 不经：非经典所说。❸ 颛顼：五帝之一。❹ 采经摭（zhí）传：摘取经传的材料。摭，取。❺ 抵梧：抵触。❻ 与圣人有所不同。❼ 处士：安贫乐道的儒生。奸雄：违禁犯法的游侠。❽ 蔽：蒙蔽，遮蔽。《荀子·解蔽》："凡人之患，蔽于一曲，而暗于大理。"❾ 华：浮华不实。❿ 俚：鄙。⓫ 核：坚实。⓬ 洽：周遍。⓭《报任少卿书》自陈己志，抒写其悲愤之情，确实不谬。⓮ 推究其伤悼的原因，不过是遭谗言而见疑被谤，与《小雅·巷伯》所抒忧愤相类。

　　班固首先认为，《史记》所依据的历史材料相当丰富，司马迁博极群书，涉猎广博，非常勤奋和辛劳。其次，称赞司马迁有良史之材，《史记》"其文直，其事核，不虚美，不隐恶，故谓之实录"。再次，指出《史记》在材料的运用上粗略，也有矛盾和抵触；批评司马迁的是非观念与圣人有所不同。最后，感叹司马迁遭受极刑，幽而发愤，与《小雅》的怨刺之作相类，而没有能达到《大雅》所谓"既明且哲，能保其身"的人生境界。

　　我们讨论一下《史记》"不虚美，不隐恶，故谓之实录"的问题。

　　史家作史，首要的原则是揭示历史的真实。纪传体的著作以人物传记为中心，对待历史人物既不能虚美，也不能隐恶。史家有时不能揭示历史的真实，一是为事情的表面现象和俗人之言所遮蔽，而不能"具见其表里"；二是受到政治权威的影响，对于近世、当世的政治权威和学术权威，不免虚美隐恶，一方面阿谀权威而求重用，另一方面畏惧权威的打击而避害容身。这皆关涉史家的史学、史识、史才、史德。史学、史识、史才不高，不能具见事情的表里；史德低劣，则不敢揭示历史的真实。

《春秋》有讳的书法。讳即讳恶，即把恶隐藏起来；但讳而不隐，即通过微言（嫌疑矛盾之言）的方式，以启发读者推见真实之事。因此，讳不是掩盖事实的真相。《春秋》为尊者讳，为亲者讳，为贤者讳；"上以讳尊隆恩，下以避害容身"（何休《春秋公羊解诂》定公元年）。《匈奴列传》："孔氏著《春秋》，隐、桓之间则章，至定、哀之际则微，为其切当世之文而罔褒，忌讳之辞也。"

要之，讳、微言，与掩盖、歪曲历史的真实不同，它在记事、记言中已暗示与事实真相不符。讳、微言之目的，表面上是讳恶，实际是讥讽；而掩盖事实真相，则完全是讳恶。

对于汉王朝的历史，司马迁始终保持冷峻的眼光。在肯定汉朝开国皇帝刘邦历史功绩的前提下，他毫不容情、活生生地描绘出刘邦的乡村无赖相和自私刻薄的心理。《项羽本纪》：

> 汉王道逢得孝惠、鲁元，乃载行。楚骑追汉王，汉王急，推堕孝惠、鲁元车下，滕公常下收载之。如是者三。曰："虽急不可以驱，奈何弃之？"于是遂得脱。

刘邦逃难，危急时连一双儿女皆要推下车，可见其薄情。

《项羽本纪》：

> 当此时，彭越数反梁地，绝楚粮食，项王患之。为高俎，置太公其上，告汉王曰："今不急下，吾烹太公。"汉王曰："吾与项羽俱北面受命怀王，曰'约为兄弟'，吾翁即若翁，必欲烹而翁，则幸分我一杯羹。"项王怒，欲杀之。

项羽要烹杀刘邦的父亲，刘邦完全是一副无情、无赖相，项羽真拿他没有办法了。

在《货殖列传》中，司马迁实录了世人对富利的热切追求，突出了物质利益是世人各种行为的最终目的。故曰："天下熙熙，皆为利来；天下攘攘，皆为利往。"班固由此批评司马迁"述货殖则崇势利而羞贱贫"。钱钟书肯定了司马迁的实录:"夫知之往往非难,行之亦或不大艰,而如实言之最不易;故每有举世成风、终身为经,而肯拈出道破者少矣。"①

三、贬天子,退诸侯,讨大夫

司马迁对"明圣盛德""功臣贤大夫"也作了一番发现、表彰的功夫,但在作史的精神中所占的分量不大。他作史的精神,主要是"贬天子,退诸侯,讨大夫",即对现实政治权威的理性批判精神。《史记》有千古不磨之真价值的原因即在此。

原文二

太史公曰:"先人有言❶:'自周公卒五百岁而有孔子。孔子卒后至于今五百岁,有能绍明世❷,正《易传》❸,继《春秋》❹,本《诗》《书》《礼》《乐》之际?'意在斯乎!意在斯乎!小子何敢让焉❺。"

上大夫壶遂曰:"昔孔子何为而作《春秋》哉?"

太史公曰:"余闻董生曰❻:'周道衰废,孔子为鲁司寇,诸侯害之,大夫壅之❼。孔子知言之不用,道之不行也,是非二百四十二年之中❽,以为天下仪表。贬天子,退诸侯,讨大夫,以达王事而已矣❾。'子曰:'我欲载之空言❿,不如见之于行事之深切著明也⓫。'夫《春秋》,上明三王之道,下辨人事之纪⓬,别嫌疑,明是非,定犹豫,善善恶恶,贤贤贱不肖,存亡国,继绝世,补敝起废,王道之大者也。……拨乱世反之正,莫近于《春秋》。《春秋》文成数万,其指数千。万物之散聚皆在《春秋》⓭。《春秋》之中,弑君三十六,亡国五十二,诸侯奔走不得保其社稷者不可胜数。察其所以,皆失其本已⓮。故《易》曰'失之豪厘,差以千里'。故曰'臣弑君,子弑父,非一旦一夕之故也,其渐久矣'。故有国者不可以不知《春秋》,前有谗而弗见,后有贼而不知。为人臣者不可以不知《春秋》,守

---

① 钱钟书:《管锥编(一)》,生活・读书・新知三联书店,2007,第608页。

经事而不知其宜⑮,遭变事而不知其权⑯。为人君父而不通于《春秋》之义者,必蒙首恶之名。为人臣子而不通于《春秋》之义者,必陷篡弑之诛,死罪之名。其实皆以为善⑰,为之不知其义,被之空言而不敢辞⑱。夫不通礼义之旨,至于君不君,臣不臣,父不父,子不子。夫君不君则犯⑲,臣不臣则诛,父不父则无道,子不子则不孝。此四行者,天下之大过也。以天下之大过予之,则受而弗敢辞。故《春秋》者,礼义之大宗也。夫礼禁未然之前,法施已然之后;法之所为用者易见,而礼之所为禁者难知⑳。"

注释

❶先人:司马谈。❷绍明世:继承周公、孔子的事业而说明世代的变易。绍,承继。❸以《易传》之道为正,《易传》明天道。❹继承《春秋》之义,《春秋》辨人道。❺当仁不让。❻董生:董仲舒。❼雍(yōng):阻塞。❽是非:褒贬诸侯之得失。❾王事:王道。❿空言:抽象的议论文字。⓫行事:具体的历史事实。⓬人事之纪:人伦之理。纪,理。⓭万物:万事。⓮本:仁义。⓯经:常。⓰权:权变,反于经而合于道。⓱其心实善,为之不知其义而陷于罪咎。⓲被之空言:遭受舆论的谴责和诛伐。⓳犯:为臣下所干犯。⓴以礼义教化民众,则民众不为恶;民众犯罪之后,则以刑法惩之。

司马迁结合司马谈、壶遂、董仲舒等言,论述《春秋》的性质、功用与孔子作史之目的、精神。其一,孔子处于周之衰世而作《春秋》,《春秋》是衰世之造。其二,孔子作《春秋》的基本精神是"贬天子,退诸侯,讨大夫",即对政治权势的理性批判精神。其三,《春秋》是"其事"与"其义"的结合。《春秋》记载二百四十二年的历史且予以是非善恶之褒贬。其四,《春秋》有拨乱反正的重大作用。其五,《春秋》是礼义之大宗。司马迁作《史记》正是继承孔子作《春秋》的事业。他充满了自信自豪,何敢自谦,当仁不让。

造成社会动乱、民众苦难的真正原因是天子、诸侯、大夫等统治权威。他们的政治行为失道，他们凭借政治权威，伸张自己的欲望和好恶，从而抑压天下人的欲望和好恶。历史所受的最大歪曲与是非的淆乱，也是来自天子、诸侯、大夫这一套统治权威，他们往往"缘饰以儒术"，打着仁义道德的幌子，而行不仁不义之实，庄子所谓"诸侯之门而仁义存焉"（《庄子·胠箧》）。

作为史家，司马迁具有清醒的理性精神，透过历史的假相看到历史的真实，这是他史识的表现；他不惧怕政治权威的打击，敢于揭示政治权威的弊端，敢于暴露社会政治的黑暗，敢于批判政治权威的罪恶，这是他史德的表现，即表现了他作为史家的良心。

徐复观在《〈史〉〈汉〉比较研究之一例》一文中说，《史记》《汉书》的优劣并不在于是断代还是通代，而主要表现在他们作史的精神。① 班固作《汉书》，是尊汉、颂汉，抱着"天下为汉"的思想，为汉代统治者著书，历史的是非得失放在汉家统治者面前衡定，故其对西汉的专制政治缺乏理性的批判精神，有时为尊崇汉室，不惜掩盖历史的真实，甚至歪曲历史。司马迁是怀抱着"天下为公"的思想，是为了人类将来的命运着想，是非得失皆在人类的命运之前衡定，"述往事，思来者"。

司马迁在政治的成王败寇、赏荣诛辱的巨大势利浪潮中，以巧妙的手法透出历史的真实，展现历史的良心。刘邦把天下彻底家产化，更以阴险狠毒的手段杀戮韩信等功臣，司马迁揭示此历史的真实而予以批判。《高祖本纪》：

（汉九年）未央宫成。高祖大朝诸侯群臣，置酒未央前殿。高祖奉玉卮，起为太上皇寿，曰："始大人常以臣无赖，不能治产业，不如仲力。今某之业所就孰与仲多？"殿上群臣皆呼万岁，大笑为乐。

刘邦视天下为自己的莫大产业，即家天下，传之子孙，受享无穷。

《淮阴侯列传》"太史公曰"：

---

① 徐复观：《两汉思想史（第三卷）》，华东师范大学出版社，2001，第276—331页。

假令韩信学道谦让，不伐己功，不矜其能，则庶几哉，于汉家勋可以比周、召、太公之徒，后世血食矣。不务出此，而天下已集，乃谋畔逆，夷灭宗族，不亦宜乎。

司马迁以"天下已集"的微言，断言淮阴侯无谋反事。萧何、曹参在韩信、黥布诛灭后，其勋始烂，但不过与周的二等大臣闳夭、散宜生争烈，韩信则与周的第一等大臣周、召、太公比肩并美。韩信被诬谋叛而夷灭宗族的悲惨结局，是因为刘邦的刻薄寡恩、阴险狠毒。

司马迁所经历的时代，是皇权专制政治尽量发挥毒性的时代，是西汉由盛转衰的时代。

原文三

至今上即位数岁，汉兴七十余年之间，国家无事，非遇水旱之灾，民则人给家足，都鄙廪庾皆满❶，而府库余货财。京师之钱累巨万，贯朽而不可校❷。太仓之粟陈陈相因，充溢露积于外，至腐败不可食。众庶街巷有马，阡陌之间成群，而乘字牝者傧而不得聚会❸。……物盛而衰，固其变也。……

及王恢设谋马邑❹，匈奴绝和亲，侵扰北边，兵连而不解，天下苦其劳，而干戈日滋。行者赍❺，居者送，中外骚扰而相奉，百姓抏弊以巧法❻，财赂衰耗而不赡。入物者补官，出货者除罪，选举陵迟，廉耻相冒，武力进用，法严令具。兴利之臣自此始也。（《平准书》）

注释

❶廪（lǐn）庾（yǔ）：粮仓。❷贯：穿钱之绳。❸字牝（pìn）：母牛、母马。傧：通"摈"，排除。❹为元光二年（前133）。❺赍（jī）：携带。❻抏（wán）弊：贫弊。

汉兴，经过六七十年的休养生息、无为而治，到武帝即位后数年，国力强盛。武帝好大喜功，不恤民力、财力，疯狂地向四夷征伐、扩张，尤其是对匈奴用兵。元光二年，马邑设谋后，汉对匈奴用兵，长达十五六年之久。武帝的穷兵黩武大量地消耗社会的资材，他又破坏财经制度，不择手段地搜刮财富，而导致了官场的腐败、社会政治的混乱，从而倚赖严刑酷罚的酷吏之治、屠杀之政。

武帝政治的本质实较始皇更为残暴。武帝所任用的酷吏，一个比一个下流，一个比一个残暴，但武帝皆"以为能"。司马迁以忾愤之心写《酷吏列传》，史家最大的良心，莫大于为亿万民众呼冤求救，此传的成立是最大的历史良心的表现。《酷吏列传》：

> 论报，至流血十余里。……会春，温舒顿足叹曰："嗟乎，令冬月益展一月，足吾事矣！"其好杀伐行威不爱人如此。天子闻之，以为能，迁为中尉。

王温舒特好杀，嫌冬三月太短，不足以杀。而天子闻之，"以为能"。又如：

> 上所欲挤者，因而陷之；上所欲释者，久系待问而微见其冤状。客有让周曰："君为天子决平，不循三尺法，专以人主意指为狱。狱者固如是乎？"周曰："三尺安出哉？前主所是著为律，后主所是疏为令。当时为是，何古之法乎？"

杜周治狱，效法张汤，善于窥测人主意而迎合之，曲法枉法，以人主意作为律令。此乃驰骋一人之欲望，这是自私的、秘密的；而法令具有普遍性、公开性。杜周把人主意作为法令，是错误的。杜周不仅治狱严酷，且贪婪，为官以来，家资数千万。

四、是非颇缪于圣人

班固对司马迁"是非颇缪于圣人"的批评，学人多为司马迁辩白。班固误把司马谈的《论六家要指》当作司马迁的作品，而有"论大道则先黄老而后六经"的批评。司马谈对儒家等五家既有肯定，又有否定，唯独对道家给予完全的肯定，以为是"因阴阳之大顺，采儒墨之善，撮名法之要"，集五家之长，去五家之短。我们认为，班固的批评确有道理。圣人即孔子。司马迁尊崇儒家，著有《孔子世家》《仲尼弟子列传》《儒林列传》等。但司马迁具有理性的批判精神，不迷信孔子，对孔子也有所批评。司马迁对道家人物老子、庄子多有批评，但也肯定其思想的价值。要之，对于学术权威，司马迁不是一味地迷信，而是敢于理性地批判。在《游侠列传》中，司马迁以儒、侠相对，儒者不论是仕宦显达还是安贫乐道（处士），都能名扬后世；但侠者"其言必信，其行必果，已诺必诚，不爱其躯，赴士之厄困"，却湮灭不闻。司马迁为侠者抱不平，不是贬斥处士。在《货殖列传》中，司马迁指出人的本性是追逐物质利益，这是如实地说出事势的必然和固然，不表示价值追求。"若至家贫亲老，妻子软弱，岁时无以祭祀进醵（jù，合钱饮酒），饮食被服不足以自通，如此不惭耻，则无所比矣。……无岩处奇士之行，而长贫贱，好语仁义，亦足羞也。"若有处士之行，好语仁义，则不足羞也。

原文四

孔子曰："伯夷、叔齐，不念旧恶，怨是用希❶。""求仁得仁，又何怨乎？"余悲伯夷之意❷，睹轶诗可异焉❸。

伯夷、叔齐，孤竹君之二子也。父欲立叔齐，及父卒，叔齐让伯夷。伯夷曰："父命也。"遂逃去。叔齐亦不肯立而逃之。国人立其中子。于是伯夷、叔齐闻西伯昌善养老❹，盍往归焉❺。及至，西伯卒，武王载木主❻，号为文王，东伐纣。伯夷、叔齐叩马而谏曰："父死不葬，爰及干戈❼，可谓孝乎？以臣弑君，可谓仁乎？"左右欲兵之❽。太公曰："此义人也❾。"扶而去之。武王已平殷乱，天下宗周❿，而伯夷、叔齐耻之，义不食周粟，隐于首阳山，采薇而食之。及饿且死，作歌。其辞曰："登彼西山兮，采其薇矣。以暴易暴兮⓫，不知其非矣。神农、虞、夏忽焉没兮，我安适归矣？吁嗟徂兮⓬，命之衰矣！遂饿死于首阳山。由此观之，怨邪非邪？(《伯夷列传》)

✿ 注释

❶ 是用：因是，因此。用，因。❷ 悲伯夷、叔齐兄弟之间相让，又义不食周粟而死。❸ 轶诗：伯夷、叔齐临终之歌，因没有收入《诗经》而称为逸诗。轶，通"逸"，散失。❹ 西伯昌：文王姬昌，为西方诸侯之长。❺ 盍（hé）：何不。❻ 木主：西伯姬昌的木制灵位，追尊谥号为文王。❼ 爰（yuán）：于是，就。❽ 兵之：以武器杀之。❾ 义：坚持气节。❿ 宗周：以周王室为宗主。⓫ 以暴易暴：以一种暴乱代替另一种暴乱。钱钟书《管锥编》云"易君而未革政"①。⓬ 徂（cú）：往。或曰：徂，通"殂"，死。

孔子说，伯夷、叔齐不念旧恶，求仁得仁，故没有什么怨恨。司马迁认为，从伯夷、叔齐的临终悲歌中可看出他们的内心是有怨恨的。这是司马迁对孔子之言的质疑，如班固所谓"又其是非颇缪于圣人"。

此传记有三个方面的内容。其一，伯夷、叔齐有让德，不贪求富贵权势。这与近世、当世的统治者因争夺王位而相互篡夺残杀的情形，构成鲜明的对比。《太史公自序》曰："末世争利，维彼奔义，让国饿死，天下称之。"其二，伯夷、叔齐批评武王不仁不孝，是"以暴易暴"而不知其非，商、周的朝代更替不过是易君但未改革暴政，民众的困苦不异于前。其三，伯夷、叔齐行仁由义，隐于西山，采薇而食，但最终饿死。他们在临终悲歌中，哀叹自己生不逢时的衰败命运，表现自己行仁由义而不得善报的悲怨。

司马迁在叙述伯夷、叔齐的传记之后，问道："由此观之，怨邪非邪？"这是用充满愤激之情的反诘语句强调：伯夷、叔齐有怨恨，而非如孔子所说。伯夷、叔齐怎么能不念旧恶呢？念旧恶，心中当然有怨恨。他们行仁由义，死后虽得到仁名，但他们生前采薇而食，最终饿死，如何不怨恨呢？孔子所说"不怨天，不尤人"（《论语·宪问》），孟子谓"吾何为不豫哉"（《孟子·公孙丑下》），

---

① 钱钟书：《管锥编（一）》，生活·读书·新知三联书店，2007，第495页。

虽值得追慕，但不切人情，正如钱钟书所说"越世高谈，恐乏平矜息躁之用"[①]。这是司马迁对那些遭遇不幸而内心怨恨之人的同情和理解，是他对儒者之温柔敦厚的中庸人格的质疑，也是他自己敢恨敢怨之个性气质的表现。他因为李陵辩护而下狱、受宫刑，遭遇了人生的奇耻大辱，他罪非其罪，如何不怨恨呢？

司马迁突出了伯夷、叔齐的怨恨，表现了自己发愤著书的思想。伯夷、叔齐的心中存有怨恨，不平则鸣，故作诗以表其悲愤和不平。司马迁认为屈原"信而见疑，忠而被谤，能无怨乎？屈平之作《离骚》，盖自怨生也"（《屈原贾生列传》）。

原文五

> 或曰："天道无亲[❶]，常与善人。"若伯夷、叔齐，可谓善人者非邪[❷]？积仁洁行如此而饿死！且七十子之徒，仲尼独荐颜渊为好学。然回也屡空[❸]，糟糠不厌[❹]，而卒蚤夭。天之报施善人，其何如哉？盗跖日杀不辜，肝人之肉[❺]，暴戾恣睢[❻]，聚党数千人横行天下，竟以寿终[❼]。是遵何德哉？此其尤大彰明较著者也[❽]。若至近世，操行不轨，专犯忌讳[❾]，而终身逸乐，富厚累世不绝。或择地而蹈之[❿]，时然后出言[⓫]，行不由径[⓬]，非公正不发愤[⓭]，而遇祸灾者，不可胜数也。余甚惑焉，傥所谓天道，是邪非邪？（《伯夷列传》）

注释

❶ 人间的秩序和价值来自天道，天道是人道的根据。亲：偏爱。❷ 伯夷、叔齐可谓善人者邪？非邪？ ❸ 空（kòng）：贫穷。❹ 厌：通"餍"，饱。❺ 肝：或为"脍"（kuài），切肉成细丝。❻ 恣（zì）睢（suī）：放纵骄横。❼ 最后尽天年而死。竟：最终。❽ 较著：明显。❾ 专门违法乱禁。❿ 选好地方才落步，行为谨慎。⓫ 看准时机才开口，不乱说话。《论语·宪问》："夫子时然后言，人不厌其言。"⓬ 径：小路，喻邪道。⓭ 非公正事不感激发愤。

[①] 钱钟书：《管锥编（一）》，生活·读书·新知三联书店，2007，第498页。

儒家云：天道是公正、公平的，善人得到善报，恶人得到恶报。司马迁质疑，伯夷、叔齐难道不是善人吗？他们为何遭遇饿死的不幸命运呢？七十子中，孔子特称赞颜渊好学，可颜渊糟糠不饱，且早夭亡，天之报答善人难道就是这样的吗？盗跖聚党数千人横行天下，日杀无罪之人，恣睢暴戾，但一生富足，且以寿终，这遵循的是何种道德呢？近世、当世，许多恶人操行不轨，专犯忌讳，却终身逸乐富贵，世世不绝；但不少善人行为正当，非公正而不发愤，不仅未得好报，反而遭受灾祸。司马迁悲愤填膺，充满困惑："余甚惑焉，傥所谓天道，是邪非邪？"

从形式上看，本段使用四个问句，或疑问，或反问，以表现司马迁的矛盾和困惑。"傥所谓天道，是邪非邪"，隐含了司马迁复杂矛盾的思想。其一，司马迁怀疑天道，即怀疑人道，即怀疑"善有善报，恶有恶报"的道德法则。因为天道支配人道，天道是人道的终极根据。司马迁怀疑天道而肯定非理性天命的存在，实际上是对历史人物与他自己人生遭遇荒谬性、非理性的控诉。他为那些善人没有得到善报的悲剧命运抱不平。他悲惨的人生遭遇，使他对命运的非理性有深切的体验。他在这段文字中一连数次质疑，正是质疑天道的存在。司马迁又不能完全否定天道的存在，因为在历史现实中也存在善人得到善报、恶人遭受厄运的事，历史丰富复杂，历史的真实是偶然性和必然性、理性和非理性并存的。否定天道的存在即否定孔、孟儒家宣扬的道德伦理，那么人类社会将陷入幽暗混乱之中。因此，他怀疑天道的存在，又希望存有天道以主持公平和正义。钱钟书说："故疑无天者，犹每私冀其或有，而信有天者，则常窃怨其若无。"[1]

要之，本段在形式表达上有四个没有回答的问句，因而意在言外；在思想内容上则隐约幽微。司马迁有"幽约怨悱不能自言之情"：一是他的思想感情复杂矛盾而不易于简单明确地表达；二是他怀疑

---

[1] 钱钟书：《管锥编（一）》，生活·读书·新知三联书店，2007，第498页。

"善有善报，恶有恶报"的天道和人道，这违背了儒家的道德观念，"又其是非颇缪于圣人"，而不能明白地言说。

究竟是什么力量，支配着人类历史的基本活动呢？司马迁并不否定儒家之"仁义"的力量，但他清醒地认识到，人的物质欲望支配着人的历史活动。

原文六

老子曰："至治之极，邻国相望，鸡犬之声相闻，民各甘其食，美其服，安其俗，乐其业，至老死不相往来。"必用此为务，晚近世，涂民耳目，则几无行矣。❶……

由此观之，贤人深谋于廊庙，论议朝廷，守信死节、隐居岩穴之士设为名高者安归乎❷？归于富厚也。是以廉吏久，久更富，廉贾归富。富者，人之情性，所不学而俱欲者也。故壮士在军，攻城先登，陷阵却敌，斩将搴旗❸，前蒙矢石❹，不避汤火之难者，为重赏使也。其在闾巷少年，攻剽（piāo）椎埋❺，劫人作奸，掘冢铸币，任侠并兼❻，借交报仇，篡逐幽隐❼，不避法禁，走死地如骛者，其实皆为财用耳。今夫赵女郑姬，设形容，揳鸣琴❽，揄长袂❾，蹑利屣❿，目挑心招，出不远千里，不择老少者，奔富厚也。游闲公子，饰冠剑，连车骑，亦为富贵容也⓫。弋射渔猎，犯晨夜，冒霜雪，驰坑谷，不避猛兽之害，为得味也。博戏驰逐，斗鸡走狗，作色相矜，必争胜者，重失负也⓬。医方诸食技术之人⓭，焦神极能，为重糈也⓮。吏士舞文弄法，刻章伪书，不避刀锯之诛者，没于赂遗也⓯。农工商贾畜长，固求富益货也。（《货殖列传》）

注释

❶近世必用老子之言，以涂塞民之耳目为务，则不可行。❷安归乎：图的是什么呢？❸搴（qiān）：拔取。❹蒙：冒着。❺抢劫钱财，杀人灭尸。❻并兼：强占他人的财物。❼在偏僻地方拦路抢劫。❽揳（jiá）：击，奏。❾揄（yú）：扬。❿利屣（xǐ）：舞鞋。⓫容：显示，夸耀。⓬重失负：

怕输钱。⓭食技术：以技术为生业。⓮糈（xǔ）：精米。⓯没：沉溺。

"廉吏久，久更富"，即廉吏之廉的最终目的，不在于追求"廉正"的价值原则，而是追求富利。吏廉则不至于迅速贪败而能久居位，久居位则虽廉也能富贵，所谓"三年清知府，十万雪花银"。"廉贾归富"，贾者廉其索价，则得利虽薄而货可速售，货速售则薄利多销，故廉而归宿在富。这表明，司马迁一方面深切认识到世人求利、逐利的本来面目，另一方面又不为高论而敢于明说，再一方面也质疑儒家严于义利之辨的合理性，"又其是非颇缪于圣人"。儒者标榜仁义而贬斥富利，是一种理想主义的主张，自有其意义。许多人表面上唱高调而实际上追逐利益，这是虚伪欺骗。

班固悲慨，司马迁如此"博物洽闻"，但不能"既明且哲，能保其身"，而遭遇极刑。可见，知之未必能行之；从知到行，尚须一跃。司马迁在《史记》中也有此种悲叹，这大概包含四层意义：一是人的智力有限，并不能应付复杂繁多的社会政治生活；二是知与行难以合一；三是在险恶困窘的人生中，人往往失去命运的主体性；四是社会人生具有非理性和荒诞性，个人的意志和行为与结果并不能构成因果关系。班固最终也是死于狱中，不能自免，时年六十一岁。范晔《后汉书·班彪传》：

论曰：司马迁、班固父子，其言史官载籍之作，大义粲然著矣。议者咸称二子有良史之才。迁文直而事核，固文赡而事详。若固之序事，不激诡，不抑抗，赡而不秽，详而有体，使读之者亹（wěi）亹（不倦的样子）而不厌，信哉其能成名也。彪、固讥迁，以为是非颇谬于圣人。然其论议常排死节，否正直，而不叙杀身成仁之为美，则轻仁义，贱守节愈矣。固伤迁博物洽闻，不能以智免极刑；然亦身陷大戮，智及之而不能守之。呜呼，古人所以致论于目睫（jié，目光短浅）也！

范蔚宗说司马迁、班固皆不能明哲保身，而他自己最终也陷于刑戮。这是专制政治下知识分子的共同悲剧命运，不能作论人之资。

/ 第二章 /

"仁而下士"
——战国"四公子"的传记

《史记》有《孟尝君列传》《平原君列传》《魏公子列传》《春申君列传》四篇传记,主要叙述战国"四公子"的人生际遇。战国四公子,即齐孟尝君、赵平原君、魏信陵君、楚春申君。孟尝君的时代稍前,平原君、信陵君、春申君的时代接近;平原君与信陵君有亲密的交往,平原君与春申君也有交往。《史记会注考证》:"四君以类叙列,以见当时风尚,不关年代先后。"四公子,除了春申君外皆是诸侯的贵族。他们皆做过诸侯的相,辅助君主,建立了功业,获得了声名。司马迁在撰写这四篇传记时,概要地叙述其人生遭遇,而较为详细地叙述他们的好士、养士之事。因此,这四篇传记的基本主题是四公子好士、养士,士亦为之所用;他们的人生轨迹和功业的建立,与士的作为息息相关。清人吴见思曰:"四君传俱以好客作主,而信陵之客独胜;次则平原,尚有一毛遂;至孟尝之客,冯谖差强人意,余则盗贼势利之徒,写得极其不堪。而千古之下,独传孟尝,何也?"(《史记论文》)孟尝君之鸡鸣狗盗之客的事迹最有传奇性,故后人津津乐道。

《太史公自序》揭示出这几篇传记之写作目的:

好客喜士,士归于薛,为齐扞楚、魏。作《孟尝君列传》第十五。

能以富贵下贫贱,贤能诎于不肖,唯信陵君为能行之。作《魏公子列传》第十七。

以身徇君,遂脱强秦,使驰说之士南乡走楚者,黄歇之义。作《春申君列传》第十八。

战国时代是士阶层兴盛的时代，其原因有三。一是封建制度（世袭制度和等级制度）崩溃，社会阶级的上下流动加速；庶人可成为士，士可进入统治阶层。二是知识下逮于平民，孔子开创了私人教育的方式，打破了传统的贵族教育，庶人可通过学习掌握知识和技能，进入仕途。三是诸侯之间相互混战，争夺土地和人民，故在政治、军事和外交领域中大量、急切地需要有才能的士人来富国强兵；士人奔走于诸侯之间，为诸侯大夫所用，从而获得富贵权势。"得士者强，失士者亡。""士贵耳，王者不贵。"乱世对人才的大量需求，强烈地刺激着人才的生产。人才的生产，不仅是通过读书求学之路，而且也通过乱世为人才提供的锻炼才能与展示才能的大舞台。

扬雄《解嘲》曰："当其有事也，非萧、曹、子房、平、勃、樊、霍则不能安；当其亡事也，章句之徒相与坐而守之，亦无所患。故世乱，则圣哲驰骛而不足；世治，则庸夫高枕而有余。"乱世给人们带来了深重的灾难，但重视贤才，磨练贤才，也为贤才提供了建功立业和获得富贵权势的许多机遇。太平之世使人们安居乐业，不需要有才能的人，庸才照样能坐享其成。因此，盛极而衰。

士人有多种类型，例如策士、文士、侠士、游士等。

第一节　孟尝君之养士

《孟尝君列传》简要地叙述了田文一生的坎坷遭遇。田文的父亲田婴是齐国的贵族，历任威王、宣王、湣王的丞相。田婴有子四十余人，其贱妾有子名文，生于五月五日。田婴告诉田文之母弃之勿养，因为俗语说五月五日生子，男害父，女害母。其母偷偷把孩子养大。田文直到年长，才见到父亲。田婴怒其母，也不待见田文。久之，田文趁空对父亲说：父亲事齐，至今三王，私家富累万金，而士人糟糠不厌，门下没有一位贤士。他劝诫父亲善养宾客，田婴从之，于是宾客日进，其声名闻于诸侯。田婴死，田文代立于薛，号孟尝君。

齐湣王嫉妒孟尝君的才能，不用他，而使他入秦，为秦昭王所囚禁。孟尝君最终依靠宾客的力量逃离秦国，回到齐国。回到齐国后，湣王任命他为齐相，任政。孟尝君相齐五年（湣王二十六至三十年），有人诋毁他于湣王曰："孟尝君将为乱。"及田甲劫持湣王，湣王认为孟尝君是幕后主使。孟尝君恐惧而奔走。后来，湣王证实孟尝君未尝谋反，复召之。孟尝君谢病，归老于薛。湣王益骄纵，欲驱逐孟尝君。孟尝君恐惧，逃到魏国。燕将乐毅联合诸侯，破齐七十余城，湣王逃到莒，遂死于此。襄王即位，孟尝君中立于诸侯，无所归属。襄王新立，畏惧孟尝君，与之讲和。孟尝君回到薛，老死于薛。其诸子争立，而齐、魏共灭薛。孟尝君绝嗣无后。

一、鸡鸣狗盗之徒

传文的主要内容是书写孟尝君好士、养士之事。他也得士之力，而时常能从人生的困境中解脱出来。

❀ 原文一

孟尝君在薛，招致诸侯宾客及亡人有罪者，皆归孟尝君。孟尝君舍业厚遇之❶，以故倾天下之士❷。食客数千人，无贵贱一与文等❸。孟尝君待客坐语，而屏风后常有侍史，主记君所与客语，问亲戚居处。客去，孟尝君已使使存问❹，献遗其亲戚。孟尝君曾待客夜食，有一人蔽火光❺。客怒，以饭不等，辍食辞去。孟尝君起，自持其饭比之。客惭，自刭。士以此多归孟尝君。孟尝君客无所择，皆善遇之，人人各自以为孟尝君亲己。

◎ 注释

❶舍业厚遇之：舍弃家产业而厚待宾客。❷倾：倒，趋赴。❸等：无差别。
❹存问：慰问。❺蔽火光：背着火光吃饭。

孟尝君好士，无所抉择，皆善遇之。孟尝君所好之士驳杂，有不少诸侯的亡命之徒、罪人。司马迁在"太史公曰"中说：

吾尝过薛，其俗闾里率多（大多）暴桀子弟，与邹、鲁殊。问其故，曰："孟尝君招致天下任侠，奸人入薛中盖六万余家矣。"世之传孟尝君好客自喜，名不虚矣。

司马迁周游其间，其感特深：薛地与邹、鲁相邻，但风俗迥异；邹、鲁之俗尚礼，而薛地民风崇暴。究其原因，是孟尝君在薛地招致诸侯任侠之士、奸人暴徒六万余家，世代绵延，因而形成了暴戾恣睢之风。

传记叙述孟尝君至秦而为秦王囚禁，得力于鸡鸣狗盗之徒而逃离秦国之事。

◎ 原文二

齐湣王二十五年，复卒使孟尝君入秦，昭王即以孟尝君为秦相。人或说秦昭王曰："孟尝君贤，而又齐族也，今相秦，必先齐而后秦，秦其危矣。"于是秦昭王乃止。囚孟尝君，谋欲杀之。孟尝君使人抵昭王幸姬求解❶。幸姬曰："妾愿得君狐白裘❷。"此时孟尝君有一狐白裘，直千金，天下无双，入秦献之昭王，更无他裘。孟尝君患之，遍问客，莫能对❸。最下坐有能为狗盗者，曰："臣能得狐白裘。"乃夜为狗，以入秦宫臧中❹，取所献狐白裘至，以献秦王幸姬。幸姬为言昭王，昭王释孟尝君。孟尝君得出，即驰去，更封传❺，变名姓以出关。夜半至函谷关。秦昭王后悔出孟尝君，求之已去，即使人驰传逐之❻。孟尝君至关，关法鸡鸣而出客，孟尝君恐追至，客之居下坐者有能为鸡鸣，而鸡齐鸣，遂发传出。出如食顷，秦追果至关，已后孟尝君出，乃还。始孟尝君列此二人于宾客，宾客尽羞之，及孟尝

> 有秦难，卒此二人拔之❼。自是之后，客皆服。
>
> 　　孟尝君过赵，赵平原君客之。赵人闻孟尝君贤，出观之，皆笑曰："始以薛公为魁然也，今视之，乃眇小丈夫耳❽。"孟尝君闻之，怒，客与俱者下❾，斫击杀数百人，遂灭一县以去。

注释

❶抵：拜见。求解：求救。❷狐白裘：集狐之腋下白毛为裘，美贵而难得。成语"千金之裘，非一狐之腋"或出此。❸客人想不出好办法。❹宫臧（zàng）：储存宝物的地方。臧，通"藏"。❺改驿券。封传（zhuàn）：出关的通行证。❻驰传（zhuàn）：驾驶车马。传，驿站的车马。❼拔：救出。❽眇小：矮小。人之容貌与其才德并没有确定的关系，孔子所谓"以貌取人，失之子羽"。❾孟尝君与客俱下车。

　　这段叙事颇为精彩传神，情节曲折紧张。孟尝君依靠狗客之力盗取宫藏中价值千金的狐白裘，而献给昭王的幸姬，得以逃出。昭王后悔，追逐孟尝君。孟尝君夜奔到函谷关，而关门紧闭，他又依靠鸡客之力，得以出关。后世成语"鸡鸣狗盗"即出于此。王安石《读孟尝君传》曰："世皆称孟尝君能得士，士以故归之，而卒赖其力，以脱于虎豹之秦。嗟乎！孟尝君特鸡鸣狗盗之雄耳，岂足以言得士？不然，擅齐之强，得一士焉，宜可以南面而制秦，尚何取鸡鸣狗盗之力哉！夫鸡鸣狗盗之出其门，此士之所以不至也。"这篇文章翻新出奇。王安石提出惊世骇俗之论："孟尝君特鸡鸣狗盗之雄耳，岂足以言得士？"这击破了孟尝君能得士的传统说法，是有坚实根据的。孟尝君至赵，其矮小身躯与其大丈夫的声名相背离，故赵人笑之。他与其客俱下车，一哄而上，击杀数百人，遂灭一县而去。由此可见，孟尝君并非长者，且宾客多是亡命暴桀之徒，不讲道义。

　　孟尝君从秦回到齐国，湣王任之为相。

原文三

　　孟尝君相齐，其舍人魏子为孟尝君收邑入❶，三反而不致一入❷。孟尝君问之，对曰："有贤者，窃假与之❸，以故不致入。"孟尝君怒而退魏子。居数年，人或毁孟尝君于齐湣王曰："孟尝君将为乱。"及田甲劫湣王，湣王意疑孟尝君❹，孟尝君乃奔。魏子所与粟贤者闻之，乃上书言孟尝君不作乱，请以身为盟，遂自刭宫门以明孟尝君。湣王乃惊，而踪迹验问❺，孟尝君果无反谋，乃复召孟尝君。孟尝君因谢病，归老于薛❻。湣王许之。

　　……

　　后齐湣王灭宋，益骄，欲去孟尝君。孟尝君恐，乃如魏。魏昭王以为相，西合于秦、赵，与燕共伐破齐。齐湣王亡在莒❼，遂死焉。齐襄王立，而孟尝君中立于诸侯，无所属。齐襄王新立，畏孟尝君，与连和，复亲薛公。文卒，谥为孟尝君。诸子争立，而齐魏共灭薛。孟尝绝嗣无后也。

注释

❶收邑入：收薛地租。❷收了三次租，一次也没有上交。❸假：借。❹湣王怀疑孟尝君是背后的主谋。❺踪迹：追寻行迹。❻归老：致仕。❼莒（jǔ）：齐邑。

　　孟尝君舍人魏子三次收薛地租税，而将租税私自借给某位贤者。孟尝君怒退魏子。后数年，孟尝君受到诋毁而得罪湣王，恐惧而奔走。借粟的贤者，以自刭宫门来表明孟尝君无罪。孟尝君终得宾客之力而归老于薛地。孟尝君卒，诸子争立。齐魏共灭薛，孟尝君绝嗣无后。司马迁寓论断于叙事中，对孟尝君颇为贬斥。

二、狡兔三窟

　　传记补叙了孟尝君与宾客冯谖的交往事迹，《战国策·齐策》的叙事更为生动传神。

原文四

齐人有冯谖者❶，贫乏不能自存。使人属孟尝君❷，愿寄食门下❸。孟尝君曰："客何好？"曰："客无好也。"曰："客何能？"曰："客无能也。"孟尝君笑而受之，曰："诺。"左右以君贱之也，食（sì）以草具❹。居有顷，倚柱弹其剑，歌曰："长铗❺，归来乎！食无鱼。"左右以告。孟尝君曰："食之，比门下之鱼客。"居有顷，复弹其铗，歌曰："长铗，归来乎！出无车。"左右皆笑之，以告。孟尝君曰："为之驾，比门下之车客。"于是乘其车，揭其剑❻，过其友，曰："孟尝君客我❼！"后有顷，复弹其剑铗，歌曰："长铗，归来乎！无以为家。"左右皆恶之，以为贪而不知足。孟尝君问："冯公有亲乎？"对曰："有老母。"孟尝君使人给其食用，无使乏。于是冯谖不复歌。（《战国策·齐策》）

注释

❶冯谖（xuān）：姓冯名谖。❷属：通"嘱"，请托。❸寄食门下：在孟尝君门下做食客。❹给他吃粗劣的饭菜。❺铗（jiá）：剑。❻揭：举。❼客我：以我为上客。

这段叙事，文笔形象生动，欲扬先抑。冯谖自说"无好""无能"，却三次弹铗而歌，不断提出更高的要求，似乎贪得无厌。孟尝君三次都满足了冯谖的要求，表明他确实好士、养士。左右对冯谖的讥讽和鄙夷之情，溢满字里行间。

原文五

后孟尝君出记❶，问门下诸客："谁习计会❷，能为文收责于薛者乎？"冯谖署曰❸："能。"孟尝君怪之，曰："此谁也？"左右曰："乃歌夫'长铗归来'者也。"孟尝君笑曰："客果有能也，吾负之❹，未尝见也。"请而见之，谢曰："文倦于事，愦于忧❺，而性懧愚❻，沉于国家之事，开罪于先生。先生不羞，乃有意欲为收责于薛乎？"冯谖曰:"愿之。"于是约车治装❼,载券契而行❽,辞曰:"责毕收,以何市而反?"孟尝君曰:"视吾家所寡有者。"

驱而之薛,使吏召诸民当偿者,悉来合券。券遍合,起,矫命❾,以责赐诸民。因烧其券。民称万岁。长驱到齐,晨而求见。孟尝君怪其疾也,衣冠而见之,曰:"责毕收乎?来何疾也!"曰:"收毕矣!""以何市而反?"冯谖曰:"君云:'视吾家所寡有者。'臣窃计:君宫中积珍宝,狗马实外厩,美人充下陈❿,君家所寡有者,以义耳。窃以为君市义。"孟尝君曰:"市义奈何?"曰:"今君有区区之薛,不拊爱子其民⓫,因而贾利之⓬。臣窃矫君命,以责赐诸民,因烧其券,民称万岁。乃臣所以为君市义也。"孟尝君不说,曰:"诺。先生休矣!"

后期年⓭,齐王谓孟尝君曰:"寡人不敢以先王之臣为臣!"孟尝君就国于薛。未至百里,民扶老携幼,迎君道中正日⓮。孟尝君顾谓冯谖:"先生所为文市义者,乃今日见之。"冯谖曰:"狡兔有三窟,仅得免其死耳。今君有一窟,未得高枕而卧也。请为君复凿二窟。"……孟尝君为相数十年,无纤介之祸者,冯谖之计也。(《战国策·齐策》)

注释

❶记:文告。❷计会(kuài):会计。❸署:署名(于文告)。❹负:亏待。❺愦:昏乱。❻懦:怯弱。❼约车治装:准备车马,治理行装。❽券契:债据。❾假称孟尝君的命令。❿充:满。下陈:后列。⓫拊(fǔ)爱:抚爱。子其民:爱民如子。⓬贾(gǔ)利之:以商贾的手段谋取利益。⓭期(jī)年:一周年。⓮正日:终日。

传记叙述冯谖为孟尝君到薛地收租税,为之"市义"。义有强烈的工具色彩,即义是工具或手段,而利是目的。冯谖以小利买义,再由义而使孟尝君获大利。这与儒家严于义利之辨不同。西汉大儒董仲舒的经典名言是:"正其义不谋其利,明其道不计其功。"正义、明道本身即是目的，并不是获取功利的手段；正义、明道也许能获得功利的结果，但并不进入动机的层面。

冯谖欲为孟尝君凿三窟，所谓"狡兔三窟"。

第一窟"市义"，即以利收买薛地民心而获得大利。

第二窟是以诸侯间的矛盾突显孟尝君的重要作用，使他重掌齐国的政治权力。

齐王迷惑于秦、楚之诋毁，以为孟尝君名高其主而专齐国之权，遂废孟尝君。诸客见孟尝君废，皆去。冯谖曰："借臣车一乘，可以入秦者，必令君重于国而奉邑益广，可乎？"孟尝君于是"约车币而遣之"。冯谖向西游说秦王，秦王答应遣车十乘、黄金百镒来迎孟尝君。冯谖辞别先行，游说齐王。齐王复召孟尝君为相，秦使者还车而去。这是冯谖所凿的"第二窟"。

第三窟是请求齐王在薛地立先王的宗庙，来巩固孟尝君的封地而突显其重要地位。冯谖告诫孟尝君曰："愿请先王之祭器，立宗庙于薛。"庙成，冯谖还报孟尝君曰："三窟已就，君姑高枕为乐矣。"孟尝君为相数十年，无纤介之祸者，冯谖之计也。

三、市道交

孟尝君被毁废时，宾客皆去；他非常失落，颇为感慨宾客之以利相交。司马迁突出地叙述此事，寄予了自己的人生感受。

原文六

自齐王毁废孟尝君，诸客皆去。后召而复之，冯谖迎之。未到，孟尝君太息叹曰："文常好客，遇客无所敢失，食客三千有余人，先生所知也。客见文一日废，皆背文而去，莫顾文者。今赖先生得复其位，客亦有何面目复见文乎？如复见文者，必唾其面而大辱之。"冯谖结辔下拜。孟尝君下车接之❶，曰："先生为客谢乎❷？"曰："非为客谢也，为君之言失。夫物有必至，事有固然，君知之乎？"孟尝君

> 曰："愚不知所谓也。"曰："生者必有死，物之必至也；富贵多士，贫贱寡友，事之固然也。君独不见夫趣市朝者乎❸？明旦，侧肩争门而入；日暮之后，过市朝者掉臂而不顾。非好朝而恶暮，所期物忘其中❹。今君失位，宾客皆去，不足以怨士而徒绝宾客之路❺。愿君遇客如故。"孟尝君再拜曰："敬从命矣。闻先生之言，敢不奉教焉。"

注释

❶ 下车接之：下车答礼。❷ 谢：道歉。❸ 趣市朝（cháo）：赶集市。趣，通"趋"。❹ 所期物：入市中所欲求之物利。❺ 徒然地堵塞宾客投奔的门路，从而失去宾客的帮助。

"市道交"：人与人之间的交往，符合市场上贸易交换的道理，即随利害而聚散，这是必然之理，是世态炎凉的重要表现，不能不令人感慨不已。司马迁因为李陵辩护而下狱、受宫刑。他沉痛说："家贫，财赂不足以自赎，交游莫救，左右亲近，不为一言。身非木石，独与法吏为伍，深幽囹圄之中，谁可告诉者！"（《报任少卿书》）他把这种世态的冷暖炎凉之情融进传记中。

《廉颇蔺相如列传》：

廉颇之免长平归也，失势之时，故客尽去。及复用为将，客又复至。廉颇曰："客退矣！"客曰："吁！君何见之晚也？夫天下以市道交，君有势，我则从君，君无势则去，此固其理也，有何怨乎？"

主客之"市道交"，即主有势，客则从主，主无势则去。

《汲郑列传》：

太史公曰：夫以汲、郑之贤，有势则宾客十倍，无势则否。……始翟公为廷尉，宾客填门；及废，门外可设雀罗。翟公复为廷尉，宾客欲往，翟公乃大署其门曰："一死一生，乃知交情。一贫一富，乃知交态。一贵一贱，交情乃见。"

从生死、贫富、贵贱的急剧迁变中，一个人才能明白交情交态。子曰："岁寒，然后知松柏之后凋也。"（《论语·子罕》）

《平津侯主父列传》：

太史公曰：……主父偃当路，诸公皆誉之，及名败身诛，士争言其恶，悲夫！

世态炎凉，乃是自然之势，必然之理，但不能不令人感慨万端。廉颇、翟公的宾客还算是有情者，主人废，则离去；主父偃的宾客更可恶，主人废，则落井下石，争言其恶。韩愈《柳子厚墓志铭》曰："一旦临小利害，仅如毛发比，反眼若不相识；落陷阱，不一引手救，反挤之，又下石焉者；皆是也。"

第二节　平原君之养士

平原君赵胜是赵国诸公子，相赵惠文王及孝成王，三去相，三复位。《平原君列传》少叙及其生平功业，而主要突出其好士、养士之事，犹以"毛遂自荐"的故事最为著名。

一、美人笑跛者

传文始叙述平原君一美人在楼上取笑跛者之事，颇有传奇性。

原文一

平原君家楼临民家。民家有躄者❶，槃散行汲❷。平原君美人居楼上，临见，大笑之。明日，躄者至平原君门，请曰："臣闻君之喜士，士不远千里而至者，以君能贵士而贱妾也。臣不幸有罢癃之病❸，而君之后宫临而笑臣，臣愿得笑臣者头。"平原君笑应曰："诺。"躄者去，平原君笑曰："观此竖子❹，乃欲以一笑之故杀吾美人，不亦甚乎！"终不杀。居岁余。宾客门下舍人稍稍引去者过半。平原君怪之，曰："胜所以待诸君者未尝敢失礼，而去者何多也？"门下一人前对曰："以君之不杀笑躄者，以君为爱色而贱士，士即去耳。"于是平原君乃斩笑躄者美人头，自造门进躄者，因谢焉。其后门下乃复稍稍来。是时齐有孟尝，魏有信陵，楚有春申，故争相倾以待士❺。

❀ 注释

❶ 躄（bì）者：跛者。❷ 槃散：通"蹒跚"。汲（jí）：从井中提水。❸ 罢癃（lóng）：残疾，足跛而背驼。罢，通"疲"。❹ 竖子：小子，轻蔑语。❺ 相倾：压倒对方。

传文叙写平原君因其美人取笑跛者而杀之，不免增饰夸大，其事未必是真，而情理存之，即表明平原君贵士而贱色。王伯祥曰："正因为故意相竞，平原君乃做此矫情杀人的举动，来骇人听闻，邀取声誉。"（《史记选》）

二、毛遂自荐

传记着重讲述"毛遂自荐"的故事。这个故事家喻户晓，毛遂自信其才具，敢于为国所用，一方面是士为知己者用，另一方面也有承担国家之兴亡的责任感。

❀ 原文二

秦之围邯郸，赵使平原君求救，合从于楚，约与食客门下有勇力文武备具者二十人偕。平原君曰："使文能取胜，则善矣。文不能取胜，则歃血于华屋之下❶，必得定从而还。士不外索，取于食客门下足矣。"得十九人，余无可取者，无以满二十人。门下有毛遂者，前，自赞于平原君曰❷："遂闻君将合从于楚，约与食客门下二十人偕，不外索。今少一人。愿君即以遂备员而行矣❸。"平原君曰："先生处胜之门下几年于此矣？"毛遂曰："三年于此矣。"平原君曰："夫贤士之处世也，譬若锥之处囊中，其末立见❹。今先生处胜之门下三年于此矣，左右未有所称诵，胜未有所闻，是先生无所有也。先生不能，先生留。"毛遂曰："臣乃今日请处囊中耳。使遂蚤得处囊中，乃颖脱而出❺，非特其末见而已。"平原君竟与毛遂偕。十九人相与目笑之而未废也❻。

❀ 注释

❶ 歃（shà）血：古时会盟，双方口含牲畜血或以血涂口旁，以表信誓。❷ 自赞：自我推荐。❸ 备员：犹言"充数"，委婉之辞。❹ 末：刀尖，刀锋。❺ 颖脱而出：锥之锋芒全体脱出，非只是露尖而已，即充分地展现其才能。颖，锋芒。❻ 废：借为"发"，即十九人目笑而口未发声，半信半疑之貌。

平原君使楚，欲与楚联合，共同抗秦。门下毛遂自荐。平原君并不信他，众门客也嘲笑他。毛遂颇为自信，且大放豪言，如果锥处囊中，则锥芒全脱而出。平原君五次称毛遂为先生，颇得累叠之妙。平原君的音容笑貌栩栩如生，对毛遂的才具半信半疑。

本篇叙事先抑后扬，甚有波澜。

❀ 原文三

毛遂比至楚❶，与十九人论议，十九人皆服。平原君与楚合从，言其利害，日出而言之，日中不决。十九人谓毛遂曰："先生上。"毛遂按剑历阶而上❷，谓平原君曰："从之利害，两言而决耳❸。今日出而言从，日中不决，何也？"楚王谓平原君曰："客何为者也？"平原君曰："是胜之舍人也。"楚王叱曰："胡不下！吾乃与而君言，汝何为者也！"毛遂按剑而前曰："王之所以叱遂者，以楚国之众也。今十步之内，王不得恃楚国之众也，王之命悬于遂手❹。吾君在前，叱者何也？且遂闻汤以七十里之地王天下，文王以百里之壤而臣诸侯，岂其士卒众多哉，诚能据其势而奋其威。今楚地方五千里，持戟百万，此霸王之资也。以楚之强，天下弗能当。白起，小竖子耳❺，率数万之众，兴师以与楚战，一战而举鄢郢，再战而烧夷陵，三战而辱王之先人。此百世之怨而赵之所羞,而王弗知恶焉❻。合从者为楚,非为赵也。吾君在前,叱者何也?"楚王曰:"唯唯,诚若先生之言,谨奉社稷而以从。"毛遂曰:"从定乎?"楚王曰:"定矣。"毛遂谓楚王之左右曰:"取鸡狗马之血来。"毛遂奉铜盘而跪进之楚王曰:"王当歃血而定从,次者吾君,次者遂。"遂定纵于殿上。毛遂左手持盘血而右手招十九人曰:"公相与歃此血于堂下。公等碌碌❼,所谓因人成事者也❽。"

平原君已定从而归,归至于赵,曰:"胜不敢复相士。胜相士多者千人,寡者百数,自以为不失天下之士,今乃于毛先生而失之也。毛先生一至楚,而使赵重于九鼎大吕❾。毛先生以三寸之舌,强于百万之师。胜不敢复相士。"遂以为上客。

注释

❶ 比:并列。或曰,比,及。❷ 历阶:一脚一阶,即登阶不聚足,急遽的样子。❸ 两言:利与害。或曰,两言,两句话。❹ 悬:掌握,控制。❺ 小竖子:无知如同童子。❻ 恶:厌恶。孟子所谓"羞恶之心"。❼ 碌碌:通"磟磟",小石错落的样子,喻平庸。❽ 因人成事,古语。❾ 九鼎大吕:传国的宝器,喻其重。大吕,大钟。毛遂至楚,使赵重于九鼎大吕,即为天下所重。

平原君游说楚王合纵抗秦,言其利害,日出而言,日中不能决。楚王不能合纵的原因主要有二:一是畏惧秦国;二是认为合纵是为了赵国,于自己没有什么益处。毛遂按剑而上,气势沛盛,不畏惧楚王的威权。这是需要很大勇气的,普通人会恐惧当时的威严气氛,而不敢言行,同去的十九人皆是。楚王斥责毛遂,毛遂按剑而怒,恐吓楚王曰,十步之内,王之命掌握在自己的手中,这是劫持楚王。接着,毛遂辩说合纵之利:先言楚国三战皆败于秦,丧权辱国,不知羞恶,且恐惧秦国,不能报仇雪恨;接着说明合纵表面上是为赵,实际上是为楚。在威逼与利诱下,楚王最终同意合纵抗秦。毛遂立即与楚王、平原君等诸客，歃血于殿堂之下。回来后，平原君甚慨叹，自以为善相士，食客众多，而不失天下之士，但失毛先生。"胜不敢复相士"，前后两次出现，深得累叠之妙。

传记描述的毛遂形象甚为鲜明，这是一位有胆有识而深藏不露的士人。梁启超说："毛遂，一小蔺相如也，其智勇略似之，其德量不逮，要亦人杰也已。"（《饮冰室专集》第六册）《廉颇蔺相如列传》记载蔺相如侍奉赵王与秦王会于渑池之事。

秦王饮酒酣，曰："寡人窃闻赵王好音，请奏瑟。"赵王鼓瑟。秦御史前书曰："某年月日，秦王与赵王会饮，令赵王鼓瑟。"蔺相如前曰："赵王窃闻秦王善为秦声，请奏盆缶秦王，以相娱乐。"秦王怒，不许。于是相如前进缶，因跪请秦王。秦王不肯击缶。相如曰："五步之内，相如请得以颈血溅大王矣！"左右欲刃（以刀杀）相如，相如张目叱之，左右皆靡。于是秦王不怿，为一击缶。相如顾召赵御史书曰："某年月日，秦王为赵王击缶。"秦之群臣曰："请以赵十五城为秦王寿。"蔺相如亦曰："请以秦之咸阳为赵王寿。"秦王竟酒，终不能加胜于赵。赵亦盛设兵以待秦，秦不敢动。既罢归国，以相如功大，拜为上卿，位在廉颇之右。

蔺相如智勇超群，不辱赵王的尊严，不损赵国的利益。

原文四

平原君既返赵，楚使春申君将兵赴救赵，魏信陵君亦矫夺晋鄙军往救赵❶，皆未至。秦急围邯郸，邯郸急，且降，平原君甚患之。邯郸传舍吏子李同说平原君曰❷："君不忧赵亡邪？"平原君曰："赵亡则胜为虏，何为不忧乎？"李同曰："邯郸之民，炊骨易子而食❸，可谓急矣，而君之后宫有百数，婢妾被绮縠❹，余粱肉，而民褐衣不完，糟糠不厌❺。民困兵尽，或剡木为矛矢❻，而君器物钟磬自若。使秦破赵，君安得有此？使赵得全，君何患无有？今君诚能令夫人以下编于士卒之间，分功而作，家之所有尽散以飨士❼，士方其危苦之时，易德耳❽。"于是平原君从之，得敢死之士三千人。李同遂与三千人赴秦军,秦军为之却三十里。亦会楚、魏救至,秦兵遂罢,邯郸复存。李同战死,封其父为李侯。……平原君以赵孝成王十五年卒。子孙代,后竟与赵俱亡。……

太史公曰:平原君,翩翩浊世之佳公子也❾,然未睹大体。鄙语曰:"利令智昏。"平原君贪冯亭邪说❿,使赵陷长平兵四十余万众,邯郸几亡。

注释

❶矫:假,诈。❷传舍吏:驿站小吏李谈(司马迁避父司马谈讳,改为李同)。❸炊骨:以人骨为柴。易子:交换子女。❹被绮縠(hú):穿绫罗绸缎。被,通"披"。❺糟糠都吃不饱。厌:饱,足。❻剡(yǎn):削尖。❼飨(xiǎng):以酒食慰劳。❽容易得到士人的感谢。《史记会注考证》引中井积德之言曰:"危苦,故小惠微恩足以结之。"❾翩翩:鸟飞轻捷的样子,以喻人的才情和相貌出众。浊世:战国乱世。❿赵孝成王四年,秦攻韩,韩王割上党之地归秦。上党守冯亭不欲降秦,而愿以上党降赵。平原君贪其利,劝赵王接受冯亭的投降。于是秦怒而攻赵,发动长平之战,坑赵卒数万人,不久又围困邯郸。司马迁在传记中不载冯亭之事,于"赞"中一言点出,或为平原君讳。

平原君好客,主要是为了拯救赵国之难。毛遂自荐至楚,赵与楚、魏合纵,以抗击秦兵,解除了邯郸之围。平原君听从李同的建议,散尽家财,以得三千人,作为敢死队,舍生忘死,一往无前,秦军后退三十里。恰逢楚、魏救兵也至,秦兵遂罢去,邯郸复存。平原君卒于公元前251年,其子孙与赵俱亡。

第三节 信陵君之养士

魏公子,名无忌,是魏昭王少子、魏安釐王异母弟。昭王薨,安釐王即位,封公子为信陵君。司马迁之四公子的传记,以孟尝、平原、春申之谥号或封号命名，独此篇以公子命名。明人茅坤曰："信陵君是太史公胸中得意人，故本传亦太史公得意文。"（《史记钞》）明人陈仁锡曰："一篇中凡言'公子'者一百四十七，大奇，大奇。"（《史记一百三十卷》）传记全文称"公子"者一百四十余处，表达了司马迁对公子由衷的敬慕之情。

魏公子一生的功业，一是夺晋鄙军救赵退秦；二是将五国之兵抗秦。尽管其功业的实现与其政治地位和才能有重要的关系，但也与他"仁而下士"而得到士人帮助有紧密的联系。在叙述公子夺晋鄙军救赵前，传文花了大量笔墨叙述他礼遇侯嬴、朱亥的事迹，此两人有助于他成就救赵的功业。公子留赵十余年不归，期间，他结交隐于市场中的毛公、薛公；二人规劝他回到魏国，率领诸侯军以抗秦，成就功业。清人李景星说："通篇以'客'起，以'客'结，最有照应。中间所叙之客，如侯生，如朱亥，如毛公薛公，固卓卓可称；余如探赵阴事者，万端说魏王者，与百乘赴秦军者，斩如姬仇头者，说公子忘德者，背魏之赵者，进兵法者，亦皆随事见奇，相应成姿。盖魏公子一生大节在救赵却秦，成救赵却秦之功，全赖乎客。而所以得客之力，实本于公子之好客。故以好客为主，随路用客穿插，便成一篇绝妙佳文。"（《四史评议》）公子仁而下士，所养士人多贤者，例如侯嬴、朱亥、毛公、薛公等。其一，在"仁而下士，皆谦而礼交之"方面，魏公子比其他三公子更为突出。其二，魏公子仁而下士，是出自中心，而其他三公子多有矫饰。其三，魏公子好士主要是为国，而其他三公子好士多自为。其四，公子晚年"信而见疑，忠而被谤"，"竟病酒而卒"，其悲剧命运令人同情。

一、夷门侯嬴

传文首先概要地说明公子"仁而下士"的品性，然后叙述一件小事以明之。

原文一

公子为人仁而下士❶，士无贤不肖皆谦而礼交之，不敢以其富贵骄士❷。士以此方数千里争往归之，致食客三千人。当是时，诸侯以公子贤，多客，不敢加兵谋魏十余年。

公子与魏王博❸，而北境传举烽❹，言"赵寇至，且入界"。魏王释博，欲召大臣谋。公子止王曰："赵王田猎耳，非为寇也。"复博如故。王恐，心不在博。居顷，复从北方来传言曰："赵王猎耳，非为寇也。"魏王大惊，曰："公子何以知之？"公子曰："臣之客有能深得赵王阴事者❺，赵王所为，客辄以报臣，臣以此知之。"是后魏王畏公子之贤能，不敢任公子以国政。

注释

❶下士：谦卑地侍奉士人。❷公子不以富贵骄士，难能可贵，而有待于达至忘富贵而以礼交士的境界。❸博：下棋。❹传：传言。举烽：点燃报警的烽火。❺阴事：秘密事。

公子贤能，且好士、养士，士皆为其所用；魏王不敢任公子为国政。传文重点叙述公子知遇侯嬴的故事。

原文二

魏有隐士曰侯嬴，年七十，家贫，为大梁夷门监者❶。公子闻之，往请，欲厚遗之。不肯受，曰："臣修身洁行数十年❷，终不以监门困故而受公子财。"公子于是乃置酒大会宾客。坐定，公子从车骑❸，虚左❹，自迎夷门侯生。侯生摄敝衣冠❺，直上载公子上坐，不让，欲以观公子。公子执辔愈恭。侯生又谓公子曰："臣有客在市屠中，愿枉车骑过之❻。"公子引车入市，侯生下见其客朱亥，俾倪❼，故久立与其客语，微察公子❽。公子颜色愈和。当是时，魏将相宗室宾客满堂，待公子举酒。市人皆观公子执辔。从骑皆窃骂侯生。侯生视公子色终不变，乃谢客就车。至家，公子引侯生坐上坐，遍赞宾客❾，宾客皆惊。酒酣，公子起，为寿侯生前❿。侯生因谓公子曰："今日嬴之为公子亦足矣⓫。嬴乃夷门抱关者也⓬，而公子亲枉车骑，自迎嬴于众人广坐之中，不宜有所过⓭，今公子故过之。然嬴欲就公子之名，故久立公子车骑市中，过客以观公子，公子愈恭。市人皆以嬴为小人，而以公子为长者能下士也。"于是罢酒，侯生遂为上客。

侯生谓公子曰："臣所过屠者朱亥，此子贤者，世莫能知，故隐屠间耳。"公子往数请之，朱亥故不复谢，公子怪之。

注释

❶ 夷门监者：夷门的守门人。夷门，大梁的东门。❷ 洁行：不苟取。❸ 从车骑：带着车马。❹ 空出左边的座位，时以左为尊位。❺ 摄：整理。❻ 枉：曲，引申为劳驾，谦词。过：拜访。❼ 俾倪，通"睥（pì）睨（nì）"，斜视，用余光看人。❽ 微察：暗中观察。❾ 赞：介绍。❿ 为寿：敬酒。⓫ 为公子：成就公子好士之名。⓬ 抱关者：监门者。关，门栓。⓭ 过：过分，超出常规的礼节。

侯嬴七十多岁，众人皆认为他年老而无用。但公子听说他贤，于是亲自去请，并赠送财物。侯嬴虽家贫，但不受，表现出士人的节操。公子于是置酒大会宾客。宾客皆等主人开宴，可公子离去，亲自到夷门迎接这位无名的年老之人侯嬴。宾客无奈等待，自然不能理解。侯嬴又故意骄矜，要公子枉车入市，见其客朱亥，两人立于市中谈论甚久。从者皆暗自骂侯嬴倚老卖老，而公子"颜色愈和"。至家，公子遍向宾客介绍侯嬴，酒酣，举酒为侯嬴祝寿。这形象生动地描写出公子仁而下士的品格。侯嬴的骄矜，意在成就公子的好士之名，用心颇深。

要之，这段叙事，突出了公子礼贤下士的品格，也刻画了侯嬴衣褐怀玉、高傲无礼的性情。这两者构成了鲜明的对照，使他们二人的性格更为鲜明。司马迁对公子礼贤下士最为倾心，故描写得非常生动传神。

魏安釐王二十年，秦昭王已破赵长平军，又进兵围困邯郸。公子姊为平原君夫人，平原君数次请求魏王及公子发兵救助赵。魏王派将军晋鄙将十万众救赵。晋鄙驻扎于邺，名为救赵，实持两端以观望。公子患之，数次请求魏王救赵；其客"说王万端"。但魏王畏秦，终不听公子。公子不愿独生而令赵亡，乃请宾客，约车骑百余乘，欲与客往赴秦军，与赵俱亡。

❀ 原文三

行过夷门，见侯生，具告所以欲死秦军状。辞决而行，侯生曰："公子勉之矣，老臣不能从。"公子行数里，心不快，曰："吾所以待侯生者备矣，天下莫不闻，今吾且死而侯生曾无一言半辞送我❶，我岂有所失哉？"复引车还，问侯生。侯生笑曰："臣固知公子之还也。"曰："公子喜士，名闻天下。今有难，无他端而欲赴秦军❷，譬若以肉投馁虎❸，何功之有哉？尚安事客❹？然公子遇臣厚，公子往而臣不送，以是知公子恨之复返也。"公子再拜，因问。侯生乃屏人间语❺，曰："嬴闻晋鄙之兵符常在王卧内，而如姬最幸，出入王卧内，力能窃之。嬴闻如姬父为人所杀，如姬资之三年❻，自王以下欲求报其父仇，莫能得。如姬为公子泣，公子使客斩其仇头，敬进如姬。如姬之欲为公子死，无所辞，顾未有路耳❼。公子诚一开口请如姬，如姬必许诺，则得虎符夺晋鄙军，北救赵而西却秦，此五霸之伐也❽。"公子从其计，请如姬。如姬果盗晋鄙兵符与公子。

❀ 注释

❶曾：竟然。❷无他端：没有其他办法。❸馁（něi）：饥饿。❹还用宾客做什么？❺屏（bǐng）人间语：遣开人而密谈。间语，密谈。❻资之三年：心中蓄藏复仇之念三年。资，蓄藏。一说，以金帛资财予人报仇。❼顾：只是。❽伐：功业。

侯嬴为公子出谋划策，请魏王的宠姬盗取兵符，然后持兵符夺晋鄙军而救赵。其计策能取得功利的结果，但不合君臣之义，且使公子的未来之路变化莫测。由此可见，侯嬴是一位智者型的人物，不太考虑计策本身正当与否。

原文四

　　公子行，侯生曰："将在外，主令有所不受，以便国家。公子即合符，而晋鄙不授公子兵而复请之❶，事必危矣。臣客屠者朱亥可与俱，此人力士。晋鄙听，大善；不听，可使击之。"于是公子泣。侯生曰："公子畏死邪？何泣也？"公子曰："晋鄙嚄唶宿将❷，往恐不听，必当杀之，是以泣耳，岂畏死哉？"于是公子请朱亥。朱亥笑曰："臣乃市井鼓刀屠者，而公子亲数存之❸，所以不报谢者，以为小礼无所用。今公子有急，此乃臣效命之秋也。"遂与公子俱。公子过谢侯生。侯生曰："臣宜从，老不能。请数公子行日，以至晋鄙军之日，北乡自刭，以送公子。"公子遂行。

　　至邺，矫魏王令代晋鄙❹。晋鄙合符，疑之，举手视公子曰："今吾拥十万之众，屯于境上，国之重任，今单车来代之，何如哉？"欲无听。朱亥袖四十斤铁椎❺，椎杀晋鄙，公子遂将晋鄙军。勒兵下令军中曰❻："父子俱在军中，父归；兄弟俱在军中，兄归；独子无兄弟，归养。"得选兵八万人，进兵击秦军。秦军解去，遂救邯郸，存赵。赵王及平原君自迎公子于界，平原君负韣矢为公子先引❼。赵王再拜曰："自古贤人未有及公子者也。"当此之时，平原君不敢自比于人❽。公子与侯生决，至军，侯生果北乡自刭。

注释

❶复请之：再向魏王请示。❷嚄（huò）唶（zé）宿将：很有威势的老将。嚄唶，大笑大叫，形容气势强盛。❸存：存问，照顾。曹操《短歌行》："越陌度阡，枉用相存。"❹矫：假称。❺袖：藏在袖中，用作动词。❻勒兵：整顿军队。❼负：背负。韣（lán）：箭袋。❽平原君不敢与信陵君比。

　　侯嬴自刭，表现出士为知己者死的气节。在《刺客列传》中，豫让说："臣事范、中行氏，范、中行氏皆众人遇我，我故众人报之。至于智伯，国士遇我，我故国士报之。"如何看待侯嬴北向自刎？一是战国士人交往的一条重要准则是"士为知己者死"，公子"仁而下士"，就会有"为知己者死"之士。侯嬴的自刎及朱亥"今公子有急，此乃臣效命之秋也"，反映了当时"士为知己者死"的道德观念。二是侯嬴自刎，目的是激励公子坚定夺晋鄙军的意志，并表明事必成功的信心。三是侯嬴为公子出谋窃符救赵，虽使公子救赵成功，但对魏王采取欺骗的行为，是不忠的。作为洁身自好的侯嬴，也会自刎。

公子以兵符夺晋鄙军，进兵击秦军。"秦军解去，遂救邯郸"。传文有两件小事表现出公子的仁心，一是不忍杀老将晋鄙，二是仁爱士卒，得其死力。"父子俱在军中，父归；兄弟俱在军中，兄归；独子无兄弟，归养。"战争是不得已的罪恶，其中也存仁义。公子"窃符救赵"的事件有重大的政治意义：魏、赵唇齿相依，救赵即存魏，反抗暴秦。此事件在公子一生中有重要意义，公子从此客居赵国十年不归。此事件也刻画了公子鲜明的形象特征：急人之困，救人之难；士为之所用，为之而死；有仁爱之心；接纳雅言。

公子退秦存赵，使魏将率军归魏；公子自知其罪，不能归魏，独与客留在赵国。

二、信而见疑，忠而被谤

原文五

公子闻赵有处士毛公藏于博徒❶，薛公藏于卖浆家❷，公子欲见两人，两人自匿不肯见公子。公子闻所在，乃间步往从此两人游❸，甚欢。平原君闻之，谓其夫人曰："始吾闻夫人弟公子天下无双，今吾闻之，乃妄从博徒卖浆者游，公子妄人耳❹。"夫人以告公子。公子乃谢夫人去，曰："始吾闻平原君贤，故负魏王而救赵，以称平原君❺。平原君之游，徒豪举耳❻，不求士也。无忌自在大梁时，常闻此两人贤，至赵，恐不得见。以无忌从之游，尚恐其不我欲也，今平原君乃以为羞,其不足从游。"乃装为去❼。夫人具以语平原君。平原君乃免冠谢,固留公子。平原君门下闻之,半去平原君归公子,天下士复往归公子,公子倾平原君客。

公子留赵十年不归。秦闻公子在赵,日夜出兵东伐魏。魏王患之,使使往请公子。公子恐其怒之,乃诫门下:"有敢为魏王使通者,死。"宾客皆背魏之赵❽,莫敢劝公子归。毛公、薛公两人往见公子曰:"公子所以重于赵,名闻诸侯者,徒以有魏也。今秦攻魏,魏急而公子不恤❾,使秦破大梁而夷先王之宗庙,公子当何面目立天下乎?"语未及卒,公子立变色,告车趣驾归救魏❿。

注释

❶处士:有德能而隐居的士人。博徒:赌博者。❷卖浆家:沽酒人家。❸间步:微服私访。❹妄人:荒唐妄为之人。❺称:称心如意。❻豪举:豪放的行为,非欲求有用之士。❼装为去:收拾行装而离去。装,用作动词。❽背魏之赵:背魏而投赵。❾不恤:不关心。❿趣:通"促"。

这段文字叙述公子之交往毛公、薛公的事迹,采用对比的手法:一是将公子与平原君相对比,说明公子知士、好士甚于平原君;二是将毛公、薛公与公子之宾客相对比,表明毛公、薛公的智慧和品德更胜一筹。两人劝公子归魏,一方面使公子终有归宿;另一方面也使魏为诸侯所重,使秦不敢加兵于魏,且合纵诸侯以抗拒秦国。

原文六

魏王见公子,相与泣,而以上将军印授公子,公子遂将。魏安釐王三十年,公子使使遍告诸侯。诸侯闻公子将,各遣将将兵救魏。公子率五国之兵破秦军于河外,走蒙骜(ào)❶。遂乘胜逐秦军至函谷关,抑秦兵,秦兵不敢出。当是时,公子威振天下,诸侯之客进兵法,公子皆名之,故世俗称《魏公子兵法》。

秦王患之，乃行金万斤于魏，求晋鄙客，令毁公子于魏王曰："公子亡在外十年矣，今为魏将，诸侯将皆属，诸侯徒闻魏公子，不闻魏王。公子亦欲因此时定南面而王，诸侯畏公子之威，方欲共立之。"秦数使反间❷，伪贺公子得立为魏王未也❸。魏王日闻其毁，不能不信，后果使人代公子将。公子自知再以毁废，乃谢病不朝，与宾客为长夜饮❹，饮醇酒，多近妇女。日夜为乐饮者四岁，竟病酒而卒❺。其岁，魏安釐王亦薨。

秦闻公子死，使蒙骜攻魏，拔二十城，初置东郡。其后秦稍蚕食魏，十八岁而虏魏王，屠大梁。

注释

❶击退蒙骜的军队。❷反间：离间公子与魏王的关系。❸假装听说公子立为魏王，故来祝贺，来后方知公子尚未立为魏王。❹长夜饮：通宵饮酒。❺病酒而卒：酒精中毒而身亡。

公子确有卓异的政治和军事才能，为人仁厚，礼贤下士，有良好的品德。他客居赵十余年，身心俱疲。归魏后，联合五国抗拒秦国，建立了功绩。他本想大有作为，无奈秦用反间计而魏王又不明，最终被废。信而见疑，忠而被谤。他心灰意冷，谢病不朝，与宾客通宵饮酒，多近妇女，最终"病酒而卒"。他卒于公元前243年。十八年后，秦灭魏。

原文七

高祖始微少时，数闻公子贤。及即天子位，每过大梁，常祠公子❶。高祖十二年，从击黥布还，为公子置守冢五家，世世岁以四时奉祠公子。

太史公曰：吾过大梁之墟，求问其所谓夷门。夷门者，城之东门也。天下诸公子亦有喜士者矣，然信陵君之接岩穴隐者，不耻下交，有以也❷。名冠诸侯，不虚耳❸。高祖每过之而令民奉祠不绝也。

注释

❶ 祠：祭祀。❷ 公子不耻下交，尽心尽力求有用之士，异于诸公子徒为豪举。❸ 不虚：名不虚传。

汉高祖颇为敬重公子，每过大梁，必祭祀公子。公元前 195 年，高祖击破黥布军而还，经过大梁，"为公子置守冢五家"，世世代代祭祀不绝。

这篇传记刻画了信陵君仁而下士的鲜明形象。传记围绕信陵君窃符救赵的事件，把信陵君虚怀若谷、礼贤下士的品格与急人之难、救人之危的仁爱之心表现得淋漓尽致，使人难以忘怀。传文也叙写了信陵君晚年被废，在酒色中度日的悲愤和无聊的心情。传记还塑造了侯嬴、朱亥、毛公、薛公等士人的形象。他们皆是有胆有识之士，而不得已隐于市中。侯嬴胸有经纶，肝胆相照，言行不羁。朱亥有勇力，急公好义，视死如归。毛公、薛公德能兼备，见识超群。

第四节　春申君之养士

《太史公自序》："以身徇君，遂脱强秦，使驰说之士南乡走楚者，黄歇之义。作《春申君列传》第十八。"春申君之义有二：一是"以身徇君"，帮助太子逃离强秦；二是为楚相时招致天下之士，尤其是大儒荀卿。

《春申君列传》主要叙述春申君一生的主要遭际。与其他三位公子不同，春申君原不是楚国的贵族。他是楚人，姓黄，名歇。他相楚考烈王二十多年，楚一度中兴。晚年，他欲长保富贵权势，而中了李园的奸计，惨遭杀害。

一、以身徇君

春申君游学博闻，是一位颇有谋略的辩士。因其善辩，楚顷襄王让他出使秦国。秦昭王正要令白起与韩、魏共伐楚,未行。春申君闻秦之计,上书劝说昭王。他以雄辩之辞劝秦王不要攻伐楚国,而要与楚国联手;其辩有策士之风,也颇称《诗》《易》以论事说理,有儒者之风度。他引证《诗》"靡不有初,鲜克有终"、《易》"狐涉水,濡其尾"(狐狸惜其尾,每涉水,举尾不令湿,至困极,则湿之),以说明始之易而终之难也;引证《诗》"大武远宅而不涉",以说明秦之大军不能远途跋涉而攻伐楚国。秦昭王曰"善",于是秦、楚相约为盟国,这换来了秦、楚之间的暂时安定。

◎ 原文一

黄歇受约归楚,楚使歇与太子完入质于秦,秦留之数年。楚顷襄王病,太子不得归。而楚太子与秦相应侯善,于是黄歇乃说应侯曰:"相国诚善楚太子乎?"应侯曰:"然。"歇曰:"今楚王恐不起疾❶,秦不如归其太子。太子得立,其事秦必重而德相国无穷,是亲与国而得储万乘也❷。若不归,则咸阳一布衣耳;楚更立太子,必不事秦。夫失与国而绝万乘之和,非计也。愿相国孰虑之。"应侯以闻秦王。秦王曰:"令楚太子之傅先往问楚王之疾,返而后图之。"黄歇为楚太子计曰:"秦之留太子也,欲以求利也。今太子力未能有以利秦也,歇忧之甚。而阳文君子二人在中❸,王若卒大命,太子不在,阳文君子必立为后,太子不得奉宗庙矣。不如亡秦,与使者俱出❹;臣请止,以死当之。"楚太子因变衣服为楚使者御以出关,而黄歇守舍,常为谢病。度太子已远,秦不能追,歇乃自言秦昭王曰:"楚太子已归,出远矣。歇当死,愿赐死。"昭王大怒,欲听其自杀也。应侯曰:"歇为人臣,出身以徇其主❺,太子立,必用歇,故不如无罪而归之,以亲楚。"秦因遣黄歇。

◎ 注释

❶今楚王病恐不起。❷与(yǔ)国:盟国。得:或曰"德"。储万乘:储君,太子。❸阳文君:楚王的兄弟。❹使者:先往问楚王之疾者。

❺ 出身：献身。徇（xùn）：顺从。

　　这段叙事波澜起伏。黄歇得知楚王病重，欲使太子归；但秦留太子，太子不得归。于是，黄歇游说权臣张仪，晓之利害，但秦王只允许黄歇前去探问楚王之疾。黄歇当下决断，让太子装扮成使者的车夫，离秦至楚。他估计太子已远去，向昭王通报此事，请求赐死。昭王欲杀之。应侯说，黄歇不畏死以从其主，乃是忠臣；将来太子为楚王，必亲秦，且重用黄歇。秦因遣黄歇归楚。此事表明，春申君大智大勇，当机立断，且忠诚其主而不畏牺牲。

　　黄歇至楚三月，楚顷襄王卒，太子完立，是为考烈王。考烈王元年，以黄歇为相，封为春申君，赐淮北地十二县。后十五年，春申君言之楚王曰："淮北地边齐，其事急，请以为郡，便。"春申君便献上淮北十二县，请求封于江东。考烈王许之。春申君在吴都故墟（今江苏苏州）上筑城。

　　传文概要地叙述春申君为相所建立的功业，尤其突出他好士、养士的事迹。

原文二

　　春申君既相楚，是时齐有孟尝君，赵有平原君，魏有信陵君，方争下士，招致宾客，以相倾夺，辅国持权❶。

　　春申君为楚相四年，秦破赵之长平军四十余万。五年，围邯郸。邯郸告急于楚，楚使春申君将兵往救之，秦兵亦去，春申君归。春申君相楚八年，为楚北伐灭鲁，以荀卿为兰陵令。当是时，楚复强。

　　赵平原君使人于春申君，春申君舍之于上舍。赵使欲夸楚，为玳瑁簪❷，刀剑室以珠玉饰之❸，请命春申君客。春申君客三千余人，其上客皆蹑珠履以见赵使❹，赵使大惭。

　　春申君相十四年，秦庄襄王立，以吕不韦为相，封为文信侯。取东周。

　　春申君相二十二年，诸侯患秦攻伐无已时，乃相与合从，西伐秦，而楚王为从长，春申君用事。至函谷关，秦出兵攻，诸侯兵皆败走。楚考烈王以咎春申君，春申君以此益疏❺。

◎ 注释

❶ 持权：专权。❷ 瑇瑁（mào）：玳（dài）瑁，似龟，甲片可作装饰品。❸ 刀剑室：刀剑的鞘。❹ 蹑（niè）：穿着（鞋）。❺ 益疏：日益被疏远。

以上简要的叙事多有关节。一是平原君及毛遂曾使楚，劝说楚王合纵，以解邯郸之围；春申君将兵救之。二是春申君好士、养士，招致天下宾客，平原君与春申君的客人相互斗富炫贵；春申君为相二十多年，深得楚王的信任，富贵至极，这不是平原君所能比拟的。三是叙及吕不韦事，暗合后文的叙事，即庄襄王子实是吕不韦之子，考烈王子亦是春申君之子，这是宫廷的秘史秽事。四是春申君以荀卿为兰陵令。荀卿是大儒，赵人。五十岁时，游齐之稷下学宫，"最为老师"。后因小人之谮害，去齐至楚。春申君死后，荀卿废居兰陵，著书以终。春申君重用荀卿，即表明其儒者之风。

春申君听从宾客朱英之言，劝楚王把楚之都城从陈迁至寿春。春申君改封于江东，以吴国都城的故墟为城。"太史公曰：吾适楚，观春申君故城，宫室盛矣哉！"

二、宫闱秽事

春申君为楚相二十五年，享尽荣华富贵，最终败于李园。

◎ 原文三

楚考烈王无子，春申君患之，求妇人宜子者进之❶，甚众，卒无子。赵人李园持其女弟❷，欲进之楚王，闻其不宜子，恐久毋宠。李园求事春申君为舍人，已而谒归，故失期❸。还谒，春申君问之状，对曰："齐王使使求臣之女弟，与其使者饮，故失期。"春申君曰："聘入乎❹？"对曰："未也。"春申君曰："可得见乎？"曰："可。"于是李园乃进其女弟，即幸于春申君。知其有身❺，李园乃与其女弟谋。园女弟承间以说春申君曰❻："楚王之贵幸君，虽兄弟不如也。今君相楚二十余年，而王无子，即百岁后，将更立兄弟，则楚更立君后，亦各贵其故所亲，君又安得长有宠乎？非徒然也，君贵用事久，多失礼于王兄弟，兄弟诚立，祸且及身，何以保相印江东之封乎？今妾自知有身矣，而人莫知。妾幸君未久，诚以君之重而进妾于楚王，王必幸妾，妾赖天有子男，则是君之子为王也，楚国尽可得，孰与身临不测之罪乎❼？"春申君大然之，乃出李园女弟谨舍❽，而言之楚王。楚王召，入幸之，遂生子男，立为太子，以李园女弟为王后。楚王贵李园，园用事。

注释

❶ 宜子者：适宜生育的女人。❷ 李园自负妹之色美。持：矜持。女弟：妹妹。❸ 故意超假。❹ 送过聘礼了吗？❺ 有身：怀孕。❻ 承间：找适当机会。❼ 不测之罪：死罪。❽ 谨舍：设馆舍，谨为守护。

这段叙事主要采用人物对话的方式。人物对话是文学性叙事的主要方式之一。春申君与李园，以及春申君与李园妹妹的对话，谁人知之？司马迁有一颗"文心"，根据人物的性格和身份，契合当时的具体情境，揣测人物的心理状态，从而"想当然耳"，虚构出人物的个性化语言，以表现生动感人的人物形象，所谓"史有诗心""史有文心"。人物的语言，实际上是史家的"代言"。

李园及其妹与春申君、楚王有一段非常隐秘的宫闱秘事。传记具体地叙述此事。楚王无子，春申君忧虑，求众多适宜生育的女人进献楚王，但楚王最终仍无子。李园为春申君献上自己的妹妹。李园妹妹受到春申君的宠幸，并有了身孕。李园与妹妹密谋。其妹悦之，春申君大然之。春申君献之于楚王，生子男，立为太子。李园妹妹被封为王后，李园受到重用。春申君做此事的主要目的，是保住自己的权势富贵，但卒为奸人李园所害。

原文四

　　李园既入其女弟，立为王后，子为太子，恐春申君语泄而益骄，阴养死士，欲杀春申君以灭口，而国人颇有知之者。

　　春申君相二十五年，楚考烈王病。朱英谓春申君曰："世有毋望之福❶，又有毋望之祸。今君处毋望之世❷，事毋望之王❸，安可以无毋望之人乎❹？"春申君曰："何谓毋望之福？"曰："君相楚二十余年矣，虽名相国，实楚王也。今楚王病，旦暮且卒，而君相少主，因而代立当国，如伊尹、周公，王长而反政❺，不即遂南面称孤而有楚国？此所谓毋望之福也。"春申君曰："何谓毋望之祸？"曰："李园不治国而君之仇也❻，不为兵而养死士之日久矣，楚王卒，李园必先入据权而杀君以灭口。此所谓毋望之祸也。"春申君曰："何谓毋望之人？"对曰："君置臣郎中，楚王卒，李园必先入，臣为君杀李园。此所谓毋望之人也。"春申君曰："足下置之❼。李园，弱人也，仆又善之，且又何至此！"朱英知言不用，恐祸及身，乃亡去。

　　后十七日，楚考烈王卒，李园果先入，伏死士于棘门之内❽。春申君入棘门，园死士侠刺春申君❾，斩其头，投之棘门外。于是遂使吏尽灭春申君之家。而李园女弟初幸春申君有身而入之王所生子者遂立，是为楚幽王。

　　是岁也，秦始皇帝立九年矣。嫪毐亦为乱于秦❿，觉，夷其三族，而吕不韦废。

　　太史公曰：吾适楚，观春申君故城，宫室盛矣哉！初，春申君之说秦昭王，及出身遣楚太子归，何其智之明也！后制于李园，旄矣⓫。语曰："当断不断，反受其乱⓬。"春申君失朱英之谓邪？

注释

❶毋望：不测而忽然至。毋望之福，即祸福无常，不可测度。❷毋望之世：世事无常，不可测度。❸毋望之王：喜怒无常，不可测度。❹毋望之人：排难救患之人，不求而忽至。❺反政：交回政权。❻李园是春申

君之仇人。❼置之：放弃这个计划。❽棘门：寿州城门。❾侠刺：两边包抄刺杀。侠，通"夹"。❿嫪（lào）毐（ǎi）：秦始皇之母的幸臣。⓫旄（mào）：通"眊"，昏聩，糊涂。⓬《齐悼惠王世家》引道家言。

司马迁认为，春申君当初殉身以出楚太子，是当机立断，果敢有谋，楚太子终于得其力而为王，他自己亦为相二十多年；后来处理李园之事时，昏聩糊涂，优柔寡断，身死于棘门之外而族灭。前后对比鲜明，说明人处于穷困中多能深思熟虑，智慧明达；而处于富贵权势中往往昏乱暗昧。《史记会注考证》引清人凌稚隆之言曰："此传前叙春申君以智能安楚，而就封于吴，后叙春申君以奸谋盗楚，而身死棘门，为天下笑。模写情事，春申君殆两截人。太史公谓平原君'利令智昏'，余于春申君亦云。"

春申君与李园及其妹妹的奸谋相当污秽，其灭是天理自然。传记在叙述此事后，又旁及吕不韦、嫪毐之事，二者颇相似。吕不韦，原是阳翟大商人，往来贩贱卖贵，家累千金。他在赵国邯郸初见子楚（即庄襄王）时认为他"奇货可居"，从而花费大量的金钱，行各种计策，一方面使子楚名扬于诸侯，另一方面又使秦王立子楚为太子。

《吕不韦列传》：

吕不韦取邯郸诸姬绝好善舞者与居，知有身。子楚从不韦饮，见而说之，因起为寿，请之。吕不韦怒，念业已破家为子楚，欲以钓奇，乃遂献其姬。姬自匿有身，至大期时，生子政。子楚遂立姬为夫人。

所谓"钓奇"，即奇货可居。吕不韦起初无意于献姬，既然已破家为子楚，今又献姬，若自己之子为秦嗣，则更有利可图。后来，姬生子，即秦王政。

秦昭王五十年，秦围邯郸，赵欲杀子楚。子楚与吕不韦密谋，以六百金贿赂守者吏，得脱身而逃赴秦军。子楚夫人及其子隐匿。子楚即位，是为庄襄王，子为太子，姬为夫人，以吕不韦为丞相，封为文信侯。庄襄王即位三年，薨。太子政立为王，时年十三岁；尊吕不韦为相国，号称"仲父"。太后时时与吕不韦私通。《吕不韦列传》记载了下面的事情。

原文五

　　始皇帝益壮,太后淫不止。吕不韦恐觉祸及己,乃私求大阴人嫪毐以为舍人❶,时纵倡乐,使毐以其阴关桐轮而行❷,令太后闻之,以啗太后❸。太后闻,果欲私得之。吕不韦乃进嫪毐,诈令人以腐罪告之❹。不韦又阴谓太后曰:"可事诈腐,则得给事中。"太后乃阴厚赐主腐者吏,诈论之,拔其须眉为宦者,遂得侍太后。太后私与通,绝爱之。有身,太后恐人知之,诈卜当避时❺,徙宫居雍。嫪毐常从,赏赐甚厚,事皆决于嫪毐。嫪毐家僮数千人,诸客求宦为嫪毐舍人千余人。……

　　始皇九年,有告嫪毐实非宦者,常与太后私乱,生子二人,皆匿之。与太后谋曰"王即薨,以子为后"。于是秦王下吏治,具得情实,事连相国吕不韦。九月,夷嫪毐三族,杀太后所生两子,而遂迁太后于雍。诸嫪毐舍人皆没其家而迁之蜀❻。王欲诛相国,为其奉先王功大,及宾客辩士为游说者众,王不忍致法。……

　　吕不韦自度稍侵,恐诛,乃饮鸩而死❼。

注释

❶阴:生殖器。❷关:贯穿。桐轮:桐木小车轮。❸啗(dàn):以色引诱。❹腐罪:应判处腐刑(即宫刑)的罪。❺避时:变换住处以避灾祸。❻没其家:没收其家产财物充官。❼鸩(zhèn):毒酒。

　　太后淫欲不止,吕不韦恐事觉而祸及自己,故进大阴人嫪毐于太后。后来,嫪毐与太后之丑事被发觉,秦王夷灭嫪毐三族,诛杀太后所生两子,而迁太后于雍。此事牵连吕不韦。始皇十年,吕不韦被免相,前往河南的封地。始皇十一年,秦王令吕不韦迁往蜀。吕不韦担心被诛杀,饮鸩而死。

　　由此可知,在宫闱之中,行污秽之事,自以为无人可知,终于天报其恶,为天下笑。吕不韦与春申君贵为丞相,因行宫廷秽事而不免诛戮身死。因此,立身行事当以德为本。

/ 第三章 /

"合纵连横"
——战国策士的传记

战国策士即纵横家,是战国时代的一种士人群体。在战国时代,诸侯相互攻伐,争地而战,杀人盈野;争城而战,杀人盈城。战国策士应运而生,奔走于诸侯之间,纵横捭阖,朝秦暮楚,"令所在国重,所去国轻"(刘向《战国策书录》)。他们在政治外交上崇尚谋略,强调审时度势;在人生观上追求功名显达、富贵利禄。他们好辩而且善辩,所谓"辩口"。其游说人主虽以事理为依据,但多言过其实,情溢于理,以惊动人主;言辞多铺陈排比,夸张譬喻,情感激烈,气势充沛。《樗里子甘茂列传》:"甘罗年少,然出一奇计,声称后世。虽非笃行之君子,然亦战国之策士也。方秦之强时,天下尤趋谋诈哉!"在道德人格上,他们并不是儒家之笃行(行为纯正)君子,而趋于谋诈,品性不端。战国策士具有奇异的才能,其三寸不烂之舌强于百万之师。刘勰《文心雕龙·论说》:"一人之辩,重于九鼎之宝;三寸之舌,强于百万之师。"九鼎,即古代象征国家政权的传国之宝。

刘向《战国策书录》:

战国之时,君德浅薄,为之谋策者,不得不因势而为资,据时而为□。故其谋,扶急持倾,为一切之权,虽不可以临国教化,兵革救急之势也。皆高才秀士,度时君之所能行,出奇策异智,转危为安,运亡为存,亦可喜,皆可观。

战国之时,封建贵族腐败堕落,多庸主暴君。战国策士因时代形势游说君相,为他们出奇策异智,或使国家转危为安,运亡为存;或使国家战胜敌人,获得土地和人民。他们是高才秀士,其才能与事业,可喜,也可观。

《史记》有《苏秦列传》《张仪列传》《范雎蔡泽列传》,记载了苏秦、苏代、张仪、范雎、蔡泽等策士的事迹。

第一节 苏秦之合纵

苏秦,东周洛阳人,其家以种田为业。他不安本分,力求改变自己卑下的社会身份和地位。他立志求学,以齐之鬼谷先生为师。他学成而游于诸侯,数岁不遇,困顿而归,其兄弟嫂妹妻妾皆嘲笑他。他发愤图强,得周书《阴符》,读之,反复揣摩而成。他再次出游,游周不遇于周显王,游秦不遇于秦惠王,游赵不悦于奉阳君。他来到燕国,岁余才得见燕文侯。他以合纵之术游说燕文侯,燕文侯信而用之,资助其车马金帛以游赵。他再次来到赵国,当时奉阳君已死,他游说赵肃侯成功。赵肃侯给之丰饶资财,以邀约诸侯。于是,苏秦游说韩宣王,功成;游说魏襄王,功成;游说齐宣王,功成;游说楚威王,功成。苏秦为纵约长,并相六国。六国合纵以抗秦,秦兵不敢出函谷关十五年。后来秦欺齐、魏共伐赵。赵王责苏秦,苏秦离开赵,六国纵约解散。苏秦至燕。燕文侯去世后,苏秦因与文侯夫人私通,而害怕被诛杀。他去燕至齐,受到齐王的重用,欲破敝齐而为燕,行反间之计。齐大夫与苏秦争宠,刺杀苏秦。苏秦临死时不惜遭受车裂之酷刑与作乱之骂名,而让齐王诛杀凶手,为自己复仇。

一、苏秦合纵六国

❀ 原文一

苏秦者,东周洛阳人也。东事师于齐,而习之于鬼谷先生❶。

出游数岁,大困而归。兄弟嫂妹妻妾窃皆笑之,曰:"周人之俗,治产业,力工商,逐什二以为务❷。今子释本而事口舌,困,不亦宜乎!"苏秦闻之而惭,自伤,乃闭室不出,出其书遍观之。曰:"夫士业已屈首受书❸,而不能以取尊荣,虽多亦奚以为!"于是得周书《阴符》❹,伏而读之。期年❺,以出揣摩,曰:"此可以说当世之君矣。"

❀ 注释

❶鬼谷先生:史失其名,居于鬼谷以为号。鬼谷,地名。❷工商之人在十分中得二分利。❸屈首受书:埋头读书。❹《阴符》:《太公兵法》。❺期(jī)年:一周年。

苏秦少年时立志求学,在冷僻而寂寞的鬼谷(地名,鬼谷先生因此得名),从鬼谷子勤学苦思数年。学成,而游说诸侯不遇,回到家,又遭到兄弟嫂妹妻妾的嘲笑。于是,他忍辱而发愤,闭门不出,遍观群书,得周书《阴符》,反复阅读和揣摩。《战国策·秦策一》生动地描写了苏秦游说秦王不成,落魄而归的情形。

羸縢履蹻(缠着裹腿布,穿着草鞋),负书担橐,形容枯槁,面目犁(lí)黑,状有归色。归至家,妻不下纴(rèn,织布),嫂不为炊,父母不与言。苏秦喟叹曰:"妻不以我为夫,嫂不以我为叔,父母不以我为子,是皆秦之罪也。"乃夜发书,陈箧(qiè,书箱)数十,得太公《阴符》之谋,伏而诵之,简练(融会贯通)以为揣摩。读书欲睡,引锥自刺其股,血流至足,曰:"安有说人主,不能出其金玉锦绣,取卿相之尊者乎?"期年,揣摩成,曰:"此真可以说当世之君矣。"

苏秦"锥刺股"之事虽是夸张,但表现其刻苦学习的精神;事虽有虚,但情理是真。这是他日后成为谋臣策士的重要基础。《史记》本传不记此事，或以为此事非实。

策士的游说之路坎坷艰难。他们虽有知识和才能，但出身贫贱，而没有凭借，难以得到君主的重用。策士游说之难不在这三个方面：一是策士有没有游说的事理；二是策士是否善于论辩，把事理明白地说出来；三是策士能不能充分详尽地表达事理。游说之难主要在于，策士能否知人君的心志，而后迎合之。君臣上下相隔，君心隐秘难测，往往有阴阳两面，且人君的心志变化无常，故策士难以察知而迎合之。

苏秦求说周显王。显王左右大臣素知苏秦的虚词浮说，不切合当世，皆轻视之。苏秦西至秦国。秦孝公卒，秦惠王即位，正诛杀商鞅，痛恨辩士，无意霸业，不用苏秦。苏秦乃东之赵。赵肃侯以弟赵成为相，号奉阳君。奉阳君不悦之。苏秦乃游燕国，岁余而不得见燕文侯。由此可知，苏秦游说天子及诸侯的经历曲折坎坷，但他百折不回，坚强不屈。

苏秦终于见到燕文侯，而说之云："故曰秦之攻燕也，战于千里之外；赵之攻燕也，战于百里之内。夫不忧百里之患而重千里之外，计无过于此者。是故愿大王与赵从亲，天下为一，则燕国必无患矣。"燕国在赵之北边，离秦远，东南近齐。苏秦游说燕王合纵，与赵、齐联合以抗秦。文侯认同苏秦的观点，"子必欲合纵以安燕，寡人请以国从"。苏秦之游说得到了燕文侯的信用，燕文侯又资助苏秦车马金帛以游说赵国。燕文侯对苏秦有知遇之恩，苏秦始终忠于燕，不改初心。

苏秦至赵，奉阳君已死，故游说赵肃侯。苏秦说曰："今大王与秦，则秦必弱韩、魏；与齐，则齐必弱楚、魏。魏弱则割河外，韩弱则效宜阳，宜阳效则上郡绝，河外割则道不通，楚弱则无援。此三策者，不可不孰计也。"这指出赵之连横秦或齐，皆有害，从而游说赵王合纵山东六国以抗秦："臣窃以天下之地图案之，诸侯之地五倍于秦，料度诸侯之卒十倍于秦，六国为一，并力西乡而攻秦，秦必破矣。今西面而事之，见臣于秦。夫破人之与破于人也，臣人之与臣于人也，岂可同日而论哉！夫衡人者，皆欲割诸侯之地以予秦。……六国从亲以宾秦，则秦甲必不敢出于函谷以害山东矣。如此，则霸王之业成矣。"赵位于天下的中心地带，其力量较强大，故苏秦之合纵欲以赵为盟主，以成就赵国的霸业。赵王大悦而用之，乃给予苏秦饰车百乘，黄金千镒，白璧百双，锦绣千纯，以邀约诸侯。由此可知，策士之游说诸侯，必有丰饶的物质资本。

于是苏秦游说韩王。

原文二

（苏秦曰：）"大王事秦，秦必求宜阳、成皋。今兹效之❶，明年又复求割地。与则无地以给之，不与则弃前功而受后祸。且大王之地有尽而秦之求无已，以有尽之地而逆无已之求❷，此所谓市怨结祸者也❸，不战而地已削矣。臣闻鄙谚曰：'宁为鸡口，无为牛后❹。'今西面交臂而臣事秦，何异于牛后乎？夫以大王之贤，挟强韩之兵，而有牛后之名，臣窃为大王羞之。"于是韩王勃然作色，攘臂瞋目，按剑仰天太息曰："寡人虽不肖，必不能事秦。今主君诏以赵王之教，敬奉社稷以从。"

注释

❶效：献。❷逆：迎。❸市怨：招怨。❹《索隐》引延笃注云："言宁为鸡中之主，不为牛之从后也。"《正义》："鸡口虽小，犹进食，牛后虽大，乃出粪也。"《史记会注考证》："牛、鸡，以大小言。口、后，以贵贱言。不以进食、出粪为义。"

苏秦游说的主旨是，韩事秦，必然割地求和，明年又复割地，日削月割，以趋于亡。苏秦的言辞生动形象，富有表现力，例如"市怨""宁为鸡口，无为牛后"等。韩王许之合纵抗秦。

苏秦游说魏襄王曰："夫事秦必割地以效实（表现事秦的诚意），故兵未用而国已亏矣。凡群臣之言事秦者，皆奸人，非忠臣也。夫为人臣，割其主之地以求外交，偷取一时之功而不顾其后，破公家而成私门，外挟强秦之势以内劫其主，以求割地，愿大王孰察之。"魏襄王许之合纵抗秦。

苏秦对六国割地求和以事秦的弊端看得非常清楚。他游说六国，从当前的形势出发，以事理为依据，从而能打动诸侯。一般而言，当局者迷，旁观者清，且是"事后诸葛亮"。但苏秦身处战国时代，对当时的天下大势有总体的把握，对各国诸侯的具体情况与相互之间犬牙交错的关系有深刻的理解。这表现出苏秦的奇才异智。北宋苏洵的名文《六国论》，即是对苏秦之"六国破灭、弊在赂秦"基本观点的发挥：

六国破灭，非兵不利，战不善，弊在赂秦而力亏，破灭之道也。……古人云：以地事秦，犹抱薪救火，薪不尽，火不灭，此言得之。……呜呼！以赂秦之地封天下之谋臣，以事秦之心礼天下之奇才，并力西向，则吾恐秦人食之不得下咽也。悲夫！有如此之势而为秦人积威之所劫，日削月割，以趋于亡。

苏秦向东游说齐宣王曰："临淄甚富而实，其民无不吹竽鼓瑟，弹琴击筑，斗鸡走狗，六博蹋鞠者。临淄之涂，车毂击，人肩摩，连衽成帷，举袂成幕，挥汗成雨，家殷人足，志高气扬。夫以大王之贤与齐之强，天下莫能当。今乃西面而事秦，臣窃为大王羞之。"苏秦生动形象地描写了齐之都城临淄的丰饶富裕、人烟繁盛、士民享乐且志气高扬的情景，从而劝谏齐王不能西面事秦。齐王曰"今足下以赵王诏诏之，敬以国从"。

苏秦向南游说楚威王曰：

夫秦，虎狼之国也，有吞天下之心。秦，天下之仇雠也。衡人皆欲割诸侯之地以事秦，此所谓养仇而奉雠者也。夫为人臣，割其主之地，以外交强虎狼之秦，以侵天下。卒有秦患，不顾其祸。夫外挟强秦之威，以内劫其主，以求割地。大逆不忠，无过此者。故从亲则诸侯割地以事楚，衡合则楚割地以事秦。此两策者相去远矣。二者大王何居焉？故敝邑赵王使臣效愚计，奉明约。在大王诏之。

苏秦痛骂秦乃是虎狼之国,是天下人的仇雠。痛骂连横之策士外挟强秦之威权,以内劫持其主,割地以侍奉秦,乃是大逆不忠。苏秦晓之利害:行合纵之术,诸侯割地以事楚;行连横之术,楚割地以事秦。楚威王"敬以国从"。

于是,六国合纵。苏秦为纵约长,并相六国。

原文三

北报赵王,乃行过洛阳,车骑辎重,诸侯各发使送之甚众,疑于王者❶。周显王闻之恐惧,除道,使人郊劳❷。苏秦之昆弟妻嫂侧目不敢仰视❸,俯伏侍取食。苏秦笑谓其嫂曰:"何前倨而后恭也❹?"嫂委蛇蒲服❺,以面掩地而谢曰:"见季子位高金多也。"苏秦喟然叹曰:"此一人之身,富贵则亲戚畏惧之,贫贱则轻易之,况众人乎!且使我有洛阳负郭田二顷❻,吾岂能佩六国相印乎!"于是散千金以赐宗族朋友。初,苏秦之燕,贷人百钱为资,及得富贵,以百金偿之。遍报诸所尝见德者。其从者有一人独未得报,乃前自言。苏秦曰:"我非忘子。子之与我至燕,再三欲去我易水之上,方是时,我困,故望子深❼,是以后子。子今亦得矣❽。"

注释

❶疑:通"拟"。车骑送之众多,拟于王者之行。❷郊劳:郊外迎接。这与苏秦之前求周,正相反。❸侧目:不敢正视,以对应前时兄嫂皆嘲笑之。❹倨(jù):傲。❺委(wēi)蛇(yí):曲折而进。蒲服:通"匍匐",爬行。❻负:背,枕。❼望:怨恨。❽子现在亦得我报也。

苏秦游说功成,衣锦还乡。当初,苏秦游说不成而回家,妻不下纴,嫂不为炊,父母不与言。今日,苏秦回来,为六国之相,富贵至极。其嫂匍匐于地,曲折而行,叩首着地而谢罪。苏秦故意嘲弄其嫂曰:"何前倨而后恭也?"其嫂说,还不是因为您地位尊贵而多金吗?苏秦的一番感慨表现出衣锦还乡的洋洋得意。苏秦散千金以赐宗族朋友,不仅报答当初善待自己的人,也偿报当初恶负自己的人，这也是复仇的一种表现形式。《战国策·秦策一》：

> 将说楚王，路过洛阳，父母闻之，清宫（房屋）除道，张乐设饮，郊迎三十里。妻侧目而视，倾耳而听。嫂蛇行匍伏，四拜自跪而谢。苏秦曰："嫂何前倨而后卑也？"嫂曰："以季子之位尊而多金。"苏秦曰："嗟乎，贫穷则父母不子，富贵则亲戚畏惧。人生世上，势位富贵，盖可忽乎哉？"

《战国策》叙事生动，简括。

苏秦游说六国而功成，天下合纵以共同抗拒秦国。苏秦任六国相，不仅获得了富贵权势，也让秦不敢东伐六国，建立了丰功伟业。"苏秦既约六国纵亲，归赵，赵肃侯封为武安君。乃投纵约书于秦。秦兵不敢窥函谷关十五年。"

二、苏秦被反间而死

合纵之六国，各有自己的利害，彼此矛盾、冲突，往往心不同而力不齐，易于破散。其后，齐、魏伐赵，赵王指责苏秦。苏秦恐惧，请求出使燕，必"报仇于齐"。苏秦离开赵，而纵约解散。苏秦归燕。因为燕文侯最初知遇他，故他始终忠于燕。他欲"报仇于齐"，因为齐乃是首恶，破坏了六国的合纵。

◎ 原文四

> 秦惠王以其女为燕太子妇。是岁，文侯卒，太子立，是为燕易王。易王初立，齐宣王因燕丧伐燕，取十城。易王谓苏秦曰："往日先生至燕，而先王资先生见赵，遂约六国从。今齐先伐赵，次至燕，以先生之故为天下笑。先生能为燕得侵地乎？"苏秦大惭，曰："请为王取之。"
>
> 苏秦见齐王，再拜，俯而庆，仰而吊❶。齐王曰："是何庆吊相随之速也？"苏秦曰："臣闻饥人所以饥而不食乌喙者❷，为其愈充腹而与饿死同患也。今燕虽弱小，即秦王之少婿也。大王利其十城而长与强秦为仇。今使弱燕为雁行而强秦敝其后❸，以招天下之精兵，是食

鸟喙之类也。"齐王愀然变色曰❹："然则奈何？"苏秦曰："臣闻古之善制事者，转祸为福，因败为功。大王诚能听臣计，即归燕之十城。燕无故而得十城，必喜；秦王知以己之故而归燕之十城，亦必喜。此所谓弃仇雠而得石交者也❺。夫燕、秦俱事齐，则大王号令天下，莫敢不听。是王以虚辞附秦❻，以十城取天下。此霸王之业也。"王曰："善。"于是乃归燕之十城。

注释

❶ 低头称贺，仰头哀悼。❷ 鸟喙（huì）：鸟嘴，坚硬而不易消化。❸ 雁行：公然出兵，像大雁飞行一样有行列。此谓燕在秦前打头阵。敝：通"蔽"。秦兵隐蔽在后。❹ 愀（qiǎo）然：忧愁的样子。❺ 石交：金石之交，即交情坚如金石。❻ 虚辞附秦：空言使秦附从。

苏秦归燕，文侯卒。齐宣王因燕丧而伐燕，取十城。燕易王责怪苏秦。苏秦到齐国，游说齐王归还燕国的失地。苏秦以空言虚辞，而让齐国归还燕国十城。这说明苏秦富有智慧，而善于言辩，其言说虽不免夸张修饰，但合于事理；且游说之言生动形象，悦耳动听，例如使用了"食鸟喙""雁行""石交"等譬喻。

原文五

人有毁苏秦者曰："左右卖国反覆之臣也❶，将作乱。"苏秦恐得罪，归，而燕王不复官也。苏秦见燕王曰："臣东周之鄙人也，无有分寸之功，而王亲拜之于庙而礼之于廷。今臣为王却齐之兵而得十城，宜以益亲。今来而王不官臣者，人必有以不信伤臣于王者❷。臣之不信，王之福也。臣闻忠信者，所以自为也；进取者，所以为人也。且臣之说齐王，曾非欺之也。臣弃老母于东周，固去自为而行进取也。今有孝如曾参，廉如伯夷，信如尾生，得此三人者以事大王，何若？"王曰："足矣。"苏秦曰："孝如曾参，义不离其亲一宿于外，王又安能使之步行千里而事弱燕之危王哉？廉如伯夷，义不为孤竹君之嗣，不肯为武王臣，不受封侯而饿死首阳山下。有廉如此，王又安能使之步行千里而行进取于齐哉？信如尾生，与女子期于梁下，女子不来，水至不去，抱柱而死。有信如此，王又安能使之步行千里却齐之强兵哉？臣所谓以忠信得罪于上者也。"❸燕王曰："若不忠信耳，岂有以忠信而得罪者乎？"苏秦曰："不然。臣闻客有远为吏而其妻私于人者❹。其夫将来，其私者忧之。妻曰'勿忧，吾已作药酒待之矣'。居三日，其夫果至，妻使妾举药酒进之。妾欲言酒之有药，则恐其逐主母也；欲勿言乎，则恐其杀主父也。于是乎详僵而弃酒❺。主父大怒，笞之五十。故妾一僵而覆酒，上存主父，下存主母，然而不免于笞，恶在乎忠信之无罪也？夫臣之过，不幸而类是乎！"燕王曰："先生复就故官。"益厚遇之。

注释

❶若从齐看，苏秦是害燕利齐；若从燕看，苏秦是害齐利燕；若综燕、齐两国看，苏秦是左右卖国反覆之臣。苏秦游说六国合纵亦是如此。若只看苏秦游说一国之辞，则多是为此国着想，其中也有六国共同的利益；若综观苏秦游说六国之辞，则正如世人毁谤说"左右卖国反覆之臣也"。❷忠信，往往具有相对性；苏秦对齐不信，则对燕信。燕、齐相对立，苏秦信于一国，必然不信于另一国。❸苏秦列举曾参、伯夷、尾生等古之忠信者，说明自己若忠信，即不会不远千里而侍奉燕国，"臣之不信，王之福也"。❹私：私通。❺详：通"佯"，假装。僵：仆倒。

这个故事不仅生动有趣，且寓意深刻。妾因为忠信，故意假装仆倒而抛弃药酒，以上存主父，下存主母，但自己遭到笞打。这说明忠信也会获罪。苏秦以之譬喻，即说明自己陷入燕、齐之对立困境中，兼忠信于两国，而不免得罪于两王。

原文六

易王母，文侯夫人也，与苏秦私通。燕王知之，而事之加厚。苏秦恐诛，乃说燕王曰："臣居燕不能使燕重，而在齐则燕必重。"燕王曰："唯先生之所为。"于是，苏秦详为得罪于燕而亡走齐，齐宣王以为客卿。

齐宣王卒，湣王即位，说湣王厚葬以明孝，高宫室大苑囿以明得意，欲破敝齐而为燕。燕易王卒，燕哙立为王。其后齐大夫多与苏秦争宠者，而使人刺苏秦，不死，殊而走❶。齐王使人求贼，不得。苏秦且死，乃谓齐王曰："臣即死，车裂臣以徇于市❷，曰'苏秦为燕作乱于齐'，如此则臣之贼必得矣。"于是如其言，而杀苏秦者果自出，齐王因而诛之。燕闻之曰："甚矣，齐之为苏生报仇也。"

苏秦既死，其事大泄，齐后闻之，乃恨怒燕，燕甚恐。……

太史公曰：苏秦兄弟三人，皆游说诸侯以显名，其术长于权变。而苏秦被反间以死❸，天下共笑之，讳学其术。然世言苏秦多异，异时事有类之者皆附之苏秦。夫苏秦起闾阎❹，连六国从亲，此其智有过人者。吾故列其行事，次其时序，毋令独蒙恶声焉❺。

注释

❶带着致命伤而逃跑。❷车裂：以车曳裂人体，古之酷刑。徇：巡行示众。❸被：遭受。反间：为燕反间齐。❹闾（lǘ）阎：市井里巷。❺蒙：遭受。

苏秦去燕走齐，一方面以此逃避燕王的诛杀，另一方面对齐王阳奉阴违，以弱齐保燕。齐宣王卒，齐湣王立。苏秦游说齐湣王"厚葬以明孝，高宫室大苑囿以明得意，欲破敝齐而为燕"。苏秦在齐，宣王、湣王待之甚厚，但他心系燕国，而用"反间计"，名为齐而实乃为破敝齐，这是对齐之不忠信。齐大夫与苏秦争宠，而刺杀苏秦。苏秦将死，不惜受车裂之酷刑与作乱之罪名而杀掉仇人。此计阴毒，虽使仇人自陷罗网，也使自己死得惨烈，声名狼藉。

司马迁认为，苏秦游说诸侯而显名，其术善于权变，最终被反间而死，天下共笑之，而讳学其术；但苏秦出身市井里巷，忍辱发愤，而连六国纵亲，其智有过人之处。在司马迁看来，他是一位智者型的人物，不能因为其品行低劣而遭受恶声。

苏秦有赖于此传而得到一定的正名。

第二节 张仪之连横

张仪，魏人，与苏秦是同学，二人俱学于鬼谷先生，苏秦自以为不如张仪。张仪学成后，先事楚，遭楚相之猜疑而被毒打。他至赵投奔苏秦。苏秦始不见，后见面而嘲讽张仪，且不愿收留。张仪一气之下来到秦，游说秦惠王成功，被任为相，以连横之术破败六国之合纵。秦武王元年，群臣日夜不停地说张仪的坏话，张仪恐惧，用计回到魏，相魏一岁而卒。

一、张仪相秦

◎ 原文一

张仪者，魏人也。始尝与苏秦俱事鬼谷先生，学术，苏秦自以不及张仪。

张仪已学而游说诸侯。尝从楚相饮，已而楚相亡璧，门下意张仪❶，曰："仪贫无行❷，必此盗相君之璧。"共执张仪，掠笞数百，不服，释之。其妻曰："嘻❸！子毋读书游说，安得此辱乎？"张仪谓其妻曰："视吾舌尚在不？"其妻笑曰："舌在也。"仪曰："足矣。"

◎ 注释

❶意：猜疑。❷无行：行为不正。❸悲恨之声。

张仪与苏秦是同学，苏秦自以为其学不如张仪。可见张仪不仅天资聪慧，也勤奋好学。张仪学成后游说诸侯。他先跟从楚相。楚相丢失了玉璧，门下猜测是张仪盗取的，对张仪进行了一番毒打。张仪归家后，又遭到妻子的嘲笑。张仪陷入了困境。他与妻子的一段对话，生动传神，游说之士正是靠三寸不烂之舌以谋取富贵卿相。

传记接着叙述苏秦激励张仪的事迹。苏秦已游说六国功成，六国相约合纵，然恐秦之攻诸侯，而败六国约纵；苏秦认为，只有张仪可用于秦，张仪一旦用于秦则不会破自己的合纵之术，但张仪并没有用于秦的大志。苏秦使人暗中诱导张仪至赵投奔自己。张仪于是来到赵国，求见苏秦。苏秦数日不见，又设法不让张仪离开。已而见面，苏秦毫无同窗之谊，不仅居高临下、颐指气使地责备张仪，并赐予仆妾吃的粗食，且打发他离开。这是苏秦故意羞辱他，使之困而发愤。张仪一怒之下离开赵，想到诸侯无可事之，独秦能苦赵，乃遂入秦。苏秦又暗中让其舍人带上车马金钱，在路上暗中追随张仪，慢慢地接近，奉上车马金钱。张仪受到资助，遂得以见秦惠王。秦惠王以之为客卿，参与谋伐诸侯。苏秦的舍人辞去时，将苏秦之计谋告知张仪。张仪曰："嗟乎，此在吾术中而不悟，吾不及苏君明矣！吾又新用，安能谋赵乎？为吾谢苏君，苏君之时，仪何敢言。且苏君在，仪宁渠能乎！"

苏秦与张仪是同学，其所用之术分别是合纵和连横，正好相反相克。孔子曰："道不同不相为谋。"但二人有着深厚的同学之情。苏秦激发张仪至秦，使张仪受到秦王的重用，获得富贵权势。苏秦已死，张仪才标举连横之术，以破败苏秦的合纵之术。韩非与李斯俱学于荀子，二人是同学。韩非是一位读书人，能言未必能行。李斯自以为其学不如韩非，诱骗韩非至秦，然后以药毒杀之。庞涓与孙膑是同学，俱学兵法，庞涓自以为其学不如孙膑。庞涓为魏王将军，暗自招揽孙膑。孙膑至魏，庞涓嫉恨之，则以法刑断其两足而黥之，欲使孙膑隐而勿现。孙膑奔命于齐，受齐王重用，为将军田忌的军师，用兵破败庞涓之师，最终在马陵之战中逼迫庞涓自杀。司马迁特致意于苏秦与张仪的同窗之情。

张仪是魏国人，他在魏时不得志，因而怨恨魏。

张仪相秦数岁，东还而免相，相魏国，暗为秦。他欲令魏先事秦而诸侯效之。魏王不肯听之。秦王怒，伐取魏之曲沃、平周，又暗中厚待张仪更甚。张仪惭愧，无以归报秦王。他滞留魏国四年。魏襄王卒，哀王立。张仪再游说哀王事秦，哀王不听，于是张仪暗中令秦伐魏。魏与秦交战，魏败。次年，齐伐魏，败魏于观津。秦又欲攻魏，先败韩国申差军，斩首八万，诸侯震恐。张仪乘机游说魏王。

张仪首先说，魏地方圆不至千里，卒不过三十万，地四平，诸侯四通辐凑，无名山大川之险阻，"梁之地势，固战场也"，"此所谓四分五裂之道也"。他接着说，苏秦的合纵之术，不足以成，"且夫诸侯之为从者，将以安社稷尊主强兵显名也。今从者一天下，约为昆弟，刑白马以盟洹（huán）水之上，以相坚也。而亲昆弟同父母，尚有争钱财，而欲恃诈伪反覆苏秦之余谋，其不可成亦明矣"。他最后说"为大王计，莫如事秦"。

原文二

（张仪说魏王曰：）"为大王计，莫如事秦。事秦则楚、韩必不敢动；无楚、韩之患，则大王高枕而卧，国必无忧矣。且夫秦之所欲弱者莫如楚，而能弱楚者莫如梁。楚虽有富大之名而实空虚，其卒虽多，然而轻走易北❶，不能坚战。悉梁之兵南面而伐楚，胜之必矣。割楚而益梁，亏楚而适秦❷，嫁祸安国，此善事也。大王不听臣，秦下甲士而东伐，虽欲事秦，不可得矣。且夫从人多奋辞而少可信❸，说一诸侯而成封侯，是故天下之游谈士，莫不日夜扼腕瞋目切齿❹，以言从之便，以说人主。人主贤其辩而牵其说，岂得无眩哉❺。臣闻之，积羽沉舟，群轻折轴，众口铄金❻，积毁销骨❼，故愿大王审定计议，且赐骸骨辟魏。"哀王于是乃倍从约而因仪请成于秦。张仪归，复相秦。

注释

❶轻走易北：容易败逃。❷适：归。❸奋辞：大言。❹扼（è）腕瞋（chēn）目：握住手腕，睁大眼睛，表示激动、振奋等。❺眩：昏惑。❻众口所毁，虽金石犹可销熔；比喻舆论力量的强大。铄：销。古语云"众心成城，众口铄金"。众人同心，可筑一城；比喻心齐力大。❼众口一致诽谤，可把骨头销毁。毁：诋毁。

张仪相魏数年，最终使魏王事秦，魏破合纵约定。张仪归，复相秦。张仪一直痛恨楚国。他初任秦相时，即为文书告楚相曰："始吾从若饮，我不盗而璧，若笞我。若善守汝国，我顾且盗而城。"这是张仪的复仇。

原文三

秦欲伐齐，齐、楚从亲，于是张仪往相楚。楚怀王闻张仪来，虚上舍而自馆之❶，曰："此僻陋之国，子何以教之？"仪说楚王曰："大王诚能听臣，闭关绝约于齐，臣请献商、于之地六百里，使秦女得为大王箕帚之妾，秦、楚娶妇嫁女，长为兄弟之国。此北弱齐而西益秦也，计无便此者。"楚王大说而许之。群臣皆贺，陈轸独吊之。……乃以相印授张仪，厚赂之。于是遂闭关绝约于齐，使一将军随张仪。

张仪至秦，详失绥堕车❷，不朝三月。楚王闻之，曰："仪以寡人绝齐未甚邪？"乃使勇士至宋，借宋之符❸，北骂齐王。齐王大怒，折节而下秦❹，秦、齐之交合，张仪乃朝，谓楚使者曰："臣有奉邑六里，愿以献大王左右。"楚使者曰："臣受令于王，以商、于之地六百里，不闻六里。"还报楚王，楚王大怒，发兵而攻秦。陈轸曰："轸可发口言乎❺？攻之不如割地反以赂秦，与之并兵而攻齐，是我出地于秦，取偿于齐也，王国尚可存。"楚王不听，卒发兵而使将军屈匄（gài）击秦。秦、齐共攻楚，斩首八万，杀屈匄，遂取丹阳、汉中之地。楚又复益发兵而袭秦，至蓝田，大战，楚大败，于是楚割两城以与秦平❻。

注释

❶自馆之：怀王至馆舍见张仪。❷绥（suí）：挽以上车的绳索。❸齐、楚绝交，故楚借宋符以至齐。❹屈身事秦，以报楚仇。❺发口：开口说话，对应"闭口"。❻平：讲和。

张仪游说楚国，表面上是联楚抗齐，实际上是联齐击楚。他来到楚，怀王信其邪说，与齐国绝交，且以之为相。张仪回到秦国，假装失手堕车，不朝三月；待齐王愤怒，屈身与秦相联合，张仪乃见楚使者，且欺骗其曰"臣有奉邑六里，愿以献大王左右"。由此可知，张仪之说多欺诈。怀王昏庸不明，而丧师失地，乃咎由自取。

◎ 原文四

秦要楚❶，欲得黔中地，欲以武关外易之❷。楚王曰："不愿易地，愿得张仪而献黔中地。"秦王欲遣之，口弗忍言。张仪乃请行。惠王曰："彼楚王怒子之负以商、于之地，是且甘心于子❸。"张仪曰："秦强楚弱，臣善靳尚，尚得事楚夫人郑袖，袖所言皆从。且臣奉王之节使楚，楚何敢加诛！假令诛臣，而为秦得黔中之地，臣之上愿。"遂使楚。楚怀王至则囚张仪，将杀之。靳尚谓郑袖曰："子亦知子之贱于王乎？"郑袖曰："何也？"靳尚曰："秦王甚爱张仪，而不欲出之❹，今将以上庸之地六县赂楚，以美人聘楚，以宫中善歌讴者为媵。楚王重地尊秦，秦女必贵，而夫人斥矣。不若为言而出之。"于是郑袖日夜言怀王曰："人臣各为其主用。今地未入秦，秦使张仪来，至重王。王未有礼，而杀张仪，秦必大怒攻楚。妾请子母俱迁江南，毋为秦所鱼肉也❺。"怀王后悔，赦张仪，厚礼之如故。

◎ 注释

❶要（yāo）：强索。❷易：交换。❸怀王欲杀张仪而快意。甘心：快意。
❹不：应为"必"。❺鱼肉任人宰割，以喻为人屠戮。

怀王欲杀张仪，因惑于靳尚、郑袖之言，而放出张仪；这足以见怀王之不明，不知忠臣之分，所谓忠者不忠，贤者不贤。

要之，楚的确是秦统一天下的最大障碍，故秦必须联齐弱楚，因为齐在遥远的东方，中间隔着韩、魏、赵，而楚邻近秦之南。张仪之积极伐楚，还有一重要原因，即为自己报仇雪恨。因此，他一再欺骗楚王，玩弄楚王于股掌之中，毫无诚信可言。

二、张仪以连横破合纵

张仪已出,尚未离开楚,就听闻苏秦死于齐。他开始公然地标举连横之术,以破苏秦的合纵之术。他游说楚王,首先夸耀秦之强大,"秦地半天下,兵敌四国,被险带河,四塞以为固,虎贲之士百余万,车千乘,骑万匹,积粟如丘山,法令既明,士卒安难乐死"。其次指出,如果秦、楚相斗,则两败俱伤;而且韩、魏等乘机攻楚,楚将陷于危困中。继而诋毁苏秦的人品及其纵术的弊端,"凡天下而以信约从亲相坚者苏秦,封武安君,相燕,即阴与燕王谋伐破齐而分其地;乃详有罪出走入齐,齐王因受而相之;居二年而觉,齐王大怒,车裂苏秦于市。夫以一诈伪之苏秦,而欲经营天下,混一诸侯,其不可成亦明矣"。最后劝说秦、楚结盟,终身无相攻伐。于是楚王卒许张仪,与秦亲。

张仪离开楚,遂至韩,游说韩王事秦,"先事秦则安,不事秦则危";而且秦、韩联合,以弱楚国,以利韩而悦秦,"今王西面而事秦以攻楚,秦王必喜。夫攻楚以利其地,转祸而说秦,计无便于此者"。韩王听从张仪之计。张仪归报,秦惠王封张仪五邑,号武信君。

张仪至齐,游说齐湣王事秦:"今秦楚嫁女娶妇,为昆弟之国。韩献宜阳;梁效河外;赵入朝渑池,割河间以事秦。大王不事秦,秦驱韩梁攻齐之南地,悉赵兵渡清河,指博关,临淄、即墨非王之有也。国一日见攻,虽欲事秦,不可得也。是故愿大王孰计之也。"齐王乃许张仪。

张仪离开齐,一路向西游说赵王事秦:"凡大王之所信为从者恃苏秦。苏秦荧惑诸侯,以是为非,以非为是,欲反齐国,而自令车裂于市。夫天下之不可一亦明矣。"赵王许张仪。

张仪离开赵,一路向北游说燕王事秦:"夫赵王之很戾无亲,大王之所明见,且以赵王为可亲乎?赵兴兵攻燕,再围燕都而劫大王,大王割十城以谢。今赵王已入朝渑池,效河间以事秦,今大王不事秦，秦下甲云中、九原，驱赵而攻燕，则易水、长城非大王之有也。"燕王听从张仪。

张仪游说某国，一是说明某国事秦的好处，二是以其不事秦的灾祸相威胁。从张仪游说一国之辞看，其言说是为该国获得最大的利益；若综合张仪游说其他国家的言辞看，张仪是左右卖国。

合纵，是六国联合共同抗击秦。山东六国所面临的最大威胁，是秦的侵犯和吞并；六国之间为了各自的利益而相互混战，虽然也是各国所面临的威胁，但较小。合纵，是出于六国抗秦的共同利益考虑，暂时不计较六国之间的利益得失。苏秦游说山东六国，每至一国，不仅要论述共同的利益，也要晓明六国之间的利害。他去燕至齐，一方面是要燕、齐联合抗秦，另一方面是要弱齐而保燕。正因为如此，有人认为苏秦是左右卖国。张仪的连横之术，是要求六国事秦，皆向秦割地求和。张仪每至一国，即要求该国与秦联合，对付该国面临的敌人（接壤的国家，即山东其他五国的某一国或两国），指出，一方面秦可保该国的安全，另一方面该国可通过与秦联合而攻打敌人，以获取自己的利益。例如，他在楚，游说楚连秦，攻打韩国。至韩国，又游说韩连秦，攻打楚国。这也是左右卖国。

张仪游说山东六国皆事秦，彻底地击破了苏秦的合纵之术。张仪归报，未至咸阳而秦惠王卒，武王立。武王为太子时即不悦张仪，等到即位，群臣多谗害张仪曰："无信，左右卖国以取容。秦必复用之，恐为天下笑。"诸侯听闻张仪与武王有矛盾，武王不用张仪，皆叛横复纵。张仪之连横事秦的策略，失败了。

原文五

秦武王元年，群臣日夜恶张仪未已❶，而齐让又至。张仪惧诛，乃因谓秦武王曰："仪有愚计，愿效之。"王曰："奈何？"对曰："为秦社稷计者，东方有大变，然后王可以多割得地也。今闻齐王甚憎仪，仪之所在，必兴师伐之。故仪愿乞其不肖之身之梁，齐必兴师而伐梁。梁、齐之兵连于城下而不能相去❷，王以其间伐韩，入三川，出兵函谷而毋伐，以临周，祭器必出❸。挟天子，按图籍，此王业也。"秦王以为然，乃具革车三十乘，入仪之梁。齐果兴师伐之。梁哀王恐。张仪曰："王勿患也，请令罢齐兵。"乃使其舍人冯喜之楚，借使之齐，谓齐王曰："王甚憎张仪；虽然，亦厚矣王之托仪于秦也❹。"齐王曰："寡人憎仪，仪之所在，必兴师伐之，何以托仪？"对曰："是乃王之托仪也。夫仪之出也，固与秦王约曰：'为王计者，东方有大变，然后王可以多割得地。……挟天子，案图籍，此王业也。'秦王以为然，故具革车三十乘而入之梁也。今仪入梁，王果伐之，是王内罢国而外伐与国❺，广邻敌以内自临❻，而信仪于秦王也。此臣之所谓'托仪'也。"齐王曰："善。"乃使解兵。

张仪相魏一岁，卒于魏也。

注释

❶恶（wù）：诽谤，诋毁。❷兵交不解，各欲去而不能。❸祭器：彝（yí）器，鼎钟之类，象征国家的权力。❹托仪：齐王让张仪依托于秦国，即让秦王更加相信张仪。❺罢：通"疲"。与国：盟国。❻增强秦人的势力而使六国内部自相火并。

讲解

张仪之计可谓妙绝，一石三鸟：一方面使秦王相信自己忠于秦；另一方面又使自己最终逃离秦以避免诛杀；再一方面也使自己获得魏王的信任，而封为相，善终于自己的邦国。

纵观张仪的一生，曾相秦、相魏、相楚，再相魏，但主要是相秦。先相魏，是为秦，目的是使魏事秦。相楚，更是破灭楚而为秦。他的主要功绩是弱楚。他当初游说楚相时无故遭到楚相的猜忌和痛打，故一直怨恨于心。且从当时的天下大势看，楚居秦之东南，是秦国的强敌，秦之一统天下必然要以楚为谋划的重心。再相魏，是为了保身。他的连横之术，一方面是要求山东六国事秦，割自己的土地而贿赂秦国；另一方面是挑拨六国之间的关系，使它们相互混战而削弱彼此的力量，秦乘机逐一歼灭。张仪是一位智者型的纵横家，善于诈伪的谋略，尤其没有信用可言；这自然是纵横家的普遍性格，但张仪更甚。

第三节 范雎、蔡泽之相秦

范雎（jū），魏人，字叔。蔡泽，燕人。两人在东方六国游说，白首无所遇。他们先后西入秦国，相继为秦相，建功了丰功伟业，获得了富贵权势。范雎劝说秦昭王行"远交近攻"之策略，多攻取诸侯的土地；又劝谏秦昭王废穰侯而集权、专权。蔡泽献攻三川之策，使秦夺取了东周洛阳以西的土地，为秦之兼并天下打下坚实的基础。他们二人能屈能伸，忍辱发愤，功成身退而推贤让位。《太史公自序》："能忍诟于魏、齐，而伸威于强秦，推贤让位，二子有之。作《范雎蔡泽列传》第十九。"

一、范雎相秦

范雎，游说诸侯不遇，欲事魏王，但家贫无以自资，乃先侍奉魏中大夫须贾（jiǎ）。

◎ 原文一

须贾为魏昭王使于齐，范雎从。留数月，未得报❶。齐襄王闻雎辩口❷，乃使人赐雎金十斤及牛酒，雎辞谢不敢受。须贾知之，大怒，以为雎持魏国阴事告齐❸，故得此馈，令雎受其牛酒，还其金。既归，心怒雎，以告魏相。魏相，魏之诸公子，曰魏齐。魏齐大怒，使舍人笞击雎，折胁摺齿❹。雎详死，即卷以箦❺，置厕中。宾客饮者醉，更溺雎❻，故僇辱以惩后，令无妄言者❼。雎从箦中谓守者曰：

"公能出我，我必厚谢公。"守者乃请出弃箦中死人。魏齐醉，曰："可矣。"范雎得出。后魏齐悔，复召求之。魏人郑安平闻之，乃遂操范雎亡❽，伏匿，更名姓曰张禄。

注释

❶没有得到齐王的报书。❷辩口：有口才。❸阴事：秘事。❹折胁：把肋骨打断。摺（lā）齿：把牙齿折断。❺箦（zé）：床席。❻溺：尿。❼妄言：指持魏国阴事告齐。❽操：携带。

范雎家贫，先侍奉中大夫须贾。他们一起出使齐国。齐王听说范雎有口才，私自赐给他财物，他推辞不受。须贾得知其事，以为范雎把魏国的秘事告知齐，所以得到赏赐。他们回到魏国，须贾告之于魏相魏齐。魏齐是魏国的贵族。他大怒，使舍人用棍棒击打范雎，范雎的肋骨被打断了几根，牙齿也被打掉了几颗。范雎装死。舍人以竹席卷裹之，抛到厕所中。宾客饮酒醉，一个接一个地往他身上撒尿。范雎从卷席中请求使者将其放出。魏齐酒醉，同意了。后魏齐后悔，又到处搜求范雎。范雎藏于郑安平家中。范雎无故遭受须贾的猜忌，且受到魏齐的羞辱和毒打，这在他心中种下了复仇的种子。

原文二

当此时，秦昭王使谒者王稽于魏。郑安平诈为卒，侍王稽。王稽问："魏有贤人可与俱西游者乎？"郑安平曰："臣里中有张禄先生，欲见君，言天下事。其人有仇，不敢昼见。"王稽曰："夜与俱来。"郑安平夜与张禄见王稽。语未究❶，王稽知范雎贤，谓曰："先生待我于三亭之南❷。"与私约而去。

王稽辞魏去，过载范雎入秦。至湖，望见车骑从西来。范雎曰："彼来者为谁？"王稽曰："秦相穰侯东行县邑。"范雎曰："吾闻穰侯专秦权，恶内诸侯客❸，此恐辱我，我宁且匿车中。"有顷，穰侯果至,劳王稽,因立车而语曰:"关东有何变?"曰:"无有。"又谓王稽曰:"谒君得无与诸侯客子俱来乎❹?无益,徒乱人国耳。"王稽曰:"不敢。"即别去。范雎曰:"吾闻穰侯智士也,其见事迟❺,乡者疑车中有人,忘索之。"于是范雎下车走,曰:"此必悔之。"行十余里,果使骑还索车中,无客,乃已❻。王稽遂与范雎入咸阳。

已报使,因言曰:"魏有张禄先生,天下辩士也。曰'秦王之国危于累卵,得臣则安。然不可以书传也'。臣故载来。"秦王弗信,使舍食草具❼,待命岁余。

◎ 注释

❶究:穷尽。❷三亭:亭名,在魏之边境。❸内:通"纳",接纳。❹谒君:王稽官谒者,故称谒君。❺迟:反应迟钝。❻已:止。❼草具:粗糙的食物。具,食物。

◎ 讲解

范雎之逃离魏国也非常惊险。魏齐到处搜索他,他隐藏起来。刚好秦国的使臣王稽出使魏国。经郑安平帮助,范雎夜见王稽,得其赏识,王稽同意载之于秦。范雎入秦境,又遇到穰侯。穰侯向来厌恶六国的说客,认为他们不忠于秦,徒乱国事。范雎藏匿于车中,穰侯忘记搜查。行数里,穰侯觉悟,又派人追查王稽之车。范雎早料到,已下车步行。因此,范雎历经磨难,来到秦国,时昭王三十六年。王稽向昭王举荐范雎,昭王不信任范雎,范雎待命岁余。

范雎乃上书。昭王读后大悦,谢王稽,派人以传车召范雎。范雎得见昭王于离宫。他游说昭王,首先指出秦之对外的政策方向是错误的,秦越过韩、魏而攻齐,则无大害于齐而有损于秦,且"肥韩、魏";进而主张"王不如远交而近攻,得寸则王之寸也,得尺亦王之尺也,今释此而远攻,不亦缪乎!……今夫韩、魏,中国之处而天下之枢也,王其欲霸,必亲中国以为天下枢,以威楚、赵"。昭王以为然,拜范雎为客卿,谋兵事。昭王卒听范雎谋,伐魏。

范雎日益亲近昭王,"复说用数年",与秦王交深恩厚而直言太后、穰侯等专权之弊,"今太后擅行不顾,穰侯出使不报,华阳、泾阳等击断无讳(讳,畏也),高陵进退不请。四贵备而国不危者,未之有也,为此四贵者下,乃所谓无王也。……见王独立于朝,臣窃为王恐,万世之后,有秦国者非王子孙也"。昭王闻之,大惧,于是废太后、逐穰侯等而集权;拜范雎为相,封以应,号应侯。范雎在秦用六年的时间,被封为秦相而深得昭王的宠信。《资治通鉴》:"穰侯援立昭王,除其灾害;荐白起为将,南取鄢、郢,东属地于齐,使天下诸侯稽首而事秦,秦益强大者,穰侯之功也。虽其专恣骄贪足以贾(gǔ)祸(自招祸患),亦未至尽如范雎之言。范雎者,亦非能为秦忠谋,直欲得穰侯之处,故扼其吭(háng,咽喉)而夺之耳。遂使秦王绝母子之义,失舅甥之恩。要之,雎真倾危之士哉!"

二、范雎复仇

战国策士有一种强烈的复仇意识,所谓"一饭之德必偿,睚眦之怨必报"。范雎在魏时,无故遭到须贾、魏齐的羞辱、痛打。他忍辱发愤,要报仇雪恨。

原文三

范雎既相秦,秦号曰张禄,而魏不知,以为范雎已死久矣。魏闻秦且东伐韩、魏,魏使须贾于秦。范雎闻之,为微行❶,敝衣间步之邸❷,见须贾。须贾见之而惊曰:"范叔固无恙乎!"范雎曰:"然。"须贾笑曰:"范叔有说于秦邪?"曰:"不也。雎前日得过于魏相,故亡逃至此,安敢说乎!"须贾曰:"今叔何事?"范雎曰:"臣为人庸赁❸。"须贾意哀之,留与坐饮食,曰:"范叔一寒如此哉!"乃取其一绨袍以赐之❹。须贾因问曰:"秦相张君,公知之乎?吾闻幸于王,天下之事皆决于相君。今吾事之去留在张君。孺子岂有客习于相君者哉❺?"范雎曰:"主人翁习知之。唯雎亦得谒,雎请为见君于张君。"须贾曰:"吾马病,车轴折,非大车驷马,吾固不出。"范雎曰:"愿为君借大车驷马于主人翁。"

◎ 注释

❶ 微行:若微贱者之所行,即便装出行,而不使人知其尊贵的身份。
❷ 间步:从小路步行。❸ 庸赁(lìn):受雇为人劳役。庸,通"佣"。
❹ 绨(dì)袍:粗袍。❺ 孺子:以范雎为小子。习:亲近的人。

这段文字颇有情趣。范雎假装微贱之人去见须贾,极力表现自己落魄、穷困的情状。这是为他日后以秦相的身份召见须贾作张本,而形成大的落差,以惊动须贾。须贾见其寒困,哀怜之,赠以粗袍御寒,又让范雎借大车驷马,颇为骄横。范雎卑下应承。

◎ 原文四

范雎归取大车驷马,为须贾御之,入秦相府。府中望见,有识者皆避匿。须贾怪之。至相舍门,谓须贾曰:"待我,我为君先入通于相君。"须贾待门下,持车良久,问门下曰:"范叔不出,何也?"门下曰:"无范叔。"须贾曰:"乡者与我载而入者。"门下曰:"乃吾相张君也。"须贾大惊,自知见卖,乃肉袒膝行,因门下人谢罪。于是范雎盛帷帐,侍者甚众,见之。须贾顿首言死罪,曰:"贾不意君能自致于青云之上❶,贾不敢复读天下之书,不敢复与天下之事❷。贾有汤镬之罪❸,请自屏于胡貉之地❹,唯君死生之❺!"范雎曰:"汝罪有几?"曰:"擢贾之发以续贾之罪❻,尚未足。"范雎曰:"汝罪有三耳。……今雎之先人丘墓亦在魏,公前以雎为有外心于齐而恶雎于魏齐❼,公之罪一也。当魏齐辱我于厕中,公不止,罪二也。更醉而溺我,公其何忍乎?罪三矣。然公之所以得无死者,以绨袍恋恋,有故人之意,故释公。"乃谢罢。入言之昭王,罢归须贾。

须贾辞于范雎,范雎大供具,尽请诸侯使,与坐堂上,食饮甚设。而坐须贾于堂下,置莝豆其前❽,令两黥徒夹而马食之。数日❾:

"为我告魏王,急持魏齐头来!不然者,我且屠大梁。"须贾归,以告魏齐。魏齐恐,亡走赵,匿平原君所。

❀ 注释

❶青云:高位,俗语所谓"平步青云"。还有两义,一是指有德而负盛名者,《伯夷列传》云"闾巷之人,欲砥行立名者,非附青云之士,恶能施于后世哉";二是指隐逸者。❷与:参与。❸汤镬(huò):用以烹杀人的大锅。汤镬之罪,指死罪。❹屏:摒弃,抛弃。❺死生之:决定生死。❻拔头发而续之,尚不足以比其罪之长也。成语有"擢发难数",形容罪恶之多。擢(zhuó):拔。❼外心:二心。❽莝(cuò)豆:马之饲料。❾数(shǔ):责备。

范雎原是驾车的佣人,现在摇身一变,成为位高权重的秦相,这使须贾惊恐不已。范雎前后身份的云泥之隔,不仅使须贾悲喜无常,也造成了叙事之惊奇的美学效果。须贾肉袒膝行,顿首自言死罪。范雎帷帐盛设,数落须贾的三大罪,痛快淋漓。须贾辞谢,范雎大摆宴席,尽请诸侯使者,而让须贾坐于堂下,"令两黥徒夹而马食之",以羞辱须贾,而报昔日之冤仇;并恐吓说,"为我告魏王,急持魏齐头来!不然者,我且屠大梁"。

须贾归魏,将此事告知魏齐。魏齐恐惧,逃亡到赵,隐藏于平原君所。秦昭王骗平原君到秦。赵王发卒围平原君家。魏齐夜中逃出,见赵相虞卿。虞卿解去相印而与之俱奔走大梁,欲经由信陵君而逃入楚。但信陵君畏秦,不肯接见。魏齐怒而自刭。赵王闻之,卒取其头予秦。秦昭王乃释放平原君,使其归赵。昔日冤仇,一朝洗雪!慷慨快意的人生得以实现!

传记夸大增饰范雎的复仇之事,寄托了司马迁的复仇情绪。

❀ 原文五

范雎既相,王稽谓范雎曰:"事有不可知者三,有不可奈何者亦三。宫车一日晏驾❶,是事之不可知者一也。君卒然捐馆舍❷,是事之不可知者二也。使臣卒然填沟壑❸，是事之不可知者三也。宫车一日晏驾，君虽恨于臣❹，无可奈何。君卒然捐馆舍，君虽恨于臣，亦无可奈何。使臣卒然填沟壑，君虽恨于臣，亦无可奈何。"范雎不怿❺，乃入言于王曰："非王稽之忠，莫能内臣于函谷关；非大王之贤圣，莫能贵臣。今臣官至于相，爵在列侯，王稽之官尚止于谒者，非其内臣之意也。"昭王召王稽，拜为河东守，三岁不上计❻。又任郑安平❼，昭王以为将军。范雎于是散家财物，尽以报所尝困厄者。一饭之德必偿，睚眦之怨必报❽。

注释

❶晏驾：车驾晚出，指王崩。❷卒然：同"猝然"，突然。捐馆舍：死。❸王稽为谒者，故称使臣。❹恨其不及用。❺范雎知其不贤，担心举荐他会给自己带来罪责。❻郡守掌治民、进贤、劝功、决讼等，岁尽遣吏上计。这表明秦王信任王稽。❼任：保举。❽睚（yá）眦（zì）：怒目而视，指小怨小仇。

范雎对须贾极尽羞辱之能事，以发泄内心郁积的复仇情绪。范雎为了报答王稽、郑安平的知遇之恩，请求昭王，拜王稽为河东守、郑安平为将军。范雎散发财物，尽以报答在自己陷入困境时有恩于己的人。这是范雎的报恩。

原文六

后五年，昭王用应侯谋，纵反间卖赵，赵以其故，令马服子代廉颇将❶。秦大破赵于长平，遂围邯郸。已而与武安君白起有隙，言而杀之❷。任郑安平，使击赵。郑安平为赵所围，急，以兵二万人降赵。应侯席稿请罪❸。秦之法，任人而所任不善者，各以其罪罪之。于是应侯罪当收三族。秦昭王恐伤应侯之意，乃下令国中："有敢言郑安平事者，以其罪罪之。"而加赐相国应侯食物日益厚，以顺适其意。后二岁，王稽为河东守，与诸侯通，坐法诛。而应侯日益以不怿。

注释

❶ 马服子：赵奢之子赵括的代号。❷ 秦昭王五十年（前257），白起自杀。❸ 席稿：坐卧稿上等于罪人，是古人请罪的一种方式。稿，用禾秆编成的席。

范雎因报恩而保举的郑安平，为秦将，降赵；其保举的王稽与诸侯私通，坐法诛。昭王临朝叹息，范雎进言曰："臣闻'主忧臣辱，主辱臣死'。今大王中朝而忧，臣敢请其罪。"昭王忧患楚将击秦，而白起已死，内无良将而外多敌国。范雎恐惧，无言以对。范雎明白，自己到了身退而求全的时候。蔡泽闻之，西入秦。

三、蔡泽西入秦

原文七

蔡泽者，燕人也。游学干诸侯❶，小大甚众，不遇。而从唐举相，曰："吾闻先生相李兑，曰'百日之内持国秉'，有之乎？"曰："有之。"曰："若臣者何如？"唐举孰视而笑曰❷："先生曷鼻❸，巨肩❹，魋颜❺，蹙（cù）齃（è）❻，膝挛❼。吾闻圣人不相，殆先生乎？"蔡泽知唐举戏之，乃曰："富贵吾所自有，吾所不知者寿也，愿闻之。"唐举曰："先生之寿，从今以往者四十三岁。"蔡泽笑谢而去，谓其御者曰："吾持粱啮肥❽，跃马疾驱，怀黄金之印，结紫绶于要❾，揖让人主之前，食肉富贵，四十三年足矣。"去之赵，见逐。入韩、魏，遇夺釜鬲于涂❿。闻应侯任郑安平、王稽皆负重罪于秦，应侯内惭，蔡泽乃西入秦。

注释

❶ 干：求取，不待礼曰干。❷ 孰视：仔细地看。❸ 曷（hé）鼻：仰鼻。❹ 肩高于项。❺ 鬼脸。魋（tuí）：凸额头。❻ 塌鼻梁。❼ 罗圈腿。挛（luán）：蜷曲不能伸直。❽ 持粱：持粱米作饭。啮（niè）肥：吃肥肉。❾ 绶：丝带。❿ 遇夺：为人所夺。釜（fǔ）鬲（lì）：炊具。

蔡泽，燕国人，游说大小诸侯甚众，皆不遇。唐举为他看相，嘲笑他可能是圣人——因为圣人不相，即圣人有奇形怪状而与众人迥异，从今以后还有四十三岁之寿。这更激发了蔡泽的发愤之志，他自信自己能成为卿相。他先到赵国，被逐；又入韩、魏，在路途上炊具和食粮遭人抢劫。他闻说应侯范雎因担负重罪而内心惭愧，故西入秦。

蔡泽将见昭王，先放出话来以激怒应侯："燕客蔡泽，天下雄俊弘辩智士也。彼一见秦王，秦王必困君而夺君之位。"应侯听闻，曰："五帝三代之事，百家之说，吾既知之，众口之辩，吾皆摧之，是恶能困我而夺我位乎？"于是使人召蔡泽。蔡泽入，揖而不拜。应侯本来就不快，及见之，蔡泽又傲慢无礼。应侯责备曰："子尝宣言欲代我相秦，宁有之乎？"蔡泽对曰："然。"应侯曰："请闻其说。"蔡泽曰："吁，君何见之晚也！夫四时之序，成功者去。"蔡泽接着辩说，秦之商君、楚之吴起、越之大夫种为人臣极忠诚，而且立下大功，但卒被诛杀；"夫人之立功，岂不期于成全邪？身与名俱全者，上也；名可法而身死者，其次也；名在僇辱而身全者，下也。"于是，应侯称善。蔡泽稍微得到机会，又进一步游说。

◎ 原文八

（蔡泽曰：）"今主之亲忠臣不忘旧故，不若孝公、悼王、句践，而君之功绩爱信亲幸又不若商君、吴起、大夫种，然而君之禄位贵盛，私家之富过于三子，而身不退者，恐患之甚于三子，窃为君危之。语曰'日中则移，月满则亏❶'。物盛则衰，天地之常数也。进退盈缩❷，与时变化，圣人之常道也。故'国有道则仕，国无道则隐'。圣人曰'飞龙在天，利见大人❸'。'不义而富且贵，于我如浮云'。今君之怨已雠而德已报❹，意欲至矣❺，而无变计，窃为君不取也。……忍不能自离，疑不能自决，必有四子之祸矣。《易》曰'亢龙有悔'❻，此言上而不能下，信而不能诎❼，往而不能自返者也，愿君孰计之。"

注释

❶亏：缺。❷盈缩：伸屈。❸权极位尊，要警惕。❹雠（chóu）：报偿。❺心满意足。❻亢（kàng）龙有悔：高飞天空的龙，将有悔恨之事发生。亢，高。❼信：通"伸"。诎：通"屈"。

要之，蔡泽游说范雎的主旨是，功成身退，而名与身自全。他主要通过秦之商鞅、楚之吴起、越之大夫种、秦之白起的事迹来说理，且引圣人之言而证之。其辩说道理明晰，论证充分，气势沛然。因此，范雎曰："善。吾闻'欲而不知足，失其所以欲；有而不知止，失其所以有'。先生幸教，雎敬受命。"于是范雎延请蔡泽入坐，奉为上客。这是发挥道家功成身退、知足常有的思想，也成为后世士人普遍敬奉的人生理想，即首先干出一番惊天动地的事业，而功名俱著，然后功成身退，隐居江湖，声与名俱全。李商隐《安定城楼》曰："永忆江湖归白发，欲回天地入扁舟。"

原文九

后数日，入朝，言于秦昭王曰："客新有从山东来者曰蔡泽，其人辩士，明于三王之事，五伯之业，世俗之变，足以寄秦国之政❶。臣之见人甚众，莫及，臣不如也。臣敢以闻。"秦昭王召见，与语，大说之，拜为客卿。应侯因谢病请归相印。昭王强起应侯，应侯遂称病笃❷。范雎免相，昭王新说蔡泽计画，遂拜为秦相，东收周室❸。

蔡泽相秦数月，人或恶之，惧诛，乃谢病归相印，号为纲成君。居秦十余年，事昭王、孝文王、庄襄王。卒事始皇帝，为秦使于燕，三年而燕使太子丹入质于秦。

太史公曰：韩子称"长袖善舞，多钱善贾"❹，信哉是言也！范雎、蔡泽世所谓一切辩士❺，然游说诸侯至白首无所遇者，非计策之拙，所为说力少也。及二人羁旅入秦，继踵取卿相❻，垂功于天下者，固强弱之势异也❼。然士亦有偶合❽，贤者多如此二子，不得尽意，岂可胜道哉！然二子不困厄，恶能激乎❾？

🔹 注释

❶ 寄：托付。❷ 病笃：病重。❸ 秦灭东周，这是蔡泽为相的主要功绩。❹ 多资而易为功。❺ 一切辩士：一世辩士，即出类拔萃的辩士。❻ 继踵：前后相续。❼《韩非子·五蠹》："鄙谚曰'长袖善舞，多钱善贾'，此言多资之易为工也。故治强易为谋，弱乱难为计。故用于秦者十变而谋希失，用于燕者一变而计希得。非用于秦者必智，用于燕者必愚也，盖治乱之资异也。"范雎、蔡泽游说诸侯不能成功，不是策拙，而是诸侯弱小难以为功、秦之强大易于功成。❽ 士之遇于君主，亦有偶然相合。❾ 二子在困厄中能发愤。

蔡泽取代范雎为秦相数月，有人说他坏话，他担心被杀，乃谢病归相印，而不贪恋权势富贵。他居秦十余年，事秦之四王，而得善终。要之，策士范雎、蔡泽皆能功成身退，而名与身俱全。

"太史公曰"的含义曲折多变，深得《春秋》"微言大义"之旨，二子作为战国策士能功名俱著，除其有卓异的智慧与辩才且能在困境中发愤的原因之外，还有其他的原因：一是事强大之秦而易于成功，二是他们与君主偶然相合。

四、策士的人格特征及其追求

战国策士是一群应时运而生的特殊士人群体，有突出的人格特征及追求。

其一，战国策士能忍辱发愤。

战国策士出身微贱，才秀人微；不安所处，穷则思变；从师求学，奔走于诸侯之间。他们要改变其卑下的社会身份和地位，首要是读书求学，以获得知识和技能，从而能游说君主和大夫。苏秦、张仪至齐，从师于鬼谷先生，数年勤学苦读；学有所成，则游说诸侯，把书本的知识与社会政治实践相结合。范雎年少读书求学，长大后游说诸侯。蔡泽，游说诸侯甚众。

战国策士虽有知识和才能，但因为不是贵族，而没有凭借，难以得到君主的重用，故他们之游说诸侯的历程多曲折坎坷，但他们百折不回，坚强不屈。

张仪学成后游说诸侯。他先跟从楚相，楚相丢失玉璧，门下猜疑张仪盗取，从而对张仪进行一番毒打。他到赵国投靠其同学苏秦，苏秦不见；数日后相见，又对张仪进行羞辱。张仪最后来到秦国，被弃置一年多。他上书秦王，才得到秦王的重用。

蔡泽游说大小诸侯甚众，皆不遇。相人唐举为他看相，嘲笑他可能是圣人，因为圣人不相，即有奇形怪状，这更激起蔡泽发愤图强。他先到赵国，被逐；又入韩、魏，在路途上炊具和食粮遭人抢劫。最终来到秦国而游说秦王成功。困境或能使人沉沦，或能使人发愤。战国策士在困境耻辱中发愤图强。司马迁说："然二子不困厄，恶能激乎？"范雎、蔡泽如果不遭困厄，如何能激发他们发愤图强呢？苏秦、张仪也是如此。

其二，战国策士积极追求富贵权势。

战国策士出身微贱，生活穷苦，非常向往贵族阶级的名位和富贵。在社会相对安宁、稳定的时代，平民与贵族等级分明，上下的迁移较少。但在春秋战国时代，诸侯混战，社会秩序崩坏，贵族和平民之间的等级秩序被打破。少数平民可以通过读书而成为有知识、有技能的士人，进而为诸侯、贵族效力，以获得富贵权势。他们毫不掩饰其对富贵名利的热切追求。

苏秦叹说："夫士业已屈首受书，而不能以取尊荣，虽多亦奚以为！"士人读书游学，是为了游说诸侯而获得尊荣富贵，未必是为了实现自己的政治理想。苏秦游说成功，行过洛阳，衣锦还乡，不胜感慨："嗟乎，贫穷则父母不子，富贵则亲戚畏惧。人生世上，势位富贵，盖可忽乎哉？"蔡泽游说诸侯之目的是，"吾持粱啮肥，跃马疾驱，怀黄金之印，结紫绶于要，揖让人主之前，食肉富贵"。

其三，战国策士有强烈的复仇意识。

战国策士出身微贱，受到压抑，人性扭曲，内心郁积着一种强烈的复仇情绪。当他们游说成功后,"一饭之德必偿,睚眦之怨必报",以伸张自己的独立人格,以发泄自己的一腔怨愤。苏秦游说成功后,路过家乡洛阳,嘲弄嫂子当初不为他做饭而现在蛇行匍匐,即表现其复仇的情绪。张仪当初游说楚相,被怀疑盗璧,受到毒打。他成为秦相后,就开始了自己复仇的历程。张仪相秦,为文书告楚相曰:"始吾从若饮,我不盗而璧,若笞我。若善守汝国,我顾且盗而城!"楚怀王一再被张仪欺骗,丧师失地,最终客死于秦,为天下笑。范雎受辱与复仇的历程,更加曲折生动。

其四,战国策士具有奇才异智,好辩善辩。

战国策士才华出众,智谋绝人,好辩善辩。对当时的天下大势有总体的把握,对各国诸侯的具体情况与相互之间犬牙交错的关系有深刻的理解。他们不辞辛苦,奔走于诸侯之间而进行游说,或合纵,或连横。当时的天下大势,是秦国不断地攻打东方六国。韩、赵、魏三国处于中原地带,是秦正面的强敌。齐国中间隔三晋而远在东方,燕国在赵国的北边,与赵、齐接壤。楚国在秦之东南,与韩、齐等接壤。苏秦的战略是合纵,即以赵国为抗秦的中心,而联合东方其他五国。游说人君是非常难的。韩非子的名篇《说难》道尽了游说的困难。山东六国皆恐惧秦国,于是割地求和。苏秦尖锐地指出,六国割地求和只能暂时满足秦之欲望;秦贪得无厌,诸侯以有限之地不能满足秦的无穷之欲。苏秦对六国割地求和的弊端看得非常清楚。北宋苏洵的名文《六国论》,即发挥苏秦的基本观点。

其五,战国策士智足以存国,也足以保身。

除了苏秦因为反间于齐国而被齐大夫刺死外,张仪、范雎、蔡泽等皆能善终。秦武王元年,群臣日夜恶张仪不已,齐国又责张仪。张仪惧诛,出一妙计,逃离秦,托身于魏。魏王以之为相一岁,张仪卒于魏。范雎受到秦昭王的宠信和重用,为相数十年,封为应侯。后来他听从蔡泽的规劝,谢病归相印,而善终于秦。蔡泽相秦数月，有人恶之。蔡泽害怕被诛杀，乃谢病归相印，号为纲成君。居秦十余年，历事秦之四王。他们皆是多智之士，长袖善舞，多钱善贾，故足以退而保身。

其六，战国策士是倾危之士。

《张仪列传》："太史公曰：三晋多权变之士，夫言从衡强秦者，大抵皆三晋之人也。夫张仪之行事，甚于苏秦，然世恶苏秦者，以其先死，而仪振暴（pù）其短，以扶其说，成其衡道。要之，此两人真倾危之士哉！"他们二人皆是险诈之士、危险之人。

苏秦主纵，而张仪主横。张仪的声名高于苏秦，是因为张仪在后，而击破了苏秦的合纵之术，以成其连横之道。纵与横道皆有弊端。纵则父母兄弟尚不能为一，一言足以破之；横则地有尽而割无已，一言足以破之。苏秦、张仪善于权变，背信弃义，左右卖国，为了实现自己的目的往往不择手段，使他人陷于倾覆危险的境地。要之，此两人真倾危之士哉，而优劣不足论。

第四章

"刻暴寡恩"
—— 法家人物的传记

法家人物是变法家、改革派,一是以法令和刑罚治国,二是改革旧制而创立新制。法家之法治,与传统社会或儒家之礼治不同。法家之建立新制,与法古的思想不同。他们必然会触犯既得利益者或王公贵族的权益,也自然会扰乱民众原有的生产和生活秩序。人的本性往往保守、懒惰,不愿接受新的事物。因此,法家人物遭受忌恨、打击。他们多是孤愤的,主要依靠君主的信任,而与王公贵族对抗。他们的下场是悲惨的。《史记》有一组法家人物的传记,包括《吴起列传》《商君列传》《韩非列传》《李斯列传》《晁错列传》等篇。吴起是军事家,也是变法家,楚悼王用吴起变法。秦孝公任用商鞅变法。韩非和李斯是荀子的学生。韩非是法家思想理论的缔造者。李斯运用法家理论,辅助秦始皇统一天下,建立了中央集权的专制政治。晁错是文景时期的法家人物。

▌ 第一节 商鞅之亡身灭家

商鞅是卫国人,贵族出身。早年事魏相公叔座,后西入秦,游说孝公成功,任左庶长、大良造、丞相等官职。在秦实行变法,富国强兵,取得了极大的成效。孝公死,惠王即位,商鞅以谋反罪而车裂身死。

一、吴起入楚变法

我们先简要地叙述吴起的变法事迹。吴起，卫人，好用兵，尝学于曾子，事鲁君。他首先是一位善于用兵打仗的军事家，有《吴起兵法》传于后世；其次是一位法家人物，辅助楚悼王变法。

原文一

楚悼王素闻起贤，至则相楚。明法审令，捐不急之官❶，废公族疏远者❷，以抚养战斗之士。要在强兵，破驰说之言纵横者。于是南平百越，北并陈、蔡，却三晋❸，西伐秦。诸侯患楚之强。故楚之贵戚尽欲害吴起。及悼王死，宗室大臣作乱而攻吴起，吴起走之王尸而伏之。击起之徒因射刺吴起，并中悼王。悼王既葬，太子立，乃使令尹尽诛射吴起而并中王尸者。坐射起而夷宗死者七十余家❹。

太史公曰：世俗所称师旅，皆道《孙子》十三篇，《吴起兵法》，世多有，故弗论，论其行事所施设者。……吴起说武侯以形势不如德，然行之于楚，以刻暴少恩亡其躯。悲夫！

注释

❶捐：撤去。❷夺去疏远公族的爵禄。❸却：退。❹坐：因事遭罪。

吴起相楚悼王，实行政治改革，明法审令，去不急之官，废公族疏远者，破纵横之说者，以抚养战斗之士，这正是法家的思想。其变法的成果是富国强兵，而攻伐诸侯。但其变法触犯了楚之贵族的利益，故悼王一死，宗室大臣就作乱而攻吴起。吴起奔逃而伏于悼王尸旁，那些作乱者射杀吴起，并击中悼王的尸体。这根本没有"投鼠忌器"之意。司马迁在"太史公曰"中说，吴起虚伪不诚实，游说魏文侯时，以为"形势不如德"，但相楚而行暴虐之政，足见其刻暴少恩的本性；终亡其躯，悲夫！

二、商鞅入秦变法

商鞅是典型的法家人物，战国中期卫国公室诸公子，名鞅，姓公孙，因称公孙鞅或商鞅。他入秦变法有功，封之于、商，号"商君"，史称商鞅。《太史公自序》："鞅去卫适秦，能明其术，强霸孝公，后世遵其法。作《商君列传》第八。"商鞅不仅有阐述法家思想的文章传于世，且在秦实践了他的法家主张。《商君列传》叙述了商鞅一生的主要事迹。

◎ 原文二

商君者，卫之诸庶孽公子也❶，名鞅，姓公孙氏，其祖本姬姓也。鞅少好刑名之学❷，事魏相公叔座为中庶子❸。公叔座知其贤，未及进。会座病❹，魏惠王亲往问病，曰："公叔病有如不可讳❺，将奈社稷何？"公叔曰："座之中庶子公孙鞅，年虽少，有奇才，愿王举国而听之。"王默然。王且去，座屏人言曰❻："王即不听用鞅❼，必杀之，无令出境。"王许诺而去。公叔座召鞅谢曰："今者王问可以为相者，我言若，王色不许我。我方先君后臣，因谓王即弗用鞅，当杀之。王许我。汝可疾去矣，且见禽。"鞅曰："彼王不能用君之言任臣，又安能用君之言杀臣乎？"卒不去。惠王既去，而谓左右曰："公叔病甚，悲乎，欲令寡人以国听公孙鞅也，岂不悖哉❽！"

◎ 注释

❶庶孽（niè）：侧室所生之子。❷刑名：形名，即名实，循名责实，以刑法治国。❸中庶子：官名，掌卿大夫家族事。❹会：适逢。❺不可讳：病死。❻屏（bǐng）：退避。❼即：假使。❽悖：病重而昏乱。

商鞅是卫国的贵族，受到良好的教育，且有资财可以凭借。他侍奉魏相公叔座，甚得赏识。他年少时即表现出奇才异智。公叔座临死时，把商鞅推荐给魏惠王，请惠王用之以为相，惠王默然不应。公叔座退避旁人，而告王曰，若不用，则杀之。公叔座先君后臣，又告之于商鞅，嘱咐他赶快逃离魏国。但商鞅不以为然，他认为，惠王既然不能听公叔座之言而任用自己，则也不会听公叔座之言而杀自己。事情确实如此，可见商鞅的卓异之知。

商鞅闻秦孝公欲修霸王之业，乃西入秦，通过孝公的宠臣景监拜见孝公。景监是宦官，商鞅由宦官推荐而有宠于孝公，成为他一生的污点，这表明他出处不正。宦官即腐刑之人，在古人看来，身体的残缺即表明道德人格的残缺，往往为君子所不齿，没有推贤进士的资格。司马迁本人是有深切感受的。他遭受宫刑，后成为中书令，侍奉武帝，故友任安将军写信批评他不能推贤进士。他在《报任少卿书》中沉痛地说："夫中材之人，事有关于宦竖，莫不伤气，而况于慷慨之士乎！如今朝廷虽乏人，奈何令刀锯之余，荐天下豪俊哉！"

原文三

　　孝公既见卫鞅，语事良久，孝公时时睡，弗听。罢而孝公怒景监曰："子之客妄人耳❶，安足用邪！"景监以让卫鞅❷。卫鞅曰："吾说公以帝道，其志不开悟矣。"后五日，复求见鞅❸。鞅复见孝公，益愈❹，然而未中旨❺。罢而孝公复让景监，景监亦让鞅。鞅曰："吾说公以王道而未入也，请复见鞅。"鞅复见孝公，孝公善之而未用也。罢而去。孝公谓景监曰："汝客善，可与语矣。"鞅曰："吾说公以霸道，其意欲用之矣。诚复见我，我知之矣。"卫鞅复见孝公。公与语，不自知膝之前于席也❻。语数日不厌❼。景监曰："子何以中吾君？吾君之欢甚也。"鞅曰："吾说君以帝王之道比三代，而君曰：'久远，吾不能待。且贤君者，各及其身显名天下，安能邑邑待数十百年以成帝王乎❽？'故吾以强国之术说君，君大说之耳。然亦难以比德于殷周矣❾。"

注释

❶妄人：狂妄自大之人，其言说高远而不切实际。❷让：责。❸景监为卫鞅（即商鞅）再求见孝公。❹孝公对卫鞅的态度稍好。❺未中旨：不

合孝公之意。❻孝公听得入神，不知不觉地膝行而前，以靠近卫鞅。❼厌：满足。❽邑邑：通"悒悒"，心不安。❾比：并。

传文之叙事不仅生动形象，且情节曲折，欲扬先抑。

商鞅之说孝公，共有四次，一波四折。第一次，孝公时时睡，不听；事后，孝公怒景监，景监责备商鞅。第二次，孝公听了不中意；事后，孝公责备景监，景监则责备商鞅。第三次，孝公听了较为满意；事后，孝公肯定景监。第四次，孝公听了大悦，不知不觉地膝行上前，数日不满足，称赞景监；景监也称赞商鞅。这与汉文帝大悦贾谊之言而不觉膝行至前席相同。唐代著名诗人李商隐《贾生》曰："宣室求贤访逐臣，贾生才调更无伦。可怜夜半虚前席，不问苍生问鬼神。"汉文帝问的是鬼神之事，而孝公乃是问苍生之事。商鞅之游说过程颇为曲折，孝公从不听到听，从听了不中意到中意，最后大悦之。过程中，商鞅还受到景监一再责备。他本人的游说主旨，从帝道到王道，再到霸道，最后是富国强兵。这一方面表明商鞅能在逆境中不屈不挠，另一方面也说明他善于权变，曲学以迎合人君。

商鞅游说秦孝公成功，孝公任用商鞅，以之为左庶长，实行变法。商鞅认为，"治世不一道，便国不法古。故汤、武不循古而王，夏、殷不易礼而亡。反古者不可非，而循礼者不足多"。商鞅的观点，一是反对法古，而重视根据现实的情况而定制度；二是反对遵循商周以来的礼乐传统，而以法令为治国的根本。

商鞅变法的主要内容有五。

一是令民为什伍（居民五家为伍、十家为什，组织起来），相牧司（相互监督、检举、揭发）连坐，一家有罪，而九家连举。若不纠举告发，则十家连坐同罪。邻里相保之法，自古有之。孟子云"乡田同井，出入相友，守望相助，疾病相扶持"（《孟子·滕文公上》），以亲睦为主，而商鞅以司察、告奸为先。这形成了人与人之间相互猜疑、检举、揭发而没有恩义和信任的浇薄风俗。

二是轻罪重罚，小恩重赏：刑九而赏一，刑赏不对称；刑赏与功罪不对称。例如，不告奸者腰斩，隐藏奸者同于降敌者而诛杀；告奸者与斩敌首同赏。

三是崇尚斩首军功，而诱之以不同等级的爵位，从而驱使民众为了获得爵位而奋不顾身地斩杀敌首。

四是重视农耕者而打击工商者，要求民众戮力农业，多收粮食，多织布，从而为战争作好衣食的准备。

五是明尊卑，上下分明，等级森严。

法令是明确公布的，要让所有人知晓和实行；除了君主置于法令之上外，其他王公贵族犯法，皆与庶民同罪。商鞅为了表明其法令运行的必然性、坚决性，做了一件事。

令既具，未布，恐民之不信己，乃立三丈之木于国都市（市场）南门，募民有能徙置北门者予十金。民怪之，莫敢徙。复曰"能徙者予五十金"。有一人徙之，辄予五十金，以明不欺。卒下令。

这件小事意义甚大，即法令公布之后，必赏，必刑。这件小事也表明商鞅行事的方式，即为达目的而不择手段，小功大赏，故民众开始以之为怪，并不相信此事。

传记肯定了商鞅变法的重大成就。

令行于民期年，秦民之国都言初令（新法）之不便者以千数。于是太子犯法。卫鞅曰："法之不行，自上犯之。"将法太子。太子，君嗣也。不可施刑，刑其傅公子虔，黥其师公孙贾。明日，秦人皆趋令。行之十年，秦民大说，道不拾遗，山无盗贼，家给人足。民勇于公战，怯于私斗，乡邑大治。秦民初言令不便者有来言令便者，卫鞅曰"此皆乱化之民也"，尽迁之于边城。其后民莫敢议令。

商鞅变法，法令严明，有公正性。太子犯法，刑其傅，黥其师，故民众皆奉法趋令。行之十年，秦民大悦，道不拾遗，山无盗贼，家给人足。变法的确能富国强民，也带来社会政治秩序的稳定，但民众的自由受到了许多限制。法令是朝廷颁布的，不允许下层民众议论法令，民众失去了议论、批评政令等自由。

◎ 原文四

其明年，齐败魏兵于马陵，虏其太子申，杀将军庞涓。其明年，卫鞅说孝公曰："秦之与魏，譬若人之有腹心疾，非魏并秦，秦即并魏。何者？魏居岭厄之西❶，都安邑，与秦界河而独擅山东之利❷。利则西侵秦，病则东收地。今以君之贤圣，国赖以盛。而魏往年大破于齐，诸侯畔之，可因此时伐魏。魏不支秦，必东徙。东徙，秦据河山之固，东乡以制诸侯，此帝王之业也。"孝公以为然，使卫鞅将而伐魏。魏使公子卬（áng）将而击之。军既相距❸，卫鞅遗魏将公子卬书曰："吾始与公子欢，今俱为两国将，不忍相攻，可与公子面相见，盟，乐饮而罢兵，以安秦、魏。"魏公子卬以为然。会盟已，饮，而卫鞅伏甲士而袭虏魏公子卬，因攻其军，尽破之以归秦。魏惠王兵数破于齐、秦，国内空，日以削，恐，乃使使割河西之地献于秦以和。而魏遂去安邑，徙都大梁。梁惠王曰："寡人恨不用公叔座之言也❹。"卫鞅既破魏还，秦封之于（yú）、商十五邑，号为商君。

◎ 注释

❶岭厄：山岭险要之地。❷擅：专有。❸相距：对峙。距，通"拒"。❹公叔座之言：不用鞅，则杀之。

商鞅是卫人，魏是其宗属国。他早年曾事魏相公叔座，公叔座临死前向魏王推荐他，魏王不信不用，商鞅由此怀恨于心。他极力主张秦伐魏，一方面魏确实是秦之东伐诸侯的核心战略之地，另一方面也是他要报私人之恨。他与故人魏将公子卬私交甚好，但使用欺骗诈伪的手段袭击公子卬，"因攻其军，尽破之以归秦"。其手段是卑劣的。由此，秦达到其战略目的，魏割河西地求和，且离开安邑而徙都大梁；商鞅也实现其梦想，秦封之于、商十五邑，号为商君。

三、商鞅车裂而死

商鞅相秦十年，宗室贵戚多怨恨者。赵良见商鞅，严厉批评其诸多缺点：出处卑污，靠宦官引荐而受孝公的重用；行严刑峻罚，不仁不爱，民众怨恨，"残伤民以骏刑，是积怨畜祸也"；打击秦之贵族；贪恋富贵权势，"君尚将贪商、于之富，宠秦国之教"等。

商鞅变法，一方面触犯了贵族的利益，引起他们的忌恨，另一方面也因刑罚的残酷而使得民众怨恨。商鞅只是得到孝公的信任，一心变法改革，富国强兵，公而忘私，不顾其身，而没有考虑到自己所处的孤危状态。

秦孝公卒，太子立，是为秦惠王。惠王为太子时曾犯法，商鞅刑其傅公子虔，黥其师公子贾。

原文五

后五月，而秦孝公卒，太子立。公子虔之徒告商君欲反，发吏捕商君。商君亡，至关下，欲舍客舍❶。客人不知其是商君也，曰："商君之法，舍人无验者坐之❷。"商君喟然叹曰："嗟乎，为法之敝一至此哉❸！"去之魏。魏人怨其欺公子卬而破魏师，弗受。商君欲之他国。魏人曰："商君，秦之贼。秦强而贼入魏，弗归，不可。"遂内秦❹。商君既复入秦，走商邑，与其徒属发邑兵北出击郑。秦发兵攻商君，杀之于郑黾池。秦惠王车裂商君以徇❺，曰："莫如商鞅反者！"遂灭商君之家。

注释

❶舍：住宿。❷无验者：没有验明其身份的证件。坐：连坐。❸商鞅因自己陷入困境而知法之弊。❹内秦：送回秦。内，通"纳"。❺徇（xùn）：巡行示众。

商鞅的下场是悲惨的。商鞅的谋反之罪，出于公子虔之徒的诬告，是"莫须有"。惠王立即搜捕商鞅。商鞅逃到关下，欲住客舍。客舍的主人不知他的身份，故不许他住宿。因为按照商鞅之法，客人的身份不能验证则不能住；否则，客人是罪人，客舍的主人也要连坐。商鞅自己陷入了困境，方认识到连坐之法的弊端。他逃到魏国，魏人不但不接纳他，还把他送回秦国。他只能回到封地商邑，发邑兵攻郑国，以求容身之地。他即使在走投无路时也没有反叛秦国。但秦誓不罢休，发兵进入郑，在渑池诛杀他。秦惠王还觉得杀之不足以泄愤，又车裂他的尸体而向秦人宣布：商鞅是因谋反被诛杀的。秦惠王"遂灭商君之家"。商鞅不仅亡身灭族，也背负了谋反罪的恶名，这不能不令人悲叹。

◎ 原文六

太史公曰：商君，其天资刻薄人也❶。迹其欲干孝公以帝王术❷，挟持浮说❸，非其质矣。且所因由嬖臣❹，及得用，刑公子虔，欺魏将卬，不师赵良之言，亦足发明商君之少恩矣。余尝读商君《开塞》《耕战》书❺，与其人行事相类。卒受恶名于秦，有以也夫！

◎ 注释

❶ 天资：天性。刻薄：太无恩情。商鞅残忍不仁乃是出于天性，这是深责商鞅。❷ 迹：追寻其行迹。干：求取。以不正当的手段求取孝公的宠信。❸ 浮说：商鞅一开始用以游说孝公的帝王之术，非其本性，即非其意所出，故是浮说。❹ 嬖臣：指孝公的宠臣宦官景监。❺《开塞》乃是《商君书》的一篇。其主要内容是，道塞久矣，今欲开之，必刑九而赏一；刑用于将过，则大邪不生；赏施于告奸，则细过不失；大邪不生，细过不失，则国治矣。

司马迁首先指责商鞅性格的刻薄少恩，接着以具体的行事证明其人格的卑劣，进而认为他著书的内容和他的行事相类，最后嘲讽他受恶名、灭族亡身是罪有应得。因此，司马迁虽然肯定了商鞅的政治才干与其变法的重要作用，但突出地刻画了商鞅之严酷少恩、狡诈多变的性格。《集解》引刘向《新序》之言，肯定商鞅变法的巨大功绩，秦因此国富民强，常雄诸侯，六世而并诸侯；称赞商鞅"极身无二虑，尽公不顾私"，即公而忘私；批评他欺诈诸侯，没有信义可言，故诸侯畏惧而不亲秦；指责他用刑深刻，残暴不仁："今卫鞅内刻刀锯之刑，外深斧钺之诛，步过六尺者有罚，弃灰于道被刑，一日临渭而论囚七百余人，渭水尽赤，号哭之声动于天地，畜怨积仇比于丘山，所逃莫之隐，所归莫之容，身死车裂，灭族无姓，其去霸者之佐亦远矣。"

第二节　李斯之腰斩于咸阳市

李斯（？—前208），战国时楚国上蔡人，年少时做过郡小吏。后与韩非一同从荀子学习帝王之术。学成，公元前247年，西入秦。初为丞相吕不韦的舍人，后被任为郎中，游说秦王政，拜为客卿，辅助秦并天下。秦始皇三十四年，即公元前213年，他为丞相，对秦之各种制度的制定作出了重大的贡献。秦始皇崩于沙丘，李斯与赵高阴谋立二世胡亥，诛杀公子扶苏与蒙恬、蒙毅等大臣。二世胡亥与赵高胡作非为，李斯又为虎作伥，助纣为虐，上《督责书》，阿意求容。后来，他与赵高互揭其短，被逮捕下狱。赵高治李斯，用尽各种酷刑。李斯不胜痛楚，自我诬服；二世二年七月，被腰斩于咸阳市。李斯具五刑而死，秦也迅速灭亡，二者的命运是紧密联系的。

一、位极群臣

李斯是战国策士，又是法家的典型人物。在《李斯列传》中，司马迁对李斯辅助秦始皇统一六国的历史功绩与秦统一后他为秦国制定的一系列政策措施等事迹，叙述得简略，大量的篇幅都用来记叙李斯热衷富贵、斤斤计较个人得失而最终亡秦的历史事实。

◎ 原文一

李斯者，楚上蔡人也。年少时，为郡小吏，见吏舍厕中鼠食不洁,近人犬,数惊恐之。斯入仓,观仓中鼠,食积粟,居大庑之下❶,不见人犬之忧。于是李斯乃叹曰:"人之贤不肖譬如鼠矣,在所自处耳!"

乃从荀卿学帝王之术。学已成,度楚王不足事❷,而六国皆弱,无可为建功者,欲西入秦。辞于荀卿曰:"斯闻得时无怠❸,今万乘方争时,游者主事。今秦王欲吞天下,称帝而治,此布衣驰骛之时而游说者之秋也。处卑贱之位,而计不为者,此禽鹿视肉❹,人面而能强行者耳❺。故诟莫大于卑贱,而悲莫甚于穷困。久处卑贱之位,困苦之地,非世而恶利,自托于无为,此非士之情也❻。故斯将西说秦王矣。"

◎ 注释

❶ 大庑(wǔ):大屋。❷ 度(duó):估计。❸ 得时无怠:遇到时机即迅速抓住。❹ 看着眼馋而吃不到口。❺ 看上去像人,但没有人的志气和作为。❻ 讥富贵,恶荣利,自托于无为者,非士之实情,实其力量不能致此。

仓中鼠与厕中鼠的生活天差地别,是因为它们所处的环境不同。人之存在,是内在品性与外在环境的结合。儒家重视内在品性,而轻视外在环境,即一方面认为外在环境不能改变内在品性,另一方面又认为人之行事要依据内在品性。但李斯从此件小事中认识到,人之贤或不肖主要取决于外在环境,而不在于内在品性。这决定了李斯一生的行事方式:一是根据时势行事,所谓"得时无怠";二是只要能获得富贵权势,就不考虑手段正当与否;三是以富贵权势为基本的追求,而忽视内在道德品性的修养。应时而动,即把握当下的时机而随之变化,这与道家所谓"圣人不朽,时变是守"的思想是一致的,而与儒家之不论时变如何而守死善道的思想是相悖的。

李斯从荀卿学习帝王之术,学成而西入秦,会逢庄襄王卒,秦王政十三岁即位,尊吕不韦为相国,号"仲父"。李斯求为吕不韦舍人。"吕不韦贤之，任以为郎。"李斯乘此机会游说秦王，鼓动他发愤以一统天下，而不是成为诸侯的霸王。

原文二

李斯因以得说，说秦王曰："胥人者❶，去其几也❷。成大功者，在因瑕衅而遂忍之❸。昔者秦穆公之霸，终不东并六国者，何也？……自秦孝公以来，周室卑微，诸侯相兼，关东为六国，秦之乘胜役诸侯，盖六世矣。今诸侯服秦，譬若郡县。夫以秦之强，大王之贤，由灶上骚除❹，足以灭诸侯，成帝业，为天下一统，此万世之一时也。今怠而不急就，诸侯复强，相聚约从，虽有黄帝之贤，不能并也。"秦王乃拜斯为长史，听其计，阴遣谋士赍持金玉以游说诸侯❺。诸侯名士可下以财者，厚遗结之；不肯者，利剑刺之。离其君臣之计❻，秦王乃使其良将随其后。秦王拜斯为客卿。

注释

❶胥：同"须"，等待。❷去其几：失去有利的时机。几，机。❸瑕（xiá）衅（xìn）：空隙。忍：下狠心。❹灶上骚除：秦并天下，若炊妇扫除灶上之不净一样，不足为难。骚，通"扫"。❺赍（jī）：持物赠人。❻离：离间。

李斯的观点无疑是正确的。秦正处在一统天下的大好时机，要主动出击，乘时而动。法家人物特别善于利用外在的时势而主动积极地获得利益。

适逢韩人郑国来秦作间谍，力主作注溉渠（即郑国渠，沟通泾、洛二水），以疲弊秦而使其不能东进。此事发觉，秦宗室大臣要求秦王"一切逐客"。李斯也在逐客之列，上《谏逐客书》。这是秦代的著名散文，文中所陈述逐客的利害，皆以事实为根据，不是空谈道理，也不是危言耸听，慷慨陈辞，很有说服力。文中多用排比句，富有文采。文章首先点明题旨，"闻吏议逐客，窃以为过矣"。接着叙述秦用百里奚、商鞅、张仪、范雎等客卿，而使秦国逐渐强大的历史事实,"由此观之,客何负于秦哉?向使四君却客而不内,疏士而不用,是使国无富利之实,而秦无强大之名也"。继而说,秦多用六国的金玉珠宝,以郑、卫美女充于后宫,以郑、卫之悦耳乐声代替"击瓮叩缶、弹筝搏髀(bì)(拍大腿),而歌呼呜呜快耳者"的秦声,"今取人则不然,不问可否,不论曲直,非秦者去,为客者逐。然则是所重者在乎色、乐、珠玉,而所轻者在乎人民也。此非所以跨海内制诸侯之术也"。文章最后说,"今乃弃黔首以资敌国,却宾客以业(成就)诸侯,使天下之士退而不敢西向,裹足不入秦,此所谓'借寇兵而赍盗粮(供应盗贼粮食)'者也"。于是,秦王除逐客之令,用其计谋;李斯官至廷尉。经过二十余年,秦卒并天下,尊王为皇帝,以李斯为丞相。李斯此后对其言辩颇为自信。

原文三

始皇三十四年❶,置酒咸阳宫,博士仆射周青臣等颂称始皇威德。齐人淳于越进谏曰:"臣闻之,殷、周之王千余岁,封子弟功臣自为支辅。今陛下有海内,而子弟为匹夫,卒有田常、六卿之患臣❷,无辅弼❸,何以相救哉?事不师古而能长久者,非所闻也。今青臣等又面谀以重陛下过,非忠臣也。"始皇下其议丞相。丞相谬其说,绌其辞❹,乃上书曰:"古者天下散乱,莫能相一,是以诸侯并作,语皆道古以害今,饰虚言以乱实,人善其所私学,以非上所建立。今陛下并有天下,别白黑而定一尊❺;而私学乃相与非法教之制,闻令下,即各以其私学议之,入则心非,出则巷议,非主以为名,异趣以为高,率群下以造谤。如此不禁,则主势降乎上,党与成乎下。禁之便。臣请诸有文学《诗》《书》百家语者,蠲除去之❻。令到满三十日弗去,黥为城旦❼。所不去者,医药卜筮种树之书。若有欲学者,以吏为师。"始皇可其议,收去《诗》《书》百家之语,以愚百姓,使天下无以古非今。明法度,定律令,皆以始皇起。同文书❽。治离宫别馆,周遍天下。明年,又巡狩,外攘四夷,斯皆有力焉。

注释

❶公元前213年。❷卒:通"猝",突然。❸弼(bì):辅助。❹绌:通"黜",贬斥,批驳。❺别白黑:六国时,国殊政,家殊俗,人造私语,莫辨其真,今分辨白黑。❻蠲(juān)除:免除。❼城旦:古时刑名,"旦起行治城,四岁刑"。❽用统一的文字书写。

秦实行郡县制,废除了周之大封诸侯的制度。齐人淳于越的意见是,法周之古制,封子弟和功臣为诸侯王,以拱卫中央朝廷。他法古的主张不合于法家的思想,他对现行制度的批评也不为法家所允许。因此,李斯上书的主要内容,一是否定淳于越所谓分封子弟功臣为王的主张;二是贬斥淳于越等学士因学习《诗》《书》百家语而非议朝廷政策的言行;三是请求始皇禁《诗》《书》百家语等,一方面愚昧百姓,另一方面也禁止百姓的议论。李斯是始皇"焚书坑儒"的始作俑者。

原文四

斯长男由为三川守❶,诸男皆尚秦公主❷,女悉嫁秦诸公子。三川守李由告归咸阳❸,李斯置酒于家,百官长皆前为寿,门廷车骑以千数。李斯喟然而叹曰:"嗟乎!吾闻之荀卿曰'物禁大盛',夫斯乃上蔡布衣,闾巷之黔首,上不知其驽下,遂擢至此。当今人臣之位无居臣上者,可谓富贵极矣。物极则衰,吾未知所税驾也❹!"

注释

❶三川:秦郡名,郡治洛阳,乃是要冲之地。❷尚:娶。❸告归:告假归家。❹税驾:解驾休息,此指行之终、身之终。

这段叙事描述了李斯富贵权势至极的情形,这与他当初学成而辞别老师荀子之言相对照。他当初说"故诟莫大于卑贱,而悲莫甚于穷困",现在他是人臣无二,又不禁自思荀子之言"物禁大盛",而忧惧将来的吉凶祸福。人在富贵至极时,往往难以功成身退,一是以为自己或许是个例外,能幸运地永享富贵;二是处于高位时,获得了一系列的利益,不仅是自己,也包括亲人与亲近的大臣,都受益于此,因而会陷入周围的罗网中而难以逃脱出来,身不由己;三是即使预知物盛则衰,也多犹豫不决,不能果断地急流勇退。

二、沙丘之谋

传文着重叙述了沙丘之谋。始皇正当壮年,喜好到处巡狩,一方面表明秦之一统天下的威权,以震慑诸侯及其宾客;另一方面又满足自身好大喜功、骄奢狂妄之心。始皇三十七年七月,正当南方暑热之际。他至沙丘,病重,令赵高赐书公子扶苏奔丧咸阳,其意是以扶苏为太子。书已封,未授使者发,始皇崩。书及玺皆在赵高之所,只有胡亥、李斯、赵高等幸宦者五六人知此事。李斯以为始皇崩于外,又无真太子,故秘之。始皇被置于"辒(wēn)辌(liáng)车"中,百官奏事上食如故,宦者从辒辌车中可诸奏事。辒辌车,即卧车,四周密闭而开有窗户。炎热的夏天,尸体很快会腐烂而散发出恶臭,故车上放置冰块以降温。后世遂以辒辌车为丧车。

在奔赴咸阳的途中,赵高大生篡逆之心。他先与胡亥密谋,不发赐扶苏书,欲以诈称始皇立胡亥为太子。这必须得到李斯的赞同。赵高游说李斯,先试探李斯说,上赐扶苏书未发,定太子在君侯与高。李斯说:"安得亡国之言!此非人臣所当议也!"赵高接着说,若立扶苏为天子,扶苏必然重用蒙恬,以之为丞相,将收君侯的相印而使君侯归于故里;且胡亥慈仁笃厚,轻财重士,可以为嗣。李斯反对说:"君其反位!斯奉主之诏,听天之命,何虑之可定也?"赵高继续说,圣人根据时世而权变无常,见末而知本,观指而睹归;目前的形势是,天下的权命悬于胡亥,且自己握有玺、书,能得志,君侯只要同意,大事即能够成功。赵高曰:"上下合同,可以长久;中外若一,事无表里。君听臣之计,即长有封侯,世世称孤,必有乔松之寿,孔、墨之智。今释此而不从,祸及子孙，足以为寒心。善者因祸为福，君何处焉？"在赵高的威逼利诱下，李斯从自己的私利出发而同意，但内心颇不安。

斯乃仰天而叹，垂泪太息曰："嗟乎！独遭乱世，既以不能死，安托命哉！"于是斯乃听高。高乃报胡亥曰："臣请奉太子之明命，以报丞相，丞相斯敢不奉令！"

李斯既然不能坚守臣节而死，则只能被迫地听从命运的安排，此命运即是当时错综复杂的形势。从这段叙事来看，胡亥之立为嗣，有许多当然与偶然的原因。当然的原因，一是始皇宠信赵高，不明其奸诈之心，且以之教胡亥，故赵高与胡亥结成荣辱与共的关系；二是始皇自恃身体强壮，不早立太子。其偶然的原因，一是始皇以壮年病死于沙丘，恰好胡亥侍从；二是始皇死得太快，未能及时发书，而给赵高、胡亥留下了空隙。李斯贵为丞相，不敢及时发丧，也促成了赵高与胡亥的密谋。李斯在不得已的情况下被迫同意，固有贪恋富贵权势之心，也是当时形势的必然之趋。因此，秦之立胡亥，且迅速灭亡，李斯只能承担一部分的罪责；秦有天下，其兴亡自有秦负主要责任。

原文五

于是乃相与谋，诈为受始皇诏丞相，立子胡亥为太子。更为书赐长子扶苏曰："朕巡天下，祷祠名山诸神以延寿命。今扶苏与将军蒙恬将师数十万以屯边，十有余年矣，不能进而前，士卒多耗❶，无尺寸之功，乃反数上书直言诽谤我所为，以不得罢归为太子，日夜怨望❷。扶苏为人子不孝，其赐剑以自裁！将军恬与扶苏居外，不匡正❸，宜知其谋。为人臣不忠，其赐死，以兵属裨将王离❹。"封其书以皇帝玺，遣胡亥客奉书赐扶苏于上郡。

使者至，发书，扶苏泣，入内舍，欲自杀。蒙恬止扶苏曰："陛下居外，未立太子，使臣将三十万众守边，公子为监，此天下重任也。今一使者来，即自杀，安知其非诈？请复请，复请而后死，未暮也❺。"使者数趣之❻。扶苏为人仁，谓蒙恬曰："父而赐子死，尚安复请！"即自杀。蒙恬不肯死，使者即以属吏，系于阳周。

使者还报，胡亥、斯、高大喜。至咸阳，发丧，太子立为二世皇帝。以赵高为郎中令，常侍中用事。

注释

❶ 耗：死伤。❷ 望：怨恨。❸ 匡正：扶之以正。❹ 裨（pí）将：副将。
❺ 未暮：不迟。❻ 趣：通"促"。

秦始皇一生最大的错误之一，是没有早立公子扶苏为太子。

胡亥立为天子，赵高为郎中令，刑罚严酷，大肆杀戮。杀大臣蒙毅、蒙恬等，相连坐者不可胜数。群臣人人自危，欲叛者众。秦公子十二人被戮死于咸阳市，秦公主十人被磔（zhé）死于杜。"磔死"，即裂其肢体而杀之。由此可见胡亥、赵高的阴毒和残暴。公子高欲奔齐，但又怕被满门抄斩，乃上书自谓不孝不忠而请求自杀，以保护家人。二世作阿房宫，治直道、驰道，赋敛愈重，徭役不已，哀鸿遍野，民不聊生。

三、腰斩咸阳市

二世元年（前209）七月，陈涉首先揭竿起义，俊杰相立，自置为侯王叛秦。李斯数次劝谏二世，二世不听，反而斥责李斯居三公，尸位素餐，且要惩治李斯长子三川守李由之罪。李斯恐惧，不知如何是好。他看重爵禄，乃迎合二世意，欲求容身，上《督责书》。

《督责书》的基本内容，是怂恿二世用法、术、势对人臣实行严厉督责，使二世独断专行，"然后能灭仁义之涂，掩驰说之口，困烈士之行"，以达到二世放纵、恣睢之目的。所谓督责，即督察臣子之过失，而治之以严刑酷法。

原文六

　　夫贤主者，必且能全道而行督责之术者也❶。督责之，则臣不敢不竭能以徇其主矣❷。此臣主之分定❸，上下之义明，则天下贤不肖莫敢不尽力竭任以徇其君矣。是故主独制于天下而无所制也。能穷乐之极矣❹，贤明之主也，可不察焉！

　　……故商君之法，刑弃灰于道者❺。夫弃灰，薄罪也，而被刑，重罚也。彼唯明主为能深督轻罪。夫罪轻且督深，而况有重罪乎？故民不敢犯也。……泰山之高百仞，而跛牂牧其上❻。夫楼季也而难五丈之限，岂跛牂也而易百仞之高哉？峭堑之势异也❼。明主圣王之所以能久处尊位，长执重势，而独擅天下之利者，非有异道也，能独断而审督责，必深罚，故天下不敢犯也。今不务所以不犯，而事慈母之所以败子也❽，则亦不察于圣人之论矣。夫不能行圣人之术，则舍为天下役何事哉❾？可不哀邪！

　　……是以明君独断，故权不在臣也。然后能灭仁义之涂，掩驰说之口，困烈士之行，塞聪掩明，内独视听，故外不可倾以仁义烈士之行，而内不可夺以谏说忿争之辩。故能荦然独行恣睢之心❿，而莫之敢逆。若此然后可谓能明申、韩之术，而修商君之法。……故督责之术设，则所欲无不得矣。群臣百姓救过不给⓫，何变之敢图？

注释

❶全道：建立一套办法。❷徇：顺从，为之效力。❸分：身分，名分。❹穷乐之极：穷尽一切快乐。❺弃灰于道者，刑也。❻跛（bǒ）牂（zāng）：跛足的母羊。《韩非子·五蠹》曰："故十仞之城，楼季弗能逾者，峭也。千仞之山，跛牂易牧者，夷（平）也。故明王峭其法而严其刑也。"❼峭：高峻。堑（qiàn）：壕沟。❽行慈母爱子之道。败子：因慈母溺爱子，故子不孝。❾舍弃圣人之术，而反为天下人所役使，甚可哀也。舍：废。❿荦（luò）然：超绝，特出。⓫不给（jǐ）：不及。

　　在《督责书》中，李斯极力怂恿二世独断专权。他认为慈母无孝子，故主张君对臣实行严酷的督责之术。他用"放牧跛羊于百仞之上"来譬喻，君尊臣卑，并不是因为其能力品性的高低，而是在于权势地位的上下。明君独断专行，然后能堵塞仁者进用之途，封住说者的劝谏之口，困住烈士的高洁之行，从而自我放纵恣睢，无所不为。群臣百姓因督责而"救过不及"，何敢变乱？《督责书》的恶毒内容，实在令人触目惊心。明人王夫之曰："尽古今概贤不肖，无有忍言此者，而昌言之不忌！"（《读通鉴论》卷一）书奏，二世喜悦，于是行督责之术益严。"刑者相半于道，而死人日成积于市，杀人众者为忠臣。"二世曰："若此则可谓能督责矣。"二世昏聩残暴，李斯助纣为虐。

赵高本是险诈阴毒的小人，李斯与之合谋，给自己带来了不测之祸。当时，二世听信赵高之言，居于"禁中"，不上朝见大臣，事皆决于赵高。赵高设计陷害李斯。李斯知之，因不得见二世，故上书言赵高之短："夫高，故贱人也，无识于理，贪欲无厌，求利不止，列势次主，求欲无穷，臣故曰殆。"二世已前信赵高，恐李斯杀之，乃私告赵高。赵高曰："丞相所患者独高。高已死，丞相即欲为田常所为。"二世曰："其以李斯属郎中。"二世把李斯交给赵高惩治。作为丞相，李斯可自作主张，杀掉赵高；但李斯未能当机立断，而反受其乱。他与赵高本狼狈为奸，现在又相互揭发罪行，不过是狗咬狗而已。

◎ 原文七

赵高案治李斯。李斯拘执束缚，居囹圄中❶，仰天而叹曰："嗟乎，悲夫！不道之君❷，何可为计哉！昔者桀杀关龙逢，纣杀王子比干，吴王夫差杀伍子胥，此三臣者，岂不忠哉！然而不免于死，身死而所忠者非也❸。今吾智不及三子，而二世之无道过于桀、纣、夫差，吾以忠死，宜矣。且二世之治岂不乱哉！日者夷其兄弟而自立也❹，杀忠臣而贵贱人，作为阿房之宫，赋敛天下。吾非不谏也，而

> 不吾听也。……今反者已有天下之半矣，而心尚未寤也，而以赵高为佐，吾必见寇至咸阳，麋鹿游于朝也❺。"

❀ 注释

❶囹（líng）圄（yǔ）：监狱。❷不道：无道。❸三子所忠者非明君。❹日者：前者，昔日。❺咸阳将破灭为废墟，而野兽出没也。

这段文字描写了李斯的心理状态。司马迁悬想当时李斯的心情而书写之，"想当然耳"，这是文学叙事的手法。钱钟书在《管锥编》中说："史家追叙真人真事，每须遥体人情，悬想事势，设身局中，潜心腔内，忖之度之，以揣以摩，庶几入情合理。盖与小说、院本之臆造人物、虚构境地，不尽同而可相通；记言特其一端。"① 这正是"史有诗心""史有文心"。李斯何见之晚也！他陷于囹圄中方明白二世无道、赵高狠毒。他始终认为自己是忠臣无罪，而指责胡亥昏聩、赵高胡作非为。

❀ 原文八

> 于是二世乃使高案丞相狱，治罪，责斯与子由谋反状❶，皆收捕宗族宾客。赵高治斯，榜掠千余❷，不胜痛，自诬服❸。斯所以不死者❹，自负其辩，有功，实无反心，幸得上书自陈，幸二世之寤而赦之，李斯乃从狱中上书曰："臣为丞相，治民三十余年矣。逮秦地之狭隘。先王之时秦地不过千里，兵数十万。臣尽薄材，谨奉法令，阴行谋臣，资之金玉，使游说诸侯，阴修甲兵，饰政教❺，官斗士，尊功臣，盛其爵禄，故终以胁韩弱魏，破燕、赵，夷齐、楚，卒兼六国，虏其王，立秦为天子。罪一矣。地非不广，又北逐胡、貉（mò），南定百越，以见秦之强。罪二矣。尊大臣，盛其爵位，以固其亲。罪三矣。立社稷，修宗庙，以明主之贤。罪四矣。更克画文章❻，平斗斛（hú）、度量，文章布之天下，以树秦之名。罪五矣。治

---

① 钱钟书：《管锥编（一）》，生活·读书·新知三联书店2007年版，第272—273页。

驰道，兴游观，以见主之得意。罪六矣。缓刑罚，薄赋敛，以遂主得众之心，万民戴主，死而不忘。罪七矣。若斯之为臣者，罪足以死固久矣。上幸尽其能力，乃得至今，愿陛下察之！"书上，赵高使吏弃去不奏，曰："囚安得上书！"

注释

❶谋反状：谋反形，即有谋反的动机和目的，且作了一些准备，但并未公然谋反。❷榜（péng）：通"搒"，鞭打。❸诬服：被迫承认不实之罪。❹不死：自杀。❺饬（chì）：通"饬"，整治，修明。❻更：改。克画文章：文字、文书之类。

"赵高治斯，榜掠千余，不胜痛，自诬服"，这是屈打成招，严刑逼供。李斯在狱中上书，自谓"罪七矣"，实是自表其"功七矣"，希望二世阅之醒悟，赦免其死罪。但赵高弃之不奏。假若二世能看到奏书，以其愚蠢无知、残暴少恩，也未必能赦免李斯。李斯之亡，势在必然。《史记会注考证》引凌稚隆之言曰："按李斯所谓七罪，乃自侈其极忠，反言以激二世耳。"这是假认罪以表功，所谓"反言"也，与白起、蒙恬临死时自罪相似。

原文九

赵高使其客十余辈诈为御史、谒者、侍中❶，更往覆讯斯❷。斯更以其实对，辄使人复榜之❸。后二世使人验斯❹，斯以为如前，终不敢更言，辞服❺。奏当上，二世喜曰："微赵君❻，几为丞相所卖。"及二世所使案三川之守至，则项梁已击杀之。使者来，会丞相下吏，赵高皆妄为反辞❼。

二世二年七月，具斯五刑❽，论腰斩咸阳市。斯出狱，与其中子俱执，顾谓其中子曰："吾欲与若复牵黄犬俱出上蔡东门逐狡兔❾，岂可得乎？"遂父子相哭，而夷三族。……

太史公曰：李斯以闾阎历诸侯❿，入事秦，因以瑕衅⓫，以辅始皇，卒成帝业，斯为三公，可谓尊用矣。斯知六艺之归⑫，不务明政以补主上之缺，持爵禄之重，阿顺苟合，严威酷刑，听高邪说，废适立庶⑬。诸侯已畔，斯乃欲谏争，不亦末乎⑭！人皆以斯极忠而被五刑死，察其本，乃与俗议之异。不然，斯之功且与周、召列矣。

注释

❶十余辈：十余批。❷更：连续。覆讯：复核审问。❸榜：通"搒"，鞭打。❹验：考问。❺招供认罪。❻微：无。❼妄为反辞：假造谋反的言辞。❽李斯备受五刑。五刑：黥，刖，笞，斩首，碎尸。❾上蔡东门：李斯原是上蔡布衣。❿闾（lú）阎：市井里巷。《苏秦列传》："夫苏秦起闾阎，连六国从亲，此其智有过人者。"⓫瑕（xiá）衅（xìn）：空隙，可乘之机。⓬李斯从荀子学帝王之术，知礼义治国之理，但崇尚刑罚。⓭适：通"嫡"，正妻生的长子为"嫡子"。⓮末：短浅。

这段文字叠用三个"更"字，表现李斯屈打成招的情形。我们似乎看见，官吏一批接着一批地审问李斯，李斯一次又一次地诉说自己无罪，狱吏一次又一次地鞭打李斯。最后，李斯不敢再说无罪，而屈服认罪。这正是穷治其狱的基本手段。

李斯的下场真是悲惨至极。赵高是阴险狡诈的小人，受腐刑，不成为人。他案治李斯的卑劣严酷之手段，无所不用其极。李斯先是不肯屈服，而屡遭毒打，最后屈打成招。李由为项梁所杀，并未反叛，但赵高妄为反辞。李斯备受五刑的折磨，最后被腰斩于咸阳市。腰斩之刑惨酷无比，即把罪人拦腰斩断，其尚有意识，倍受痛苦。据说，清代有位官员被腰斩，用手沾血，在地上连写三个"惨"字才气绝身亡。李斯本是上蔡布衣，学成后西事秦，而贵为三公，最终落到父子腰斩于咸阳市的下场，还不如当初在上蔡作平民，生活虽不富裕，但能妻子相保，自由自在，以尽天年。这不能不使人感慨荒诞不经的命运。

司马迁在"太史公曰"中评价说，李斯从市井之民入事秦，辅助始皇，卒成帝业，而为丞相，可谓尊用矣，其智力自有过人处；李斯知仁义是"六艺"之归，但热衷富贵权势，阿谀二世，严刑峻罚；听从赵高的邪说，阴谋杀害公子扶苏和大将蒙恬，废嫡立庶。司马迁力排时俗对李斯极忠的肯定，而揭露其贪恋富贵权势、狡诈自私的内在本质。

李斯已死，二世拜赵高为中丞相，事无大小皆由赵高决断。赵高自知权重，乃献二世鹿，谓之马。二世问左右："此乃鹿也？"左右皆曰："马也。"二世惊，自以为惑。后来，二世被赵高逼迫，出居僻远的望夷之宫。滞留三日，赵高诈诏卫士，令士皆穿素服，持兵内向。赵高入宫告二世曰："山东群盗兵大至！"二世上观而见之，内心恐惧，赵高于是逼迫二世自杀。赵高引玺而佩之，篡夺帝位，左右百官莫从。赵高上殿，殿震动而欲崩者三次。赵高自知天弗与，群臣弗许，乃召始皇之弟，授之玺。子婴即位，担心为赵高所杀，乃称疾不听事，与其子及宦者韩谈密谋诛杀赵高。赵高请求进见，探问病情，子婴于是召赵高入内，令韩谈刺杀之，并夷其三族。赵高最终亡身灭族，恶有恶报。

四、同窗之恨

韩非（前280—前233），韩国诸公子，与李斯俱从师于荀子，李斯自以为不如韩非。韩非生活于韩国，数次上书谏韩王，未得到韩王任用，乃著书立说。后来，秦始皇见其《孤愤》《五蠹》书，而急攻韩，以逼迫韩王派遣韩非使秦。秦王悦之术，而不用。李斯等嫉恶其能，谗毁之。秦王下令官吏惩治韩非。李斯使人予韩非药，韩非吞药自杀。韩非是法家的代表人物，是法家思想的集大成者。他因为口吃不能道说而善于著书，有《韩非子》一书流传于世。在学术思想方面，李斯自然不如韩非，但李斯在熟练地运用法家理论于实践中更胜一筹。传记叙述韩非的事迹甚少，而全文载录《说难》。司马迁一再慨叹，韩非为《说难》书甚详细周密，但不能自脱于灾祸，伤其能言而未必能行，不能免于杀身之祸。要之，韩非毕竟是一位书生，不善于现实的政治权谋。

原文十

　　韩非者，韩之诸公子也。喜刑名法术之学❶，而其归本于黄老❷。非为人口吃，不能道说，而善著书。与李斯俱事荀卿，斯自以为不如非。

　　非见韩之削弱，数以书谏韩王❸，韩王不能用。于是韩非疾治国不务修明其法制，执势以御其臣下❹，富国强兵而以求人任贤，反举浮淫之蠹而加之于功实之上❺。以为儒者用文乱法❻，而侠者以武犯禁。宽则宠名誉之人❼，急则用介胄之士❽。今者所养非所用，所用非所养。悲廉直不容于邪枉之臣❾，观往者得失之变，故作《孤愤》《五蠹》《内外储》《说林》《说难》十余万言。

　　然韩非知说之难，为《说难》书甚具，终死于秦，不能自脱❿。……

　　人或传其书至秦。秦王见《孤愤》《五蠹》之书，曰："嗟乎，寡人得见此人与之游，死不恨矣⓫！"李斯曰："此韩非之所著书也。"秦因急攻韩。韩王始不用非，及急，乃遣非使秦。秦王悦之，未信用⓬。李斯、姚贾害之，毁之曰："韩非，韩之诸公子也。今王欲并诸侯，非终为韩不为秦，此人之情也。今王不用，久留而归之，此自遗患也，不如以过法诛之⓭。"秦王以为然，下吏治非。李斯使人遗非药⓮，使自杀。韩非欲自陈，不得见。秦王后悔之，使人赦之，非已死矣。

　　申子、韩子皆著书，传于后世，学者多有。余独悲韩子为《说难》而不能自脱耳⓯。……

　　韩子引绳墨⓰，切事情⓱，明是非，其极惨礉少恩⓲。

注释

❶刑名：形名，即事实和名称。刑名之学主张循名责实，审察事物的名

称与事实是否适合、言论与实际是否一致。这是针对儒家好名之弊而提出的。儒家标榜声名，言辞浮华，名大于实，迂阔而不切合事之实情。❷归：归宿，宗旨。❸数（shuò）：屡次。❹君主执威权以控制臣下，即主张尊君卑臣。❺浮淫：虚浮淫邪之人。蠹（dù）：蛀虫，喻指危害国家的人。韩非所谓"五蠹"，即工商之民、学者、言谈者、带剑者、近习小臣。功实：获得功效和实利的人，即耕战之士。❻文：仁义礼乐的观念。❼宽：国家和平时期。❽急：战争时期。介胄之士：披甲带盔的战士。介，铠甲。胄，头盔。❾行法的大臣公而无私、廉洁正直，而受到君主之近臣的诋毁。❿不能避免诛杀。脱：脱身于灾祸。⓫恨：遗憾。⓬韩非之书，是作为人臣而深察人主意，以迎合之、谋划之。人主当然恐惧这样的人臣，故不敢信用。⓭以过法诛之：找出过失，依照法律杀掉他。⓮遗（wèi）：给予。⓯深察人主之意困难，因为人主之意本隐秘，且纵恣其意而喜怒无常。⓰绳墨：木工用的墨线，喻指法度。⓱切合事之实情。⓲惨礉（hé）：残酷苛刻。

"非为人口吃，不能道说，而善著书"；"相如口吃而善著书"（《司马相如列传》）；"（倪宽）善著书，书奏敏于文，口不能发明也"（《儒林列传》）；"口吃不能剧谈，默而好深湛之思""吾口枯瘏，吾笔丰沃"（《汉书·扬雄传》）。口吃而善于著书，笔札唇舌，若相乘除，心理学谓之"补偿反应"，如同古之音乐师必以蒙瞽（gǔ）（眼瞎）者为之。[①]

李斯与韩非是同学，但毫无同窗之情。李斯嫉妒韩非的才能，而毒杀了韩非。李斯之不容同学，与苏秦之容张仪不同。

司马迁一再悲慨韩非为《说难》书甚具，而不能自脱。韩非的文章甚多，司马迁独载《说难》一篇，可见此篇文章的重要。《孙子吴起列传》"太史公曰"："语曰：'能行之者未必能言，能言之者未必能行。'孙子筹策庞涓明矣，然不能蚤救患于被刑。"这表明知与行难以合一。《白起王翦列传》"太史公曰"："鄙语云'尺有

---

① 钱钟书：《管锥编（一）》，生活·读书·新知三联书店，2007，第502页。

所短，寸有所长'。白起料敌合变，出奇无穷，声震天下，然不能救患于应侯。"他们与韩非一样，皆工于谋人，拙于卫己，是"螳螂捕蝉，黄雀在后"乎？

第三节　晁错之斩于东市

晁错（前200—前154），汉颍川人。治申商刑名之学，主张中央集权。文帝时，拜为太子家令，号曰"智囊"。景帝时为内史，后擢升为御史大夫。曾数次上书主张重农贵粟、削弱诸侯的封地与权力。景帝三年（前154），吴楚七国反，以"清君侧"为名。景帝刻薄寡恩且迫于外在的压力，斩晁错于东市。晁错是西汉法家的代表人物，不仅是政治家，也是文学家。他的文章文采不多，但有朴实深厚的特点。鲁迅先生在《汉文学史纲要》中称赞贾谊与晁错的文章是"西汉鸿文，沾溉后人，其泽甚远"。

《史记》本传简要地叙述晁错的个性和遭遇。

一、衣朝衣斩东市

原文一

晁错者，颍川人也。学申商刑名于轵张恢先所❶，与洛阳宋孟及刘礼同师。以文学为太常掌故。

错为人峭直刻深❷。孝文帝时，天下无治《尚书》者，独闻济南伏生故秦博士，治《尚书》，年九十余，老不可征，乃诏太常使人往受之。太常遣错受《尚书》伏生所。还，因上便宜事，以《书》称说。诏以为太子舍人、门大夫、家令。以其辩得幸太子，太子家号曰"智囊"。数上书孝文时，言削诸侯事，及法令可更定者。书数十上，孝文不听，然奇其材，迁为中大夫❸。当是时，太子善错计策，袁盎诸大功臣多不好错。

注释

❶ 先：先生。 ❷ 峭：峻。 ❸ 迁：从下至上曰迁。

晁错学申商刑名之学，又受《尚书》于故秦博士伏生，是典型的法家人物。他以论辩深得太子的信任，太子家号曰"智囊"。晁错好事、多事，提出了多方面政治制度的改革。一是削弱诸侯的势力，以将权力集中于朝廷，这是针对汉初的重要弊端而作的举措。文帝以来，同姓诸侯王的势力愈来愈大，渐渐地形成割据力量，以对抗中央朝廷。贾谊已提出削弱诸侯的主张，其基本政策是"众建诸侯而少其力"，文帝没有实行。其主要原因是文帝即位不久，政治基础有待于牢固，不敢过分侵犯诸侯王的权力，且文帝较为仁厚，也不愿离散骨肉之情。二是更改法令，以适应当世。政令的变革必然触犯公卿贵族的既得利益，而招致朝廷重臣的嫉恨。晁错变法，是出于汉家社会政治的考量，不惜得罪诸侯王、列侯、贵戚等。

原文二

景帝即位，以错为内史。错常数请间言事❶，辄听，宠幸倾九卿，法令多所更定。丞相申屠嘉心弗便，力未有以伤。内史府居太上庙壖中❷，门东出不便，错乃穿两门南出，凿庙壖垣❸。丞相嘉闻，大怒，欲因此过为奏请诛错。错闻之，即夜请间，具为上言之。丞相奏事，因言错擅凿庙垣为门，请下廷尉诛。上曰："此非庙垣，乃壖中垣，不致于法。"丞相谢。罢朝，怒谓长史曰："吾当先斩以闻❹，乃先请，为儿所卖，固误。"丞相遂发病死。错以此愈贵。

迁为御史大夫，请诸侯之罪过，削其地，收其枝郡❺。奏上，上令公卿列侯宗室集议，莫敢难，独窦婴争之，由此与错有郤❻。错所更令三十章，诸侯皆喧哗疾晁错。错父闻之，从颍川来谓错曰："上初即位，公为政用事，侵削诸侯，别疏人骨肉，人口议，多怨公者，何也？"晁错曰："固也❼。不如此，天子不尊，宗庙不安。"错父曰："刘氏安矣，而晁氏危矣，吾去公归矣！"遂饮药死，曰："吾不忍见祸及吾身。"死十余日,吴楚七国果反❽,以诛错为名。及窦婴、袁盎进说,上令晁错衣朝衣斩东市❾。

❀ 注释

❶ 请间言事:正朝之外的谒见言事。❷ 壖(ruán)中:空地,余地。❸ 壖垣(yuán):太上庙的短墙。❹ 告之景帝,而使闻之。❺ 枝郡:国之四边。❻ 卻:通"隙",矛盾。❼ 即以其父之责为适当。❽ 景帝三年,吴楚七国反。❾ 穿着上朝的衣服即被斩,斩之急而不合礼。

晁错变法改革,诸侯皆喧哗嫉恨之。晁错的父亲从家乡赶到京师,责备晁错,且说:"刘氏安矣,而晁氏危矣,吾去公归矣!"归去即饮药而死。钱钟书说,(司)马迁行文,深得累叠之妙;叠三"矣"字,纸上如闻叹惜,断为三句,削去衔接之词,顿挫而兼急速错落之致;《汉书》云"刘氏安矣而晁氏危,吾去公归矣",索然有甚情味?再如《项羽本纪》云:"诸将皆从壁上观,楚战士无不一以当十,楚兵呼声动天,诸侯军无不人人惴恐。于是已破秦军。项羽召见诸侯将,入辕门,无不膝行而前",叠用三个"无不",数语有如火如荼之观。[①]

晁错贵为御史大夫,一朝窦婴、袁盎进说,即衣朝衣斩于东市,由此可见景帝的刻薄寡恩。景帝之好晁错,主要是因为君臣皆尚法而刻深,无恩情也。

二、削地以尊京师

❀ 原文三

晁错已死,谒者仆射邓公为校尉,击吴楚军为将。还,上书言军事,谒见上。上问曰:"道军所来❶,闻晁错死,吴楚罢不?"邓公曰:"吴王为反数十年矣,发怒削地,以诛错为名,其意非在错也。且臣恐天下之士噤口❷,不敢复言也。"上曰:"何哉?"邓公曰:"夫

---

① 钱钟书:《管锥编(一)》,生活·读书·新知三联书店,2007,第448页。

晁错患诸侯强大，不可制，故请削地以尊京师，万世之利也。计划始行，卒受大戮，内杜忠臣之口❸，外为诸侯报仇臣，窃为陛下不取也。"于是景帝默然良久❹，曰："公言善，吾亦恨之。"乃拜邓公为城阳中尉。……

太史公曰：……晁错为家令时，数言事不用；后擅权，多所变更。诸侯发难，不急匡救，欲报私仇，反以亡躯。语曰"变古乱常，不死则亡"，岂错等谓邪！

❀ 注释

❶道：由。❷噤（jìn）口：闭口不言，成语有"噤若寒蝉"。❸杜：堵塞。❹默然良久，先不愿承认，良久才承认，景帝悔恨之状如睹。《汉书》改为"喟然太息"，失之。

这段叙事借邓公之口说明晁错被诛杀的冤屈。邓公从前线归来，俱知实情。景帝诛杀晁错以谢，而诸侯并未罢军。这说明袁盎所谓"独急斩错以谢吴，吴兵乃可罢"是错误的，吴楚不过是以诛杀晁错为名，其谋反是处心积虑的；且晁错之削弱诸侯以尊京师的政策是正确的，他是公而忘私的忠臣。《史记会注考证》引清人查慎行之言曰："传末载邓公一段，以惜错之忠于谋国，而景帝用法过当。"

晁错之欲报私仇，主要是指晁错与袁盎之间的私怨。袁盎是敢于直谏的大臣，曾为吴相。他们二人互相厌恶。"晁错所居坐，盎去；盎坐，错亦去"，未尝同堂说话。景帝即位，晁错为御史大夫，使吏查办袁盎受吴王财物之事，抵罪，诏赦以为庶人。吴楚七国反叛。晁错认为，袁盎预知此事，因为他多受吴王的金钱而尝言不反。晁错要求丞史治袁盎罪。袁盎得知此事后，与窦婴一同谒见景帝。袁盎具言吴之所以有反状，是因为晁错削夺诸侯地，故诛杀晁错以谢诸侯，吴楚乃可以罢兵。司马迁对二人出于私怨的争斗颇为不满，指责袁盎"及吴楚一说，说虽行哉，然复不遂。好声矜贤，竟以名败"，也批评晁错"诸侯发难，不急匡救，欲报私仇，反以亡躯"。

◎ 原文四

　　盎素不好晁错，晁错所居坐，盎去；盎坐，错亦去：两人未尝同堂语。及孝文帝崩，孝景帝即位，晁错为御史大夫，使吏案袁盎受吴王财物，抵罪，诏赦以为庶人。

　　吴楚反，闻，晁错谓丞史曰："夫袁盎多受吴王金钱，专为蔽匿，言不反。今果反，欲请治盎宜知计谋。"丞史曰："事未发，治之有绝❶。今兵西乡，治之何益！且袁盎不宜有谋❷。"晁错犹与未决。人有告袁盎者，袁盎恐，夜见窦婴❸，为言吴所以反者，愿至上前口对状。窦婴入言上，上乃召袁盎入见。晁错在前，及盎请辟人赐间❹，错去，固恨甚。袁盎具言吴所以反状，以错故❺，独急斩错以谢吴，吴兵乃可罢。

◎ 注释

❶绝吴之反心。❷不宜有奸谋。❸窦婴：景帝母窦太后的从兄之子。❹辟人：屏退左右。辟，通"避"。赐间：单独召见。❺晁错刻削诸侯。

　　在西汉"名为治平无事，而其实有不测之忧"（苏轼《晁错论》）的文景时代，晁错勇敢地提出了削减诸侯权力的进步主张。西汉建立初期，刘邦开始一一剪灭异姓诸侯王，代之而起的是分封同姓诸侯王。到了文景时代，刘邦所封的同姓诸侯王逐渐强大起来，对中央政权构成了相当大的威胁，故贾谊和晁错先后提出了"强干弱枝"的政策。此政策有利于大一统中央集权政治的建立，在当时的历史条件下具有进步性。司马迁通过晁错与其父、邓公与景帝的对话，肯定了晁错"不顾其身，为国家树长画"（《太史公自序》）的历史功绩。晁错"更令三十章，诸侯皆喧哗疾晁错"，他的老父亲也从家乡赶来责备他，说明了晁错公而忘私、国而忘家的献身精神。晁错"衣朝衣斩东市"说明景帝迫不及待地诛杀他，但晁错死后诸侯并未停止叛乱；这表明诸侯的叛乱是以诛晁错为名，其实是蓄谋已久的，从而显示晁错之死的冤屈，也肯定晁错"削地以尊京师，万世之利也"的历史作用。

▌第四节 法家人物的悲剧命运

法家人物的下场是悲惨的：吴起被乱箭射死，商鞅车裂而死，李斯具五刑而腰斩于咸阳市，韩非被药毒杀，晁错衣朝衣斩于东市。他们的命运是否具有悲剧性呢？

悲剧人物必须具备两个方面的条件：首先，他们或者具有崇高的道德人格，或者在历史的发展中起着进步的作用；其次，他们的悲惨命运主要是受到外部邪恶势力的打击而不是自身的缺陷和不足造成的。这样，他们就遭遇了不应遭遇的厄运，使人们产生怜悯和同情。他们的道德人格越伟大，他们对社会的贡献越大，他们受到外部不正当力量的打击越猛烈，他们的经历越悲惨，那么他们命运的悲剧色彩越浓厚。

一、历史评价与道德评价

司马迁在叙述和评价法家人物时，表现出历史评价与道德评价二元对立的特征：一方面肯定法家人物在历史上的地位和作用，即历史评价是肯定的；另一方面又指责法家人物道德人格的缺陷和不足，即道德评价是否定的。在这种二元对立中，司马迁又坚持道德评价优先的原则，即着重突出法家人物道德人格的残忍、伪诈、贪恋富贵权势等弱点。

历史唯物主义者在评价历史人物时，坚持历史评价优先的原则：法家人物是历史前进的推动者，是历史上的进步力量，发挥着重大的历史作用，而他们道德人格的缺陷和不足是次要的。

韩兆琦说：

商鞅的局限是明显的，但司马迁在作品中所流露的对于法家人物的偏见也是明显的。……尤其荒悖的是司马迁在论赞中说："商君，其天资刻薄人也。……卒受恶名于秦，有以也夫！"试比较一下他在《孙子吴起列传》中说吴起的"以刻暴少恩亡其躯"；在《袁盎晁错列传》中说晁错的"变古乱常，不死则亡"，真难想象这种话竟出自一个伟大的历史家之口。《史记》评述历史人物、历史事件之失平，没有再比这几条更严重的了。[①]

这严厉批评了司马迁评价的不公正和不公平：一是法家人物以法治国，不能说是"刻暴少恩"；二是法家人物变法改革，是顺应历史的发展，不能嘲讽他们"变古乱常，不死则亡"。学人多认为，司马迁出于个人"深幽囹圄之中"的惨痛经历，对法家人物的评价是不够公正的，但他并未因感情的憎恶而抹杀法家人物的历史功绩，这说明了司马迁对法家人物的评价存在着感情和理性的矛盾。

历史评价是对历史人物行为之成败效果的分析，是对历史人物在历史上的地位和作用进行评价。道德评价是对历史人物行为之善恶的判断，是对历史人物的道德人格加以评价。历史评价与道德评价有两种基本关系。一是历史评价与道德评价相统一，即从历史的尺度加以肯定或否定的对象，也是从道德的尺度加以肯定或否定的对象。由于评价的同一取向，此类历史人物呈现出明朗单一的特征，从中看不到历史感与道德感的内在剥离，也看不到史家在评价历史人物时迷惘和矛盾的心态。二是历史评价与道德评价相对立，即二者的价值取向是反向的，即历史评价是肯定的而道德评价是否定的，或历史评价是否定的而道德评价是肯定的。某一历史人物在历史上起着进步作用，其历史评价是肯定的；但他人格卑劣，其道德评价是否定的。或者某一历史人物不是历史的推动者，甚至是历史的阻碍者，但他有良好的道德人格。其中，我们可以看到史家在叙述和评价历史人物命运时内心的矛盾和苦恼。

---

① 韩兆琦：《史记通论》，广西师范大学出版社，1996，第430页。

历史评价与道德评价之二元对立有两种情况：一是历史评价优先而成为强势评价，即着重突出历史人物的历史功绩，而相对忽视其道德品质的缺陷和不足；二是道德评价优先而成为强势评价，历史评价成为弱势评价。

二、法家人物的悲剧性

法家人物的结局非常悲惨。在今人看来，他们是新生力量的代表，是在与强大的保守势力作斗争中牺牲的，他们是具有强烈悲剧性的人物。但在《史记》法家人物的传记中，他们的悲惨命运并未构成悲剧性的矛盾冲突，其悲剧色彩很淡。这是因为，司马迁在叙述和评价法家人物时，坚持道德评价优先的原则，突出了法家人物之刻薄寡恩、狡诈自私、贪恋富贵权势等卑劣人格，而他们的历史地位和作用受到轻视，历史评价成为弱势评价；在此二元对立中，强势道德评价的否定压倒了弱势历史评价的肯定，故法家人物成为一群道德败坏的小人。恶人得到恶报，并不具有悲剧性，早已为人们所共识。

在《商君列传》中，司马迁叙述了商鞅变法的经过，明确地指出其变法的具体内容，肯定了变法的显著功效。传文突出刻画了商鞅严酷少恩、贪恋功名富贵、狡诈多变的性格。

其一，传文记述了商鞅破败魏军之事，这应是商鞅的历史功绩之一，但司马迁重在揭示商鞅伪诈的性格。商鞅是卫人，卫是魏国的附属国。他年少时事魏相公叔座，颇得信任。魏惠王虽未重用商鞅，也没有得罪他。商鞅得到秦孝公宠信后，即游说孝公伐魏，欺骗公子卬而破败魏军。最终商鞅得到了报应，他被诬谋反逃到魏国，魏不但不接纳他，还不让他逃向他国，把他送给秦国，直接导致了商鞅被杀。司马迁通过商鞅"自食其果"的叙写，表现出对商鞅的厌恶。

其二，司马迁设置了赵良这个带有儒家色彩的人物，让赵良出面严厉批评商鞅的诸多缺点：靠宦官引荐而受孝公的重用；实行严刑峻罚，不仁爱民众；贪恋富贵权势；等等。赵良之言竟占了整个传记约三分之一的篇幅，可见司马迁的别有用心。

其三，传文通过关下逃难的细节描写，指出商鞅变法的严重弊端。商鞅走投无路，逃到关下，欲住客舍，遭到拒绝。因为根据商君之法，不知留宿客人的身份，则不能住宿。否则客人有罪，店主连带被判罪。商鞅的遭遇正好应了"以其人之道还治其人之身"的俗语，"遂灭商君之家"，读来痛快淋漓，表现出司马迁对商鞅悲惨命运的嘲讽。

其四，司马迁在"太史公曰"中，首先指责商鞅性格的刻薄少恩，接着以具体的行事证明他人格的卑劣，进而说明他著书的内容与他的行事相类，最后嘲讽他遭受恶名、灭族亡身是罪有应得。

《李斯列传》也表现出道德评价压倒历史评价的特征。司马迁对李斯的历史功绩并未给予充分重视。传文对李斯辅助秦始皇统一六国的历史功绩，以及秦统一后他为秦国制定的一系列政策措施，叙述得较为简略；而大量的篇幅都是记叙李斯热衷富贵、斤斤计较个人得失而最终亡秦的历史事实。明人茅坤说："《李斯传》传斯本末，特佐始皇定天下、变法诸事仅十之一二，传高所以乱天下而亡秦特十之七八。太史公愍地看得亡秦者高，所以酿高之乱者并由斯为之。"（《史记钞》卷五五）

司马迁对李斯热衷富贵、狡诈自私的性格描绘得入木三分。李斯辞别老师的一段议论，千回百转，语语皆从富贵中流出，"故诟莫大于卑贱，而悲莫甚于穷困"。他为秦统一天下出谋划策，阴险狡诈，手段卑劣，"阴遣谋士赍持金玉以游说诸侯。诸侯名士可下以财者，厚遗结之；不肯者，利剑刺之。离其君臣之计，秦王乃使其良将随其后"。李斯在身为相、子为守而富贵至极时，感叹物盛则衰，富贵不能永存。他贪恋富贵之心早为赵高看透，赵高以富贵动之，又以富贵劫之，"于是斯乃听高"，仰天一叹而秦灭亡。他上《督责书》，为虎作伥，"李斯恐惧，重爵禄，乃阿二世意，欲求容，以书对曰",此暴露出李斯残暴不仁的本性。为了迎合二世,他又极力怂恿二世专权,"然后能灭仁义之涂,掩驰说之口,困烈士之行"。后来,李斯揭发赵高的短处,二人互相攻讦;李斯在狱中上书,假认罪以表功,此皆表现出李斯贪生、狡诈的性格。李斯最终被腰斩于咸阳市,父子相哭,死得很耻辱。明人钟惺说:"李斯古今第一热中富贵人也,其学问功业佐秦兼天下者皆其取富贵之资,而其种种罪过,能使秦亡天下者,即其守富贵之道。"①

司马迁对晁错的残忍、贪功、擅权、好利、多改政令等深表不满。其一,司马迁一再论断说:"错为人峭直刻深","晁错以刻深颇用术辅其资"。所谓"峭直刻深",即性格隐忍、苛刻。其二,传记用排比的手法,连用"数"和"多":"数上书孝文时,言削诸侯事,及法令可更定者""书数十上""错常数请间言事";"袁盎诸大功臣多不好错""法令多所更定""错所更令三十章,诸侯皆喧哗疾晁错"(法令更改甚多,怨恨之人更多),"晁错为家令时,数言事不用;后擅权,多所变更"。这是对晁错贪功好名、无事生非、众人不附之性格的刻画。其三,司马迁在"太史公曰"中先指责晁错擅权、多更改法令而纷乱诸事;接着批评他"诸侯发难,不急匡救,欲报私仇"的狭隘自私的行为;最后以"变古乱常,不死则亡"的幸灾乐祸的态度,对晁错的变法行为及其悲惨命运加以辛辣的讽刺。因此,晁错的悲惨下场是罪有应得,命运的悲剧性极淡。亚里士多德在《诗学》中说,悲剧人物在道德品质上并不是好到极点,但是,他的遭殃决不是由于自己的罪恶。②

一般而言,道德评价与历史评价的二元对立,是对历史上客观存在的二律背反现象的揭示。人类的历史不断向前发展,但历史的

---

① 参见杨燕起、陈可青、赖长扬编:《历代名家评〈史记〉》,北京师范大学出版社,1986,第627页。

② 朱光潜:《悲剧心理学:各种悲剧快感理论的批判研究》,张隆溪译,人民文学出版社,1983,第93—94页。

进步并不是伴随着道德的进步。物质财富的增长，文明智慧的发展，常常伴随着道德的衰败而出现。恩格斯指出："正是人的恶劣的情欲——贪欲和权势欲成了历史发展的杠杆。"[1] 这种客观的历史现象造成了历史评价和道德评价的二元对立。法家人物是一群矛盾复杂的人。作为一位理性的历史学家，司马迁评价法家人物所表现出的二元对立的特征，正是对法家人物实际具有"二律背反"命运的反映。司马迁之下狱的痛楚经历与他对儒家之德治、礼治思想的认同，是其贬斥法家人物的主观原因。

---

[1] 中共中央马克思恩格斯列宁斯大林著作编译局编：《马克思恩格斯选集（第四卷）》，人民出版社，1995，第237页。

/ 第五章 /

"将在军,君令有所不受"
——将军的传记

　　《史记》所传述的将军人物众多。将军是我们最感兴趣的历史人物类型之一。他们统帅大军,运用兵法谋略,在战场上纵横驰骋,一决胜负。司马迁充分肯定了将军在历史的形成和发展中所发挥的重要作用。这些置于不同传记中的将军,司马迁在书写和表现他们的性格和命运时,有没有共同性呢?本文拟列举从古代到武帝时期将军们的传记,对此问题进行思考和讨论。

▍第一节　司马穰苴等古之名将

一、司马穰苴

　　在《史记》传述的将军中,最先登场的是司马穰(ráng)苴(jū)。《太史公自序》:"自古王者而有《司马法》,穰苴能申明之。作《司马穰苴列传》第四。"司马穰苴是齐国之名将,能申明和运用司马兵法,用兵行威,而使诸侯朝齐。因此,将军的第一要务,是善于用兵打仗。

　　这篇传记的内容简短,主要是因为流传的材料甚少。但司马迁是以司马穰苴作为典型的将军形象来塑造的,传记的内容与结构有典范的意义。日本学者今鹰真说:"司马迁理想的将领形象首先是通过司马穰苴来描写的。……可以认为,以后的将军们仍是以司马穰苴为规范而被描写的，而且这种意识特别鲜明地表现在孙武和周亚夫那里。另外，对李广之自杀的赞赏和对卫青、霍去病之荣誉的忽视，也许正包含着司马迁对当代的思考吧！"①

司马穰苴，春秋时人。他是"田完之苗裔"，即为由陈亡命于齐的田完子孙。齐景公时，晋、燕侵犯齐国，齐师败绩。晏婴推荐司马穰苴于齐景公。景公任命司马穰苴为将军，率兵抗击晋、燕之师。司马穰苴认为自己人微权轻，士卒不附，百姓不信，要景公派宠臣监军。于是，景公派宠臣庄贾监军。司马穰苴与庄贾约定"旦日日中会于军门"。他先驰入军中等待庄贾，行军勒兵，申明约束。庄贾素来骄贵，以为自己是监军，不甚急；亲戚左右人为他送行，留他饮酒，庄贾日夕方至。司马穰苴欲斩庄贾。庄贾恐惧，使人驰报景公，请求救命。庄贾派去的人已经出发，未及返，司马穰苴遂斩庄贾以告于三军，士皆振栗。久之，齐景公才派使者持节赦庄贾。司马穰苴曰："将在军，君令有所不受。"他又问军正曰："驰三军法何？"军正曰："当斩。"使者大惧。司马穰苴乃斩使者的仆人，以向三军宣示。由此可知，司马穰苴之率兵，重视建立自己的威权，这有三方面的内容：一是治军严厉；二是将在军而君令有所不受；三是不准随意进入军门。

传文特别突出司马穰苴爱护士卒而与之同甘共苦的事迹："士卒次舍（宿营）井灶饮食问疾医药，身自拊循之。悉取将军之资粮享士卒，身与士卒平分粮食，最比其羸弱者。三日而后勒兵，病者皆求行，争奋出为之赴战。"司马迁认为，将军爱护士卒，士卒为之死，对战争的胜负有重要的作用："晋师闻之，为罢去。燕师闻之，度水而解。"传文简要地叙述了齐师获胜之事："于是追击之，遂取所亡封内故境而引兵归。"司马穰苴率兵，只是收回齐国丧失的土地，而并不侵犯他国。"未至国，释兵旅，解约束，誓盟而后

---

① 今鹰真：《将军们的列传》，载徐兴海等主编《司马迁与史记论集》，陕西人民出版社，1995，第127页。

入邑",这表明司马穰苴并不好兵好战。老子云:"兵者不祥之器,非君子之器,不得已而用之,恬淡为上。胜而不美,而美之者,是乐杀人。"(《老字》第三十一章)孟子云:"春秋无义战。"(《孟子·尽心下》)。孟子曰:"争地以战,杀人盈野;争城以战,杀人盈城。此所谓率土地而食人肉,罪不容于死。故善战者服上刑,连诸侯者次之,辟草莱、任土地者次之。"(《孟子·离娄上》)景公与诸大夫到郊外迎接,尊穰苴为大司马。

传记描述了司马穰苴的悲剧命运,将军的悲剧不是在战场上战败而亡,而是因为功高而引起君主、权臣的嫉恨和打击,以遭横祸;"已而大夫鲍氏、高、国之属害之,谮(zèn,诬陷)于景公。景公退穰苴,苴发疾而死"。

齐威王使大夫追论古之兵法,而附司马穰苴兵法于其中,号曰《司马兵法》。司马迁认为,《司马兵法》闳廓深远,虽三代征伐也未能穷究其义,当是古代兵法的总结,而不只是齐之司马穰苴兵法。

综之,从《司马穰苴列传》来看,将军的基本特征有五:

一是树立威权,严于号令,将在军而君令有所不受;

二是爱护士卒,同甘共苦,士卒为之而死;

三是善于用兵打仗,或有兵法传于世;

四是不好战杀伐;

五是命运多是悲剧性的。

二、孙武、孙膑、吴起

《孙子吴起列传》叙录了春秋时期将军孙武、孙膑、吴起的事迹。

孙武,齐人,以兵法见知于吴王阖庐。

◎ 原文一

阖庐曰:"子之十三篇,吾尽观之矣,可以小试勒兵乎❶?"对曰:"可。"阖庐曰:"可试以妇人乎?"曰:"可。"于是许之,出宫中美女，得百八十人。孙子分为二队，以王之宠姬二人各为队长，皆令持戟。令之曰："汝知而心与左右手背乎？"妇人曰："知之。"孙子曰："前，则视心；左，视左手；右，视右手；后，即视背。"妇人曰："诺。"约束既布，乃设斧钺❷，即三令五申之。于是鼓之右，妇人大笑。孙子曰："约束不明，申令不熟，将之罪也。"复三令五申而鼓之左，妇人复大笑。孙子曰："约束不明，申令不熟，将之罪也；既已明而不如法者，吏士之罪也。"乃欲斩左右队长。吴王从台上观，见且斩爱姬，大骇。趣使使下令曰❸："寡人已知将军能用兵矣。寡人非此二姬，食不甘味，愿勿斩也。"孙子曰："臣既已受命为将，将在军，君命有所不受。"遂斩队长二人以徇❹。用其次为队长，于是复鼓之。妇人左右前后跪起皆中规矩绳墨，无敢出声。于是孙子使使报王曰："兵既整齐，王可试下观之，唯王所欲用之，虽赴水火犹可也。"吴王曰："将军罢休就舍，寡人不愿下观。"孙子曰："王徒好其言，不能用其实。"于是阖庐知孙子能用兵，卒以为将。

❀ 注释

❶勒兵：治军。❷钺（yuè）：大斧，古兵器。❸趣：通"促"。❹徇：巡行示众。

孙武有《兵法》十三篇，吴王以为孙武只能纸上谈兵，而不能行之。孙武操练宫中美女。这些年轻的女子本来天真好奇，笑谑游戏；但孙武把她们训练成纪律严明的队伍，听从号令，而出生入死。孙武首先明确军中的纪律，且三令五申；其次斩杀了不听号令的两个宠姬；再次不受吴王之令。这与司马穰苴斩杀齐王的宠臣庄贾之事相类似。于是，吴王以孙武为将军，"西破强楚，入郢，北威齐、晋，显名诸侯，孙子与有力焉"。

孙膑（bīn），孙武的后代子孙，齐人。他与庞涓同师，俱学兵法。庞涓事魏，为魏惠王将军，自以为才能不及孙膑而嫉害之。他暗中招来孙膑，以刑法断其两足而黥之，欲使之隐而勿见。齐使者至魏，孙膑暗中见之而游说。齐使者认为孙膑乃奇才,私载与之归齐。

◎ 原文二

　　齐将田忌善而客待之。忌数与齐诸公子驰逐重射❶。孙子见其马足不甚相远❷,马有上、中、下辈❸。于是孙子谓田忌曰:"君弟重射❹,臣能令君胜。"田忌信然之,与王及诸公子逐射千金。及临质❺,孙子曰:"今以君之下驷与彼上驷,取君上驷与彼中驷,取君中驷与彼下驷。"既驰三辈毕,而田忌一不胜而再胜,卒得王千金。于是忌进孙子于威王,威王问兵法,遂以为师。

◎ 注释

❶重射:以重相射,即以赛马赌千金。射,追求。❷马足:马的足力。❸马有上、中、下三等。❹弟:只。❺质:对抗之时。

　　将军田忌与齐王及诸公子赛马时,孙膑助田忌获胜,表现其卓越的智慧。

　　齐威王欲以孙膑为将。孙膑辞谢曰:"刑余之人不可。"于是齐威王乃以田忌为将,而孙膑为军师,居辎车中,坐为谋策。"围魏救赵"是历史上著名的战役。魏伐赵,赵危急而请求于齐。田忌欲引兵至赵。孙膑认为,魏赵相攻,齐奔赴赵而混战其中,胜负难定。"君不若引兵疾走大梁,据其街路(交通要道),冲其方虚,彼必释赵而自救。是我一举解赵之围而收弊于魏也。"田忌从之,魏果然撤离邯郸,与齐战于桂陵,齐大破梁军。这一方面解赵之围,另一方面齐师占据交通要道,以逸待劳,而击破魏军。

◎ 原文三

　　后十三岁,魏与赵攻韩,韩告急于齐。齐使田忌将而往,直走大梁。魏将庞涓闻之,去韩而归,齐军既已过而西矣。孙子谓田忌曰:"彼三晋之兵素悍勇而轻齐,齐号为怯,善战者因其势而利导之。兵法，百里而趣利者蹶上将❶，五十里而趣利者军半至❷。使齐军入魏地为十万灶，明日为五万灶，又明日为三万灶。"庞涓行三日，大喜，曰："我固知齐军怯，入吾地三日，士卒亡者过半矣。"乃弃其步军，与其轻锐倍日并行逐之。孙子度其行，暮当至马陵。马陵道狭，而旁多阻隘，可伏兵，乃斫大树白而书之曰❸："庞涓死于此树之下。"于是令齐军善射者万弩，夹道而伏，期曰"暮见火举而俱发"❹。庞涓果夜至斫木下，见白书，乃钻火烛之。读其书未毕，齐军万弩俱发，魏军大乱相失。庞涓自知智穷兵败，乃自刭，曰："遂成竖子之名❺。"齐因乘胜尽破其军，虏魏太子申以归。孙膑以此名显天下，世传其兵法。

注释

❶趣：通"趋"。蹶上将：折损上将军。❷军半至：军队只有一半到达。❸斫（zhuó）：砍削。❹期：约定。❺竖子：指孙膑。《史记会注考证》引中井积德之言曰："涓之语盖言吾今日自杀者，欲因此遂成就膑之名声耳，是临死之夸言矣。"

马陵之战成就了孙膑的举世之名，也实现了孙膑的复仇之愿。这段叙事具体生动，富有传奇性，表现出司马迁作为文学家的一腔心胸。首先，孙膑知己知彼，善于谋划。他素知庞涓悍勇而轻齐，故因其势而利导之。其次，孙膑在道狭路阻的马陵设下埋伏，夜晚魏军正好到此，占天时、地利，从而彻底地击败魏军。庞涓智穷兵败，乃自杀，临死尚夸言，以成就孙膑之名声耳。《史记会注考证》引宋人洪迈之言曰："孙膑胜庞涓之事，兵家以为奇谋，予独有疑焉。……夫军行迟速，既非他人所料，安能必其以暮至，不差晷（guǐ）刻乎？古人坐于车中，既云暮矣，安知树间之有白书，且必举火读之乎？"其事不能不信，亦未可尽信，这是文学性叙事的手法。

综之，司马迁之叙述孙膑的事迹，最为用心、用力，且寄托了自己的人生感慨。孙膑助田忌赌马胜、围魏救赵、赢得马陵之战等,皆为后人所传颂。孙膑在困境中能发愤有为,且为自己报仇雪恨,甚为司马迁所称道。《太史公自序》云"孙子膑脚,而论《兵法》";《报任少卿书》云"孙子膑脚,《兵法》修列""及如左丘无目,孙子断足,终不可用,退而论书策,以舒其愤,思垂空文以自见",古之贤人君子皆发愤而有所著作也。孙膑断足,坐而谋划,号为军师,著兵法流传于后世。司马迁也悲叹孙膑明于为他人筹谋,然不能知庞涓之阴毒而早自救患于被刑,由此可知,"能行之者未必能言,能言之者未必能行"。

吴起,春秋时人,卫人,好用兵,尝学于曾子,事鲁君。

原文四

齐人攻鲁,鲁欲将吴起,吴起娶齐女为妻,而鲁疑之。吴起于是欲就名,遂杀其妻,以明不与齐也❶。鲁卒以为将。将而攻齐,大破之。

鲁人或恶吴起曰:"起之为人,猜忍人也❷。其少时,家累千金,游仕不遂,遂破其家。乡党笑之,吴起杀其谤己者三十余人,而东出卫郭门。与其母诀,啮臂而盟曰❸:'起不为卿相,不复入卫。'遂事曾子。居顷之,其母死,起终不归。曾子薄之❹,而与起绝。起乃之鲁,学兵法以事鲁君。鲁君疑之,起杀妻以求将。夫鲁小国,而有战胜之名,则诸侯图鲁矣。且鲁、卫兄弟之国也,而君用起,则是弃卫。"鲁君疑之,谢吴起。

注释

❶不与齐:不助齐。❷猜忍:残忍。❸啮臂:咬臂出血,以示诚信。❹薄:轻视。

吴起生性残忍,为了得到鲁君的信任而为将,不惜杀掉自己的妻子。乡党嘲笑其游仕不遂而破其家,吴起于是杀谤己者三十余人。其母死,吴起终不归家守丧。由此,曾子认为吴起不孝而与他绝交，吴起乃学兵法。鲁君不用吴起，吴起便离开鲁，事魏文侯，魏文侯以之为将。

◎ 原文五

　　起之为将，与士卒最下者同衣食。卧不设席，行不骑乘，亲裹赢粮❶，与士卒分劳苦。卒有病疽者❷，起为吮之❸。卒母闻而哭之。人曰："子卒也，而将军自吮其疽，何哭为。"母曰："非然也。往年吴公吮其父。其父战不旋踵❹，遂死于敌。吴公今又吮其子，妾不知其死所矣。是以哭之。"

　　文侯以吴起善用兵，廉平，尽能得士心，乃以为西河守，以拒秦、韩。

◎ 注释

❶亲自包扎，亲自背粮。赢（yíng）：背负。❷疽（jū）：痈疮。❸吮（shǔn）：用嘴吸。❹不旋踵（zhǒng）：不回转，即一往向前。踵，脚跟。

　　作为名将，吴起善于用兵。"吴起于是闻魏文侯贤，欲事之。文侯问李克曰：'吴起何如人哉？'李克曰：'起贪而好色，然用兵司马穰苴不能过也。'于是魏文侯以为将，击秦，拔五城。"吴起有兵法传于世。吴起爱护士卒，士卒尽为之死，这与司马穰苴似同；但吴起刻毒残忍，其爱护士卒，不近人情，这有伪诈之嫌；而且，他以用兵为手段而谋取功名富贵，这与司马穰苴决然不同。

　　吴起在魏，得罪公叔。公叔为相，嫉害之。吴起畏惧，离魏至楚。楚悼王素闻吴起贤，以之为楚相。吴起明法审令，捐不急之官，废公族疏远者，以抚养战斗之士，要在强兵。楚之贵戚尽欲害吴起。吴起的悲剧下场，不是在战场上败死，而是为宗室大臣乱箭射死，"悼王死，宗室大臣作乱而攻吴起，吴起走之王尸而伏之。击起之徒因射刺吴起，并中悼王"。司马迁谓吴起"以刻暴少恩亡其躯"。

三、白起、王翦、蒙恬

秦本是西方的僻远小国，历经数世，而成为诸侯的霸主，最终一统天下。秦长期对诸侯用兵，不断地侵夺东方的土地和人民，涌现出众多的名将，以白起、王翦、蒙恬为代表人物。《史记》有《白起王翦列传》《蒙恬列传》。

白起乃是秦之名将，善于用兵，事秦昭王。昭王以之为将，东征诸侯，攻城略地。传文具体地叙述白起从昭王十三年以来建立的赫赫武功。尤其是昭王四十七年，白起取得了长平之战的重大胜利，坑杀赵卒数十万人。后来，他与应侯范雎有矛盾，又得罪秦王，数次称病而不肯带兵。秦王赐剑，命他自裁。武安君白起引剑将自刭，曰："我何罪于天而至此哉？"良久曰："我固当死。长平之战，赵卒降者数十万人，我诈而尽坑之，是足以死。"遂自杀。武安君死于秦昭王五十年十一月，死非其罪，秦人怜之，乡邑皆祭祀焉。昭王颇为后悔，临朝叹息："今武安君既死，而郑安平等畔，内无良将，而外多敌国，吾是以忧"；应侯恐惧，不知所出。(《范雎蔡泽列传》)从传文的叙事来看，白起之死自然不是尽坑赵卒的缘故，而主要是因为君臣之间的猜忌与应侯的嫉害。司马迁以此不过是说明白起不应尽坑赵卒，因为作为将军，是不得已而率领军队征伐，但不能以杀戮为事。司马迁称赞白起是一位名将，"料敌合变，出奇无穷，声震天下"，也为白起最终自杀的命运而悲慨，"然不能救患于应侯"。

王翦，亦是秦之名将，少而好兵，事秦始皇。传文叙录王翦率军定三晋的功绩，"遂拔赵，赵王降，尽定赵地为郡""翦遂定燕蓟而还""还击魏，魏王降，遂定魏地"。传文接着叙述始皇不听王翦之言，而任用李信为将军以攻楚，秦军大败。王翦因秦王不用其言而谢病，归老于频阳。

原文六

始皇闻之，大怒，自驰如频阳，见谢王翦曰："寡人以不用将军计，李信果辱秦军。今闻荆兵日进而西，将军虽病，独忍弃寡人乎！"王翦谢曰："老臣罢病悖乱❶，唯大王更择贤将。"始皇谢曰："已矣，将军勿复言！"王翦曰："大王必不得已用臣，非六十万人不可。"始皇曰："为听将军计耳。"于是王翦将兵六十万人，始皇自送至灞上。王翦行，请美田宅园池甚众。始皇曰："将军行矣，何忧贫乎？"王翦曰："为大王将，有功终不得封侯，故及大王之向臣，臣亦及时以请园池为子孙业耳。"始皇大笑。王翦既至关，使使还请善田者五辈❷。或曰："将军之乞贷，亦已甚矣。"王翦曰："不然。夫秦王怛而不信人❸。今空秦国甲士而专委于我，我不多请田宅为子孙业以自坚❹，顾令秦王坐而疑我邪？"

注释

❶罢：通"疲"。❷派五批使者请求良田。❸怛（jù）：骄矜。❹王翦为始皇伐楚，面请美田宅，使使请美田宅五批，意在表明自己志在于田宅，而无意于天下。这与汉名相萧何向刘邦请求美田宅以自污的事情是一样的。

作为名将的王翦，不仅要率领大军攻伐楚军，还要请求田宅自污，以消除秦王的猜忌而保身。传文也叙述了王翦伐楚时与士卒共甘苦之事，"王翦日休士洗沐，而善饮食抚循之，亲与士卒同食"。王翦终大破楚军，"虏荆王负刍，竟平荆地为郡县"。司马迁肯定王翦之夷灭六国的赫赫战功，也批评他不能辅秦建德："王翦为秦将，夷六国，当是时，翦为宿将，始皇师之，然不能辅秦建德，固其根本，偷合取容，以至殁身。及孙王离为项羽所虏，不亦宜乎！"《易》："积善之家必有余庆，积不善之家必有余殃。"

《蒙恬列传》记载了秦之名将蒙恬的事迹。

蒙恬，其先是齐人。祖父蒙骜自齐事秦昭王，官至上卿。父亲蒙武为秦裨将军，与王翦攻楚，大破之，杀项燕。始皇二十六年，蒙恬因家世得为秦将，攻齐，大破之。秦并天下，乃使蒙恬率领三十万大军，北逐戎狄，收河南，因地形险塞而修筑长城，起临洮（táo），至辽东，延绵万余里。于是蒙恬渡黄河，据阳山，逶迤而北。暴师于外十余年，居上郡。是时，蒙恬威震匈奴。蒙恬弟蒙毅，位至上卿，出则参乘，入则御前。"始皇甚尊宠蒙氏，信任贤之。"始皇至沙丘崩，二世篡位，伙同赵高、李斯而灭蒙氏。蒙毅被杀，蒙恬将要自杀，喟然太息曰："我何罪于天，无过而死乎？"良久，又缓慢说道："恬罪固当死矣。起临洮属之辽东，城堑万余里，此其中不能无绝地脉哉？此乃恬之罪也。"于是吞药自杀。一代名将蒙恬死非其罪，令人惋惜和同情。由此可知，名将并不能以功业而自保，反而引起人君和权臣的嫉恨，以致招来杀身之祸。司马迁肯定了蒙恬北逐匈奴而坚守边塞的功绩，也批评他不能劝谏秦王以行仁义之政。

原文七

> 太史公曰：吾适北边，自直道归，行观蒙恬所为秦筑长城亭障，堑山堙谷❶，通直道，固轻百姓力矣。夫秦之初灭诸侯，天下之心未定，痍伤者未瘳❷，而恬为名将，不以此时强谏，振百姓之急，养老存孤，务修众庶之和，而阿意兴功❸，此其兄弟遇诛，不亦宜乎？何乃罪地脉哉？

注释

❶ 堑山：挖掘山。堙（yīn）谷：填埋谷。❷ 瘳（chōu）：伤愈。❸ 阿意兴功：迎合人主之意而兴功业。

司马迁认为，蒙恬被迫自杀的原因，并非是"绝地脉"以得罪鬼神，而主要是他轻百姓之力、阿意人主之意以兴功。

四、乐毅

《史记》有《乐毅列传》，叙录儒将乐毅的事迹。《太史公自序》曰："率行其谋，连五国兵，为弱燕报强齐之仇，雪其先君之耻。作《乐毅列传》第二十。"乐毅是战国时著名的军事家。他助燕昭王报强齐之仇，于公元前284年大破齐军，下齐七十余城，齐几乎灭亡。

乐毅，中山人，贤明，好兵。赵武灵王灭中山，赵人举荐乐毅。及赵武灵王有沙丘之乱，乐毅乃去赵至魏。燕昭王因齐曾大败燕国而深怨齐，未尝一日而忘报仇。燕国小，居北地，僻远，力不能制，于是燕昭王屈身下士。乐毅为魏昭王出使于燕，燕王以客礼待之，乐毅遂为之臣。燕昭王尊乐毅为亚卿。

❀ 原文八

于是燕昭王问伐齐之事。乐毅对曰："齐，霸国之余业也，地大人众，未易独攻也。王必欲伐之，莫如与赵及楚、魏。"于是使乐毅约赵惠文王，别使连楚、魏，令赵啖说秦以伐齐之利❶。诸侯害齐湣王之骄暴，皆争合纵与燕伐齐。乐毅还报，燕昭王悉起兵，使乐毅为上将军，赵惠文王以相国印授乐毅。乐毅于是并护赵、楚、韩、魏、燕之兵以伐齐❷，破之济西。诸侯兵罢归，而燕军乐毅独追，至于临淄。齐湣王之败济西，亡走，保于莒。乐毅独留徇齐❸，齐皆城守。乐毅攻入临淄，尽取齐宝财物祭器输之燕。燕昭王大说，亲至济上劳军，行赏飨士，封乐毅于昌国，号为昌国君。于是燕昭王收齐卤获以归❹，而使乐毅复以兵平齐城之不下者。

乐毅留徇齐五岁，下齐七十余城，皆为郡县以属燕，唯独莒、即墨未服。会燕昭王死，子立为燕惠王。惠王自为太子时尝不快于乐毅，及即位，齐之田单闻之，乃纵反间于燕，曰："齐城不下者两城耳。然所以不早拔者，闻乐毅与燕新王有隙，欲连兵且留❺，南面而王齐。齐之所患，唯恐他将之来。"于是燕惠王固已疑乐毅，得齐反间，乃使骑劫代将，而召乐毅。乐毅知燕惠王之不善代之❻，畏诛，遂西降赵。赵封乐毅于观津，号曰望诸君。

❀ 注释

❶啖（dàn）：以利诱引。❷护：总领。❸徇：攻占。❹卤：通"掳"，即掳掠所获之宝器。❺连兵：拖延战争。❻临阵换将，是出于恶意。

乐毅率领赵、楚、韩、魏、燕之兵而伐齐国，破之济西，且攻破齐都临淄，"乐毅留徇齐五岁，下齐七十余城，皆为郡县以属燕，唯独莒、即墨未服"。因此，乐毅几乎灭亡齐，立下了大功。适逢燕昭王死，惠王即位。惠王为太子时即不快于乐毅，而齐之田单又乘机使用反间计，故惠王乃使骑劫代乐毅为将。乐毅害怕被诛杀，降于赵国，赵封乐毅于观津，号曰望诸君，尊崇之。齐之田单破骑劫军于即墨城下，而转战逐燕，北至河上，尽复得齐城。惠王很后悔以骑劫代乐毅，又怨乐毅降赵，且恐赵用乐毅为将而乘燕之弊以伐燕。惠王于是使人责备乐毅，乐毅上书自陈。

在这封书信中，乐毅首先感激燕昭王的知遇之恩："先王过举，厕之宾客之中，立之群臣之上，不谋父兄，以为亚卿。臣窃不自知，自以为奉令承教，可幸无罪，故受令而不辞。"其次，表白自己尽心竭力率领诸侯军，大破齐，齐王遁而走莒，珠玉财宝车甲珍器尽收入于燕，终为燕报仇雪恨："自五伯已来，功未有及先王（即燕昭王）者也。先王以为慊于志，故裂地而封之，使得比小国诸侯。臣窃不自知，自以为奉命承教，可幸无罪，是以受命不辞"。再次，委婉批评惠王听信小人的逸言而猜忌自己，故不得已去燕至赵："臣不佞（不才），不能奉承王命，以顺左右之心，恐伤先王之明，有害足下之义，故遁逃走赵。"书信的最后曰：

臣闻古之君子，交绝不出恶声；忠臣去国，不洁其名。臣虽不佞，数奉教于君子矣。恐侍御者之亲左右之说，不察疏远之行，故敢献书以闻，唯君王之留意焉。

古之君子，与他人绝交，不说自己之长而论他人之短。忠臣去离本国，不会为美化自己的名行而归咎于君。乐毅向惠王表明，自己在外居赵，只说自己有罪，不说王之有非；自己决不会率领赵军攻打燕国。

司马迁在传记中突出了乐毅亡齐的赫赫战功，且载录《报燕王书》，对其颇为激赏，"太史公曰：始齐之蒯通及主父偃读乐毅之《报燕王书》，未尝不废书而泣也"。《报燕王书》情真意切地表达了乐毅对燕昭王知遇的感激之情与忠贞之义，也委婉地透露了其对燕惠王听信谗言而猜忌自己的幽怨之恨。乐毅不仅是一位名将，也是一位谦谦君子。《史记会注考证》曰："六国将相，有儒生气象者，惟望诸君一人。其答燕王书，理义明正，当世第一文字。诸葛孔明以管、乐自比，而其《出师表》实得力于此文尤多。"

五、廉颇、赵奢、李牧

在《廉颇蔺相如列传》中，司马迁叙述了廉颇、赵奢、李牧等赵国名将的事迹。赵国夹在大国秦与齐之间，且与韩、魏、燕相接，历来是兵家必争之地，故多战，也多出名将。

廉颇，赵之良将。赵惠文王十六年，廉颇为赵将伐齐，大破刘师，取阳晋，拜为上卿，以勇气闻名于诸侯。廉颇与蔺相如始有隙，卒相与欢，为刎颈之交，这有利于赵的稳定和强大。长平之战中，廉颇为将，坚守壁垒不战。秦数挑战，廉颇不肯应战。秦用反间计，赵王以赵括代廉颇为将。白起大破赵军。廉颇免于长平而归，失势时，故客尽去。及廉颇复用为将，客又复至。人之交往，是"市利交"，廉颇不胜感慨。后廉颇奔魏，久之，魏不能用。赵数困于秦兵，赵王思复得廉颇，廉颇亦思复用于赵。

赵王使使者视廉颇尚可用否。廉颇之仇郭开多与使者金，令毁之。赵使者既见廉颇，廉颇为之一饭斗米，肉十斤，被甲上马，以示尚可用。赵使还报王曰："廉将军虽老，尚善饭，然与臣坐，顷之三遗矢

（屎）矣。"赵王以为老，遂不召。

楚闻廉颇在魏，阴使人迎之。廉颇一为楚将，无功，曰："我思用赵人。"廉颇卒死于寿春。"

廉颇因仇人郭开的馋毁，而终不能复用于赵，令人痛惜。南宋词人辛弃疾《永遇乐》："凭谁问：廉颇老矣，尚能饭否？"在辛弃疾看来，廉颇老矣，赵王尚思用之，使人探视廉颇尚可用否；而自己年老，君王更无思用之。辛弃疾是南宋智勇双全的英雄，一生志在抗金北伐。

赵奢，赵之名将，号为马服君，与廉颇、蔺相如同位。其子赵括只能纸上谈兵，不知合变。

原文八

后四年，赵惠文王卒，子孝成王立。七年，秦与赵兵相距长平，时赵奢已死，而蔺相如病笃，赵使廉颇将攻秦，秦数败赵军，赵军固壁不战。秦数挑战，廉颇不肯。赵王信秦之间，秦之间言曰："秦之所恶，独畏马服君赵奢之子赵括为将耳。"赵王因以括为将，代廉颇。蔺相如曰："王以名使括❶，若胶柱而鼓瑟耳❷。括徒能读其父书传，不知合变也。"赵王不听，遂将之。

赵括自少时学兵法，言兵事，以天下莫能当❸。尝与其父奢言兵事，奢不能难❹，然不谓善。括母问奢其故，奢曰："兵，死地也，而括易言之❺。使赵不将括即已，若必将之，破赵军者必括也。"及括将行，其母上书言于王曰："括不可使将。"王曰："何以？"对曰："始妾事其父，时为将，身所奉饭饮而进食者以十数，所友者以百数，大王及宗室所赏赐者尽以予军吏士大夫，受命之日，不问家事。今括一旦为将，东向而朝❻，军吏无敢仰视之者，王所赐金帛，归藏于家，而日视便利田宅可买者买之。王以为何如其父？父子异心，愿王勿遣。"王曰："母置之❼，吾已决矣。"括母因曰："王终遣之，即有如不称，妾得无随坐乎❽？"王许诺。

赵括既代廉颇，悉更约束，易置军史。秦将白起闻之，纵奇兵，详败走，而绝其粮道，分断其军为二，士卒离心。四十余日，军饿，赵括出锐卒自博战，秦军射杀赵括。括军败，数十万之众遂降秦，秦悉坑之。赵前后所亡凡四十五万。明年，秦兵遂围邯郸，岁余，几不得脱。赖楚、魏诸侯来救，乃得解邯郸之围。赵王亦以括母先言，竟不诛也。

注释

❶名实不符。❷赵人好瑟，故喻之。赵括泥于书上的兵法，而不知在实际的运用中加以变通。❸认为没有谁能比得上他。当：匹敌。❹难（nán）：驳倒。❺易言之：把用兵打仗说得轻而易举。❻面向东坐下而接见部属，自尊自傲而不能得士。❼做母亲的，不要管此事。❽随坐：连坐治罪。

赵王以赵括代廉颇为将，结果造成了长平之战的重大失败，秦坑杀赵卒数十万，前后赵卒亡者四十五万。赵国元气大伤，是赵走向败亡的转折点。第二年，秦围邯郸，赵依靠楚、魏诸侯来救，而解邯郸之围。赵括为将，贪财而不爱士卒。司马迁往往以将帅与士卒同甘共苦为基准来判断他们是否为良将及其成败。赵括之母的一番言论，断定了赵括的失败。

李牧，赵之北边良将，常居代、雁门以防备匈奴。司马迁叙述其善待士卒的事迹："以便宜置吏，市租皆输入莫府，为士卒费。日击数牛飨（xiǎng，犒赏）士，习射骑，谨烽火（小心看守烽火台），多间谍（侦察敌情的人员），厚遇战士。"李牧多为奇阵，屡败匈奴兵，单于奔走，其后十余年，匈奴不敢近赵边城。在赵国的末期，李牧为赵的主要将领，以抵抗秦军。公元前234年，即末代赵王迁二年，赵以李牧为大将军，击秦军于宜安，大破秦军，赵王封李牧为武安君。三年后，秦攻番（pō）吾，李牧击破秦军。赵王迁七年，秦使大将王翦攻赵，赵使李牧、司马尚抵御。"秦多与赵王宠臣郭开金，为反间，言李牧、司马尚欲反。赵王乃使赵葱及齐将颜聚代李牧。李牧不受命，赵使人微捕得李牧，斩之。废司马尚。后三月，王翦因急击赵，大破杀赵葱，虏赵王迁及其将颜聚，遂灭赵。"赵王迁昏庸，一代良将李牧被冤杀，赵遂亡。

六、周亚夫

汉文景之际的名将，以周亚夫最为著名。周亚夫，是绛侯周勃之子。《绛侯周勃世家》记载了周勃、周亚夫的事迹。周勃，沛人，跟从刘邦在秦楚汉之际立下赫赫战功，封绛侯。吕后死，吕氏欲叛，周勃与陈平谋，卒诛诸吕而立孝文帝。周亚夫治军严厉，持威重，具有古之名将的风范。唐代诗人王维《观猎》曰："风劲角弓鸣，将军猎渭城。草枯鹰眼疾，雪尽马蹄轻。忽过新丰市，还归细柳营。回看射雕处，千里暮云平。"诗中所言细柳营，即周亚夫的军营。

文帝后元六年（前158），匈奴大举侵入边塞。文帝以河内守周亚夫为将军，驻军细柳，以防备匈奴。文帝劳军，至细柳，看到亚夫的军士吏披甲、锐兵刃、张弓弩、持满。天子先驱（前将军）至，不得入军门。先驱曰："天子且至！"军门都尉曰："将军令曰'军中闻将军令，不闻天子之诏'。"不久，文帝至，又不得入。于是，文帝派使者持节诏将军："吾欲入劳军。"亚夫乃传言开营门。营门士吏谓从属车骑曰："将军约，军中不得驱驰。"于是天子乃按辔徐行，至军营，将军亚夫持兵器作揖曰："介胄之士不拜，请以军礼见。"文帝为之惊动，使人称谢："皇帝敬劳将军。"文帝成礼而去。既出军门，群臣皆惊。文帝叹曰："嗟乎，此真将军矣！曩者霸上、棘门军，若儿戏耳，其将固可袭而虏也。至于亚夫，可得而犯邪！"

景帝三年，吴楚反叛。周亚夫为太尉，东击吴楚。景帝命亚夫救梁，亚夫不奉诏，深壁而守，使轻骑兵绝吴楚兵后粮道。吴兵乏粮，饥饿，数次欲挑战，汉终不出战。吴兵内部互相攻击扰乱。吴兵饥饿不已，乃引退而去。亚夫出精兵追击，大破之。凡相攻守三月，而吴楚破平。于是，诸将以太尉计谋为是。由此可知，周亚夫有名将的三种典型品格：一是治军严明；二是持威重，将在外而君令有所不受；三是善于用兵打仗。"太史公曰：……亚夫之用兵，持威重，执坚刃，穰苴曷有加焉！"周亚夫最终因为得罪景帝而下狱，"因不食五日，呕血而死"，与司马穰苴的悲剧命运正同。

第二节 飞将军李广

李广是西汉时期抗击匈奴战争中所涌现出来的杰出将领之一，是千百年来为人民所喜爱的历史人物。他出生于"世世受射"的家庭，从小练就了一身高强的射技，且胆略超群。在四十多年的戎马生涯中，他立下了赫赫战功，但始终未能封侯，命运不顺。《李将军列传》紧紧围绕着李广精于骑射、才气过人、热爱士卒、为人简易等特点，刻画了李广的名将形象，表现了司马迁对李广的倾慕之情，也委婉地批评了卫青、霍去病等承顺上意、徇私嫉贤、不爱士卒的行为。在最后一次战役中，李广受到不公正的待遇，愤而自杀。司马迁在字里行间表现出悲愤、同情，且在李广坎坷不遇的命运中，寄寓了自我的感慨。

一、边郡太守

李广，大约生于公元前184年。孝文帝十四年（前166），匈奴大举侵入萧关，而李广以良家子从军击胡，李广时年约十八岁；卒于元狩四年（前119）。

❋ 原文一

李将军广者，陇西成纪人也。其先曰李信，秦时为将，逐得燕太子丹者也。故槐里，徙成纪。广家世世受射❶。孝文帝十四年❷，匈奴大入萧关，而广以良家子从军击胡，用善骑射，杀首虏多，为汉中郎。广从弟李蔡亦为郎,皆为武骑常侍,秩八百石。尝从行,有所冲陷折关及格猛兽❸,而文帝曰:"惜乎,子不遇时❹!如令子当高帝时,万户侯岂足道哉!"

及孝景初立,广为陇西都尉❺,徙为骑郎将。吴楚军时❻,广为骁骑都尉,从太尉亚夫击吴楚军,取旗,显功名昌邑下。以梁王授广将军印,还,赏不行。徙为上谷太守,匈奴日以合战。典属国公孙昆邪为上泣曰❼:"李广才气,天下无双,自负其能,数与虏敌战,恐亡之。"于是乃徙为上郡太守。后广转为边郡太守,徙上郡。尝为陇西、北地、雁门、代郡、云中太守,皆以力战为名。

注释

❶ 受射:练习射法。李广善射,故传文叙述射事甚详。❷ 公元前166年。❸ 冲陷:冲锋陷阵。折关:抵御。格:搏斗。❹ "子不遇时"是对李广数奇(jī)(命运不顺)不偶的概括。时势造英雄,将军生于乱世,则利于建功立业。❺ 都尉:郡守的副职,掌管郡中武事。❻ 景帝三年,吴楚军以"诛晁错,清君侧"为名,发动叛乱。❼ 公孙昆(hún)邪(yé):姓公孙,名昆邪。

吴楚等七国叛乱,李广从周亚夫平叛,是建功的好机会;但他因受梁孝王将军印,而不为汉廷所封赏,按汉法,中央朝臣不得与诸侯私自交通。此后数年,李广转徙于边郡太守,防备匈奴,以力战闻名。景帝时,汉廷与匈奴以和亲为主,但匈奴逐利,时时滋扰边境。《匈奴列传》:"自是之后,孝景帝复与匈奴和亲,通关市,给遗匈奴,遣公主,如故约。终孝景时,时小入盗边,无大寇。"因此,李广终孝景世虽以力战显名,但并未建立大的功业。

原文二

匈奴大入上郡,天子使中贵人从广勒习兵击匈奴❶。中贵人将骑数十纵❷,见匈奴三人,与战。三人还射,伤中贵人,杀其骑且尽。中贵人走广。广曰:"是必射雕者也。"广乃遂从百骑往驰三人。三人亡马步行，行数十里。广令其骑张左右翼，而广身自射彼三人者，杀其二人，生得一人，果匈奴射雕者也。已缚之上马，望匈奴有数千骑，见广，以为诱骑，皆惊，上山陈。广之百骑皆大恐，欲驰还走。广曰："吾去大军数十里，今如此以百骑走，匈奴追射我立尽。今我留，匈奴必以我为大军诱（之），必不敢击我。"广令诸骑曰："前！"前未到匈奴陈二里所❸，止，令曰："皆下马解鞍！"其骑曰："虏多且近，即有急❹，奈何？"广曰："彼虏以我为走，今皆解鞍以示不走，用坚其意❺。"于是胡骑遂不敢击。有白马将出护其兵❻，李广上马与十余骑奔射杀胡白马将，而复还至其骑中，解鞍，令士皆纵马卧。是时会暮，胡兵终怪之，不敢击。夜半时，胡兵亦以为汉有伏军于旁欲夜取之，胡皆引兵而去。平旦，李广乃归其大军。大军不知广所之，故弗从。

注释

❶中贵人：贵幸的宦官。勒兵：治军。❷纵：放马奔驰。❸所：不定之词，表约数。❹即：假使。❺坚其意：坚定其意（他们以为我们是诱骑）。❻护：监护。

传记叙述此事颇为生动曲折，扣人心弦，令读者紧捏了一把汗，这就如同诸葛孔明玩空城计。假若敌骑冲上来，则李广等人是死路一条。这充分地表现出李广精于骑射与其胆略超群的性格。

二、未央卫尉

李广成名于景帝时期，先后任陇西、北地、雁门、代郡、云中、上郡太守，皆以力战为名。武帝即位时，他已是汉名将。李广由上郡太守调任未央卫尉，官至九卿。

原文三

居久之，孝景崩，武帝立，左右以为广名将也，于是广以上郡太守为未央卫尉而程不识亦为长乐卫尉。程不识故与李广俱以边太守将军屯❶。及出击胡，而广行无部伍行陈❷，就善水草屯，舍止，人人自便，不击刀斗以自卫❸，莫府省约文书籍事❹，然亦远斥候❺，未尝遇害。程不识正部曲行伍营陈，击刀斗，士吏治军簿至明，军不得休息，然亦未尝遇害。不识曰："李广军极简易，然虏卒犯之❻，无以禁也；而其士卒亦佚乐，咸乐为之死。我军虽烦扰，然虏亦不得犯我。"是时汉边郡李广、程不识皆为名将，然匈奴畏李广之略，士卒亦多乐从李广而苦程不识。程不识孝景时以数直谏为大中大夫，为人廉，谨于文法❼。

后汉以马邑城诱单于❽，使大军伏马邑旁谷，而广为骁骑将军，领属护军将军。是时单于觉之，去，汉军皆无功。其后四岁❾，广以卫尉为将军，出雁门击匈奴。匈奴兵多，破败广军，生得广。单于素闻广贤，令曰："得李广必生致之。"胡骑得广，广时伤病，置广两马间，络而盛卧广❿。行十余里，广详死，睨其旁有一胡儿骑善马⓫，广暂腾而上胡儿马⓬，因推堕儿，取其弓，鞭马南驰数十里，复得其余军，因引而入塞。匈奴捕者骑数百追之，广行取胡儿弓，射杀追骑，以故得脱。于是至汉，汉下广吏。吏当广所失亡多⓭，为虏所生得，当斩，赎为庶人。

◎ 注释

❶将军屯：率领军队驻守边地。❷广行无部伍行阵：李广行军，士卒任意而行，不按编制，不成行列。❸击刀斗：打更巡逻。斗，铜制的军用饭锅。❹文书籍事：各种公文案牍之类。❺远斥候：远放哨探。斥候，侦察敌情的士兵。❻卒：通"猝"，突然。❼谨于文法：严格执行规章制度。❽元光二年（前133），汉用王恢之谋，派聂壹引诱匈奴攻马邑，汉伏兵击之，后单于觉之而遁走。事见《匈奴列传》。❾元光六年（前129）。❿用绳结成网兜，让李广躺在里面。⓫睨（nì）：斜眼看。⓬暂腾：突然跃起。⓭当（dàng）：判处。

传记把名将程不识与李广作比较，以突出李广治军简易，而士卒乐以为用。程不识治军严明，劳苦士吏。

元光六年（前129），卫青为车骑将军出击匈奴，李广以卫尉为将军，出雁门击匈奴。匈奴兵多，破败李广军，李广被活捉。李广伤病被擒，仍机智勇敢地逃脱，且射杀追骑，复得余军，引而入塞。李广军所失亡多，且为虏所活捉，当斩，赎为庶人。

原文四

顷之，家居数岁。……居无何，匈奴入杀辽西太守，败韩将军❶，后韩将军徙右北平。于是天子乃召拜广为右北平太守。……

广居右北平，匈奴闻之，号曰"汉之飞将军"，避之数岁，不敢入右北平。

广出猎，见草中石，以为虎而射之，中石没镞❷，视之石也。因复更射之，终不能复入石矣。广所居郡闻有虎，尝自射之。及居右北平射虎，虎腾伤广，广亦竟射杀之。

广廉，得赏赐辄分其麾下，饮食与士共之。终广之身，为二千石四十余年，家无余财，终不言家产事。广为人长❸，猿臂❹，其善射亦天性也，虽其子孙他人学者，莫能及广。广讷口少言❺，与人居则画地为军陈，射阔狭以饮❻。专以射为戏，竟死❼。广之将兵，乏绝之处，见水，士卒不尽饮，广不近水，士卒不尽食，广不尝食。宽缓不苛，士以此爱乐为用。其射，见敌急，非在数十步之内，度不中不发，发即应弦而倒。用此，其将兵数困辱，其射猛兽亦为所伤云。

注释

❶韩将军：韩安国。❷镞（zú）：箭头。❸为人长：身材高大。❹臂像猿臂那样长，因而善射。❺讷（nè）：迟钝。❻比谁射得准。阔狭：射箭点与目标之距离的远近。❼一直到死，即形成习惯而变为性格。

"广出猎，见草中石，以为虎而射之，中石没镞"，这说明敢做能行或出于无知不思，即心专一于某对象，而能成就非常之事。后来，心知石而射之，即有旁心，而形有他事，则不能专心专事，故不能。《列子·黄帝》记载商丘开自高台下跃、入水火皆无害之事，范氏之党以为"有道"。商丘开曰:"吾亡道。虽吾之心,亦不知所以。……吾诚之无二心……唯恐诚之之不至,行之之不成,不知形体之所措,利害之所存也。心一而已。物亡迕(wǔ,违背)者,如斯而已。"① 有道,即有方术,即心有某种动机、目的、方法等,则心不能专一于技术和对象,则不能尽物。诚,即专一,即忘却其他事情而与技术、对象完全相融合,故能充分地发挥自己的技术而尽物尽己。

传文特别突出李广之爱护士卒的品质,故士卒乐为之死,这与古之名将司马穰苴正同。唐代诗人高适《燕歌行》曰:"战士军前半死生,美人帐下犹歌舞。"这表现出士卒与将军之苦乐悬殊的生活,从而严厉批评将军腐败无能,而导致战场上的失败。唐代诗人王昌龄《出塞》曰:"秦时明月汉时关,万里长征人未还。但使龙城飞将在,不教胡马度阴山。""飞将"即代指飞将军李广。"龙城",即代指大将军卫青。卫青曾率领大军直捣匈奴的圣都龙城。

三、从大将军击匈奴

元光二年(前133),马邑之谋被单于识破,一直到元狩四年(前119),汉与匈奴开始了长达十五六年的战争。大将军卫青、霍去病等一大批新晋将领纷纷登场。李广乃是一位老将,早已是声名扬于匈奴。他从属于大将军卫青,参与其间的一系列战争。

原文五

元朔六年,广复为后将军,从大将军军出定襄❶,击匈奴。诸将多中首虏率❷,以功为侯者,而广军无功。后二岁,广以郎中令将四千骑出右北平,博望侯张骞将万骑与广俱,异道。行可数百里,匈奴左贤王将四万骑围广,广军士皆恐,广乃使其子敢往驰之。敢独与数十骑驰,直贯胡骑,出其左右而还,告广曰:"胡虏易与耳❸。"军

---

① 杨伯峻:《列子集释》,中华书局,2012,第60页。

士乃安。广为圆陈外向❹，胡急击之，矢下如雨。汉兵死者过半，汉矢且尽。广乃令士持满毋发，而广身自以大黄射其裨将❺，杀数人，胡虏益解❻。会日暮，吏士皆无人色，而广意气自如，益治军❼。军中自是服其勇也。明日，复力战，而博望侯军亦至，匈奴军乃解去。汉军罢❽，弗能追。是时广军几没，罢归。汉法，博望侯留迟后期，当死，赎为庶人。广军功自如❾，无赏。

初，广之从弟李蔡与广俱事孝文帝。景帝时，蔡积功劳至二千石。孝武帝时，至代相。以元朔五年为轻车将军，从大将军击右贤王，有功中率，封为乐安侯。元狩二年中，代公孙弘为丞相。蔡为人在下中，名声出广下甚远，然广不得爵邑，官不过九卿，而蔡为列侯，位至三公。诸广之军吏及士卒或取封侯。广尝与望气王朔燕语❿，曰："自汉击匈奴，而广未尝不在其中，而诸部校尉以下，才能不及中人，然以击胡军功取侯者数十人，而广不为后人⓫，然无尺寸之功以得封邑者，何也？岂吾相不当侯邪？且固命也？"朔曰："将军自念，岂尝有所恨乎？"广曰："吾尝为陇西守，羌尝反，吾诱而降，降者八百余人，吾诈而同日杀之。至今大恨独此耳。"朔曰："祸莫大于杀已降，此乃将军所以不得侯者也。"

注释

❶大将军：指卫青。❷首虏率：以斩敌首级多少为加官进爵的标准。率，标准。❸易与：容易对付。❹圆陈外向：四面应敌。❺大黄：一种连发的黄色弓箭。❻益解：渐渐散去。❼更加严格地整顿自己的军队。❽罢：通"疲"。❾军功自如：功过相当，即相抵消。❿燕语：闲谈。⓫不为后人：不在人后。

元朔六年（前123），李广任以郎中令从大将军击匈奴，无功。元狩二年（前121），李广以郎中令将四千骑出右北平，博望侯张骞率领万骑与广俱，不同道。行约数百里，匈奴左贤王将四万骑围李广，军士皆恐，面无人色。这是一场以少战多的恶战。开始时，士卒惊惧，李广派其子李敢率领数十骑兵，直贯穿胡骑，出其左右而还，士卒乃安。李广四面迎敌，胡人箭矢如雨，汉兵死者过半。李广意气自如，整顿军队，提振士气，与胡兵相持而力战，士卒皆服其勇。博望侯军赶到，匈奴军乃散去。李广虽无功，但面临四万胡兵的包围，无所畏惧，而与胡兵死战，其精神和勇气可嘉。

传记特叙述李广适逢汉廷对匈奴用兵之时，屡次击匈奴，或无功，或败亡，而未建立大的功业以封侯。李广自以为命不好，善于望气的王朔也如此认为，武帝及将军们也如此认为。司马迁叙述此事，将其打上了神秘之命的烙印。

◎ 原文六

后二岁❶，大将军、骠骑将军大出击匈奴❷，广数自请行。天子以为老，弗许；良久乃许之，以为前将军。是岁，元狩四年也。

广既从大将军青击匈奴，既出塞，青捕虏知单于所居，乃自以精兵走之❸，而令广并于右将军军，出东道。东道少回远❹，而大军行水草少❺，其势不屯行❻。广自请曰："臣部为前将军，今大将军乃徙令臣出东道，且臣结发而与匈奴战，今乃一得当单于，臣愿居前，先死单于❼。"大将军青亦阴受上诫，以为李广老，数奇❽，毋令当单于，恐不得所欲，而是时公孙敖新失侯，为中将军从大将军，大将军亦欲使敖与俱当单于，故徙前将军广。广时知之，固自辞于大将军。大将军不听，令长史封书与广之莫府，曰："急诣部❾，如书。"广不谢大将军而起行，意甚愠怒而就部，引兵与右将军食其合军出东道。军亡导，或失道❿，后大将军。大将军与单于接战，单于遁走，弗能得而还。南绝幕⓫，遇前将军、右将军。广已见大将军，还入军。大将军使长史持糒醪遗广⓬，因问广、食其失道状，青欲上书报天子（失）军曲折⓭。广未对，大将军使长史急责广之幕府对簿。广曰："诸校尉无罪，乃我自失道。吾今自上簿⓮。"

至莫府，广谓其麾下曰："广结发与匈奴大小七十余战，今幸从大将军出接单于兵，而大将军又徙广部行回远，而又迷失道，岂非天

> 哉！且广年六十余矣，终不能复对刀笔之吏。"遂引刀自刭。广军士大夫一军皆哭。百姓闻之，知与不知，无老壮皆为垂涕。而右将军独下吏，当死，赎为庶人。

注释

❶ 元狩四年（前119）。❷ 骠骑将军：指霍去病。❸ 走之：追之。❹ 少：稍微。回：迂回。❺ 大军行：卫青所率主力军队之行军。❻ 主力部队行军，因水草少而不便于驻扎，只能加速，更会使李广的军队落在后面。不屯行：不能停止前进。❼ 先与单于决一死战。❽ 运气坏。奇：不偶，不合。❾ 诣：到。❿ 或：同"惑"。迷惑而走错路。⓫ 绝：横渡。幕：通"漠"。⓬ 糒（bèi）醪（láo）：干饭与浓酒。⓭ 报天子（失）军曲折：向天子报告右将军、前将军失军的具体情况。右将军即赵食（yì）其（jī）。⓮ 上簿：回答质问。

元狩四年（前119），李广约六十六岁，年老，这是他最后一次出击匈奴。卫青、霍去病统率大军最后一次出击匈奴。李广请行，天子一开始不许，后李广一再请求，天子才同意。卫青探知单于所居，自己率领精兵击之，而让李广并于右将军军，出东道。李广认为自己是前将军，要抵挡单于，但卫青不许。李广一再请求，卫青皆不许。李广认为大将军有私心，即大将军带领自己宠幸的中将军公孙敖抵挡单于。公孙敖曾救卫青之命，且公孙敖新失侯，正好有机会在这次交战中建功而封侯。于是，李广愤愤不平，不得已而出东道。大将军与单于相接战，单于遁走而未能捕获。李广等东路军，道路迂远，又迷惑失道，故未能及时赶到，而夹击单于。大将军卫青责备李广，要求他汇报迷惑失道而贻误战机的情况。李广明白，这次战斗，他不仅无功，反而有罪，故愤而自杀。传文叙述此事时，对李广的不幸遭遇寄之以深切的同情，"广军士大夫一军皆哭。百姓闻之，知与不知，无老壮皆为垂涕"，而对天子、大将军的自私行为给予一定的批评。

原文七

太史公曰：《传》曰"其身正，不令而行；其身不正，虽令不从"❶。其李将军之谓也。余睹李将军悛悛如鄙人❷，口不能道辞。及死之日，天下知与不知，皆为尽哀。彼其忠实心诚信于士大夫也？谚曰"桃李不言，下自成蹊"❸。此言虽小，可以谕大也❹。

注释

❶ 出自《论语·子路》。《传》：汉人称解释"五经"的著作叫"传"，称《论语》《孟子》等诸子之书也叫"传"。❷ 悛（xún）悛：通"恂恂"，谨慎诚恳的样子。鄙人：质朴之人。❸ 蹊（xī）：路径。桃李因花实之美，虽无言而人自然地归趋，来往不绝，其下成为路径。比喻人有诚信之美，虽无言而人自然地敬佩且为之感发。❹ 谕：说明。

李广是汉之名将，与匈奴大小战七十余次，匈奴畏之，号之为"飞将军"。李广爱护士卒，士卒尽为之死。他自到身死之日，天下知与不知，皆为其垂泪涕泣。司马迁记录李广一生曲折传奇的遭遇，颂赞李广之名将风范，生动地展现了李广的人格、技艺、勇略等，对其不遇的命运寄寓了深切的同情。明人茅坤曰："李将军于汉，为最名将，而卒无功，故太史公极意摹写淋漓，悲咽可涕。"（《史记钞》）宋人黄震曰："凡看卫、霍传，须合李广看，卫、霍深入二千里，声震华夷，今看其传，不值一钱。李广每战辄北，困踬（zhì）终身，今看其传，英风如在。史氏抑扬予夺之妙，岂常手可望哉？"（《黄氏日钞》）这不免褒贬太过，言过其实。卫青、霍去病深入大漠二千里，声震华夷，岂一钱不值？李广为汉名将，从边郡太守迁为九卿之卫尉、郎中令，不可谓不受武帝信任。但他在数次出击匈奴时，或无功，或败亡，未能中率而封侯，一方面说明汉以斩首论功未必合理，另一方面也表明他命运不顺当。李广的自杀，有卫青出于私意而排挤他的原因，恐也有李广心胸较为狭窄的原因。

第三节　大将军卫青、骠骑将军霍去病

《史记》有《卫将军骠骑列传》。卫青、霍去病是武帝征伐匈奴的主要将帅。他们多次出征匈奴，沉重地打击了匈奴的力量，取得了汉匈战争的决定性胜利。二人俱是外戚，大将军卫青是卫皇后的弟弟，骠骑将军霍去病是卫青的外甥。二人俱是青年将领，受到了年轻有为的武帝提拔和重用。二人俱建立了盖世之功，虽古之名将，不能过也。

一、人奴之生

大将军卫青，约生于公元前159年，"青壮，为侯家骑，从平阳主。建元二年（前139）春，青姊子夫得入宫幸上"，卒于元封五年（前106）。

⊙ 原文一

　　大将军卫青者，平阳人也。其父郑季，为吏，给事平阳侯家，与侯妾卫媪通，生青。青同母兄卫长子，而姊子夫自平阳公主家得幸天子，故冒姓为卫氏。字仲卿。长子更字长君。长君母号为卫媪。媪长女卫孺，次女少儿，次女即子夫。后子夫男弟步广，皆冒卫氏❶。

　　青为侯家人，少时归其父，其父使牧羊。先母之子皆奴畜之❷，不以为兄弟数。青尝从入至甘泉居室，有一钳徒相青曰："贵人也，官至封侯。"青笑曰："人奴之生，得毋笞骂即足矣，安得封侯事乎！"

　　青壮，为侯家骑，从平阳主。建元二年春，青姊子夫得入宫幸上。皇后，堂邑大长公主女也❸，无子，妒。大长公主闻卫子夫幸，有身，妒之，乃使人捕青。青时给事建章，未知名。大长公主执囚青，欲杀之。其友骑郎公孙敖与壮士往篡取之❹，以故得不死。上闻，乃召青为建章监，侍中，及同母昆弟贵，赏赐数日间累千金。孺为太仆公孙贺妻。少儿故与陈掌通，上召贵掌。公孙敖由此益贵。子夫为夫人。青为大中大夫。

◎ 注释

❶ 冒：假称。 ❷ 先母：嫡母。 ❸ 景帝姊长公主。 ❹ 篡：劫夺。

卫媪，即卫青生母。卫媪是平阳主家奴婢。卫媪与郑季私通，而生卫青。卫媪还有长君、卫孺、少儿、子夫、步广几个孩子。卫媪地位卑贱，故其子女也卑贱。《外戚世家》："卫皇后字子夫，生微矣。盖其家号曰卫氏，出平阳侯邑。子夫为平阳主讴者。武帝初即位，数岁无子。平阳主求诸良家子女十余人，饰置家。武帝袚（fú）霸上还，因过平阳主。主见所侍美人。上弗说。既饮，讴者进，上望见，独说卫子夫。是日，武帝起更衣，子夫侍尚衣轩中，得幸。上还坐，欢甚。赐平阳主金千斤。主因奏子夫奉送入宫。子夫上车，平阳主拊其背曰：'行矣，强饭，勉之！即贵，无相忘。'"

卫青是河东郡平阳县（今山西临汾）人，父亲郑季是平阳县的小吏，给事平阳侯曹时家，与侯家的奴婢卫媪私通，生下了卫青。卫青出身卑贱。少年时，他投奔父亲郑季，其父使之牧羊。父亲的其他几个孩子没有把卫青当作兄弟看待，而欺凌他。因此，少年卫青饱尝了人生的屈辱和艰辛；他常年跨马奔驰于黄土高原上放羊，养成了吃苦耐劳的精神，培养了克服困难的坚毅性格，练就了马背上的过硬本领，也形成了自卑谦让的个性。壮年时，他离开郑家，回到平阳侯家，做了平阳主的侍从骑奴。平阳主，即武帝长姐阳信长公主，嫁给平阳侯曹时，故号为平阳主。骑奴的生活比牧羊好了些，但其仍是奴仆地位，侍奉主人，行事格外小心谨慎。骑奴的身份给了他在骑术与舞枪弄棒上训练和展示的机会。建元二年（前139），他因姐姐卫子夫受到武帝的宠幸，而在上林苑建章宫当差。上林苑是武帝开辟的皇家猎苑，其中有许多武艺高超、骑术精湛的青年骑郎，如公孙敖等。他们随年轻的皇帝射熊搏虎，演兵习武。子夫为夫人，卫青为太中大夫，受到武帝的宠幸。后人由此认为卫青是靠裙带关系而受到武帝重用的。卫青精于骑射，具有突出的军事才能，适逢汉廷对匈奴用兵之时，加上外戚的身份，故卫青的生命历程精彩地展开于征讨匈奴的战争中。从元光六年（前129）始，到元狩四年（前119）止，卫青曾七出匈奴，率领诸将征伐，收河南地，直捣龙城，追赶单于数千里，斩首五万余级，建功甚伟，成为西汉解除北方匈奴严重边患的伟大军事家。两千多年来，由于他出身微贱，且以外戚身份为将，又对飞将军李广之死负有一定的责任，故其人及其功绩颇受到贬损。

卫青有两次婚姻，与原配夫人生下三子，他们在襁褓中皆被封为列侯。后卫青奉诏与平阳主结婚。平阳侯曹时有恶疾，即患麻风病，就国隔离养病，故武帝诏卫青娶平阳主。卫青原是平阳侯家的骑奴，从平阳主，因为军功而封为大将军，续娶平阳主。《外戚世家》曰："是时平阳主寡居，当用列侯尚主。主与左右议长安中列侯可为夫者，皆言大将军可。主笑曰：'此出吾家，常使令骑从我出入耳，奈何用为夫乎？'左右侍御者曰：'今大将军姊为皇后，三子为侯，富贵振动天下，主何以易之乎？'于是主乃许之。言之皇后，令白之武帝，乃诏卫将军尚平阳公主焉。"二人从主仆关系变成夫妻。

霍去病或生于公元前145年，"是岁也（元朔六年，前123），大将军姊子霍去病年十八，幸，为天子侍中"[①]。他是卫青的外甥，其母是卫青的姐姐卫少儿，其父是霍仲孺。霍去病卒于元狩六年（前117），享年约二十九岁。封为冠军侯，号骠骑将军。他在短暂的一生中，六次出击匈奴，其四出为将军，斩捕首虏十一万余。等到浑邪王率领数万人投降，霍去病遂开辟河西酒泉之地，西方益少胡寇。他年轻气盛，武艺高强，敢于孤军深入大漠，以寻匈奴的主力展开决战，犹如天助，从没有陷入困境。要之，他是一位敢于力战深入的先锋，与楚汉时的名将黥布相比，他并非一位帅才。

[①] 张大可认为，这是一句插入语，指霍去病十八岁时侍中，非指元朔六年封侯时十八岁，霍去病约生于公元前145年。参见张大可：《史记全本新注（第五册）》，华中科技大学出版社，2020，第1964页。

二、卫青七次出击匈奴

卫青、霍去病皆因为外戚侍中，而得到武帝的宠幸和重用。武帝讨伐匈奴，始以卫青为车骑将军，后以卫青为大将军统率诸位将军。其麾下的将领有：将军公孙贺，他娶了卫青的长姐卫孺为妻；将军李息；将军公孙敖，他与卫青是患难之交，曾救卫青之命；将军李沮；将军李广；将军李蔡，李广的从弟；将军张次公；将军苏建；将军赵信；将军张骞；将军赵食其；将军曹襄；将军韩说；将军郭昌；将军荀彘。骠骑将军霍去病，前几次出击匈奴时皆从大将军，后两次独率大军，其属下将军二人：将军路博德，以及将军赵破奴。

原文二

元光五年，青为车骑将军，击匈奴，出上谷；太仆公孙贺为轻车将军，出云中；大中大夫公孙敖为骑将军，出代郡；卫尉李广为骁骑将军，出雁门：军各万骑。青至龙城❶，斩首虏数百。骑将军敖亡七千骑；卫尉李广为虏所得，得脱归：皆当斩，赎为庶人。贺亦无功。

元朔元年春，卫夫人有男❷，立为皇后。其秋，青为车骑将军，出雁门，三万骑击匈奴，斩首虏数千人。明年，匈奴入杀辽西太守，虏略渔阳二千余人，败韩将军军。汉令将军李息击之，出代；令车骑将军青出云中以西至高阙。遂略河南地，至于陇西，捕首虏数千，畜数十万，走白羊、楼烦王。遂以河南地为朔方郡。以三千八百户封青为长平侯。青校尉苏建有功，以千一百户封建为平陵侯。使建筑朔方城。青校尉张次公有功，封为岸头侯。天子曰："匈奴逆天理，乱人伦，暴长虐老，以盗窃为务，行诈诸蛮夷，造谋藉兵❸，数为边害，故兴师遣将，以征厥罪。《诗》不云乎，'薄伐猃（xiǎn）狁（yǔn），至于太原'，'出车彭彭❹，城彼朔方'。今车骑将军青度西河至高阙，获首虏二千三百级，车辎畜产毕收为卤❺，已封为列侯，遂西定河南地。……益封青三千户。"

🔹 注释

❶龙城：匈奴的圣城，又称龙庭。《匈奴列传》："五月，大会茏（龙）城，祭其先、天地、鬼神。"❷即卫太子刘据。❸从蛮夷借兵而入侵边地。藉：通"借"。❹彭彭：众车声。❺卤（lǔ）：俘获物。

汉初，西汉王朝对匈奴主要采取和亲的政策。但匈奴人逐利，无信，经常侵扰边地，出入于燕、代、上郡、北地、陇西等地，汉廷是被动地防御。元光二年（前133）夏，武帝用大行王恢计谋，诱单于于马邑城下。单于觉之而走，汉军罢兵，王恢"坐首谋不进，下狱死"。从此，汉与匈奴走向征伐。

元光六年（前129），卫青第一次出击匈奴。卫青为车骑将军，击匈奴，出上谷。太仆公孙贺为轻车将军，出云中。公孙贺娶卫青的长姐卫孺，与卫青有亲情。太中大夫公孙敖为骑将军，出代。他与卫青为骑友，对卫青有救命之恩。卫尉李广为骁骑将军，出雁门。他们各率领一万骑兵，击匈奴。卫青直捣龙城，斩首七百余级。

元朔元年（前128）秋，卫青为车骑将军，率领三万骑兵，第二次从雁门出击匈奴，斩杀首虏数千级。

元朔二年（前127），卫青为车骑将军，出云中西至高阙，第三次出击匈奴。定河南地，捕首虏数千级、牲畜几十万头。卫青收复河南地，在此地修筑朔方城。河南地的收复基本上解除了匈奴对西汉都城长安的威胁。朔方城可看作是武帝向匈奴发动一系列战略进攻的奠基之地。卫青被封为长平侯（三千八百户），武帝又"益封青三千户"。

匈奴不甘心失败，对汉边境之进犯变本加厉。元朔三年（前126），匈奴大规模入侵代郡、定襄、上郡、雁门等地，杀略汉数千人。

🔹 原文三

其明年，元朔之五年春，汉令车骑将军青将三万骑，出高阙；卫尉苏建为游击将军，左内史李沮（zǔ）为强弩将军，太仆公孙贺为骑将军,代相李蔡为轻车将军,皆领属车骑将军,俱出朔方;大行李息、岸头侯张次公为将军,出右北平:咸击匈奴。匈奴右贤王当卫青等兵,以为汉兵不能至此,饮醉。汉兵夜至,围右贤王,右贤王惊,夜逃,独与其爱妾一人壮骑数百驰,溃围北去。汉轻骑校尉郭成等逐数百里,不及,得右贤裨王十余人❶,众男女万五千余人,畜数千百万,于是引兵而还。至塞,天子使使者持大将军印,即军中拜车骑将军青为大将军❷,诸将皆以兵属大将军,大将军立号而归❸。天子曰:"大将军青躬率戎士,师大捷,获匈奴王十有余人,益封青六千户。"而封青子伉(kàng)为宜春侯,青子不疑为阴安侯,青子登为发干侯。青固谢曰❹:"臣幸得待罪行间❺,赖陛下神灵,军大捷,皆诸校尉力战之功也。陛下幸已益封臣青。臣青子在襁褓中,未有勤劳,上幸列地封为三侯,非臣待罪行间所以劝士力战之意也。伉等三人何敢受封!"天子曰:"我非忘诸校尉功也,今固且图之。"

注释

❶ 裨(pí)王:小王。❷ 即:就。❸ 立大将军官号而归。❹ 固:再三。❺ 行(háng)间:军中。

元朔五年(前124),卫青任车骑将军,率领三万人从高阙出发,第四次出击匈奴。同时出击匈奴的,还有游击将军苏建、强弩将军李沮、骑将军公孙贺、轻车将军李蔡等,皆隶属车骑将军。卫青率大军出塞六七百里,趁夜突袭包围右贤王的部队。右贤王麻痹大意,饮酒醉,只率领少数人突围而去,大部为汉斩杀或俘获。天子遣使者授予卫青大将军印,而统率各位将军。卫青由此成为西汉最高的军事首领。他功勋卓著,武帝不仅"益封青六千户",而且加封其襁褓中的三子为列侯。跟从卫青出征的将领多被封侯。李广未参加此次战役。

原文四

其明年春，大将军青出定襄，合骑侯敖为中将军，太仆贺为左将军，翕（xī）侯赵信为前将军，卫尉苏建为右将军，郎中令李广为后将军，左内史李沮为强弩将军，咸属大将军，斩首数千级而还。月余，悉复出定襄击匈奴，斩首虏万余人。右将军建、前将军信并军三千余骑，独逢单于兵，与战一日余，汉兵且尽。前将军故胡人，降为翕侯，见急，匈奴诱之，遂将其余骑可八百❶，奔降单于。右将军苏建尽亡其军，独以身得亡去，自归大将军。大将军问其罪正闳、长史安、议郎周霸等❷："建当云何？"霸曰："自大将军出，未尝斩裨将。今建弃军，可斩以明将军之威。"闳、安曰："不然。兵法'小敌之坚，大敌之禽也'❸。今建以数千当单于数万，力战一日余，士尽❹，不敢有二心，自归。自归而斩之，是示后无反意也。不当斩。"大将军曰："青幸得以肺腑待罪行间❺，不患无威，而霸说我以明威，甚失臣意❻。且使臣职虽当斩将，以臣之尊宠而不敢自擅专诛于境外，而具归天子，天子自裁之，于是以见为人臣不敢专权，不亦可乎？"军吏皆曰"善"。遂囚建诣行在所❼。入塞罢兵。

注释

❶可：大约。❷正：军正，官名，掌握军法以正军中。❸小不能当大。❹尽亡其军。❺肺腑：亲戚。❻失臣意：失为臣之意。❼行在所：天子自谓所居曰"行在所"，是时天子盖在外。

元朔六年（前123），大将军第五、六次出定襄击匈奴。第五次出兵，斩敌首数千级。第六次斩杀匈奴一万余人。右将军苏建、前将军赵信并军三千余骑，独逢单于兵，而与之战一日余，汉兵死伤将尽。前将军赵信"奔降单于"，右将军苏建"尽亡其军"，独脱身逃走，而自归大将军。卫青不从儒生周霸之言，即斩苏建以明威，而交给天子处置。这表明卫青作为大将军，并不作威专权，也说明卫青并不执守古之将军"将在军，而君令有所不受"的信条。

原文五

　　元狩四年春，上令大将军青、骠骑将军去病将各五万骑，步兵转者踵军数十万❶，而敢力战深入之士皆属骠骑。骠骑始为出定襄，当单于。捕虏言单于东，乃更令骠骑出代郡❷，令大将军出定襄。郎中令为前将军，太仆为左将军，主爵赵食其为右将军，平阳侯襄为后将军，皆属大将军。兵即度幕，人马凡五万骑，与骠骑等咸击匈奴单于。赵信为单于谋曰："汉兵既度幕，人马罢，匈奴可坐收虏耳❸。"乃悉远北其辎重，皆以精兵待幕北。而适值大将军军出塞千余里，见单于兵陈而待，于是大将军令武刚车自环为营，而纵五千骑往当匈奴。匈奴亦纵可万骑。会日且入，大风起，砂砾击面，两军不相见，汉益纵左右翼绕单于。单于视汉兵多，而士马尚强，战而匈奴不利，薄莫，单于遂乘六骡，壮骑可数百，直冒汉围西北驰去❹。时已昏，汉匈奴相纷拏❺，杀伤大当❻。汉军左校捕虏言单于未昏而去，汉军因发轻骑夜追之，大将军军因随其后。匈奴兵亦散走。迟明，行二百余里，不得单于，颇捕斩首虏万余级，遂至窴（tián）颜山赵信城，得匈奴积粟食军。军留一日而还，悉烧其城余粟以归。

　　大将军之与单于会也，而前将军广、右将军食其军别从东道，或失道❼，后击单于。大将军引还过幕南，乃得前将军、右将军。大将军欲使使归报，令长史簿责前将军广，广自杀。右将军至，下吏，赎为庶人。大将军军入塞，凡斩捕首虏万九千级。

　　是时匈奴众失单于十余日，右谷（lù）蠡（lí）王闻之，自立为单于。单于后得其众，右王乃去单于之号。

注释

❶步兵转者：运送辎重、粮草的步兵。踵：前后相继，络绎不绝。❷武帝欲让骠骑将军直接"当单于"。代郡直指单于大营。大将军出定襄，反遇单于。是时，单于度漠远徙，非故所居也。由此可知，就卫青、霍去病而言，武帝尚有私心，欲霍去病攻击单于而建立功业。❸取汉军人

马,可不费力。❹冒:冲击。❺纷挐(rú):纠缠,纷乱。❻汉与匈奴所杀伤者,大略相当。❼迷惑失路。

元狩四年(前119)春天,武帝命大将军卫青、骠骑将军霍去病各率领五万骑兵,深入漠北,进攻匈奴单于。这是卫青第七次出击匈奴。卫青率军从定襄出发,适逢单于。单于已将粮草辎重北迁,集结精锐部队,以逸待劳,对阵汉军。卫青以武钢车阵作为营垒,派五千骑兵冲击匈奴军阵,匈奴以一万骑兵迎战。当时,两军激战到黄昏,大风裹挟着沙石打在士兵的脸上,彼此皆看不清对方,相互混战搏击。卫青又派骑兵从两翼包抄单于。单于视汉兵众多,而士马尚强,继续交战对匈奴不利,故于薄暮时分,单于遂乘六骡,率壮骑约数百,直冲击汉围而向西北驰去。卫青立即派轻骑连夜追击单于,自己则率军随其后。匈奴兵四散逃亡。到了黎明,汉军轻骑已追赶了二百余里,未追到单于。卫青到达赵信城,得匈奴积粟而食军。军留一日而还,焚毁其城全部余粟而归。

此战,卫青、霍去病带领大军大规模出击匈奴,围单于,所杀虏八九万人,而汉士卒亡故者亦数万,汉马死者十余万。匈奴虽病,远去,而汉亦马少,无以往复。匈奴用赵信之计,遣使于汉,美言好辞请和亲。天子请群臣议,或言和亲,或言遂臣之。是后,匈奴远遁,而漠南无王庭。此战基本上解除了汉廷以北的匈奴边患。汉渡过黄河,自朔方以西至令居,往往通渠置田,有官吏士卒五六万人,逐渐蚕食,而地接匈奴以北。

三、霍去病六次出击匈奴

霍去病在其短暂的一生中,六次出击匈奴,其四出为将军,斩捕首虏十一万余级。等到浑邪王率领数万人投降,霍去病遂开辟河西酒泉之地。四益封,共一万五千一百户。

元朔六年(前123),卫青第五、六次出击匈奴。霍去病从卫青第一、二次出击匈奴。

是岁也，大将军姊子霍去病年十八，幸，为天子侍中。善骑射，再从大将军，受诏与壮士，为剽姚校尉，与轻勇骑八百直弃大军数百里赴利，斩捕首虏过当。于是天子曰："剽姚校尉去病斩首虏二千二十八级，及相国、当户，斩单于大父行籍若侯产，生捕季父罗姑比，再冠军，以千六百户封去病为冠军侯。上谷太守郝贤四从大将军，捕斩首虏二千余人，以千一百户封贤为众利侯。"是岁，失两将军军，亡翕侯，军功不多，故大将军不益封。右将军建至，天子不诛，赦其罪，赎为庶人。

霍去病二十多岁，为剽姚校尉，年轻气盛，武艺高强，率领八百人的先锋队，离开大军几百里而追逐匈奴，斩获甚多，被武帝封为冠军侯。冠军，即列于诸军之首之前。

⊙ 原文六

冠军侯去病既侯三岁，元狩二年春，以冠军侯去病为骠骑将军❶，将万骑出陇西，有功。天子曰："骠骑将军率戎士逾乌盩（lì），讨遫（sù）濮（pú），涉狐奴，历五王国，辎重人众慑慴者弗取❷，冀获单于子。转战六日，过焉支山千有余里，合短兵，杀折兰王，斩卢胡王，诛全甲，执浑邪王子及相国、都尉，首虏八千余级，收休屠祭天金人，益封去病二千户。"

其夏，骠骑将军与合骑侯敖俱出北地，异道；博望侯张骞、郎中令李广俱出右北平，异道：皆击匈奴。郎中令将四千骑先至，博望侯将万骑在后至。匈奴左贤王将数万骑围郎中令，郎中令与战二日，死者过半，所杀亦过当。博望侯至，匈奴兵引去。博望侯坐行留，当斩，赎为庶人。而骠骑将军出北地，已遂深入，与合骑侯失道，不相得，骠骑将军逾居延至祁连山，捕首虏甚多。……合骑侯敖坐行留不与骠骑会，当斩，赎为庶人。诸宿将所将士马兵亦不如骠骑，骠骑所将常选❸，然亦敢深入，常与壮骑先其大（将）军，军亦有天幸，未尝困绝也。然而诸宿将常坐留落不遇❹。由此骠骑日以亲贵，比大将军。

其秋，单于怒浑邪王居西方数为汉所破，亡数万人，以骠骑之兵也。单于怒，欲召诛浑邪王。浑邪王与休屠王等谋欲降汉，使人先要边❺。是时大行李息将城河上❻，得浑邪王使，即驰传以闻。天子闻之，于是恐其以诈降而袭边，乃令骠骑将军将兵往迎之。骠骑既渡河，与浑邪王众相望。浑邪王裨将见汉军而多欲不降者，颇遁去。骠骑乃驰入与浑邪王相见，斩其欲亡者八千人，遂独遣浑邪王乘传先诣行在所，尽将其众渡河，降者数万，号称十万。既至长安，天子所以赏赐者数十巨万。……于是天子嘉骠骑之功曰："骠骑将军去病率师攻匈奴西域王浑邪，王及厥众萌咸相奔❼，率以军粮接食，并将控弦万有余人，诛獟駻❽，获首虏八千余级，降异国之王三十二人，战士不离伤❾，十万之众咸怀集服❿，仍与之劳，爰及河塞，庶几无患，幸既永绥矣⓫。以千七百户益封骠骑将军。"减陇西、北平、上郡戍卒之半，以宽天下之徭。

注释

❶《汉书》云："霍去病征匈奴，有绝幕之勋，始置骠骑将军，位在三司，品秩同大将军。"❷慑慴（shè）：恐惧。❸选：选择猛将精兵。❹留落：留滞遗落。不遇：不偶合。❺先要边：先于边境要候汉人，言其欲降。❻将城河上：率兵于河上筑城。❼众萌：众民。萌，通"氓"，即民。❽獟（xiāo）駻：狂暴凶悍者，即上文"斩其欲亡者八千人"。❾离：遭遇。❿集：通"辑"，和平。⓫绥（suí）：安宁。

　　元狩二年（前121），霍去病三出陇西，击匈奴，大将军卫青未出征。其春，霍去病为骠骑将军，率领一万余骑兵，出陇西，斩首虏八千余级。其夏，骠骑将军与合骑侯公孙敖俱出北地，不同道。骠骑将军深入匈奴腹地，越过居延海直达祁连山，斩获甚多。其秋，骠骑将军成功地受降浑邪王部，且平定匈奴的内乱，斩欲亡者八千人。河西之战胜利后，西汉王朝在河西设置酒泉、张掖、敦煌、武威四郡，控制了通往西域的咽喉，而塞外并黄河诸郡无忧患。骠骑将军在河西战役中取得了重大的胜利，建立了不朽的功勋。

原文七

元狩四年春,上令大将军青、骠骑将军去病将各五万骑,步兵转者踵军数十万,而敢力战深入之士皆属骠骑。……

骠骑将军亦将五万骑,车重与大将军军等,而无裨将。悉以李敢等为大校,当裨将,出代、右北平千余里,直左方兵❶,所斩捕功已多大将军。军既还,天子曰:"骠骑将军去病率师,躬将所获荤粥之士❷,约轻赍(jī)❸,绝大幕,涉获章渠,以诛比车耆,转击左大将,斩获旗鼓,历涉离侯。济弓闾,获屯头王、韩王等三人,将军、相国、当户、都尉八十三人,封狼居胥山❹,禅于姑衍❺,登临翰海❻。执卤获丑七万有四百四十三级,师率减什三,取食于敌,逴行殊远而粮不绝❼,以五千八百户益封骠骑将军。"……而大将军不得益封,军吏卒皆无封侯者。

注释

❶ 直:同"值",遇。❷ 荤(xūn)粥(yù):匈奴之别名。❸ 简约辎重,轻车前进。❹ 封:积土为坛于山上,以祭天。❺ 禅(shàn):祭地曰禅。❻ 翰海:大漠之别名。❼ 逴:通"卓",远。

元狩四年(前119)春天,武帝命大将军卫青、骠骑将军霍去病各率领五万骑兵进攻匈奴单于。卫青率军从定襄出发,适逢单于。

霍去病深入大漠,虽未遇单于,然斩获甚多,建立赫赫战功,尤其是封狼居胥山,祭天以告成功,留下千古佳话。《匈奴列传》:"汉骠骑将军之出代二千余里,与左贤王接战,汉兵得胡首虏凡七万余级,左贤王将皆遁走。骠骑封于狼居胥山,禅姑衍,临翰海而还。"

原文八

两军之出塞,塞阅官及私马凡十四万匹,而复入塞者不满三万匹。乃益置大司马位,大将军、骠骑将军皆为大司马❶。定令,令骠骑将军秩禄与大将军等。自是之后,大将军青日退,而骠骑日益贵。

举大将军故人门下多去事骠骑，辄得官爵，唯任安不肯❷。

骠骑将军为人少言不泄❸，有气敢任❹。天子尝欲教之孙吴兵法，对曰："顾方略何如耳❺，不至学古兵法。"天子为治第❻，令骠骑视之，对曰："匈奴未灭，无以家为也。"由此上益重爱之。然少而侍中，贵，不省士❼。其从军，天子为遣太官赍数十乘❽，既还，重车余弃粱肉，而士有饥者。其在塞外，卒乏粮，或不能自振，而骠骑尚穿域蹋鞠❾。事多此类。大将军为人仁善退让，以和柔自媚于上，然天下未有称也。

骠骑将军自四年军后三年，元狩六年而卒❿。天子悼之，发属国玄甲军，陈自长安至茂陵，为冢象祁连山。谥之，并武与广地曰景桓侯。……

自大将军围单于之后十四年而卒⓫。竟不复击匈奴者，以汉马少，而方南诛两越，东伐朝鲜，击羌、西南夷，以故久不伐胡。

注释

❶ 本无大司马，今新置。卫青、霍去病皆加此官。❷ 任安：字少卿，荥阳人，为益州刺史，司马迁有《报任少卿书》。❸ 少言不泄：质重少言，胆气在中。或曰：沉默寡言，不轻易泄露他人的话。❹ 胆气豪壮，果敢任气。项羽亦是"力拔山兮气盖世"，豪气逼人，任意挥洒。❺ 不学古之兵法，但知方术而心兵意匠，不同于赵括学古兵法而墨守成规，胶柱鼓瑟。❻ 治第：兴建房舍。❼ 省（xǐng）士：体恤士卒。省，顾惜。❽ 太官：主膳食之官。赍（jī）：持物。❾ 穿域蹋鞠（jū）：穿地为球场，而踢皮球。鞠，古代的一种用皮革制成的皮球。❿ 元狩六年：公元前117年。⓫ 元封五年：公元前106年。

传文描写了霍去病的个性，"少言不泄，有气敢任"。武帝为霍去病治房舍，对曰"匈奴未灭，无以家为也"，表明霍去病先国家之急而后私人家业。但是，霍去病少而侍中，地位尊贵，不能体会下层民众的疾苦，作为将军而不体恤士卒，与司马穰苴、李广等截然不同。传文叙述霍去病出击匈奴，天子专门为他配备太官且装载数十乘粱肉。士卒有饥者，而霍去病丢弃粱肉；士卒劳苦，而霍去病穿地为球场，踢皮球为游戏。元狩六年，即公元前117年，霍去病病逝，天子甚哀悼，"为冢象祁连山"，祁连山即天山。霍去病曾率领大军过祁连山，谥为景侯，即"布义行刚曰景，辟土服远曰桓"。元封五年，即公元前106年，卫青去世。一代将星陨落，武帝也年老，不再有征伐匈奴的雄心壮志了。

原文九

太史公曰：苏建语余曰："吾尝责大将军至尊重，而天下之贤大夫毋称焉❶，愿将军观古名将所招选择贤者，勉之哉。大将军谢曰：'自魏其、武安之厚宾客，天子常切齿。彼亲附士大夫，招贤绌不肖者❷，人主之柄也。人臣奉法遵职而已，何与招士❸！'"骠骑亦放此意❹，其为将如此。

注释

❶ 不为天下的贤士大夫所称誉。❷ 绌：通"黜"，贬斥。❸ 与：参与。❹ 放（fǎng）：仿效。

司马迁批评卫青、霍去病不能招贤进士。学人或认为卫青能招士，例如汲黯为揖客，大将军贤之，又"进言田仁为郎中，言减宣于上为大厩丞，言主父偃于上，为上言郭解不中徙茂陵"，但所招之士，不皆贤耳。或认为大将军能知时变以保其禄位，武帝雄猜，拔擢一人，必欲恩自己出，丞相犹不敢荐士，何况为将军而握兵者乎！《报任少卿书》中，任安责备司马迁不能推贤进士。司马迁说："曩者辱赐书，教以顺于接物，推贤进士为务。意气勤勤恳恳，若望仆不相师用，而用流俗人之言，仆非敢如是也。"司马迁特重视丞相、大将军之推贤进士。《韩长孺列传》记录韩安国的事迹。韩安国官至御史大夫，司马迁称颂之，一是因为安国对于匈奴力主和亲，二是因为安国善于推举贤士，"所推举皆廉士，贤于己者也。于梁举壶遂、臧固、郅他，皆天下名士，士亦以此称慕之，唯天子以为国器"。

卫青之为人风格，是"顾大局，能谦虚"，平易随和，谨言慎行，奉法尊职。从消极的角度看，这是"圆滑"，逢迎主上，"以和柔自媚于上"。但从积极的角度说，他既不因为战功卓著而轻狂自大，也不因为身为皇亲、位极人臣而骄横跋扈，而是始终小心谨慎，"为人仁善退让"；他能知进退，且劳苦不怨。

卫青曾先后七次出击匈奴，后几次皆作为大将军，统率其他将军，"每出辄有功"，共计斩杀、俘虏敌人五万余人。霍去病曾六次出击匈奴，斩获首虏十一万余级。他们为平定匈奴边患，保卫华夏地区的核心农耕文明圈，巩固西汉王朝的统一，作出了极为重大的贡献。通过卫青、霍去病等人的出生入死、浴血奋战，汉军基本上摧毁了匈奴赖以发动骚扰战争的军事实力，使匈奴再也无力对汉王朝构成重要的军事威胁，"匈奴远遁，而幕南无王庭"。匈奴失去了水草丰盛、气候温和的河南、阴山与河西，远徙漠北苦寒之地，人畜锐减，从此开始走向衰落。由此可见，卫青、霍去病的成功，并不仅是靠他们与武帝的裙带关系，也是凭借他们杰出的军事才能与不畏艰苦的牺牲精神，不能认为他们所取得的胜利是出于幸运，如王维《老将行》所谓"卫青不败由天幸，李广无功因数奇"。

《淮南衡山列传》记载了淮南王刘安与其谋士伍被谈论大将军卫青的一段话：

> 王又谓被曰："山东即有兵，汉必使大将军将而制山东，公以为大将军何如人也？"被曰："被所善者黄义，从大将军击匈奴，还，告被曰：'大将军遇士大夫有礼，于士卒有恩，众皆乐为之用。骑上下山若蜚，材干绝人。'被以为材能如此，数将习兵，未易当也。及谒者曹梁使长安来，言大将军号令明，当敌勇敢，常为士卒先。休舍，穿井未通，须士卒尽得水，乃敢饮。军罢，卒尽已度河，乃度。皇太后所赐金帛，尽以赐军吏，虽古名将弗过也。"王默然。

此出自伍被的自首书。伍被之言大将军，或多有夸饰，而乞求怜之。《史记会注考证》引中井积德之言曰："此亦乞怜于大将军者，当时恶有是等语哉。且大将军之才良未必至于此。"

司马迁肯定了卫青、霍去病攻击匈奴的功绩，但也批评他们是以外戚的身份得到武帝的宠幸，且"以和柔自媚于上"，没有司马穰苴等古之名将"将在军，而君令有所不受"的独立风范。司马迁也批评他们贵不省事、不爱士卒，与李广形成鲜明的对比；且认为他们之所以获得重大的胜利，可能也有天幸的成分，这与李广之数奇形成对比。司马迁特指出霍去病"匈奴未灭，无以家为也"之言背后的奢侈和骄横，从而大大地减损了霍去病的良好形象；也指出武帝在对匈奴用兵时浪费了大量的财力、物力、人力，但建功不深；认为对匈奴用兵，乃是部分将领追求一时的权宠，不能参知汉廷与匈奴彼此的利益，故奋气，以中国之广大，而发动了历时弥久、损耗巨大的战争，汉廷与匈奴两败俱伤。

《匈奴列传》：

太史公曰：孔氏著《春秋》，隐、桓之间则章，至定、哀之际则微，为其切当世之文而罔褒，忌讳之辞也。世俗之言匈奴者，患其徼（jiǎo，求）一时之权，而务谄纳其说，以便偏指，不参彼己；将率席中国广大，气奋，人主因以决策，是以建功不深。尧虽贤，兴事业不成，得禹而九州宁。且欲兴圣统，唯在择任将相哉！唯在择任将相哉！

仲尼著《春秋》，不切论当世之事，故微其辞，是因为忌讳当代。罔，无。罔褒，即不显褒贬。既有所褒，就不能无贬，故褒贬皆不敢。褒有可能虚美、隐恶，而有谀之讥；贬有损亲亲、尊尊之义，且危身。罔褒，是不显褒贬，但非无褒贬，只是出于微言。

这段文字的含义曲折隐晦。一是批评大臣求一时之权宠，而谄媚游说武帝，且游说之辞偏于一端，而不能基于汉廷与匈奴两个方面予以概观。因此，将相皆"席中国之大"，奋一时之气，对匈奴用兵长达十七八年，建功不深，两败俱伤。二是隐微地批评武帝听从将相的谄媚之说，而用兵于匈奴；表面上以尧任用禹来说明天子选择将相的重要性，实际上暗指天子不明，所谓贤者不贤，智者不智。要之，司马迁对武帝及其将相常年用兵于匈奴是不赞成的。正是武帝的好大喜功，使得西汉盛极而衰。《平准书》："及王恢设谋马邑，匈奴绝和亲，侵扰北边，兵连而不解，天下苦其劳，而干戈日滋。行者赍，居者送，中外骚扰而相奉，百姓抏弊以巧法，财赂衰耗而不赡。入物者补官，出货者除罪，选举陵迟，廉耻相冒，武力进用，法严令具。兴利之臣自此始也。"徐复观说："武帝因席丰履厚而生侈泰之心；因侈泰之心而生穷兵黩武之念；因穷兵黩武而大量消耗国家社会的资材；因大量消耗国家的资材而讲求各种特殊的财经措施；因特殊的财经措施而破坏了政治社会的正常结构；因破坏了政治社会的正常结构而民不聊生，引起山东的盗贼蜂起，便不能不倚赖严刑峻罚的酷吏之治、屠杀之政。"①

---

① 徐复观：《两汉思想史（第三卷）》，华东师范大学出版社，2001，第230页。

/ 第六章 /

"士为知己者死"
—— 刺客、游侠的传记

《史记》有《刺客列传》《游侠列传》两篇。《刺客列传》叙述了曹沫、专诸、豫让、聂政、荆轲五人的事迹。这五人是春秋战国人。"荆轲刺秦王"的故事是《刺客列传》的主体部分,其他四人的传记虽有独立的价值,也有烘托荆轲事迹的意义。刺客是主人所豢养或知遇的死士,他们采取暴力的手段来威劫或刺杀仇家,所谓"士为知己者死"。他们是天下第一等激烈之人,其事迹也是天下第一等激烈之事,富有传奇色彩,可歌可泣。《游侠列传》所传的游侠朱家、郭解是汉代人。游侠急人之难,舍己为人,以暴力的手段为人报仇,解除他人的纷难,救他人于困厄中。他们言必行,行必果,不爱其身。他们的行为虽不合于法规禁令,但能反抗社会政治的邪恶,而伸张正义。与刺客不同,游侠不为特定的主人所豢养。

▌ 第一节 刺客专诸、豫让、聂政

《太史公自序》:"曹子匕首,鲁获其田,齐明其信;豫让义不为二心。作《刺客列传》第二十六。"司马迁按时间顺序叙述了曹沫、专诸、豫让、聂政、荆轲的传奇故事。清人李景星曰:"《刺客传》共载五人:一曹沫,二专诸,三豫让,四聂政,五荆轲。此五人者,在天地间别具一种激烈性情,故太史公汇归一处,别成一种

激烈文字。文用阶级法，一步高一步，刺君、刺相，至于刺不可一世之王者，刺客之能事尽矣。是以篇中叙次，于最后荆轲一传独加详焉。"（《史记评议》）五人的传记，逐次加详，荆轲的传记是主体部分。

一、刺客曹沫

曹沫，鲁将，在柯之盟会上执匕首劫持齐桓公归还侵鲁之地。

❀ 原文一

曹沫者，鲁人也，以勇力事鲁庄公。庄公好力❶。曹沫为鲁将，与齐战，三败北❷。鲁庄公惧，乃献遂邑之地以和❸。犹复以为将。

齐桓公许与鲁会于柯而盟❹。桓公与庄公既盟于坛上，曹沫执匕首劫齐桓公❺，桓公左右莫敢动，而问曰："子将何欲？"曹沫曰："齐强鲁弱，而大国侵鲁亦甚矣。今鲁城坏即压齐境❻，君其图之。"桓公乃许尽归鲁之侵地。既已言，曹沫投其匕首❼，下坛，北面就群臣之位，颜色不变，辞令如故。桓公怒，欲倍其约❽。管仲曰："不可。夫贪小利以自快，弃信于诸侯，失天下之援，不如与之。"于是桓公乃遂割鲁侵地，曹沫三战所亡地尽复予鲁。

❀ 注释

❶好力：好勇，好斗。❷三战三败。❸遂：小国名，鲁之附庸。❹柯：齐之柯邑。❺劫：挟持，威逼。❻鲁之城墙倒塌，就会压到齐国的边境，即齐之境深入，已逼近鲁城。❼投：掷。❽倍：通"背"。

曹沫是鲁将，鲁庄公很信任他。曹沫与齐战，三战皆败，亡失土地，庄公仍以之为将。齐桓公与鲁庄公于柯盟会。曹沫以匕首劫持桓公，逼迫他归还所侵夺的鲁国土地。这一方面表现士为知己者用的刺客精神，另一方面也表现刺客复仇时无所畏惧、视死如归、坚强不屈的品格。

二、刺客专诸

专诸，吴人。伍子胥欲借公子光报父兄之仇，而进专诸。专诸刺杀吴王僚，公子光立为王，是为吴王阖庐（又称"阖闾"）。阖闾出兵攻楚，入郢都。伍子胥掘出楚平王尸，鞭之三百，以报仇雪恨。

《史记》有《伍子胥列传》。伍子胥，楚人，名员。其父曰伍奢，其兄曰伍尚。楚平王有太子名曰建，伍奢为太傅，费无忌为少傅。费无忌不忠于太子建。平王令无忌为太子娶妇于秦，秦女美好，无忌驰归而报平王曰："秦女绝美，王可自取，而更为太子取妇。"平王遂自娶秦女而绝爱幸之，生子轸。无忌"既以秦女自媚于平王"，就离开太子而事平王。他担心一旦平王卒而太子即位，会杀己，于是谗害太子建。建母，蔡女也，无宠于平王。平王渐渐地疏远太子建，"使建守城父，备边兵"。顷之，无忌又在平王跟前日夜说太子的坏话："太子以秦女之故，不能无怨望，愿王少自备也。自太子居城父，将兵，外交诸侯，且欲入为乱矣。"平王于是召其太傅伍奢查问之。伍奢知无忌谗害太子，因曰："王独奈何以谗贼小臣疏骨肉之亲乎？"无忌曰："王今不制，其事成矣。王且见禽。"于是平王怒而囚伍奢，派城父司马奋扬去杀太子。行未至，奋扬遣人先告之于太子："太子急去，不然将诛。"太子建逃往宋。无忌对平王说："伍奢有二子，皆贤，不诛且为楚忧。可以其父质而召之，不然且为楚患。"王遣使者谓伍奢曰："能致汝二子则生，不能则死。"伍奢曰："尚为人仁，呼必来。员为人刚戾忍诟，能成大事，彼见来之并禽，其势必不来。"王不听，使人召二子曰："来，吾生汝父；不来，今杀奢也。"伍尚往，伍员逃往吴，楚平王杀伍奢及伍尚。

原文二

专诸者，吴堂邑人也。伍子胥之亡楚而如吴也❶，知专诸之能。伍子胥既见吴王僚，说以伐楚之利。吴公子光曰："彼伍员父兄皆死于楚而员言伐楚，欲自为报私仇也，非能为吴。"吴王乃止。伍子胥知公子光之欲杀吴王僚，乃曰："彼光将有内志❷，未可说以外事❸。"乃进专诸于公子光。

光之父曰吴王诸樊。诸樊弟三人：次曰余祭（zhài），次曰夷眜（mò），次曰季子札。诸樊知季子札贤而不立太子，以次传三弟❹，欲卒致国于季子札。诸樊既死，传余祭。余祭死，传夷眜。夷眜死，当传季子札；季子札逃不肯立，吴人乃立夷眜之子僚为王。公子光曰："使以兄弟次邪，季子当立；必以子乎，则光真适嗣❺，当立。"故尝阴养谋臣以求立❻。

光既得专诸，善客待之❼。九年而楚平王死。春，吴王僚欲因楚丧，使其二弟公子盖余、属庸将兵围楚之灊；使延陵季子于晋，以观诸侯之变❽。楚发兵绝吴将盖余、属庸路，吴兵不得还。于是公子光谓专诸曰："此时不可失，不求何获！且光真王嗣，当立，季子虽来，不吾废也。"专诸曰："王僚可杀也。母老子弱，而两弟将兵伐楚，楚绝其后。方今吴外困于楚，而内空无骨鲠之臣❾，是无如我何。"公子光顿首曰❿："光之身，子之身也⓫。"

四月丙子，光伏甲士于窟室中⓬，而具酒请王僚⓭。王僚使兵陈自宫至光之家，门户阶陛左右⓮，皆王僚之亲戚也⓯。夹立侍，皆持长铍⓰。酒既酣，公子光详为足疾⓱，入窟室中，使专诸置匕首鱼炙之腹中而进之⓲。既至王前，专诸擘鱼⓳，因以匕首刺王僚，王僚立死。左右亦杀专诸，王人扰乱。公子光出其伏甲以攻王僚之徒，尽灭之，遂自立为王，是为阖闾，阖闾乃封专诸之子以为上卿。

注释

❶如：到。❷内志：在国内夺取王位的志向。❸外事：伐楚等对诸侯用兵之事。❹依照兄弟次序把王位传递下去。❺适嗣：正妻生的长子。适，通"嫡"。❻阴养：秘密供养。❼以主客之礼相待。❽变：反应。❾骨鲠（gěng）之臣：刚直敢言的忠臣。❿顿首：以头叩地。⓫你的家事一概由我负责。⓬甲士：身穿铠甲的武士。窟室：地下室。⓭具：备办。⓮阶陛：台阶。⓯亲戚：亲信。⓰铍（pī）：两边皆有锋刃的刀。⓱详

为足疾：假装脚有毛病。详，通"佯"。⓲鱼炙：烤熟的整条鱼。⓳擘（bāi）：掰开。

公子光以主客之礼善待刺客专诸，前后共有九年。吴王僚因楚丧而伐楚，两弟将兵在外而被楚兵围困，国内空虚。公子光与专诸皆认为这是刺杀吴王的有利时机。传文着力渲染吴王僚之兵盛及其守备之严，以见出专诸刺杀之事的巧妙。专诸把有毒的匕首放在整条烤熟的鱼腹中，而假装佣人进之，掰开鱼，则见匕首，专诸立即以匕首刺向吴王僚。吴王僚即死，左右杀专诸，一众随从人员惊扰不堪。公子光乘机出甲士尽灭吴王僚之徒。这与荆轲把匕首置于卷起的地图中有异曲同工之妙。专诸以一死报公子光的知遇之恩，公子光自立为王，封专诸之子为上卿，而善待之。

三、刺客豫让

豫让，晋人。晋贵族智伯"国士遇之"，豫让"国士报之"。他漆身为厉，吞炭为哑，使自己的外形不可辨认，而欲刺杀赵襄子。卒不成，豫让伏剑自杀，以报智伯。

◎ 原文三

豫让者，晋人也，故尝事范氏及中行氏❶，而无所知名。去而事智伯，智伯甚尊宠之。及智伯伐赵襄子，赵襄子与韩、魏合谋灭智伯，灭智伯之后而三分其地。赵襄子最怨智伯，漆其头以为饮器❷。豫让遁逃山中，曰："嗟乎！士为知己者死，女为说己者容❸。今智伯知我，我必为报仇而死，以报智伯，则吾魂魄不愧矣。"乃变名姓为刑人❹，入宫涂厕❺，中挟匕首，欲以刺襄子。襄子如厕，心动，执问涂厕之刑人，则豫让，内持刀兵，曰："欲为智伯报仇！"左右欲诛之。襄子曰："彼义人也，吾谨避之耳。且智伯亡无后，而其臣欲为报仇，此天下之贤人也。"卒释去之❻。

注释

❶ 春秋末期，晋国君主的权力下落，国家政事被智、赵、韩、魏、范、中行六家贵族所把持。❷ 赵襄子把智伯的头盖骨涂上漆，以作为尿壶。❸ 这二句为成语。容：修饰打扮。❹ 刑人：被判刑服役的人。❺ 涂厕：以泥涂抹厕所的墙。❻ 最终把豫让放走了。

"士为知己者死，女为说己者容"，豫让为智伯所知遇。智伯被赵襄子等诛杀，故豫让要为智伯报仇。他"变名姓为刑人"，入赵襄子家的厕所涂墙，以便乘机刺杀赵襄子。赵襄子如厕，心惊动，执问涂厕之刑人，乃豫让；知其为智伯复仇，嘉其义，而放走他。《张耳陈余列传》记载，汉八年，高祖过赵，赵相贯高等欲谋杀之，乃把刺客置于厕所带夹层的墙壁中。高祖上厕所，忽然心动，故立即离去。心动，即心惊动恐怕有不测之灾。

原文四

居顷之，豫让又漆身为厉❶，吞炭为哑❷，使形状不可知，行乞于市。其妻不识也。行见其友，其友识之，曰："汝非豫让邪？"曰："我是也。"其友为泣曰："以子之才，委质而臣事襄子❸，襄子必近幸子。近幸子，乃为所欲，顾不易邪❹？何乃残身苦形，欲以求报襄子，不亦难乎！"豫让曰："既已委质臣事人，而求杀之，是怀二心以事其君也。且吾所为者极难耳！然所以为此者，将以愧天下后世之为人臣怀二心以事其君者也❺。"

既去，顷之，襄子当出，豫让伏于所当过之桥下。襄子至桥，马惊，襄子曰："此必是豫让也。"使人问之，果豫让也。于是襄子乃数豫让曰❻："子不尝事范、中行氏乎？智伯尽灭之，而子不为报仇，而反委质臣于智伯。智伯亦已死矣，而子独何以为之报仇之深也？"豫让曰："臣事范、中行氏，范、中行氏皆众人遇我❼，我故众人报之。至于智伯，国士遇我❽，我故国士报之。"襄子喟然叹息而泣曰："嗟乎豫子！子之为智伯，名既成矣，而寡人赦子，亦已足矣❾。

子其自为计，寡人不复释子！"使兵围之。豫让曰："臣闻明主不掩人之美，而忠臣有死名之义。前君已宽赦臣，天下莫不称君之贤，今日之事，臣固伏诛❿，然愿请君之衣而击之，焉以致报仇之意⓫，则虽死不恨。非所敢望也，敢布腹心⓬！"于是襄子大义之，乃使使持衣与豫让。豫让拔剑三跃而击之，曰："吾可以下报智伯矣！"遂伏剑自杀。死之日，赵国志士闻之，皆为涕泣。

注释

❶漆身为厉（lài）：以漆涂身，使肌肤肿烂，而患癞病。厉，通"癞"，癞疮。❷吞炭而使声音变得嘶哑。❸委质：犹言"托身"。❹难道还不容易吗？❺宁为厉而自刑，不可求事襄子而行杀，以伤人臣之义，且近贼非忠。钱钟书《管锥编》："按盖不肯诈降也。其严于名义，异于以屈节为从权后图者。"①❻数：列罪而责之。❼众人遇我：把我当成一般人对待。❽国士遇我：把我当成国士对待。国士，国之俊才。❾上次赦免你，这次不可。❿伏诛：服罪受诛。⓫焉：因。⓴布腹心：讲出心里话。

　　豫让为智伯复仇，可贵者有二：一是智伯已死，豫让是自愿为智伯复仇；二是豫让的复仇是以残身苦形为代价的。豫让为智伯向赵襄子复仇，开始是作为刑人，到赵襄子的家中修整厕所，准备寻找机会刺杀赵襄子，卒不成。此计策出人意外。豫让又漆身为厉，吞炭为哑，连妻子都认不出他，而行乞于市。他再次刺杀赵襄子，不成而自杀。豫让的事迹所表现的意义略有两个方面：一是士为知己者死，豫让的名言是"国士遇我，我故国士报之"；二是"义不为二心"，即不肯通过诈降的手段来复仇，与以屈求伸（以屈节为从权后图者）不同，这是豫让严于名义的表现。

---

① 钱钟书：《管锥编（一）》，生活·读书·新知三联书店，2007，第527页。

四、刺客聂政

聂政，魏人，杀人而避仇，与母及姊至齐，以屠狗为事。他为严仲子向韩相侠累复仇。他刺杀侠累后，自剥面皮，自挖双目，自屠出肠而死，非常惨烈。其姊聂荣欲扬弟弟之名，不怕牵连，痛哭于弟弟的尸首旁，卒气绝身亡。

原文五

聂政者，轵深井里人也❶。杀人避仇，与母、姊如齐，以屠为事。

久之，濮阳严仲子事韩哀侯，与韩相侠累有郤❷。严仲子恐诛，亡去，游求人可以报侠累者。至齐，齐人或言聂政勇敢士也，避仇隐于屠者之间。严仲子至门请，数反❸，然后具酒自觞聂政母前❹。酒酣，严仲子奉黄金百溢❺，前为聂政母寿。聂政惊怪其厚，固谢严仲子。严仲子固进，而聂政谢曰："臣幸有老母，家贫，客游以为狗屠，可以旦夕得甘毳以养亲❻。亲供养备，不敢当仲子之赐。"严仲子辟人，因为聂政言曰："臣有仇，而行游诸侯众矣；然至齐，窃闻足下义甚高，故进百金者，将用为大人粗粝之费❼，得以交足下之欢，岂敢以有求望邪！"聂政曰："臣所以降志辱身居市井屠者❽，徒幸以养老母；老母在，政身未敢以许人也❾。"严仲子固让❿，聂政竟不肯受也。然严仲子卒备宾主之礼而去⓫。

注释

❶轵（zhǐ）：魏邑名，在今河南济源东南。❷有郤：有仇怨。郤，通"隙"。❸多次往返拜访。反：通"返"。❹自觞：亲自敬酒。❺溢：通"镒"，重量单位，一镒二十两。❻甘毳：甜脆食物。毳，通"脆"。❼大人：敬称父母。粗粝（lì）：粗劣的食物。❽降志辱身：卑下心志，屈辱身份。❾《礼记》云："父母存，不许友以死。"❿让：强欲使受金。⓫聂政未受金，但感动于仲子的行为。

刺客聂政，隐于市井，以屠猪狗为事，奉养亲人。严仲子数次拜访，聂政不肯轻易以身许之。严仲子以百金为聂政母亲祝寿，聂政坚决推辞不受，但心中已接受了仲子。聂政不轻易许人，主要是事亲孝，事姊悌。他之所以接受了仲子，是出于事友敬。他是一位刺客，此职业身份决定了他的事业，故隐于市井中甚为憋屈。

原文六

久之，聂政母死。既已葬，除服❶，聂政曰："嗟乎！政乃市井之人，鼓刀以屠；而严仲子乃诸侯之卿相也，不远千里，枉车骑而交臣❷。臣之所以待之，至浅鲜矣❸，未有大功可以称者❹，而严仲子奉百金为亲寿，我虽不受，然是者徒深知政也❺。夫贤者以感忿睚眦之意而亲信穷僻之人❻，而政独安得默然而已乎！且前日要政❼，政徒以老母！老母今以天年终，政将为知己者用。"乃遂西至濮阳，见严仲子曰："前日所以不许仲子者，徒以亲在；今不幸而母以天年终。仲子所欲报仇者为谁？请得从事焉！"严仲子具告曰："臣之仇韩相侠累，侠累又韩君之季父也，宗族盛多，居处兵卫甚设❽，臣欲使人刺之，（众）终莫能就。今足下幸而不弃，请益其车骑壮士可为足下辅翼者❾。"聂政曰："韩之与卫，相去中间不甚远，今杀人之相，相又国君之亲，此其势不可以多人，多人不能无生得失❿，生得失则语泄，语泄是韩举国而与仲子为仇，岂不殆哉！"遂谢车骑人徒，聂政乃辞独行。

杖剑至韩，韩相侠累方坐府上，持兵戟而卫侍者甚众。聂政直入，上阶刺杀侠累，左右大乱。聂政大呼，所击杀者数十人，因自皮面决眼⓫，自屠出肠，遂以死。

注释

❶三年后，丧服期满。❷枉：屈，委屈。❸鲜（xiǎn）：少。❹称（chèn）：相比，相抵。❺徒：独。独知可贵。❻感忿：愤慨。睚（yá）眦（zì）：怒目而视，指小仇小怨。❼要：请求。❽甚设：盛设，防卫严密。❾辅

翼者：助手。❿无生得失：率多人杀侠累，恐有人被生擒而招供。得失，偏义复词，即失。⓫皮面决眼：割破面皮，挖出眼珠。

聂政刺杀侠累，尤为奇异和壮烈。一般情况下，刺客要刺杀有权势的人，往往处于暗处，趁其不备而杀之；但聂政竟在光天化日下，一人直入相府，上阶刺杀侠累。他勇气大盛，剑术高明，大呼直上，所击杀者数十人。击杀仇人后，他并不逃亡，而是自己割破面皮，挖出眼珠，剖腹出肠而死，死得非常壮烈。这也许是出人意料之处，谁能想到，有人会以如此的方式刺杀韩相呢？明人董份曰："独行杖剑至韩，即一言可见其气"，"直入奋击，顷刻事成，虽亡其身，勇矣著矣"。清人郭嵩焘曰："聂政之刺韩相，尤为悖，然聂政人品与伎能，乃独高出一切。"（参见韩兆琦《史记选注集评》）要言之，聂政之勇气沛盛，这与荆轲相同；聂政之剑术高明，恐不是荆轲所能比拟的。

聂政之独行刺杀侠累，且皮面决眼、自屠出肠而死，主要是为了不让人知道是谁刺杀侠累的，以免牵连到严仲子与自己的姐姐，或许也有刺客不愿留名求誉的想法。

原文七

韩取聂政尸暴于市❶，购问莫知谁子❷。于是韩县购之❸，有能言杀相侠累者予千金。久之莫知也。

政姊荣闻人有刺杀韩相者，贼不得❹，国不知其名姓，暴其尸而悬之千金，乃於邑曰❺："其是吾弟与？嗟乎，严仲子知吾弟！"立起，如韩，之市，而死者果政也，伏尸哭极哀，曰："是轵深井里所谓聂政者也。"市行者诸众人皆曰："此人暴虐吾国相，王悬购其名姓千金，夫人不闻与？何敢来识之也？"荣应之曰："闻之。然政所以蒙污辱自弃于市贩之间者❻，为老母幸无恙❼，妾未嫁也。亲既以天年下世，妾已嫁夫，严仲子乃察举吾弟困污之中而交之❽，泽厚矣，可奈何！士固为知者死，今乃以妾尚在之故，重自刑以绝从❾，妾其奈何畏殁身之诛❿，终灭贤弟之名！"大惊韩市人。乃大呼天者三，卒於邑悲哀而死政之旁。

晋、楚、齐、卫闻之，皆曰："非独政能也，乃其姊亦烈女也。乡使政诚知其姊无濡忍之志⓫，不重暴骸之难⓬，必绝险千里以列其名⓭，姊弟俱僇于韩市者，亦未必敢以身许严仲子也⓮。严仲子亦可谓知人能得士矣！"

注释

❶ 暴（pù）于市：暴露于市。❷ 购问：悬赏询问。❸ 县购：悬金以购求之。县，通"悬"。❹ 不知凶手的姓名。❺ 於（wū）邑（yè）：通"呜咽"，哭泣。❻ 承受羞辱，而自弃于屠猪贩肉者之间。❼ 无恙：平安无事。恙，忧，病。❽ 察举：识而举之。❾ 严重毁坏其面容肢体，而不能辨认，以免牵连别人。从：连带治罪。一说同"踪"，踪迹线索。❿ 殁（mò）：死。⓫ 濡（rú）忍：含忍，忍耐。⓬ 不重：不惜。⓭ 绝险：度越艰难险阻。列：显露，布陈。⓮ "乡使"而下数句，一气呵成。政若知其姊必如此，则未必以身许仲子。乡：通"向"。

这段叙事突出聂荣是一位刚烈的女子。她哀痛其弟的尸体暴于市，毫不畏惧死亡，伏在尸体旁痛哭，且向市人宣扬其弟之事，最终气绝身亡。中井积德曰："政之自刑，以护仲子也。姊已误认矣，又显仲子之踪，是大失政之意。"（《史记会注考证》）我们认为，政之自刑是二者兼有之；对于其姊，不愿牵连之是一面，更有一面是不让姊知其死而伤痛。明人陈子龙说："政重在报严之德，而姊重在扬弟之名，不能兼顾也。"（《史记会注考证》）站在姐姐的立场上，聂荣不惜一死，而扬弟之名，故成为一位烈女子，姐弟皆千古扬名。司马迁在行文时叠"於邑"一词，强化聂荣哀痛其弟的意义。

《刺客列传》载录刺客五人。专诸是为主人公子光复仇，士为知己者死。作为刺客，专诸的勇气和剑术是第一流的。专诸掰开鱼腹，以迅疾之势刺死吴王，自己也被乱刀砍死，此场面是悲壮的。豫让为智伯而向赵襄子复仇，也是士为知己者死，并不关涉智伯与赵襄子之间残杀之事的是非。在《淮阴侯列传》中，蒯通曾劝说韩信谋反，韩信不听。韩信将为吕后诛杀时后悔说："吾悔不用蒯通之计。"高祖闻之，捕蒯通而欲斩之。蒯通说："跖之狗吠尧，尧非不仁，狗固吠非其主。当是时，臣唯独知韩信，非知陛下也。"客人只为主人刺杀仇人，而并不考虑主人或仇人的善恶。豫让为智伯复仇的感人之处，是他漆身为厉，吞炭为哑，行乞于市，苦形残身以刺赵襄子，其决心之大、勇气之壮、行为之激，决非一般人所能比。在聂政为严仲子刺杀韩相侠累的故事中，二人非主客的关系，仲子与侠累之间的恩怨是私人的，本没有是非可言。仲子听说聂政是勇敢之士，数次拜访他，奉百金为聂政母祝寿。他们二人之间的关系疏淡，不同于智伯与豫让之间"国士遇我，我故国士报之"。聂政的刺杀行为最为惨烈。他刺杀韩相后，不仅自杀，且自杀前割破自己的面皮，挖掉自己的眼睛。其姐姐聂荣前去市场上认尸，悲恸而绝。聂政的刺杀行为似乎"不值得"，聂政所得甚少，而所报尤多。

第二节　荆轲刺秦王

荆轲，卫人，其祖先是齐人，徙于卫，卫人谓之庆卿（齐之大姓庆氏）；之燕，燕人谓之荆卿（庆、荆，一音之转）。荆轲的故事是《刺客列传》的主体部分。清人郭嵩焘曰："史公之传刺客，为荆卿也，而深惜其事之不成。其文迷离开阖，寄意无穷。……荆卿胸中尽有抱负，尽有感发，与游侠者不同。……又杂出盖聂、鲁勾践、田光先生、高渐离，备极一时之奇士，又有狗屠者一人。而终惜荆卿之不知剑术，借鲁句践之言以发……为传末波澜。"（《史记札记》）荆轲刺秦王之事，不仅有士为知己者死的意义，且表现出荆轲反秦反暴的不屈精神。

一、知遇于太子丹

🌸 原文一

　　荆轲者,卫人也。其先乃齐人,徙于卫,卫人谓之庆卿❶。而之燕,燕人谓之荆卿。

　　荆轲好读书击剑,以术说卫元君,卫元君不用。其后秦伐魏,置东郡,徙卫元君之支属于野王。

　　荆轲尝游过榆次,与盖聂论剑❷,盖聂怒而目之❸。荆轲出,人或言复召荆卿。盖聂曰:"曩者吾与论剑有不称者❹,吾目之;试往,是宜去,不敢留。"使使往之主人,荆卿则已驾而去榆次矣。使者还报,盖聂曰:"固去也,吾曩者目摄之❺!"

　　荆轲游于邯郸,鲁句践与荆轲博❻,争道❼,鲁句践怒而叱之,荆轲默而逃去,遂不复会。

🌸 注释

❶ 庆为齐国大姓。❷ 论剑:谈论剑术,有较量之意。❸ 目:瞪眼逼视。
❹ 曩(nǎng)者:昔者,此指"刚才"。不称(chèn):不相宜,不合适。
❺ 摄:通"慑",畏惧。❻ 博:下棋。❼ 道:棋盘上的格。

　　传文简要地叙述了荆轲早年的情况。荆轲好读书、击剑,以术游说卫元君,不为所用。他游榆次,与盖聂论剑,为盖聂所轻视,故离去。他游邯郸,与鲁句践下棋而相争,遭到斥责,默然逃去。宋人赵恒曰:"目之而去,叱之而逃,此可见深沉也。"明人茅坤曰:"太史公摹写荆轲怯处,与蔺相如、韩信同。"[①] 要之,荆轲一直不遇,无所知名,怯弱无勇;这是史家所用先抑后扬的手法,也表明人之成大器,不遇时势与贤人也不可,为下文荆轲至燕而遇太子丹作张本。

---

① 参见韩兆琦:《史记选注集评》,广西师范大学出版社,1995,第354页。

原文二

　　荆轲既至燕，爱燕之狗屠及善击筑者高渐离❶。荆轲嗜酒，日与狗屠及高渐离饮于燕市，酒酣以往，高渐离击筑，荆轲和而歌于市中，相乐也，已而相泣，旁若无人者❷。荆轲虽游于酒人乎❸，然其为人沉深好书；其所游诸侯，尽与其贤豪长者相结。其之燕，燕之处士田光先生亦善待之❹，知其非庸人也。

　　居顷之，会燕太子丹质秦亡归燕❺。燕太子丹者，故尝质于赵，而秦王政生于赵，其少时与丹欢。及政立为秦王，而丹质于秦。秦王之遇燕太子丹不善，故丹怨而亡归。归而求为报秦王者，国小，力不能。其后秦日出兵山东以伐齐、楚、三晋，稍蚕食诸侯❻，且至于燕，燕君臣皆恐祸之至。太子丹患之，问其傅鞠武。武对曰："秦地遍天下，威胁韩、魏、赵氏，北有甘泉、谷口之固，南有泾、渭之沃，擅巴、汉之饶❼，右陇、蜀之山，左关、崤之险，民众而士厉❽，兵革有余。意有所出，则长城之南，易水以北，未有所定也。奈何以见陵之怨❾，欲批其逆鳞哉❿！"丹曰："然则何由？"对曰："请入图之。"

注释

❶筑：古乐器，似琴，有弦，用竹击之。❷酣酒高歌，是才人沉沦下僚的情态。❸酒人：酒徒。❹处士：有才有德而不愿为官的隐者。❺会：适逢。质：人质。❻稍：逐渐，一点一点地。蚕食：像蚕吃桑叶一样逐渐侵吞。❼擅：据有。❽士厉：士兵训练有素。厉，磨练。❾见陵：被侵犯。见，被。❿批：触击。逆鳞：传说中龙之颈部所生的倒鳞。触击倒鳞，龙即发怒，以比喻凶残的暴君。

　　荆轲至燕，与狗屠、酒徒、击筑者高渐离等人相得，酒酣慷慨悲歌于市，旁若无人。这似是才人不遇之悲歌，也似是市井无赖之狂欢。荆轲也有深沉的一面，他好读书，且与当地的长者相交。燕太子丹曾质于赵，秦王政生于赵，他们年少时相处甚欢。后来，政归国，不久即秦王位。太子丹质于秦，本以为与秦王政是故交而将得到善待，但秦王政待之不善，故太子丹怨恨，欲谋报秦王。其时，秦有并天下而亡燕的紧急形势，这加强了太子丹谋报秦的动机。其师傅以为是"批逆鳞"。《韩非子·说难》曰："夫龙之为虫也柔，可狎而骑也。然其喉下有逆鳞径尺，若人有婴之者，则必杀人。人主亦有逆鳞，说之者能无婴人主之逆鳞，则几矣。"后世即以"批逆鳞"代指触怒凶暴的帝王。

原文三

居有间，秦将樊於（wū）期（jī）得罪于秦王，亡之燕，太子受而舍之❶。鞠武谏曰："不可。夫以秦王之暴而积怒于燕，足为寒心❷，又况闻樊将军之所在乎？是谓'委肉当饿虎之蹊'也❸，祸必不振矣❹！虽有管、晏，不能为之谋也。愿太子疾遣樊将军入匈奴以灭口❺。请西约三晋，南连齐、楚，北购于单于❻，其后乃可图也。"太子曰："太傅之计，旷日弥久，心惛然❼，恐不能须臾。且非独于此也，夫樊将军穷困于天下，归身于丹，丹终不以迫于强秦而弃所哀怜之交，置之匈奴，是固丹命卒之时也❽。愿太傅更虑之。"鞠武曰："夫行危欲求安，造祸而求福，计浅而怨深，连结一人之后交❾，不顾国家之大害，此所谓'资怨而助祸'矣❿。夫以鸿毛燎于炉炭之上，必无事矣⓫。且以雕鸷之秦，行怨暴之怒，岂足道哉⓬！燕有田光先生，其为人智深而勇沉⓭，可与谋。"太子曰："愿因太傅而得交于田先生，可乎？"鞠武曰："敬诺。"出见田先生，道"太子愿图国事于先生也"。田光曰："敬奉教。"乃造焉⓮。

注释

❶舍之：安排他住下。❷寒心：提心吊胆，心惊胆战。❸委肉当饿虎之蹊（xī）：古成语，意谓把肉扔在饿虎经过的小路上。委，抛。蹊，小路。❹不振：不可拯救。振，救。❺灭口：消除借口。❻购：通"媾"（gòu），求和。❼惛（hūn）然：心意烦乱的样子。惛，糊涂。❽命卒之

时：拼命之时。❾后交：新交，晚交。❿资怨而助祸：增益怨恨而助长祸患。⓫秦击燕，如同鸿毛燎于炉炭上，岂有大事哉？⓬（其祸之大）还用得着说吗？⓭勇沉：勇气沉潜于内心，而发之必遂。⓮造：登门拜访。

秦将樊於期得罪秦王，奔燕。太子丹收留了他。鞠武极力劝谏太子让樊於期逃入匈奴，否则，秦有伐燕的借口，秦之击燕轻而易举，如同鸿毛燎于炉炭上。鞠武向太子荐举处士田光先生。

原文四

太子逢迎，却行为导❶，跪而蔽席❷。田光坐定，左右无人，太子避席而请曰❸："燕秦不两立，愿先生留意也。"田光曰："臣闻骐骥盛壮之时❹，一日而驰千里；至其衰老，驽马先之。今太子闻光盛壮之时，不知臣精已消亡矣。虽然，光不敢以图国事，所善荆卿可使也。"太子曰："愿因先生得结交于荆卿，可乎？"田光曰："敬诺。"即起，趋出。太子送至门，戒曰："丹所报，先生所言者，国之大事也，愿先生勿泄也！"田光俯而笑曰："诺。"偻行见荆卿❺，曰："光与子相善，燕国莫不知。今太子闻光壮盛之时，不知吾形已不逮也，幸而教之曰'燕秦不两立，愿先生留意也'。光窃不自外❻，言足下于太子也，愿足下过太子于宫。"荆轲曰："谨奉教。"田光曰："吾闻之，长者为行，不使人疑之。今太子告光曰'所言者，国之大事也，愿先生勿泄'，是太子疑光也。夫为行而使人疑之，非节侠也❼。"欲自杀以激荆卿，曰："愿足下急过太子，言光已死，明不言也❽。"因遂自刎而死。

注释

❶倒退而行，为（光）引路。❷蔽席：拂拭座位。蔽，通"拂"。❸避席而请：离开其座席而请教。避席，离开座席以示敬意。❹骐骥：千里马。❺偻（lǚ）行：弯腰曲背而行，以见其衰老。❻不自外：不自疏于荆轲。❼节侠：有节操、讲义气的侠士。❽光之死非只为不泄密，也有激励荆轲报太子丹之意。

田光是燕国的处士。他虽然年老，但依然侠肝义胆。为了拯救国难，他不惜以一死激励荆轲去向强秦报仇。《史记会注考证》引高仪之言曰："其死非为泄，实欲勉轲使死之耳。"这与《魏公子列传》中所叙述的侯嬴之事似同。侯嬴也是一位年老的处士。他为魏公子设计盗取了魏王的兵符。公子拜访侯嬴。侯嬴曰："臣宜从，老不能。请数公子行日，以至晋鄙军之日，北乡自刭，以送公子。"田光的形象正面地烘托了荆轲，却反面地映照了畏惧强秦的鞫武。

◎ 原文五

荆轲遂见太子，言田光已死，致光之言。太子再拜而跪，膝行流涕❶，有顷而后言曰："丹所以诫田先生毋言者，欲以成大事之谋也。今田先生以死明不言，岂丹之心哉！"荆轲坐定，太子避席顿首曰："田先生不知丹之不肖，使得至前，敢有所道，此天之所以哀燕而不弃其孤也❷。今秦有贪利之心，而欲不可足也。非尽天下之地，臣海内之王者❸，其意不厌❹。今秦已虏韩王，尽纳其地。又举兵南伐楚，北临赵；王翦将数十万之众距漳、邺，而李信出太原、云中。赵不能支秦，必入臣❺，入臣则祸至燕。燕小弱，数困于兵，今计举国不足以当秦。诸侯服秦，莫敢合从❻。丹之私计愚，以为诚得天下之勇士使于秦，窥以重利❼；秦王贪，其势必得所愿矣。诚得劫秦王，使悉反诸侯侵地，若曹沫之与齐桓公，则大善矣；则不可，因而刺杀之。彼秦大将擅兵于外而内有乱，则君臣相疑，以其间诸侯得合从，其破秦必矣。此丹之上愿，而不知所委命，唯荆卿留意焉。"久之，荆轲曰："此国之大事也，臣驽下，恐不足任使。"太子前顿首，固请毋让❽，然后许诺。于是尊荆卿为上卿，舍上舍。太子日造门下，供太牢❾，具异物，间进车骑美女❿，恣荆轲所欲⓫，以顺适其意。

◎ 注释

❶膝行：跪行。❷孤：太子自称。❸臣：使……臣服。❹厌：通"餍"，满足。❺入臣：前往秦国称臣。❻合从：东方六国南北联合，共同抗拒

秦国。❼窥：示，引诱。❽让：推辞。❾太牢：牛、羊、猪三牲皆备的筵席。
❿间进：隔一段时间即送一次。⓫恣：随其所欲。

太子丹的计谋是，派荆卿以重利诱引秦王召见，然后在朝堂上胁迫秦王归还其侵吞的六国之地，像曹沫胁迫齐桓公一样，这是上计；秦王若不许，则刺杀秦王，造成秦内乱，君臣相疑，六国趁机合纵以破强秦，这是下计。曹沫胁迫齐桓公归还侵鲁之地，曹沫胁迫是一方面，桓公守信是另一方面；若桓公当时答应，归去后却不守诺言，则无用。荆轲在朝廷上刺杀秦王，应是最好的计策，这会造成秦的内乱，且秦将失去始皇这样一位盖世的君王，则秦之并天下的进程会受到严重的阻碍。

荆轲许诺，燕太子丹以之为上卿，待之深厚。不仅太子每日造访，以示敬意，且让荆轲住在高大的房屋中，为之提供精美珍奇的物品，隔一段时间即送一次车骑美女，以满足荆轲的各种欲望。荆轲似是一位贪图享乐、留恋酒色的人。过了很久，荆轲也没有去往秦国的打算。

二、易水送别

❀ 原文六

久之，荆轲未有行意。秦将王翦破赵，虏赵王，尽收入其地，进兵北略地至燕南界❶。太子丹恐惧，乃请荆轲曰："秦兵旦暮渡易水，则虽欲长侍足下，岂可得哉！"荆轲曰："微太子言❷，臣愿谒之。今行而毋信，则秦未可亲也。夫樊将军，秦王购之金千斤，邑万家。诚得樊将军首与燕督亢之地图❸，奉献秦王，秦王必说见臣，臣乃得有以报❹。"太子曰："樊将军穷困来归丹，丹不忍以己之私而伤长者之意，愿足下更虑之！"

荆轲知太子不忍，乃遂私见樊於期曰："秦之遇将军可谓深矣❺，父母宗族皆为戮没❻。今闻购将军首金千斤，邑万家，将奈何？"於期仰天太息流涕曰："於期每念之，常痛于骨髓，顾计不知所出耳！"

荆轲曰："今有一言可以解燕国之患，报将军之仇者，何如？"於期乃前曰："为之奈何？"荆轲曰："愿得将军之首以献秦王，秦王必喜而见臣，臣左手把其袖，右手揕其匈❼，然则将军之仇报而燕见陵之愧除矣。将军岂有意乎？"樊於期偏袒扼腕而进曰❽："此臣之日夜切齿腐心也❾，乃今得闻教！"遂自刭。太子闻之，驰往，伏尸而哭，极哀。既已不可奈何，乃遂盛樊於期首函封之❿。

注释

❶略：夺取，侵占。❷微：无。❸督亢：燕国南界的肥沃土地。❹乃得有以报：才能有报效您的机会（即刺杀秦王）。❺遇：对待。深：残酷，刻毒。❻戮：杀。没：没入官府为奴。❼揕（zhèn）：刺。匈：通"胸"。❽偏袒扼（è）腕：脱掉一边衣袖，露出一边臂膀，一只手紧握另一只手腕，以示激愤。❾切齿腐心：上下牙咬紧挫动，愤恨得心都碎了。腐心，心碎。一说拊心，即捶胸口。❿函封：装入木盒子而封闭起来。

荆轲之得樊将军首与燕督亢之地图而奉献秦王的提议，是有深谋的，由此可见其深沉的性格。他私见樊於期，游说之，而令之自杀，也颇为适当。这不仅免除了公子丹的不忍之心与伤长者之意，也给了樊於期报仇雪恨之名。

原文七

于是太子豫求天下之利匕首❶，得赵人徐夫人匕首，取之百金，使工以药焠之❷，以试人，血濡缕❸，人无不立死者。乃装为遣荆卿❹。燕国有勇士秦舞阳，年十三，杀人，人不敢忤视❺。乃令秦舞阳为副。荆轲有所待，欲与俱；其人居远未来，而为治行❻。顷之，未发，太子迟之，疑其改悔，乃复请曰："日已尽矣，荆卿岂有意哉？丹请得先遣秦舞阳。"荆轲怒，叱太子曰："何太子之遣？往而不返者，竖子也❼！且提一匕首入不测之强秦，仆所以留者，待吾客与俱。今太子迟之，请辞决矣❽！"遂发。

> 太子及宾客知其事者，皆白衣冠以送之。至易水之上，既祖❾，取道❿，高渐离击筑，荆轲和而歌，为变徵之声⓫，士皆垂泪涕泣。又前而为歌曰："风萧萧兮易水寒，壮士一去兮不复还！"复为羽声慷慨⓬，士皆瞋目⓭，发尽上指冠⓮。于是荆轲就车而去，终已不顾。

注释

❶ 豫求：预先访求。豫，通"预"。❷ 以药焠（cuì）之：把烧红的匕首浸入带有毒性的液体里。❸ （只要）渗出一点血丝。❹ 装：装好匕首。❺ 忤（wǔ）视：逆视。人不敢逆视，即人甚畏惧他。忤，逆，不顺从。❻ 为治行：为所等待的人准备行装。❼ 竖子：小子，蔑称。荆轲之意是劫持秦王，迫其订立归还六国失地的盟约，然后全胜归来，而非刺杀秦王，与之同归于尽。❽ 辞决：长别。❾ 祖：古人出远门时祭祀路神的活动，设宴席饮酒，即"祖饯"。❿ 上路。⓫ 发出变徵（zhǐ）的音调，苍凉、凄婉。⓬ 羽声：音调高亢，声音慷慨激昂。⓭ 瞋（chēn）目：瞪大眼睛。⓮ 因怒而头发竖起，把帽子顶起来。

荆轲自然明白，劫持秦王而使之归还其侵夺的六国土地，是绝不可能的；秦王不同于齐桓公，是完全不讲信义的。他在图穷匕首见时能刺杀秦王，就大功告成；自己也不免被剁成肉酱，而绝没有回来的可能。太子及其宾客也知之，故以丧礼（白衣冠）送之。在秋风苍凉的易水河畔，主客彼此相别。他们所作的事业无论成败，皆雄伟壮烈，惊动天下；他们的分别是壮士一去不复返的生离死别，故宾客们皆垂泪涕泣。董份说："荆轲歌易水之上，就车不顾，只此时，儒士生色。"孙月峰说："只此两句，却无不慷慨激昂，写得壮士心出，气盖一世。"[①] 司马迁善于场面气氛的渲染。宾客的白衣冠，易水边上萧萧的寒风，冰冷流淌的河水，悲凉慷慨的筑声、歌声，绘成了一幅易水送别的画面。这是主人及其宾客送别刺客荆轲的最后场面。

---

① 参见韩兆琦：《史记选注集评》，广西师范大学出版社，1995，第359页。

三、秦廷喋血

❀ 原文八

遂至秦，持千金之资币物，厚遗秦王宠臣中庶子蒙嘉。嘉为先言于秦王曰："燕王诚振怖大王之威❶，不敢举兵以逆军吏❷，愿举国为内臣，比诸侯之列❸，给贡职如郡县，而得奉守先王之宗庙。恐惧不敢自陈，谨斩樊於期之头，及献燕督亢之地图，函封，燕王拜送于庭，使使以闻大王，唯大王命之。"秦王闻之，大喜，乃朝服，设九宾❹，见燕使者咸阳宫。荆轲奉樊於期头函，而秦舞阳奉地图柙❺，以次进。至陛，秦舞阳色变振恐❻，群臣怪之。荆轲顾笑舞阳❼，前谢曰："北蕃蛮夷之鄙人，未尝见天子，故振慑❽。愿大王少假借之❾，使得毕使于前。"秦王谓轲曰："取舞阳所持地图。"轲既取图奏之。秦王发图❿，图穷而匕首见⓫。因左手把秦王之袖，而右手持匕首揕之。未至身，秦王惊，自引而起，袖绝。拔剑，剑长，操其室⓬。时惶急，剑坚⓭，故不可立拔。荆轲逐秦王，秦王环柱而走。群臣皆愕，卒起不意⓮，尽失其度⓯。而秦法，群臣侍殿上者不得持尺寸之兵；诸郎中执兵皆陈殿下，非有诏召不得上。方急时，不及召下兵，以故荆轲乃逐秦王。而卒惶急，无以击轲，而以手共搏之。是时侍医夏无且以其所奉药囊提荆轲也⓰。秦王方环柱走，卒惶急，不知所为，左右乃曰："王负剑⓱！"负剑，遂拔以击荆轲，断其左股。荆轲废⓲，乃引其匕首以擿秦王，不中，中桐柱。秦王复击轲，轲被八创。轲自知事不就，倚柱而笑，箕踞以骂曰⓳："事所以不成者，以欲生劫之，必得约契以报太子也⓴。"于是左右既前杀轲，秦王不怡者良久。已而论功，赏群臣及当坐者各有差㉑，而赐夏无且黄金二百溢，曰："无且爱我，乃以药囊提荆轲也。"

❀ 注释

❶振怖：恐惧。振，通"震"。❷逆：迎，迎击，抵抗。❸比：相当，等于。
❹九宾：九个傧相依次传呼，是外交上极隆重的礼仪。宾，通"傧"，

赞礼之人。❺ 奉：捧。❻ 柙（xiá）：匣。❻ 色变：变了脸色，有恐惧之色。❼ 顾笑舞阳：回头笑舞阳怯懦。❽ 慑：畏惧。❾ 假借：宽容。❿ 发图：展开地图。⓫ 穷：尽。⓬ 室：剑鞘。⓭ 坚：紧。⓮ 卒：通"猝"，突然。⓯ 度：常态。⓰ 提：投掷。⓱ 秦王把剑推之于背，而拔之。⓲ 废：瘫倒。⓳ 箕踞：随意伸开两腿而坐，形似簸箕，傲慢不敬。⓴ 约契：迫使秦王答应"悉反诸侯侵地"的契约。中井积德曰："'欲生劫'云者，是回护之言，非实事。"（《史记会注考证》）㉑ 当坐者：依法办罪的人。差：等次。

　　史公不言此时秦舞阳作何状，是因为舞阳在阶下已为卫士所执。

　　荆轲是神勇之人。秦廷乃是森严之地，壮士秦舞阳也恐惧色变，但荆轲从容自若，"顾笑舞阳"。荆轲视死如归，无所畏惧，当他被秦王刺伤而身遭八创时，倚柱而笑，怒骂，不畏强暴，不服输。可惜，在图穷匕首见时，荆轲不能以迅雷不及掩耳之势刺杀秦王，其行动未免迟缓，等到秦王反应过来已告失败。秦王也是英雄人物，他环柱而奔走，荆轲逐之而不及。荆轲的勇气可嘉，但用力不强，剑术也不太精深。专诸在刺杀吴王时，掰开鱼腹而见利刃，以强力急速地刺向吴王，吴王及其左右尚无反应，吴王即被杀死。

　　史公在描写秦廷惊变的场面时尤为精彩。当图穷匕首见时，荆轲持匕首刺向秦王，秦王及其朝臣皆惊呆了。秦王反应迅速，勇力过人，拽断衣袖，环柱而奔跑，荆轲也跟着奔跑追击。秦王张皇失措，剑在胸前，无法拔剑，只能急速奔走，荆轲穷追不舍。众朝臣慌作一团，纷纷以手搏击荆轲，或以药囊投掷荆轲。等到荆轲力量不及，追赶有所缓慢时，众人才清醒过来，大呼秦王背剑。秦王在慌乱中惊觉，背剑，遂拔剑反击，荆轲遭受八创。这段话语言短促，节奏强烈，气氛紧张。清人吴见思曰："二十九字，为十句，作急语，然又详尽如此"，"此时正忙，作者笔不及转，观者眼不及眨之时也，乃偏写'剑长操室'，又写群臣及殿下诸郎及夏无且，然偏不觉累赘，而一时惶急，神情如见"。（《史记论文》）

四、高渐离复仇

荆轲刺秦王之事令天下震动。高渐离是荆轲的知音，二人相得益彰。史公叙述高渐离之事简短，但感人至深。

◎ 原文九

于是秦王大怒，益发兵诣赵，诏王翦军以伐燕。十月而拔蓟城。燕王喜、太子丹等尽率其精兵东保于辽东❶。秦将李信追击燕王急，代王嘉乃遗燕王喜书曰："秦所以尤追燕急者，以太子丹故也。今王诚杀丹献之秦王，秦王必解，而社稷幸得血食❷。"其后李信追丹，丹匿衍水中，燕王乃使使斩太子丹，欲献之秦。秦复进兵攻之。后五年❸，秦卒灭燕，虏燕王喜。

其明年，秦并天下，立号为皇帝。于是秦逐太子丹、荆轲之客，皆亡。高渐离变名姓为人庸保❹，匿作于宋子❺。久之，作苦❻，闻其家堂上客击筑，傍徨不能去。每出言曰："彼有善有不善。"从者以告其主，曰："彼庸乃知音，窃言是非。"家丈人召使前击筑❼，一坐称善，赐酒。而高渐离念久隐畏约无穷时❽，乃退，出其装匣中筑与其善衣，更容貌而前。举坐客皆惊，下与抗礼❾，以为上客。使击筑而歌，客无不流涕而去者。宋子传客之❿，闻于秦始皇。秦始皇召见，人有识者，乃曰："高渐离也。"秦皇帝惜其善击筑，重赦之⓫，乃矐其目⓬。使击筑，未尝不称善。稍益近之，高渐离乃以铅置筑中，复进得近，举筑朴秦皇帝⓭，不中。于是遂诛高渐离，终身不复近诸侯之人。

鲁句践已闻荆轲之刺秦王，私曰："嗟乎，惜哉其不讲于刺剑之术也⓮！甚矣吾不知人也！曩者吾叱之，彼乃以我为非人也⓯！"

太史公曰：世言荆轲，其称太子丹之命，"天雨粟，马生角"也⓰，太过。又言荆轲伤秦王，皆非也。始公孙季功、董生与夏无且游⓱，具知其事，为余道之如是。自曹沫至荆轲五人，此其义或成或不成⓲，然其立意较然⓳，不欺其志，名垂后世，岂妄也哉！

❈ 注释

❶ 保：据守。❷ 燕国侥幸能保全。血食：祭祀时杀牛、羊、猪三牲，故称血食。代王之说，是惧怕秦灭燕后而移兵灭代。❸ 后五年，即公元前222年，秦灭燕。❹ 庸保：帮工，伙计。庸，通"佣"。❺ 宋子：地名，属巨鹿。❻ 劳作辛苦，而易于显露本性。❼ 家丈人：主人。❽ 长久地躲藏下去，何时是了呢？畏：畏缩。约：贫贱，穷困。子曰："不仁者不可以久处约。"（《论语·里仁》）❾ 抗礼：用平等的礼节接待。❿ 宋子地方的大户轮流款待他。传：转。⓫ 不能轻易地赦免他。重：难。⓬ 曛（huò）其目：熏瞎他的眼睛。⓭ 朴：击。⓮ 讲：讲究，精通。⓯ 非人：不是同道中人。⓰ 世言荆轲之事，说太子丹曾感动天地，天下粟，马生角，这种说法太夸张了。《燕丹子》："丹求归，秦王曰：'乌头白，马生角，乃许耳。'丹乃仰天叹，乌头即白，马亦生角。"⓱ 董生：董仲舒，史公师之。⓲ 义：义举，即刺杀行动。⓳ 出发点明确，不违背自己的心志。较：明白。

高渐离改变名姓为人作佣工，处身下贱，然不忘复仇之心。他之击筑，技艺高妙，且乐声慷慨悲凉，令人泪下。他最终以筑击始皇帝，不中而被诛。《战国策·燕策》："其后荆轲客高渐离，以击筑见秦皇帝，而以筑击秦皇帝，为燕报仇，不中而死。"司马迁较为用力地叙述了高渐离之事。高渐离与荆轲不愧是知音。二人前仆后继，共同反抗暴秦，并最终牺牲了自己的生命。

鲁句践之言，一是惜乎荆轲刺剑之术不精，或有自责之意，当初未能传授荆轲刺剑之术；二是感慨自己当初不能知荆轲。

荆轲刺秦王，不仅有士为知己者死的意义，这关涉客人为主人复仇的私人事情；且有反抗暴秦的意义，这关涉荆轲为六国之难而复仇的公事，代表了六国之人共同反抗暴秦、向秦复仇的基本愿望。荆轲原是卫国人，卫附庸于魏国。卫被秦灭后，他四处漂荡，先到赵国，后至燕国。秦大兵压境，即将亡赵危燕。在这种形势下，燕太子丹知遇荆轲，准备刺杀秦王。因此，刺杀秦王不仅是燕太子丹之事，也是荆轲之愿，还是田光先生、高渐离等人的志向。他们之刺杀秦王的行动未必能成功，也难以改变燕国灭亡的命运，也许刺杀失败后会加速燕国的败亡；但他们知其不可而为之，表现出柔弱者对强暴者宁死不屈的反抗精神，这远比那些在困境中自暴自弃、自甘失败、束手投降者更可敬。因此，他们刺杀秦王的事迹是可歌可泣的。韩兆琦说："他们临危不惧，挺身而出，在强大的敌人面前表现了一种不可侵犯、不可折服的崇高人格。他们都是战国时期的杰出人物，他们的浩然正气，对我国后世人民发生了重要影响。"[①] 荆轲的刺杀行为虽失败，但对秦王及其群臣是沉重的打击，"秦王不怡者良久"，以至秦王被吓得"终身不复近诸侯之人"。而且，残暴之秦在统一天下之后不到十几年（前 221—前 206），即迅速灭亡。陈涉首难，诸侯群起而攻之，项羽率诸侯军亡秦。

五、文学性叙事

荆轲的故事具有较强的文学性。

其一，有曲折完整的故事情节。它具备了后世小说开头、发展、高潮、尾声的结构。故事的开头交代了荆轲的基本情况。故事的发展是燕太子丹知遇荆轲，谋划刺杀秦王。故事的高潮是"秦廷喋血"。故事的尾声是高渐离击秦王。情节曲折跌宕，扣人心弦。

其二，塑造了荆轲、田光、高渐离等栩栩如生的形象。荆轲的个性，一是智勇深沉。他好读书，有知识，与浮薄之徒不同。他能忍，而不轻易地发出。明人王世贞曰："凡智不深则非智，勇不沉则非勇。深所以藏智，而出之使不测；沉所以养勇，而发之使必遂也。"（《史记评林》引）[②] 例如，他与盖聂论剑，与鲁句践争博等。荆轲的个性，二是从容镇定，神勇超人，这与智勇深沉有联系。荆轲到秦廷，在盛大森严的情境中从容镇定，勇士秦舞阳吓得胆战心

---

① 韩兆琦：《史记通论》，广西师范大学出版社，1996，第 467 页。
② 参见韩兆琦：《史记选注集评》，广西师范大学出版社，1995，第 356 页。

惊，他还玩笑自若。他被秦王砍伤，身遭八创，自知事情不成，倚柱而笑，大骂秦王，还说大话——事不成是因为要生劫。清人顾炎武说："荆轲所以为神勇者，全在临事时一毫不动，此孟贲辈所不及也。"（《菰中随笔》）① 荆轲的个性，三是见义勇为，不畏强暴，具有慷慨磊落、不惧牺牲的精神。高渐离的形象也颇为传神。他也是一位沉勇之士，不轻易向人表露。他与荆轲在市场上击筑高歌，旁若无人。易水送别时，他击筑，荆轲和而歌，悲怀壮烈。高渐离始终不能忘记击筑，也不能忘记心中的壮志。荆轲失败后，秦王追讨其客。高渐离隐姓埋名，为人作佣工，但久之不能隐藏自己的爱好和志趣，而又击筑。始皇召见，熏瞎他的眼睛。他为秦王击筑，把铅置于筑中，趁始皇靠近，以筑击始皇，不中，遂被诛杀。他果敢勇烈的个性令人敬佩，可谓是荆轲的知己。

其三，善于通过场面的描写，或烘托情感，或反映丰富复杂的图景。荆轲故事有两个重要场面，一是易水送别，二是秦廷喋血。易水送别的场面描写，主要是烘托悲壮情感。太子丹及其客人在易水上为荆轲送别。白衣冠、秋风、寒水、筑声、歌声等，渲染出一派慷慨送别的悲壮气氛。秦廷喋血的场面描写，尤为精彩。先是秦王设九傧之盛大礼节，荆轲、秦舞阳等按次序进见秦王。接着图穷而匕首见，荆轲出其不意直刺秦王。秦王反应迅速，断袖而起去，朝廷的众人目瞪口呆。继而荆轲追逐秦王，秦王环柱而走，荆轲穷追不舍，众人慌作一团，不知所措。最后秦王负剑，击荆轲八创，鲜血流地；荆轲以匕首掷秦王不中，倚柱而笑，大骂秦王，左右杀荆轲。

---

① 参见韩兆琦：《史记选注集评》，广西师范大学出版社，1995，第360页。

第三节　游侠朱家、郭解

游侠起于春秋战国时的剑客，四公子养士，推波助澜。秦汉之际，社会政治动乱，游侠大兴。武帝尊儒以来，肆意打击游侠，不允许他们独立自由地存在。这类人轻生仗义，排难解纷，扶危济困，是社会政治秩序混乱时匹夫抗愤的突出表现。司马迁作《游侠列传》，让其人其事流传于后世。这篇传记以儒、侠对举，以儒为侠的反衬，叙述、歌颂了游侠的事迹，尤其是闾巷中的布衣之侠。他们言必信，行必果，急人之难，不爱其躯。传记对他们的不幸命运表现出同情和愤恨，也蕴含了司马迁的人生感慨。

一、游侠之义

世人一般认为，游侠任侠使气，作威福，结私交，以立强于世，破坏禁令，败坏风气，乃是"德之贼也"。司马迁对游侠予以褒扬，认为他们的行为有仁义存。《太史公自序》："救人于厄，振人不赡，仁者有乎；不既（已，消失）信，不倍言，义者有取焉。作《游侠列传》第六十四。"《汉书·司马迁传》："又其是非颇缪于圣人，论大道则先黄老而后六经，序游侠则退处士而进奸雄，述货殖则崇势利而羞贱贫，此其所蔽也。"班固认为，司马迁的是非观念不太符合圣人，其一是称赞游侠而贬斥季次、原宪之类的儒者。明人董份说："史迁遭李陵之难，交游莫救，身受法困，故感游侠之义。其辞多激，故班固讥其'进奸雄'，此太史之过也。然咨嗟慷慨，感叹婉转，其文曲至，百代之绝矣。"[①]史公感游侠之义，不仅有自身的感慨，更有对统治者与上流社会的批判，且表现出倜傥之人的真知卓识。

[①] 参见杨燕起、陈可青、赖长扬编：《历代名家评〈史记〉》，北京师范大学出版社，1986，第713页。

原文一

韩子曰："儒以文乱法，而侠以武犯禁。"❶ 二者皆讥，而学士多称于世云❷。至如以术取宰相卿大夫，辅翼其世主，功名俱著于春秋，固无可言者。及若季次、原宪❸，闾巷人也，读书怀独行君子之德❹，义不苟合当世，当世亦笑之。故季次、原宪终身空室蓬户，褐衣疏食不厌。死而已四百余年，而弟子志之不倦❺。今游侠，其行虽不轨于正义❻，然其言必信❼，其行必果❽，已诺必诚❾，不爱其躯，赴士之厄困，既已存亡死生矣❿，而不矜其能，羞伐其德⓫，盖亦有足多者焉⓬。

注释

❶ 见于《韩非子·五蠹》。儒者以仁义扰乱法度，侠者以武勇违反禁令；法度和禁令是法家倡导的。❷ 学士：儒者。❸ 季次、原宪：孔子弟子。❹ 独行：独善其身。❺ 倦：停止。❻ 轨：依循，符合。❼ 言必信：说话一定算数。❽ 行必果：办事一定办成。❾ 诺必诚：承诺一定兑现。诚，真实无妄。❿ 存亡死生：使亡者存，使生者死。⓫ 矜、伐：夸耀。⓬ 多：称赞。

儒、侠原本皆为韩子所讥，但在后世，儒者为人称颂，而侠者遭到贬斥。至于以儒术取宰相卿大夫的大儒，其功名为世称颂而著于史册，本就理所当然，无话可说。《儒林列传》："公孙弘以《春秋》白衣为天子三公，封以平津侯。天下学士靡然乡风矣。"公孙弘原是一介平民，出身微贱，但因《春秋》而受到天子的宠幸，贵为丞相，尊为列侯，天下的儒林学子倾慕而尊崇之。然而像季次、原宪之类的儒者，一生只是读书，独守个人的节操，不出仕为官。他们生活穷困，似乎并没有为世人带来好处，但死后四百余年，其声名仍流播于世。游侠的行为虽不合于正义，但"其言必信，其行必果，已诺必诚"，不惜牺牲自己的生命而救士人于困厄中，且事成之后也不夸耀自己的功德，不求报偿。因此，游侠也有许多值得称颂的品行，虽不能与大儒相提并论，但亦能与季次等儒者相当，为何不为世人称颂而湮灭不闻呢？司马迁颇为游侠抱不平。

人生活在世上，时时会陷于急困之中。像虞舜、仲尼等得道仁人也有遭遇灾祸的时候，更何况那些生于乱世的中才之人，他们陷入困境难道不是常有的事吗？人陷于困境，当然希望别人来救助，而游侠不惜牺牲自己的生命，救人于危难之中。这是多么必要，且多么可贵。司马迁突出了游侠赴人之困厄的品行，隐含了他对自己的身世感慨。他为李陵辩护而下狱、受宫刑时，非常渴望得到他人的救助，但"交游莫救，左右亲近，不为一言。身非木石，独与法吏为伍，深幽囹圄之中，谁可告诉者"（《报任少卿书》）。

侠者有三类：一是富贵卿相之侠，二是豪暴之侠，三是布衣之侠。富贵卿相之侠，凭借其富贵权势，容易显名诸侯。豪暴之侠，设财役贫，侵凌孤弱，恣欲自快；他们的行为也为布衣之侠所不齿。布衣之侠，言必信，行必果，已诺必诚，不爱其躯，救人于危难之中。司马迁是为布衣之侠作传记。

二、朱家之侠

◎ 原文二

鲁朱家者，与高祖同时。鲁人皆以儒教，而朱家用侠闻。所藏活豪士以百数，其余庸人不可胜言❶。然终不伐其能，歆其德❷，诸所尝施，唯恐见之。振人不赡❸，先从贫贱始。家无余财，衣不完采❹，食不重味❺，乘不过驹牛❻。专趋人之急❼，甚己之私。既阴脱季布将军之厄❽，及布尊贵，终身不见也。自关以东，莫不延颈愿交焉。

◎ 注释

❶庸人：普通人。不可胜言：不计其数。❷不伐其能，歆其德：不自夸其能，不自喜其德。歆（xīn），欣喜。❸振：通"赈"，救济。不赡（shàn）：不足。❹衣服破旧，纹彩褪色。❺不同时吃两样菜。❻驹（qú）

牛：牛拉的车子。❼ 趋人之急：奔救他人之危急。❽ 阴脱：暗中开脱。

朱家乃是游侠的典范。他们不仅藏活豪士，也救普通人于困厄之中。他们不求名，不求利，不求报偿。他们家无余财，生活穷困，所乘的是牛车。这是所谓的"布衣之侠"，与那些奸猾之侠（与朋党宗强比周，设财役贫，豪暴侵凌孤弱，恣欲自快）决不相同。因此，史公颂赞的游侠，主要拯救那些陷入困境中的贫弱之人，这些贫弱之人置于孤零的境地，无法指望官府及法律的公正裁决，而只能寄希望于民间游侠出于人道的解救。

项羽的名将季布，在楚汉之际曾经带兵数次使汉王刘邦陷入困境。项羽败亡，汉王悬赏重金以搜捕季布。季布正是依靠鲁朱家之侠的解救，得以活命。《季布栾布列传》记载了此事。

原文三

季布者，楚人也。为气任侠❶，有名于楚。项籍使将兵，数窘汉王❷。及项羽灭，高祖购求布千金，敢有舍匿❸，罪及三族。

季布匿濮阳周氏。周氏曰："汉购将军急，迹且至臣家❹，将军能听臣，臣敢献计；即不能，愿先自刭❺。"季布许之。乃髡钳季布❻，衣褐衣，置广柳车中❼，并与其家僮数十人，之鲁朱家所卖之❽。朱家心知是季布，乃买而置之田。诫其子曰："田事听此奴，必与同食。"朱家乃乘轺车之洛阳❾，见汝阴侯滕公❿。滕公留朱家饮数日。因谓滕公曰："季布何大罪，而上求之急也？"滕公曰："布数为项羽窘上，上怨之，故必欲得之。"朱家曰："君视季布何如人也？"曰："贤者也。"朱家曰："臣各为其主用，季布为项籍用，职耳⓫。项氏臣可尽诛邪？今上始得天下，独以己之私怨求一人，何示天下之不广也⓬！且以季布之贤而汉求之急如此，此不北走胡即南走越耳。夫忌壮士以资敌国，此伍子胥所以鞭荆平王之墓也⓭。君何不从容为上言邪⓮？"汝阴侯滕公心知朱家大侠，意季布匿其所，乃许曰："诺。"待间⓯，果言如朱家指。上乃赦季布。当是时，诸公皆多季布能摧刚为柔,朱家亦以此名闻当世。季布召见,谢⓰,上拜为郎中。

❂ 注释

❶好逞勇力而为人打抱不平。❷数(shuò):屡次。❸舍(shè)匿:收留隐藏,即窝藏。舍,止息。❹迹:寻其踪迹。❺刭(jǐng):用刀割脖子。❻髡(kūn)钳(qián):剃去头发,以铁链束颈。❼广柳车:装棺木的丧车。❽鲁朱家是大侠,常救人于厄困之中。❾轺(yáo)车:一种轻便马车。❿滕公:夏侯婴。曾为滕令,号称滕公。他为刘邦赶车,深得刘邦信任。⓫职分之内的事。人臣各为其主,士为知己者用。⓬不广:气量不大,心胸狭窄。《高祖本纪》谓刘邦"常有大度"。⓭楚平王杀了伍子胥的父兄,子胥逃到吴国,帮助吴富国强兵,并带领吴军入郢。平王已死,子胥掘出平王之尸,鞭之三百,以报仇雪恨。⓮从容:自然,好像无意。⓯等待空隙的时间。间(jiàn):空隙。⓰谢罪。

朱家突出地体现了侠者的风范。不为名利,冒着绝大的危险,收留季布,善待之。朱家亲自来到长安,用尽各种方法为季布解难。事成之后,不求报偿,鲁仲连谓"所贵于天下之士者,为人排患、释难、解纷乱而无所取也"(《战国策·赵策》)。季布有赖朱家的救助,不仅保住了性命,也消解了刘邦的怨恨,且得到了重用。

三、游侠郭解

传记着重叙述了游侠郭解的事迹。

❂ 原文四

郭解,轵人也❶,字翁伯,善相人者许负外孙也。解父以任侠,孝文时诛死。解为人短小精悍,不饮酒。少时阴贼❷,慨不快意❸,身所杀甚众。以躯借交报仇,藏命作奸❹,剽攻不休❺,及铸钱掘冢,固不可胜数。适有天幸,窘急常得脱,若遇赦。及解年长,更折节为俭❻,以德报怨,厚施而薄望。然其自喜为侠益甚。既已振人之命❼，不矜其功。其阴贼著于心❽，卒发于睚眦如故云❾。而少年慕其行，亦辄为报仇，不使知也。解姊子负解之势，与人饮，使之嚼❿。非其任，强必灌之。人怒，拔刀刺杀解姊子，亡去。解姊怒曰："以翁伯之义，人杀吾子，贼不得。"弃其尸于道，弗葬，欲以辱解。解使人微知贼处⓫。贼窘自归，具以实告解。解曰："公杀之固当，吾儿不直⓬。"遂去其贼，罪其姊子，乃收而葬之。诸公闻之，皆多解之义，益附焉。

解出入，人皆避之⓭。有一人独箕倨视之⓮，解遣人问其名姓。客欲杀之。解曰："居邑屋至不见敬，是吾德不修也，彼何罪！乃阴属尉史曰："是人，吾所急也⓯，至践更时脱之⓰。"每至践更，数过，吏弗求。怪之，问其故，乃解使脱之。箕踞者乃肉袒谢罪。少年闻之，愈益慕解之行。

注释

❶ 轵（zhǐ）：河内轵县，在今河南济源南。❷ 阴贼：深沉残忍。❸ 激于气愤而心中不快。慨：愤激不平。❹ 藏命：窝藏亡命之徒。❺ 剽（piāo）攻：劫夺。❻ 改变他的品节而成为一个谨慎、收敛的人。更：改变。俭：收敛。❼ 振：拔救。❽ 阴贼著于心：内心狠毒扎根于心中。❾ 突然发于小仇而杀他人。卒：通"猝"，突然。睚眦：怒目而视，指小仇小怨。❿ 嚼：通"釂"（jiào），尽酒。⓫ 微知：暗中探知。⓬ 不直：理曲。⓭ 避之：为解让路，以示敬重。⓮ 箕倨：随意伸开两腿而坐，形似簸箕，傲慢不敬。倨，通"踞"。⓯ 急：关切之人。⓰ 汉法规定人为国家服徭役，一月更换，叫卒更；贫人可代替他人卒更；由当更者出钱雇用，所谓"践更"。脱：免。

郭解少时，阴贼残暴，作奸犯科。他年长后，折节为俭，以德报怨，救人之急，不矜其功，彰显侠义，表现出布衣之侠的气象，但仍因睚眦之怨突然杀人。因此，郭解有侠义的一面，也有阴毒的另一面。中国人最讲亲族伦常，凡事只要涉亲戚，是非往往扭曲变形。在凶手因饮酒事而杀掉自己的亲外甥时，郭解非常冷静，暗中派人侦查凶手的住处。凶手自首辩白。郭解说:"公杀之固当,吾儿不直。"这表明,"阴贼著于心"的郭解在此事上只问是非曲直,不计亲疏。

原文五

及徙豪富茂陵也❶,解家贫,不中赀❷,吏恐,不敢不徙。卫将军为言:"郭解家贫不中徙。"上曰:"布衣权至使将军为言,此其家不贫。"解家遂徙。诸公送者出千余万。轵人杨季主子为县掾❸,举徙解❹。解兄子断杨掾头。由此杨氏与郭氏为仇。

解入关,关中贤豪知与不知,闻其声,争交欢解。解为人短小,不饮酒,出未尝有骑。已又杀杨季主。杨季主家上书,人又杀之阙下❺。上闻,乃下吏捕解。解亡,置其母家室夏阳,身至临晋。临晋籍少公素不知解,解冒❻,因求出关。籍少公已出解,解转入太原,所过辄告主人家❼。吏逐之,迹至籍少公❽。少公自杀,口绝。久之,乃得解。穷治所犯❾,为解所杀,皆在赦前。轵有儒生侍使者坐❿,客誉郭解,生曰:"郭解专以奸犯公法,何谓贤!"解客闻,杀此生,断其舌。吏以此责解,解实不知杀者。杀者亦竟绝⓫,莫知为谁。吏奏解无罪。御史大夫公孙弘议曰:"解布衣为任侠行权,以睚眦杀人,解虽弗知,此罪甚于解杀之⓬。当大逆无道⓭。"遂族郭解翁伯。……

太史公曰:吾视郭解,状貌不及中人,言语不足采者。然天下无贤与不肖,知与不知,皆慕其声,言侠者皆引以为名⓮。谚曰:"人貌荣名,岂有既乎⓯!"於戏,惜哉!

注释

❶ 元朔二年(前127),汉廷迁郡国富豪于茂陵(武帝的陵墓处)。❷ 不中赀:家财不够迁移所规定的数目。赀,通"资"。❸ 县掾(yuàn):县令的属官。❹ 举:检举揭发。❺ 阙(què)下:宫门前。❻ 郭解冒昧相投。❼ 凡经过留宿之家,一定要把他下一站将往何地、留宿何家告诉主人,以备官府责问,主人据实回答而避免灾祸。这表明,郭解在窜逃

之时仍为他人着想，恐连累他人。❽迹：追踪。籍少公自杀，追捕之路断。❾穷治：深究尽追。❿使者：朝廷派到轵县专办郭解的官员。⓫竟绝：完全绝迹。⓬不知之罪甚于亲杀，是老吏之舞弄文墨。⓭当：判罪。⓮引以为名：标榜郭解，以提高自己的声名。⓯人的容貌与其道德品行、声名并没有确定的联系。这是称赞郭解相貌平平，言语无采，但其品行令人称道，声名远播于后世。既：确定。

客人敬慕郭解其人，杀掉了郭解的仇人，但也为他种下了祸根。吏追捕郭解，郭解一路上得到了客人的救助，辗转数家。郭解最终陷于法网，而被灭族。两个儒生起了重要的作用。一是轵县的一位儒生。他责骂郭解作奸犯法。郭解之客人闻之，杀掉儒生，吏责郭解供出其人，郭解不知。这位儒生是一般的儒者。二是大儒公孙弘，时为御史大夫。他认为，郭解少时违犯法令，以睚眦之罪杀人，奸心由来已久，现虽未杀人，而有杀人之心，理应诛绝。同时，公孙弘认为，郭解的任权行侠，挑战了官府及法令的威权，严重败坏了社会的风气；因此，追究其本原，郭解当负主要责任，"当大逆无道"。

要之，侠者的生存空间是狭小和险恶的。他们虽在社会上得到许多人的敬重，但不能为朝廷所容。他们不仅为官府所忌恨，也被儒生排摈。儒生原本与侠者一样，为朝廷当权者所打击。但在武帝时代，儒生的政治地位大大提高。公孙弘等以儒术取宰相卿大夫的大儒，掌握了政治权力，可以给予侠者以沉重的打击。一般儒者也有维护道义的话语权，而给予侠者一击。侠者愈来愈陷入困境中，没有人真正地理解和关切他们的命运，称颂他们的节义。武帝、公孙弘等对游侠的肆意打击，表现出专制政治不允许游侠有自由存在的空间。

太史公曰"然天下无贤与不肖，知与不知，皆慕其声，言侠者皆引以为名"数句，与《李将军列传》论赞"及死之日，天下知与不知，皆为尽哀"相似，表现了司马迁对郭解悲剧结局的同情和悲叹。

有人认为，游侠的行为作为一种社会力量，是对于现实政治权威的反抗，也是对于陷入困境中普通人的救助。或认为，《游侠列传》表现了司马迁思想的人民性。或认为，游侠富有传奇的人生遭遇，符合司马迁之尚奇的审美观。鲁迅《汉文学史纲要》曰："传畸人于千秋。"清人李景星说："游侠一道，可以济王法之穷，可以去人心之憾。天地间既有此一种奇人，而太史公即不能不创此一种奇传。故传游侠者，是史公之特识，非奖乱也。"（《史记评议》）司马迁之浪漫自由、慷慨豪放的性情，使他对那些奇人异事有一种天然的关注和喜爱。扬雄《法言·君子》："仲尼多爱，爱义也；子长多爱，爱奇也。"苏辙在《上枢密韩太尉书》中说："太史公行天下，周览四海名山大川，与燕赵间豪俊交游，故其文疏荡，颇有奇气。"

司马迁遭李陵之祸时，由于家贫，不能自赎，而惨受宫刑的奇耻大辱。过去的同僚知友避之唯恐不及，没有一人站出来为他仗义执言，也没有人援之以手。司马迁深切地感受到世态的冷暖炎凉。出于这种悲愤难已的感情，司马迁对游侠奋不顾身、救人于危难之中的精神给予赞扬，就不难理解了。

综之，司马迁为游侠立传有重要意义。其一，布衣之侠有值得称赞的品行，为其立传可以让其人其事流传于后世。其二，为游侠正名。现实的专制政治只认为游侠犯法乱禁，且把他们与豪暴之侠混而不分而予以打击。其三，表现出司马迁对弱势群体的同情和关注，也展现出他理性的批判精神与独见卓识。其四，隐含了司马迁的人生感慨，也表现了他尚奇的审美取向。

/ 第七章 /

"楚汉之争"
—— 天才英雄的传记

在秦楚汉之际，项羽与刘邦是两位风云人物、天才英雄。项羽统率诸侯兵消灭了秦军的主力；而刘邦统率军队首先入关，子婴投降，秦灭亡。后来，二人又为了争夺天下的霸权而进行了长达五年的战争。最终，项羽战败自杀，刘邦创立帝业。《史记》有《项羽本纪》《高祖本纪》两篇，主要叙述项羽、刘邦的事迹。

秦末反秦的力量主要分为两部分，一部分是六国的旧贵族，另一部分是草莽英雄。六国旧贵族痛恨秦之亡其国、灭其家，这以项梁、项羽为代表。项氏世世为楚将，封于项。项梁之反秦以楚为号召，这一方面可名正言顺地反秦，另一方面也易于得到广大民众的响应。有土而王乃是春秋战国时通例。陈涉之揭竿起义，代表了平民反秦的力量。他们痛恨秦的残暴不仁。因为他们无所凭借，故也打着六国的旗号。刘邦顺应当时反秦的形势而起兵于沛，号为沛公。他跟从项梁，项梁资之以兵。刘邦与项羽分别率领两支义军击秦。项梁战死，刘邦听从楚王之命。在六国反秦中，楚为霸主，是反秦的主要力量。

项羽，生于公元前232年，即秦始皇十五年；卒于公元前202年，即汉五年十二月，享年三十一岁。刘邦，生于公元前256年，即秦昭王五十一年；公元前195年，即汉十二年，崩于长乐宫，享年六十二岁。项羽初起时二十四岁，是一血气方刚的青年，遇事真挚勇决，任意径行。刘邦初起时四十八岁，接物周匝缜密，不敢轻举妄动。这是二人成败之分的原因之一。

第一节　楚霸王之虐戾灭秦

如果说刘邦是司马迁并不喜欢的胜利者，那么可以说项羽是司马迁倾注了满腔感情的失败者。《项羽本纪》是献给楚霸王的一曲深沉的挽歌，这就如落日西下，连同晚霞的灿烂和绚丽一起消失。晚唐诗人李商隐诗曰："夕阳无限好，只是近黄昏。"项羽是失败的英雄，但他盖世的才气、豪迈不羁的性格、志在亡秦的公心、对虞姬的一片深情、不善权术的真纯，以及愧对江东父老而不肯苟活的行为等，一切都在司马迁饱含同情的彩笔下表现得凄恻动人。这也说明司马迁并不以成败论英雄。

清人李晚芳说："（项）羽之神勇，千古无二；太史公以神勇之笔，写神勇之人，亦千古无二。迄今正襟读之，犹觉喑哑叱咤之雄，纵横驰骋于数页之间，驱数百万甲兵，如大风卷箨（tuò，从草木上脱落下来的皮和叶），奇观也。当是时，秦纲懈而维弛（纲、维：大绳子，喻指国家的法度），天下叛之，英雄杂沓并起，千头万绪，纷如乱丝，太史以一笔写之，或插序，或陪序，或带序，或附传，无不丝丝入扣，节节归根，步骤井然不乱，后之作史者，谁有此笔力？"（《读史管见》首卷）

一、项羽亡秦

◎ 原文一

项籍者，下相人也❶，字羽。初起时，年二十四。其季父项梁，梁父即楚将项燕，为秦将王翦所戮者也。项氏世世为楚将，封于项❷，故姓项氏。项籍少时，学书不成，去学剑，又不成。项梁怒之。籍曰："书足以记名姓而已。剑一人敌，不足学，学万人敌。"于是项梁乃教籍兵法，籍大喜，略知其意，又不肯竟学❸。……秦始皇帝游会稽❹，渡浙江，梁与籍俱观。籍曰："彼可取而代也。"梁掩其口，曰："毋妄言，族矣❺！"梁以此奇籍。籍长八尺余，力能扛鼎❻，才气过人，虽吴中子弟皆已惮籍矣❼。

注释

❶下相：在今江苏宿迁西南。❷项：在今河南项城东北。❸竟学：学到底。❹会（kuài）稽：在今浙江绍兴东南。❺族：灭族。❻扛（gāng）鼎：举鼎。❼惮：畏惧。

项梁、项羽的反秦之心坚定、坚决，因为项氏世世为楚将，项梁父项燕为秦将王翦所杀害。项羽少时学书不成，去学剑，学剑也不成，去学兵法，但又不能竟学；这是他日后不能成就帝王之业的一个原因。项羽善于治兵排阵，能力战摧锋，但不足于权谋。项羽与黥布相类。据《黥布列传》，汉十一年，黥布反叛，刘邦亲自征之。楚故令尹认为黥布有上策、中策、下策的选项。黥布少权谋，故出其下策，注定败亡。刘邦与之相交战，"布兵精甚，上乃壁庸城，望布军置陈如项籍军，上恶之"。

秦始皇游会稽，项羽脱口而出"彼可取而代也"，凶猛而无畏。刘邦在咸阳观始皇出游时，喟然太息曰："嗟乎，大丈夫当如此也！"（《高祖本纪》）津津不胜歆慕之情。陈胜曰："壮士不死即已，死即举大名耳！王侯将相宁有种乎？"（《陈涉世家》）他们三人的性情和气象不同。

项羽才气过人：一是力量强大，二是勇气、胆气壮而无畏，三是凶猛、凶暴而令人恐惧。

原文二

秦二世元年七月❶，陈涉等起大泽中。其九月，会稽守通谓梁曰："江西皆反❷，此亦天亡秦之时也。吾闻先即制人，后则为人所制。吾欲发兵，使公及桓楚将。"是时桓楚亡在泽中。梁曰："桓楚亡，人莫知其处，独籍知之耳。"梁乃出，诫籍持剑居外待。梁复入，与守坐，曰："请召籍，使受命召桓楚。"守曰："诺。"梁召籍入。须臾，梁眴籍曰❸："可行矣！"于是籍遂拔剑斩守头。项梁持守头，佩其印绶。门下大惊，扰乱，籍所击杀数十百人。一府中皆慑服❹，莫敢起。……众乃皆伏。于是梁为会稽守，籍为裨将❺，徇下县❻。

注释

❶秦二世元年：公元前209年。❷江西：长江以北地区。❸眴（shùn）：用眼睛示意。❹慑（shè）服：恐惧而服从。❺裨（pí）将：副将。❻徇（xùn）下县：巡行出令，使会稽所属各县听从自己。下县，郡下属县。

项羽在项梁的示意下，凶猛无畏，拔剑遂斩会稽守头，并击杀门下数十百人，一府中皆慑服，莫敢起。这正是项羽力气、胆气过人的突出表现。

项梁令项羽攻襄城，襄城坚守不下；已拔取，项羽皆活埋其士卒。此事初见出项羽的暴虐残忍。清人凌稚隆曰："羽初出，即以所拔者坑，太史公首次此，见羽之不足为也。"[①]

原文三

项梁起东阿，西，比至定陶❶，再破秦军，项羽等又斩李由，益轻秦，有骄色。宋义乃谏项梁曰："战胜而将骄卒惰者败。今卒少惰矣❷，秦兵日益，臣为君畏之。"项梁弗听，乃使宋义使于齐。道遇齐使者高陵君显，曰："公将见武信君乎❸？"曰："然。"曰："臣论武信君军必败。公徐行即免死，疾行则及祸。"秦果悉起兵益章邯，击楚军，大破之定陶，项梁死。沛公、项羽去外黄攻陈留❹，陈留坚守不能下。沛公、项羽相与谋曰："今项梁军破，士卒恐。"乃与吕臣军俱引兵而东。吕臣军彭城东，项羽军彭城西，沛公军砀❺。

---

① 参见韩兆琦：《史记选注集评》，广西师范大学出版社，1995，第9页。

章邯已破项梁军，则以为楚地兵不足忧，乃渡河击赵，大破之。当此时，赵歇为王，陈余为将张耳为相，皆走入巨鹿城❻。章邯令王离、涉间围巨鹿，章邯军其南，筑甬道而输之粟❼。陈余为将，将卒数万人而军巨鹿之北，此所谓河北之军也。楚兵已破于定陶，怀王恐，从盱台之彭城❽，并项羽、吕臣军自将之。

注释

❶比：及。定陶：在今山东定陶西北。❷少：稍。清人吴见思说："本言将骄，讳而言卒，辞令之妙。"（《史记论文》）❸项梁自号为"武信君"。❹去外黄：离开外黄。❺军砀（dàng）：驻军于砀。❻巨鹿：在今河北平乡西南。❼甬道：两侧筑有防御工事的通道。❽盱（xū）台（yí）：通"盱眙"，在今江苏盱眙东北。

项梁骄傲轻敌而兵败战死。章邯乘胜渡河，击破赵军，围困赵军于巨鹿之城。怀王恐惧，东徙于彭城，自将楚兵。怀王并非只是徒拥虚名的傀儡，他有一定的才能和实力，且其周围的大臣也不是等闲之辈。日后，项羽逐杀义帝而造成了严重的后果。此时，反秦之义军正陷于生死存亡的困境中。站在秦的立场上，章邯应乘胜击破楚军，包括项羽军、沛公军、吕臣军，且进军彭城，彻底地消灭反秦的主要力量。但章邯渡河击赵，给楚军留下喘息的机会。这是章邯在战略上犯下的重大错误。

原文四

初，宋义所遇齐使者高陵君显在楚军，见楚王曰："宋义论武信君之军必败，居数日，军果败。兵未战而先见败征，此可谓知兵矣。"王召宋义与计事而大说之，因置以为上将军，项羽为鲁公，为次将，范增为末将，救赵。诸别将皆属宋义，号为卿子冠军❶。行至安阳，留四十六日不进。项羽曰："吾闻秦军围赵王巨鹿，疾引兵渡河，楚击其外，赵应其内，破秦军必矣。"宋义曰："不然。夫搏牛之虻不可以破虮虱❷。今秦攻赵，战胜则兵罢，我承其敝；不胜，则我引兵鼓行而西❸，必举秦矣。故不如先斗秦赵。夫被坚执锐，义不如公；坐而运策，公不如义。"因下令军中曰："猛如虎，很如羊❹，贪如狼，强不可使者❺，皆斩之。"乃遣其子宋襄相齐，身送之至无盐，饮酒高会❻。天寒大雨，士卒冻饥。

项羽曰："将戮力而攻秦❼，久留不行。今岁饥民贫，士卒食芋菽❽，军无见粮❾，乃饮酒高会，不引兵渡河因赵食❿，与赵并力攻秦，乃曰'承其敝'。夫以秦之强，攻新造之赵，其势必举赵。赵举而秦强，何敝之承！且国兵新破，王坐不安席，扫境内而专属于将军，国家安危，在此一举。今不恤士卒而徇其私⓫，非社稷之臣。"项羽晨朝上将军宋义，即其帐中斩宋义头，出令军中曰："宋义与齐谋反楚，楚王阴令羽诛之。"当是时，诸将皆慑服，莫敢枝梧⓬。皆曰："首立楚者，将军家也。今将军诛乱。"乃相与共立羽为假上将军⓭。使人追宋义子，及之齐，杀之。使桓楚报命于怀王。怀王因使项羽为上将军，当阳君、蒲将军皆属项羽。

◎注释

❶卿子冠军：善于谋事运策的儒将。❷以手击牛之背，可以杀其上虻（méng），但不能消灭牛毛里的虮（jǐ）虱（shī），喻方欲破秦，而不可与章邯交战而救赵。❸鼓行而西：击鼓西行，公行无忌。❹很：不听从，执拗。❺强：倔强。❻高会：大会宾客。❼戮力：合力。❽芋（yù）菽（shū）：马铃薯和豆类。❾见粮：现存的粮食。见，现。❿因赵食：就赵地取粮而食。⓫徇（xùn）其私：为了私情而做不合法的事。徇，依从，曲从。宋义之私有二：一是观秦赵斗，成楚之私；二是饮酒高会，送其子相齐，成己之私。⓬枝梧：抗拒。⓭假：代理。

章邯破败项梁军，又击破赵军而围之于巨鹿，兵势正盛。宋义一方面畏惧秦军，另一方面颇有私志：让秦、赵先斗，楚渔翁得利。宋义只是站在楚军的立场上，而没有同仇敌忾、志在亡秦的公心。这难以打败强秦。汉献帝初平元年（190），关东各路义军推袁绍为盟主，讨伐董卓；但"军合力不齐，踌躇而雁行。势利使人争，嗣还自相戕"（曹操《蒿里行》），最终失败。宋义的亡秦之心远远没有项羽急切、坚定、坚决，他送其子为齐相，饮酒高会，坐而观望。士卒久留不行，又冷又饿，严重地打击了士气。项羽与秦有不共戴天之仇，勇猛凶暴，无所畏惧，极力主张攻秦救赵。项羽早晨朝见上将军宋义，即斩其头，诸将皆慑服。这是项羽一生中的重要事件。他成为楚的上将军，率楚军发动了巨鹿之战的重大事变。这展现出项羽才气过人的性格与志在亡秦的公心。

原文五

项羽已杀卿子冠军，威震楚国，名闻诸侯。乃遣当阳君、蒲将军将卒二万渡河，救巨鹿。战少利❶，陈余复请兵。项羽乃悉引兵渡河，皆沉船，破釜甑❷，烧庐舍，持三日粮，以示士卒必死，无一还心。于是至则围王离，与秦军遇，九战，绝其甬道，大破之，杀苏角，虏王离。涉间不降楚，自烧杀。当是时，楚兵冠诸侯。诸侯军救巨鹿下者十余壁，莫敢纵兵。及楚击秦，诸将皆从壁上观❸。楚战士无不一以当十，楚兵呼声动天，诸侯军无不人人惴恐。于是已破秦军，项羽召见诸侯将，入辕门❹，无不膝行而前，莫敢仰视。项羽由是始为诸侯上将军，诸侯皆属焉。

注释

❶ 少：稍微。❷ 釜（fǔ）甑（zēng）：铁锅、瓦罐类的炊具。《太平御览》第482卷引太公《六韬》："武王伐殷，乘舟济河，兵车出，坏船于河中。太公曰：'太子为父报仇，今死无生。'所过津梁，皆悉烧之。"❸ 诸侯兵不敢出战，皆从营垒上观望。壁：营垒。❹ 辕门：营门。

项羽破釜沉舟，引兵渡河，与秦军决一死战，兵法上所谓"投之亡地而后存，陷之死地然后生"（《孙子·九地》）。司马迁叠用三个"无不"，数语有如火如荼之景象。司马迁行文，深得累叠之妙。

本文末写项羽三次说"此天之亡我,非用兵之罪也",其心已死而意犹未平,认输而不服气,故言之不足,再三言之。《袁盎晁错列传》记错父之言:"刘氏安矣!而晁氏危矣!吾去公归矣!"叠三"矣"字,纸上如闻太息。[①]

巨鹿之战是项羽一生中最得意之战,其意义重大。其一,打败了秦军的主力,奠定了起义军彻底胜利的基础;促进了秦王朝内部的分裂、瓦解,之后,章邯投降项羽,赵高杀二世,子婴杀赵高;转移了秦王朝的注意力,为刘邦从南路长驱入关创造了重要条件。其二,巨鹿之战前,宋义坐而观望,怀藏私心。诸侯军畏葸不前,各自保存实力。巨鹿之战后,项羽成为诸侯的上将军,开始了"霸王"的事业。他在反秦斗争中最为勇猛无畏,率领各诸侯军彻底摧毁了秦王朝的统治势力,建立了亡秦的历史功绩;其志在亡秦的公心可歌可泣。其三,巨鹿之战也突出了项羽勇猛善战以及"力拔山兮气盖世"的英雄气概。

原文六

章邯使人见项羽,欲约。项羽召军吏谋曰:"粮少,欲听其约。"军吏皆曰:"善。"项羽乃与期洹(huán)水南殷墟上❶。已盟,章邯见项羽而流涕,为言赵高。项羽乃立章邯为雍王,置楚军中❷。使长史欣为上将军,将秦军为前行❸。

到新安,诸侯吏卒异时故繇使屯戍过秦中❹,秦中吏卒遇之多无状❺,及秦军降诸侯,诸侯吏卒乘胜多奴虏使之,轻折辱秦吏卒❻。秦吏卒多窃言曰:"章将军等诈吾属降诸侯,今能入关破秦,大善;即不能,诸侯虏吾属而东,秦必尽诛吾父母妻子❼。"诸将微闻其计❽,以告项羽。项羽乃召黥布、蒲将军计曰:"秦吏卒尚众,其心不服,至关中不听,事必危,不如击杀之,而独与章邯、长史欣、都尉翳入秦。"于是楚军夜击坑秦卒二十余万人新安城南。

---

① 钱钟书:《管锥编(一)》,生活·读书·新知三联书店,2007,第448页。

注释

❶ 期:约见。❷ 项羽封章邯为雍王,而置于军中,实夺其兵权。❸ 前行:居前而行。司马欣曾救过项梁,故项羽以之为上将军。❹ 异时:昔日。秦中:关中。❺ 无状:粗暴无礼。❻ 轻:随意地。❼ 关中卒担心项羽不能破秦,而秦因他们投降而杀其父母妻子;秦士卒并没有谋反之意。❽ 微:暗中。

章邯开始欲约投降,未成,而项羽击之;既又约,项羽因军粮少而听之。章邯率领秦军的主力投降,则秦之亡指日可待。项羽在新安坑杀秦卒二十余万人,这是非常残忍的。宋人胡寅曰:"莫强于人心,而可以仁结,可以诚感,可以德化,可以义动也。莫柔于人心,而不可以威劫,不可以术诈,不可以法持,不可以利夺也。项籍生于战国,惟杀是务。二十万人不服,羽得而坑之;诸侯王不服,四面而起,羽独且奈何哉!"(《读史管见》)此行为大失秦民之心。

二、鸿门宴

原文七

行略定秦地。函谷关有兵守关❶,不得入。又闻沛公已破咸阳,项羽大怒,使当阳君等击关。项羽遂入,至于戏西❷。沛公军霸上,未得与项羽相见。沛公左司马曹无伤使人言于项羽曰:"沛公欲王关中,使子婴为相,珍宝尽有之。"项羽大怒,曰:"旦日飨士卒❸,为击破沛公军!"当是时,项羽兵四十万,在新丰鸿门,沛公兵十万,在霸上。范增说项羽曰:"沛公居山东时,贪于财货,好美姬。今入关,财物无所取,妇女无所幸,此其志不在小。吾令人望其气❹,皆为龙虎,成五采,此天子气也。急击勿失。"

楚左尹项伯者,项羽季父也,素善留侯张良。张良是时从沛公,项伯乃夜驰之沛公军,私见张良,具告以事,欲呼张良与俱去。曰:"毋从俱死也。"张良曰:"臣为韩王送沛公❺,沛公今事有急,亡去不义，不可不语。"良乃入，具告沛公。沛公大惊，曰："为之奈何？"张良曰："谁为大王为此计者？"曰："鲰生说我曰❻'距关，毋内诸侯❼，秦地可尽王也'。故听之。"良曰："料大王士卒足以当项王乎？"沛公默然，曰："固不如也，且为之奈何？"张良曰："请往谓项伯，言沛公不敢背项王也。"沛公曰："君安与项伯有故？"张良曰："秦时与臣游，项伯杀人，臣活之。今事有急，故幸来告良。"沛公曰："孰与君少长？"良曰："长于臣。"沛公曰："君为我呼入，吾得兄事之。"张良出，要项伯。项伯即入见沛公。沛公奉卮酒为寿❽，约为婚姻❾，曰："吾入关，秋豪不敢有所近，籍吏民❿，封府库，而待将军。所以遣将守关者，备他盗之出入与非常也⓫。日夜望将军至，岂敢反乎！愿伯具言臣之不敢倍德也。"项伯许诺。谓沛公曰："旦日不可不蚤自来谢项王。"沛公曰："诺。"于是项伯复夜去，至军中，具以沛公言报项王。因言曰："沛公不先破关中，公岂敢入乎？今人有大功而击之，不义也，不如因善遇之。"项王许诺。

注释

❶ 函谷关：在今河南灵宝东北，山形如函，路在谷中，是东方入秦的要冲。❷ 戏西：戏水之西。❸ 飨（xiǎng）：犒劳。❹ 望气，古代的一种方术，通过观测某人居住地方的云气预知吉凶祸福。《高祖本纪》："秦始皇帝常曰'东南有天子气'，于是因东游以厌之。高祖即自疑，亡匿，隐于芒、砀山泽岩石之间。吕后与人俱求，常得之。高祖怪问之。吕后曰：'季所居上常有云气，故从往常得季。'高祖心喜。沛中子弟或闻之，多欲附者矣。"❺ 送：从。❻ 鲰（zōu）生：小人。鲰，杂小鱼。❼ 内：通"纳"，接纳。❽ 卮（zhī）：酒杯。❾ 约做儿女亲家。❿ 登记所有人口。籍：登记。⓫ 非常：意外的变故，即盗贼入关。

张良曰："料大王士卒足以当项王乎？"沛公默然，曰："固不如也，且为之奈何？"沛公在情感上不愿承认，但在事理上不得不承认。这表明沛公终服于事理，而非任其情。这是沛公最终得天下的重要原因之一。天才英雄往往尽气任性率情，刘邦的个性即如此，但在重要的问题上，刘邦能以理节情。《淮阴侯列传》："（韩信）曰：'大王自料勇悍仁强孰与项王？'汉王默然良久，曰：'不如也。'"刘邦天性颇为自尊自傲。

历史的发展存在偶然性，一些关键性的细节有时导致了历史趋势的重大转折。项伯与张良在患难时相交颇厚，项伯私自至沛公军，叫张良与他一同离去。这给了沛公一个机会，结交项伯，兄事项伯，与其结为儿女亲家，请求项伯向项羽说明自己拒关的原因，以化解自己与项羽的兵戎冲突。沛公悟性极高。以沛公侮人不敬的个性，往往不愿下人；但他一反常态，兄事项伯，敬酒祝寿，说了一番谦逊卑下的话语。

原文八

沛公旦日从百余骑来见项王，至鸿门，谢曰："臣与将军戮力而攻秦，将军战河北，臣战河南，然不自意能先入关破秦❶，得复见将军于此。今者有小人之言，令将军与臣有郤❷。"项王曰："此沛公左司马曹无伤言之；不然，籍何以至此。"项王即日因留沛公与饮。项王、项伯东向坐❸。亚父南向坐。亚父者，范增也。沛公北向坐，张良西向侍。范增数目项王，举所佩玉玦以示之者三❹，项王默然不应。范增起，出召项庄，谓曰："君王为人不忍❺，若入前为寿。寿毕，请以剑舞，因击沛公于坐，杀之。不者，若属皆且为所虏❻。"庄则入为寿，寿毕，曰："君王与沛公饮，军中无以为乐，请以剑舞。"项王曰："诺。"项庄拔剑起舞，项伯亦拔剑起舞，常以身翼蔽沛公，庄不得击。

于是张良至军门，见樊哙。樊哙曰："今日之事何如？"良曰："甚急。今者项庄拔剑舞，其意常在沛公也。"哙曰："此迫矣，臣请入，与之同命❼。"哙即带剑拥盾入军门。交戟之卫士欲止不内，樊哙侧其盾以撞，卫士仆地，哙遂入，披帷西向立❽，瞋目视项王❾，头发上指，目眦尽裂❿。项王按剑而跽曰⓫："客何为者？"张良曰：

"沛公之参乘樊哙者也⑫。"项王曰:"壮士,赐之卮酒。"则与斗卮酒⑬。哙拜谢,起,立而饮之。项王曰:"赐之彘肩⑭。"则与一生彘肩。樊哙覆其盾于地,加彘肩上,拔剑切而啖之⑮。项王曰:"壮士,能复饮乎?"樊哙曰:"臣死且不避,卮酒安足辞!夫秦王有虎狼之心,杀人如不能举⑯,刑人如不恐胜,天下皆叛之。怀王与诸将约曰'先破秦入咸阳者王之'。今沛公先破秦入咸阳,豪毛不敢有所近,封闭宫室,还军霸上,以待大王来。故遣将守关者,备他盗出入与非常也。劳苦而功高如此,未有封侯之赏,而听细说⑰,欲诛有功之人。此亡秦之续耳,窃为大王不取也。"项王未有以应,曰:"坐。"樊哙从良坐。坐须臾,沛公起如厕,因招樊哙出。

注释

❶自意:自料。❷刘邦平生喜大言,好侮人,但此数语相当谦卑恭敬;刘邦把一件惊天动地之事说得如此雪淡,因而项羽放松了警惕。郤:通"隙"。❸东向坐:面向东而坐。堂上之位,对堂下者,南向为贵;不对堂下者,东向为贵。❹玉玦(jué):有缺口的玉环。玦与决谐音双关,范增示玦以暗示项羽应下决心杀掉刘邦。❺不忍:不狠心。❻若属:你们这些人。❼与项羽等人拼命。❽披帷:打开门帘。❾瞋(chēn)目:瞪着一双愤怒的眼睛。❿目眦(zì):眼角。⓫按剑而跽(jì):按剑而跪起,是一种准备行动的警戒姿势。⓬参乘:陪乘,乘车时立于车右,是卫士。⓭斗卮:大酒杯。⓮彘(zhì)肩:猪腿。⓯啖(dàn):吃。⓰举:全。⓱细说:小人的谗言。

鸿门宴上的气氛非常紧张。表面上主客相互敬酒,但暗藏杀机。亚父范增数次暗示项羽要下决心杀掉刘邦。范增出去召来猛将项庄,要他在舞剑助酒兴时趁机刺杀刘邦,所谓"项庄舞剑,志在沛公",这不失为一条妙计。张良明白酒桌上的玄机,出至军门,召樊哙。樊哙是一员猛将,曾跟从刘邦流亡于芒砀山泽间,对刘邦忠心耿耿。他冲进宴会上,愤怒之气充沛,瞋目视项王,头发尽上指,目眦尽裂,无所畏惧。这气势与孟浪的行为令项羽等人有所畏缩。樊哙又言辞慷慨，痛斥秦之残暴；述说刘邦入关，秋毫无所犯，封宫室，以待大王；批评项羽听小人之言而欲诛有功之臣。项羽进一步打消了杀掉刘邦之心。

◎ 原文九

沛公已出，项王使都尉陈平召沛公。沛公曰："今者出，未辞也，为之奈何？"樊哙曰："大行不顾细谨❶，大礼不辞小让❷。如今人方为刀俎❸，我为鱼肉，何辞为？"于是遂去。乃令张良留谢。良问曰："大王来何操？"曰："我持白璧一双，欲献项王，玉斗一双，欲与亚父，会其怒，不敢献。公为我献之。"张良曰："谨诺。"当是时，项王军在鸿门下，沛公军在霸上，相去四十里。沛公则置车骑，脱身独骑，与樊哙、夏侯婴、靳强、纪信等四人持剑盾步走，从郦山下，道芷阳间行❹。沛公谓张良曰："从此道至吾军，不过二十里耳。度我至军中，公乃入。"沛公已去，间至军中，张良入谢，曰："沛公不胜杯杓❺，不能辞。谨使臣良奉白璧一双，再拜献大王足下；玉斗一双，再拜奉大将军足下。"项王曰："沛公安在？"良曰："闻大王有意督过之，脱身独去，已至军矣。"项王则受璧，置之坐上。亚父受玉斗，置之地，拔剑撞而破之，曰："唉！竖子不足与谋❻！夺项王天下者，必沛公也，吾属今为之虏矣。"沛公至军，立诛杀曹无伤。

◎ 注释

❶ 大行：做大事。细谨：细小的礼节。❷ 辞：回避。小让：小过。❸ 俎（zǔ）：切肉的砧板。❹ 间行：抄小路而行。❺ 杯杓（sháo）：酒器，代指酒。❻ 竖子：小子。这是明斥项庄辈，而暗讥项羽。

刘邦出来小解，趁机抄小路步行逃走，并要张良估计其将至军中再向项羽报告。虽然"大行不顾细谨，大礼不辞小让"有道理，但也表现出刘邦之耍滑、无赖、粗俗的习性。在当时复杂的情形下，刘邦逃走不失为上策，以免再生枝节、横遭不测。

刘邦能从鸿门宴上逃走，张良是第一功臣，其次是樊哙，再次是夏侯婴、靳强、纪信。

鸿门宴是政治历史上的重大事件（如果刘邦被杀，历史就会改写），也是项羽一生中的关键事件（如果刘邦被杀，自己的命运就会改变）。鸿门宴事件的描写颇为生动传神，一是用人物的个性化语言和行为；二是情节曲折，险象横生，读来令人紧张；三是采用虚构想象的手法，即"想当然耳"。

刘邦从南路避开秦军的主力，长驱入关，此计策是非常巧妙的，既保存、壮大了他的实力，又在名义上获得亡秦的首功。入关之后，刘邦派兵守函谷关，不让诸侯军入关，这暴露了他的私心。刘邦旦日来鸿门向项羽谢罪，项羽设宴留刘邦饮酒。与项羽率领部队击破沛公军相比，鸿门宴是杀掉刘邦的最好时机。在鸿门宴上杀掉刘邦，事后处理得当，不会引起双方数十万大军的混战；项羽是诸侯上将军，有理由说服怀王以及诸侯军；项羽才气盖世，砍掉刘邦之头，诸将会慑服。

后来者都是事后诸葛亮，是"旁观者清"，而在当局者项羽看来，他有不杀刘邦的重要理由，所谓"当局者迷"。其一，项伯的劝说起了重要的作用："沛公不先破关中，公岂敢入乎？今人有大功而击之，不义也，不如因善遇之。"其二，刘邦旦日向他谢罪，一口一声称自己"将军"，而自卑称臣。这表明刘邦已臣服。其三，他已率诸侯灭亡了秦国，不愿与刘邦再起战端，且刘邦欲为关中王，也是怀王与诸将当初的约定"先破秦入咸阳者王之"。

项羽没有杀掉刘邦虽缺乏政治眼光，也是受时局的限制。后世的人们知道历史的发展，但当时，刘邦最终统一天下的趋向相当不明朗，其后经历数年的变化，其变化的偶然性甚大，不仅项羽不能察知，即使刘邦本人也不甚清楚。

"君王为人不忍"，也是项羽没有杀刘邦的一个原因。这也说明项羽性格的另一面，项羽对仇人残暴不仁，尤其是那些久攻不下的城池，往往尽屠之，但对故人多仁慈。

有人认为，刘邦从鸿门逃走，从此龙归大海，项羽再也没有剪除刘邦的机会。这是不确实的。如果项羽要杀刘邦，则可进军霸上，也可再次寻找机会。

原文十

居数日，项羽引兵西屠咸阳，杀秦降王子婴，烧秦宫室，火三月不灭；收其货宝妇女而东。人或说项王曰："关中阻山河四塞❶，地肥饶，可都以霸。"项王见秦宫室皆以烧残破，又心怀思欲东归，曰："富贵不归故乡，如衣绣夜行，谁知之者！"说者曰："人言楚人沐猴而冠耳❷，果然。"项王闻之，烹说者。

项王使人致命怀王❸。怀王曰："如约❹。"乃尊怀王为义帝。项王欲自王，先王诸将相。谓曰："天下初发难时，假立诸侯后以伐秦❺。然身被坚执锐首事，暴露于野三年，灭秦定天下者，皆将相诸君与籍之力也。义帝虽无功，故当分其地而王之。"诸将皆曰："善。"乃分天下，立诸将为侯王。项王、范增疑沛公之有天下，业已讲解，又恶负约，恐诸侯叛之，乃阴谋曰："巴、蜀道险，秦之迁人皆居蜀。"乃曰："巴、蜀亦关中地也。"故立沛公为汉王，王巴、蜀、汉中，都南郑。而三分关中，王秦降将以距塞汉王。项王乃立章邯为雍王，王咸阳以西，都废丘。长史欣者，故为栎阳狱掾，尝有德于项梁；都尉董翳者，本劝章邯降楚。故立司马欣为塞王，王咸阳以东至河，都栎阳；立董翳为翟王，王上郡，都高奴。……项王自立为西楚霸王❻，王九郡，都彭城。

注释

❶阻：依恃。四塞：东面的函谷关，南面的武关，西面的散关，北面的萧关。❷沐猴而冠：沐猴（猕猴）即使戴上人的帽子，也办不成人事。❸致命：报命。❹按照最初的约定，即"先入关者王之"。❺假立：借诸侯后代之名而暂且立之为王。❻霸王：同于春秋时期的霸主，即诸侯盟主。

项羽西屠咸阳，杀秦降王子婴，烧秦宫室，火三月不灭。杜牧《阿房宫赋》曰："戍卒叫，函谷举。楚人一炬，可怜焦土！"泷川资言曰："项羽楚人，既失其祖，又失其季父，怨秦入骨。其入咸阳，犹伍子胥入郢，杀王屠民烧宫殿，以快其心者，亦不足异，谓之无深谋远虑可也，谓之残虐非道者，未解重瞳子心事。"（《史记会注考证》）自然，秦图书馆所藏的许多图籍也被焚毁，不禁令人切齿痛恨，扼腕长叹。

汉元年（前206）二月，项羽自立为西楚霸王，主命割裂天下为十九国，分封十八王。项羽之大分封，是中国历史上第一次王国分封，这是"霸业"的政治形态，与西周"王业"、秦之帝业的政治形态不同，是继承春秋战国时期的政治形态。

项羽大封功臣为侯王，政令由羽出。他可能知道刘邦有吞并天下之心，故徙刘邦于偏远的巴、蜀、汉中，未按怀王之约；这对刘邦是一个打击，也激发了刘邦身陷困境而发愤图强的决心和勇气，为日后楚汉五年之争种下了因果。项羽封秦降将章邯、司马欣、董翳为三王，甚不合于关中民之心。章邯投降，项羽坑杀关中卒二十余万人，关中民痛恨章邯，故"三秦"的政治基础薄弱，一旦汉王攻伐，则势如破竹，不能起到阻挡汉王东进的作用。

项羽离开关中，而还都彭城，其原因相当复杂。首先，如按怀王之约，先入关者为王，则项羽留守关中是违约的。其次，项羽对秦恨之入骨，先在新安坑杀秦降卒二十余万，接着引兵西屠咸阳，故关中民对项羽也是恨之入骨，项羽留在关中没有坚实的社会基础。再次，项羽怀恋故乡，要衣锦还乡。晚唐诗人李商隐《题汉祖庙》曰："乘运应须宅八荒，男儿安在恋池隍？君王自起新丰后，项羽何曾在故乡！"有"宅八荒"之志的刘邦，在完成了统一中国的大业后，可以按照其意愿在长安另建与家乡一样的新丰；而"恋池隍"的项羽，到头来兵败身亡，又何曾能在故乡称王称霸、夸耀富贵呢？

项羽率诸侯亡秦,实现了他最大的志向。他不以天下为自己一家一姓的产业,而分封诸侯王。这一方面表明他的公心和信义,另一方面说明他没有统一天下的深远政治眼光,再一方面,他没有认识到分封诸侯王所产生的恶果:诸侯王由原先的共同"亡秦"转变成争夺土地的互相混战。《高祖本纪》:"未央宫成。高祖大朝诸侯群臣,置酒未央前殿。高祖奉玉卮,起为太上皇寿,曰:'始大人常以臣无赖,不能治产业,不如仲力。今某之业所就孰与仲多?'殿上群臣皆呼万岁,大笑为乐。"刘邦和群臣的大笑,一是表现刘邦好侮人的习性,连他的父亲也不放过;二是展示刘邦把天下看成自己产业的自傲和自豪。

三、楚汉烽火

分封诸侯王的开始,即诸侯王互相攻伐的开始。项羽没有一统天下的政治眼光,还想恢复古制,这是错误的。但是,当时跟从项羽反秦的六国贵族与平民将领,一方面是要报仇雪恨,另一方面是希望称王封侯,项羽之分封迎合了他们的心意。

❀ 原文十一

汉之元年四月,诸侯罢戏下❶,各就国❷。项王出之国,使人徙义帝,曰:"古之帝者地方千里,必居上游。"乃使使徙义帝长沙郴县❸。趣义帝行,其群臣稍稍背叛之,乃阴令衡山、临江王击杀之江中。韩王成无军功,项王不使之国,与俱至彭城,废以为侯,已又杀之。臧荼之国,因逐韩广之辽东,广弗听,荼击杀广无终,并王其地。

田荣闻项羽徙齐王市胶东,而立齐将田都为齐王,乃大怒,不肯遣齐王之胶东,因以齐反,迎击田都。田都走楚。齐王市畏项王,乃亡之胶东就国。田荣怒,追击杀之即墨。荣因自立为齐王,而西击杀济北王田安,并王三齐❹。荣与彭越将军印,令反梁地。陈余阴使张同、夏说说齐王田荣曰："项羽为天下宰❺，不平。今尽王故王于丑地，而王其群臣诸将善地，逐其故主，赵王乃北居代，余以为不可。闻大王起兵，且不听不义，愿大王资余兵❻，请以击常山，以复赵王，请以国为捍蔽❼。"齐王许之，因遣兵之赵。陈余悉发三县兵，与齐并力击常山，大破之。张耳走归汉。陈余迎故赵王歇于代，反之赵。赵王因立陈余为代王。

注释

❶ 戏下：同"麾下"，即从项羽的麾下解散而去。麾，主帅的大旗。❷ 就国：到自己的封地去。❸ 郴（chēn）县：今湖南郴州。❹ 三齐：齐地的三个国家，即齐、胶东、济北。❺ 天下宰：主持分封诸侯。❻ 资：借给。❼ 以国为捍蔽：以赵国为齐国的屏障。

田荣之反楚，揭开了楚汉烽火的序幕。田荣、彭越、陈余，皆是亡秦战争中所涌现出来的杰出将领。他们反楚，一方面沉重地打击了楚军的力量，另一方面也分散了楚军的力量而有利于汉王还定三秦，并东进。因此，他们反项羽，于楚汉相争确有关键意义。齐之反叛斗争此起彼伏，持续的时间长，这可观于《田儋列传》。项王之分封天下，无论如何都难以做到客观上公平，即使客观上公平，诸将站在各自的主观立场上也会认为不公平。

原文十二

是时，汉还定三秦。项羽闻汉王皆已并关中，且东，齐、赵叛之，大怒。乃以故吴令郑昌为韩王，以距汉。令萧公角等击彭越。彭越败萧公角等。汉使张良徇韩，乃遗项王书曰："汉王失职❶，欲得关中，如约即止，不敢东。"又以齐、梁反书遗项王曰❷："齐欲与赵并灭楚。"楚以此故，无西意，而北击齐。征兵九江王布，布称疾不往，使将将数千人行。项王由此怨布也❸。汉之二年冬，项羽遂北至城阳，田荣亦将兵会战。田荣不胜，走至平原，平原民杀之。遂北烧夷齐城郭室屋，皆坑田荣降卒，系虏其老弱妇女。徇齐至北海❹，多所残灭。齐人相聚而叛之。于是田荣弟田横收齐亡卒得数万人，反城阳。项王因留，连战未能下。

◎ 注释

❶失职：未得到应有的职位，即关中王。❷张良给项羽的反书是刘邦一手炮制，以转移项羽的视线。❸为黥布日后反叛项羽张本。❹徇：攻取。

黥布本是楚军的先锋，善于打恶仗，且一马当先，是项羽的主要将领，在亡秦中发挥了重要的作用。他与项羽的嫌隙可能产生于封王。项羽封黥布为九江王，黥布觉得自己分封的土地小，与其赫赫战功不匹配。汉王还定三秦，拟率诸侯军一路向东至彭城。项羽轻信张良之言，而率兵东击齐，这是战略上的一个重要错误。他应明白，刘邦才是真正的竞争对手。项羽讨伐齐王田荣，因早先即与田荣有仇隙，又怒其叛乱，故一路烧杀抢夺，暴虐残毒，坑杀田荣降卒，系虏其老弱妇女。田荣之弟田横收亡卒数万人，反于城阳。项羽连战未能平，而滞留齐。汉军乘虚入彭城。

◎ 原文十三

春❶，汉王部五诸侯兵❷，凡五十六万人，东伐楚。项王闻之，即令诸将击齐，而自以精兵三万人南从鲁出胡陵。四月，汉皆已入彭城，收其货宝美人，日置酒高会❸。项王乃西从萧，晨击汉军而东，至彭城，日中❹，大破汉军。汉军皆走，相随入谷、泗水，杀汉卒十余万人。汉卒皆南走山，楚又追击至灵壁东睢水上。汉军却，为楚所挤❺，多杀，汉卒十余万人皆入睢水，睢水为之不流。围汉王三匝❻。于是大风从西北而起，折木发屋，扬沙石，窈冥昼晦❼，逢迎楚军。楚军大乱，坏散，而汉王乃得与数十骑遁去，欲过沛，收家室而西。楚亦使人追之沛，取汉王家。家皆亡，不与汉王相见。汉王道逢得孝惠、鲁元，乃载行。楚骑追汉王，汉王急，推堕孝惠、鲁元车下，滕公常下收载之❽。如是者三。曰:"虽急不可以驱,奈何弃之❾?"于是遂得脱。求太公、吕后不相遇。审食其从太公、吕后间行❿,求汉王,反遇楚军。楚军遂与归,报项王,项王常置军中⓫。

◎ 注释

❶春:汉二年(前205)春。❷部:统领。❸高会:盛大的宴会。❹旦击之,日中而破。❺挤:排挤。❻三匝(zā):三层。❼昏暗犹如黑夜。屈原《九歌·山鬼》"杳冥冥兮羌昼晦"。❽滕公:太仆夏侯婴,为汉王御车。❾事虽紧急,又不能把车赶快一点,但也不能抛弃自己的骨肉。❿审食(yì)其(jī):吕后的幸臣,封辟阳侯。间行:从小路行。⓫项王把太公、吕后扣留在军中,当作人质。

刘邦乘彭城虚空,率诸侯军占领彭城,收取货宝美人,饮酒高会。项羽率精兵三万,星夜从齐赶回,晨击汉军,中午大破之,以迅雷不及掩耳之势击破号称五十六万的汉军。汉军四处狼狈逃窜,十余万人皆被挤入睢水而死,睢水为之不流。项羽围刘邦数重,若不是天助之,刘邦已被项羽擒获。刘邦带领数十骑遁去,路上遇到自己的一双儿女,而太公、吕后却被楚军掳去。这是刘邦最耻辱的一战,元气大伤。刘邦在奔逃过程中,数次推堕孝惠、鲁元于车下,这暴露出刘邦陷入困境时的寡恩和无赖。

项羽率楚军围刘邦数重,眼看就要活捉他。突然狂风大作,砂石穿空,天昏地暗。刘邦趁机逃走。这是所谓的天意、天命吗?天不让项羽灭亡刘邦。日后,项羽被刘邦围在垓下时,自知日暮途穷,数次哀叹:"天亡我,非用兵之罪也!"

◎ 原文十四

是时吕后兄周吕侯为汉将兵居下邑,汉王间往从之,稍稍收其士卒。至荥阳❶,诸败军皆会,萧何亦发关中老弱未傅悉诣荥阳❷,复大振。楚起于彭城,常乘胜逐北❸,与汉战荥阳南京、索间,汉败楚,楚以故不能过荥阳而西。

项王之救彭城，追汉王至荥阳，田横亦得收齐，立田荣子广为齐王。汉王之败彭城，诸侯皆复与楚而背汉❹。汉军荥阳，筑甬道属之河❺，以取敖仓粟❻。汉之三年，项王数侵夺汉甬道，汉王食乏，恐，请和，割荥阳以西为汉。

项王欲听之。历阳侯范增曰："汉易与耳❼，今释弗取，后必悔之。"项王乃与范增急围荥阳。汉王患之，乃用陈平计间项王❽。项王使者来，为太牢具❾，举欲进之。见使者，详惊愕曰："吾以为亚父使者，乃反项王使者。"更持去❿，以恶食食项王使者⓫。使者归报项王，项王乃疑范增与汉有私，稍夺之权⓬。范增大怒，曰："天下事大定矣，君王自为之。愿赐骸骨归卒伍⓭。"项王许之。行未至彭城，疽发背而死⓮。

注释

❶荥（xíng）阳：军事要地，在今河南荥阳东北。❷未傅：未入丁壮策籍者。傅，著录，登记。❸北：败亡。❹与楚：归附楚。❺属之河：从荥阳通到黄河边上。属，连结。❻敖仓：秦在荥阳东北敖山上修筑的大粮仓，下临黄河。❼易与：容易对付。❽间：离间。❾太牢具：牛、羊、猪三牲皆备的饭食，为待客的最高礼节。具，饭食。❿更：更换。⓫以恶（è）食（shí）食（sì）：供给粗劣的食物吃。⓬稍：逐渐。⓭赐骸骨归卒伍：赐还我的尸骨而归故里，当平民。⓮疽（jū）：一种恶毒的疔疮。

范增是项羽的主要谋臣，被尊为"亚父"，深得项羽的倚重。陈平所用的离间计，算不上高明，不应引起项羽的过分猜忌，想来还有其他原因。《通鉴辑览》："陈平此计，乃欺三尺童未可保其必信者，史乃以为奇，而世传之，可发一笑。"①范增与张良等谋臣相比，器量较狭小，易于发怒。例如鸿门宴上放走刘邦，范增愤怒，把刘邦所赠的玉斗置于地，拔剑撞而破之，曰："唉！竖子不足与谋！夺项王天下者，必沛公也，吾属今为之虏矣。"这种行事方式

---

① 参见韩兆琦：《史记选注集评》，广西师范大学出版社，1995，第35页。

容易与刚愎自用、自骄自傲的项羽发生矛盾。范增一路上悲愤难平，导致背上疔疮破裂而死。惜哉！悲哉！范增之死，注定了项羽最终的败亡命运。

刘邦逃出荥阳，荥阳被破。刘邦逃到成皋，项羽进军围困成皋。刘邦又独与滕公出成皋北门，渡河逃至修武，从张耳、韩信军。楚遂拔成皋，欲向西进军。汉派兵拒之于巩，令其不得西进。这是刘邦最为艰难的时期，荥阳、成皋相继失守，自己狼狈逃窜，诸将也四散奔走。

原文十五

是时，彭越渡河击楚东阿，杀楚将军薛公。项王乃自东击彭越。汉王得淮阴侯兵，欲渡河南。郑忠说汉王❶，乃止壁河内。使刘贾将兵佐彭越，烧楚积聚。项王东击破之，走彭越。汉王则引兵渡河，复取成皋，军广武，就敖仓食。项王已定东海来，西，与汉俱临广武而军，相守数月。

当此时，彭越数反梁地，绝楚粮食，项王患之。为高俎，置太公其上，告汉王曰："今不急下，吾烹太公。"汉王曰："吾与项羽俱北面受命怀王❷，曰'约为兄弟'，吾翁即若翁，必欲烹而翁，则幸分我一杯羹❸。"项王怒，欲杀之。项伯曰："天下事未可知，且为天下者不顾家，虽杀之无益，只益祸耳。"项王从之。

注释

❶郑忠是刘邦的郎中，他劝说刘邦深沟高垒，不与楚军交战，而命卢绾、刘贾等带兵入楚地，助彭越多击楚军，使项羽"备多力分"，滞留魏地。❷北面：臣服。❸以上数语活写出刘邦的无赖和寡情。项王此招，未免荒唐，乃不知人之过也。刘邦连自己的儿女尚且抛弃不顾，更何况自己的太公老父。

楚汉久相持未决，丁壮苦军旅，老弱疲转漕。项羽要与刘邦单独挑战。刘邦笑而谢曰："吾宁斗智，不能斗力。"二人临广武城而相语，刘邦数说项羽的罪过，项羽怒，欲一战。刘邦不听，项羽伏弩射中刘邦。刘邦伤，逃入成皋。从当时的形势来看，项羽的后方处于彭越与韩信等多方面的打击之中，动荡不安；前方又与汉军相拒，不能抽身回去，故急切地要与刘邦决一死战，以定胜负。而刘邦深沟高垒，不急不忙，以消耗楚军。从性情上来说，项羽正血气方刚，个性急躁；而刘邦已五十岁，性格沉稳，老谋深算。

项羽听说韩信已举河北、破赵、下代、亡齐，且欲击楚，于是派龙且率领二十万楚军与之交战。韩信大破楚军，杀龙且。项羽恐惧，使盱眙人武涉游说韩信或归楚，或自立为王而三分天下，韩信不听。此时，彭越又反于梁地，绝楚之粮道。项羽乃要曹咎谨守成皋，而自己率军向东，以击彭越。项羽走后，汉军数次挑战，使人羞辱楚军，一连五六日，大司马曹咎愤怒，渡兵于汜水。士卒渡水到一半时，汉军突击，大败楚军，大司马曹咎、塞王司马欣等自刭于汜水上。当时，项羽在睢阳，闻楚军兵败，即引兵还。汉军其时正围困钟离眜于荥阳东。项羽至，汉军畏楚，尽走入险阻。项羽之率军确实能征善战，所当者破，所击者灭，汉军恐惧。项羽因东方为彭越、韩信攻击，故拒守汉王时，屡屡要亲自带兵回到东方以征战彭越等，但彭越的军队一直不能消灭，不断地断绝楚军的粮道，则前方的粮食供应不足，且兵源也不足。项羽往来征战，士卒疲惫不堪，也看不到胜利的希望，士气也低落。刘邦的政策，是汉军深沟高垒，在双方持守中消耗楚军的士气和力量，而指望彭越、韩信在东方攻城略地。因此，刘邦之开辟第二战场的策略，是非常正确的。

🏵 原文十六

是时，汉兵盛食多，项王兵罢食绝❶。汉遣陆贾说项王，请太公，项王弗听。汉王复使侯公往说项王，项王乃与汉约，中分天下，割鸿沟以西者为汉❷，鸿沟而东者为楚。项王许之，即归汉王父母妻子。军皆呼万岁。汉王乃封侯公为平国君。匿弗肯复见❸。曰："此天下辩士，所居倾国❹，故号为平国君。"项王已约，乃引兵解而东归❺。

汉欲西归，张良、陈平说曰："汉有天下太半❻，而诸侯皆附之。楚兵罢食尽，此天亡楚之时也，不如因其机而遂取之。今释弗击，此所谓'养虎自遗患'也。"汉王听之。汉五年，汉王乃追项王至阳夏南，止军，与淮阴侯韩信、建成侯彭越期会而击楚军。至固陵，而信、越之兵不会。楚击汉军，大破之。汉王复入壁，深堑而自守。谓张子房曰："诸侯不从约，为之奈何？"对曰："楚兵且破，信、越未有分地，其不至固宜。君王能与共分天下，今可立致也。即不能，事未可知也。君王能自陈以东傅海❼，尽与韩信；睢阳以北至谷城，以与彭越；使各自为战❽，则楚易败也。"汉王曰："善。"于是乃发使者告韩信、彭越曰："并力击楚。楚破，自陈以东傅海与齐王，睢阳以北至谷城与彭相国。"使者至，韩信、彭越皆报曰："请今进兵。"韩信乃从齐往，刘贾军从寿春并行，屠城父，至垓下❾。大司马周殷叛楚，以舒屠六，举九江兵，随刘贾、彭越皆会垓下。

🏵 注释

❶兵罢：兵疲。兵盛与兵疲不仅指士卒数量的多与少，也指士气的高昂和低落。罢，通"疲"。❷鸿沟：战国时魏国所开凿的沟通黄河与淮河之间的运河。北起荥阳，东经中牟、开封，南流至淮阳入颍水。❸侯公不愿见刘邦，不图其赏赐，即鲁仲连谓"所贵于天下之士者，为人排患、释难、解纷乱而无取也。即有取者，是商贾之事也，而连不忍为也"。❹口舌之利足以坏人国家。倾：颠覆。❺项羽解兵东归，一是他无经营天下之心，自王彭城足矣；二是迫于当时的形势，彭越、韩信、灌婴等已占东方大片土地，彭城根本之地孤危已甚。❻太半：大半。❼傅海：靠近大海。❽各自为战：各为自战，即各为自己所获得的封地而战。汉王出于当时形势的需要而封地，后来亦可根据形势的需要而收地。张文虎曰："非此不能破羽也，然信、越死机，则已伏于此。"①
❾垓（gāi）下：古地名，在今安徽固镇东北。

---

① 参见韩兆琦：《史记选注集评》，广西师范大学出版社，1995，第39页。

项羽与刘邦约定，以鸿沟为界，各守东西。项羽退兵，但刘邦不守约，乘项羽东归之际联合彭越、韩信等军队，把项羽围在垓下。从事功尺度来看，这产生了重要的效果；从道德尺度来看，这是不讲信用的。我们需要思考三点。一是仁义礼智信的道德价值有没有绝对性？信义是对所有人而言的，还是对部分人来说的？例如对敌人讲不讲信义？二是战争中兵不厌诈是否是原则？三是在某种场合下，当信义与事功发生矛盾时，如何抉择？是以信义为原则还是以事功为目的？

四、垓下悲歌

◎ 原文十七

项王军壁垓下❶，兵少食尽，汉军及诸侯兵围之数重。夜闻汉军四面皆楚歌❷，项王乃大惊曰："汉皆已得楚乎？是何楚人之多也！"项王则夜起，饮帐中。有美人名虞，常幸从；骏马名骓❸，常骑之。于是项王乃悲歌慷慨，自为诗曰："力拔山兮气盖世，时不利兮骓不逝。骓不逝兮可奈何❹，虞兮虞兮奈若何！"歌数阕❺，美人和之。项王泣数行下，左右皆泣，莫能仰视。

◎ 注释

❶壁：营垒。用作动词，在垓下驻扎。❷四面皆楚歌：四面都响起用楚方言所唱的楚地民间歌谣。这或谓楚人多已降汉，或谓楚歌感楚军的乡关之思。❸骓（zhuī）：毛色黑白相间的马。❹逝：奔驰。❺唱了几篇。回环往复，情感层层递进。

"力拔山兮气盖世"是项羽品格的突出写照。一是侧重于力。项羽自起兵以来已有八年，身经七十余战，所当者破，所击者服。二是侧重于气。项羽气势强盛，非常凶暴，勇猛顽强，无所畏惧。四面楚歌中的霸王别姬，悲歌慷慨，一方面表现了英雄失败时一腔不平的悲愤，另一方面展现了英雄末路、多情而无可奈何的心情。

宋人朱熹说："慷慨激烈，有千载不平之余愤。"清人吴见思说："'可奈何''奈若何'，若无意义，乃一腔怒愤，万种低回，地厚天高，托身无所，写英雄失路之悲，至此极矣。"（《史记论文》）①

《楚汉春秋》："歌曰：'汉兵已略地，四方楚歌声。大王意气尽，贱妾何聊生。'"

明人周亮工说："余独谓垓下是何等时，虞姬死而子弟散，匹马逃亡，身迷大泽，亦何暇更作歌诗！即有作，亦谁闻之而谁记之欤？吾谓此数语者，无论事之有无，应是太史公'笔补造化'，代为传神。"（《尺牍新钞》三集卷二）② 这是史公的一腔"文心"。

原文十八

于是项王乃上马骑，麾下壮士骑从者八百余人❶，直夜溃围南出❷，驰走。平明，汉军乃觉之，令骑将灌婴以五千骑追之。项王渡淮，骑能属者百余人耳❸。项王至阴陵，迷失道，问一田父，田父绐曰"左"❹。左，乃陷大泽中。以故汉追及之。项王乃复引兵而东，至东城❺，乃有二十八骑。汉骑追者数千人。项王自度不得脱。谓其骑曰："吾起兵至今八岁矣，身七十余战，所当者破，所击者服，未尝败北，遂霸有天下。然今卒困于此，此天之亡我，非战之罪也。今日固决死，愿为诸君快战❻，必三胜之，为诸君溃围、斩将、刈旗❼，令诸君知天亡我，非战之罪也。"乃分其骑以为四队，四向。汉军围之数重。项王谓其骑曰："吾为公取彼一将。"令四面骑驰下，期山东为三处❽。于是项王大呼驰下，汉军皆披靡❾，遂斩汉一将。是时，赤泉侯为骑将，追项王，项王瞋目而叱之，赤泉侯人马俱惊，辟易数里❿。与其骑会为三处。汉军不知项王所在，乃分军为三，复围之。项王乃驰，复斩汉一都尉，杀数十百人，复聚其骑，亡其两骑耳。乃谓其骑曰："何如？"骑皆伏曰："如大王言。"

---

① 参见韩兆琦：《史记选注集评》，广西师范大学出版社，1995，第40页。
② 参见钱钟书：《管锥编（一）》，生活·读书·新知三联书店，2007，第454页。

注释

❶麾下：将帅的部下。❷直夜：中夜，半夜。溃围：突破重围。❸属：追随。❹田父（fǔ）：农夫。绐（dài）：欺骗。❺东城：在今安徽定远东南。❻快战：痛快地一战。❼刈（yì）旗：砍倒敌军的大旗。❽约定突围后在山东面的三个地点集合。期：约定。❾披靡（mǐ）：惊恐溃败，如草随风倒伏。❿辟易：因畏惧而逃避。辟，通"避"。易，易地。

项羽在汉军数重包围下，仍能率领麾下八百余人突出重围，汉军千余人追击。项羽从八百余人，到百余人，再到二十八骑。他一路冲杀，溃围，斩将，刈旗。但这究竟是逞匹夫之勇，自知穷途末路。他一则曰："此天之亡我，非战之罪也。"再则说："令诸君知天亡我，非战之罪也。"三则曰："天之亡我，我何渡为！"他的心已死而意犹未平，认输而不服气，故言之不足，再三言之。

项王自述七十余战，史公所记独巨鹿、垓下两战为详。巨鹿之战，全用烘托的手法，不涉及具体的战事；而于垓下之战中突出项羽之力气过人与斩将搴旗之功。项羽英雄，史公自是心折，亦由此好奇，于项羽势力穷尽处显神通。巨鹿、鸿门、垓下三段，是史公《项羽本纪》中聚精会神的得意文字。

原文十九

于是项王乃欲东渡乌江❶。乌江亭长舣船待❷，谓项王曰："江东虽小，地方千里，众数十万人，亦足王也。愿大王急渡。今独臣有船，汉军至，无以渡。"项王笑曰："天之亡我，我何渡为！且籍与江东子弟八千人渡江而西，今无一人还，纵江东父兄怜而王我，我何面目见之❸？纵彼不言，籍独不愧于心乎？"乃谓亭长曰："吾知公长者。吾骑此马五岁，所当无敌，尝一日行千里，不忍杀之，以赐公。"乃令骑皆下马步行，持短兵接战。独籍所杀汉军数百人。项王身亦被十余创❹。顾见汉骑司马吕马童，曰："若非吾故人乎？"马童面之❺，指王翳曰："此项王也。"项王乃曰："吾闻汉购我头千金，邑万户，吾为若德❻。"乃自刎而死。王翳取其头，余骑相蹂践争项王❼，相杀者数十人。最其后，郎中骑杨喜、骑司马吕马童、郎中吕胜、杨武各得其一体。五人共会其体❽，皆是。

注释

❶ 项王欲从乌江浦渡长江东去（江东，即江南）。乌江浦，渡口名，在今安徽和县东北的长江西岸。❷ 舣（yǐ）：移船靠岸。❸《左传》僖公二十八年："（子玉）既败，王使谓之曰：'大夫若入，其若申息之老何？'"申息二邑的子弟皆从子玉战死，子玉归，如何见申息的父老？此与项羽的心情正同。❹ 创（chuāng）：伤口。❺ 面之：对面细看。❻ 我给你做好事。❼ 众人争夺项王的尸体，而相互纵马践踏。❽ 共会其体：五人所得的部分，合为项羽尸体的整体。

汉五年（前202）十二月，项羽惨死，时年三十一岁。一代天才英雄陨落，令人嘘唏不已。

项羽乌江自刎，宁死不辱，以死谢罪于江东父老子弟，知耻重义，死得壮烈不屈。宋词人李清照说："生当作人杰，死亦为鬼雄。至今思项羽，不肯过江东。"（《夏日绝句》）明人凌稚隆说："项羽不听亭父言，所谓小不忍者。后人有诗曰'江东子弟多才俊，卷土重来未可知'，可概见矣。"（《史记评林》）项羽自知大势已去，即使逃到江东，也难以活命，最终仍被刘邦追杀，死得更加耻辱，如何谈得上卷土重来呢？杜牧《题乌江亭》："胜败兵家事不期，包羞忍耻是男儿。江东子弟多才俊，卷土重来未可知。"这不过是诗人之思，想当然耳。

五、盖棺定论

原文二十

太史公曰：吾闻之周生曰"舜目盖重瞳子❶"，又闻项羽亦重瞳子。羽岂其苗裔邪❷？何兴之暴也❸！夫秦失其政，陈涉首难❹，豪

> 杰蜂起，相与并争，不可胜数。然羽非有尺寸❺，乘埶起陇亩之中，三年，遂将五诸侯灭秦，分裂天下，而封王侯，政由羽出，号为"霸王"，位虽不终，近古以来未尝有也。及羽背关怀楚，放逐义帝而自立，怨王侯叛己，难矣。自矜功伐❻，奋其私智而不师古，谓霸王之业，欲以力征经营天下❼，五年卒亡其国，身死东城，尚不觉寤而不自责，过矣❽。乃引"天亡我，非用兵之罪也"，岂不谬哉！

注释

❶重瞳子：每个眼睛有两个瞳子，令人畏惧。❷苗裔（yì）：后代。❸暴：突然，迅猛。❹首难：首先高举反秦反暴的义旗。《秦楚之际月表序》："初作难，发于陈涉；虐戾灭秦，自项氏；拨乱诛暴，平定海内，卒践帝祚，成于汉家。"❺非有尺寸：没有尺寸封地或权柄可凭借。❻夸耀自己的战功。❼力征：武力征伐。❽中井积德曰："'天亡我，非用兵之罪'，是羽矜勇武之言矣，言战之强如此而亡，是天亡我时至也。若夫天何故亡我，我有罪于天与否，羽未尝言及也。乃以此为不觉悟不自责之事，可乎？"（《史记会注考证》）中井不同意史公的看法。

这是司马迁对项羽的盖棺定论，共有四层意义。

其一，项羽难道是舜的后代吗？这是犹疑的语气，并不是事实上的认定，而是情感上为项羽高攀华胄，以叨余庆，成为项羽迅速勃兴的一种神秘理由。这可从《易》云"积善之家必有余庆，积不善之家必有余殃"中得到伦理性的解释。

其二，秦残暴不仁，陈涉首先发难反秦，接着豪杰蜂拥而起。项羽无尺寸的权柄，凭借其"力拔山兮气盖世"的突出品格，而成为诸侯的上将军，率领五诸侯灭亡秦国，然后分封王侯，成为天下的霸主。"位虽不终，但近古以来未尝有也。"项羽虽最终败亡，但其亡秦的历史功绩将永载史册，世世代代为人景慕和称颂。

其三，司马迁指出了项羽败亡的主要原因：一是离开关中，建都彭城；二是放逐义帝而杀之；三是刚愎自用，不善用人；四是不行仁德，夸耀自己的武功，以武力经营天下；五是没有统一天下的政治眼光。明人凌稚隆说："项羽非特暴虐不得人心，亦从来无统一天下之志。既灭咸阳，而都彭城；既复彭城，而割荥阳；既割鸿沟，而思东归。……岂如高祖规模宏远，天下不归于一不止哉？"（《史记评林》）

其四，司马迁否定了项羽失败的"天命"之因。项羽的失败主要是其行为过失的人事之因造成的，他应对自己的行为及其行为的结果负责，而不能以天命之因逃脱自己的罪责。天命是一种神秘的力量，不能用理性予以解释，却给人以重大的影响。司马迁明确地否定天命的作用，而犹疑地肯定先祖的德业对后代子孙的影响。天命不具有伦理性，而先祖的阴德贯穿着坚强的伦理筋脉。司马迁侧重于从项羽本身的行为解释其败亡的结果，这说明项羽应对他自己的行为及其结果负责。

司马迁为项羽立"本纪"具有重要的意义。"本纪"是记录帝王的事迹，根据此一客观标准，则不应为项羽立本纪。因此，司马迁立本纪，不仅有客观的标准，也有价值评价的意义。其一，项羽在秦末风起云涌的反秦斗争中，率领各诸侯灭亡秦国，为西楚霸王，是天下政令的实际发出者。其二，亡秦是历史上的一件大事，司马迁为项羽立本纪的主要意义，是把亡秦之功归于项羽。成王败寇，是人情势利之常。刘邦得了天下，又是先入关受子婴之降的人；汉的臣子，当然要降低项羽的地位，将亡秦之功归于刘邦。可是刘邦初起时，从项梁，不仅项梁资之以兵，乃得为别将；且秦军的主力为章邯。若无项羽的巨鹿一战，坑秦卒二十余万人，刘邦何能有入关的机会？秦之亡，乃亡于其主力被歼。刘邦入关乃乘虚蹈隙，借项羽的声威，非秦亡的关键所在。司马迁以亡秦之功归项羽，正是显露此一历史的真实。但此一历史的真实，在汉臣的歌功颂德中已经被淹没。

第二节 汉高祖之平定海内

西汉王朝是由刘邦集团经过长期的战争建立起来的,即从二世元年刘邦起兵于丰沛,到汉五年消灭项羽即皇帝位止,共有八年(前209—前202)。其建立的过程分两个时期:前一时期从二世元年九月到汉元年四月(前209—前206),诸侯合纵反秦,奉楚为盟主;后一时期从汉元年五月到汉五年一月(前206—前202),诸侯连横反楚,奉汉为盟主。此两时期皆以霸业政治形态为主。汉五年二月,刘邦即帝位,建立了帝业的政治形态。

秦二世元年(前209)九月,刘邦起事,攻占沛县,号为沛公,时年四十八岁。汉元年(前206),项羽封刘邦为汉王。汉五年(前202),刘邦即帝位。汉十二年(前195)十月,刘邦击破淮南王黥布军,回到故乡;同年四月,刘邦崩于长乐宫。

一、神异之事

《高祖本纪》的前一部分,是叙述刘邦起事之前的事迹,具有神奇的特征。这可能是采自沛丰民间传说而成的。刘邦成帝之后,家乡人神化刘邦当初在家乡的事迹,以作为其成为帝王的征兆或符瑞。实际上,当初的刘邦与平常人并没有什么大的不同。

❀ 原文一

高祖,沛丰邑中阳里人,姓刘氏,字季❶。父曰太公,母曰刘媪❷。其先刘媪尝息大泽之陂❸,梦与神遇❹。是时雷电晦冥,太公往视,则见蛟龙于其上。已而有身,遂产高祖。

高祖为人,隆准而龙颜❺,美须髯,左股有七十二黑子❻。仁而爱人,喜施,意豁如也❼。常有大度,不事家人生产作业。及壮,试为吏,为泗水亭长❽,廷中吏无所不狎侮。好酒及色。常从王媪、武负贳酒❾,醉卧,武负、王媪见其上常有龙,怪之。高祖每酤留饮❿,

酒雠数倍⓫。及见怪，岁竟，此两家常折券弃责⓬。

❂ 注释

❶季：排行第三，高祖长兄曰伯，次兄曰仲，其字表示排行。《汉书》"名邦，字季"，或高祖即位后命名为邦，故讳邦不讳季。❷媪（ǎo）：老年妇女的通称。❸陂（bēi）：水边。❹遇：交合。❺隆准：高鼻。龙颜：长颈。❻七十二黑子：五行（金木水火土）与一年的春夏秋冬相配合，每行得七十二数，故此数有神秘性。❼豁：通达。❽亭长：主亭之吏。十里一亭，十亭一乡。❾贳（shì）：赊。❿酤（gū）：买酒。⓫每遇到刘季买酒留饮，则众人竞相买酒，店家获利数倍于前。汉宣帝少时，流落民间。他到店铺买饼，则众人竞相买饼。雠：通"售"。⓬折券弃责：毁掉欠据，免除债务。责，通"债"。

　　高祖是泗水郡沛县丰邑（即沛丰）人。他是平民出身，其父母无名，家境较为殷实。根据《韩信卢绾列传》，高祖少时也学书，受到一定的文化教育，故年壮试为吏，为泗水亭长。他的天性是胸怀广阔，通达，且仁而爱人，喜欢施舍。高祖的原初生命之气非常充沛，自足无待，超越一切，固足以俯视一切，而狎侮他人。

　　其母刘媪曾在大泽边休息，而不知不觉地熟睡。在梦中她与神人交合（刘媪梦醒后告知他人）。此时，雷鸣电闪，白昼变成了黑夜。太公寻找刘媪，在泽边看到一条蛟龙伏在她的身上。不久，刘媪怀孕，遂产高祖。

　　高祖的出生神奇，其形象也神奇。他是龙颜，左股有神秘的七十二颗黑痣。他的行为也颇为神奇。他在酒店买酒留饮，众人就争相买酒，这是怪异之事。武负、王媪是沛丰人，开了一家酒店，消息灵通。他们在高祖成为天子后神化其当初之事。

❂ 原文二

　　单父人吕公善沛令❶，避仇从之客，因家沛焉。沛中豪杰吏闻令有重客，皆往贺。萧何为主吏，主进❷，令诸大夫曰："进不满千钱，坐之堂下。"高祖为亭长，素易诸吏❸，乃绐为谒曰"贺钱万"❹，实不持一钱。谒入，吕公大惊，起，迎之门。吕公者，好相人，见高祖状貌，因重敬之，引入坐。萧何曰："刘季固多大言，少成事。"高祖因狎侮诸客，遂坐上坐，无所诎。酒阑❺，吕公因目固留高祖❻。高祖竟酒❼，后。吕公曰："臣少好相人，相人多矣，无如季相，愿季自爱。臣有息女❽，愿为季箕帚妾。"酒罢，吕媪怒吕公曰："公始常欲奇此女，与贵人。❾沛令善公，求之不与，何自妄许与刘季？"吕公曰："此非儿女子所知也。"卒与刘季。吕公女乃吕后也，生孝惠、鲁元公主❿。

注释

❶ 单（shàn）父（fǔ）：县名，属山阳郡。❷ 进：献，即贺客所献之财。❸ 易：轻视。❹ 绐（dài）：欺骗。❺ 阑：希，残尽。❻ 使眼色而留之，不愿对众人讲。❼ 竟酒：一直留到席散。❽ 息女：所生之女。❾ 以女为异，而要将其嫁给贵人。或曰，欲以女为奇货而予贵人钓利，吕不韦所谓"奇货可居"之奇。❿ 鲁元公主：食邑于鲁。元，长。

单父人吕公，是有钱财和地位的人。他相人有术，认为刘邦是贵相，情愿把女儿嫁给他。吕公与吕媪的对话也颇为传神。《史记》的行文之妙主要表现在多用人物个性化的语言叙述事件，而少用史家的叙述语言。吕媪恼怒，质问吕公"何自妄许与刘季"；吕公根本不与她讲道理，蛮横地说"此非儿女子所知也"。这表现出二人斗嘴使气之活灵活现的情形。

刘邦不持一钱，而自称"贺钱万"，故坐上位，而狎侮众客人，似乎表现出无赖的习性，但其习性出自俯视一切、自足无待的天性，故众人并不以为此虚伪。

原文三

高祖为亭长时，常告归之田❶。吕后与两子居田中耨❷，有一老父过请饮，吕后因铺之❸。老父相吕后曰："夫人天下贵人。"令相两子，见孝惠，曰："夫人所以贵者，乃此男也。"相鲁元，亦皆贵。老父已去，高祖适从旁舍来，吕后具言客有过，相我子母皆大贵。高祖问，曰："未远。"乃追及，问老父。老父曰："乡者夫人婴儿皆似君❹，君相贵不可言。"高祖乃谢曰："诚如父言，不敢忘德。"及高祖贵，遂不知老父处。

◎ 注释

❶告：请假回家。❷耨（nòu）：除草。❸铺（bū）之：以食物给老父吃。❹夫人及婴儿皆以君之故，而得贵耳。君：你，非"君主"之君。似：以。

老父，不知何许人也。或是因为吕后食之而感激，说出子母皆贵的好话。老父之说恐亦真亦假，而能勉励刘季自信自重。

◎ 原文四

高祖以亭长为县送徒骊山❶，徒多道亡。自度比至皆亡之，到丰西泽中，止饮，夜乃解纵所送徒。曰："公等皆去，吾亦从此逝矣！"徒中壮士愿从者十余人。高祖被酒，夜径泽中❷，令一人行前。行前者还报曰："前有大蛇当径，愿还。"高祖醉，曰："壮士行，何畏！"乃前，拔剑击斩蛇❸。蛇遂分为两❹，径开。行数里，醉，因卧。后人来至蛇所，有一老妪夜哭❺。人问何哭，妪曰："人杀吾子，故哭之。"人曰："妪子何为见杀？"妪曰："吾子，白帝子也，化为蛇，当道，今为赤帝子斩之❻，故哭。"人乃以妪为不诚，欲告之，妪因忽不见。后人至，高祖觉。后人告高祖，高祖乃心独喜，自负❼。诸从者日益畏之。

秦始皇帝常曰"东南有天子气"，于是因东游以厌之❽。高祖即自疑❾，亡匿，隐于芒、砀山泽岩石之间。吕后与人俱求，常得之。高祖怪问之。吕后曰："季所居上常有云气❿，故从往常得季。"高祖心喜。沛中子弟或闻之，多欲附者矣⓫。

注释

❶ 骊山：始皇陵墓所在地。高祖为沛县送徒到骊山，可能在始皇三十五年（前212）。❷ 径：小道。刘季酒后放徒，夜中从小道行泽中，不敢由正路，且穿小道而求快。❸ 高祖死前病重云："吾以布衣提三尺剑取天下，此非天命乎？"❹ 蛇即分为两段。❺ 老妪（yù）：老妇人。❻ 白帝子代指秦，赤帝子代指汉，这是汉灭秦的符瑞。❼ 自负：自恃斩蛇事。❽ 厌：通"压"，镇。❾ 刘邦匹夫而以天子自疑，正见其志气非凡。❿ 云气之下有贤人隐居。⓫ 或曰，高祖隐处，岂不隐语吕后耶？隐而求，求而怪，皆所以动众。

我们认为，这些事皆是刘邦即帝位后的传说。刘邦是一介平民，当初是没有天子志向的。人的志向是根据自己上升的情况而愈来愈大的。刘邦最初的志向是渺小的，不过是从亭长迁升为沛吏而已。后来成为沛公，最大的志向即有土有地而封侯。再后来成为汉王，志向才是成为天子。

这段叙事后来被演绎为刘邦斩蛇起义的故事。神化此事，一方面是刘邦自负，另一方面是从者畏之。刘邦送徒骊山，于途中亡于芒、砀山泽间。芒、砀山泽在沛县西南。刘邦结成了群盗武装集团。其集团成员有数十百人，多是青壮年，"舞阳侯樊哙者，沛人也。以屠狗为事，与高祖俱隐"（《樊郦滕灌列传》），即与高祖隐藏于芒、砀山泽间。这是刘邦日后武装反秦的基础，与彭越、黥布在反秦前结成群盗集团在性质上是一致的。

要之，刘邦在起事前，主要生活于家乡沛丰，不事农业生产；做过泗水亭长，与沛县之吏萧何、曹参等交好。后来因为送徒到骊山而徒多在路上逃亡，他不能回到沛丰，故带领一批盗徒隐藏于芒、砀山泽中。此时，他已四十多岁，人生的青壮年由此度过，可以说是碌碌无为，且并没有表现出奇才异智。如果没有陈涉在家乡周围揭竿起义，则刘邦还是如此地荒废岁月，而最终作为一位亡徒了此一生。时势造英雄。生不逢时的人，是不能成为英雄的，尽管其具备英雄的某些素质。英雄的素质是在时世中不断磨砺出来的，英雄的志向也是在时世中不断壮大起来的，从而使其成为真正的英雄。

高祖传记的第一部分叙事颇为诡奇，叙述了刘邦的骨相、个性、行为等，突出了刘邦将成为帝王的一些特异气象和征兆，其叙事应是采自刘邦即位天子后沛丰长老的传说。《樊郦滕灌列传》："太史公曰：吾适丰沛，问其遗老，观故萧、曹、樊哙、滕公之家，及其素，异哉所闻！方其鼓刀屠狗卖缯之时，岂自知附骥之尾，垂名汉廷，德流子孙哉？"

二、起兵丰沛

❀ 原文五

秦二世元年秋❶，陈胜等起蕲❷，至陈而王，号为"张楚"。诸郡县皆多杀其长吏以应陈涉。沛令恐，欲以沛应涉。掾、主吏萧何、曹参乃曰："君为秦吏，今欲背之，率沛子弟，恐不听。愿君召诸亡在外者❸，可得数百人，因劫众❹，众不敢不听。"乃令樊哙召刘季。刘季之众已数十百人矣。

于是樊哙从刘季来。沛令后悔，恐其有变，乃闭城城守，欲诛萧、曹。萧、曹恐，踰城保刘季❺。刘季乃书帛射城上，谓沛父老曰："天下苦秦久矣。今父老虽为沛令守，诸侯并起，今屠沛。沛今共诛令，择子弟可立者立之，以应诸侯，则家室完。不然，父子俱屠，无为也。"父老乃率子弟共杀沛令，开城门迎刘季，欲以为沛令。刘季曰："天下方扰，诸侯并起，今置将不善，一败涂地❻。吾非敢自爱，恐能薄，不能完父兄子弟。此大事，愿更相推择可者。❼"萧、曹等皆文吏，自爱，恐事不就，后秦种族其家❽，尽让刘季。诸父老皆曰："平生所闻刘季诸珍怪，当贵，且卜筮之，莫如刘季最吉。"于是刘季数让。众莫敢为，乃立季为沛公。❾

注释

❶ 秦二世元年：公元前209年。❷ 蕲（qí）：县名，在今安徽宿州南。❸ 民众苦秦虐政、重赋，故有逃亡避吏者。❹ 劫：以力胁之。❺ 踰：同"逾"。保：以为保障。❻ 一朝破败，肝脑涂地。❼ 词婉礼恭，不似平生大言。❽ 种族：灭种灭族。❾ 陈涉揭竿起义，号为张楚，刘邦起兵响应陈涉，故从楚制而为沛公，是为秦二世元年九月。

秦二世元年（前209）秋，陈涉首先发难反秦，其他的起义军队也风起云涌，响应陈涉的起义号召，不仅包括六国的旧贵族，也包括平民出身的草莽英雄。九月，刘邦率领数十百人从芒、砀山间出，攻占沛县，武装反秦，号为沛公。他征集沛县子弟，组成了一支二三千人的军队。这支军队基本上都是沛县人，他们构成了刘邦集团的基础和核心。此后，随着刘邦集团的不断扩大，这二三千沛县籍人士在集团中所占的比例越来越小，但始终居于刘邦集团的核心，占有支配性的地位。

刘邦之立为沛公，既有时命，又有人为。秦之沛令欲反秦响应陈涉。但萧何、曹参以为不可，而请沛令召逃亡在外者刘邦等人。萧何、曹参原与刘邦的关系亲密。他们知道，乱世是急切需要这些亡命之徒的。刘邦从樊哙来，一番言说，沛县父老子弟杀沛令，而推举刘邦为沛公。就当时的身份和地位而言，萧何或曹参应作为沛公人选。但一方面他们是文官，不习武事；另一方面他们的胆魄不够，且自我爱重而畏缩，于是众人推举刘邦为沛公。从此，刘邦开始了亡秦灭楚的事业，是时四十八岁，思与行已足够成熟。

刘邦攻胡陵、方与，还守丰。刘邦命雍齿守丰，引兵之薛。陈王使魏人周市略地。周市使人告诉雍齿曰："丰，故梁徙也（梁惠王孙假，为秦所灭，转东徙于丰）。今魏地已定者数十城。齿今下魏，魏以齿为侯守丰。不下，且屠丰。"雍齿素来不欲属刘邦，及魏招之，反刘邦而为魏守丰。刘邦引兵攻丰，不能攻取；病，还之沛。刘邦怨恨雍齿与丰邑子弟背叛自己，从而失去了最初的根据地。《留侯世家》："留侯曰：'上平生所憎，群臣所共知，谁最甚者？上曰：'雍齿与我故，数尝窘辱我。我欲杀之，为其功多，故不忍。'"《高祖本纪》曰："沛父兄皆顿首曰：'沛幸得复，丰未复，唯陛下哀怜之。'高祖曰：'丰吾所生长，极不忘耳，吾特为其以雍齿故反我为魏。'"由此可见，雍齿率丰人反叛，刘邦一直怀恨在心。

刘邦认为单打独斗不能成事。他听说东阳宁君、秦嘉立景驹为假王，在留，乃往从之，欲请兵攻丰。刘邦引兵攻砀，取砀，收砀兵五六千人，还军丰。他听说项梁在薛，带领一百多骑兵往见之。项梁资助刘邦卒五千人及其将领数十人。刘邦回来，引兵攻丰。拔之，雍齿奔魏。经历了此次危机后，刘邦对于沛县根据地，特别是对于自己的出生地丰邑的信心发生了严重的动摇。刘邦起事，先欲以丰沛为根本，但丰反属魏，大势几失，故刘邦数次借兵复之。当时刘邦的眼光即如此，后来从项梁，四处征战，其志向更为远大，丰沛已不能满足其野心了。

刘邦从项梁。项梁家族世代为楚之名将，而项梁本人也有卓越的军事才能。刘邦得到项梁的信任，与项羽各领一支军队，与秦军激战。项梁立楚怀王之孙熊心为楚王，治盱（xū）眙（yí）。刘邦与项羽向西略地至雍丘下，与秦军战，大破之，斩李由。李由即李斯的长子，为三川守。刘邦、项羽还攻外黄，外黄未攻下。项梁两次破秦军，颇有骄色。宋义劝谏，项梁不听。"秦益章邯兵，夜衔枚袭击项梁"，大破之于定陶，项梁战死。刘邦与项羽正在攻陈留，闻项梁死，引兵与吕将军臣俱东。吕臣驻军于彭城东，项羽驻军于彭城西，刘邦驻军于砀。

秦二世三年（前207），楚怀王见项梁军破，恐惧，徙盱眙以都彭城。他任命刘邦为砀郡长，率领砀郡兵，并封其为武安侯。因此，砀郡成为刘邦的第二个根据地。楚怀王封项羽为长安侯，号为鲁公。赵数次请救，怀王以宋义为上将军，项羽为次将，范增为末将，向北救赵。怀王以刘邦为长者，令刘邦向西略地入关。与诸将相约，先入关中者王之。刘邦之一路向西略地而入关，是受楚怀王之令。当时秦军的主力在赵，由章邯、王离等统领。

沛公一路向西，会合其他诸侯军队，逐一击破秦兵。项羽在巨鹿之战中彻底地击败了秦军的主力，章邯投降。项羽为上将军，诸将黥布等皆属，诸侯皆附。

刘邦袭攻武关，大破秦兵于蓝田。

原文六

汉元年十月，沛公兵遂先诸侯至霸上。秦王子婴素车白马❶，系颈以组❷，封皇帝玺符节，降轵道旁❸。诸将或言诛秦王。沛公曰："始怀王遣我，固以能宽容，且人已服降，又杀之，不祥。"乃以秦王属吏❹，遂西入咸阳。欲止宫休舍❺，樊哙、张良谏，乃封秦重宝财物府库，还军霸上。召诸县父老豪杰曰："父老苦秦苛法久矣，诽谤者族❻，偶语者弃市❼。吾与诸侯约，先入关者王之，吾当王关中。与父老约❽，法三章耳：杀人者死，伤人及盗抵罪❾。余悉除去秦法。诸吏人皆案堵如故❿。凡吾所以来，为父老除害，非有所侵暴，无恐！且吾所以还军霸上，待诸侯至而定约束耳。"乃使人与秦吏行县乡邑，告谕之。秦人大喜，争持牛羊酒食献飨军士⓫。沛公又让不受，曰："仓粟多，非乏，不欲费人。"人又益喜，唯恐沛公不为秦王。

注释

❶素车白马：用于凶丧的车马。❷丝带系颈，表示欲自杀。组：丝带。❸轵(zhǐ)道：亭名。❹属吏：交给官吏。❺止宫休舍：留在秦宫中休息。❻诽谤：批评朝政的得失。族：灭族。❼偶语：相聚而语。弃市：斩于市。❽约：省，即减省秦之繁苛法。或曰，约即约定。❾抵罪：抵偿其应负的罪责。按情节轻重判罪，非秦法之轻罪重罚。❿案堵如故：一切照常。案堵，安居，安定。⓫飨(xiǎng)：用酒食款待。

刘邦先于诸侯入关，宽大为怀，没有大肆诛杀秦王及其官吏，并废除了秦的繁苛法令，与秦人约法三章：杀人者处死，伤人、盗窃按情节轻重判罚。因此，刘邦的言行颇得关中民心。刘邦因听信邪言，派军队守函谷关，不让诸侯兵入关，且征关中兵自强。这几乎酿成大祸。项羽与诸侯军，痛恨秦深入于骨髓。他们入关，以诛无道秦。项羽统帅诸侯军，攻破函谷关，驻军于鸿门，兵四十万。沛公，驻军于霸上，兵十万。项羽欲第二天击破沛公军。适逢项伯欲救张良，私自至沛公军。刘邦由此结交项伯，并善待他。项伯归去，劝说项羽。第二天，刘邦又带领张良、樊哙等百余骑，到鸿门谢罪。项羽于是作罢。

与刘邦截然不同的是，项羽西屠咸阳，焚烧秦宫室，大火数月不息，所过之处无不残破。秦人大失所望，然不敢不服从。

项羽乃大封诸侯，违背怀王之约，封刘邦为汉王，王巴、蜀、汉中，都南郑。汉在秦的西方，更为荒僻。项羽对刘邦颇有防范之心：一是妒忌刘邦先入关；二是怨恨刘邦闭关而不纳诸侯；三是怨恨刘邦入关后的举措收服了人心。项羽把关中一分为三，以秦三降将为王，即以章邯为雍王、司马欣为塞王、董翳为翟王，以防备刘邦。项羽自立为西楚霸王，王楚、梁地九郡，建都彭城；佯尊楚怀王为义帝，实不听其命令；徙之于江南，乃暗中派人杀之。

◎ 原文七

四月，兵罢戏下❶，诸侯各就国。汉王之国，项王使卒三万人从，楚与诸侯之慕从者数万人，从杜南入蚀中。去辄烧绝栈道❷，以备诸侯盗兵袭之，亦示项羽无东意。至南郑，诸将及士卒多道亡归，士卒皆歌思东归。韩信说汉王曰："项羽王诸将之有功者，而王独居南郑，是迁也❸。军吏士卒皆山东之人也，日夜跂而望归❹，及其锋而用之❺，可以有大功。天下已定，人皆自宁，不可复用。❻不如决策东乡❼，争权天下。"

注释

❶ 戏：同"麾"，主帅的大旗。❷ 栈道：阁道。险绝处，旁凿山岩，施版梁为阁。这是用张良计谋。❸ 迁：有罪而迁徙，即贬谪。❹ 跂（qì）：抬脚跟而望。❺ 锋：锋芒。❻ 等到天下大定，人皆思安宁，则难以用兵。❼ 东乡：向东与项羽争夺天下。乡，通"向"。

刘邦在南郑待了不过四个月，即用韩信之计，率兵袭击雍王章邯，平定了雍地；接着，向东略地，塞王司马欣、翟王董翳皆降，还定三秦，刘邦成为真正的关中王。刘邦以封有功之臣土地来激励诸将攻城略地，"诸将以万人若以一郡降者，封万户"；且大赦罪人，以之充兵。善治关中地，"诸故秦苑囿园池，皆令人得田之"，扩大农业生产。刘邦以关中为根据地，接纳反叛项羽的诸侯王及其子弟与诸将及其士兵。张耳失国，投奔刘邦，"汉王厚遇之"。

三、汉楚烽火

汉二年（前205）三月，刘邦听闻项羽杀义帝，袒而大哭，为义帝发丧，临（哭吊）三日。发使者告诸侯："天下共立义帝，北面事之。今项羽放杀义帝于江南，大逆无道。寡人亲为发丧，诸侯皆缟素。悉发关内兵，收三河士，南浮江汉以下，愿从诸侯王击楚之杀义帝者。"

刘邦大骂项羽不忠不义，其大哭义帝，多有对义帝知遇的感激之情，或有一定做戏的成分，其基本目的是率领诸侯向项羽公然宣战。

原文八

是时项王北击齐，田荣与战城阳。田荣败，走平原，平原民杀之。齐皆降楚。楚因焚烧其城郭，系虏其子女。齐人叛之。田荣弟横立荣子广为齐王，齐王反楚城阳。项羽虽闻汉东，既已连齐兵❶，欲遂破之而击汉。汉王以故得劫五诸侯兵❷，遂入彭城。项羽闻之，乃引兵去齐，从鲁出胡陵，至萧，与汉大战彭城灵壁东睢水上，大破汉军，多杀士卒，睢水为之不流。乃取汉王父母妻子于沛，置之军中以为质。当是时，诸侯见楚强汉败，还皆去汉复为楚❸。塞王欣亡入楚。

◎ 注释

❶ 连齐兵：与齐军交战。❷ 劫：挟持，率领。❸ 还（xuán）：通"旋"，迅速。

汉二年三四月，刘邦率领五诸侯兵伐楚。项羽此时正平齐。因此，汉军及诸侯军入彭城。项羽闻之，立即引兵回彭城，与汉军战于东睢水上，多杀敌人，睢水为之不流。睢水一战说明项羽楚军确实善战，其长途从齐奔回，而汉军以逸待劳；如此形势，汉军仍然大败。就军事才能而言，诸侯及其诸将无人能敌项羽。一方面，项羽出身军事世家，耳濡目染的熏陶培养了他卓越的军事才能；另一方面，项羽自反秦以来，能征惯战，在数次战争舞台上磨砺出杰出的军事才能；再一方面，项羽的生命力强大，气势充沛，"力拔山兮气盖世"。刘邦出身平民，受过一定的教育，起事前不过是率领数十百人流窜于芒、砀山中的盗贼。他在反秦过程中也经历了数战，但大多数不是硬碰硬、以弱胜强的死战。刘邦有谋略，但究竟不是帅才。此时的韩信因缺少独当一面的实战经验，而也不能成为帅才。睢水一战乃是楚汉最初的一次大战，刘邦的反楚之路遭受严重的挫折。

汉军退至荥阳，诸败军皆会。楚军至荥阳，汉败楚。汉楚相拒于荥阳，汉不能东，楚也不能西。汉三年（前204），刘邦令张耳与韩信东下井陉击赵，斩陈余、赵王歇。

◎ 原文九

汉王军荥阳南，筑甬道属之河❶，以取敖仓❷。与项羽相距岁余。项羽数侵夺汉甬道，汉军乏食，遂围汉王。汉王请和，割荥阳以西者为汉。项王不听。汉王患之，乃用陈平之计，予陈平金四万斤，以间疏楚君臣。于是项羽乃疑亚父。亚父是时劝项羽遂下荥阳，及其见疑，乃怒，辞老，愿赐骸骨归卒伍，未至彭城而死。

汉军绝食，乃夜出女子东门二千余人❸，被甲，楚因四面击之。将军纪信乃乘王驾，诈为汉王，诳楚❹，楚皆呼万岁，之城东观，以故汉王得与数十骑出西门遁。

⊙ 注释

❶ 甬（yǒng）道：两旁筑有土墙的交通线。属：连接。❷ 敖仓：秦人在荥阳西北的敖山上建有大粮仓。❸ 女子：妇女与孩子。❹ 诳：欺骗。

荥阳之围使刘邦如釜中之鱼。陈平之计离间楚君臣的关系，楚君臣不和，范增一怒之下辞老归去，对军心有一定的影响。刘邦夜出两千余妇女和孩子，招诱楚军击杀；纪信抱必死之心，乘汉王驾，假为汉王，从而使刘邦遁出西门。刘邦虽逃出，但是以牺牲二千余无辜的妇女和孩子作为代价的。

刘邦入关收兵，不久出关，引兵驻守成皋。项羽破荥阳，遂围成皋。刘邦逃出成皋，楚破成皋。

汉四年（前203），楚汉的主力军队仍相拒于荥阳、成皋一带，刘邦不能东进，项羽也不能西进。刘邦使韩信平齐，又使彭越战于梁地。项羽陷入了三面受敌的困境。

⊙ 原文十

楚汉久相持未决，丁壮苦军旅，老弱罢转饷❶。汉王、项羽相与临广武之间而语。项羽欲与汉王独身挑战。汉王数项羽曰❷："始与项羽俱受命怀王，曰先入定关中者王之，项羽负约，王我于蜀汉，罪一。项羽矫杀卿子冠军而自尊，罪二。项羽已救赵，当还报，而擅劫诸侯兵入关，罪三。怀王约入秦无暴掠，项羽烧秦宫室，掘始皇帝冢，私收其财物，罪四。又强杀秦降王子婴，罪五。诈坑秦子弟新安二十万，王其将，罪六。项羽皆王诸将善地，而徙逐故主，令臣下争叛逆，罪七。项羽出逐义帝彭城，自都之，夺韩王地，并王梁楚，多自予，罪八。项羽使人阴弑义帝江南，罪九。夫为人臣而弑其主，杀已降，为政不平，主约不信，天下所不容，大逆无道，罪十也。吾以义兵从诸侯诛残贼，使刑余罪人击杀项羽，何苦乃与公挑战！"项羽大怒，伏弩射中汉王❸。汉王伤胸，乃扪足曰❹："虏中吾指！"汉王病创卧，张良强请汉王起行劳军，以安士卒，毋令楚乘胜于汉。汉王出行军❺，病甚，因驰入成皋。

注释

❶罢：通"疲"。❷数（shǔ）：责备，数说。❸伏弩：暗中射箭。伏，藏匿。❹扪（mén）：摸。❺行（háng）军：士兵队列。

刘邦义正词严地数落项羽十罪，以提振自己军队的士气，打压楚军的气焰。项羽实只有九罪，最后一罪乃是总计之语，其事皆在前条，从事理上难别为一罪。但为了加强气势，刘邦所罗列罪状不免前后重复，或不合逻辑，或夸张渲染。刘邦以十罪而责项羽，使项羽大怒，丧失理智，伏弩射中刘邦。刘邦为了稳定军心，故曰"虏中吾指"，举止泰然不变。《史记会注考证》曰："变起仓猝，而举止泰然如此，汉皇非徒木强人也。"

此时，彭越将兵居梁地，往来苦楚兵，绝其粮食。田横往从之。齐王信又进击楚。项羽恐惧，乃与刘邦约"中分天下"：割鸿沟以西者为汉，鸿沟以东者为楚。项羽归还刘邦父母妻子，军中皆呼万岁。项羽解而东归。刘邦欲引兵西归，用留侯、陈平计，乃进兵追项羽。汉五年（前202）十二月，刘邦与诸侯军共击楚军，与项羽决胜垓下。项羽兵败，自刎于乌江。至此，楚汉的战争结束。乱世中遵循成王败寇的法则，只讲成败，不论是非。刘邦不守"中分天下"之约，也无可非议。

四、卒成帝业

汉五年（前202）二月，刘邦在定陶即位为皇帝。汉王国政权发展成为汉帝国政权，刘邦集团由汉王国的统治阶层转化为汉帝国的统治阶层。

◎ 原文十一

> 正月❶，诸侯及将相相与共请尊汉王为皇帝。汉王曰："吾闻帝贤者有也，空言虚语，非所守也，吾不敢当帝位。"群臣皆曰："大王起微细，诛暴逆，平定四海，有功者辄裂地而封为王侯。大王不尊号，皆疑不信❷。臣等以死守之。"汉王三让，不得已，曰："诸君必以为便，便国家。❸"甲午❹，乃即皇帝位氾水之阳❺。

◎ 注释

❶ 正月：汉五年一月。❷ 人心皆疑虑不安。❸ 诸君以为便，即便于国家。❹ 二月甲午。❺ 氾（fán）水：古水名。《正义》引张晏之言曰"取其泛爱弘大而润下"。

诸侯及将相之请立刘邦为皇帝的理由，一是其功高，一是其德厚。其功，即用武力亡秦灭楚；其德，即施行封赏，刘邦根据其集团成员之功的小大给予相应的赏赐和分封，众人感恩戴德。

项羽没有政治眼光，停留在霸业；灭秦之后，自封为西楚霸王以节制诸侯王；而刘邦亡楚之后则立即登天子之位，号皇帝，一统天下，成就帝业。刘邦大封诸侯：齐王韩信徙为楚王，彭越为梁王，韩王信为韩王，衡山王吴芮为长沙王，黥布为淮南王，臧荼为燕王，张敖为赵王。这七位诸侯王皆是异姓，分封的原因，一是出于军功；二是出于当时形势的要求，而非出于周之分封的亲亲之情。萧何、曹参等一百余位战将功臣被封为列侯。刘邦向来看淡钱财，喜欢施舍。在亡秦灭项的过程中，一方面为了勉励诸将，另一方面也基于喜欢施舍的品性，刘邦往往分封诸将甚厚，故得诸将以死效力。

五月，兵罢皆归家。

原文十二

高祖置酒洛阳南宫。高祖曰："列侯诸将，无敢隐朕❶，皆言其情。吾所以有天下者何？项氏之所以失天下者何？"高起、王陵对曰："陛下慢而侮人，项羽仁而爱人。然陛下使人攻城略地，所降下者因以予之，与天下同利也。项羽妒贤嫉能，有功者害之，贤者疑之，战胜而不予人功，得地而不予人利，此所以失天下也。"高祖曰："公知其一，未知其二。夫运筹策帷帐之中❷，决胜于千里之外，吾不如子房。镇国家，抚百姓，给馈饷，不绝粮道，吾不如萧何。连百万之军❸，战必胜，攻必取，吾不如韩信。此三者，皆人杰也，吾能用之，此吾所以取天下也。项羽有一范增而不能用，此其所以为我擒也。"

注释

❶无敢隐朕：不要说假话骗我。❷筹策：计算的筹码，引申为谋策。❸连：连接。

高起、王陵是刘邦集团的功臣元老，他们的意见代表了众人的看法。他们一致认为刘邦之所以得天下在于"与天下同利也"，即与有功者同利，与部下共享战胜的成果。诸将论功行赏，封王封侯，就是共天下之义，这一点与项羽不同。

刘邦承认此一原因，但不愿深及。他认为自己能得天下，是善于知人、用人。知人，即知人之才能的长短、优劣；用人，即根据才能的长短优劣而用之，且信之不疑，用之不忌。萧何、张良、韩信为汉之三杰，其才能各有侧重，刘邦能知之任之。刘邦的知人善任，还表现在对贤才少求全责备，给予一定的宽容。刘邦知陈平的品性不太好，贪钱好色。陈平要金钱以施行反间计，刘邦慷慨地给他四万金，任其花费。刘邦可能知陈平会留下一部分金钱私用，但不问不管。还有些诸侯和将领开始叛汉，后又复归汉，刘邦不计前嫌，皆能善待而用之。

刘邦欲长都洛阳，齐人刘敬与留侯劝他入都关中。刘邦能察纳雅言。当日起驾，入都关中。六月，大赦天下。

五、平定叛乱

刘邦即天子位，定都长安，似乎可以安居长安，休养生息。多年的征战使刘邦的形体多受创伤，心理也备受损耗。但天下总有局部的扰攘不宁。刘邦在楚汉之际因当时形势而分封的异姓诸侯王，拥有大片的土地和民众，其势力易于形成割据。刘邦又开始了剪除异姓诸侯王的征程，或刘邦又开始了平定叛乱的征程。蒯成侯泣曰："始秦攻破天下，未尝自行，今上常自行，是为无人可使者乎？"（《傅靳蒯成列传》）汉平叛数年，刘邦亲自率军征伐。

汉五年（前202）七月，燕王臧荼谋反。臧荼原是项羽所封，后来投奔刘邦，因畏惧刘邦秋后算账，故先谋反。刘邦自将击之，得燕王臧荼，而立太尉卢绾为燕王。卢绾一直侍奉刘邦，他们的感情深厚，刘邦出于恩情而封卢绾。

《韩信卢绾列传》：

> 卢绾者，丰人也，与高祖同里。卢绾亲与高祖太上皇相爱，及生男，高祖、卢绾同日生，里中持羊酒贺两家。及高祖、卢绾壮，俱学书，又相爱也。里中嘉两家亲相爱，生子同日，壮又相爱，复贺两家羊酒。高祖为布衣时，有吏事辟匿，卢绾常随出入上下。及高祖初起沛，卢绾以客从，入汉中为将军，常侍中。从东击项籍，以太尉常从，出入卧内，衣被饮食赏赐，群臣莫敢望，虽萧曹等，特以事见礼，至其亲幸，莫及卢绾。绾封为长安侯。长安，故咸阳也。

汉六年（前201）十二月，有人告发楚王韩信谋反。刘邦用陈平计策，伪游云梦，会诸侯于陈。韩信迎接，刘邦因系缚韩信而将其带回到长安，降韩信为淮阴侯。

汉七年（前200），匈奴攻韩王信于马邑，"信因与谋反太原"。刘邦自往击之。适逢天大寒，"士卒堕指者十二三"，遂至平城。匈奴兵围困汉军七日，刘邦用陈平计策解围。

汉八年（前199），刘邦东击韩王信余寇于东垣，路过赵国。赵相国贯高等谋弑刘邦，"高祖心动，因不留"，而逃脱一劫。汉九年（前198），贯高等事被发觉，刘邦夷其三族，降赵王张敖为宣平侯。

汉十年（前197）八月，赵相国陈豨反于代地。刘邦东往击之。

汉十一年（前196），刘邦在邯郸诛杀陈豨等未毕，又继续追讨陈豨的诸将。汉十一年春，刘邦在外征战，淮阴侯谋反于关中，吕后用萧何计策诛韩信，夷其三族。汉十一年夏，梁王彭越谋反，被夷灭三族。

汉十一年七月，淮南王黥布反。刘邦自往击之。

汉十二年（前195）十月，刘邦击破黥布军，黥布仓惶逃走。刘邦令别将追之，终斩布头。

汉十二年十月，刘邦以帝王之尊还归沛丰，衣锦还乡。

六、衣锦还乡

◎ 原文十三

高祖还归，过沛，留。置酒沛宫，悉召故人父老子弟纵酒❶，发沛中儿得百二十人，教之歌。酒酣❷，高祖击筑❸，自为歌诗曰："大风起兮云飞扬❹，威加海内兮归故乡❺，安得猛士兮守四方！"令儿皆和习之。高祖乃起舞，慷慨伤怀，泣数行下。谓沛父兄曰："游子悲故乡。吾虽都关中，万岁后吾魂魄犹乐思沛。且朕自沛公以诛暴逆，遂有天下，其以沛为朕汤沐邑❻，复其民❼，世世无有所与。"沛父兄诸母故人日乐饮极欢，道旧故为笑乐。十余日，高祖欲去，沛父兄固请留高祖。高祖曰："吾人众多，父兄不能给。"乃去。沛中空县皆之邑西献。高祖复留止，张饮三日❽。沛父兄皆顿首曰："沛幸得复，丰未复，唯陛下哀怜之。"高祖曰："丰吾所生长，极不忘耳，吾特为其以雍齿故反我为魏❾。"沛父兄固请，乃并复丰，比沛。

注释

❶ 纵酒：尽情饮酒。❷ 酣：不醒不醉曰酣。❸ 筑：古乐器，似琴，有弦，用竹击之。❹ 风起云飞，喻群雄竞逐而天下纷乱。❺ 威加海内：一统天下。❻ 汤沐邑：赋税供汤沐之具。❼ 复：免除租税和徭役。❽ 张饮：在郊外搭起帷帐饮酒。张，通"帐"。❾ 因为丰当初背叛了刘邦。《史记会注考证》引中井积德之言曰："前年营新丰，诸故人皆徙焉，故此行过沛而不入于丰，赐复之不急，或以是也。而不出于口者，避少恩之嫌耳。"

刘邦以帝王之尊还乡，自然得意洋洋，与沛县父老兄弟相处甚欢；酒酣击筑，自为歌诗，慷慨伤怀，泣下数行。刘邦的思想情感复杂深沉：一是夸赞自己起兵以来，历经数年的征战，终于夺取天下，而践帝祚；二是悲慨游子年老思故乡；三是忧虑天下尚不安宁。刘邦的个性较为率性任情，因此，他所唱的《大风歌》言语平实，但气象非凡，表现出一代帝王的阔大胸襟与高远视野。《史记会注考证》引朱熹之言曰："《大风歌》，正楚声也，亦名《三侯之章》。自千载以来，人主之词，未有若是壮丽而奇伟者也。"

楚为刘邦集团之故国，其核心成员基本上皆为楚人，对楚有深厚的文化归属感。刘邦集团曾先后归属于陈胜之楚、景驹之楚、项梁之楚、怀王之楚、项羽之楚。特别是怀王与项羽之楚，因二人是刘邦之直接旧主封君，而与刘邦集团有千丝万缕的恩怨联系。汉建国以前，刘邦为楚国集团的一部分，直接归属于楚的建制。建国以后，不仅其基干为楚军旧部，且有大量楚人私从跟随。在楚汉相持的五年中，刘邦集团尽可能网罗楚军旧部，楚人源源不断地背楚归汉。因此，刘邦善于楚歌，其宠姬戚夫人善于楚舞。

刘邦回到长安，疾愈甚，愈欲易太子。《留侯世家》：

戚夫人泣，上曰："为我楚舞，吾为若楚歌。"歌曰："鸿鹄高飞，一举千里，羽翮（hé，翅膀）已就，横绝四海。横绝四海，当可奈何！虽有矰（zēng）缴（zhuó）（系绳的短箭），尚安所施！"歌数阕，戚夫人嘘唏流涕，上起去，罢酒。

吕后、太子的羽翼已成，无法更立太子了，刘邦甚无奈和悲戚。刘邦末年的主要一忧，是他死后，戚姬及其子赵王如意将遭到吕后的残害。作为一代帝王，他没有办法保护他们。《张丞相列传》：

居顷之，赵尧侍高祖。高祖独心不乐，悲歌，群臣不知上之所以然。赵尧进请问曰："陛下所为不乐，非为赵王年少而戚夫人与吕后有郤邪？备万岁之后而赵王不能自全乎？"高祖曰："然。吾私忧之，不知所出。"

刘邦自然没有想到，吕后在他死后是如此残暴而毫无人性地诛杀戚夫人与赵王。

刘邦出身微贱，成为帝王后衣锦还乡，在后世成为美谈，并成为戏剧、小说的材料。元代著名的散曲作家睢景臣创作的《哨遍·高祖还乡》最为著名。帝王的衣锦还乡是一个传统的题材。通常情况下，我们只要一说到帝王的衣锦还乡，就一定会"自动化"地联想到盛大隆重的场面：仪仗队伍庞大，随从人员众多，宫女衣饰华丽，大臣恭敬严肃，小民叩头朝拜等。多少朝代以来，我们就在这种思维模式中，在这种惯常化的话语系统中，接受着帝王还乡的故事。

在阅读《哨遍·高祖还乡》之前，由于平时从其他方面获得的社会、历史知识，我们已形成了先入之见。根据哲学解释学的理论，这是理解的前结构。我们带着先见阅读作品，先见在与文本的冲突中不断得到修正，最终与文本视域融合。如果冲突较小，则解释者的先见修正的程度小，往往不能激发解释者的阅读兴趣。反之，则否。根据接受美学的理论，这种在阅读作品前即形成的先入之见，被称为"期待视野"。期待视野如与作品基本吻合，则不能引起接受者的兴趣。如果对事物作变形处理，改变事物的原有形象，则事物在读者的心目中发生变异，熟悉变得陌生，所谓"艺术的陌生化"。在日常生活中，人们对常见的事物已失去了敏锐的感觉，以至于视而不见、听而不闻，即产生"自动化"的迟钝。这就需要运用一种"陌生化"的艺术手法，帮助人们克服"自动化"的迟钝艺术感觉，唤醒、恢复、激发人们对艺术作品的新鲜感受。

《哨遍·高祖还乡》正是运用了"陌生化"的艺术手法，从一个无知乡民的视角来看、想、言说。一个乡民，没有见过多少世面，对外界社会的变化也了解甚少。他所看所想的，与文化人不同，他的话语系统也有独特的风格。这就产生了新奇、陌生的叙述效果。

在乡民的眼里，我们看到的是另外一番景象。

"一彪人马"，没有了皇家的气派，倒有了一股匪气、寇味。日旗、月旗、凤旗的神圣庄严被解构了，变得不伦不类、荒诞无稽，简直是胡闹和恶作剧的产物。仪仗队伍中的兵器本来是表现威严的气氛，但现在是"甜瓜苦瓜黄金镀"。

刘邦也被撕下真龙天子的"面具"，成了"那大汉"，是乡里乡亲都认识的"刘三"，曾经偷偷摸摸、耍奸使滑、泼皮无赖。刘邦称帝之后，有自己的封号，以显示其神圣庄严，而在乡民看来，刘邦只是改姓更名。

《哨遍·高祖还乡》中有如下段落：

[一煞] 春采了桑，冬借了俺粟，零支了米麦无重数。换田契强秤了麻三秤，还酒债偷量了豆几斛，有甚糊突处。明标着册历，见放着文书。

[尾] 少我的钱差发内旋拨还，欠我的粟税粮中私准除。只通刘三谁肯把你揪捽（zuó）住，白甚么改了姓更了名唤做汉高祖。

因此，高祖还乡的一件盛事，在一个无知的乡民眼里，只是不伦不类的怪诞和嬉笑怒骂的调侃，那种帝王衣锦还乡的神圣和庄严荡然无存。这与我们的"前理解"产生了差异，给作品带来了一种超乎寻常的新奇效果。

经过艺术的变形处理和叙述角度的转换，作品产生了意想不到的喜剧效果。什么是喜剧？就是"将那无价值的撕破给人看"（鲁迅语）。乡民的无知、误解与真实杂糅在一起。在惯常的神圣、权威和庄严的背后，有肮脏和粗俗的真实一面，把这粗俗的一面揭示出来，与惯常的神圣和威权形成强烈的反差，可达到对专制皇权的嘲弄、反讽之目的。

七、高祖去世

汉十二年（前195）十一月，刘邦回到长安。因为他在率军击黥布时，为流矢所中，在路上箭伤复发，病甚。

◎ 原文十四

……吕后迎良医。医入见，高祖问医。医曰："病可治。"于是高祖嫚骂之曰❶："吾以布衣提三尺剑取天下，此非天命乎？命乃在天，虽扁鹊何益❷！"遂不使治病，赐金五十斤罢之❸。已而吕后问："陛下百岁后，萧相国即死，令谁代之？"上曰："曹参可。"问其次，上曰："王陵可。然陵少戆❹，陈平可以助之。陈平智有余，然难以独任。周勃重厚少文，然安刘氏者必勃也，可令为太尉。"吕后复问其次，上曰："此后亦非尔所知也。"

◎ 注释

❶ 嫚（màn）：轻视，侮辱。❷ 即使扁鹊再生也不能医治。❸ 罢：免退。
❹ 戆（zhuàng）：刚直而粗疏。

刘邦有病不治，可能是他自知病入膏肓，即使扁鹊再生也不能救，故听天由命。

刘邦知人，对于自己死后相国的安排得当。

◎ 原文十五

四月甲辰，高祖崩长乐宫。四日不发丧。吕后与审食其谋曰："诸将与帝为编户民❶，今北面为臣，此常怏怏❷，今乃事少主，非尽族是❸，天下不安。"人或闻之，语郦将军❹。郦将军往见审食其，曰："吾闻帝已崩，四日不发丧，欲诛诸将。诚如此，天下危矣。陈平、灌婴将十万守荥阳，樊哙、周勃将二十万定燕、代，此闻帝崩，诸将皆诛，必连兵还乡以攻关中❺。大臣内叛，诸侯外反，亡可翘足而待也。"审食其入言之，乃以丁未发丧，大赦天下。

……

丙寅，葬。己巳，立太子，至太上皇庙。群臣皆曰："高祖起微细，拨乱世反之正，平定天下，为汉太祖，功最高。"上尊号为高皇帝❻。太子袭号为皇帝，孝惠帝也。令郡国诸侯各立高祖庙，以岁时祠。

及孝惠五年，思高祖之悲乐沛，以沛宫为高祖原庙❼。高祖所教歌儿百二十人，皆令为吹乐，后有缺，辄补之。

高帝八男：长庶齐悼惠王肥；次孝惠，吕后子；次戚夫人子赵隐王如意；次代王恒，已立为孝文帝，薄太后子；次梁王恢，吕太后时徙为赵共王；次淮阳王友，吕太后时徙为赵幽王；次淮南厉王长；次燕王建。

太史公曰：夏之政忠❽。忠之敝，小人以野❾，故殷人承之以敬❿。敬之敝，小人以鬼，故周人承之以文⓫。文之敝，小人以僿⓬，故救僿莫若以忠。三王之道若循环，终而复始。周秦之间，可谓文敝矣。秦政不改，反酷刑法，岂不缪乎？故汉兴，承敝易变，使人不倦，得天统矣⓭。

注释

❶编户民：平民百姓。❷怏（yàng）怏：心中不快。❸若不把他们尽灭族。❹郦将军：郦商，郦食其之弟。❺还乡：回兵向内。❻尊号：谥号。❼原庙：第二宗庙。❽忠：质厚。❾野：粗野，少礼节。❿敬：多威仪，敬天地、事鬼神等。⓫文：文采，指礼节、仪容等。⓬僿（sài）：薄，苟习文法，而内心不诚实。⓭天统：天序。

汉十二年四月二十五日，刘邦崩于长乐宫，结束了他坎坷而辉煌的一生。刘邦自四十八岁起事以来，到六十二岁病逝，几乎年年暴衣露盖，征战于外。他历经无数艰辛，形体和精神倍加伤损。开国之君实是天才英雄，得天下艰难，后世守成之君应常思开国之君的苦痛和艰辛，而善守其国。

司马迁认为，三王之道终而复始，循环往复，乃是天统；汉承秦之文敝（严刑酷罚）而易变，减省刑法，无为而治，顺应天统。班固说：

初，高祖不修文学，而性明达，好谋，能听，自监门戍卒，见之如旧。初顺民心约法三章。天下既定，命萧何次律令，韩信申军法，张苍定章程，叔孙通制礼仪，陆贾造《新语》。又与功臣剖符作誓，丹书铁契，金匮石室，藏之宗庙。虽日不暇给，规摹弘远矣。（《汉书·高帝纪》）

八、侮人不敬

刘邦是一位天才英雄。所谓天才英雄，即生而具有英雄天资，适逢天才时代（改朝换代的动乱时代），而成就帝王功业的人。刘邦是平民出身，没有受过多少文化礼乐的陶养。他有充沛的生命气象，豁达大度，悟性极高，心思极灵极活，不受任何成规成矩的制约，而一任其生命的真纯以适于事、合于心。他自视甚高，目中无人，常狎侮人，这是天才英雄所拥有的超越一切、俯视一切的品质。牟宗三说："刘邦之在斯世，乃一赤裸裸之原始生命也。无任何世家门第可言，无任何文化装饰可凭，只是蒙昧中一片灵光，而独辟草莱也。"[①]

刘邦自足无待，侮人不敬，喜欢狎侮他人，骂人而不伤人。他不持一钱，却谎说"贺钱万"，坐上座，狎侮众吏。他之欺骗、狎

[①] 牟宗三：《历史哲学》，广西师范大学出版社，2007，第135页。

侮是出于生命的原始意象，而与人为的欺诈、侮辱有所不同。

《张丞相列传》：

（周）昌为人强力，敢直言，自萧、曹等皆卑下之。昌尝燕时（休息时）入奏事，高帝方拥戚姬，昌还走，高帝逐得，骑周昌项，问曰："我何如主也？"昌仰曰："陛下即桀纣之主也。"于是上笑之，然尤惮周昌。

刘邦不讲礼节，狎侮大臣，表现出其率性、真情的一面。刘邦之嫚骂无礼，也是他的风姿之一。他骂人而不伤人，颇具有艺术性。

《郦生陆贾列传》：

沛公至高阳传舍，使人召郦生。郦生至，入谒，沛公方踞床使两女子洗足，而见郦生。郦生入，则长揖不拜，曰："足下欲助秦攻诸侯乎？且欲率诸侯破秦也？"沛公骂曰："竖儒！夫天下同苦秦久矣，故诸侯相率而攻秦，何谓助秦攻诸侯乎？"郦生曰："必聚徒合义兵诛无道秦，不宜倨（jù，傲慢）见长者。"于是沛公辍洗，起摄衣（起身整理衣服），延郦生上坐，谢之。

郦生，即郦食（yì）其（jī），好读书，好辩善辩，颇有谋略。刘邦见郦生，轻慢无理，踞床让两女子洗脚。郦生本性狂放，故不跪拜，且言语大不敬。刘邦因而大骂郦生为竖儒。但郦生的一番道理，立即警醒刘邦。刘邦悟性高，且灵活，立即接受郦生的训斥，请郦生上坐，并谢罪。刘邦从骂人到敬人的曲折转变，是出于率性任真，而不是虚假做作。刘邦一向对传承礼乐文化的儒者很厌恶。《郦生陆贾列传》："沛公不好儒，诸客冠儒冠来者，沛公辄解其冠，溲（sōu）溺（niào）其中。与人言，常大骂。未可以儒生说也。"儒生通常带着一种儒冠。若儒生拜见，则刘邦揭下其儒冠，且在冠中撒尿。这简直是恶作剧。由其可见他对儒生的厌恶，对儒生所代表的礼乐文化的蔑视。

《郦生陆贾列传》：

陆生时时前说称《诗》《书》。高帝骂之曰："乃公居马上而得之，安事《诗》《书》！"陆生曰："居马上得之，宁可以马上治之乎？且汤武逆取而以顺守之，文武并用，长久之术也。昔者吴王夫差、智伯极武而亡；秦任刑法不变，卒灭赵氏。乡使秦已并天下，行仁义，法先圣，陛下安得而有之？"高帝不怿而有惭色，乃谓陆生曰："试为我著秦所以失天下，吾所以得之者何，及古成败之国。"

刘邦自称"乃公"，侮人不敬。陆贾是汉初的著名儒者，以传承"六艺"为事业。他时时在刘邦面前称说《诗》《书》，刘邦谩骂之。但陆贾的一番言论，颇有道理，刘邦悟性高，马上就能理解。他虽心中不快而面露惭色，但立即请求陆贾著书以总结国家兴亡之道。牟宗三说："（刘邦）呈天资而服善，好简易而从理：固未曾僵滞于其主观之资质中而不化也。"①

《淮阴侯列传》：

汉四年，遂皆降平齐。使人言汉王曰："齐伪诈多变，反覆之国也，南边楚，不为假王以镇之，其势不定。愿为假王便。"当是时，楚方急围汉王于荥阳，韩信使者至，发书，汉王大怒，骂曰："吾困于此，旦暮望若来佐我，乃欲自立为王！"张良、陈平蹑（niè，踩）汉王足，因附耳语曰："汉方不利，宁能禁信之王乎？不如因而立，善遇之，使自为守。不然，变生。"汉王亦悟，因复骂曰："大丈夫定诸侯，即为真王耳，何以假为！"乃遣张良往立信为齐王，征其兵击楚。

这段文字颇为生动传神。刘邦前后有两骂：前一骂，是骂韩信要自立为王，而不救荥阳之困；后一骂，是骂韩信作为大丈夫，要做真王，何以假为。刘邦的悟性极高，张良、陈平一蹑足、附耳，即能明白当下的形势及其中的道理。刘邦的转化非常迅捷，且转化是情感上一怒一喜的断裂性转化。前称韩信为"若"，不敬，后称韩信为"大丈夫"，敬而有之；前不许韩信"假王"，今许之"真王"。我们读此段文字，一方面能见到刘邦的转化之捷，另一面也能欣赏司马迁用笔的出神入化。

汉七年，韩信谋反，刘邦自往击之。至晋阳，刘邦闻韩信与匈奴欲共击汉，大怒，使人出使匈奴。匈奴隐藏其壮士、肥牛马，四

---

① 牟宗三：《历史哲学》，广西师范大学出版社，2007，第138页。

处只见老弱及羸畜。十批使者回来，皆言匈奴可击。刘邦派刘敬再次出使匈奴，刘敬还报曰："两国相击，此宜夸矜见所长。今臣往，徒见羸瘠老弱，此必欲见短，伏奇兵以争利。愚以为匈奴不可击也。"是时，二十万汉兵已行。刘邦怒骂刘敬曰："齐虏，以口舌得官，今乃妄言沮（jǔ，阻滞）吾军。"刘邦械系刘敬于广武，遂前往平城。至平城，匈奴果出奇兵，围刘邦于白登七日，然后得解。刘邦至广武，赦刘敬曰："吾不用公言，以困平城。吾皆以斩前使十辈言可击者矣。"乃封刘敬二千户，为关内侯，号为建信侯。（《刘敬叔孙通列传》）刘邦怒骂刘敬，言语甚难听，正切中刘敬的痛处。刘敬是齐人，齐人在楚汉相争之际屡次叛乱，反复无常，故刘邦谓之"齐虏"。刘敬因劝说刘邦建都关中而封侯，并没有取得多少战功，故刘邦轻视之，认为其因口舌得官。匈奴果然出奇兵围困刘邦七日。刘邦知错认错，亲自到广武，赦免刘敬，并说："吾不用公言，以困平城。"在称呼上从"齐虏"改为"公"。

据《魏豹彭越列传》，项羽开始立魏豹为魏王，魏豹引精兵跟随项羽入关。汉元年，项羽封诸侯，欲占有梁地，乃徙魏豹于河东，为西魏王。魏豹颇怨恨。刘邦还定三秦，东攻项羽，魏豹投奔汉，遂从汉王击楚于彭城。汉败，还至荥阳。魏豹请归探亲，至国，即背叛汉。刘邦派郦生游说魏豹。魏豹曰："人生一世间，如白驹过隙耳。今汉王慢而侮人，骂詈诸侯群臣如骂奴耳，非有上下礼节也，吾不忍复见也。"于是刘邦派遣韩信击魏豹于河东，"传诣荥阳，以豹国为郡"。刘邦令魏豹守荥阳。楚围之急，周苛遂杀魏豹。魏豹原为魏国的贵族，受到良好的教育，知礼节。刘邦出身于平民，嫚骂无理，对于魏豹这样的六国旧贵族，尤不能忍受。

据《张耳陈余列传》，汉七年，刘邦从平城还，过赵，赵王张敖朝夕尽心侍奉，"自上食，礼甚卑，有子婿礼"。刘邦"箕踞詈，甚慢易之"。赵相贯高、赵午等年六十余，曾为张耳的宾客。他们生平为气，非常愤怒，劝赵王曰："夫天下豪杰并起，能者先立。

今王事高祖甚恭，而高祖无礼，请为王杀之！"张敖咬指出血，曰："君何言之误！且先人亡国，赖高祖得复国，德流子孙，秋豪皆高祖力也。愿君无复出口。"汉八年，当刘邦从东垣还，过赵，贯高等十余人拟刺杀刘邦。刘邦欲宿，心动，不宿而去，逃脱一劫。汉九年，贯高等谋杀事发。赵王张敖被迁为宣平侯，贯高等自杀。张耳是魏国的名士，其宾客皆为天下的俊杰。他们知书识礼，自然不能忍受刘邦的无礼詈骂。

《黥布列传》：

项籍死，天下定，上置酒。上折随何之功，谓何为腐儒，为天下安用腐儒。随何跪曰："夫陛下引兵攻彭城，楚王未去齐也，陛下发步卒五万人，骑五千，能以取淮南乎？"上曰："不能。"随何曰："陛下使何与二十人使淮南，至，如陛下之意，是何之功贤于步卒五万人骑五千也。然而陛下谓何腐儒，为天下安用腐儒，何也？"上曰："吾方图子之功。"乃以随何为护军中尉。

高帝骂随何为腐儒，不敬而折其功。随何的一番话语，使刘邦立即醒悟，拜随何为护军中尉。

刘邦之气至死不衰。一番嫚骂，有病而不治，提出"命乃在天"，则天资自足。

钱钟书《围城》：

撒谎骗人该像韩学愈那样才行，要有勇气坚持到底。自己太不成了，撒了谎还要讲良心，真是大傻瓜。假如索性大胆老脸，至少高松年的欺负就可以避免。老实人吃的亏，骗子被揭破的耻辱，这两种相反的痛苦，自己居然一箭双雕地兼备了。鸿渐忽然想，近来连撒谎都不会了。因此恍然大悟，撒谎往往是高兴快乐的流露，也算得一种创造。一个身心通适，精力充沛，会不把顽强的事实放在眼里，觉得有本领跟现状开玩笑。直到忧患穷困的时候，人穷智短，谎话都讲不好的。

钱先生精通世事人情。一个自卑的人，往往不敢讲谎话；即使有时撒谎，也讲不好。说谎是自足无待的表现。

/ 第八章 /

"萧规曹随"
——汉名相的传记

《史记》有《萧相国世家》《曹相国世家》两篇传记。"世家",本是记录诸侯王的世系。萧何、曹参是列侯,原没有入世家的资格。司马迁以之为世家,主要是表彰他们为汉家所建立的丰功伟绩,萧何功第一,曹参功第二。他们皆为汉名相,"位冠群臣,身施后世"。在汉初分封的一百余位列侯中,萧何、曹参、张良、陈平、周勃等对汉家所产生的作用最大,不能把他们平均化于列侯中,故司马迁置之世家予以特别突出。由此可知,司马迁立世家不仅有客观的标准,也有价值评价的意义。

萧何、曹参皆是沛丰人,与刘邦同乡,最早跟从刘邦起义,与刘邦的关系亲密。他们皆是秦沛吏出身,萧何是沛主吏掾,曹参为沛狱掾,为沛县豪吏,精通吏事。在秦楚汉之际,萧何一直留守后方,治国理政;而曹参一直在前方打仗,攻城略地,身遭七十创。刘邦即天子位,萧何为汉丞相,曹参为诸侯褒封大国齐丞相。他们在微时友善,及为将相,颇生嫌隙;但是,萧何临死时,不计前嫌,向惠帝推荐曹参为汉相国。曹参代为汉相国,一遵萧何约束,举事无所变更,所谓"萧规曹随"。

第一节　萧何之持家守成

萧何，生年不详，卒于孝惠二年（前193），一生劳苦功高。《萧相国世家》叙述了汉代第一名相萧何的人生遭遇。此传记不长，与萧何一生的事业及其声名颇不对称。从中见出，司马迁在情节结构的编排上独具匠心。

一、守成之功

萧何精通吏治，善于守成。在楚汉相争时，他以丞相留守后方，治事安民，使刘邦在前方打仗具有坚实的后方基础，且又不断地转运粮草、征集士兵到前方。可以说，萧何在文治方面的功劳是非常卓著的，是汉家的第一功臣。但传记较少正面描写萧何在治国安民时的具体事件，传记的一条主线是叙述刘邦和萧何之间的冲突和融合，并以此剪裁史实，结构故事。

◎ 原文一

> 萧相国何者，沛丰人也。以文无害为沛主吏掾❶。
> 　　高祖为布衣时，何数以吏事护高祖。高祖为亭长，常左右之。高祖以吏繇咸阳❷，吏皆送奉钱三，何独以五。
> 　　秦御史监郡者与从事，常辨之❸。何乃给泗水卒史事❹，第一❺。秦御史欲入言征何❻，何固请，得毋行。
> 　　及高祖起为沛公，何常为丞督事❼。沛公至咸阳，诸将皆争走金帛财物之府分之，何独先入收秦丞相御史律令图书藏之❽。沛公为汉王，以何为丞相。项王与诸侯屠烧咸阳而去。汉王所以具知天下厄塞❾、户口多少、强弱之处、民所疾苦者，以何具得秦图书也。

◎ 注释

❶ 文无害：精通法令条文。文，法令条文。一说，虽为文吏而不枉害。

主吏掾（yuàn）：主吏的属官。❷ 高祖作为吏送刑徒到咸阳服劳役。徭：徭役，力徭。❸ 御史认为萧何办事有条理，多谋略。❹ 御史推荐萧何担任泗水郡卒史的工作。❺ 考核第一。❻ 入言征何：入朝进言而征召萧何。❼ 丞：县丞，即副县长。❽ 萧何入丞相御史府，收取法律条文、地理图册、户口档案等材料。❾ 厄塞：险要之地。

刘邦是"沛丰邑中阳里"人，与萧何是正宗的同乡。他们在微时即为朋友。当时，萧何是沛县主吏掾，刘邦是他的下属。刘邦为人大言不惭，好酒及色。萧何以吏事多回护刘邦。刘邦送刑徒去咸阳服役，"吏皆送奉钱三，何独以五"，这是一件微不足道的小事，但能表现二人之间不同寻常的友情。司马迁记录此事，并与后文照应。刘邦大封功臣时，没有忘记当初与萧何的友情，"乃益封何二千户，以帝尝徭咸阳时何送我独赢奉钱二也"。

刘邦入咸阳，诸将争先恐后地奔向富贵之家抢夺财物，"沛公入秦宫，宫室、帷帐、狗马、重宝、妇女以千数，意欲留居之"（《留侯世家》），但萧何独入秦丞相御史府，收藏律令、地理、户籍等文献图书，为刘邦夺取、治理天下创造了必要的条件。

原文二

　　汉王引兵东定三秦，何以丞相留收巴蜀，镇抚谕告❶，使给军食❷。汉二年，汉王与诸侯击楚，何守关中，侍太子，治栎阳❸。为法令约束，立宗庙社稷宫室县邑，辄奏上，可，许以从事；即不及奏上，辄以便宜施行，上来以闻。❹ 关中事计户口转漕给军❺，汉王数失军遁去，何常兴关中卒❻，辄补缺。上以此专属任何关中事。

　　汉三年，汉王与项羽相拒京、索之间，上数使使劳苦丞相❼。鲍生谓丞相曰："王暴衣露盖❽，数使使劳苦君者，有疑君心也。为君计，莫若遣君子孙昆弟能胜兵者悉诣军所❾，上必益信君。"于是何从其计，汉王大说。

注释

❶ 镇抚：安抚。谕告：发布政令。❷ 给（jǐ）：供应。❸ 以栎（yuè）阳为治所。❹ 萧何在后方主政，有事如果来得及奏上，则得到刘邦同意后才实行；有事如果来不及奏上，则自己灵活处理，等刘邦归来后再告之。便（biàn）宜：不须请求而灵活处理。❺ 转漕：征集粮草，通过陆路、水路运给军队。漕，水运。❻ 兴：征发。❼ 数（shuò）：屡次。劳苦：慰劳。❽ 暴（pù）：显露。❾ 胜兵者：胜任带兵打仗者。

萧何精通吏治，善于守成。他一直留守后方，治事安民，制定制度、法令。这使在前方打仗的刘邦具有坚实的后方根据地。萧何不断地转运粮草、征集士兵到前方。

汉二年（前205）至四年（前203）之间，刘邦与项羽相拒于荥阳一带。刘邦时时处于劣势中，将士有怨心，前方甚不稳定。而萧何治理关中，井井有条，民众安居乐业，称赞萧何之德。刘邦颇为担心萧何倾动关中，故猜忌、防范萧何。萧何毕竟不太善于处理君臣之间的复杂关系，但能听从贤能之士鲍生的忠告，化解了此次的危机，于是汉王大悦。

汉五年（前202），刘邦击败了项羽，项羽乌江自刎。刘邦定天下，即帝位，大封功臣。

原文三

汉五年，既杀项羽，定天下，论功行封。群臣争功，岁余功不决。高祖以萧何功最盛，封为酂侯❶，所食邑多。功臣皆曰："臣等身被坚执锐，多者百余战，少者数十合，攻城略地❷，大小各有差。今萧何未尝有汗马之劳，徒持文墨议论，不战，顾反居臣等上❸，何也？"高帝曰："诸君知猎乎？"曰："知之。""知猎狗乎？"曰："知之。"高帝曰："夫猎，追杀兽兔者狗也，而发踪指示兽处者人也。❹今诸君徒能得走兽耳，功狗也❺。至如萧何，发踪指示，功人也❻。且诸君独以身随我，多者两三人。今萧何举宗数十人皆随我，功不可忘也。"群臣皆莫敢言。

　　列侯毕已受封，及奏位次，皆曰："平阳侯曹参身被七十创❼，攻城略地，功最多，宜第一。"上已桡功臣❽，多封萧何，至位次未有以复难之❾，然心欲何第一。关内侯鄂君进曰："群臣议皆误。夫曹参虽有野战略地之功，此特一时之事。夫上与楚相距五岁，常失军亡众，逃身遁者数矣。然萧何常从关中遣军补其处，非上所诏令召，而数万众会上之乏绝者数矣。夫汉与楚相守荥阳数年，军无见粮❿，萧何转漕关中，给食不乏。陛下虽数亡山东，萧何常全关中以待陛下，此万世之功也。今虽亡曹参等百数，何缺于汉？汉得之不必待以全。奈何欲以一旦之功而加万世之功哉！萧何第一，曹参次之。"高祖曰："善。"于是乃令萧何第一，赐带剑履上殿，入朝不趋⓫。

　　上曰："吾闻进贤受上赏。萧何功虽高，得鄂君乃益明。"于是因鄂君故所食关内侯邑封为安平侯⓬。是日，悉封何父子兄弟十余人，皆有食邑。乃益封何二千户，以帝尝繇咸阳时何送我独赢奉钱二也⓭。

注释

❶ 鄼（cuó）：县名，在今河南永城西。❷ 略：夺取。❸ 顾：却。❹ 猎人发现野兽的踪迹，指出其藏身处且给猎狗发号施令。❺ 功狗：功劳比于捕捉野兽的猎狗。❻ 功人：功劳比于发号施令的猎人。❼ 创（chuāng）：伤口。❽ 桡（náo）：屈从。❾ 难（nàn）：责问，反驳。❿ 军中没有现存的粮食。见：现。⓫ 趋：小步快走，表示恭敬。⓬ 关内侯：爵位名，地位仅次于列侯。鄂君的食邑户数不变，爵位升一级。⓭ 赢：余。前以功封，今又推旧恩。

　　刘邦毫不客气地以"功狗""功人"，分别譬喻诸战将与萧何的功绩，虽形象生动，也侮人不敬。这一向是刘邦的性格。诸战将犹如追逐兽兔的猎狗，虽有奔走捕捉之劳，但捕捉兽兔，是受到猎人的发号施令，发号施令之猎人的功劳自然在猎狗之上。实际上，萧何与诸战将皆不过是刘邦的"功狗",刘邦才是真正发号施令的"功人"。

功臣们,尤其是在前方出生入死的战将们,心中颇不服。他们不能认识到萧何的守成之功。传文通过关内侯鄂君之口,肯定了萧何辅助刘邦在亡秦灭项斗争中的重要功绩。一是萧何固守后方,以待刘邦,使得刘邦没有后顾之忧,随时可以退守关中。二是萧何在关中源源不断地支持前方:兴关中卒,补充兵源。三是转运粮草,使军中粮草不乏。这对于汉家来说,确是建立了万世之功,而诸将的战功只是一旦之功。鄂君之纵论萧何与诸将之功是"万世之功"与"一旦之功"的分别,甚为精确,也符合刘邦的心意。最后论定"萧何第一,曹参次之"。刘邦曰:"善。"在这段话中,鄂君在无意中给予刘邦一定的讽刺,即刘邦在前方常常是失军亡众,数次轻身遁逃。

二、君臣相疑

汉二年至四年,楚汉相拒于荥阳一带,刘邦数次陷入困境,颇为怀疑萧何在关中有异心而欲乘机发动政变。刘邦即天子位后,又开始了平叛的事业。他亲自带兵,离开长安,奔走于关东,故又怀疑萧何会倾动关中。

◎ 原文四

汉十一年,陈豨(xī)反,高祖自将,至邯郸。未罢❶,淮阴侯谋反关中,吕后用萧何计,诛淮阴侯,语在《淮阴》事中。上已闻淮阴侯诛,使使拜丞相何为相国,益封五千户,令卒五百人一都尉为相国卫。诸君皆贺,召平独吊❷。召平者,故秦东陵侯。秦破,为布衣,贫,种瓜于长安城东,瓜美,故世俗谓之"东陵瓜",从召平以为名也❸。召平谓相国曰:"祸自此始矣。上暴露于外而君守于中❹,非被矢石之事而益君封置卫者❺,以今者淮阴侯新反于中,疑君心矣。夫置卫卫君,非以宠君也。愿君让封勿受,悉以家私财佐军,则上心说。"相国从其计,高帝乃大喜。

注释

❶未罢：平叛没有结束。❷召（shào）：姓。吊：报忧。❸根据召平的封号来命名。阮籍《咏怀诗（其六）》："昔闻东陵瓜，近在青门外。连畛距阡陌，子母相钩带。五色耀朝日，嘉宾四面会。膏火自煎熬，多财为患害。布衣可终身，宠禄岂足赖。"❹暴（pù）露：暴衣露盖。❺被：遭受。

陈豨反，淮阴又反，刘邦不能不怀疑萧何。萧何长期留守关中，一直享有很高的声誉，关中民只知有萧何，而不知有刘邦。幸运的是，萧何不以功自傲，谨慎小心，也不贪恋财物，深知刘邦的猜忌而时时化解之。萧何听信召平之言，辞受"益封五千户"，且以家产充军，再一次化解了他们之间的嫌隙。

汉十二年（前195），黥布反，刘邦自将击之，又开始猜忌萧何。

原文五

> 汉十二年秋，黥布反，上自将击之，数使使问相国何为。相国为上在军，乃拊循勉力百姓❶，悉以所有佐军，如陈豨时。客有说相国曰："君灭族不久矣。夫君位为相国，功第一，可复加哉？然君初入关中，得百姓心，十余年矣，皆附君，常复孳孳得民和❷。上所为数问君者，畏君倾动关中。今君胡不多买田地，贱贳贷以自污❸？上心乃安。"于是相国从其计，上乃大说。

注释

❶拊（fǔ）循：抚慰，安抚。循，安慰。❷孳孳：通"孜孜"，勤勉不懈。得民和：赢得民众的信任和拥护。❸做放债之类的卑劣之事，来败坏自己的声誉。贳（shì）贷：借贷。

萧何在关中颇得民心，刘邦的猜忌是必然的。萧何为了消解刘邦的疑忌，听从宾客的建议，不惜以贱买民众土地、向民众放高利贷等行为，来达到败坏自己声誉之目的。《白起王翦列传》云："王翦既至关，使使还请善田者五辈。或曰：'将军之乞贷，亦已甚矣。'王翦曰：'不然。夫秦王怚（jǔ，骄矜）而不信人。今空秦国甲士而专委于我，我不多请田宅为子孙业以自坚，顾令秦王坐而疑我邪？'"这与萧何买田宅以自污之事正同。

◎ 原文六

上罢布军归，民道遮行上书❶，言相国贱强买民田宅数千万。上至，相国谒。上笑曰："夫相国乃利民！"❷民所上书皆以与相国，曰："君自谢民❸。"相国因为民请曰："长安地狭，上林中多空地，弃❹，愿令民得入田，毋收稿为禽兽食❺。"上大怒曰："相国多受贾人财物，乃为请吾苑！"乃下相国廷尉，械系之❻。数日，王卫尉侍，前问曰："相国何大罪，陛下系之暴也❼？"上曰："吾闻李斯相秦皇帝，有善归主，有恶自与❽。今相国多受贾竖金而为民请吾苑，以自媚于民❾，故系治之。"王卫尉曰："夫职事苟有便于民而请之❿，真宰相事，陛下奈何乃疑相国受贾人钱乎！且陛下距楚数岁，陈豨、黥布反，陛下自将而往，当是时，相国守关中，摇足则关以西非陛下有也。相国不以此时为利，今乃利贾人之金乎？且秦以不闻其过亡天下，李斯之分过⓫，又何足法哉。陛下何疑宰相之浅也⓬。"高帝不怿。是日，使使持节赦出相国。相国年老，素恭谨，入，徒跣（xiǎn）谢⓭。高帝曰："相国休矣！相国为民请苑，吾不许，我不过为桀纣主，而相国为贤相。吾故系相国，欲令百姓闻吾过也。"

◎ 注释

❶民在道上拦住天子并上书。遮：阻拦。❷刘邦嘲笑：相国是如此利民的？这乃是反语，意即不是给民带来利，而是取民田宅以为己利。❸谢民：向民谢罪。❹荒废。❺把上林中的空地给民作为田地耕种，收了稻谷，把禾秆留给禽兽吃，这是一举两得。稿：禾秆。❻用镣铐等刑具拘禁萧何。❼暴：突然。❽自与：自予。❾自媚于民：求爱于民。❿职：掌管。⓫李斯"有恶自与"，是分担皇帝的过失，从而使皇帝不知过，更加胡

作非为，这不值得效法。❷陛下在此时猜疑萧何，是见识浅短。❸赤脚前来谢罪。

萧何以强买贱买民田宅、向民放高利贷等事情自污，刘邦大喜；但萧何又为民请上林苑田地，是失其本计，刘邦大怒。刘邦最担心的是萧何得民，故系之。此一心病只能隐秘于内，故刘邦以萧何受贾人金作为系萧何的借口。刘邦引李斯"分过"的行为责萧何。王卫尉之开解，虽能使刘邦相信萧何始终没有倾动关中之心，是忠诚者，但仍不能使刘邦消解因萧何得民心而削弱自己威望的怨恨。刘邦不乐，并非颜师古注"感卫尉之言，故惭悔而不悦也"（《汉书》本传）。当赦出的萧何谢罪时，刘邦还是愤愤不平：相国为民请田，我不许而系之，天下之民更知我是桀纣主而您是贤相。"吾故系相国，欲令百姓闻吾过也"，乃是反讽之言。但刘邦究竟豁达大度，且悟性极高，心思极活，最终赦免萧何，并重新用之。

李斯"有善归主，有恶自与"，即法家"尊君卑臣"的思想，董仲舒所谓"是故《春秋》君不名恶，臣不名善，善皆归于君，恶皆归于臣"（《春秋繁露·阳尊阴卑》）。人臣是地，人君是天，天高地低，君尊臣卑。君之地位尊贵，臣之地位卑贱，这与善恶无必然的联系，但法家把身份地位的尊卑贵贱与道德的善恶联系在一起：人君尊贵即善，人臣卑贱即恶。地位等级和道德统一，以爵位代表道德，把道德托付给人君。董仲舒说："且《春秋》之义，臣有恶，君名美。"（《春秋繁露·竹林》）人君不会犯错误，即使有错误，也应由臣子来承担。这在维护人君尊严的同时贬斥了人臣的独立价值。孔子修《春秋》，本无这样的意义。董仲舒借《春秋》为法家的尊君卑臣思想建立经典的根据。

三、依日月之末光

◎ 原文七

何素不与曹参相能❶，及何病，孝惠自临视相国病，因问曰："君即百岁后❷，谁可代君者？"对曰："知臣莫如主。"❸ 孝惠曰："曹参何如？"何顿首曰："帝得之矣！臣死不恨矣❹！"

何置田宅必居穷处，为家不治垣屋❺。曰："后世贤，师吾俭；不贤，毋为势家所夺。"

孝惠二年❻，相国何卒，谥为文终侯。

太史公曰：萧相国何于秦时为刀笔吏，碌碌未有奇节。及汉兴，依日月之末光❼，何谨守管钥❽，因民之疾秦法，顺流与之更始❾。淮阴、黥布等皆以诛灭，而何之勋烂焉。位冠群臣，声施后世❿，与闳天、散宜生等争烈矣⓫。

◎ 注释

❶ 能：和睦。❷ 即：假使。百岁：指去世。❸ 萧何不先说出，一是出于他向来谨慎，二是由此彰显惠帝的知贤之能。❹ 恨：遗憾。❺ 垣（yuán）：房舍之外的高墙。❻ 即公元前193年。❼ 末光：余光。❽ 管钥（yuè）：掌管锁与钥匙的人，即守家之人。❾ 顺流：顺应民之要求。更：变化。❿ 施（yì）：流传。⓫ 与周公、召公、太公相比，闳（hóng）天、散宜生是周之二等大臣。烈：光明，显赫。

萧何与曹参，原皆为沛吏，他们一起共事。后来，萧何留守后方，曹参在前方攻城略地。他们产生冲突的可能原因：一是刘邦夺取天下后，他们争夺谁是汉家第一功臣；二是萧何善治事安民，没有用兵打仗的才能，而曹参不仅仅是一位武将，也是一位能臣，善于治事理民，故不服萧何。萧何为汉丞相时，刘邦把曹参派到齐国，担任大国的丞相，意在消解他们之间的正面冲突。萧何临死时不计前嫌举荐，足见萧何以国家利益为重的大度以及对曹参才能的信服。这也得到了曹参的良好回应，"参代何为汉相国，举事无所变更,一遵萧何约束"(《曹相国世家》)。这是历史上所美誉的"萧规曹随"。

《高祖本纪》:

高祖击布时,为流矢所中,行道病。……已而吕后问:"陛下百岁后,萧相国即死,令谁代之?"上曰:"曹参可。"问其次,上曰:"王陵可。然陵少戆,陈平可以助之。陈平智有余,然难以独任。周勃重厚少文,然安刘氏者必勃也,可令为太尉。"吕后复问其次,上曰:"此后亦非尔所知也。"

在"太史公曰"中,司马迁首先指出,萧何原为刀笔之吏,出身微贱,碌碌无为,并没有奇异的才能,这暗含轻视之意。其次认为,萧何是依汉之日月的余光(即从刘邦建立功业),顺应民众之意而去除秦法的繁苛和严酷,以持家守成,并无进取开拓之功。再次指出,等到韩信、黥布等功臣被诛杀之后,萧何的功业才得以灿烂,这流露出司马迁对萧何帮助吕后诛杀韩信等功臣的不满。最后认为,萧何虽位冠群臣,声传后世,但论其功业只能与周之二等大臣相比,这暗示他为汉家建立的功业不能与周之太公、周公、召公相比。谁是汉家的第一等功臣呢?《淮阴侯列传》:"假令韩信学道谦让,不伐己功,不矜其能,则庶几哉,于汉家勋可以比周、召、太公之徒,后世血食矣。"司马迁认为,韩信才是汉家的第一等功臣,这是对萧何"功第一"的批评。后人对司马迁的评价颇不满。宋人叶适说:"萧何虽不逮古人,然汉非何不兴也。迁既不能品第其人,而始但轻之为刀笔吏,终遽与闳、散争烈。"(《习学纪言序目》卷十九《史记》)。牟宗三说:"萧何为一现实主义之构造人物。事理绵密,而英雄气概不显;谨慎诚笃,而天资之锋芒不露。"① 因为司马迁更为欣赏天才的英雄人物,故特称赞韩信、张良的功绩,而轻视萧何的守成之业。

---

① 牟宗三:《历史哲学》,广西师范大学出版社,2007,第214页。

要之，整个传记基本上是以刘邦不断猜忌萧何，而萧何又不断化解矛盾为主题而结构的。这种叙事结构来自司马迁对萧何命运的阐释，说明在皇权专制统治中君臣关系的险恶。因此，这篇传记的具体事件大概是真实的，可能有一定的虚构成分，但编织情节而结构成一个传奇的故事类型，是最大的虚构。

第二节 曹参之无为而治

曹参，生年不详，卒于惠帝五年（前190）。萧何、曹参，可能比刘邦略小几岁。他们起事时大概四十余岁，正是精力旺盛、事理周密的时期。他们跟从刘邦在秦楚汉纷纷扰扰之际建立了不朽的功业。一方面他们具有英雄的天资，另一方面乱世也为他们英雄天资的显现和发展提供了舞台，再一方面他们有幸依侍天才英雄刘邦。传记共分三个部分。其一，较为简洁地记录曹参跟随刘邦亡秦灭项的战功，语句精炼，节奏急促，似乎再现了战场上如火如荼的峥嵘岁月；其叙事有三个关键词，一是"从"，即跟从刘邦转战南北东西，二是"击"，三是"破"，所当者破，所击者灭。其二，较为简洁地叙载曹参跟从韩信所立下的丰功，这暗示韩信才是一位杰出的军事帅才，曹参不过是一位战将，因从韩信而能立下如此多的战功。其三，描述了曹参行政之清静无为、与民休息的事迹，此段文字最具有精神，是传记的精彩出色之处。

一、攻城略地

◎ 原文一

平阳侯曹参者❶，沛人也。秦时为沛狱掾❷，而萧何为主吏，居县为豪吏矣。

高祖为沛公而初起也，参以中涓从❸。将击胡陵、方与，攻秦监公军，大破之。东下薛，击泗水守军薛郭西。复攻胡陵，取之。徙守方与。方与反为魏，击之。丰反为魏，攻之。赐爵七大夫。……

……从西攻武关、峣（yáo）关，取之。前攻秦军蓝田南，又夜击其北，秦军大破，遂至咸阳，灭秦。

项羽至，以沛公为汉王。汉王封参为建成侯。从至汉中，迁为将军。从还定三秦，初攻下辩、故道、雍、邰（tái）。击章平军于好畤南，破之，围好畤，取壤乡。击三秦军壤东及高栎(lì)，破之。复围章平，章平出好畤走。因击赵贲、内史保军，破之。……参自汉中为将军中尉，从击诸侯及项羽，败，还至荥阳❹，凡二岁。

注释

❶平阳：县名，为曹参封邑，在今山西临汾西南。❷狱掾：监狱主吏的属官。萧何是主吏，即典狱长。❸中涓：管理宫中事务的官员，是刘邦的心腹。❹刘邦时在荥阳。

传文几乎没有叙述曹参起事之前的事迹。刘邦为沛公初起时，曹参即随从，作为一位战将攻城略地，一路向西，遂至咸阳；这是曹参跟从刘邦亡秦的时期。接着，传文又记录曹参跟从汉王东击楚与诸侯的战功，共二年。这段文字是简要的叙事，没有描写和议论；按照时间的顺序逐一记录了曹参的战功，简略而完备。司马迁应是本于分封时的功册而料简存之。

原文二

高祖二年，拜为假左丞相❶，入屯兵关中。月余，魏王豹反，以假左丞相别与韩信东攻魏将军孙遫（sù）军东张，大破之。因攻安邑，得魏将王襄。击魏王于曲阳，追至武垣，生得魏王豹。取平阳，得魏王母妻子，尽定魏地，凡五十二城。赐食邑平阳。因从韩信击赵相国夏说军于邬东，大破之，斩夏说。韩信与故常山王张耳引兵下井陉，击成安君❷，而令参还围赵别将戚将军于邬城中。戚将军出走，追斩之。乃引兵诣敖仓汉王之所❸。韩信已破赵，为相国，东击齐。参以右丞相属韩信，攻破齐历下军，遂取临淄。还定济北郡，攻著、漯（tà）阴、平原、鬲（gé）、卢。已而从韩信击龙且军于上假密，大破之，斩龙且，虏其将军周兰。定齐，凡得七十余县。得故齐王田广相田光，其守相许章，及故齐胶东将军田既。韩信为齐王，引兵诣陈，与汉王共破项羽，而参留平齐未服者。

项籍已死，天下定，汉王为皇帝，韩信徙为楚王，齐为郡。参归汉相印。高帝以长子肥为齐王，而以参为齐相国❹。以高祖六年赐爵列侯，与诸侯剖符，世世勿绝。食邑平阳万六百三十户，号曰平阳侯，除前所食邑。

注释

❶假左丞相：虚衔。假，代理。此时萧何为真丞相。❷成安君：陈余。❸敖仓：秦重要的粮草基地，在荥阳东北敖山上。❹曹参与韩信共定齐地，假其威名以镇定，故终高帝世曹参为齐相不徙。

韩信是统帅，曹参作为刘邦的心腹为副统帅，从韩信，下魏，破赵，平齐，击破楚龙且军。曹参一直镇守齐国，没有参加垓下会战。韩信由齐王徙为楚王。刘邦封长子刘肥为齐王，曹参为齐相国。司马迁认为，曹参在亡楚中建立了突出的功勋，主要是因为跟从主帅韩信。这段文字的关键词是"从韩信"，而各个击破敌军。除了韩信之外，就数曹参的战功卓著，正如诸将所言"平阳侯曹参身被七十创，攻城略地，功最多，宜第一"。

刘邦定天下后，曹参又跟从刘邦参加平叛的事业。他以齐相国率兵击陈豨将张春军，破之。淮南王黥布反，曹参以齐相国从悼惠王将兵十二万，与高帝会合，击黥布军，大破之。

二、清静无为

◎ 原文三

孝惠帝元年，除诸侯相国法，更以参为齐丞相。参之相齐，齐七十城❶。天下初定，悼惠王富于春秋，参尽召长老诸生，问所以安集百姓❷，如齐故诸儒以百数❸，言人人殊，参未知所定。闻胶西有盖公，善治黄老言❹，使人厚币请之。既见盖公，盖公为言治道贵清静而民自定❺，推此类具言之。参于是避正堂❻，舍盖公焉。其治要用黄老，故相齐九年，齐国安集，大称贤相。

惠帝二年，萧何卒。参闻之，告舍人趣治行❼，"吾将入相"。居无何，使者果召参。参去属其后相曰："以齐狱市为寄❽，慎勿扰也。"后相曰："治无大于此者乎？"参曰："不然。夫狱市者，所以并容也，今君扰之，奸人安所容也❾？吾是以先之。"

◎ 注释

❶特著齐七十城，一是说明国大任重，二是表明汉家酬参为厚。❷集：通"辑"，和顺。❸如：而。❹黄老言：黄帝、老子之言。❺《老子》第五十七章："我无为，而民自化；我好静，而民自正；我无事，而民自富；我无欲，而民自朴。"❻避：让出。正堂：齐丞相治事之堂。❼告诉他的门客赶快准备行装。❽此句或有两义，一是曹参把刑狱与市场事托付给后相；二是曹参以刑狱和市场可寄容奸人。❾狱市兼容善恶。若穷治，奸人无所容窜，则将为乱，故对刑狱与市场的管理不要太严，而应给予奸人一定的生存空间。

齐国自春秋战国以来，历经战火。在秦楚汉之际，田氏贵族率齐人一再反叛，遭到项羽的残酷屠戮，后汉兵又平齐。因此，齐人更为渴望安定、和平和自由。曹参实行清静无为的政策，顺应民心，也合于战乱之后的国家治理。曹参避丞相正堂，少治事，不妄出各种法令扰民，因而民众得以休养生息，抚慰连年战乱留下的各种创伤，恢复农业生产和商业等活动。清静无为的政策，也表现在对奸人给予一定程度的宽容，让他们有一定的生存空间，而不是紧逼使他们铤而走险。

◎ 原文四

参始微时，与萧何善；及为将相，有卻❶。至何且死，所推贤为参。参代何为汉相国，举事无所变更，一遵萧何约束。

择郡国吏木诎于文辞❷，重厚长者，即召除为丞相史❸。吏之言文刻深❹，欲务声名者，辄斥去之。日夜饮醇酒。卿大夫已下吏及宾客见参不事事❺，来者皆欲有言。至者，参辄饮以醇酒❻，间之，欲有所言，复饮之，醉而后去，终莫得开说，以为常。

相舍后园近吏舍，吏舍日饮歌呼。从吏恶之❼，无如之何，乃请参游园中，闻吏醉歌呼，从吏幸相国召按之。乃反取酒张坐饮❽，亦歌呼与相应和。

参见人之有细过，专掩匿覆盖之❾，府中无事。

◎ 注释

❶ 因争功而有矛盾。卻：通"隙"。❷ 木诎：质朴无文。诎，言语迟钝。❸ 丞相史：丞相府长史，处理日常事务。❹ 善于运用法律条文而穷究其罪。文：法律条文。❺ 不事事：不治事。❻ 饮（yìn）：使之饮。❼ 从吏：吏之常随从相者。❽ 张坐饮：陈设坐席而饮酒。❾ 容人之小过失。

曹参作为汉相国，其行事风格大异：一是选择不善言辞、忠厚长者为丞相史；二是斥去言文刻深、务求声名的官吏；三是不治事，日夜饮醇酒，上行下效，官吏也饮酒作乐。

无为而治的一层意义是，官吏按照既定的法令和制度行事。曹参为汉相国，按照萧何制定的法令和制度行事，举事无所变更。因为一方面萧何制定的法令和制定较为完备和合理，没有必要重新制定；另一方面若制定新的法令和制度，则生事而扰吏扰民。无为而治的再一层意义是，汉初因为多年的战乱而满目疮痍，民众四散奔走，谋生艰难，田园荒芜，百业凋零。因此，朝廷只制定了一些重要的法令和制度，即制度疏阔，从而宽容于民，让他们有更多的自由，以休养生息。曹参是宽厚长者，能容他人之小过，故府中无事。由此可见，在某一群体中，若是非、善恶太分明，不能容小过小失，则彼此相互猜忌、嫌恨、打击，容易造成群体的种种矛盾和混乱，终至分崩离析。只要是人，孰能无过，只要有羞耻之心，且知过能反省改正，即可。但任何事皆有利有弊，开始时，宽容小过，有利于群体的谐和；后来纵容发展，且人性贪婪，往往过失愈来愈大，最终也走向败亡。汉初的无为而治，开始时确实能休养生息；但后来放任，民众好了伤疤忘了痛，又逐渐奢侈邪恶。因此，武帝开始采取积极有为的政策，尤其是向四夷作战，浪费了大量的民力、物力、财力，使得汉王朝逐渐走向衰败，"盛极而衰"，自然之理也。

❀ 原文五

参子窋（zhú）为中大夫。惠帝怪相国不治事，以为"岂少朕与❶"？乃谓窋曰："若归，试私从容问而父曰：'高帝新弃群臣，帝富于春秋，君为相，日饮，无所请事，何以忧天下乎？'然无言吾告若也❷。"窋既洗沐归，间侍❸，自从其所谏参❹。参怒，而答窋二百，曰："趣入侍，天下事非若所当言也。"至朝时，惠帝让参曰："与窋胡治乎❺？乃者我使谏君也。"参免冠谢曰："陛下自察圣武孰与高帝？"上曰："朕乃安敢望先帝乎！"曰："陛下观臣能孰与萧何贤？"上曰："君似不及也。"参曰："陛下言之是也。且高帝与萧何定天下，法令既明，今陛下垂拱❻，参等守职，遵而勿失，不亦可乎？"惠帝曰："善。君休矣！"

参为汉相国，出入三年，卒，谥懿侯。子窋代侯。百姓歌之曰："萧何为法，顜若画一❼；曹参代之，守而勿失。载其清净❽，民以宁一。"

❀ 注释

❶少：不足，轻视。❷你自说是出于己意，而非我教你劝谏。❸找机会

侍父侧。❹自从其所：自出其意。❺为何惩治窑？汉人以答掠为治，治即答。❻垂拱：垂衣拱手。形容无所事事，不费力气。❼颛题（jiǎng）：直，明。画一：法令整齐为一。❽行清静无为之治。载：行。

这段叙事颇为生动传神，主要由惠帝与曹参的对话构成。二人对话的内容饶有风趣，传达出君臣垂拱守职的道理；也表现出君臣二人的个性：惠帝仁孝，甚为尊重侍从高帝出生入死的老臣；曹参作为老臣，对汉家忠贞，爱护惠帝。

原文六

太史公曰：曹相国参攻城野战之功所以能多若此者，以与淮阴侯俱。及信已灭，而列侯成功，唯独参擅其名。❶参为汉相国，清静极言合道❷。然百姓离秦之酷后❸，参与休息无为，故天下俱称其美矣。

注释

❶此深惜淮阴侯韩信。❷极言：精辟妙言。曹参与惠帝的一番对话，合于治道。或云，"言"是衍字，清静极合道。❸离：遭遇。

司马迁对曹参的战功有所轻视。他认为曹参只是一位战将，其攻城野战之功所以多若此者，是因为他跟从军事统帅韩信。司马迁特为称赞曹参实行清静无为的政策，赞赏他不伐功矜能的品性。

《吕太后本纪》："太史公曰：孝惠皇帝、高后之时，黎民得离战国之苦，君臣俱欲休息乎无为，故惠帝垂拱，高后女主称制，政不出房户，天下晏然（安然）。刑罚罕用，罪人是希。民务稼穑，衣食滋殖。"司马迁甚为不满吕后的残暴，尤其是其诛杀韩信、彭越等功臣，残酷虐待戚夫人等，但也肯定惠帝、吕后之休息无为的政策。无为而治应有两层含义：一是政府官员行政依从既定的法令制度，遵从既成的政治体制及其运行方式；二是政府官员少生事，少做事，少干涉，例如少制作新的法令制度、减轻刑罚的严酷性、减缓政治机制运行的速度等。

惠帝五年（前190），曹参卒，安国侯王陵为右丞相，陈平为左丞相。王陵质木无文，陈平"本好黄帝、老子之术"（《陈丞相世家》），继续实行清静无为的政策。

从诸侯王即位的文帝，虽不是一位雄才大略的君主，但是一位仁德之君。他进一步废除秦的酷刑，例如连坐之法、诽谤之罪、肉刑等。《儒林列传》："孝文时颇征用（儒生），然孝文帝本好刑名之言。"刑名，即形名，形是事实，名是声名，刑名即名实。刑名之学要求名实相符，更重视实。黄老道家、法家主张刑名之学，而批评儒家名大于实，名实不符。儒家在言论上有更多的说辞，且表达应然性、理想性的要求，而难以在现实中实行。现实中实行的属于实然范畴，卑之无甚高论。刑名之学，循名责实，名实相符，质朴，简易，而实用。这符合文帝质朴无文的个性。

《汉书·文帝纪》称赞文帝勤俭治国，仁义治民。文帝对臣下较为宽容，臣下拥有更大的自由权。文帝对四夷尽可能用和亲的政策，以德怀之。文帝少兴土木，虽治霸陵，也甚为节俭。文帝之无为而治，仁德爱民，给民众以更大的自由空间从事生产和生活，"海内殷富"；民众少触及法网，"几致刑措"。班固称赞文帝"专务以德化民，是以海内殷富，兴于礼义，断狱数百，几致刑措。呜呼！仁哉"。

要之，西汉从惠帝、吕后一直到文帝，皆实行无为而治；曹参是清静无为之治的发起者，奠定了汉初的基本政策方向，不愧是汉代的名相；历史上"萧规曹随"的意义更表现在曹参实行无为之治。牟宗三说："此盖为曹参之风之所形成，亦为当时之定评。继此而往，则有文景之治。"①

---

① 牟宗三：《历史哲学》，广西师范大学出版社，2007，第215页。

第三节 历史文本的虚构

就《左传》《史记》《汉书》等历史文本而言,某些具体事件的不尽实是次要的,而情节结构的虚构才是主要的。所谓情节结构,即一系列事件发生和发展的历程所构成的一个完整故事,外化为文本的结构。史家是讲故事者,故事要有曲折动人的情节。但历史本身并不能构成一个完整的故事,因为混沌的历史不像故事那样具有井然有序而又曲折动人的情节结构。史家在支离破碎和杂乱无章的历史材料面前,不是从中发现故事,而是通过建构的想象力编织情节结构,从而创造一个完整的故事。这与文学家的做法并没有什么不同。美国历史学家海登·怀特说:"人们经常忘记,无论是关于个人生活的事件,还是关于一个机构、一个国家或整个民族的历史事件,都不能明显地构成一个完整的故事。我们不会'生活'在故事中,尽管我们事后以故事的形式来讲述我们生活的意义,并以此类推到国家和整个文化。"[①] 此言甚是。

史家从众多的历史事件中选择一定数量的事件,根据某种情节编排的模式构成一个完整的故事。史家选择了一些事件,这些事件是真实的,但舍弃了其他真实事件,故在总体上不真实。有人说"部分的真实即是谎言",虽不无偏激,也有一定道理。朱光潜在《说"曲终人不见,江上数峰青"——答夏丏尊先生》一文中说:"陶潜浑身是'静穆',所以他伟大。"鲁迅在《"题未定"草》一文中批评说:

(陶潜)除论客所佩服的"悠然见南山"之外,也还有"精卫衔微木,将以填沧海。形(刑)天舞干戚,猛志固常在"之类的"金刚

[①] 海登·怀特:《作为文学虚构的历史文本》,载张京媛主编《新历史主义与文学批评》,北京大学出版社,1993,第169页。

怒目"式，在证明着他并非整天整夜的飘飘然。这"猛志固常在"和"悠然见南山"的是一个人，倘有取舍，即非全人，再加抑扬，更离真实。……历来的伟大的作者，是没有一个"浑身是'静穆'"的。陶潜正因为并非"浑身是'静穆'"，所以他伟大。

陶渊明的诗，有"静穆"的，也有"金刚怒目"的，倘有取舍，即不全面，而失真实。

即使同样的一组事件，史家在不违背其时间顺序的前提下，也可通过下面的方法，结构几种情节模式、创造几种故事类型、表现几种意义。一是把某些事件核心化，而将另外一些事件排挤至边缘或背景的地位；二是从不同的角度叙述同样的一些事件；三是把一些事件看作原因，而将另外一些事件作为结果；四是聚拢一些事实，而拆散其余的。故事类型主要有四种：悲剧性、喜剧性、传奇性、讽喻性。每一类型的故事皆表现出一种意义。海登·怀特说："同样的历史系列可以是悲剧性或喜剧性故事的成分，这取决于历史学家如何排列事件顺序从而编织出易于理解的故事。……关键问题是多数历史片段可以用许多不同的方法来编造故事，以便提供关于事件的不同解释和赋予事件不同的意义。"[①]因此，史家把系列事件组合成事件发展的开头、中间和结尾，以结构成完整的一个故事；这种做法不是在历史中发现故事，而从根本上说是文学的作法，即创造故事，从而表现出较强的虚构性。

一、季布、栾布的讽喻故事类型

相对于"编年体"史著，"纪传体"史著在情节结构的编织上，具有更大的能动性和灵活性。《史记》是以人物传记为中心的历史著作，主要叙述历史人物的遭遇。某历史人物一生所经历的事件是众多的，司马迁选择其中的一些事件，按照某种情节编排的模式，

[①] 海登·怀特：《作为文学虚构的历史文本》，载张京媛主编《新历史主义与文学批评》，北京大学出版社，1993，第164页。

结构成某种故事类型，表现出某种主题或意义，其情节结构的虚构性是强烈的。

在《季布栾布列传》中，季布是项羽部下的一员猛将，曾为项羽立下诸多战功。传记基本上没有叙录季布的战功，而重点描写季布在刘邦的追杀下忍辱不死的几件事，写得颇为具体生动。季布先藏匿在濮阳周氏家，后"乃髡钳季布，衣褐衣，置广柳车中，并与其家僮数十人，之鲁朱家所卖之"。季布能忍辱发愤，最终成就功名。栾布是为彭越所知遇的一员战将，一生颇有传奇性。他与彭越患难相交，彭越到巨野泽中为盗，栾布被人略卖，到燕国为奴。臧荼为燕王，以栾布为将；及臧荼反，汉击燕，虏栾布。彭越闻之，乃言于高帝，请赎栾布为梁大夫。司马迁主要书写栾布在彭越被诛后临死不惧、为彭越伸冤的事迹。

◎ 原文一

使于齐，未还。汉召彭越，责以谋反，夷三族。已而枭彭越头于洛阳下，诏曰："有敢收视者❶，辄捕之。"布从齐还，奏事彭越头下❷，祠而哭之❸。吏捕布以闻❹。上召布，骂曰："若与彭越反邪？吾禁人勿收，若独祠而哭之，与越反明矣。趣烹之。"方提趣汤❺，布顾曰："愿一言而死。"上曰："何言？"布曰："方上之困于彭城，败荥阳、成皋间，项王所以不能遂西，徒以彭王居梁地，与汉合从苦楚也❻。当是之时，彭王一顾❼，与楚则汉破，与汉而楚破。且垓下之会，微彭王❽，项氏不亡。天下已定，彭王剖符受封，亦欲传之万世。今陛下一征兵于梁，彭王病不行，而陛下疑以为反，反形未见，以苛小案诛灭之❾。臣恐功臣人人自危也。今彭王已死，臣生不如死，请就烹。"于是上乃释布罪，拜为都尉。

◎ 注释

❶收：收尸，收殓。视：哀悼祭祀。❷栾布受彭越之命出使齐国，从齐返回，在彭越头下汇报事情。❸祠：祭祀。❹闻：使（上）闻，即向皇

帝汇报。❺ 正举起（布）而欲投于汤（滚水）。提：举。❻ 合从：联合。❼ 一顾：偏重一方。❽ 微：无。❾ 苟小：微不足道的小事。彭越谋反被诛之事，见于《魏豹彭越列传》。

　　栾布不仅勇敢无畏地走向死亡，且在走向死亡的过程中向刘邦慷慨陈辞，称颂彭越为汉立下的丰功，指出彭越忠于汉而绝无谋反之心，斥责刘邦猜忌、诛杀功臣的错误行为，从而为彭越洗刷了不白之冤，真正报答了知己的知遇之恩。栾布最后说"今彭王已死，臣生不如死，请就烹"。"士为知己者死"非虚言也！栾布对彭越忠诚，死何所惧？彭越已死，自己岂能独生？

　　司马迁在"太史公曰"中指出了结构此篇之目的和意义。

原文二

　　太史公曰：以项羽之气，而季布以勇显于楚，身屦军搴旗者数矣❶，可谓壮士。然至被刑戮，为人奴而不死，何其下也！彼必自负其材，故受辱而不羞，欲有所用其未足也❷，故终为汉名将。贤者诚重其死❸。夫婢妾贱人感慨而自杀者，非能勇也，其计画无复之耳❹。栾布哭彭越，趣汤如归者❺，彼诚知所处，不自重其死❻。虽往古烈士❼，何以加哉❽！

注释

❶ 屦（jù）军搴（qiān）旗：战胜敌人而拔取旗帜。屦，蹈，践踏。搴，拔。❷ 自恃有杰出的才能，而忍辱求生，以发挥自己没有充分使用的才能。❸ 重其死：看重死亡，不轻易舍弃自己的生命。❹ 婢妾守小节，愤一时之气而自杀，不是勇敢的表现，而是陷于困境中毫无办法。❺ 视死如归。趣：通"趋"。❻ 不看重死亡，即不怕死。这与季布的行为刚好相反。❼ 烈士：勇烈之士。❽ 加：超过。

　　司马迁为季布和栾布合传，是因为他们皆面临生死抉择的困境，一人选择忍辱求生，另一人选择从容就死。他们的行为抉择皆有重要的意义，"非死者难也，处死者难"（《廉颇蔺相如列传》）。面对死亡的困境，要理性思考，慎重抉择，不轻易去死而能忍辱求生，也不苟且偷生而能视死如归。此合传包含着司马迁的人生感慨。天汉二年（前99），司马迁因为李陵辩护而下狱、受宫刑，遭受奇耻大辱。他忍辱求生，发愤著书。他在《报任少卿书》中说："人固有一死，或重于泰山，或轻于鸿毛，用之所趋异也。"

虽然史家坚持认为他是在事件本身中"找到"自己的叙事模式，而不像诗人那样把自己的叙事模式强加在事件上面，但这种观点其实是缺乏自我意识的，没有认识到对事件的描写就已经构成了对事件本身的解释。

二、屈原的悲剧故事类型

史家对事件本身的解释带有主观要求，同时也包含着时代诉求。《屈原列传》的故事类型是悲剧性的。这种悲剧性虽来自屈原的命运，但也源于司马迁及其时代对屈原命运的阐释。司马迁通过编织情节结构，创造出悲剧的故事类型。

《屈原列传》的结构分析：

（一）屈原富有政治和外交的卓异才能，深受楚怀王的信任，"为楚怀王左徒。博闻强志，明于治乱，娴于辞令。入则与王图议国事，以出号令；出则接遇宾客，应对诸侯。王甚任之"。但屈原亦遭受邪臣的谗言，"王怒而疏屈平"。此史实叙述较为简略，主要是因为屈原的行事不见于传世的先秦典籍，司马迁所能得到的材料较少。

（二）屈原为怀王疏远，也是臣子所遇到的平常之事，但司马迁突出了屈原命运的悲剧性，在没有具体史实的情况下，主要通过议论和抒情加以渲染。

屈平疾王听之不聪也，谗谄之蔽明也，邪曲之害公也，方正之不容也，故忧愁幽思而作《离骚》。离骚者，犹离忧也。夫天者，人之始也；

父母者，人之本也。人穷则反本，故劳苦倦极，未尝不呼天也；疾痛惨怛，未尝不呼父母也。屈平正道直行，竭忠尽智以事其君，谗人间之，可谓穷矣。信而见疑，忠而被谤，能无怨乎？屈平之作《离骚》，盖自怨生也。《国风》好色而不淫，《小雅》怨诽而不乱。若《离骚》者，可谓兼之矣。……其志洁，故其称物芳。其行廉，故死而不容。自疏濯淖污泥之中，蝉蜕于浊秽，以浮游尘埃之外，不获世之滋垢，皭然泥而不滓者也。推此志也，虽与日月争光可也。

屈原遭受不公正的打击，内心充满了痛苦和忧愁。他正道直行，竭忠尽智以事其君，但"信而见疑，忠而被谤，能无怨乎"；屈原之作《离骚》是抒发自己的悲怨。屈原志洁行廉，宁死也不求所容，坚持自己的高洁情操和美政理想，与日月争其光辉。这段文章写得情感饱满激烈，充分地展现出屈原命运的悲剧性。

（三）屈原被怀王疏远后，楚国发生了一系列重要的变化，司马迁把这些史实聚拢起来。首先是秦国派张仪来游说楚怀王，破除了齐楚纵亲，而且欺骗了楚国。怀王一怒之下与秦国开战，结果是楚国大败，丧师失地。其次是怀王听信奸臣之言，到秦国，被滞留，最终客死于秦。这部分的叙述文字较长，涉及屈原的行事较少：一则是"怀王竟听郑袖，复释去张仪。是时屈平既疏，不复在位，使于齐，顾反，谏怀王曰：'何不杀张仪？'怀王悔，追张仪不及"。二则是"怀王欲行，屈平曰：'秦虎狼之国，不可信，不如毋行。'怀王稚子子兰劝王行：'奈何绝秦欢！'怀王卒行"。这部分叙事的因果关系是：屈原乃贤臣，有忠言，而怀王不信不用，最终导致楚国的丧师失地与怀王的客死于秦。这来自司马迁的解释。实际上，楚国大败与怀王客死于秦，有许多其他原因。

（四）司马迁在叙事的基础上议论和抒情，突出了屈原命运的悲剧性。

屈平既嫉之，虽放流，眷顾楚国，系心怀王，不忘欲反，冀幸君之一悟，俗之一改也。其存君兴国而欲反覆之，一篇之中三致志焉。然终无可奈何，故不可以反，卒以此见怀王之终不悟也。人君无愚智贤不肖，莫不欲求忠以自为，举贤以自佐，然亡国破家相随属，而圣君治国累世而不见者，其所谓忠者不忠，而所谓贤者不贤也。怀王以不知忠臣之分，故内惑于郑袖，外欺于张仪，疏屈平而信上官大夫、令尹子兰。兵挫地削，亡其六郡，身客死于秦，为天下笑。此不知人之祸也。易曰："井泄不食，为我心恻，可以汲。王明，并受其福。"王之不明，岂足福哉！

这首先表现屈原遭流放，但眷念怀王，忧患楚国的兴亡；其次批评怀王不知忠臣与小人之分，疏远和打击贤臣屈原，听信和重用小人；再次指出怀王不明给国家和自己带来深重灾难；最后抒写因怀王不明给屈原带来不幸和痛苦。

（五）叙述顷襄王即位，令尹子兰使上官大夫陷害屈原，屈原被放逐到江南。

（六）关于屈原放逐到江南之事，传记的叙述颇为简略，也是材料缺乏的缘故。司马迁节录了屈原的《渔父》一篇。一是叙写屈原遭受放逐时的痛苦，"屈原至于江滨，被发行吟泽畔。颜色憔悴，形容枯槁"。二是表现屈原坚持其高洁情操，坚贞不屈，宁愿投江而葬于鱼腹之中，也不受世俗肮脏的污染，"宁赴常流而葬乎江鱼腹中耳，又安能以皓皓之白而蒙世俗之温蠖乎"！

（七）节录了屈原最后的赋作《怀沙》。其主旨："言己虽放逐，不以穷困易其行。小人蔽贤，群起而攻之。举世之人，无知我者。思古人而不得见，仗节死义而已。"（《楚辞补注·怀沙》）

（八）叙述屈原的结局，"于是怀石遂自沈汨罗以死"。

从本传的结构来看，（一）（三）（五）（八）是叙述史实，较为简略，我们可以从中大概了解屈原一生的主要遭遇：开始受到怀王的重用，后来因上官大夫的谗言而为怀王疏远；在顷襄王即位后，又因子兰和上官大夫的陷害，而被放逐到江南，最终自投汨罗而死。（二）（四）是司马迁的议论和抒情，突出的内容是：屈原"信而见疑，忠而被谤"的不幸命运；正道直行，竭忠尽智以事其君；

坚贞不屈，坚守自己的高洁情操；因人君的不明而备受打击，内心充满痛苦和悲怨。（六）（七）节录了屈原的两篇赋作《渔父》《怀沙》，表现屈原虽被放逐，但仍坚持高洁品格，宁死也不为世俗所污染，死守善道。

　　本传的结构基于司马迁撰写此篇的主旨：首先表现屈原"信而见疑，忠而被谤"的不幸命运，这种命运的悲剧性更甚于"怀才不遇"；其次表现屈原在人生的困境中能够坚贞不屈，坚守自己的高洁情操；再次表现屈原因怀王的不明与佞臣的陷害而备受打击，内心充满了痛苦和悲怨；最后表现屈原发愤著书，"述往事，思来者"（《报任少卿书》）。

　　此篇的主旨出于司马迁对屈原命运的阐释。清人李景星《史记评议》："通篇多用虚笔，以抑郁难遏之气，写怀才不遇之感，岂独屈、贾二人合传，直作屈、贾、司马三人合传读可也。"他们三人是异代知音，具有共同的悲剧命运。司马迁年轻时颇自尊自信。《太史公自序》："先人有言：'自周公卒五百岁而有孔子。孔子卒后至于今五百岁，有能绍明世，正《易传》，继《春秋》，本《诗》《书》《礼》《乐》之际？'意在斯乎！意在斯乎！小子何敢让焉。"司马迁对武帝是一片忠诚，《报任少卿书》谓"仆以为戴盆何以望天，故绝宾客之知，忘室家之业，日夜思竭其不肖之材力，务一心营职，以求亲媚于主上"。但信而见疑，忠而被谤。天汉二年，李陵兵败投降，他因为之辩护而遭受下狱、受宫刑的奇耻大辱；罪非其罪，其内心充满了痛苦和悲愤，发愤作《史记》。

　　司马迁对屈原命运的阐释也在有意和无意中受到时代诉求的影响。徐复观说，汉初君臣喜欢"楚声"，一是因为他们出身于丰沛的政治集团；二是当时的知识分子以屈原"信而见疑，忠而被谤，能无怨乎"的"怨"，象征他们自身的"怨"，以屈原"怀石遂自沈汨罗以死"的悲剧命运，象征着他们自身的命运。①因此，本传主

---

① 徐复观：《两汉思想史（第一卷）》，华东师范大学出版社，2001，第168页。

要表现屈原"信而见疑,忠而被谤"与投江自沉汨罗的悲剧命运,也受到了时代思潮的影响。司马迁在本传中没有突出屈原忠君爱国的思想,而与《离骚》《哀郢》等篇中具有深沉的忠君爱国思想不同,这是因为在政治大一统的时代,忠君爱国已是平常的思想,故司马迁没有必要予以突出。赵敏俐先生说,本传的主旨之一是表现屈原的怀才不遇,"由此看来,司马迁之所以用这样的态度来为屈原立传,一方面固然是由于自己的遭遇有与屈原相同之处,另一方面也是时代的思潮使然。而这,正来自汉代大一统的封建社会制度下文人们对于自己的身世命运的一种理解"。①

综上所述,《屈原列传》之情节结构的编排,并非只是来自史实,也是来自司马迁对屈原命运的解释,这种解释无疑受到时代思潮的影响。司马迁对屈原命运的解释,具有较强的主观能动性。此传的情节结构是司马迁的诗意构筑,创造了具有强烈悲剧色彩的故事类型。海登·怀特认为,人们过去区别虚构与历史的做法是把虚构看成是想象力的表述,把历史当作事实的表述,但是这种看法必须得到改变;"历史学家把不同的事件组合成事件发生的开头、中间和结尾,这并不是'实在'或'真实',历史学家也不仅仅由始至终地记录了'到底发生了什么'。所有的开头与结尾都无一例外的是诗歌构筑"。②历史学家把系列事件组合成一个故事,其情节结构是"诗歌构筑",即虚构。

---

① 赵敏俐:《司马迁〈屈原贾生列传〉的再认识——兼评屈原否定论者对历史文献的误读》,《鞍山师范学院学报》2001 年第 3 期。
② 海登·怀特:《作为文学虚构的历史文本》,载张京媛《新历史主义与文学批评》,北京大学出版社,1993,第 177—178 页。

/ 第九章 /

"知其雄，守其雌"
——汉谋臣的传记

《史记》有《留侯世家》《陈丞相世家》两篇。"世家"是记录诸侯王的世系，张良、陈平是列侯，本没有入世家的资格。在汉初分封的一百余位列侯中，司马迁把萧何、曹参、张良、陈平、周勃等立为世家，主要是表彰他们为汉家所建立的重要功勋。因此，司马迁立世家，不仅有客观的标准，也有价值评价的意义。

张良、陈平皆是刘邦的重要谋臣，他们不仅在刘邦亡秦灭楚的斗争中建立了丰功，且在刘邦统一天下后也建立了伟绩。天下已定，刘邦告群臣曰："夫运筹策帷帐之中，决胜于千里之外，吾不如子房。镇国家，抚百姓，给馈饷，不绝粮道，吾不如萧何。连百万之军，战必胜，攻必取，吾不如韩信。此三者，皆人杰也，吾能用之，此吾所以取天下也。项羽有一范增而不能用，此其所以为我擒也。"（《高祖本纪》）张良、陈平实是帝王师。刘邦与他们是主客的关系。刘邦向来侮人不敬，但对他们几乎没有戏谑言、辱骂言。二人皆崇尚老子之术，"知其雄，守其雌"。他们在人格气象上颇有不同，张良淡泊名利，品性较为高洁，能够保持一定的独立人格；而陈平贪求名利，长于阴谋权术，善于见风使舵。

他们与吕后的关系良好，但对吕后的态度和行为有所不同。高祖欲废太子，立戚夫人子如意。大臣多谏诤。人或谓吕后"留侯善画计策，上信用之"。吕后使建成侯吕释之强张良画计。张良始推辞，后不得已而听之。其计策是要太子延请隐居山林的四位长者来辅助，不可谓不纯正。惠帝即位，吕后主政。留侯称病在家，少问朝廷之事。留侯与吕后保持一定的距离。陈平则不然。他得知高帝崩，马上驰入宫，于丧前奏事于吕后，痛哭甚哀，"因固请之，得宿卫中。太后以为郎中令，日傅教帝"（《陈丞相世家》），迅速地得到吕后的信任。惠帝五年（前190），曹参去世；惠帝六年（前189），陈平任左丞相。惠帝崩，吕后哭而不哀。陈平又听从张辟强之说，请吕台、吕产、吕禄将兵居南北军，诸吕皆入宫，居中用事。吕后之权由此兴。吕后欲立诸吕为王，王陵曰不可，陈平曰可。王陵被免去丞相，吕后以辟阳侯审食其为左丞相，迁陈平为右丞相。要之，陈平在惠帝、吕后当政时善于迎合吕后，获得汉丞相的尊位。吕后崩，陈平又与周勃谋划，最终诛灭吕氏，这似有屈节从权后图者，不能严于名义。

第一节　张良之运筹帷幄

张良，字子房，约生于公元前251年，卒于吕后二年（前186）。父亲死后二十年，秦灭韩，即公元前230年。在此期间，张良未宦事韩；秦灭韩时，张良约二十二岁。二世元年（前209）秋，陈涉起兵，张良率少年百余人从沛公。后见项梁，游说项梁立韩贵族韩成为韩王，张良为韩王申徒。沛公西入关，张良引兵随从。汉元年（前206），张良出关至韩，从韩王。项王杀韩成于彭城，张良从小道归汉。汉六年（前201），刘邦封张良为留侯。吕后二年，张良卒，在侯位十六年。

张良是孔子所谓"君子不器"的人物。器，即器具，各有具体之用，彼此不能相通。不器，即超越具体之用，而从战略上予以谋划，且无所不周。《留侯世家》在叙述张良的行事时带有一股虚诞飘忽的气息，从而使张良这个人物具有神话传奇的性质。

一、圯下拾履

传记开始叙述张良起事前的一些事情。

❀ 原文一

　　留侯张良者，其先韩人也。大父开地❶，相韩昭侯、宣惠王、襄哀王。父平，相釐（xī）王、悼惠王。悼惠王二十三年，平卒。卒二十岁，秦灭韩。良年少，未宦事韩。韩破，良家僮三百人，弟死不葬，悉以家财求客刺秦王，为韩报仇，以大父、父五世相韩故。

　　良尝学礼淮阳。东见仓海君。得力士，为铁椎重百二十斤❷。秦皇帝东游，良与客狙击秦皇帝博浪沙中❸，误中副车。秦皇帝大怒，大索天下，求贼甚急，为张良故也。良乃更名姓，亡匿下邳❹。

　　良尝闲从容步游下邳圯上❺，有一老父，衣褐❻，至良所，直堕其履圯下❼，顾谓良曰："孺子，下取履！"良愕然，欲殴之。为其老，强忍，下取履。父曰："履我！"良业为取履❽，因长跪履之。父以足受，笑而去。良殊大惊，随目之。父去里所，复还，曰："孺子可教矣。后五日平明，与我会此。"良因怪之，跪曰："诺。"五日平明，良往。父已先在，怒曰："与老人期❾，后，何也？"去，曰："后五日早会"。五日鸡鸣，良往。父又先在，复怒曰："后，何也？"去，曰："后五日复早来。"五日，良夜未半往。有顷，父亦来，喜曰："当如是。"出一编书❿，曰："读此则为王者师矣。后十年兴。十三年孺子见我济北，谷城山下黄石即我矣。"遂去，无他言，不复见。旦日视其书，乃《太公兵法》也。良因异之。常习诵读之。

❀ 注释

❶大父：祖父。❷虚诞夸张。❸狙（jū）击：伏击。❹下邳（pī）：在东海郡。❺圯（yí）：桥。❻褐：粗布短衣。❼直：正，或特。❽业：已经。❾期：相约。❿一编书：一册书。编，以韦编连简而书之。

　　张良家族是韩国的世臣，"以大父、父五世相韩"，对韩有深厚的感情。孟子见齐宣王曰:"所谓故国者,非谓有乔木之谓也,有世臣之谓也。王无亲臣矣,昔者所进,今日不知其亡也。"(《孟子·梁惠王下》)世臣,即累世勋旧之臣,与国同休戚者。韩为秦破灭时,张良家僮三百人,弟死不葬,尽以家财求客刺秦王。因此,张良之反秦主要是为韩复仇。

张良刺杀秦王之事,颇能表现司马迁尚奇的文风。从仓海君得大力士,已怪;一百二十斤铁椎举于旷野之中,而正中副车,更奇;大搜捕甚急,不仅良独自免,大力士也隐藏,此大怪事,不可意测,不可语辞。《秦始皇本纪》:"二十九年,始皇东游,至阳武博浪沙中,为盗所惊,求弗得。乃令天下大索十日。"张良与力士制造了一起刺杀秦王的轰动大事件。

"圯下拾履"的故事颇有传奇性。司马迁叙述此事时以奇异为眼目,一以"良愕然",二以"良殊大惊",三以"良因怪之",四以"良因异之"。本传"太史公曰":"学者多言无鬼神,然言有物(即怪物)。至如留侯所见老父予书,亦可怪矣。"这也可见司马迁为文之用心细密。老父之无礼要求,良能忍辱行之。老子之学的精要是能忍,不逞匹夫之勇。苏轼《留侯论》曰:"古之所谓豪杰之士者,必有过人之节。人情有所不能忍者,匹夫见辱,拔剑而起,此不足为勇也。天下之大勇者,猝然临之而不惊,无故加之而不怒,此其所挟持者甚大,而其志甚远也。……彼(张良)其能有所忍也,然后可以就大事。"高祖之所以胜,是高祖能忍之,此子房之教也。有人说,老子之学最忍,他闲时似个虚无单弱的人,而到紧要处发出来,使人支吾不住,张子房是也。

《太公兵法》的基本内容,今尚不可知。太公,即姜太公吕尚,他辅助周文王。吕尚隐居于海滨,常钓鱼。周文王遇之,载与俱归,立之为师。《齐太公世家》记载:"西伯昌之脱羑里归,与吕尚阴谋修德以倾商政,其事多兵权与奇计,故后世之言兵及周之阴权皆宗太公为本谋。"张良学之,其计策多奇异、阴谋之术。太公之术，或本于道家。道家之术，如以退为进、欲取先予、万物出于机而入于机（即机心）等，用于政治、外交、军事，则不免善于权变和谋诈。张良的家族五世相韩，他读书学礼，亦学兵法。

二、从沛公入关

❀ 原文二

> 后十年❶，陈涉等起兵，良亦聚少年百余人。景驹自立为楚假王，在留。良欲往从之，道遇沛公。沛公将数千人，略地下邳西，遂属焉。沛公拜良为厩将。良数以《太公兵法》说沛公，沛公善之，常用其策。良为他人言，皆不省❷。良曰："沛公殆天授❸。"故遂从之，不去见景驹。
>
> 及沛公之薛，见项梁。项梁立楚怀王。良乃说项梁曰："君已立楚后，而韩诸公子横阳君成贤，可立为王，益树党。"项梁使良求韩成，立以为韩王。以良为韩申徒，与韩王将千余人西略韩地，得数城，秦辄复取之，往来为游兵颍川。

❀ 注释

❶即秦二世元年，公元前209年。❷省（xǐng）：明白。❸殆：近。天授：天与之也，非人力可为。《淮阴侯列传》云"且陛下所谓天授，非人力也"，《郦生陆贾列传》云"此非人力，天之所建也"。

正如圯上老父所预言，后十年，陈涉揭竿起义，反秦，张良也聚集一百余将士。他拟从景驹，在路上与沛公相遇。他数以《太公兵法》说沛公，沛公善之，常用其策，张良遂从沛公。沛公之薛，见项梁。张良游说项梁立韩诸公子韩成为韩王。张良为申徒，率领千余人西略韩地。沛公从洛阳南出轘（huán）辕（yuán），张良引兵从沛公，攻下韩十余城。沛公令韩王成留守阳翟，与张良继续南下，西入武关；这可见出沛公对张良的信任。

传文主要叙述张良为刘邦谋划天下大事，司马迁所谓"所与上从容言天下事甚众，非天下所以存亡，故不著"。

◎ 原文三

沛公欲以兵二万人击秦峣下军❶，良说曰："秦兵尚强，未可轻。臣闻其将屠者子，贾竖易动以利。愿沛公且留壁❷，使人先行，为五万人具食，益为张旗帜诸山上，为疑兵，令郦食其持重宝啖秦将❸。"秦将果畔，欲连和俱西袭咸阳，沛公欲听之。良曰："此独其将欲叛耳，恐士卒不从。不从必危，不如因其解击之❹。"沛公乃引兵击秦军，大破之。遂北至蓝田，再战，秦兵竟败❺。遂至咸阳，秦王子婴降沛公。

沛公入秦宫，宫室、帷帐、狗马、重宝、妇女以千数，意欲留居之，樊哙谏沛公出舍，沛公不听。良曰："夫秦为无道，故沛公得至此。夫为天下除残贼，宜缟素为资❻。今始入秦，即安其乐，此所谓'助桀为虐'。且'忠言逆耳利于行，毒药苦口利于病'，愿沛公听樊哙言。"沛公乃还军霸上。

◎ 注释

❶峣（yáo）：峣关。❷壁：营垒。❸啖（dàn）：诱之以利。❹解：将卒离心而懈怠。❺竟：一直，彻底。❻缟（gǎo）素：俭朴。

沛公引兵西入武关，欲击秦峣下军，这是关键一战。老子之术是以弱胜强，即自己处于卑位，趁人不备而突然击之。沛公先使人以重宝贿赂秦将，且请求连和，后趁秦军将卒离心懈怠，给其致命一击。这自然不合信义，但能战胜强敌，即以不合理的手段而获得良好的功利结果。张良的计策，主要是出于对秦之将卒的心理揣摩。他认为秦将是屠者子，在其家风的影响下养成逐利的性格，故张良建议刘邦以利诱之；他窥测到秦之将卒离心而懈怠，故突然袭击之。要之，阴谋之术多基于窥测对方的隐秘而善于揣摩其心而成。

传记叙述了张良的两次划策，一是击峣下军，二是劝沛公不要贪恋秦宫的重宝和妇女。汉十年（前197）八月，陈豨反于代。刘邦率兵伐之。他听说豨将皆贾人，说："吾知所以与之。"乃多以金啖豨将，豨将多降者。（《高祖本纪》）刘邦本来好色，自然贪恋宫中美女，不听樊哙的劝谏，但张良一说，刘邦即听之。

原文四

项羽至鸿门下，欲击沛公，项伯乃夜驰入沛公军，私见张良，欲与俱去。良曰："臣为韩王送沛公，今事有急，亡去不义。"乃具以语沛公。沛公大惊，曰："为将奈何？"良曰："沛公诚欲倍项羽邪？"沛公曰："鲰生教我❶，距关无内诸侯❷，秦地可尽王，故听之。"良曰："沛公自度能却项羽乎？"沛公默然良久，曰："固不能也。今为奈何？"良乃固要项伯。项伯见沛公。沛公与饮为寿，结宾婚❸。令项伯具言沛公不敢倍项羽，所以距关者，备他盗也。及见项羽后解，语在《项羽》事中。

汉元年正月，沛公为汉王，王巴蜀。汉王赐良金百镒，珠二斗，良具以献项伯。汉王亦因令良厚遗项伯，使请汉中地。项王乃许之，遂得汉中地。汉王之国，良送至褒中，遣良归韩。良因说汉王曰："王何不烧绝所过栈道❹，示天下无还心，以固项王意。"乃使良还。行，烧绝栈道。❺

注释

❶鲰（zōu）生：小人。鲰，小鱼。❷内：通"纳"，接纳。❸彼此结交为友，儿女结为婚姻。❹栈道：阁道，即倚山以木建成的空中阁道。❺且行且烧阁道。

项伯私见张良相当突然。张良见机行事，拉近项伯与刘邦的关系，这表现其卓越的眼光和智慧。第二天，张良陪侍刘邦到鸿门向项羽请罪；鸿门宴的坐次上，项羽东向坐，刘邦北向坐。东向坐，是最尊的位置；北向坐，是最卑的臣位。刘邦始终以卑弱者自居，是出于张良运用老子的卑弱退让术。刘邦与项羽的军事冲突化解、刘邦从鸿门宴上安然归来，张良发挥了重要的作用。

刘邦之国，张良归韩，说刘邦曰"王何不烧绝所过栈道"。刘邦使张良还，且行且烧栈道，所过之处，皆烧之。这也是谦退阴谋之术。

张良反秦，主要是为韩复仇。他作为韩王成的申徒从沛公入关。汉元年正月，沛公为汉王。项羽遣张良归韩。因为韩王成与张良从汉王，故项羽不派韩成到韩国为王，而带之东至彭城。后来，项羽降韩成为侯，又杀之。张良逃亡，跟从汉王反楚。要之，张良先反秦是为韩复仇，后反项也是为韩复仇，对韩始终忠贞不屈，表现出侠客有义有情的精神。他在帮助刘邦夺取天下后，总结自己的一生："家世相韩，及韩灭，不爱万金之资，为韩报仇强秦，天下振动。今以三寸舌为帝者师，封万户，位列侯，此布衣之极，于良足矣。愿弃人间事，欲从赤松子游耳。"刘邦把张良当作客。

韩王成被项羽诛杀于彭城，张良逃走，从小道归于汉王。汉王以良为成信侯，从东击楚。至彭城，汉军大败。

三、从汉王灭楚

◎ 原文五

至下邑，汉王下马踞鞍而问曰❶："吾欲捐关以东等弃之，谁可与共功者？❷"良进曰："九江王黥布，楚枭将，与项王有隙；彭越与齐王田荣反梁地：此两人可急使。而汉王之将独韩信可属大事，当一面，即欲捐之，捐之此三人，则楚可破也。"汉王乃遣随何说九江王布，而使人连彭越。及魏王豹反，使韩信将兵击之，因举燕、代、齐、赵，然卒破楚者，此三人力也。

张良多病，未尝特将也❸，常为画策臣，时时从汉王。

注释

❶ 踞鞍：坐在马鞍上。古者马鞍可解下，作为榻床而坐。❷ 我打算捐出关东之地，谁可以接受此赏而与我共建功业呢？❸ 特将：独自将兵作战。

张良所推荐的这三人，乃是亡楚的关键。黥布是项羽的先锋将，黥布反楚，对项羽是很沉重的打击。彭越原无所归属，带领数十万人在魏地。他归顺汉王，作为汉游兵，击楚，绝楚粮道。韩信是独当一面的帅才，率领军队破魏、代，下燕、赵，平齐。三人皆因亡楚之大功而封为王。张良不仅善于战略上的谋划，且颇为知人，处在暗处，而冷静观察，用心揣摩。

汉三年（前204），项羽急围汉王于荥阳，汉王恐忧，与郦食其谋划削弱楚国，拟分封六国之后为诸侯王，一方面分化楚的力量，另一方面诸侯王必戴汉王之德而向风慕义，欲为臣。

原文六

食其未行，张良从外来谒。汉王方食，曰："子房前！客有为我计桡楚权者❶。"具以郦生语告，曰："于子房何如？"良曰："谁为陛下画此计者？陛下事去矣。"汉王曰："何哉？"张良对曰："臣请藉前箸为大王筹之❷。"……"其不可七矣。且天下游士离其亲戚，弃坟墓，去故旧，从陛下游者，徒欲日夜望咫尺之地。今复六国，立韩、魏、燕、赵、齐、楚之后，天下游士各归事其主，从其亲戚，反其故旧坟墓，陛下与谁取天下乎？其不可八矣。且夫楚唯无强，六国立者复桡而从之❸，陛下焉得而臣之？诚用客之谋，陛下事去矣。"汉王辍食吐哺❹，骂曰："竖儒❺，几败而公事！"令趣销印。

注释

❶ 桡（náo）：削弱，摧折。楚权：楚国力量。❷ 前箸（zhù）：前面的筷子。筹：计算。❸ 今楚强，六国立，必又屈从事楚。桡：屈从。❹ 吐哺：吐出口中的食物。❺ 汉王骂郦生为儒生竖子。

汉王呼诸臣常称其名，独于张良则否。张良说汉王"八不可"，古今以为美谈，可见张良智谋之周详深远。

汉四年（前203），韩信破齐而欲自立为齐王，汉王怒。张良说汉王，汉王使张良授齐王信印。汉五年（前202），汉王追楚至阳夏南，战不利而壁固陵，诸侯期不至。张良说汉王，汉王用其计策，诸侯皆至，会垓下，最终项羽败死。《项羽本纪》云："汉王复入壁，深堑而自守。谓张子房曰：'诸侯不从约，为之奈何？'对曰：'楚兵且破，信、越未有分地，其不至固宜。君王能与共分天下，今可立致也。即不能，事未可知也。君王能自陈以东傅海，尽与韩信；睢阳以北至谷城，以与彭越；使各自为战，则楚易败也。'汉王曰：'善。'"

四、从高帝定天下

❀ 原文七

汉六年正月，封功臣。良未尝有战斗功，高帝曰："运筹策帷帐中，决胜千里外，子房功也。自择齐三万户。❶"良曰："始臣起下邳，与上会留，此天以臣授陛下。陛下用臣计，幸而时中，臣愿封留足矣。不敢当三万户。❷"乃封张良为留侯，与萧何等俱封。

上已，封大功臣二十余人，其余日夜争功不决，未得行封。上在洛阳南宫，从复道望见诸将往往相与坐沙中语。上曰："此何语？"留侯曰："陛下不知乎？此谋反耳。"上曰："天下属安定❸，何故反乎？"留侯曰："陛下起布衣，以此属取天下❹，今陛下为天子，而所封皆萧曹故人所亲爱，而所诛者皆生平所仇怨。今军吏计功，以天下不足遍封，此属畏陛下不能尽封，恐又见疑平生过失及诛，故即相聚谋反耳。"上乃忧曰："为之奈何？"留侯曰："上平生所憎，群臣所共知，谁最甚者？"上曰："雍齿与我故❺，数尝窘辱我。我欲杀之，为其功多，故不忍。"留侯曰："今急先封雍齿以示群臣，群臣见雍齿封，则人人自坚矣❻。"于是上乃置酒，封雍齿为什方侯，而急趣丞相御史定功行封。群臣罢酒，皆喜曰："雍齿尚为侯，我属无患矣。"

注释

❶ 垓下会战后，项羽败亡，刘邦剥夺韩信之兵权，徙韩信为楚王，故刘邦令张良自择齐地。❷ 是老子谦让之术，亦淡泊名利之性。❸ 属：刚刚。❹ 此属：这些人。❺ 故：有怨隙。雍齿原为刘邦将，刘邦令其守丰，魏人招之，雍齿遂叛刘归魏。刘邦还军攻丰，数攻不下。刘邦借项梁兵破丰，雍齿奔魏。后来，雍齿又投靠刘邦。❻ 自坚：自安。

老子之道：自足，谦退自守。张良不愿"当三万户"，认为封留侯足矣，亦表现他不贪恋富贵名利。

张良劝刘邦大封功臣，不要因以前的仇怨而杀功臣，且分封尽可能公平，而不要偏爱故人。这有利于汉初局势的稳定，实是善意之为。明人茅坤曰："沙中偶语，未必谋反也，谋反乃灭族事，岂野而谋者？子房特假此恐吓高帝。及急封雍齿，则群疑定矣。"(《史记钞》卷二九)。刘敬说刘邦都关中，刘邦疑之。左右大臣多是山东人，愿刘邦都洛阳。留侯谏曰：

洛阳虽有此固，其中小，不过数百里，田地薄，四面受敌，此非用武之国也。夫关中左殽、函，右陇、蜀，沃野千里，南有巴、蜀之饶，北有胡苑之利，阻(凭借)三面而守，独以一面东制诸侯。诸侯安定，河渭漕輓(漕运，即水运；輓运，即陆运)天下，西给京师；诸侯有变，顺流而下，足以委输(运输粮草)。此所谓金城千里，天府之国也，刘敬说是也。(《留侯世家》)

所谓"金城""天府"，即指关中地势形便，有四塞之固。刘邦在情感上更愿意定都洛阳，但他惩项羽之败，而相信张良之说，故立即决定都关中。

刘邦夺取天下后，张良基本上不参与刘邦的平叛事业。一方面，张良体弱多病，需要在家静养；另一方面，张良看淡权势富贵，不与诸功臣追名逐利；再一方面，张良不愿意帮刘邦诛杀韩信、彭越、黥布等功臣。萧何荐举韩信为大将，但在楚汉相争的初期，韩信未能成为独当一面的将帅；由于张良的推荐，韩信独自领兵破魏、代、下赵、燕，平齐。在垓下会战之时，张良又劝谏刘邦多封韩信土地，而以韩信为主帅，韩信大破项羽军。汉六年（前201），有人告发韩信谋反，刘邦用陈平计，在陈系缚韩信，将其软禁于长安。张良没有参与此事。

五、安太子位

传记的后一部分，主要叙写张良划策，而安惠帝的太子之位，这也是当时诸大臣的一般意见。留侯时为少傅，也有责任保太子之位。惠帝虽柔弱，但仁慈。

◎ 原文八

上欲废太子❶，立戚夫人子赵王如意。大臣多谏争，未能得坚决者也❷。吕后恐，不知所为。人或谓吕后曰："留侯善画计策，上信用之。"吕后乃使建成侯吕泽劫留侯❸，曰："君常为上谋臣，今上欲易太子，君安得高枕而卧乎？"留侯曰："始上数在困急之中，幸用臣策。今天下安定，以爱欲易太子，骨肉之间，虽臣等百余人何益。"吕泽强要曰："为我画计。"留侯曰："此难以口舌争也。顾上有不能致者❹，天下有四人。四人者年老矣，皆以为上慢侮人，故逃匿山中，义不为汉臣。然上高此四人。今公诚能无爱金玉璧帛，令太子为书，卑辞安车，因使辩士固请，宜来。来，以为客，时时从入朝，令上见之，则必异而问之。问之，上知此四人贤，则一助也。"于是吕后令吕泽使人奉太子书，卑辞厚礼，迎此四人。四人至，客建成侯所。

……

汉十二年，上从击破布军归，疾益甚，愈欲易太子。留侯谏，不听，因疾不视事。叔孙太傅称说引古今，以死争太子。上详许之，犹欲易之。及燕❺，置酒，太子侍。四人从太子，年皆八十有余，须眉皓白，衣冠甚伟。上怪之，问曰："彼何为者？"四人前对，各言名姓，曰东园公，角里先生，绮里季，夏黄公。上乃大惊，曰："吾求公数岁，公辟逃我，今公何自从吾儿游乎？"四人皆曰："陛下轻士善骂，臣等义不受辱，故恐而亡匿。窃闻太子为人仁孝，恭敬爱士，天下莫不延颈欲为太子死者，故臣等来耳。"上曰："烦公幸卒调护太子。"

四人为寿已毕，趋去。上目送之，召戚夫人指示四人者曰："我欲易之，彼四人辅之，羽翼已成，难动矣。吕后真而主矣。"戚夫人泣，上曰："为我楚舞，吾为若楚歌。"歌曰："鸿鹄高飞，一举千里。羽翮已就❻，横绝四海❼。横绝四海，当可奈何！虽有矰缴❽，尚安所施！"歌数阕，戚夫人嘘唏流涕，上起去，罢酒。竟不易太子者，留侯本招此四人之力也。

注释

❶太子：刘盈，吕后所生。❷没有人能使刘邦拿定主意。❸劫：强制。❹不能致者：请不到的人。❺燕：宴会。❻羽翮（hé）：羽翼。❼横绝：渡越。❽矰（zēng）缴（zhuó）：系绳的短箭。

留侯推荐四位高士辅助惠帝，以固其太子位。首先，传文的文本量大，这是张良后期的主要事件。张良画此策，是出于对刘邦心理的窥测和揣摩。其次，四位高士，年皆八十有余，须眉皓白，衣冠甚伟，金玉璧帛可招致，则他们并非是忘天下的高士。四人之事恐是虚无缥缈之事，不可深信。司马迁好奇，则于此周罗文字，细加描述。再次，传文写刘邦与戚夫人相歌相舞的细节，颇为感人，这表现刘邦的私人感情。刘邦自知日暮途穷，而吕后、惠帝羽翼丰满，自己无法再改易太子，可奈何也，无奈何也，这似有项羽垓下之歌"虞兮虞兮奈若何"的伤悲！

原文九

留侯从上击代，出奇计马邑下，及立萧何相国❶，所与上从容言天下事甚众，非天下所以存亡，故不著。留侯乃称曰："家世相韩，及韩灭，不爱万金之资，为韩报仇强秦，天下振动。今以三寸舌为帝者师，封万户，位列侯，此布衣之极，于良足矣。愿弃人间事，欲从赤松子游耳❷。"乃学辟谷，道引轻身❸。会高帝崩，吕后德留侯，乃强食之，曰："人生一世间，如白驹过隙❹，何至自苦如此乎！"留侯不得已，强听而食。

后八年卒，谥为文成侯。子不疑代侯。

子房始所见下邳圯上老父与《太公书》者，后十三年从高帝过济北，果见谷城山下黄石，取而葆祠之❺。留侯死，并葬黄石。每上冢伏腊，祠黄石。❻

……

太史公曰：学者多言无鬼神，然言有物❼。至如留侯所见老父予书，亦可怪矣。高祖离困者数矣❽，而留侯常有功力焉，岂可谓非天乎？上曰："夫运筹策帷帐之中，决胜千里外，吾不如子房。"余以为其人计魁梧奇伟❾，至见其图，状貌如妇人好女。盖孔子曰："以貌取人，失之子羽。"❿留侯亦云。

注释

❶萧何时为丞相，张良劝高祖立之。❷赤松子：传说中的仙人。❸道引：导引。道家养生之术，呼吸俯仰，屈伸手足，使血气充足，身体轻举，《庄子·刻意》所谓"道引之士，养形之人"。❹白驹：白马。隙：间隙。❺葆祠之：珍重地供着它。❻每年两次祭祀张良，一并祭祀黄石。伏：夏季伏日之祭。腊：冬季腊日之祭。❼物：精灵、神怪之物。❽离困：遭遇困境。❾计：估计。❿人的形貌与其才能并没有确定的关系。《仲尼弟子列传》："（子羽）状貌甚恶。欲事孔子，孔子以为材薄。既已受业，退而修行，行不由径，非公事不见卿大夫。南游至江，从弟子三百人，设取予去就，名施（yì）乎诸侯。孔子闻之，曰：'吾以言取人，失之宰予；以貌取人，失之子羽。'"

司马迁说，留侯之善于谋略，乃是出于天意，非人力所为。他以为留侯身体魁梧，气质伟岸，但看到留侯的画像，像一位妇人好女，因而醒悟到人的形貌与其才能和品德并没有确定的关系。留侯多出奇策，运筹策帷帐之中而决胜于千里外，但其形貌柔弱文静。

张良，是汉"三杰"之一。他是一位战略家，善于谋划军事、政治和外交。高祖与之是主客的关系，且以之为师，"今以三寸舌为帝者师"。高祖一生特喜欢狎侮他人，老成如萧何，英雄如淮阴，勇将如黥布，辩士如郦生等，刘邦皆狎侮不敬，唯独留侯，则自始至终无敢失礼，也无有疑心。这不仅是因为张良善于谋略，也是因为张良具有良好的品格。张良是贵族出身，有深厚的文化修养，精通礼仪，熟读兵书，具有独立的人格。他不贪求富贵名利，无田宅之好，无声色之嗜。知足谦退，而不自伐其功、自矜其能。他在政治、军事上运用谋略，一方面善于揣摩对方的心理，另一方面又善于根据具体的形势而变化，道家所谓"圣人不朽，时变是守"。例如对于分封诸侯之事，在楚汉相争时，他极力反对刘邦分封六国贵族之后以弱楚。汉四年（前203），韩信破齐而欲自立为齐王，汉王怒。张良说服汉王，汉王使张良授齐王信印。当时的形势是韩信若自立为王则三分天下，若归楚则汉必败。汉五年（前202），汉王追楚至阳夏南，战不利而壁固陵，诸侯期不至。张良说服汉王大封土地给韩信、彭越、黥布等，诸侯皆至。汉六年（前201）正月，当时诸将不封则有谋反的危险，张良说服刘邦封功臣为列侯。这正运用老子"将欲取之，必固予之"的策略。《老子》三十六章曰"将欲弱之，必故强之；将欲废之，必固兴之；将欲夺之，必固与之"。这段文字被认为有权诈之术，所谓欲取先予，以退为进，隐忍不发。张良"知其雄，守其雌"，"静为躁君"。他身体素来不好，常有病而退居在家，晚年更加崇尚道家的辟谷轻身之术。要之，张良善始而善终。

▌第二节　陈平之七出奇计

陈平，生年不详，卒于孝文帝二年（前178）。陈平的一生颇为曲折。陈涉首难，陈平从魏王咎反秦，魏王以之为太仆；陈平说魏王不听，有人谗之，陈平亡去。项羽略地至河上，陈平往归之，从入破秦，得赐爵卿。项羽东王彭城，陈平从之；因击降殷王有功，而拜为都尉。汉二年（前205），汉王攻下殷，项羽愤怒，欲诛初定殷者。陈平惧诛，从小路逃走，至修武，降汉。陈平屡为汉王出奇谋，深得汉王信任，但为绛侯、灌婴等丰沛重臣嫉恨。汉二年至四年（前203）之间，陈平从汉王于荥阳一带拒楚。他运用反间计，离间楚君臣的关系，使汉王脱险，且使汉最终从战略防御走向战略进攻。汉六年（前201），他为高帝出谋，伪游云梦，在陈系缚楚王韩信，封户牖侯。汉七年（前200），陈平从高帝伐韩王信，出奇计解平城之围，封为曲逆侯。汉十一年（前196），从高帝伐陈豨、黥布等。高帝崩，陈平侍奉吕后，为吕后所倚重，为郎中令。惠帝六年（前189），陈平为左丞相。惠帝崩，吕后临政，陈平为右丞相。吕后崩，陈平又与太尉周勃合谋，卒诛诸吕，立孝文皇帝。文帝先任陈平为左丞相，后右丞相周勃以病免相，陈平专一为丞相。文帝二年（前178），丞相陈平卒。要之，陈平一生历经数主，善于权变；其侍奉高帝、惠帝、吕后、文帝四朝，皆能得到信用，而卒善终。陈平是刘邦身边最高级的智囊人物，地位仅次于张良。

司马迁叙写陈平的事迹，主要突出其智者的人格，故多叙写奇计阴谋，而对其道德品性的不足，少加关注。《太史公自序》："六奇既用，诸侯宾从于汉；吕氏之事，平为本谋，终安宗庙，定社稷。作《陈丞相世家》第二十六。"

一、早年情事

◎ 原文一

　　陈丞相平者，阳武户牖乡人也❶。少时家贫，好读书，有田三十亩，独与兄伯居。伯常耕田，纵平使游学。平人长大美色。人或谓陈平曰："贫何食而肥若是？"其嫂嫉平之不视家生产，曰："亦食糠核

耳❷。有叔如此，不如无有。"伯闻之，逐其妇而弃之。❸

及平长，可娶妻，富人莫肯与者，贫者平亦耻之。久之，户牖富人有张负❹，张负女孙五嫁而夫辄死，人莫敢娶。平欲得之。邑中有丧，平贫，侍丧，以先往后罢为助❺。张负既见之丧所，独视伟平，平亦以故后去。负随平至其家，家乃负郭穷巷❻，以弊席为门，然门外多有长者车辙。张负归，谓其子仲曰："吾欲以女孙予陈平。"张仲曰："平贫不事事❼，一县中尽笑其所为，独奈何予女乎？"负曰："人固有好美如陈平而长贫贱者乎？"卒与女。为平贫，乃假贷币以聘，予酒肉之资以内妇❽。负诫其孙曰："毋以贫故，事人不谨。事兄伯如事父，事嫂如母。"平既娶张氏女，赍用益饶❾，游道日广。

里中社，平为宰，分肉食甚均。父老曰："善，陈孺子之为宰！"平曰："嗟乎，使平得宰天下，亦如是肉矣！"❿

注释

❶阳武：县名，属魏地。❷核：糠中米屑。❸绛侯、灌婴告诉汉王，陈平居家时"盗其嫂"。司马迁只说嫂嫉恨陈平不事产业而还要吃好的东西，盖以为陈平并没有"盗其嫂"。❹张负：张姓的妇人。❺先往后罢：先去后回，做事勤勉。❻负郭：背居。❼不事事：不事产业。❽内：通"纳"，娶。❾赍用：资材。赍，通"资"。❿日后陈平为相，即宰天下。

传记叙述了陈平早年的一些生活小事，主要表现其个性，作为将来行事的张本。

陈平少时，好读书游学，不安于农业生产，有不羁之才。他的行为招致其嫂的非议和嫉恨，但其兄长颇能宽容和爱护。同乡富人张负自愿把女儿嫁给他，且倒贴钱财，一方面表现张负的见识不凡，另一方面也说明陈平与众不同。张负女孙五嫁而夫辄死，是奇女，人莫敢娶，而陈平欲得之，亦是奇人。陈平曰："嗟乎，使平得宰天下，亦如是肉矣！"陈平自信其才具，且志向远大。《高祖本纪》开始亦说，刘邦年轻居家时不事产业，喜欢狎侮人，大言不惭。吕公看上了刘邦，把女儿嫁给他。

二、为汉王出奇计灭楚

秦二世元年（前209），陈涉首先发难反秦。陈平辞谢其兄，事魏王咎于临济，魏王以之为太仆。他说魏王不听，有人谗之，陈平逃去。项羽攻占土地至河上，陈平往归之，从入破秦，得赐爵卿。陈平从项羽亡秦，功业不显。项羽东王彭城，陈平从之。汉王还定三秦，殷王司马卬叛楚，陈平率领军队击之，降殷王而还。项羽拜陈平为都尉，赐金二十镒。不久，汉王攻占殷，项羽欲诛定殷者，陈平害怕被诛杀，封其金与印，归之项王，自己独身从小路仗剑而逃。逃亡之路颇为艰险。渡河时，船夫见陈平是美丈夫独行，怀疑他是逃亡的将领，身上一定带着许多金玉宝器，欲杀陈平。陈平恐惧，乃解衣，裸体帮助船夫划船，暗示其身无分文。船夫知其无有，于是不再伤害他。这件小事说明陈平是一位智者。《史记会注考证》引徐中行之言曰："平之侍丧里中，以早至晚去为助，非助也，欲以动张负而娶其孙也。间行归汉，裸而佐刺船，非佐刺船也，欲舟人之知其无金也。彼此平居细事，犹能钓奇若是。况居帷帐之中，受腹心之寄，当危机交急之时者哉？"智者首先要把握事情的自然之理，然后行之，或免除自身灾祸，或获得自己的利益。

❀ 原文二

平遂至修武降汉，因魏无知求见汉王，汉王召入。是时万石君奋为汉王中涓，受平谒，入见平。平等七人俱进，赐食。王曰："罢，就舍矣。"平曰："臣为事来，所言不可以过今日。"❶ 于是汉王与语而说之，问曰："子之居楚何官？"曰："为都尉。"是日乃拜平为都尉，使为参乘，典护军❷。诸将尽喧，曰："大王一日得楚之亡卒，未知其高下，而即与同载，反使监护军长者❸！"汉王闻之，愈益幸平。遂与东伐项王。至彭城，为楚所败。引而还，收散兵至荥阳，以平为亚将，属于韩王信，军广武。

绛侯、灌婴等咸谗陈平曰："平虽美丈夫，如冠玉耳❹，其中未必有也。臣闻平居家时，盗其嫂❺，事魏不容，亡归楚；归楚不中，又亡归汉。今日大王尊官之，令护军。臣闻平受诸将金，金多者得善处，金少者得恶处。平，反覆乱臣也，愿王察之。"汉王疑之，召让魏无知。无知曰："臣所言者，能也；陛下所问者，行也。今有尾生、孝己之行而无益于胜负之数❻，陛下何暇用之乎？楚汉相距，臣进奇谋之士，顾其计诚足以利国家否耳。且盗嫂受金又何足疑乎？"汉王召让平曰："先生事魏不中，遂事楚而去，今又从吾游，信者固多心乎？"平曰："臣事魏王，魏王不能用臣说，故去事项王。项王不能信人，其所任爱非诸项即妻之昆弟，虽有奇士不能用，平乃去楚。闻汉王之能用人，故归大王。臣裸身来，不受金无以为资。诚臣计划有可采者，愿大王用之；使无可用者，金具在，请封输官❼，得请骸骨。"汉王乃谢，厚赐，拜为护军中尉，尽护诸将❽，诸将乃不敢复言。

❀ 注释

❶陈平曾在鸿门宴上见过汉王。此次，陈平来，与汉王语而悦之，他可能持有楚国阴事为资，故曰"所言不可以过今日"。❷典：主管。❸诸将自称"长者"，犹言使之监护我等。"监护"下不当有"军"字。❹冠玉：冠之饰玉在外，其中空虚，以为喻。❺盗其嫂：与嫂私通。❻尾生：信士。孝己：孝子。❼输官：送交国库。❽护：监视。

这段传文的主旨是，陈平是一位富有智慧的谋士，不必计较其品行的不端。传记从诸将之非议、汉王之怀疑开始，而最终汉王信任陈平，欲用其奇计异谋夺天下。绛侯、灌婴等诸将跟从刘邦反秦起义，随刘邦入汉中，进而还定三秦，东伐楚，专心一意侍奉汉王。陈平侍奉三主，以楚之叛臣归汉，而受到刘邦的信任。因此，绛侯、灌婴等认为，陈平不过是美丈夫，金玉其外，败絮其中；侍奉三主，反复乱臣；行为不端，居家与嫂私通，为护军受诸将金钱。大臣所责，是道德品行的问题；但陈平有政治、军事上的谋略，这是才能的问题。刘邦能用陈平，主要是看重其奇计雄略，并不计较其道德品行上的弊端,这是刘邦善于用人的一个重要体现。司马迁的叙事视角,主要是突出陈平是一位智者。李开元说:"陈平为砀郡户牖人,先事魏王咎,后事项羽,汉二年以后方才加入刘邦集团,与刘邦集团之核心和中坚并无深厚之渊源关系,长期受到丰沛元从集团和砀泗楚人集团的排斥,只是以其智慧权术,受刘邦个人之赏识,得以在刘邦集团中立住脚。"①

原文三

其后,楚急攻,绝汉甬道❶,围汉王于荥阳城。久之,汉王患之,请割荥阳以西以和。项王不听。汉王谓陈平曰:"天下纷纷,何时定乎?"陈平曰:"项王为人,恭敬爱人,士之廉节好礼者多归之。至于行功爵邑,重之❷,士亦以此不附。今大王慢而少礼,士廉节者不来,然大王能饶人以爵邑❸,士之顽钝嗜利无耻者亦多归汉。诚各去其两短,袭其两长❹,天下指麾则定矣❺。然大王恣侮人,不能得廉节之士。顾楚有可乱者,彼项王骨鲠之臣亚父、钟离眜、龙且、周殷之属❻,不过数人耳。大王诚能出捐数万斤金,行反间,间其君臣,以疑其心,项王为人意忌信谗❼,必内相诛。汉因举兵而攻之,破楚必矣。"汉王以为然,乃出黄金四万斤与陈平,恣所为,不问其出入。

陈平既多以金纵反间于楚军,宣言诸将钟离眜等为项王将,功多矣,然而终不得裂地而王,欲与汉为一,以灭项氏而分王其地。项羽果意不信钟离眜等。项王既疑之,使使至汉。汉王为太牢具,举进❽。见楚使,即详惊曰:"吾以为亚父使,乃项王使!"复持去,更以恶草具进楚使❾。楚使归,具以报项王。项王果大疑亚父。亚父欲急攻下荥阳城,项王不信,不肯听。亚父闻项王疑之,乃怒曰:"天下事大定矣,君王自为之!愿请骸骨归!"归未至彭城,疽发背而死❿。陈平乃夜出女子二千人荥阳城东门,楚因击之,陈平乃与汉

---

① 李开元:《汉帝国的建立与刘邦集团:军功受益阶层研究》,生活·读书·新知三联书店,2000,第206页。

王从城西门夜出去。遂入关，收散兵复东。

❀ 注释

❶ 汉二年，筑甬道属之河，以取敖仓粟。❷ 爱惜之，不肯轻易与人。❸ 饶人以爵邑：多封人以爵邑。❹ 袭：合。❺ 指麾：指挥，发令调遣。❻ 骨鲠（gěng）：刚直敢言。鲠，鱼骨。❼ 意忌：怀疑，猜忌。❽ 举鼎俎而来。❾ 恶（è）草具：粗劣的菜食。❿ 背部疗疮破裂而死。疽（jū）：疗疮。

汉王为项王围困于荥阳城，求和不得，突围不能。陈平多用金钱离间楚之君臣的关系。陈平买通楚军中部分士兵，让他们到处宣扬楚将钟离眜等因项王不封土地而怨恨，欲叛楚归汉。项王果然疑之。陈平又用计谋欺骗楚使，离间项王与亚父范增之间的关系。项王疑之，范增一怒而去，途中疽发背而死。陈平乘楚君臣之间猜忌、将兵之间离心离德，而与汉王从城西门夜中逃去。这是陈平为汉家所立的一大功。他采用离间楚君臣的计策，不免是阴暗谋诈。他夜出女人和孩子二千人于东门，引诱项王兵，而与汉王从西门悄然奔出，也是阴谋诡计。这皆表现出陈平的卓越智慧。

陈平多用金钵行离间之计，以离散楚之君臣、将士之心，从而乘乱击之，与李斯为秦王划策而东灭六国时的情形相似："秦王乃拜斯为长史，听其计，阴遣谋士赍持金玉以游说诸侯。诸侯名士可下以财者，厚遗结之；不肯者，利剑刺之。离其君臣之计，秦王乃使其良将随其后。"（《李斯列传》）

三、为高帝出奇计平叛

❀ 原文四

汉六年，人有上书告楚王韩信反。高帝问诸将，诸将曰："亟发兵坑竖子耳❶。"高帝默然。问陈平，平固辞谢曰："诸将云何？"上具告之。陈平曰："人之上书言信反，有知之者乎？"曰："未有。"曰："信知之乎？"曰："不知。"陈平曰："陛下精兵孰与楚？"❷ 上曰:"不能过。"平曰:"陛下将用兵有能过韩信者乎?"上曰:"莫及也。"平曰:"今兵不如楚精,而将不能及,而举兵攻之,是趣之战也,窃为陛下危之。"上曰:"为之奈何?"平曰:"古者天子巡狩,会诸侯。南方有云梦,陛下弟出伪游云梦❸,会诸侯于陈。陈,楚之西界,信闻天子以好出游,其势必无事而郊迎谒。谒,而陛下因擒之,此特一力士之事耳。"高帝以为然,乃发使告诸侯会陈,"吾将南游云梦"。上因随以行❹。行未至陈,楚王信果郊迎道中。高帝豫具武士,见信至,即执缚之,载后车。信呼曰:"天下已定,我固当烹!"高帝顾谓信曰:"若毋声❺!而反,明矣!"武士反接之❻。遂会诸侯于陈,尽定楚地。还至洛阳,赦信以为淮阴侯,而与功臣剖符定封。❼

注释

❶ 亟(jí):急。❷ 垓下之战后,韩信的精兵已被夺去,此乃陈平的夸张之辞。❸ 弟:通"第",但,只。❹ 随以行:即日行,使韩信不测。❺ 声:呼号。❻ 反接:反缚两手。❼ 中井积德曰:"反逆者,三族之罪也,岂可赦哉?赦信,以见其无罪也。"(《史记会注考证》)

　　陈平之计至妙,且伪诈,在没有硝烟的情况下,刘邦逮捕了韩信,废其楚王,定楚,避免了刘邦与韩信之间兵戎相见。韩信虽不免冤屈,但刘邦由此去掉了心头大患。于是刘邦与陈平剖符,世世勿绝,封陈平为户牖侯。平辞曰:"此非臣之功也。"上曰:"吾用先生谋计,战胜克敌,非功而何?"平曰:"非魏无知,臣安得进?"上曰:"若子可谓不背本矣。"(《陈丞相世家》)乃复赏赐魏无知。陈平能知恩图报,不忘本。刘邦称陈平为先生,颇为敬重。

　　后人对陈平帮助刘邦系缚韩信颇为不满。韩兆琦说:"陈平最阴险的是为刘邦划策袭捕韩信。"[1]清人史珥说:"陈平不为信辨反之真伪,而委曲以售其谲,于'六出'中最为无赖之行。子长于封平之上著'于是'两字,诛其心也。"(《四史剿说》)我们认为,陈平

---

[1] 韩兆琦:《史记通论》,广西师范大学出版社,1996,第409页。

为刘邦设计系缚韩信，主要是刘邦诛杀功臣之过，不能过分怪罪陈平。刘邦在天下已定后，自然要剪除韩信、黥布、彭越等诸侯王，这是历史的当然。若刘邦不用陈平计，则刘邦与韩信将在战场上兵戎相见，又是一场混战，生灵涂炭。韩信终会败亡，因为此时韩信的手中已没有多少精兵，无法与强大的帝王之师相抗衡。因此，陈平之计是有理有利的；所谓"狡兔死，良狗烹；高鸟尽，良弓藏；敌国破，谋臣亡"，乃是历史的铁律。

原文五

其明年❶，以护军中尉从攻反者韩王信于代。卒至平城，为匈奴所围，七日不得食。高帝用陈平奇计，使单于阏氏❷，围以得开。高帝既出，其计秘，世莫得闻。❸

高帝南过曲逆，上其城，望见其屋室甚大，曰："壮哉县！吾行天下，独见洛阳与是耳。"顾问御史曰："曲逆户口几何？"对曰："始秦时三万余户，间者兵数起，多亡匿，今见五千户❹。"于是乃诏御史，更以陈平为曲逆侯，尽食之❺，除前所食户牖。

其后常以护军中尉从攻陈豨及黥布。凡六出奇计，辄益邑，凡六益封。奇计或颇秘，世莫能闻也。

注释

❶汉七年。❷阏（yān）氏（zhī）：单于之皇后。❸陈平用计，解除了平城之围。史公未述之，以其计密，世莫得闻。推之，或是汉派使者见阏氏，赂以重金，并说之曰："单于围困汉，汉必献美女于单于，单于迎娶之而宠信，必疏于您；不如您说单于，解汉之围，则汉之美女不至，您依然深得宠信。"❹见：同"现"，现存。❺封县侯时，一县之户不止封数，除侯所食，其余归之有司。高帝封功臣尽食一县者，唯陈平一人。陈平之更封曲逆侯，主要是因为他出秘计以解除高帝的平城之围。

陈平六出奇计，六益封；奇计或颇秘，世莫能知。史公的个性颇好奇，陈平多奇计，故史公特推重陈平。多奇计、好奇，是尚智的突出表现。

四、卒灭吕氏

汉十二年（前195），高帝击破黥布军归来，病得很重。高帝听闻燕王卢绾反叛，即命樊哙率兵击之。有人告高帝曰，樊哙与吕后结党，待上一日宫车晏驾，樊哙即以兵尽诛灭戚氏、赵王如意之属。高帝闻之大怒，乃急使陈平驾车马载绛侯代樊哙为将，命陈平至军中即斩哙。

原文六

高帝从破布军还，病创（chuāng）❶，徐行至长安。燕王卢绾反，上使樊哙以相国将兵攻之。既行，人有短恶哙者❷。高帝怒曰："哙见吾病，乃冀我死也。"用陈平谋而召绛侯周勃受诏床下，曰："陈平亟驰传载勃代哙将❸，平至军中即斩哙头！"二人既受诏，驰传未至军。行计之曰❹："樊哙，帝之故人也，功多，且又乃吕后弟吕媭之夫❺，有亲且贵，帝以忿怒故，欲斩之，则恐后悔。宁囚而致上，上自诛之。"未至军，为坛，以节召樊哙。哙受诏，即反接载槛车❻，传诣长安，而令绛侯勃代将，将兵定燕反县。

平行闻高帝崩❼，平恐吕太后及吕媭谗怒，乃驰传先去。逢使者诏平与灌婴屯于荥阳。平受诏，立复驰至宫，哭甚哀，因奏事丧前。吕太后哀之，曰："君劳，出休矣。"平畏谗之就，因固请得宿卫中❽。太后乃以为郎中令，曰："傅教孝惠。"是后吕媭谗乃不得行。樊哙至，则赦复爵邑。

注释

❶高帝征黥布，为流矢所中，现箭伤转重。❷短恶（wù）：说坏话。❸亟（jí）：急切。❹行计：且行且计。❺吕媭（xū）：吕后之妹。❻反接：反缚双手。槛（jiàn）车：囚车。❼平未至京师，于途中闻高帝崩。❽宿卫：在宫中值宿。

陈平当高帝将崩时，不诛樊哙，行事可谓谨慎有智。他驾车马载绛侯疾驰追赶樊哙军（此时，樊哙军已在前往燕国的途中）。陈平可能知道，高帝病重将死，惠帝软弱，虽即位，而吕后大权在握。在此混乱莫测之时，不能得罪吕氏一族，故采取缓行之策，载樊哙于囚车之中，传诣长安。在路途中听说高帝崩，道逢使者诏他与灌婴屯兵于荥阳，以备关东。他受诏而不奉诏，急驰入宫中，哭甚哀。吕后哀之，劝他回去休息。陈平固请宿卫中。吕后以陈平为郎中令，辅助惠帝。陈平留在惠帝身边，吕媭不能尽谗言。《诗经·王风·采葛》："彼采葛兮，一日不见，如三月兮。彼采萧兮，一日不见，如三秋兮。彼采艾兮，一日不见，如三岁兮。"《毛诗序》曰："惧谗也。桓王之时，政事不明，臣无大小使出者，则为谗人所毁，故惧之。"不离君侧，人自难于进谗间己。《毛诗序》的解释并不合于诗旨，似乎将情侣之思慕曲解为朝士之疑惧。史公推测陈平之意，乃是畏惧吕媭的谗言而保全自己。实际上，陈平的行为含有逢迎吕后，以取得吕后信任的意图。李开元说："也就是说，陈平于刘邦死后，迅速取得吕后之信任，得以不离宫廷，在惠帝身边侍从主事。陈平之任郎中令，为其和吕后彼此靠近的一步。"①

高帝与陈平的关系偏于主客，高帝独赏陈平的奇计，而高帝集团的核心人物丰沛砀泗集团一直对陈平怨恨不满。因此，陈平在高帝崩后，与吕后更为亲近。吕后也是看重陈平的谋计与身份，而颇为重用陈平。陈平是介于吕氏一族与刘邦集团之间的人，能调和两者之间的冲突。吕后任陈平为郎中令，处理宫内与宫外的交接。吕后为人刚毅，辅助高帝定天下，所诛大臣多出于吕后力。陈平能安然于吕后当权时，且为吕后信任，任丞相，必多智。

惠帝六年（前189），相国曹参卒，王陵为右丞相，陈平为左丞相；这是吕后进一步重用陈平。王陵为丞相，是高帝的遗言，王陵

---

① 李开元：《汉帝国的建立与刘邦集团：军功受益阶层研究》，生活·读书·新知三联书店，2000，第200页。

本是沛县之豪吏，高帝微时兄事之；其母为人质而死于项羽军中，临死要求王陵谨事汉王。王陵豪侠任气，在丰沛集团中深具威望。

原文七

> 王陵者，故沛人，始为县豪，高祖微时，兄事陵❶。陵少文，任气，好直言。及高祖起沛，入至咸阳，陵亦自聚党数千人，居南阳，不肯从沛公。及汉王之还攻项籍，陵乃以兵属汉。项羽取陵母置军中，陵使至，则东乡坐陵母❷，欲以招陵。陵母既私送使者，泣曰："为老妾语陵，谨事汉王。汉王，长者也，无以老妾故，持二心。妾以死送使者。"遂伏剑而死。项王怒，烹陵母。陵卒从汉王定天下。以善雍齿，雍齿高帝之仇，而陵本无意从高帝，以故晚封，为安国侯。

注释

❶ 以王陵为兄长而侍奉。❷ 当时设席，以东向为尊。

相较于王陵，论资历和地位，陈平不足以任相。因此，陈平之任左丞相，表现了吕后对陈平的格外重用。孝惠帝崩，吕后欲立诸吕为王，这显然违背当初高祖与诸将的约定，非刘姓而王者，天下共诛之。王陵曰不可，陈平曰可。吕后大怒，佯迁陵为帝太傅，实不用陵；徙陈平为右丞相，以辟阳侯审食其为左丞相。左丞相不治事，给事于中。吕后立诸吕为王，陈平假装听之。吕媭数次谗毁陈平为高祖执樊哙，曰："陈平为相非治事，日饮醇酒，戏妇女。"陈平闻，日益甚。这有利于吕后专权。吕后闻之，私独喜。吕后曾面于吕媭，对陈平说："鄙语曰'儿妇人口不可用'，顾君与我何耳。无畏吕媭之谗也。"吕后自然嫌疑陈平，因为她知高祖独赏陈平，陈平是忠诚于高祖的。要之，在惠帝、吕后当政时，陈平得到吕后的重用，虽骨子里反对诸吕，却能游于其中，这是基于其突出之智慧，一是迎合吕后之意，二是尽可能少做事。司马迁并不认为陈平阿谀吕后。他推见陈平之意曰："吕太后立诸吕为王，陈平伪听之。及吕太后崩，平与太尉勃合谋，卒诛诸吕，立孝文皇帝，陈平本谋也。"这颂赞了陈平在传承汉家大统中的本谋功绩。

韩兆琦认为："作品写了陈平在刘邦死后先是讨好吕后，阿谀取容；而当吕后一死，诸侯起兵讨伐吕氏一党时，他与周勃又摇身一变，加入了反吕的行列。由于陈平与周勃的地位高，威望大，所以不仅没有人再算他们当初谄媚吕后的旧账，反而把他们看成了诛灭诸吕的元勋。"① 吕后欲封诸吕，王陵曰不可，陈平、周勃曰可。明人茅坤曰："使平、勃有殉国之忠，岂得动？"（《史记钞》）明人凌稚隆说："陈平、周勃不以此时极谏，而顾阿谀曲从，乃致酿成其祸。他日虽有安刘之功，仅足以赎今日之罪耳！"（《史记评林》）我们认为，陈平是智者，非出于非沛集团，不可能为刘氏政权，而极谏对抗吕后；且刘氏、吕氏本是一家，他犯不着为其利益纷争而受到贬斥而丢官，甚至丢掉性命。

五、善始善终

孝文皇帝刚即位，认为周勃亲自率兵诛诸吕，功多。陈平虽是本谋者，但表面上没有周勃功多。陈平揣摩到文帝之心，愿以右丞相让周勃。文帝以周勃为右丞相，位次第一；以陈平为左丞相，位次第二，且赐千金，益封三千户。这是陈平的聪明之处，主动退让，反而受到文帝的敬重和赏赐。

❀ 原文八

居顷之，孝文皇帝既益明习国家事，朝而问右丞相勃曰："天下一岁决狱几何❶？"勃谢曰："不知。"问："天下一岁钱谷出入几何？"勃又谢不知，汗出沾背，愧不能对。于是上亦问左丞相平。平曰："有主者。"上曰："主者谓谁？"平曰："陛下即问决狱，责廷尉；

---

① 韩兆琦：《史记通论》，广西师范大学出版社，1996，第407页。

问钱谷,责治粟内史。"上曰:"苟各有主者,而君所主者何事也?"平谢曰:"主臣❷!陛下不知其驽下,使待罪宰相。宰相者,上佐天子理阴阳,顺四时,下育万物之宜,外镇抚四夷诸侯,内亲附百姓,使卿大夫各得任其职焉。"孝文帝乃称善。右丞相大惭,出而让陈平曰:"君独不素教我对!"陈平笑曰:"君居其位,不知其任邪?且陛下即问长安中盗贼数,君欲强对邪?❸"于是绛侯自知其能不如平远矣。居顷之,绛侯谢病请免相,陈平专为一丞相。

孝文帝二年,丞相陈平卒,谥为献侯。……

始陈平曰:"我多阴谋,是道家之所禁。❹吾世即废,亦已矣,终不能复起,以吾多阴祸也。"然其后曾孙陈掌以卫氏亲贵戚❺,愿得续封陈氏,然终不得。❻

太史公曰:陈丞相平少时,本好黄帝、老子之术。方其割肉俎上之时,其意固已远矣。❼倾侧扰攘楚魏之间❽,卒归高帝。常出奇计,救纷纠之难,振国家之患。及吕后时,事多故矣❾,然平竟自脱❿,定宗庙,以荣名终,称贤相,岂不善始善终哉!非知谋孰能当此者乎?

注释

❶决狱:判处案件。❷或曰主群臣;或曰"主臣"犹单言臣,惶恐之时先发此一语,无干文义。❸盗贼数也自有主者,丞相不管细故。❹由此可知,老子之道家不主阴谋。❺陈掌:卫青的女婿。❻《易》:"积善之家必有余庆,积不善之家必有余殃。"❼陈平割肉俎上时,即欲有为,而与道家自隐无名相背。❽倾侧扰攘:彷徨不定。陈平先事魏,再从楚,终归汉。❾故:变故。❿竟:最终。

陈平三朝为丞相,相孝惠、吕后、文帝,可谓智者。史公认为,陈平少时,好黄帝、老子之术,但其行事与老子之自隐无名相反。在秦楚汉的扰攘之际,陈平先事魏,再从楚,终归汉,可谓有智谋。在佐汉时,陈平常出奇计,救纷纠之难,振国家之患,可谓有智谋。在吕后时，吕后王诸吕，斥刘邦的功臣，事多变故，而陈平能自脱于灾祸，为丞相，可谓有智谋。吕后崩后，陈平本谋，诛吕氏族而立文帝，承刘氏宗统，称贤相，可谓有智谋。要之，司马迁书写陈丞相传记，以"智"作为眼目。《史记会注考证》引王鏊（ào）之言曰："'知谋'二字，断尽陈平一生。"

综之，《陈丞相世家》叙述了陈平的主要事迹。他在秦楚汉扰攘之际，先投魏咎，再投项羽，最后归于高帝。他出奇计，助高帝灭项羽。天下初定后，又助高帝剪除韩信、黥布等功臣。惠帝、吕后时，他为丞相。吕后崩，他又与诸大臣谋议而诛灭吕氏一族，以文帝继承汉家大统。他善始善终。其突出的人格特征是智谋，高帝说，陈平可为丞相，"陈平智有余，然难以独任"（《高祖本纪》）。司马迁在书写陈平的传记时，颇为欣赏其奇计智谋，而对其善于权变、阴谋投机、品性不端等，虽有所批评，但置于次要的地位。陈平曾说，自己多阴谋阴祸，吾世即废，不能复起，后果然。这是道德报应的思想，表现出司马迁对陈平的委婉批评。

/ 第十章 /

"狡兔死,良狗烹"
——汉三王的传记

彭越、黥布、韩信是刘邦所封的三位异姓诸侯王。他们是平民或盗贼出身,在秦楚汉之际建立了盖世功勋,是乱世中的草莽英雄,"此三人者,同功一体之人也"(《黥布列传》)。彭越原是巨野泽中的盗贼首,聚党千余人。刘邦击秦,彭越助之。刘邦率诸侯击楚,彭越归之,封梁王。黥布本是刑徒,率领曹偶亡于江上,成为盗贼首。他先跟从项羽亡秦,是先锋,立下大功,项羽封其为九江王;后来,反楚归汉,刘邦封其为淮南王。韩信起事前是浪荡青年,后从项梁、项羽,在亡秦中功绩不著。刘邦入蜀,韩信亡楚归汉,刘邦拜韩信为大将军。楚汉相争中,韩信成为军事统帅,率领大军破魏、代,下赵、燕,平齐;刘邦封其为齐王,再改为楚王,后降为淮阴侯。韩信是一位伟大的军事家。天下已定,刘邦告群臣:"夫运筹策帷帐之中,决胜于千里之外,吾不如子房。镇国家,抚百姓,给馈饷,不绝粮道,吾不如萧何。连百万之军,战必胜,攻必取,吾不如韩信。此三者,皆人杰也,吾能用之,此吾所以取天下也。项羽有一范增而不能用,此其所以为我擒也。"(《高祖本纪》)刘邦统一天下后大封功臣,萧何、曹参、张良、陈平等百余位功臣封为列侯,依然保留韩信、彭越、黥布等异姓诸侯王。"三王"拥有众多的土地和民众,手握兵权,易于形成割据而对抗中央朝廷。刘邦开始了剪除异姓诸侯王的事业,"三王"最终在汉十一年(前196),以谋反罪为刘邦诛灭。

《史记》有《魏豹彭越列传》《黥布列传》《淮阴侯列传》三篇。据客观的标准,太史公应为他们立"世家",而降为"列传",是对他们谋反罪的贬绝。在"三王"的传记中,文本量最大的是《淮阴侯列传》;其次是《黥布列传》;再次是《魏豹彭越列传》,这是合传。文本量的大小决定了传记人物事迹的多少,也表现出史家对传记人物之关心和重视的程度。司马迁着力叙写淮阴侯的传记,不仅材料众多,且生动传神。

第一节 梁王彭越、淮南王黥布

彭越是渔民出身,后为盗贼。他于二世二年(前208)九月起兵反秦,时年五十岁左右。从沛公略魏地,沛公西进,他滞留巨野泽,无所归属。由于他没有跟从刘邦、项羽等入关,故项羽大封诸侯时没有他的份儿。他由此怨恨项羽。汉元年(前206)秋,齐田荣反楚,为了联合反楚的力量,赐彭越将军印,击楚。汉二年(前205)春,汉王率领诸侯军会战彭城,彭越率兵三万人归汉,刘邦拜彭越为魏相国。汉三年(前204)至五年(前202),彭越为汉游兵,击楚,绝楚粮道于魏地,项羽深患之。因此,彭越在反楚中发挥了重要的作用。汉五年十二月,会兵垓下。汉五年二月,封为梁王。汉十一年(前196)三月,被诛杀。

一、彭越从汉破楚

❀ 原文一

彭越者,昌邑人也❶,字仲。常渔巨野泽中,为群盗。陈胜、项梁之起,少年或谓越曰:"诸豪杰相立畔秦,仲可以来,亦效之。"彭越曰:"两龙方斗❷,且待之。"

居岁余,泽间少年相聚百余人,往从彭越,曰:"请仲为长。"越谢曰："臣不愿与诸君。"少年强请，乃许。与期旦日日出会❸，后期者斩。旦日日出，十余人后，后者至日中。于是越谢曰："臣老，诸君强以为长。今期而多后，不可尽诛，诛最后者一人。"令校长斩之。皆笑曰："何至是？请后不敢。"于是越乃引一人斩之，设坛祭，乃令徒属。徒属皆大惊，畏越，莫敢仰视。乃行略地，收诸侯散卒，得千余人。

注释

❶ 昌邑：县名，属魏地。❷ 两龙：指秦与陈胜。❸ 期：约定。旦日日出：明日（期日）日出（期时）。

彭越，昌邑人，昌邑属魏。他起事时自称"臣老"，恐有五十岁左右。由此可知，时势造英雄。众人荐举彭越为官长，约定明日日出相会。众人或以为儿戏，有十余人后至。彭越斩杀最后至者，以严纪立威。众人畏之，不敢仰视。这表明彭越治兵严厉。跟从彭越的人多为盗贼，风纪散漫，如果不严纪立威，则不能出生入死。《孙子吴起列传》叙述了同类的一件事。孙武为吴将，著兵书十三篇，吴王以为他纸上谈兵。孙武以吴王宫中的美女练兵，宫女们娇生惯养，散漫游戏，不守纪律。孙武明之约束，三令五申，宫女仍不行军令，故孙武斩两美女，以严纪立威。于是，宫女左右前后跪起皆中规中矩，无敢出声。司马穰苴之斩杀庄贾事亦同类。

在诸侯亡秦之战中，彭越的功劳不大。沛公从砀北击昌邑，彭越助之。昌邑未攻下，沛公引兵向西。彭越将其众居巨野泽中，收魏散卒，成为无所归属的寇贼。他因未随项羽及诸侯兵入关，故无功不封。汉元年秋，齐王田荣背叛项羽，使人赐给彭越将军印，使之击楚。楚命萧公角率兵击彭越，彭越大破楚军。汉二年春，彭越与诸侯向东击楚，彭越率其兵三万余人归汉于外黄。汉王曰："彭将军收魏地，得十余城，欲急立魏后。今西魏王豹亦魏王咎从弟也，真魏后。"乃拜彭越为魏相国，专将其兵，而略定梁地。

原文二

汉王之败彭城解而西也,彭越皆复亡其所下城,独将其兵北居河上❶。汉王三年,彭越常往来为汉游兵❷,击楚,绝其后粮于梁地。汉四年冬,项王与汉王相距荥阳,彭越攻下睢阳、外黄十七城❸。项王闻之,乃使曹咎守成皋,自东收彭越所下城邑,皆复为楚。越将其兵北走谷城。汉五年秋,项王之南走阳夏,彭越复下昌邑旁二十余城,得谷十余万斛(hú),以给汉王食。

汉王败,使使召彭越并力击楚。越曰:"魏地初定,尚畏楚,未可去。"汉王追楚,为项籍所败固陵。乃谓留侯曰:"诸侯兵不从,为之奈何?"留侯曰:"齐王信之立,非君王之意,信亦不自坚。彭越本定梁地,功多,始君王以魏豹故,拜彭越为魏相国。今豹死无后,且越亦欲王,而君王不蚤定。与此两国约:即胜楚,睢阳以北至谷城,皆以王彭相国;从陈以东傅海,与齐王信。齐王信家在楚,此其意欲复得故邑。君王能出捐此地许二人,二人今可致;即不能,事未可知也。"于是汉王乃发使使彭越,如留侯策。使者至,彭越乃悉引兵会垓下❹,遂破楚。项籍已死。春,立彭越为梁王,都定陶。

注释

❶北居河上:退居黄河北岸,在今河南滑县一带。❷游兵:游击部队。❸睢阳、外黄等是项羽后方的兵饷基地。❹垓下:古地名,在今安徽灵璧东南的沱河南岸。

汉王败于彭城,解兵而西,彭越独率其兵北居河上。汉三年至五年间,汉王与项王相拒于荥阳一带,彭越常往来为汉游兵,反复击楚,绝其粮道于梁地。项王深以为患,留下曹咎等守成皋,亲自带兵击彭越,彭越率其兵向北逃至谷城。汉五年,汉王追楚,为项王败于固陵,诸侯兵不至。汉王听从张良的谋议,许韩信为楚王、彭越为梁王。彭越乃引兵会于垓下,遂击破楚军,项王败死。汉五年春,刘邦立彭越为梁王,都定陶。由此可知,彭越的丰功主要建立于楚汉之争中。司马迁叙述彭越的战功简要，没有展开具体生动的描绘。

要之，汉二年至五年间，在楚汉相持的关键时期，彭越大乱楚后方，绝楚粮道，牵引楚主力回救，使楚军疲于奔命。这扭转了楚汉相持的局势，使汉从战略防御走向战略进攻。

汉六年（前201），彭越朝陈，刘邦听从陈平的谋计系缚楚王韩信，将其带回长安，降为淮阴侯。汉九、十年（前198、前197），彭越皆来长安朝见天子。彭越安稳地度过了五六年的诸侯王生活。

二、彭越谋反被诛

❀ 原文三

十年秋，陈豨反代地，高帝自往击，至邯郸，征兵梁王。梁王称病，使将将兵诣邯郸。高帝怒，使人让梁王❶。梁王恐，欲自往谢。其将扈辄曰："王始不往，见让而往，往则为擒矣。不如遂发兵反。"梁王不听，称病。梁王怒其太仆，欲斩之。太仆亡走汉，告梁王与扈辄谋反。于是上使使掩梁王❷，梁王不觉，捕梁王，囚之洛阳。有司治反形已具❸，请论如法❹。上赦以为庶人，传处蜀青衣❺。西至郑，逢吕后从长安来，欲之洛阳，道见彭王。彭王为吕后泣涕，自言无罪，愿处故昌邑。吕后许诺，与俱东至洛阳。吕后白上曰："彭王壮士，今徙之蜀，此自遗患，不如遂诛之。妾谨与俱来。"于是吕后乃令其舍人告彭越复谋反。廷尉王恬开奏请族之。上乃可，遂夷越宗族，国除。

❀ 注释

❶ 让：责备。❷ 掩：乘人不备而袭取。❸ 反形：谋反形，即有谋反的模样，包括有谋反的动机和目的，且付出一定的准备行动，但未公然谋反。❹ 论：定罪。如：依据。❺ 传（zhuàn）：乘传车。青衣：县名，在今四川雅安北。

祸起于高帝征兵，彭越称病不往，而使将率兵到邯郸。彭越为何称病不往呢？是真有病吗？还是假托病呢？这两次"称病"，埋下了祸根。高帝当然大怒。陈豨率精兵而反于代地。高帝及诸将风餐露宿，奔走于穷寒之地，路过梁王彭越的封地，而梁王两次称病不见，这即有"谋反形"。适逢梁王的太仆惧诛走汉，告梁王与扈辄的谋反之议。因此，高帝乘彭越不备而袭击之，囚之于洛阳。彭越一再失策，先是无故称病，后是毫无戒备。彭越究竟是一位草莽英雄，因没有受到多少文化教养而欠缺谋略。高帝徙彭越到蜀地青衣，已是开恩，可能以为彭越实没有谋反而不免冤屈，但为了剪除异姓诸侯王而不得不如此。彭越又犯下大错，在道中遇到吕后，痛哭流涕，自言无罪，希望回到故乡昌邑。吕后答应，于是彭越随吕后一同到洛阳，终为吕后陷害而亡身灭族。他难道不知吕后的为人吗？这是其浅知的表现。《集解》引张晏之言曰："扈辄劝越反，不听，而云'反形已具'，有司非也。"又引瓒之言曰："扈辄劝越反，而越不诛辄，是反形已具。"《史记会注考证》引中井积德之言曰："反形已具，虽出于有司锻炼，然无病而称病者再，是不能自理者。及无故修城池造兵器之类，一经有司之考问而不能自理者，多有之也。注瓒之说，即狱吏之舞文。"中井所言甚是。

司马迁把彭越与魏豹合传，是因为魏豹曾是魏王，彭越是其相国，后封为梁王。魏豹叛汉而被诛杀，彭越因谋反形而被灭族。若根据客观标准，则司马迁应为他们立世家；因其最终反叛而被杀，故降为列传以贬损之。由此可知，《史记》之本纪、世家、列传也有价值评价的意义。彭越的传记较简短，对其战功的叙述更为简略，但对其谋反之事的叙述较详。司马迁的叙事表明，彭越实没有谋反之心。彭越的谋反被诛，一是出于太仆的诬告；二是出于吕后的诬陷，"于是吕后乃令其舍人告彭越复谋反"。这与吕后诬蔑韩信之谋反同出一辙，《淮阴侯列传》云"其舍人得罪于信，信囚，欲杀之。舍人弟上变，告信欲反状于吕后"。"反状"，即反形；舍人弟上告是出于吕后的指使。汉廷一经审问，即判定韩信犯谋反罪。

原文四

太史公曰：魏豹、彭越虽故贱，然已席卷千里❶，南面称孤，喋血乘胜日有闻矣❷。怀畔逆之意，及败，不死而虏囚，身被刑戮，何哉？中材已上且羞其行❸，况王者乎！彼无异故，智略绝人，独患无身耳❹。得摄尺寸之柄，其云蒸龙变，欲有所会其度，以故幽囚而不辞云。❺

注释

❶魏地广阔千里。❷喋（dié）血乘胜：血战而成就功业。日有闻矣：其功名闻于当日。❸中材：中等之人。《报任少卿书》："夫中材之人，事有关于宦竖，莫不伤气，而况于慷慨之士乎！"❹独患无身，故能忍辱求生，以成就功名。❺持尺寸之权柄，待云蒸龙变的动乱时代，欲以其度量投机，而干出一番事业。会：运会。度：胸中韬略。

司马迁对彭越的评价带有自己的情绪，不免失之于偏颇。《史记会注考证》引陈仁锡之言："独患无身耳，此句太史公有深意在。"司马迁认为，彭越"不死而虏囚，身被刑戮"，是因为他自恃"智略绝人"，日后等待"云蒸龙变"的机会干出一番大事业。显然，司马迁因偏执于忍辱求生的死亡观，过高地评价了彭越贪生怕死的行为。彭越是否真想干出一番大事业呢？我们理性地分析一下。首先，如果彭越确有大志向，那么他应该去蜀地，在那个偏远的地区不动声色地发展自己的势力，再图谋复仇大业，可彭越恰恰不愿去蜀地，表明他胸无大志。其次，吕后尚能知悉蜀地是"云蒸龙变"的地方，而他竟不察知，如何当得起"智略绝人"的评价呢？再次，吕后阴险狡诈残忍，如果他真的"智略绝人"，就不应自送虎口。司马迁的价值评价明显地表现出非理性的倾向。追寻其原因，他之忍辱求生的死亡观遮蔽了他对彭越行为的理性思考。明人董份说："谓其喋血乘胜，功名闻天下，而身反不死，以其囚虏，盖志亦有为也。太史公腐刑，不即死，亦欲以自见耳，故于此委曲致意如此。"① 董份谓司马迁的评价寓有个人之志是正确的。

司马迁在《季布栾布列传》中叙述栾布事，借栾布之口说明彭越谋反被诛的冤屈。

彭越和栾布可谓是患难之交。栾布的命运相当坎坷：他本是梁人，被人雇佣到齐国作苦役之事；又为人掠卖到燕国，成为奴隶；后为燕王臧荼将兵，兵败被俘；梁王顾念当年的贫贱之交，救了栾布，且任其为梁大夫。因此，彭越对栾布实有知遇、救命之恩。"士为知己者死"，彭越以国士遇栾布，故栾布以国士报之。

栾布出使齐国时，刘邦以谋反的罪名诛杀彭越，并把他的头挂在洛阳城下，枭首示众，诏曰："有敢收视者，辄捕之。"栾布从齐回来，悲愤欲绝，无所畏惧，"奏事彭越头下，祠而哭之"。吏捕栾布，刘邦召栾布，栾布曰："愿一言而死。"栾布慨然陈辞：称颂彭越为汉朝立下的丰功伟绩，指出彭越忠诚于汉朝，决无谋反之心，斥责刘邦猜忌、诛杀功臣的错误行为。"今彭王已死，臣生不如死，请就烹。" "士为知己者死"，非虚言也！

三、黥布为楚先锋

黥布，即英布，六（六安）人，布衣出身。少年，有客相之曰"当刑而王"。壮年，"坐法黥"。黥布被判处输往骊山服苦役，率其徒亡于江中作盗贼。秦二世元年（前209）秋，陈涉起事，黥布率群盗归鄱君，反秦。闻项梁起兵，黥布乃以兵属项梁。项梁战死，黥布从项羽击秦，常为冠军，在亡秦之战中立下了赫赫战功，深为项羽倚重。汉元年（前206）二月，项羽封黥布为九江王。汉三年（前204），黥布反楚归汉。汉四年（前203）七月，刘邦封黥布为淮南王。汉五年（前202），大会垓下。汉十二年（前195），黥布被诛杀。《黥布列传》的文本量较大，黥布是司马迁着力书写的英

---

① 参见杨燕起、陈可青、赖长扬主编：《历代名家评〈史记〉》，北京师范大学出版社，1986，第636页。

雄人物之一。传记重点叙写随何劝说黥布反楚归汉的事迹，这是刘邦最终击败项羽的重要原因之一。

❂ 原文五

黥布者，六人也❶，姓英氏。秦时为布衣。少年，有客相之曰："当刑而王。"及壮，坐法黥❷。布欣然笑曰："人相我当刑而王，几是乎❸？"人有闻者，共俳笑之❹。布已论输丽山❺，丽山之徒数十万人，布皆与其徒长豪杰交通，乃率其曹偶❻，亡之江中为群盗。

……

项梁涉淮而西，击景驹、秦嘉等，布常冠军❼。项梁至薛，闻陈王定死，乃立楚怀王。项梁号为武信君，英布为当阳君。项梁败死定陶，怀王徙都彭城，诸将英布亦皆保聚彭城。当是时，秦急围赵，赵数使人请救。怀王使宋义为上将，范增为末将，项籍为次将，英布、蒲将军皆为将军，悉属宋义，北救赵。及项籍杀宋义于河上，怀王因立籍为上将军，诸将皆属项籍。项籍使布先渡河击秦，布数有利，籍乃悉引兵涉河从之，遂破秦军，降章邯等。楚兵常胜，功冠诸侯。诸侯兵皆以服属楚者，以布数以少败众也。

项籍之引兵西至新安，又使布等夜击坑章邯卒二十余万人。至关，不得入，又使布等先从间道破关下军❽，遂得入，至咸阳。布常为军锋❾。项王封诸将，立布为九江王，都六。

汉元年四月，诸侯皆罢戏下❿，各就国。项氏立怀王为义帝，徙都长沙，乃阴令九江王布等行击之。其八月，布使将击义帝，追杀之郴县。

❂ 注释

❶ 六：六安。❷ 黥（qíng）：古代肉刑的一种，即墨刑，以刀刺人面额并以墨涂之。英布因犯罪而受墨刑，遂称黥布。❸ 几：同"岂"，难道。❹ 俳（pái）笑：戏笑之。❺ 判处黥布输往骊山服苦役。❻ 曹偶：同类人。❼ 冠军：列于诸军首位，即军队的前锋。❽ 间道：小路，僻道。❾ 军锋：

先锋。❿ 戏下：同"麾下"，主帅的大旗之下。

　　黥布出身贫贱，客相之将为王，众人嘲笑之。他发愤有为，在骊山服苦役之时，与骊山之"徒长豪杰交通"，终率领同类之人逃亡至江中为盗。这是黥布日后反秦的资本。陈涉首难，黥布应时而动，见鄱（pó）君，与其众叛秦，聚兵数千人。鄱君以其女妻之。黥布属项梁。

　　黥布本是项羽的死党，在亡秦中立下了首功。他始从项梁，在项梁战死后，从项羽。在巨鹿之战中，他率领军队作为先锋，以少击多，首先渡河攻秦，数有利，项羽才率领大军渡河击秦，遂破秦军。章邯率领秦卒二十万人投降，项羽惧其卒叛乱，令黥布夜中在新安坑杀秦卒二十余万，故黥布也是首罪。项羽军至关，刘邦早已派兵扼守关口，不让诸侯兵入关，黥布从小道击破关下军。黥布常为军队的前锋，封为九江王，都六。黥布又帮助项羽追杀义帝于郴县，这是不义之首罪。传文简要地叙述了黥布从项羽的事迹。

四、黥布叛楚归汉

❀ 原文六

　　汉二年，齐王田荣畔楚，项王往击齐，征兵九江，九江王布称病不往，遣将将数千人行。汉之败楚彭城，布又称病不佐楚。项王由此怨布，数使使者诮让召布❶，布愈恐，不敢往。项王方北忧齐、赵，西患汉，所与者独九江王，又多布材❷，欲亲用之，以故未击。

　　汉三年，汉王击楚，大战彭城，不利，出梁地，至虞，谓左右曰："如彼等者，无足与计天下事。"谒者随何进曰："不审陛下所谓。"汉王曰："孰能为我使淮南，令之发兵倍楚，留项王于齐数月，我之取天下可以百全。"随何曰："臣请使之。"乃与二十人俱，使淮南。至，因太宰主之❸，三日不得见。随何因说太宰曰："王之不见何，必以楚为强，以汉为弱，此臣之所以为使。❹使何得见，言之而是邪，是大王所欲闻也；言之而非邪，使何等二十人伏斧质淮南市❺，以明王倍汉而与楚也。"太宰乃言之王，王见之。随何曰："汉王使臣敬进书大王御者，窃怪大王与楚何亲也。"淮南王曰："寡人北乡而臣事之。"随何曰："大王与项王俱列为诸侯，北乡而臣事之，必以楚为强，可以托国也。项王伐齐，身负板筑❻，以为士卒先，大王宜悉淮南之众，身自将之，为楚军前锋，今乃发四千人以助楚。夫北面而臣事人者，固若是乎？夫汉王战于彭城，项王未出齐也，大王宜扫淮南之兵渡淮❼，日夜会战彭城下，大王抚万人之众，无一人渡淮者，垂拱而观其孰胜❽。夫托国于人者，固若是乎？大王提空名以乡楚❾，而欲厚自托，臣窃为大王不取也。然而大王不背楚者，以汉为弱也。夫楚兵虽强，天下负之不义之名，以其背盟约而杀义帝也。然而楚王恃战胜自强，汉王收诸侯，还守成皋、荥阳，下蜀、汉之粟，深沟壁垒，分卒守徼乘塞❿，楚人还兵，间以梁地⓫，深入敌国八九百里，欲战则不得，攻城则力不能，老弱转粮千里之外；楚兵至荥阳、成皋，汉坚守而不动，进则不得攻，退则不能解。故曰楚兵不足恃也。使楚胜汉，则诸侯自危惧而相救。夫楚之强，适足以致天下之兵耳。故楚不如汉，其势易见也。今大王不与万全之汉而自托于危亡之楚，臣窃为大王惑之。臣非以淮南之兵足以亡楚也。夫大王发兵而倍楚，项王必留；留数月，汉之取天下可以万全。臣请与大王提剑而归汉，汉王必裂地而封大王，又况淮南，淮南必大王有也。故汉王敬使使臣进愚计，愿大王之留意也。"淮南王曰："请奉命。"阴许畔楚与汉，未敢泄也。

楚使者在⓬，方急责英布发兵，舍传舍⓭。随何直入，坐楚使者上坐，曰："九江王已归汉，楚何以得发兵？"布愕然。楚使者起。何因说布曰："事已构⓮，可遂杀楚使者，无使归，而疾走汉并力⓯。"布曰："如使者教，因起兵而击之耳。"于是杀使者，因起兵而攻楚。楚使项声、龙且攻淮南，项王留而攻下邑。数月，龙且击淮南，破布军。布欲引兵走汉，恐楚王杀之，故间行与何俱归汉⓰。

注释

❶ 诮（qiào）让：责备。❷ 多布材：看重黥布的才能。❸ 投托九江王太宰以通关节。主之：以为主人。❹ 楚强汉弱，臣之所以出使九江，是为此事。❺ 斧质：同"斧锧"，刑具。❻ 版：墙板。筑：杵。二者是筑墙工具。❼ 扫：举兵如扫地。❽ 垂拱：袖手旁观。❾ 提：举。❿ 守徼（jiào）乘塞：守边境亭障，登塞垣。⓫ 梁在楚汉之中间。⓬ 在九江王所。⓭ 居住在传舍（客舍）。⓮ 背楚之事已结成。⓯ 并力：合力。⓰ 间行：从小路行。

　　史家并未揭示黥布怨恨项羽的原因。黥布是诸侯亡秦的首功之将，项羽封其为九江王。齐田荣叛楚，项羽击齐，征兵九江，而黥布称病不往，只派部下数千人行。刘邦率诸侯军围攻彭城，黥布也不出兵助楚。可见，黥布与项羽之间的怨恨颇深，其原因或是黥布觉得自己的封地太小而未得到应有的报偿。项羽向来是反者击破，但对黥布手下留情，一是欣赏黥布的军事才能，二是肯定黥布亡秦之首功，三是二人以前合作甚好。如果项羽能够派得力之亲信到黥布所，以抚慰之，化解前嫌，则黥布会助项羽。但项羽傲慢自大，数派使者斥责黥布，这加深了黥布的怨恨和恐惧，刘邦乘机让随何游说黥布归汉反楚。

　　司马迁书写随何游说黥布背楚之事甚为详细，这是汉胜楚亡的关键点。随何是一位善辩之士，曾带领二十余人出使淮南，颇有胆略。传记主要记录了随何之言，即以记言为主。随何之言，首先击中了黥布的心病，即黥布的数次行为已经背叛楚，二者之间的裂痕之大已无法弥合，项羽早晚要击之。其次明之汉强楚弱的趋势，楚兵不足恃。再次告之发兵反楚，只是滞留楚军数月，为刘邦固守荥阳、成皋作预备，并非以九江兵亡楚。黥布阴许叛楚归汉，但仍持观望，犹豫未决。机不可失，时不我待，随何直入楚使者舍，宣明黥布已反楚归汉。在这种情形下，黥布不得不立即率军攻楚。要之，随何的游说与行为，不仅展示其好辩、善辩的才能，也表现其谋略家的足智多谋。

原文七

淮南王至，上方踞床洗❶，召布入见，布大怒，悔来，欲自杀。出就舍，帐御饮食从官如汉王居，布又大喜过望。于是乃使人入九江。楚已使项伯收九江兵，尽杀布妻子。布使者颇得故人幸臣，将众数千人归汉。汉益分布兵而与俱北，收兵至成皋。四年七月，立布为淮南王，与击项籍。

汉五年，布使人入九江，得数县。布与刘贾入九江，诱大司马周殷，周殷反楚，遂举九江兵与汉击楚，破之垓下。

项籍死，天下定，上置酒。上折随何之功❷，谓何为腐儒❸，为天下安用腐儒。随何跪曰："夫陛下引兵攻彭城，楚王未去齐也，陛下发步卒五万人，骑五千，能以取淮南乎？"上曰："不能。"随何曰："陛下使何与二十人使淮南，至，如陛下之意，是何之功贤于步卒五万人骑五千也。然而陛下谓何腐儒，为天下安用腐儒，何也？"上曰："吾方图子之功。"乃以随何为护军中尉❹。布遂剖符为淮南王，都六，九江、庐江、衡山、豫章郡皆属布。

注释

❶踞（jù）床洗：坐在床边洗足。❷折：贬低。❸腐儒：儒者如腐败之物，不可任用。❹护军中尉：监察军中诸将的官吏，是宠幸之臣。

刘邦在洗足时会见黥布，是极不礼貌的行为。刘邦向来侮人不敬。黥布曾是九江王，妄自尊大，故恼怒，后悔，欲自杀。出而就舍，发现"帐御饮食从官如汉王居"，黥布又大喜过望。刘邦向来是慷慨大方的。《郦生陆贾列传》："使人召郦生。郦生至，入谒，沛公方倨（踞）床，使两女子洗足，而见郦生。"

黥布从小路归汉，其手下大军仍滞留于九江，为项伯收去，其妻子皆被诛杀。他叛楚而归汉，付出了极为惨重的代价。

黥布为汉之败楚立下了大功：消极地说，他叛楚归汉，严重地削弱了楚军的实力，也斩断了项王的臂膀；积极地说，他与项声、龙且大战，虽以失败告终，也打击了楚军。汉五年（前202），黥布与刘贾入九江，引诱大司马周殷反楚，这是积极建功。垓下会战，韩信、彭越与黥布合围项王，彻底地击败楚军，项羽自杀，这更是大功。

五、黥布谋反被诛

❀ 原文八

十一年，高后诛淮阴侯，布因心恐。夏，汉诛梁王彭越，醢之❶，盛其醢，遍赐诸侯。至淮南，淮南王方猎，见醢因大恐，阴令人部聚兵，候伺旁郡警急❷。

布所幸姬疾，请就医，医家与中大夫贲赫对门❸，姬数如医家，贲赫自以为侍中，乃厚馈遗，从姬饮医家。姬侍王，从容语次❹，誉赫长者也。王怒曰："汝安从知之？"具说状。王疑其与乱。赫恐，称病。王愈怒，欲捕赫。赫言变事❺，乘传诣长安。布使人追，不及。赫至上变，言布谋反有端❻，可先未发诛也❼。上读其书，语萧相国。相国曰："布不宜有此，恐仇怨妄诬之。请系赫，使人微验淮南王❽。"淮南王布见赫以罪亡，上变，固已疑其言国阴事，汉使又来，颇有所验，遂族赫家，发兵反。反书闻，上乃赦贲赫，以为将军。

❀ 注释

❶醢（hǎi）：将人剁成肉酱的暴刑。❷警急：备急。黥布恐被收捕，聚兵备其急。❸贲（féi）赫：人名。❹语次：谈话之间。❺言变事：向朝廷上书告发谋叛作乱事。❻有端：有迹。❼赶在黥布造反前诛杀他。❽微验：暗中侦察。

从史家叙事来看，黥布本无谋反之心，更无谋反之事。因为韩信、彭越、黥布三王本是同功一体之人，汉已诛杀二者，黥布不能不恐惧，在逼迫和威慑之下产生谋反之意，且为之做了一些准备。

史家在下文借故楚令尹之言曰："往年杀彭越，前年杀韩信，此三人者，同功一体之人也。自疑祸及身，故反耳。"等到汉家派使者查验，黥布"发兵反"。因此，黥布是被逼而谋反。

高帝遂发兵自将，东击黥布。黥布遂向西，与高帝相遇。

原文九

……布兵精甚，上乃壁庸城，望布军置陈如项籍军，上恶之。与布相望见，遥谓布曰："何苦而反？"布曰："欲为帝耳。"❶上怒骂之，遂大战。布军败走，渡淮，数止战，不利，与百余人走江南。布故与番君婚，以故长沙哀王使人绐布❷，伪与亡，诱走越，故信而随之番阳。番阳人杀布兹乡民田舍❸，遂灭黥布。

……

太史公曰：英布者，其先岂《春秋》所见楚灭英、六，皋陶之后哉❹？身被刑法，何其拔兴之暴也❺！项氏之所坑杀人以千万数，而布常为首虐。功冠诸侯，用此得王，亦不免于身为世大僇。祸之兴自爱姬殖❻，妒媢生患❼，竟以灭国！

注释

❶黥布之谋反不过是"自救死"，"欲为帝"是愤言而夸张，并非实情。❷长沙哀王：吴芮之孙吴回。绐（dài）：欺骗。❸番（pó）县之乡。番：同"鄱"。❹皋（gāo）陶（yáo）：虞舜的名臣。❺暴：急疾，突然。❻殖：生。❼妒媢（mào）：嫉妒。

史公首先以犹疑之词谓黥布也许是皋陶的后代。其次认为黥布身遭刑法，忍辱发愤，而迅疾地兴起，追随项王灭秦，坑杀人以千万数，黥布作为军锋，犯下首虐之罪，也在亡秦中立下首功，功冠诸侯，而封为王。最后指出黥布之亡身灭族，是因为他的嫉妒心作怪作祟，怀疑贲赫与自己的爱姬有乱。"英布者，其先岂《春秋》所见楚灭英、六，皋陶之后哉？身被刑法，何其拔兴之暴也"，与《项羽本纪》"吾闻之周生曰'舜目盖重瞳子'，又闻项羽亦重瞳子。羽岂其苗裔邪？何兴之暴也"相似。这不是事实上的认定，而是在情感上为他们高攀华胄，以叨余庆。史公先以犹疑之言谓项羽也许是舜的后代，后又慨叹其"何兴之暴也"，即兴起迅疾、突然，不过三年时间亡秦，成为诸侯的霸王。黥布起自盗贼，三年，从项羽亡秦，立下首功，而成为九江王。项羽残暴不仁，与黥布坑杀人千万数，皆犯下暴虐之罪，这也许是他们失败的根本原因。

第二节 淮阴侯韩信

在楚汉相争中，韩信是一位"得之即得天下"的军事统帅。他为刘邦取得天下立下了汗马之功，于汉家功勋可比于周公、太公、召公之徒，终以"谋叛"的罪名而被诛杀。《太史公自序》："楚人迫我京、索，而信拔魏、赵，定燕、齐，使汉三分天下有其二，以灭项籍。作《淮阴侯列传》第三十二。"这篇传记的文本量大，韩信是司马迁最为敬慕的军事元帅级人物。

韩信，出身布衣，生年不详。秦二世二年（前208）二月，正当壮年，入项梁军；九月，属项羽为郎中。汉元年（前206）四月，由楚归汉，初任连敖，再为治粟都尉，后拜为大将，主管汉军的军事。汉二年（前205）八月，为左丞相，攻魏；九月，虏魏王，破代兵。汉三年（前204）十月，下赵、燕。汉三年至四年（前203），平齐，封为齐王。汉五年（前202）正月，被夺去军权，徙为楚王；十二月，参加垓下会战，是会战的统帅。汉六年（前201）十二月，有人告发韩信谋反，韩信于陈被刘邦系缚，软禁长安；四月，贬为淮阴侯。汉十一（前196）年，被吕后诳骗，而斩杀于长乐宫钟室。

《淮阴侯列传》主要分为三个部分，第一部分是叙述韩信为汉家建立的功勋，突出其卓越的军事才能。宋人陈亮曰："信之用兵，古今一人而已。"(《酌古论》)明人茅坤曰:"予览观古兵家流,当以韩信为最,破魏以木罂(木盆、木桶),破赵以立汉赤帜,破齐以囊沙,彼皆从天而下,而未尝与敌人血战者。"(《史记钞》)① 韩信用兵,善于谋略,以少胜多,出奇制胜。第二部分是载录辩士武涉、蒯通游说韩信的言辞,劝告韩信据齐,而与楚、汉三分天下,否则将为刘邦所擒灭,这部分以记言为主。第三部分是叙述韩信为刘邦系缚、贬为淮阴侯,终以谋反罪被吕后诛灭的事情。

一、萧何月下追韩信

原文一

淮阴侯韩信者,淮阴人也。始为布衣时,贫无行❶,不得推择为吏,又不能治生商贾❷,常从人寄食饮❸,人多厌之者。常数从其下乡南昌亭长寄食,数月,亭长妻患之,乃晨炊蓐食❹。食时信往,不为具食。信亦知其意,怒,竟绝去。

信钓于城下,诸母漂❺,有一母见信饥,饭信,竟漂数十日。信喜,谓漂母曰:"吾必有以重报母。"母怒曰:"大丈夫不能自食,吾哀王孙而进食,岂望报乎!"❻

淮阴屠中少年有侮信者,曰:"若虽长大,好带刀剑,中情怯耳。"众辱之曰:"信能死,刺我;不能死,出我胯下❼。"于是信孰视之❽,俯出胯下,蒲伏❾。一市人皆笑信,以为怯。

注释

❶ 无行:放纵不检。❷ 治生:经营家业。❸ 寄食饮:托饮食于人,犹乞食。❹ 蓐(rù)食:早晨未起而在寝席上进食。❺ 众老母漂洗棉絮。❻《史记会注考证》引中井积德之言:"漂母唯怜信,故饭之,实不知信之才,故怒于重报之言,是非避报者,不意其能报也,以为虚言。"❼ 胯(kuà):股。❽ 孰视之:仔细视之。❾ 伏于地而爬行。

---

① 参见韩兆琦:《史记选注集评》,广西师范大学出版社,1995,第436页。

传文简要叙述韩信的早年之事。韩信是布衣出身。他少年、青年时代并没有表现出与众不同的才能。他不能治产业，与刘邦相同。他四处寄食，白吃白喝；曾钓鱼于城池下，一连数十日乞食于一位漂母。他混迹于淮阴屠中，受胯下之辱，一市人皆笑之，以之为怯懦。司马迁叙述韩信的青少年之事，主要是把他起事前的平庸与后来的卓异相对照，以造成云泥之隔的反差，从而产生惊奇的审美效果。

后来，韩信大发达，为楚王，报偿漂母、淮阴屠者。

信至国，召所从食漂母，赐千金。及下乡南昌亭长，赐百钱，曰："公，小人也，为德不卒。"召辱己之少年令出胯下者以为楚中尉。告诸将相曰："此壮士也。方辱我时，我宁不能杀之邪？杀之无名，故忍而就于此。"

司马迁叙述此事，一方面表现韩信的报恩和复仇，另一方面也表现韩信能忍辱发愤，建立功业，这寄托了司马迁本人的忍辱发愤之情。

陈涉首难反秦，项梁率楚军渡淮略地，韩信仗剑从之，无所知名。项梁败死，韩信又属项羽，任为郎中。韩信数次为项羽出谋划策，不被信用。他从项羽入关，汉王之蜀，他亡楚归汉，未得知名。他犯法当斩，适遇滕公夏侯婴。滕公壮其貌，奇其才，言于汉王。汉王拜韩信为治粟都尉，并未奇之。由此可见，韩信的卓异才能历三主也难于发现，知人、用人实属不易。

原文二

信数与萧何语，何奇之。❶至南郑，诸将行道亡者数十人❷，信度何等已数言上❸，上不我用，即亡。何闻信亡，不及以闻❹，自追之。人有言上曰："丞相何亡。"上大怒，如失左右手。居一二日，何来谒上，上且怒且喜，骂何曰："若亡，何也？"何曰："臣不敢亡也，臣追亡者。"上曰："若所追者谁何？"曰："韩信也。"上复骂曰："诸将亡者以十数，公无所追❺；追信，诈也。"何曰："诸将易得耳。至如信者，国士无双。王必欲长王汉中，无所事信❻；必欲争天下，非信无所与计事者。顾王策安所决耳❼。"王曰："吾亦欲东耳，安能郁郁久居此乎？"何曰："王计必欲东，能用信，信即留；不能用，信终亡耳。"王曰："吾为公以为将。"何曰："虽为将，信必不留。"王曰："以为大将。"何曰："幸甚。"于是王欲召信拜之。何曰："王素慢无礼，今拜大将如呼小儿耳，此乃信所以去也。王必欲拜之，择良日，斋戒❽，设坛场❾，具礼，乃可耳。"王许之。诸将皆喜，人人各自以为得大将❿。至拜大将，乃韩信也，一军皆惊。

◎注释

❶萧何以韩信为卓异之人。❷诸将行（háng）：诸将辈。汉王都南郑（今陕西汉中西南），诸将士卒皆思东归，故多道亡。❸度（duó）：估计。❹来不及告之汉王。❺《史记会注考证》云"改'若'称'公'，见汉王心稍定。"❻无事用信。❼顾：只是。❽斋戒：在祭祀或庆典前，先要沐浴、更衣、戒酒、素食、独宿，表示虔敬庄重。❾坛场：举行典礼的场地。筑土台曰坛，除地曰场。❿众将认为自己必为大将。

这段叙事是文学性叙事，颇为生动传神。此事被后世小说、戏剧演绎成"萧何月下追韩信"的故事，这无疑受到司马迁文学性叙事的重要影响。此段文字主要由萧何和刘邦的对话组成，两人的语言具有个性化的特征。尤其是刘邦，他是天才英雄，盛气凌人，喜欢骂人而不伤人，悟性高，极有灵活性。"上大怒""上且怒且喜""骂何曰""上复骂"等，描写了刘邦的习性神情，活灵活现。"诸将皆喜，人人各自以为得大将。至拜大将，乃韩信也，一军皆惊"，这透入了诸将的心理，想当然耳，是文学家的一腔胸怀，所谓"文心"。刘邦和萧何的对话语言，正是司马迁根据具体的语境和人物的性格而悬想出来的。司马迁在历史性叙事中，较多地融入了文学性叙事。一般而言，史家如果特喜欢传主本人，或特喜欢传主的某些事迹，则常常狠下功夫，叙事具体、生动、形象，而偏重文学性叙事。韩信是司马迁最为欣赏和赞佩的伟大军事家，故《淮阴侯列传》偏重文学性叙事。

萧何极力推荐韩信，汉王勉强拜韩信为大将。

原文三

信拜礼毕，上坐。❶王曰："丞相数言将军，将军何以教寡人计策？"信谢，因问王曰："今东乡争权天下，岂非项王邪？"汉王曰："然。"曰："大王自料勇悍仁强孰与项王？"汉王默然良久，曰："不如也。"信再拜贺曰❷："惟信亦为大王不如也❸。然臣尝事之，请言项王之为人也。项王喑噁叱咤❹，千人皆废❺，然不能任属贤将，此特匹夫之勇耳。项王见人恭敬慈爱，言语呕呕❻，人有疾病，涕泣分食饮，至使人有功当封爵者，印刓弊❼，忍不能予，此所谓妇人之仁也。项王虽霸天下而臣诸侯，不居关中而都彭城。有背义帝之约，而以亲爱王，诸侯不平。诸侯之见项王迁逐义帝置江南，亦皆归逐其主而自王善地。项王所过无不残灭者，天下多怨，百姓不亲附，特劫于威强耳❽。名虽为霸，实失天下心。故曰其强易弱。今大王诚能反其道：任天下武勇，何所不诛！以天下城邑封功臣，何所不服！以义兵从思东归之士，何所不散❾！且三秦王为秦将，将秦子弟数岁矣，所杀亡不可胜计，又欺其众降诸侯，至新安，项王诈坑秦降卒二十余万，唯独邯、欣、翳得脱，秦父兄怨此三人，痛入骨髓。今楚强以威王此三人，秦民莫爱也。大王之入武关，秋豪无所害，除秦苛法，与秦民约，法三章耳，秦民无不欲得大王王秦者。于诸侯之约，大王当王关中，关中民咸知之。大王失职入汉中，秦民无不恨者。今大王举而东，三秦可传檄而定也❿。"于是汉王大喜，自以为得信晚。遂听信计，部署诸将所击。

注释

❶礼毕，汉王在宫殿中延请韩信而与之坐。❷赞汉王有自知之明。
❸不只大王以为不如，信也以为不如。❹喑（yīn）哑（yǎ）：怀怒气。

叱(chì)咤(zhà)：发怒声。❺废：瘫痪。❻呕(xū)呕：温和的样子。
❼刓(wán)敝：摩弄坏了。❽劫：胁迫。百姓不是心服项王，而是劫于威强而不得不服。❾敌无不败散。❿传檄(xí)而定：发布书信以声讨敌人的罪行。三秦不战而归于汉。

传记主要记录了韩信游说刘邦之辞，即以记言为主。韩信之言，一方面表明他对天下的大势有准确的判断，另一方面表明他对项王与汉王之短长有确切的把握。他指出项羽是"匹夫之勇""妇人之仁"等，把握住项羽的个性及其行为特征，这是项羽不能夺天下的重要原因。他劝刘邦反其道而行之。于是，刘邦大喜，自以为得信晚，而听从其计策，命韩信主管汉兵的军事。

汉元年（前206）八月，刘邦举兵东出陈仓，定三秦。汉二年（前205）四月，刘邦率诸侯兵击彭城，汉军败散而还。韩信复收兵与刘邦会于荥阳，复击破楚于京、索之间，以故楚兵不能西。

汉二年六月，魏王豹请归探亲，至国，即反汉归楚。八月，刘邦以韩信为左丞相，击魏。

魏王盛兵蒲坂(bǎn)，塞临晋，信乃益为疑兵，陈船欲渡临晋，而伏兵从夏阳以木罂缻(fǒu)（木盆、木桶之类）渡军，袭安邑。魏王豹惊，引兵迎信，信遂虏豹，定魏为河东郡。

韩信阳列兵陈船，示敌以渡临晋，魏王盛兵待之；而阴自夏阳渡军，袭击安邑。魏王豹惊，军心摇动，迎战韩信，因没有做好战前准备而败亡。韩信击破魏王豹军，虏豹。韩信用兵，以少胜多，出其不意，以奇兵制胜。

二、井陉口之战

攻下魏后，刘邦又使张耳与韩信引兵向东，北击赵、代。九月，韩信破代兵，擒代相夏说（悦）。汉立即征收韩信的精兵至荥阳，拒汉。由此可见，韩信不仅下魏破代，且招收了大量的士兵归附，而输之于荥阳。

原文四

　　信与张耳以兵数万，欲东下井陉击赵❶。赵王、成安君陈余闻汉且袭之也，聚兵井陉口，号称二十万。广武君李左车说成安君曰："闻汉将韩信涉西河，虏魏王，擒夏说，新喋血阏与❷，今乃辅以张耳，议欲下赵，此乘胜而去国远斗，其锋不可当。臣闻千里馈粮❸，士有饥色，樵苏后爨❹，师不宿饱❺。今井陉之道，车不得方轨❻，骑不得成列，行数百里，其势粮食必在其后。愿足下假臣奇兵三万人，从间路绝其辎重❼；足下深沟高垒，坚营勿与战。彼前不得斗，退不得还，吾奇兵绝其后，使野无所掠，不至十日，而两将之头可致于戏下❽。愿君留意臣之计。否，必为二子所擒矣。"成安君，儒者也，常称义兵不用诈谋奇计，曰："吾闻兵法十则围之，倍则战。今韩信兵号数万，其实不过数千。能千里而袭我，亦以罢极。今如此避而不击，后有大者，何以加之！则诸侯谓吾怯，而轻来伐我。"不听广武君策，广武君策不用。

　　韩信使人间视❾，知其不用，还报，则大喜，乃敢引兵遂下。未至井陉口三十里，止舍。夜半传发❿，选轻骑二千人，人持一赤帜（zhì），从间道蔽山而望赵军⓫，诫曰："赵见我走，必空壁逐我，若疾入赵壁，拔赵帜，立汉赤帜。"令其裨将传飧⓬，曰："今日破赵会食⓭！"诸将皆莫信，详应曰："诺。"谓军吏曰："赵已先据便地为壁，且彼未见吾大将旗鼓，未肯击前行，恐吾至阻险而还。"信乃使万人先行，出，背水阵⓮。赵军望见而大笑。平旦，信建大将之旗鼓，鼓行出井陉口，赵开壁击之，大战良久。于是信、张耳详弃鼓旗，走水上军。水上军开入之，复疾战。赵果空壁争汉鼓旗，逐韩信、张耳。韩信、张耳已入水上军，军皆殊死战⓯，不可败。信所出奇兵二千骑，共候赵空壁逐利，则驰入赵壁，皆拔赵旗，立汉赤帜二千。赵军已不胜，不能得信等，欲还归壁，壁皆汉赤帜，而大惊，以为汉皆已得赵王将矣，兵遂乱，遁走，赵将虽斩之，不能禁也。于是汉兵夹击，大破虏赵军，斩成安君泜水上⓰，擒赵王歇。

注释

❶ 引兵入井陉（xíng）狭道，击赵。井陉：井陉口，为太行山八隘之一，今河北井陉东北井陉山上的井陉口。❷ 喋血：践血而行。阏（yù）与：地名。❸ 馈粮：运送粮食。❹ 樵苏：砍柴打草。爨（cuàn）：烧火做饭。❺ 宿饱：常饱。❻ 方轨：两车并行。❼ 辎（zī）重：军用物资。❽ 戏下：同"麾下"。❾ 间视：暗中侦察。❿ 夜半传令军中使出发。⓫ 从小路上山，隐蔽在山上，而望见赵军营。⓬ 裨（pí）将：副将。传飧（sūn）：出发前分配小食。⓭ 会食：相聚而食。⓮ 背水列阵，退无后路，为绝地。⓯ 殊死战：拼命死战。⓰ 泜（chí）水：槐河。

井陉口之战是历史上一次以少胜多的著名战役。汉军彻底击溃赵军，燕军也从风而靡，这次战役充分地展现出韩信的卓越军事才能。韩信军要通过井陉之狭窄的山道，这最有利于赵军的伏击，韩信深知之。因此，他派人刺探陈余的计策，所谓"知己知彼，百战不殆"。广武君之计是妙计，陈余不用。韩信遂引兵下，机不可失。韩信军穿过狭长的山道，将与井陉口以逸待劳的赵军决战。赵军早有防范准备，深沟高垒，且兵多将广，韩信军要攻破壁垒是很难的。因此，韩信用两计，一是秘密地派一支二千余骑的骑兵抄小路上山，隐藏在离赵军不远的山上，一旦赵军空壁追逐信军，韩信军则入壁据守；二是诱引赵军出壁追击汉军。韩信派先头部队进军，临水扎住阵脚，所谓"水上军"。韩信乃建大将之旗鼓，鼓行出井陉口。赵军开壁击之，大战良久。韩信假装弃旗鼓，奔入水上军，复疾战。果然，赵军空壁争汉鼓旗，追逐韩信、张耳，与水上军恶战。水上军临水而阵，没有退路，只能拼命死战，赵军难争胜，欲归壁垒。此时，汉军的二千余轻骑已占领赵壁垒，拔出赵旗，插上赤旗。赵军以为汉已得赵王及其将，军心摇动，气势衰竭，奔溃而逃。汉军前后夹击，大破赵军，擒赵王歇，斩成安君陈余于泜水上。

韩信事后回答诸将为何背水而阵，这是兵家忌讳之事。韩信说："兵法不曰'陷之死地而后生，置之亡地而后存'？且信非得素拊循士大夫也,此所谓'驱市人而战之',其势非置之死地,使人人自为战;今予之生地,皆走,宁尚可得而用之乎!"诸将皆服曰:"善。非臣所及也。"韩信率领的军队,乃是一群乌合之众,且数量少于赵军;只有置之死地才能绝处逢生。水上军如果不能死战,抵挡住赵军,则韩信、赵耳将被擒,整个计策失败。《太史公自序》:"汉兴,萧何次律令,韩信申军法。"韩信熟读兵书,揣摩而成,很有一套军事谋略。《汉书·艺文志》分兵书为四种,一是权谋,二是形势,三是阴阳,四是技巧。权谋内有韩信三篇。班固论之曰:"权谋者,先计后战,兼形势,包阴阳,用技巧者也。"观韩信之数次用兵,主要在于权谋,所谓出奇设伏变诈之兵也。

韩信发使使燕,燕从风而靡。汉王封张耳为赵王,以镇抚其国。张耳与陈余在穷困时为刎颈之交,后据国争权,卒相灭亡,见于《张耳陈余列传》。

三、韩信平齐

◎ 原文五

楚数使奇兵渡河击赵,赵王耳、韩信往来救赵,因行定赵城邑,发兵诣汉。楚方急围汉王于荥阳,汉王南出,之宛、叶间,得黥布,走入成皋,楚又复急围之。六月,汉王出成皋,东渡河,独与滕公俱,从张耳军修武。至,宿传舍❶。晨自称汉使,驰入赵壁。张耳、韩信未起,即其卧内上夺其印符,以麾召诸将,易置之❷。信、耳起,乃知汉王来,大惊。汉王夺两人军,即令张耳备守赵地。拜韩信为相国,收赵兵未发者击齐❸。

信引兵东,未渡平原,闻汉王使郦食其已说下齐,韩信欲止。范阳辩士蒯通说信曰:"将军受诏击齐,而汉独发间使下齐❹,宁有诏止将军乎?何以得毋行也!且郦生一士,伏轼掉三寸之舌❺,下齐七十余城,将军将数万众,岁余乃下赵五十余城,为将数岁,反不如一竖儒之功乎?"于是信然之,从其计,遂渡河。齐已听郦生,即留纵酒，罢备汉守御❻。信因袭齐历下军，遂至临淄。齐王田广以郦生卖己❼，乃烹之，而走高密，使使之楚请救。韩信已定临淄，遂东追广至高密西。楚亦使龙且将，号称二十万，救齐。

齐王广、龙且并军与信战，未合❽。人或说龙且曰："汉兵远斗穷战，其锋不可当。❾齐、楚自居其地战，兵易败散。❿不如深壁，令齐王使其信臣招所亡城，亡城闻其王在，楚来救，必反汉。汉兵二千里客居，齐城皆反之，其势无所得食，可无战而降也。"龙且曰："吾平生知韩信为人，易与耳⓫。且夫救齐不战而降之，吾何功？今战而胜之，齐之半可得，何为止！"遂战，与信夹潍水陈。韩信乃夜令人为万余囊，满盛沙，壅水上流⓬，引军半渡，击龙且，详不胜，还走。龙且果喜曰："固知信怯也。"遂追信渡水。信使人决壅囊，水大至。龙且军大半不得渡，即急击，杀龙且。龙且水东军散走⓭，齐王广亡去。信遂追北至城阳，皆虏楚卒。

注释

❶ 传舍：客馆。❷ 调动诸将的位置。刘邦怀疑张耳、韩信之图己。❸ 未被刘邦调走的部分军队。❹ 间使：乘间隙以行事的使臣。❺ 伏轼：乘车。掉：摇动。❻ 罢备：放松守备。罢，通"疲"。❼ 卖己：欺骗自己。❽ 合：交战。❾ 汉军远离其根据地而作战，无所可逃，必然死战。❿ 士卒近家而战，容易败散。⓫ 易与（yǔ）：容易对付。与，治。龙且是楚人，知韩信。⓬ 壅（yōng）：堵塞。⓭ 水东军：留在潍水东岸而未渡河的军队。

韩信破齐，也是出其不意。郦生"已说下齐"，防备松懈，韩信乘其不备而击之。可怜郦生立大功而湮没，且赔上自己的性命。《郦生陆贾列传》叙述郦生与齐王田广的一段对话。田广曰："汝能止汉军，我活汝；不然，我将烹汝！"郦生曰："举大事不细谨，盛德不辞让。而公不为若更言！"郦生临死不屈，自称"而公"，依然狂放。

韩信击溃楚龙且军，大大地削弱了项羽的力量，是项羽从战略防御阶段走向败亡的关键一战。龙且知韩信中心怯弱，但不知韩信表面上怯弱，而内心勇强。韩信采用谋诈之术，出奇制胜。他了解龙且好大喜功，有勇狂妄。他先派人在潍水的上游用沙囊堵塞水流，然后引军半渡，击楚军，又假装不胜，逃走，楚军追汉军渡河。韩信派人决开壅塞，水大至，楚军大半未能渡河。韩信回击楚军，破水西军，杀龙且。水东军散走，齐王田广逃去，韩信追之，皆虏楚卒。韩信此战，彻底平齐。齐乃是反覆之国，一再反叛。项羽之亡，多半是因为齐之反楚，田姓贵族前仆后继地反楚。

原文六

汉四年，遂皆降平齐。使人言汉王曰："齐伪诈多变，反覆之国也，南边楚，不为假王以镇之，其势不定。愿为假王便。"当是时，楚方急围汉王于荥阳，韩信使者至，发书❶，汉王大怒，骂曰："吾困于此，且暮望若来佐我，乃欲自立为王！"张良、陈平蹑汉王足❷，因附耳语曰："汉方不利，宁能禁信之王乎？不如因而立，善遇之，使自为守。不然，变生。"汉王亦悟，因复骂曰："大丈夫定诸侯，即为真王耳，何以假为！"❸乃遣张良往立信为齐王，征其兵击楚❹。

注释

❶打开使者的书信。❷蹑（niè）：踩。❸《史记会注考证》引何焯之言："人见汉王转换之捷，不知太史公用笔入神也。他人不过曰汉王怒，良、平谏，乃许之。"❹汉四年二月。

韩信欲自立为王，一是自以为功高；二是出于当时的形势考虑，他破赵、平齐，可以三分天下。清人郭嵩焘曰："高祖之王张耳、黥布，皆因项羽之故而王之，其王韩王信，则以韩故子孙，与田荣、燕广等耳。其诸将有功若韩信者，亦至矣，韩信平齐自请为齐王，必待张良、陈平以深机相感悟而后许之，于是知高祖经营天下之心，固将芟夷（铲除）天下豪杰，总而操之于己，其规划早定矣。"(《史记札记》)① 刘邦封将领为王，是颇为谨慎的，但封诸将为列侯食邑，则相当普遍。因此，韩信欲自立为王，刘邦大骂，经张良、陈平晓之利害，刘邦亦醒悟，又骂曰："大丈夫定诸侯，即为真王耳，何以假为！"这段叙事活灵活现地表现出刘邦之骂人风姿与灵活善变的情性。

韩信破魏、代，下赵、燕，平齐，三分天下有其二，且沉重地打击了楚军，使项羽腹背受敌，楚之军心动荡。韩信也向困守荥阳的刘邦输送精兵，楚汉的力量对比发生了显著的变化，导致项羽与刘邦讲和，以鸿沟为界，二分天下。

原文七

楚已亡龙且，项王恐，使盱（xū）眙（yí）人武涉往说齐王信曰："天下共苦秦久矣，相与戮力击秦❶。秦已破，计功割地，分土而王之❷，以休士卒。今汉王复兴兵而东，侵人之分，夺人之地，已破三秦，引兵出关，收诸侯之兵以东击楚，其意非尽吞天下者不休，其不知厌足如是甚也❸。且汉王不可必❹，身居项王掌握中数矣，项王怜而活之，然得脱，辄倍约，复击项王，其不可亲信如此。今足下虽自以与汉王为厚交，为之尽力用兵，终为之所擒矣。足下所以得须臾至今者，以项王尚存也。❺当今二王之事，权在足下。足下右投则汉王胜，左投则项王胜。项王今日亡，则次取足下。足下与项王有故，何不反汉与楚连和，三分天下王之？今释此时，而自必于汉以击楚，且为智者固若此乎！"韩信谢曰："臣事项王，官不过郎中，位不过执戟，言不听，画不用，故倍楚而归汉。汉王授我上将军印，予我数万众，解衣衣（yì）我❻，推食食（sì）我❼，言听计用，故吾得以至于此。夫人深亲信我，我倍之不祥❽，虽死不易。幸为信谢项王！"

---

① 参见韩兆琦：《史记选注集评》，广西师范大学出版社，1995，第423页。

注释

❶ 戮力：合力。❷ 项羽分封十八王。❸ 厌足：餍足，满足。❹ 汉王不可必信。❺ 足下所以得从容至今不死者，以项王尚存。须臾：从容，延年。这与《中庸》"道不可须臾离"之"须臾"异义。❻ 脱衣给我穿。❼ 让饮食给我吃。❽ 不祥：不善。

传记主要是记言，以武涉的游说之辞为主。武涉之言，自是有理：一是指出汉王欲吞并天下，贪得无厌；二是指出汉王之不可必信；三是指出韩信之为齐王而暂存，是因为有项王；四是晓之韩信可得三分天下之利。韩信自然明白其中道理，但不忍背汉，因为汉王确实对他有知遇大恩。

武涉已去，蒯通一直随从韩信，韩信即听从其计而平齐，二人的关系亲密。他两次游说韩信，三分天下，鼎足而立。

蒯通指出，汉王、楚王困于京、索之间已有三年，"此所谓智勇俱困者也。夫锐气挫于险塞，而粮食竭于内府，百姓罢极怨望，容容无所倚。……诚能听臣之计，莫若两利而俱存之，三分天下，鼎足而居"。蒯通的政治策略，是要韩信立诸侯，而齐为霸主，"割大弱强，以立诸侯，诸侯已立，天下服听而归德于齐。案齐之故，有胶、泗之地，怀诸侯以德，深拱揖让，则天下之君王相率而朝于齐矣"。他请韩信要趁时而行，不可错过时机，"盖闻天与弗取，反受其咎；时至不行，反受其殃。愿足下孰虑之"。韩信感激汉王的知遇恩："吾岂可以乡利倍义乎！"

蒯通进一步说，天下人皆以利相交，张耳、陈余布衣时为刎颈交，后来争于利益，相怨相悖，最终张耳杀陈余之泜水之南，陈余头足异处，为天下笑，"此二人相与，天下至欢也。然而卒相擒者，何也？患生于多欲而人心难测也。今足下欲行忠信以交于汉王，必不能固于二君之相与也"。蒯通认为韩信所谓汉王之不危己的观点是错误的，因为韩信功高震主，汉王必诛之，"且臣闻勇略震主者身危，而功盖天下者不赏。臣请言大王功略：足下涉西河，虏**魏王**，擒夏说，引兵下井陉，诛成安君，徇赵，胁燕，定齐，南摧楚人之兵二十万，东杀龙且，西乡以报，此所谓功无二于天下，而略不世出者也。今足下戴震主之威，挟不赏之功，归楚，楚人不信；归汉，汉人震恐：足下欲持是安归乎？夫势在人臣之位而有震主之威，名高天下，窃为足下危之"。韩信终不忍背汉，又自以为功多，汉不能夺我齐，遂辞谢蒯通。

蒯通佯狂而去。韩信不忍背汉，还有一个重要的原因，即随从韩信的大将基本上是丰沛集团的元老，他们是刘邦的心腹大臣，例如曹参是韩信的副统帅，灌婴是先锋骑将等。韩信要反，曹参、灌婴等诸将不从。

传记载录武涉、蒯通的言辞甚详，占整个传记近四分之一的篇幅。二人皆具有战国策士的遗风，好辩善辩，说理充足，动之以情，言辞富丽，气势充沛。司马迁特喜好辩士之辞。

韩信最后立一大功，即率兵会垓下。项羽已破，刘邦袭夺齐王军，韩信被剥夺了军权。刘邦徙齐王信为楚王，都下邳。

四、韩信谋反被诛

传记进入第二部分，主要叙写韩信后期的遭遇。汉六年（前201），有人告发韩信谋反，高帝用陈平计，于陈系缚韩信。

原文八

项王亡将钟离眛家在伊庐❶，素与信善。项王死后，亡归信。汉王怨眛，闻其在楚，诏楚捕眛。信初之国，行县邑，陈兵出入。汉六年，人有上书告楚王信反。高帝以陈平计，天子巡狩会诸侯，南方有云梦，发使告诸侯会陈："吾将游云梦。"实欲袭信，信弗知。高祖且至楚，信欲发兵反，自度无罪，欲谒上，恐见擒。人或说信曰："斩眛谒上，上必喜，无患。"信见眛计事。眛曰："汉所以不击取楚，以眛在公所。若欲捕我以自媚于汉，吾今日死，公亦随手亡矣。"乃骂信曰："公非长者！"卒自刭。信持其首，谒高祖于陈。❷上令武士缚信，载后车。信曰："果若人言，'狡兔死，良狗烹；高鸟尽，良弓藏；敌国破，谋臣亡。'天下已定，我固当烹！"上曰："人告公反。"遂械系信。至洛阳，赦信罪，以为淮阴侯。

信知汉王畏恶其能，常称病不朝从❸。信由此日夜怨望❹，居常鞅鞅❺，羞与绛、灌等列❻。信常过樊将军哙，哙跪拜送迎，言称臣，曰："大王乃肯临臣！"信出门，笑曰："生乃与哙等为伍❼！"上常从容与信言诸将能否，各有差。上问曰："如我能将几何？"信曰："陛下不过能将十万。"上曰："于君何如？"曰："臣多多而益善耳。"上笑曰："多多益善，何为为我禽？"信曰："陛下不能将兵，而善将将❽，此乃信之所以为陛下禽也。且陛下所谓天授，非人力也。"

注释

❶钟离眜（mò）：项羽的名将。刘邦攻彭城，项王在齐，钟是主将。❷韩信的行为可鄙，亦复可怜。❸朝从：定时朝见，有事从行。❹望：怨恨。❺鞅鞅：通"怏怏"，失意不满的样子。❻周勃、灌婴等功臣是武将，缺少谋略，非帅才。❼生：一辈子。❽韩信前云高帝只能将兵十万，而自己是多多益善，言语颇不敬。刘邦曰"多多益善，何为为我禽"，韩信方醒悟失言，于是说刘邦不善将兵而善将将，且心有不服，认为刘邦是天授，非人力可为。

韩信的性格中有软弱胆怯的因素，始终贯穿其一生。他未起事时，在家乡颇为怯弱。他用兵打仗，出其不意，运用谋诈，很少有正面作战的英雄气概，不同于项王"力拔山兮气盖世"。他为齐王，割据一方，不能背汉自立，虽有不忍背汉的因素，也有怯弱的一面。在陈为刘邦逮捕，更表现其怯弱。后来，他为淮阴侯，怯懦无所作为，但终不能自免。"狡兔死，良狗烹"，乃是历史的规律，历代帝王莫不如此，韩信也不能幸免，所谓命也。

韩信在楚被告谋反，可能是出于仇家的陷害，刘邦趁机系缚之，将其软禁于京城。刘邦知道韩信犹疑不定，不可全信，也不可不信。韩信降为淮阴侯，闲居于长安时，仍自傲不逊，故刘邦、吕后及其功臣，对他多有防备。

◎ 原文九

陈豨（xī）拜为巨鹿守，辞于淮阴侯。淮阴侯携其手，辟左右与之步于庭，仰天叹曰："子可与言乎？欲与子有言也。"豨曰："唯将军令之。"淮阴侯曰："公之所居，天下精兵处也；而公，陛下之信幸臣也。人言公之畔，陛下必不信；再至，陛下乃疑矣；三至，必怒而自将。吾为公从中起❶，天下可图也。"陈豨素知其能也，信之，曰："谨奉教！"汉十年，陈豨果反。上自将而往，信病不从❷。阴使人至豨所，曰："弟举兵❸，吾从此助公。"信乃谋与家臣夜诈诏赦诸官徒奴，欲发以袭吕后、太子。部署已定，待豨报。其舍人得罪于信，信囚，欲杀之。舍人弟上变❹，告信欲反状于吕后。吕后欲召，恐其党不就，乃与萧相国谋，诈令人从上所来，言豨已得死，列侯群臣皆贺。相国绐信曰❺："虽疾，强入贺。"信入，吕后使武士缚信，斩之长乐钟室。信方斩，曰："吾悔不用蒯通之计，乃为儿女子所诈❻，岂非天哉！"遂夷信三族。

◎ 注释

❶从中起：从京城起事，以为内应。❷信称病，不从刘邦。❸弟：同"第"，尽管。❹上变：告谋反叛逆之事。❺绐（dài）：欺骗。❻儿女子：吕后及太子。

韩信谋反之事颇为蹊跷，应出于吕后的诬陷。高帝没有杀韩信，只是将其降为淮阴侯，平时也常与韩信闲谈。高帝敬佩韩信的卓越军事才能，感念他为汉家立下的大功，也知韩信不会谋反。韩信与彭越、黥布等出身盗贼不同。他年少时受到教育，熟读兵书，知书识礼。因此，高帝不欲杀韩信。吕后认为，留下韩信，终将是大患，故趁高帝将兵而攻打陈豨时，使韩信家人诬其谋反事，自作主张地斩杀之，而不等高帝回来审判。这与吕后杀梁王彭越的事情相似。吕后惧怕彭越反叛，故与之到洛阳，使彭越家人诬陷彭越谋反，因而诛之。史公在《吕太后本纪》中曰："吕后为人刚毅，佐高祖定天下，所诛大臣多吕后力。"司马迁的叙事应是根据汉廷的官文书。官文书颇有矛盾之处，史家如实叙述，其中的真相隐约可见。吕后诬陷韩信与陈豨密谋反叛。但韩信与陈豨二人没有什么交集，更谈不上深交，如此秘密的事，韩信如何能告诉陈豨？二人漫步中庭，避左右，谁人知之呢？韩信不可能愚蠢到这种地步，即率领一群家臣徒奴来反叛。天下无奇不有，刚好韩信囚舍人，欲杀之，舍人弟告韩信谋反，吕后、萧何不分青红皂白地诛信以为快。因此，韩信是为吕后所诬陷谋反而夷灭三族的。

司马迁对萧何帮助吕后诛杀韩信，甚为不满，谚语曰"成也萧何，败也萧何"。司马迁在《萧相国世家》中说"淮阴、黥布等皆以诛灭，而何之勋烂焉。位冠群臣，声施后世，与闳夭、散宜生等争烈矣"。萧何向来谨慎，多有畏惧，不敢抗拒吕后之命；他也受到刘邦的猜忌和打击，而自身难保，救过不暇。因此，韩信之死虽与萧何有一定的关系，但主要不能怪罪萧何。清人梁玉绳曰："独怪萧何初以国士荐，而无片语申诉，又诈而绐之，毋乃与留侯劝封雍齿异乎？"（《史记志疑》）

原文十

高祖已从豨军来，至，见信死，且喜且怜之，问："信死亦何言？"吕后曰："信言恨不用蒯通计。"高祖曰："是齐辩士也。"乃诏齐捕蒯通。蒯通至，上曰："若教淮阴侯反乎？"对曰："然，臣固教之。竖子不用臣之策，故令自夷于此❶。如彼竖子用臣之计，陛下安得而夷之乎！"上怒曰："烹之。"通曰："嗟乎，冤哉烹也！"上曰："若教韩信反，何冤？"对曰："秦之纲绝而维弛❷，山东大扰，异姓并起,英俊乌集❸。秦失其鹿❹,天下共逐之,于是高材疾足者先得焉。跖之狗吠尧,尧非不仁,狗固吠非其主。当是时,臣唯独知韩信,非知陛下也。且天下锐精持锋欲为陛下所为者甚众❺,顾力不能耳。又可尽烹之邪?"高帝曰:"置之❻。"乃释通之罪。

注释

❶ 自夷:自取灭亡。❷ 纲、维:绳子,喻指维持国家秩序的法度。❸ 乌集:像乌鸦飞集。❹ 鹿:喻帝位。或曰,"鹿"的谐音即"禄"。❺ 锐精:磨刀枪。❻ 置:舍,赦。

高帝回到长安,见信死,"且喜且怜之",心情颇为复杂,喜的是终去心头大患,怜的是韩信具有卓越的军事才能,且为汉家立下大功,而不免于亡身灭族。韩信的临死之言表明他实没有谋反之心。高帝搜捕蒯通,蒯通之言再一次证明韩信没有谋反之心。蒯通之言"跖之狗吠尧,尧非不仁,狗固吠非其主"颇有意趣,即狗吠其非主,而不是吠不仁者,人各为其主用,而不论其主之是非成败。蒯通依然好辩善辩,高帝通达,明白事理,卒赦蒯通之罪。

原文十一

太史公曰:吾如淮阴,淮阴人为余言,韩信虽为布衣时,其志与众异。其母死,贫无以葬,然乃行营高敞地❶,令其旁可置万家。余视其母冢,良然。假令韩信学道谦让,不伐己功,不矜其能❷,则庶几哉❸,于汉家勋可以比周、召、太公之徒,后世血食矣❹。不务出此,而天下已集❺,乃谋畔逆,夷灭宗族,不亦宜乎!

注释

❶ 行营:谋求。❷ 伐、矜:夸耀。《老子》:"不自伐,故有功;不自矜,故长。"❸ 庶几:差不多。❹ 血食:享受后世子孙的祭祀。周公姬旦,召公姬奭,太公姜尚,皆周朝的开国元勋,分别封为鲁、燕、齐三国,传国不绝。❺ 集:通"辑",安定。

司马迁曾到淮阴，访问遗老，得知韩信起事之前的事迹。韩信为布衣时，行为不羁，志向远大。他的母亲去世，家贫无以葬，然寻求一块高敞之地，等日后发达时置万家，而为母亲守冢。司马迁认为，假若韩信学道谦让，不夸耀己功己能，则于汉家功可比于周公、召公、太公之徒。但他在天下安定时乃谋叛逆，夷灭宗族，不亦宜乎！李慈铭曰："'天下已集，乃谋叛逆'，此史公微文。谓淮阴之愚，必不至此也。"(《越缦堂读书记》)"微文"，即"微言"，即嫌疑矛盾之言，隐含着深意，而与微言的字面义不同。李笠曰："天下已集，岂可为逆于其必不可为叛之时？而夷其宗族，岂有心肝人所宜出哉？读此数语，韩信心迹，刘季、吕雉手段昭然若揭矣。"(《史记订补》)① 韩信是聪明人，不可能在天下安定时谋叛逆。这是吕后的栽赃诬陷。因此，韩信之谋反被诛实出于吕后的构陷。《绛侯周勃世家》记载，周勃因得罪文帝，而被逮捕下狱，判为谋反。文帝早朝，薄太后以头巾提文帝，曰："绛侯绾皇帝玺，将兵于北军，不以此时反，今居一小县，顾欲反邪！"这与韩信事相类。韩信不在齐王或楚王位上反叛，而在软禁于长安时反叛乎？愚人也不至于此。而且，韩信降为淮阴侯，可以享受富贵，亦无生命之忧，没有必要谋反。扬雄《解嘲》："故为可为于可为之时，则从；为不可为于不可为之时，则凶。"韩信多智谋，善思虑，必不会为不可为于不可为之时。

学人多认为，韩信之谋反实是出于吕后、刘邦的构陷，而成为一大冤狱。

清人梁玉绳《史记志疑》曰：

信之死冤矣，前贤皆极辩其无反状，大抵出于告变者之诬词，及吕后与相国文致之耳。史公依汉廷狱案，叙入传中，而其冤自见。一饭千金，弗忘漂母；解衣推食，宁负高皇？不听涉、通于拥兵王齐之日，必

---

① 参见韩兆琦：《史记选注集评》，广西师范大学出版社，1995，第436页。

不妄动于淮阴家居之时；不思结连布、越大国之王，必不轻约边远无能之将。宾客多，与称病之人何涉？左右辟，则挈手之语谁闻？上谒入贺，谋逆者未必坦率如斯；家臣徒奴，善将者亦复部署有几？是知高祖畏恶其能，非一朝一夕，胎祸于蹑足附耳，露疑于夺符袭军，故禽缚不已，族诛始快。从豨军来见信死且喜且怜，亦谅其无辜受戮，为可悯也。

梁氏列举了数条理由，表白韩信之冤。徐复观认为，司马迁在《淮阴侯列传》中以"微言"的书法暗示韩信被冤杀的悲剧命运。[1]

其一，韩信幽于长安，与陈豨密谋，携其手，避左右与之步于庭，二人之私言，谁人知之？这种记录的矛盾，即所谓"微言"，暗示了所记之事与事实真相不符。

其二，韩信平定三齐后，威震天下。这时，项羽使武涉劝诱韩信背汉助楚，全文二百四十余字，《史记》详细载入。齐辩士蒯通劝韩信建三分之业，全文一千二百余字，《史记》详载之。这两段文字竟占了《淮阴侯列传》近四分之一的篇幅。这是"微言"，表明司马迁深辨韩信谋反的冤屈。赵翼说："《史记·淮阴侯列传》全载蒯通语，正以见淮阴之心在为汉，虽以通之说喻百端，终确然不变，而他日之诬以反而族之者之冤，痛不可言也。"（《陔余丛考》卷五）

其三，"天下已集，乃谋畔逆"，即"微言"。韩信在威震天下时不谋反，而在"天下已集"时谋反，这实不可信。

---

[1] 徐复观：《两汉思想史（第三卷）》，华东师范大学出版社，2001，第247—248页。

/ 第十一章 /

"人能弘道,无如命何"
——汉后妃的传记

《史记》有《吕太后本纪》《外戚世家》两篇,主要叙述高帝、文帝、景帝、武帝之后妃们的事迹。她们的命运具有浓厚的宿命色彩。在传记中登场的人物吕太后、薄太后、窦太后、王太后、陈皇后、卫皇后等,一生受到神秘之命的支配,几乎不具有主体性。

钱钟书《管锥编》曰:

> 马迁言男女匹配,忽牵引幽明性命,疑若小题大做,张皇其词,如为辙鲋而激西江之水;故《滹(hū)南遗老集》卷一二讥之曰:"夫一妇人之遇否,亦不足道矣!"不识此正迁之深于阅历、切于事情也。盖婚姻之道,多出于倘来偶遇,智力每无所用之。重以父母之命、媒妁之言,几于暗中摸索。……好逑怨耦,同室方知,只有以宿世姻缘、前生注定为解。……马迁因夫妇而泛及天命,殊非迂阔。①

在传统的社会中,普通男女的匹配多出于偶然的遇合,且听从父母之命、媒妁之言,故以"宿世姻缘、前生注定"为解。《吕太后本纪》《外戚世家》叙述的是皇帝之后妃的婚姻故事。首先,她们的人生遭遇尤其动荡曲折,具有断裂性的特征。其次,相对于普通男女之较为简单的婚姻关系,皇帝之后妃往往置于政治权力斗争中而具有错综复杂的关系,且取决于专制之主的好恶,其婚姻具有更大的偶然性,她们更失去了婚姻的主体性。

《外戚世家》第一段,即"太史公曰",是议论和抒情的文字。

---

① 钱钟书:《管锥编(一)》,生活·读书·新知三联书店,2007,第481—482页。

原文一

　　自古受命帝王及继体守文之君❶，非独内德茂也，盖亦有外戚之助焉❷。夏之兴也以涂山❸，而桀之放也以末喜❹。殷之兴也以有娀❺，纣之杀也嬖妲己❻。周之兴也以姜原及太任❼，而幽王之擒也淫于褒姒❽。故《易》基乾坤❾，《诗》始《关雎》❿，《书》美厘降⓫，《春秋》讥不亲迎⓬。夫妇之际，人道之大伦也⓭。礼之用，唯婚姻为兢兢⓮。夫乐调而四时和，阴阳之变，万物之统也⓯。可不慎欤？人能弘道，无如命何。甚哉，妃匹之爱，君不能得之于臣，父不能得之于子⓰，况卑下乎！既欢合矣，或不能成子姓⓱；能成子姓矣，或不能要其终⓲：岂非命也哉？孔子罕称命，盖难言之也。非通幽明之变，恶能识乎性命哉⓳？

注释

❶受命帝王：受天命为王的开国创业之主。继体守文之君：继承先帝之位、坚守先帝法度的君主。❷外戚对君王事业的成败兴亡也有重要的辅助作用。外戚：帝王之母及后妃的亲族。❸涂山：涂山女，禹娶之为妻，生启，启建立夏朝。❹末喜：桀的妃子。夏桀暴虐，宠幸末喜，终于被商汤放逐。❺有娀（sōng）：有娀氏之女，生契，为商的始祖。❻妲（dá）己：纣的妃子。商纣荒淫残暴，宠妲己而亡国灭身。嬖（bì）：宠幸。❼姜原：周始祖后稷之母。太任：周文王之母。❽褒姒（sì）：幽王宠幸的妃子。❾《易》的前两卦是乾坤，乾是天，坤是地，象征阴阳、君臣、父母、夫妻。其他六十二卦皆以乾坤两卦为基础。❿《诗》的首篇是《关雎》，赞美后妃之德。⓫厘降：下嫁。降，下。《尚书·尧典》说，尧欲观舜的治迹，以己二女妻之，以成其德。⓬古代婚礼规定，夫婿即使是君王也应亲自到女家迎娶，以示重视。见于《公羊传》隐公二年。⓭伦：理。⓮兢兢：戒慎。⓯阴阳喻夫妇，是化生万物和人的根本。统：本。⓰夫妇亲爱之情，虽君父之尊也不能改变臣子所好爱，使移其本意。妃匹：配偶。妃，通"配"。⓱不能生子。⓲生子不能尽天年，即夭折。⓳恶（wū）能：怎么能。

司马迁肯定了外戚在历史的形成与发展中的重要作用，并突出了外戚遭遇之浓厚的命运感。"人能弘道，无如命何。"个体对于自己的道德修养能发挥主体性的作用，孔子云"为仁由己""仁远乎哉？我欲仁，斯仁至矣"（《论语·述而》），但个体不能决定自己穷通得失的命运。命是神秘难知的，孔子尚难以言说，一般人如何能知命的实情呢？

第一节　吕太后的命运

吕太后，名雉，字娥姁（xǔ），生年不详，卒于公元前180年。吕太后生孝惠帝（公元前210年生，公元前194年即位，公元前188年崩，在位共七年，享年二十三岁）、鲁元公主（长女，孝惠之姊，生年不详，公元前202年尚赵王张敖，公元前187年卒）。一对儿女皆盛年相继去世，白发人送别黑发人，对吕太后是一个严重的打击，吕太后之个性的扭曲不能不受其影响。

刘邦于公元前209年起事，时年四十八岁，以后一直在军中，奔走于外。吕太后带着一双幼小的儿女在家乡丰沛艰难度日。汉二年（前205）五月，汉王率五诸侯入彭城。项羽大破汉军，取汉王父母妻子于沛，置于军中为人质。当时，汉王在逃奔道中遇到孝惠、鲁元公主，载之而行。太公与吕太后被楚军所得，作为人质。汉四年（前203），楚汉达成了鸿沟之约，项羽归还汉王父母妻子。吕太后有近三年的时间置于楚军中，与一双儿女生离死别，自己生死难卜，且担心汉王的命运，其痛苦忧患之情恐非一般人所能想象。等到与汉王相会时，今非昔比，夫妻感情早已淡薄，汉王宠幸戚姬，且汉王一向好色，嫔妃众多。从刘邦起事以来，夫妻的分别有六七年，身疏而心亦遐。在此期间，辟阳侯审食其一直侍奉吕太后。以后，汉王一直在前方打仗，戚姬伴随汉王，吕太后留守关中，很少见到汉王。吕太后虽能与一双儿女相聚，在关中较为稳定的时局中度日，但有三大忧患：一是忧恐汉王及其汉军的成败兴亡，二是忧恐自己因年老色衰而被抛弃，三是忧恐惠帝被赵王如意取代。在种种境遇中，吕太后的刚毅与残忍的个性得以发展。由此，我们大概能明白吕太后晚年许多"此非人所为"的原因。

《吕太后本纪》名为"纪"，实为"传"，主要叙述高帝崩后吕太后的事迹，其主线是吕太后掌权而王诸吕与大臣诛杀诸吕的过程。

一、诛戚夫人及赵王

◎ 原文一

> 吕太后者，高祖微时妃也❶，生孝惠帝、女鲁元太后。及高祖为汉王，得定陶戚姬，爱幸，生赵隐王如意。孝惠为人仁弱，高祖以为不类我，常欲废太子，立戚姬子如意，如意类我。戚姬幸，常从上之关东，日夜啼泣，欲立其子代太子。吕后年长，常留守，希见上❷，益疏。如意立为赵王后，几代太子者数矣，赖大臣争之，及留侯策，太子得毋废。
>
> 吕后为人刚毅，佐高祖定天下，所诛大臣多吕后力。吕后兄二人，皆为将。长兄周吕侯，死事❸，封其子吕台为郦侯，子产为交侯；次兄吕释之为建成侯。
>
> 高祖十二年四月甲辰❹，崩长乐宫，太子袭号为帝。

◎ 注释

❶妃：通"配"，配偶。❷希：同"稀"。❸周吕侯吕泽战死。❹甲辰：二十五日。

传文简要叙述吕太后在高祖崩之前的事情，突出吕太后之刚毅的个性，她不仅帮助刘邦定天下，且诛杀彭越、韩信等功臣。

原文二

吕后最怨戚夫人及其子赵王，乃令永巷囚戚夫人❶，而召赵王❷。使者三反，赵相建平侯周昌谓使者曰："高帝属臣赵王，赵王年少。窃闻太后怨戚夫人，欲召赵王并诛之，臣不敢遣王。王且亦病，不能奉诏。"吕后大怒，乃使人召赵相。赵相征至长安，乃使人复召赵王。王来，未到。孝惠帝慈仁，知太后怒，自迎赵王霸上，与入宫，自挟与赵王起居饮食❸。太后欲杀之，不得间。孝惠元年十二月，帝晨出射。赵王少，不能蚤起。太后闻其独居，使人持鸩饮之❹。犁明❺，孝惠还，赵王已死。于是乃徙淮阳王友为赵王。夏，诏赐郦侯父追谥为令武侯。太后遂断戚夫人手足，去眼，煇耳❻，饮瘖药❼，使居厕中，命曰"人彘"❽。居数日，乃召孝惠帝观人彘。孝惠见，问知其戚夫人，乃大哭，因病，岁余不能起。使人请太后曰："此非人所为。臣为太后子，终不能治天下❾。"孝惠以此日饮为淫乐，不听政，故有病也。

注释

❶永巷：宫廷中的牢狱。《史记会注考证》引中井积德之言曰："永巷本后宫女使所居，群室排列如街巷而长连，故名永巷，亦有狱，以治后宫有罪者，以其在永巷也，故亦称永巷耳。"❷《汉书·外戚传》："吕后令永巷囚戚夫人，髡钳，衣赭衣，令舂。戚夫人舂且歌曰：'子为王，母为虏，终日舂薄暮，常与死为伍。相离三千里，当谁使告汝！'太后闻之，大怒，曰：'乃欲倚汝子耶？'乃诏赵王诛之。"❸自挟：亲自伴随。❹鸩（zhèn）：鸩酒，毒酒。❺等到天亮之后。犁：及，等到。❻煇（xūn）：同"熏"，即用火烧灼，而使之聋。❼饮（yìn）：灌。瘖（yīn）药：让嗓子变哑的药。❽彘（zhì）：猪类。❾母氏之残虐如此，为人子者惶愧而无颜复居人上。

吕太后之诛杀戚夫人及赵王如意，可谓是残暴至极，非人之所为，司马迁所谓"怨毒之于人甚矣哉"！（《伍子胥列传》）这是吕太后的复仇。戚夫人如何能想到，当初幸运地受到刘邦的宠爱，而今日落到如此悲惨的下场！置身于帝王之家的妃嫔，其命运是祸福无常的。刘邦数年以来，即欲废太子而立赵王如意。汉十二年（前195），刘邦病愈重，愈欲易太子，终因大臣的劝谏与吕太后之力，而未成。《留侯世家》曰："上目送之，召戚夫人指示四人者曰：'我欲易之，彼四人辅之，羽翼已成，难动矣。吕后真而主矣。'戚夫人泣，上曰：'为我楚舞，吾为若楚歌。'歌曰：'鸿鹄高飞，一举千里。羽翮（hé，翅膀）已就，横绝四海。横绝四海，当可奈何！虽有矰（zēng）缴（zhuó），尚安所施！'歌数阕，戚夫人嘘唏流涕，上起去，罢酒。竟不易太子者，留侯本招此四人之力也。"刘邦暮年，一直郁郁寡欢，他的一大心病是担心自己百年后，戚夫人及赵王如意遭到吕太后的残害。果不其然。

《张丞相列传》记载一段事情。

◎ 原文三

是后戚姬子如意为赵王，年十岁，高祖忧即万岁之后不全也。赵尧年少，为符玺御史。赵人方与公谓御史大夫周昌曰❶："君之史赵尧，年虽少，然奇才也，君必异之❷，是且代君之位。"周昌笑曰："尧年少，刀笔吏耳，何能至是乎！"居顷之，赵尧侍高祖。高祖独心不乐，悲歌，群臣不知上之所以然。赵尧进请问曰："陛下所为不乐，非为赵王年少而戚夫人与吕后有郤邪❸？备万岁之后而赵王不能自全乎？"高祖曰："然。吾私忧之，不知所出。❹"尧曰："陛下独宜为赵王置贵强相，及吕后、太子、群臣素所敬惮乃可。"高祖曰："然。吾念之欲如是，而群臣谁可者？"尧曰："御史大夫周昌，其人坚忍质直，且自吕后、太子及大臣皆素敬惮之。独昌可。"高祖曰："善。"于是乃召周昌，谓曰："吾欲固烦公❺，公强为我相赵王。"周昌泣曰："臣初起从陛下，陛下独奈何中道而弃之于诸侯乎？"高祖曰："吾极知其左迁，然吾私忧赵王，念非公无可者。公不得已强行！"于是徙御史大夫周昌为赵相。

既行久之，高祖持御史大夫印弄之，曰："谁可以为御史大夫者？"孰视赵尧，曰："无以易尧❻。"遂拜赵尧为御史大夫。

❀ 注释

❶方与公：方与县县令。❷异：优待。❸郤：通"隙"，矛盾。❹不知其计所出。❺欲固烦公：一定要烦劳您。固，必。❻尧最合适。

刘邦以重臣周昌为赵王相。周昌曾劝谏高帝不要易太子。周昌为人口吃，又盛怒，曰："臣口不能言，然臣期期知其不可。陛下虽欲废太子，臣期期不奉诏。"刘邦欣然而笑。既罢，吕后侧耳于东厢，见周昌，为跪谢曰："微君，太子几废。"（《张丞相列传》）刘邦崩，周昌先被吕太后召去长安，接着赵王又被召去长安，赵王死于吕太后之手。刘邦是行为不遂，命运是不可控御的。刘邦乃是开国之君，死后连心爱的戚姬及赵王皆不能保护，以至其惨死。刘邦于九泉之下不能不悲叹。

《正义》引桓谭《新论》云："使周相赵，不如使取吕后家女为妃，令戚夫人善事吕后，则如意无死也。"

❀ 原文四

二年，楚元王、齐悼惠王皆来朝❶。十月，孝惠与齐王燕饮太后前❷，孝惠以为齐王兄，置上坐，如家人之礼。太后怒，乃令酌两卮鸩，置前，令齐王起为寿。齐王起，孝惠亦起，取卮欲俱为寿。太后乃恐，自起泛孝惠卮❸。齐王怪之。因不敢饮，详醉去。问，知其鸩，齐王恐，自以为不得脱长安，忧。齐内史士说王曰："太后独有孝惠与鲁元公主。今王有七十余城，而公主乃食数城。王诚以一郡上太后，为公主汤沐邑❹，太后必喜，王必无忧。"于是齐王乃上城阳之郡，尊公主为王太后❺。吕后喜，许之。乃置酒齐邸❻，乐饮，罢，归齐王。

注释

❶ 齐悼惠王刘肥,高祖庶长男,汉六年(前201)为齐王,食七十余城。❷ 燕饮:安闲而不讲礼仪地饮酒。燕,安。❸ 泛(fěng):通"覂",翻覆。❹ 汤沐邑:皇帝、皇后、公主等收取租税的封地。❺ 公主本是齐王之妹,现齐王尊其为王太后,母礼事之。❻ 齐邸(dǐ):齐国在京的官邸。

吕太后的行为不可理喻。齐王只是在家庭宴会中居上座,吕太后即欲杀之,后齐王献城阳郡于妹鲁元公主,且尊其为王太后,方脱身。这可能还有隐秘的原因,即齐王的母亲曹氏年长于吕太后,有宠于刘邦,她们二人之间颇生嫌隙。刘邦去世后,吕太后即一一惩处那些得到高帝宠幸的妃嫔及其子女。《外戚世家》:"及高祖崩,吕后夷戚氏,诛赵王,而高祖后宫唯独无宠疏远者得无恙。"

惠帝一向仁弱,又见母后残害戚夫人的悲惨情景,自谓身为太后子而不能容父之宠姬,终不能治天下,不听政,有病,于七年(前188)八月崩,时年二十三。

二、吕太后临政

原文五

七年秋八月戊寅,孝惠帝崩。发丧,太后哭,泣不下。留侯子张辟强为侍中❶,年十五,谓丞相曰:"太后独有孝惠,今崩,哭不悲,君知其解乎❷?"丞相曰:"何解?"辟强曰:"帝毋壮子,太后畏君等。君今请拜吕台、吕产、吕禄为将,将兵居南北军❸,及诸吕皆入宫,居中用事,如此则太后心安,君等幸得脱祸矣。"丞相乃如辟强计。太后说。其哭乃哀。吕氏权由此起。乃大赦天下。九月辛丑,葬。太子即位为帝,谒高庙。元年,号令一出太后。

太后称制❹,议欲立诸吕为王,问右丞相王陵。王陵曰:"高帝刑白马盟曰'非刘氏而王,天下共击之'。今王吕氏,非约也。"太后不说。问左丞相陈平、绛侯周勃。勃等对曰:"高帝定天下,王子弟,今太后称制,王昆弟诸吕,无所不可。"太后喜,罢朝。王陵让陈平、绛侯曰:"始与高帝歃血盟❺,诸君不在邪?今高帝崩,太后女主,欲王吕氏,诸君从欲阿意背约,何面目见高帝地下?"陈平、绛侯曰:"于今面折廷争❻,臣不如君;夫全社稷,定刘氏之后,君亦不如臣。"王陵无以应之。十一月太后欲废王陵,乃拜为帝太傅,夺之相权。王陵遂病免归。乃以左丞相平为右丞相,以辟阳侯审食其为左丞相❼。左丞相不治事,令监宫中,如郎中令。食其故得幸太后,常用事,公卿皆因而决事。乃追尊郦侯父为悼武王,欲以王诸吕为渐。

注释

❶侍中:官名,出入于皇帝周围,以备参谋顾问。❷解:缘故。❸南军居城内,掌屯卫宫门;北军居城外,掌巡守京师。❹称制:代行天子之事。❺歃(shà)血:宰杀牲畜以血涂口而结盟。❻面折廷争:当面驳斥吕后的意见,朝堂上公开坚持自己的主张。❼审食其曾从吕后在项羽军中为质,与其同患难。

惠帝崩后,吕太后以少帝即位皇帝,少帝年幼无知,吕太后当政。陈平、周勃等顺从吕太后之意,吕氏之权由此兴盛。后人多批评陈平等从谀承意。明人凌稚隆曰:"陈平、周勃不以此时极谏而顾阿谀曲从,乃致酿成此祸,他日虽有安刘之功,仅足以赎今之罪耳。"(《史记评林》)《史记会注考证》曰:"'吕氏权由此起'六字理正词严,曲逆(陈平)甘服其罪。"陈平向来是善于阴谋权变之人,当此时,不敢得罪吕后,而恐招致杀身之祸。清人梁玉绳曰:"此所云丞相者,右丞相王陵乎?左丞相陈平乎?《汉传》明著之曰陈平,是也。陵能持白马之议,以折太后,其不肯用辟强计,明甚,然何以不面斥而力持之,亦不可解。辟强此计起诸吕之权,罪不容诛,不意留侯有此逆子。"(《史记志疑》)张良善于揣摩人心,多阴谋,其子与之相类,但用心邪恶。

汉初设相国一人,萧何任之。萧何死,曹参任之。曹参死,王陵为右丞相,陈平为左丞相。至此,一人任相国的制度已改。今陈平为右丞相，审食其为左丞相。

太后不断地培植吕氏的势力，先后封吕氏三王，封吕氏数人为侯，且残酷迫害与自己有隙的刘氏诸王，"比杀三赵王"。

原文六

七年正月，太后召赵王友。友以诸吕女为后，弗爱，爱他姬，诸吕女妒，怒去，谗之于太后，诬以罪过，曰"吕氏安得王！太后百岁后，吾必击之"。太后怒，以故召赵王。赵王至，置邸不见，令卫围守之，弗与食。其群臣或窃馈，辄捕论之。赵王饿，乃歌曰："诸吕用事兮刘氏危，迫胁王侯兮强授我妃。我妃既妒兮诬我以恶，谗女乱国兮上曾不寤。我无忠臣兮何故弃国❶？自决中野兮苍天举直❷！于嗟不可悔兮宁蚤自财。为王而饿死兮谁者怜之！吕氏绝理兮托天报仇。"丁丑，赵王幽死❸，以民礼葬之长安民冢次❹。

……

二月，徙梁王恢为赵王。吕王产徙为梁王，梁王不之国，为帝太傅。……

梁王恢之徙王赵，心怀不乐。太后以吕产女为赵王后。王后从官皆诸吕，擅权，微伺赵王❺，赵王不得自恣。王有所爱姬，王后使人鸩杀之。王乃为歌诗四章，令乐人歌之。王悲，六月即自杀。太后闻之，以为王用妇人弃宗庙礼❻，废其嗣❼。

注释

❶何故：同"何辜"，有何罪。❷自决：自杀。举直：己之理直，望苍天明鉴。❸幽死：关闭困饿而死。❹民冢次：平民百姓的坟墓旁。❺微伺：暗中监视。❻用：因。❼废其继承人，即不允许其后代继承王位。

高帝的三个儿子，赵王如意、赵王友、赵王恢，先后为吕后所杀。除如意外，另两位赵王与吕后并没有多大的冲突，吕后杀之以为快，可见吕后的自私、狭隘、凶残。吕后使使者告代王刘恒，欲徙之为赵王；代王辞谢，愿守代边。燕王刘建薨，有美人子，吕后使人杀之。燕王无后，国除。吕后又大封吕氏为王侯，吕禄为赵王，吕通为燕王，吕产为梁王。

三、卒灭吕氏

八年三月中，吕后祓（fú，除恶之祭）霸上还，过轵（zhǐ）道，见物如苍犬，撞击吕后腋，忽弗复见。占卜之，云赵王如意为祟（suì）。吕后遂一病不起。司马迁记录此怪事，表面上是好奇，实际上是于叙事中寓论断，以鬼神对吕后作恶多端的报应，表现他对吕后的厌恶和贬斥。吕后终死于此腋伤。在《魏其武安侯列传》中，武安侯田蚡以外戚之重，出于私人的怨愤，诛杀大将灌夫、魏其侯窦婴。司马迁痛恨田蚡为人的阴险狡诈，记录了一件怪事："其春，武安侯病，专呼服谢罪。使巫视鬼者视之，见魏其、灌夫共守，欲杀之。竟死。"这不应视司马迁为迷信，可视为司马迁表明其态度的一种方式。

❀ 原文七

七月中，高后病甚，乃令赵王吕禄为上将军，军北军❶，吕王产居南军。吕太后诫产、禄曰："高帝已定天下，与大臣约曰：'非刘氏王者，天下共击之。'今吕氏王，大臣弗平。我即崩，帝年少，大臣恐为变。必据兵卫宫，慎毋送丧，毋为人所制。"辛巳❷，高后崩，遗诏赐诸侯王各千金，将相列侯郎吏皆以秩赐金❸。大赦天下，以吕王产为相国，以吕禄女为帝后。

❀ 注释

❶军：居，统领。❷八月初一。❸秩：等级。

吕后临死，考虑问题周备，但人算不如天命。刘氏诸王侯与刘邦的功臣周勃、陈平、灌婴等，合力而诛杀吕氏一族。朱虚侯刘章带领士卒击吕产。天风大起，吕产的随从官员一片混乱，"不敢斗"。刘章追逐吕产，杀之于郎中府吏的厕所中。吕禄听郦寄之劝，解将军印而去，被捕斩。吕后之妹吕嬃也被笞杀。"遂遣人分部悉捕诸吕男女，无少长皆斩之"。这是一场血腥的大屠杀，吕氏满门被抄斩，尤其是那些懵懂无知的少年。大臣们又废除并诛杀少帝及三王，立代王刘恒为皇帝。

原文八

诸大臣相与阴谋曰❶："少帝及梁、淮阳、常山王，皆非真孝惠子也。吕后以计诈名他人子，杀其母，养后宫，令孝惠子之，立以为后，及诸王，以强吕氏。今皆已夷灭诸吕，而置所立，即长用事，吾属无类矣❷。不如视诸王最贤者立之。"或言"齐悼惠王高帝长子，今其适子为齐王❸，推本言之，高帝适长孙，可立也"。大臣皆曰："吕氏以外家恶而几危宗庙，乱功臣。今齐王母家驷，驷钧，恶人也，即立齐王，则复为吕氏。"欲立淮南王，以为少，母家又恶。乃曰："代王方今高帝见子❹，最长，仁孝宽厚。太后家薄氏谨良，且立长故顺，以仁孝闻于天下，便。"乃相与共阴使人召代王。代王使人辞谢。再反，然后乘六乘传❺。后九月晦日己酉，至长安，舍代邸。大臣皆往谒，奉天子玺上代王，共尊立为天子。代王数让，群臣固请，然后听。

注释

❶阴谋：暗中谋划。❷无类：绝种，即被杀光。❸适（dí）子：正妻所生子，即齐哀王。适，通"嫡"。❹见子：现存之子。❺乘六乘传（zhuàn）：乘着六匹马拉的驿车，以其快也。

代王之为帝，也是出于较大的偶然性。首先，代王之母薄太后无宠，故吕后不怨。薄太后因而得出，从其子至代。其次，代王也无宠，而戍守边地，且一向行为谨慎，做事低调，故吕后未诛之。

最后，大臣诛吕氏党，废少帝，以代王仁孝宽厚、母家谨良而立。

吕氏阴毒残忍。一是诛杀功臣。高帝知彭越无谋反之意，徙彭越至蜀，而吕后杀之。韩信降为淮阴侯，居长安，而吕后罗织罪名杀之。二是诛杀戚夫人及赵王如意、赵王友、梁王恢等，齐悼惠王差点被鸩杀。三是诛杀少帝。她大肆分封诸吕，以强吕氏，且把吕氏女嫁给刘氏诸王，以加以窥伺、监视，诸王不敢放肆，若有怨言或被杀或被废。刘邦有三个儿子被杀，一个儿子被废。刘邦与吕后本是夫妻，却如此相互残杀。吕氏崩，大臣与刘氏满门抄斩吕氏一族。两姓之间相互残杀，起于吕后。读完此传，不能不令人感慨，帝王之家实在是危险之地，几无亲情可言，只有权势利益，难怪明之末代君主崇祯临死时曰"愿生生世世勿生帝王家"。

《外戚世家》突出了吕太后一生遭遇的"命运性"。刘邦去世，吕后当权。为了巩固自己的地位，吕后采取了一系列措施。首先，她以长女鲁元公主的女儿为孝惠帝的皇后，希望孝惠皇后生子，承继皇位。这是亲上加亲，但事与愿违，孝惠皇后终无子。其次，吕后诈取后宫人子为孝惠的儿子，是为少帝。吕后又以她弟弟吕禄的女儿为少帝后，欲使根本牢固。然而吕后的意志和行为适得其反，不仅孝惠一脉断绝，而且吕氏家族遭受灭顶之灾。这表明吕后的意志和行为正与其结果相反，而受到神秘之命的播弄。

原文九

汉兴，吕娥姁为高祖正后❶，男为太子。及晚节色衰爱弛，而戚夫人有宠，其子如意几代太子者数矣。及高祖崩，吕后夷戚氏，诛赵王，而高祖后宫唯独无宠疏远者得无恙。

吕后长女为宣平侯张敖妻，敖女为孝惠皇后。吕太后以重亲故，欲其生子万方❷，终无子，诈取后宫人子为子。及孝惠帝崩，天下初定未久，继嗣不明❸。于是贵外家，王诸吕以为辅❹，而以吕禄女为少帝后，欲连固根本牢甚，然无益也。

高后崩，合葬长陵。禄、产等惧诛，谋作乱。大臣征之，天诱其统❺，卒灭吕氏。唯独置孝惠皇后居北宫。迎立代王，是为孝文帝，奉汉宗庙。此岂非天邪？非天命孰能当之？

注释

❶吕娥姁（xǔ）：吕太后。❷万方：千方百计。❸继承人的身份不明。惠帝崩，少帝即位，但少帝并非惠帝的亲子。❹诸吕：吕后母家的子弟。❺天引导汉家继承正统。诱：引导。吕后称制，诸吕擅权，背离了刘氏的统系。

贵妃们的命运实在是变化无常、难以测度的。当初得到皇帝宠幸的，如何能想到这成为日后被幽闭和诛杀的主要原因？当初不被宠幸的，又怎么能料到日后会因此而得到好运？

文帝登上帝位，也是相当偶然的。他自己也许从来没有想到，也没有为之付出什么努力，这似乎取决于神秘天命的支配。

原文十

太史公曰：孝惠皇帝、高后之时，黎民得离战国之苦，君臣俱欲休息乎无为❶，故惠帝垂拱❷，高后女主称制，政不出房户，天下晏然❸。刑罚罕用，罪人是希❹，民务稼穑，衣食滋殖。

注释

❶汉初实行清静无为、休养生息的政策。❷垂拱：垂衣拱手，消闲无事。❸晏然：安然。❹希：同"稀"。

司马迁肯定了惠帝、吕后之时实行的无为而治政策，这有利于恢复和发展汉初的经济，有利于稳定当时的社会秩序。

司马迁以微言侧笔表现其价值评价。一是叙述吕后祓，欲去除不祥，但在回来的路上遇到鬼怪，"见物如苍犬"，撞击吕后腋；卜之，曰赵王如意为祟。吕后三月中病，七月中即崩，这是以鬼神报应的思想贬绝吕后。二是叙述刘氏与功臣逐杀吕产时，"产走。天风大起,以故其从官乱,莫敢斗。逐产,杀之郎中府吏厕中",天风大起,天助刘氏斩杀吕氏。

第二节 薄太后、窦太后的命运

薄太后,高祖之妃嫔,文帝之太后;生年不详,卒于景帝前元二年,即公元前 155 年。窦太后原是侍奉吕太后的宫女,被赐予代王;文帝之皇后,景帝之太后;生年不详,卒于武帝建元六年,即公元前 135 年。二人的命运曲折坎坷,开始不幸,而后大幸。薄太后、窦太后,与吕太后有紧密的联系。吕太后贵甚,最终吕氏夷灭,孝惠一脉断绝。薄太后微贱,终成为皇太后。窦太后卑贱,终成为皇后。其子孙继承大统,绵延数代,《诗经·大雅·绵》所谓"绵绵瓜瓞(dié)"。

一、薄太后

原文一

薄太后,父吴人,姓薄氏,秦时与故魏王宗家女魏媪通❶,生薄姬,而薄父死山阴,因葬焉。

及诸侯畔秦,魏豹立为魏王,而魏媪内其女于魏宫❷。媪之许负所相❸,相薄姬,云当生天子。是时项羽方与汉王相距荥阳❹,天下未有所定。豹初与汉击楚,及闻许负言,心独喜❺,因背汉而畔,中立,更与楚连和❻。汉使曹参等击虏魏王豹,以其国为郡,而薄姬输织室❼。豹已死,汉王入织室,见薄姬有色,诏内后宫,岁余不得幸。始姬少时,与管夫人、赵子儿相爱,约曰:"先贵无相忘。"已而管夫人、赵子儿先幸汉王。汉王坐河南宫成皋台,此两美人相与笑薄姬初时约。汉王闻之,问其故,两人具以实告汉王。汉王心惨然,怜薄姬,是日召而幸之。薄姬曰:"昨暮夜妾梦苍龙据吾腹。"高帝曰："此贵征也，吾为汝遂成之。"一幸生男，是为代王。其后薄姬希见高祖。

高祖崩，诸御幸姬戚夫人之属❽，吕太后怒，皆幽之❾，不得出宫。而薄姬以希见故，得出，从子之代，为代王太后。太后弟薄昭从如代。

代王立十七年，高后崩。大臣议立后，疾外家吕氏强，皆称薄氏仁善，故迎代王，立为孝文皇帝，而太后改号曰皇太后，弟薄昭封为轵（zhǐ）侯。

薄太后母亦前死，葬栎阳北。于是追尊薄父为灵文侯❿，会稽郡置园邑三百家，长丞已下吏奉守冢，寝庙上食祠如法。而栎阳北亦置灵文侯夫人园，如灵文侯园仪。薄太后以为母家魏王后，早失父母，其奉薄太后诸魏有力者，于是召复魏氏⓫，赏赐各以亲疏受之。薄氏侯者凡一人。

薄太后后文帝二年，以孝景帝前二年崩⓬，葬南陵。以吕后会葬长陵，故特自起陵，近孝文皇帝霸陵。⓭

注释

❶ 媪（ǎo）：妇女的通称。❷ 内：通"纳"，送入。❸ 魏媪至许负的住所看相。许负：汉初著名的看相人。❹ 荥（xíng）阳：在今河南荥阳东北。❺ 豹以为当得天下。❻ 更：变化。❼ 输：送入。❽ 御：侍奉。❾ 幽：拘禁。❿ 追尊：死后追加封号。⓫ 复：免除赋税徭役。⓬ 公元前155年。⓭ 吕后与高祖合葬长陵，故薄太后特为己起陵，靠近其子文帝的霸陵。

薄太后是其父薄氏与魏媪私通所生。其母是魏宗室女，受过良好的教育，且有魏宗族的凭借。其父早死，葬于吴郡山阴。

薄太后的人生遭遇颇为动荡曲折。其母魏媪先纳薄姬于魏王豹的宫中。后来，魏王豹背汉与楚连和，汉使曹参等击虏魏王豹。豹已死，而薄姬被送入织室。这是人生的一变。刘邦偶然到织室，见薄姬美貌，诏纳后宫，但薄姬一年多不得幸。因两位美人的笑语，刘邦一幸薄姬而生男（即文帝），以后薄姬很少见到刘邦。这又是人生的一变。刘邦崩，吕后把刘邦宠幸的妃子幽禁起来，不让她们出宫。薄姬因很少见到刘邦而得出，随自己的儿子至代国。这又是人生的一变。薄姬之子刘恒最终即位为汉家天子，薄姬被封为皇太后。这更是人生的重大变化。薄太后一生遭遇了数次重大的变化，这些变化皆具有偶然性和非理性，不能不令人感到她的一生受到神秘之命的支配。许负所相与薄姬的梦象皆具有神秘性，似乎命运早就注定了薄姬之穷通得失的遭际。

魏王豹妄称天命，终遭诛杀。

二、窦太后

◎ 原文二

窦太后，赵之清河观津人也。吕太后时，窦姬以良家子入宫侍太后❶。太后出宫人以赐诸王，各五人，窦姬与在行中❷。窦姬家在清河，欲如赵近家，请其主遣宦者吏❸："必置我籍赵之伍中❹。"宦者忘之，误置其籍代伍中。籍奏，诏可，当行。窦姬涕泣，怨其宦者，不欲往，相强，乃肯行。至代，代王独幸窦姬，生女嫖，后生两男。而代王王后生四男。先代王未入立为帝而王后卒。及代王立为帝，而王后所生四男更病死❺。孝文帝立数月，公卿请立太子，而窦姬长男最长，立为太子。立窦姬为皇后，女嫖为长公主❻。其明年，立少子武为代王，已而又徙梁，是为梁孝王。

窦皇后亲蚤卒，葬观津。于是薄太后乃诏有司，追尊窦后父为安成侯，母曰安成夫人。令清河置园邑二百家，长丞奉守，比灵文园法。

窦皇后兄窦长君，弟曰窦广国，字少君。少君年四五岁时，家贫，为人所略卖❼，其家不知其处。传十余家，至宜阳，为其主入山作炭，暮卧岸下百余人，岸崩，尽压杀卧者，少君独得脱，不死。自卜数日当为侯，从其家之长安❽。闻窦皇后新立，家在观津，姓窦氏。

广国去时虽小，识其县名及姓，又常与其姊采桑堕❾，用为符信❿，上书自陈。窦皇后言之于文帝，召见，问之，具言其故，果是。又复问他何以为验？对曰："姊去我西时，与我决于传舍中⓫，丐沐沐我，请食饭我⓬，乃去。"于是窦后持之而泣，泣涕交横下。侍御左右皆伏地泣，助皇后悲哀。乃厚赐田宅金钱，封公昆弟⓭，家于长安。

绛侯、灌将军等曰⓮："吾属不死，命乃且悬此两人。两人所出微，不可不为择师傅宾客，又复效吕氏大事也。"于是乃选长者士之有节行者与居。窦长君、少君由此为退让君子，不敢以尊贵骄人。

窦皇后病，失明。文帝幸邯郸慎夫人、尹姬，皆毋子。孝文帝崩，孝景帝立，乃封广国为章武侯。长君前死，封其子彭祖为南皮侯。吴楚反时，窦太后从昆弟子窦婴，任侠自喜，将兵，以军功为魏其侯。窦氏凡三人为侯。

窦太后好《黄帝》《老子》言，帝及太子诸窦不得不读《黄帝》《老子》，尊其术。窦太后后孝景帝六岁崩⓯，合葬霸陵。遗诏尽以东宫金钱财物赐长公主嫖。

注释

❶良家子：良家之女。❷与：参与。行：行列。❸主遣宦者吏：主管遣送宫女的宦者吏。❹籍：名簿。伍：列。❺更：交替。❻年纪最长，故为长公主。❼略卖：劫掠出卖。略，掠。❽从其家：跟从他的主家。❾采桑堕：采桑堕于树下。❿符信：凭证。⓫姊离开我西到长安时，与我在传舍里诀别。传舍：驿站中的宿舍。⓬姊要来水为我洗头，又乞来饭菜给我吃。⓭公昆弟：同祖的兄弟。公，祖。⓮周勃与灌婴。⓯建元六年，即公元前135年。

窦太后以良家女选入宫中侍奉吕后。吕后要把她们赐给诸王。窦太后希望去靠近家的赵国。她请求宦者说："必置我籍赵之伍中。"但宦者忘之，误置其籍代伍中。窦太后悲伤涕泣，心怨之。由于外在偶然的原因，窦太后去了代国，成为代王刘恒的妃嫔。个人的意志和行为与其结果相反。然而此不幸又是大幸,"代王独幸窦姬,生女嫖,后生两男"。叙述时用一"独"字,表现了此欢合的偶然性。更有偶然性、非理性的是:代王后不久死去,其所生的四男也相继去世,这令人难以置信。正是此偶然性和非理性成就了窦太后及其子女,窦姬立为皇后,其长男立为太子。窦太后的人生遭遇充满了神秘性和偶然性的因素,难以用人的理性予以解释;同时,窦太后本人的意志和行为所起的作用甚微,而外在力量处于支配的地位。

司马迁接着叙述说,窦太后的弟弟窦少君,年少家贫,被人掠卖,辗转迁移数家,命运不可谓不惨,但他终于与其姐窦太后生死重逢,被封为列侯,前后真有云泥之隔。而且,他的遭逢有相当大的偶然性:一是山崖突崩而他独不死;二是他事隔几十年后仍记得年少时与姐姐分别的情形。正是姐弟的重逢具有很大的偶然性,故才产生惊喜交集的美学效果:"于是窦后持之而泣,泣涕交横下。侍御左右皆伏地泣,助皇后悲哀。"唐代诗人杜甫《羌村三首(其一)》:"妻孥(nú)怪我在,惊定还拭泪。世乱遭飘荡,生还偶然遂。"在乱世当中,生是偶然,死是必然。乱世的偶然相聚,使杜甫和妻子惊喜交集,"夜阑更秉烛,相对如梦寐"。

第三节 武帝后妃的命运

王太后,景帝之皇后,武帝之皇太后。陈皇后,武帝之皇后。卫皇后,武帝之皇后。她们一生的遭逢,与武帝紧密相连。

一、王太后

原文一

王太后,槐里人,母曰臧儿❶。臧儿者,故燕王臧荼孙也。臧儿嫁为槐里王仲妻,生男曰信,与两女❷。而仲死,臧儿更嫁长陵田氏❸，生男蚡、胜。臧儿长女嫁为金王孙妇，生一女矣，而臧儿卜筮之❹，曰两女皆当贵。因欲奇两女❺，乃夺金氏。金氏怒，不肯予决❻，乃内之太子宫❼。太子幸爱之，生三女一男。男方在身时，王美人梦日入其怀。以告太子，太子曰："此贵征也。"未生而孝文帝崩，孝景帝即位，王夫人生男。

先是臧儿又入其少女儿姁❽，儿姁生四男。

注释

❶臧（zāng）儿：原燕王臧荼的孙女，受到良好的教育，且颇有见识，行事果断。❷两女：长女王太后，小女儿姁（xǔ）。❸更嫁：改嫁。❹筮（shì）：用蓍（shī）草来占卜。❺以两女为卓异。❻臧儿强行把大女儿接回家，但金家不肯解除婚姻关系。❼内：通"纳"。❽入太子宫。

王太后的命运颇多曲折。她先嫁到金王孙家，生一女。因占卜的神秘原因，母亲臧儿把她强行带回家。金氏不肯解除婚约，臧儿一气之下把女儿送给太子。可以说，王太后的婚姻遭逢是受她母亲支配的，且出于神秘的原因。王太后开始不过是一个嫔妃，成为皇后，更是人生的一大巨变，其原因甚为复杂。

《汉书·外戚传》：

初，皇太后微时所为金王孙生女俗，在民间，盖讳之也。武帝始立，韩嫣白之。帝曰："何为不蚤言？"乃车驾自往迎之。其家在长陵小市，直至其门，使左右入求之。家人惊恐，女逃匿。扶将出拜，帝下车立曰："大姊，何藏之深也？"载至长乐宫，与俱谒太后，太后垂涕，女亦悲泣。帝奉酒，前为寿。

此段叙事颇为生动感人。王太后与民间的女儿俗失散多年，思念之情刻骨铭心。武帝听说之后，亲自驾车迎接其长姐。家人惊恐，长姐藏匿于床下。母女久别相见，俱痛哭流涕，其情景动人。帝王之家的母女亲情之表现，远不如平民之家那样自然流畅。

王太后于武帝元朔三年（前126）崩，与景帝合葬阳陵。

二、栗姬

❁ 原文二

　　景帝为太子时，薄太后以薄氏女为妃。及景帝立，立妃曰薄皇后。皇后毋子，毋宠。薄太后崩，废薄皇后。

　　景帝长男荣，其母栗姬。栗姬，齐人也。立荣为太子。长公主嫖有女，欲予为妃。栗姬妒，而景帝诸美人皆因长公主见景帝，得贵幸，皆过栗姬❶，栗姬日怨怒，谢长公主，不许。长公主欲予王夫人，王夫人许之。长公主怒，而日谗栗姬短于景帝曰："栗姬与诸贵夫人幸姬会，常使侍者祝唾其背❷，挟邪媚道❸。"景帝以故望之❹。

　　景帝尝体不安，心不乐，属诸子为王者于栗姬，曰："百岁后❺，善视之。"栗姬怒，不肯应，言不逊。景帝恚❻，心嗛之而未发也❼。长公主日誉王夫人男之美，景帝亦贤之，又有曩者所梦日符❽，计未有所定。王夫人知帝望栗姬，因怒未解，阴使人趣大臣立栗姬为皇后。大行奏事毕，曰："'子以母贵，母以子贵'❾，今太子母无号，宜立为皇后。"景帝怒曰："是而所宜言邪！"遂案诛大行，而废太子为临江王。栗姬愈恚恨，不得见❿，以忧死。卒立王夫人为皇后，其男为太子，封皇后兄信为盖侯。

　　景帝崩，太子袭号为皇帝。尊皇太后母臧儿为平原君。封田蚡为武安侯，胜为周阳侯。

　　景帝十三男，一男为帝，十二男皆为王。而儿姁早卒，其四子皆为王。

❁ 注释

❶过：超过。❷祝唾其背：使侍者在背后诅咒和谩骂长公主。祝，诅咒。唾，唾骂。❸邪媚：奸邪谄媚，即以巫祝之术害人。❹望：怨恨。❺人生百年，百岁后即去世。❻恚（huì）：愤怒。❼嗛（xián）：心怀怨恨。❽曩（nǎng）：以往。符：吉祥的征兆。❾出自《公羊传》隐公元年。❿不能见到景帝。

薄皇后被废，有利于王美人争立皇后，这是外在的因素，非王美人所能知能为。王美人明白，栗姬是自己争立皇后的最大障碍，因为栗姬的儿子早已立为太子。在争立皇后的过程中，王美人虽付出一定的努力，但她个人的意志和力量所产生的作用是微不足道的，这主要来自外在的恩怨情仇：一是长公主与栗姬交恶，二是栗姬与景帝之间的矛盾。皇帝极端独裁，喜怒无常，昨天你是皇后，就母仪天下；今天你被打入冷宫，就四面楚歌。东方朔《答客难》曰："用之则为虎，不用则为鼠。"

栗姬的狭隘妒忌之性情，不理性、不冷静、不忍让之举止，不仅害了自己，也害了自己的儿子。《五宗世家》：

临江闵王荣，以孝景前四年为皇太子，四岁废，用故太子为临江王。

四年，坐侵庙壖（ruán）垣（yuán）（宫外的短墙）为宫，上征荣。荣行，祖（祭祀）于江陵北门。既已上车，轴折车废。江陵父老流涕窃言曰："吾王不反矣！"荣至，诣中尉府簿。中尉郅都责讯王，王恐，自杀。葬蓝田。燕数万衔土置冢上，百姓怜之。

荣最长，死无后，国除，地入于汉，为南郡。

司马迁以燕数万衔土置冢上的奇异景象，表现刘荣冤屈而死。

三、陈皇后

陈皇后为大长公主嫖的女儿，小名阿娇，武帝之皇后。大长公主，即景帝之同母姊，武帝之姑母。其母窦太后对其最为宠幸，"遗诏尽以东宫金钱财物赐长公主嫖"。堂邑侯陈午尚长公主。

◎ 原文三

初，上为太子时，娶长公主女为妃。立为帝，妃立为皇后，姓陈氏❶，无子。上之得为嗣❷，大长公主有力焉，以故陈皇后骄贵。闻卫子夫大幸，恚，几死者数矣。上愈怒。陈皇后挟妇人媚道❸，其事颇觉，于是废陈皇后❹，而立卫子夫为皇后。

陈皇后母大长公主，景帝姊也，数让武帝姊平阳公主曰："帝非

> 我不得立,已而弃捐吾女❺,壹何不自喜而倍本乎❻!"平阳公主曰:"用无子故废耳❼。"陈皇后求子,与医钱凡九千万,然竟无子。

注释

❶大长公主的女儿,小名阿娇。❷嗣:继承帝位。❸以巫祝之术诅咒子夫。❹废后而退居长门宫。❺弃捐:抛弃。❻自喜:自爱,自重。倍:通"背"。❼用:因。

陈阿娇是大长公主的女儿。武帝年少的时候,他的姑母大长公主嫖抱着他问:"儿欲得妇否?"他说:"欲得妇。"大长公主指着自己的女儿问:"阿娇好否?"他笑答:"好!若得阿娇作妇,当以金屋贮之也。"这即"金屋藏娇"的故事。白居易《长恨歌》曰:"金屋妆成娇侍夜,玉楼宴罢醉和春。"

《太平御览》卷八十八《汉武故事》载有此事。

陈阿娇成为皇后之后,非常专横霸道,一是凭借她出身尊贵,二是依靠她母亲大长公主为武帝即位立下不世之功。她恃宠妒忌,"自淫其色"(专宠,即"三千宠爱在一身"),加之她又没有生子,武帝渐渐疏远她,而大幸卫子夫。阿娇愤恨悲怨,利用巫蛊之术诅咒卫子夫等,事情败露,她被打入长门宫。她请求司马相如写作《长门赋》,抒发自己的幽怨和思念之情。《长门赋》始见于梁人萧统《文选》,序曰:"孝武皇帝陈皇后,时得幸,颇妒。别在长门宫,愁闷悲思。闻蜀郡成都司马相如天下工为文,奉黄金百斤,为相如、文君取酒,因于解悲愁之辞。而相如为文以悟主上,陈皇后复得亲幸。"陈皇后复幸之说不虚,但陈皇后不复其位。

后代文人颇为同情阿娇失宠的不幸命运,因为妃嫔的失宠与文人的失宠,大致是相似的。王安石《明妃曲(其一)》曰:"明妃初出汉宫时,泪湿春风鬓脚垂。低徊顾影无颜色,尚得君王不自持。归来却怪丹青手,入眼平生几曾有。意态由来画不成,当时枉杀毛延寿。一去心知更不归,可怜着尽汉宫衣。寄声欲问塞南事,只有年年鸿雁飞。家人万里传消息,好在毡城莫相忆。君不见咫尺长门闭阿娇,人生失意无南北。"诗的最后两句发人深省:昭君去国远嫁,是失意;阿娇与武帝只有咫尺之隔,被打入长门宫,也是失意。两人的命运在本质上是相同的,并不在于距离的远近。阿娇失意是因为武帝的少恩,昭君失意同样是因为元帝的寡德,帝王对其妃嫔和大臣好恶无常,很难有真情真意。这是把矛头直指皇帝,而为臣子毛延寿开脱罪责。这首诗脱尽窠臼,议论精辟大胆,集中体现了宋诗求新求变的精神。

南宋词人辛弃疾《摸鱼儿》也用到长门之典:

更能消、几番风雨。匆匆春又归去。惜春长怕花开早,何况落红无数。春且住。见说道、天涯芳草迷归路。怨春不语。算只有殷勤,画檐蛛网,尽日惹飞絮。

长门事,准拟佳期又误。蛾眉曾有人妒。千金纵买相如赋,脉脉此情谁诉。君莫舞。君不见、玉环飞燕皆尘土。闲愁最苦。休去倚危楼,斜阳正在,烟柳断肠处。

词人惜春、伤春,而又怨春。君主原已答应重用,因为权臣的馋毁,又改变了主意。臣子空有忠君爱国之志,却无法实现。国家正处于危殆中,如同日暮而夕阳西垂。

陈皇后凭借自己的地位和权势,自以为无所不能。但命运偏与她作对,首先她不能得到武帝的宠幸,武帝小时的甜言"若得阿娇,当作金屋贮之也"只是一时的戏语,不可当真,即使是真话,也难以"我心永恒"。帝王对妃嫔的情爱就像天上的一片云,飘移不定。其次,陈皇后费了无数的钱,也不能使自己怀孕生子,不能达到"母因子贵"之目的。最后,陈皇后的母亲再有权势,且对武帝有大恩,也不能让武帝重新宠爱自己的女儿,所谓"甚哉,妃匹之爱,君不能得之于臣,父不能得之于子"。

四、卫皇后

卫皇后,武帝之皇后,太子刘据之母。

◎ 原文四

卫皇后字子夫，生微矣。盖其家号曰卫氏，出平阳侯邑。❶子夫为平阳主讴者❷。武帝初即位，数岁无子。平阳主求诸良家子女十余人，饰置家。武帝祓霸上还❸，因过平阳主。主见所侍美人。上弗说。既饮，讴者进，上望见，独说卫子夫。是日，武帝起更衣，子夫侍尚衣轩中❹，得幸。上还坐，欢甚。赐平阳主金千斤。主因奏子夫奉送入宫。子夫上车，平阳主拊其背曰："行矣，强饭，勉之！即贵，无相忘。"入宫岁余，竟不复幸。武帝择宫人不中用者，斥出归之。卫子夫得见，涕泣请出。上怜之，复幸，遂有身❺，尊宠日隆。召其兄卫长君弟青为侍中。而子夫后大幸，有宠，凡生三女一男。男名据。

……

卫子夫已立为皇后，先是卫长君死，乃以卫青为将军，击胡有功，封为长平侯。青三子在襁褓中，皆封为列侯。及卫皇后所谓姊卫少儿，少儿生子霍去病，以军功封冠军侯，号骠骑将军。青号大将军。立卫皇后子据为太子。卫氏枝属以军功起家，五人为侯。

◎ 注释

❶子夫之母是平阳侯家的女仆卫媪。卫青之父郑季，在平阳侯（曹参的曾孙曹时）家做事，与卫媪私通，生子卫青，故冒卫氏。❷平阳主：平阳公主，武帝的同母长姐，嫁给平阳侯。讴者：歌女。❸祓（fú）：三月上巳日，临水洗濯污垢、去除不祥之祭，又称为祓禊（xì）。❹侍尚衣：执更脱衣裳之役。轩：小屋。❺有身：怀孕。

卫子夫出身微贱。她受到武帝的宠幸是非常偶然的。男女之情实在讲不清楚。平阳主为武帝求良家女数十人，武帝皆看不上，歌者数人进，武帝独独看上了卫子夫，子夫在侍奉武帝更衣时得幸。子夫来到宫中，一年余没有复幸，将被斥归。子夫得见武帝，涕泣请出，这触动了武帝的恻隐怜惜之情。武帝复幸子夫，子夫有身，荣宠日隆。卫子夫的地位和权势与陈皇后原有云泥之隔，她做梦也没有想到自己能取代陈阿娇成为皇后。她的意志和行为与她的结果相背反。她的命运不是由自己决定的，而似乎是受到神秘力量的支配。

卫子夫立为皇后，其子刘据立为太子。其弟卫青为大将军，其外侄霍去病为骠骑将军。卫青是郑季与卫媪私通所生。卫媪的三女分别为：长女卫孺，次女少儿，三女子夫。卫少儿与霍中孺生霍去病。霍光是霍中孺与其妾所生。《史记》有《卫将军骠骑列传》，叙述卫青七出边塞、霍去病六出北疆的事迹，二人在汉与匈奴的征战中立下了非常之功。天下歌之曰："生男无喜，生女无怒，独不见卫子夫霸天下！"

卫氏一族因卫皇后得宠幸而兴盛，但命运是祸福无常的，他们的下场悲惨。

《汉书·外戚传》载：

皇后立七年，而男立为太子。后色衰，赵之王夫人、中山李夫人有宠，皆蚤卒。后有尹婕伃、钩弋夫人更幸。卫后立三十八年，遭巫蛊事起，江充为奸，太子惧不能自明，遂与皇后共诛充，发兵，兵败，太子亡走。……（卫后）自杀……盛以小棺，瘗（yì，埋葬）之城南桐柏。卫氏悉灭。宣帝立，乃改葬卫后，追谥曰思后。

太子流亡，后被发觉，上吊自杀，其子皇孙同时遇害。《汉书·武五子传》：

太子之亡也，东至湖，藏匿泉鸠里。主人家贫，常卖屦（jù，草鞋）以给太子。太子有故人在湖，闻其富赡，使人呼之而发觉。吏围捕太子，太子自度不得脱，即入室距户自经（上吊自杀）。……皇孙（刘据之子）二人皆并遇害。……

久之，巫蛊事多不信。上知太子惶恐无他意，而车千秋复讼太子冤，上遂擢千秋为丞相，而族灭江充家，焚苏文于横桥上，及泉鸠里加兵刃于太子者，初为北地太守，后族。上怜太子无辜，乃作思子宫，为归来望思之台于湖。天下闻而悲之。

太子含冤而死，其母后卫子夫也含冤而死，太子一支与卫氏一族皆遭受灭顶之灾。幸运的是，太子之孙流落民间，而最终继承大统，为宣帝。《汉书·宣帝纪》：

孝宣皇帝，武帝曾孙，戾太子孙也。太子纳史良娣，生史皇孙。皇孙纳王夫人，生宣帝，号曰皇曾孙。生数月，遭巫蛊事，太子、良娣、皇孙、王夫人皆遇害。语在《太子传》。曾孙虽在襁褓，犹坐收系郡邸狱。而邴吉为廷尉监，治巫蛊于郡邸，怜曾孙之亡辜，使女徒复作淮阳赵征卿、渭城胡组更乳养，私给衣食，视遇甚有恩。

要之，外戚置身于皇权的中心，其命运感最为强烈。

第四节　司马迁的命运观

任何个体存在于人间世中皆有关于"命运"的感受，尽管其感受的命运程度和范围有轻重小大的不同。任何思想家皆对人生的命运予以理性的反思与阐释。《论语·雍也》："伯牛有疾，子问之，自牖执其手，曰：'亡之，命矣夫！斯人也而有斯疾也！斯人也而有斯疾也！'"孔子颇有命运感。孔子曰："不知命，无以为君子也。"（《论语·尧曰》）孔子晚年更相信命运，特喜欢读《易》，韦编三绝。《易》是占卜之术，通幽明之变。《田敬仲完世家》：

太史公曰：盖孔子晚而喜《易》。《易》之为术，幽明远矣，非通人达才孰能注意焉！故周太史之卦田敬仲完，占至十世之后；及完奔齐，懿仲卜之亦云。田乞及常所以比犯二君，专齐国之政，非必事势之渐然也，盖若遵厌（yā，符合）兆祥云。

田氏历十世而代齐，人事之因并不能构成充足的理由，还有天命之因的作用。

一、命运的观念

古人认为，命的力量来自天帝、鬼神。国之命运、君之命运与天命相联系，所谓君权神授，受命于天，而普通人只能称为命。孔孟皆有天命的思想。孔子曰："君子有三畏：畏天命，畏大人，畏圣人之言。"（《论语·季氏》）孟子曰："夫天未欲平治天下也；如欲平治天下，当今之世，舍我其谁也？吾何为不豫哉？"（《孟子·公孙丑下》）天命不欲治天下，故自我无可奈何。孟子又曰："行或使之，止或尼（nì，阻止）之。行止，非人所能也。吾之不遇鲁侯，天也。臧氏之子焉能使予不遇哉？"（《孟子·梁惠王下》）自我与平公的遇合，不是嬖人臧仓者所能支配的，而是天命决定的。

命运，即命的运行，即人生遭遇的展现。命为一种神秘的力量所支配，有预定性、决定性。天生注定，后天的人为不可改变，人失去主体性，所谓"行为不遂"，即行为及其目的与结果正相反。

命是如何形成的呢？东汉思想家王充说，凡命者皆决于母胎，即父母施气时，故命是秉气而成的，即"气命"。《论衡·初禀》："人生性命当富贵者，初禀自然之气，养育长大，富贵之命效矣。"初禀之气，是指父母交媾时合气。《论衡·命义》："凡人受命，在父母施气之时，已得吉凶矣。"父母交媾合气而形成命。从命的形成来看，命有偶然性。父母合气的情境是具体、特殊的，包括父母之气的强弱、厚薄、清浊等。父母交媾合气，有驳杂性：由气之强弱言夭寿之命，由气之厚薄言富贵之命，由气之清浊言贵贱、智愚之命等。命形成后就决定人的遭遇。这一切都不为个体所知，不为个体所选择，即西方存在主义哲学所谓"人是被抛"。命神秘难知，可从人的面相和骨法上显现出来，只有少数通达之人才能知命。《外戚世家》云："孔子罕称命，盖难言之也。非通幽明之变，恶能识乎性命哉？"我们不能预知自己的命，而只能验之于事后。未验之前，人生是茫然的，不知自己的命；既验之后，人生又感到是突然和偶然的；因此，我们实际所感受的人生都是偶然性的人生。

牟宗三在《才性与玄理》中说，命由初禀之气而成，这是"垂直线之命定"；命在实现的过程中总是与周围的环境发生联系，这是"水平线之命定"。①无数他人所构成的社会和政治力量，是命。时代的力量是一个时代所形成的历史发展趋势，政治是最重要的力量，皆是命，对个体产生重要的影响。因此，人力所不能及（不能知，不能行）的外在力量，且对自我产生直接影响，这是所谓"水平线之命定"。一是个体的力量总是有限的，故个体皆有命运感；个体的智慧与努力程度各不相同，故个体的命有不同的层次和范围。二是社会、政治力量复杂矛盾，有许多非理性和偶然性的因素，很难为个体所能认知和把握。个体的智慧愈低下、付出的努力愈少，则限制愈大，受到命运的播弄愈强；社会、政治秩序愈混乱，非理性和偶然性的因素愈多，则个体的命运感愈为深重。"水平线之命定"一说部分地肯定了个体的能动作用，但最终收摄于垂直线之命定中。个体的智慧和努力也许能暂时或部分地改变其遭逢，但最终还是不能挣脱垂直线之命定的播弄。

综之，命运包括两个方面：一是垂直线之命定，即"气命"；一是水平线之命定，即人力所不能及的社会和政治力量，且对个体的人生遭遇产生直接的影响。水平线之命定最终收摄于垂直线之命定中。

一般人往往把成功归为自己的努力，而把失败归为命运。实际上，成功也有命的偶然和神秘作用。因此，人在成功时要谦虚谨慎，知自己的限度；在失败时要反省自己的过失，承担人事的责任，也要考虑命的限制，以减损自己的罪责。一味强调人事，要求当事人完全承担失败之责，是不合理的。把失败的原因完全归为命运，从而逃避自己的责任，也是不合理的。《项羽本纪》："自矜功伐，奋其私智而不师古，谓霸王之业，欲以力征经营天下，五年卒亡其国，身死东城，尚不觉寤而不自责，过矣。乃引'天亡我，非用兵之罪也'，岂不谬哉！"司马迁批评项羽把失败的责任完全地归为

---

① 牟宗三：《才性与玄理》，吉林出版集团有限责任公司，2010，第5页。

天命而逃避自己的罪责。

要之，个体的命运感主要表现在三个方面。

其一，人生的遭遇动荡曲折，具有断裂性（与连续性相反）的特征。人生如梦，即人生像梦虚幻不实，从而表现出荒谬性、非理性。《庄子·齐物论》曰："梦饮酒者，旦而哭泣；梦哭泣者，旦而田猎。"

其二，追寻其原因，则具有非理性、神秘性。

其三，个体失去命运的主体性，即"行为不遂"。

二、司马迁的命运观

《史记》的人物传记，不仅展现了历史人物成败祸福的人生遭遇，且运用因果法则加以解释。从天人的角度来看，"因"可以分为人事之因与天命之因。司马迁主要以人事之因解释历史人物成败祸福的结果，但也给予天命、命一定程度的肯定。首先，历史的实在是理性和非理性、偶然性和必然性的混合。其次，某些历史人物的遭遇曲折变化，具有断裂性的特征；变化的原因具有偶然性、非理性，且外在的力量支配成败祸福的人生结果。再次，从司马迁本身来说，史官的角色、传统的天命观念、有限的理性和自身的不幸遭遇，加强了他对神秘天命、命的信从。

秦历数世而一统天下。《秦本纪》《秦始皇本纪》详细地叙述秦的兴亡遭遇及其人事上的各种原因。但司马迁认为，人事上的原因不能成为秦得天下的充足理由，还有天命之因的作用。天命之因与人事之因构成了秦得天下的充足理由；人事之因可用理性来解释，而天命之因神秘难知。《六国年表》曰："秦始小国僻远，诸夏宾之，比于戎狄，至献公之后常雄诸侯。论秦之德义不如鲁卫之暴戾者，量秦之兵不如三晋之强也，然卒并天下，非必险固便形势利也，盖若天所助焉。"根据儒家之仁义可王天下的道理，秦的德义之君连鲁卫的暴戾之君都赶不上；根据兵力强盛可夺天下的道理，秦没有三晋之强；险固便、形势利只是秦得天下的一个原因；因此，秦夺天下还有天命的力量。

《高祖本纪》等传记详细地叙述刘邦得天下的历程与原因。高祖曰："公知其一，未知其二。夫运筹策帷帐之中，决胜于千里之外，吾不如子房。镇国家，抚百姓，给馈饷，不绝粮道，吾不如萧何。连百万之军，战必胜，攻必取，吾不如韩信。此三者，皆人杰也，吾能用之，此吾所以取天下也。项羽有一范增而不能用，此其所以为我擒也。"但司马迁认为人事之因并不能构成充足的理由。

《秦楚之际月表》：

昔虞、夏之兴，积善累功数十年，德洽百姓，摄行政事，考之于天，然后在位。汤、武之王，乃由契、后稷修仁行义十余世，不期而会孟津八百诸侯，犹以为未可，其后乃放弑。秦起襄公，章于文、缪，献、孝之后，稍以蚕食六国，百有余载，至始皇乃能并冠带之伦。以德若彼，用力如此，盖一统若斯之难也。

……然王迹之兴，起于闾巷，合纵讨伐，轶于三代，乡秦之禁，适足以资贤者为驱除难耳。故愤发其所为天下雄，安在无土不王。此乃传之所谓大圣乎？岂非天哉，岂非天哉！非大圣孰能当此受命而帝者乎？

虞、夏的兴起，积德累功达数十年；契、后稷修仁行义十余世，才有天下；秦经过一百多年的武力征伐，方能一统天下；然汉之王业兴起，起于民间，且无尺寸之地，却能在很短的时间内迅速夺取天下。因此，汉得天下只从人事方面很难得到合理的解释，还应有天命之因，"岂非天哉，岂非天哉"，刘邦是受天命而为帝王。

《绛侯周勃世家》肯定了神秘之命的重要作用。传记开始说，周亚夫为河内守时，许负相之，曰："君后三岁而侯。侯八岁为将相，持国秉，贵重矣，于人臣无两。其后九岁而君饿死。"这是用看相来预知亚夫的"命"。接着，周亚夫的人生遭遇基本上如看相者所言，封为条侯，出将入相。传文最后说："条侯果饿死。"首先，周亚夫的人生遭遇是动荡曲折的，富有传奇性。其次，周亚夫封侯之原因是不合理性的。亚夫之兄胜之继承周勃的侯位，若兄免侯，兄之子当代侯。但偶然的事情发生了，其兄有罪，侯位被废，而文帝又选择周勃之子中的贤者，以承侯位，结果亚夫封侯。亚夫贵为将相，终因不食五日，呕血而死。主要原因是什么呢？景帝要废栗太子，亚夫争论之。景帝要封皇后兄王信为侯，亚夫不同意。亚夫之子盗买县官器具，连污亚夫，亚夫被召到廷尉。吏责曰："君侯欲反邪？"亚夫曰："臣买官器，乃葬器也，何谓反邪？"吏曰："君侯纵不反地上，即欲反地下耳。"景帝封皇后兄为侯，违背高祖之约"非刘姓者王，无功而封侯，天下共诛之"，亚夫不同意是合理的。亚夫是朝廷重臣，立有大功，景帝出于私恨而嘲弄他，不能以礼对待大臣，亚夫心怀怨恨也有理。"君侯纵不反地上，即欲反地下耳"，真是欲加之罪，何患无辞！

综上所述，司马迁主要从人事方面解释历史人物成败祸福的结果，但也给予天命、命一定程度的肯定；人事之因是主，天命之因是辅，二者构成了成败祸福的充足理由。成败祸福的结果，可用人之行为的因果关系加以解释的，所谓"人"，可称为历史的必然性；不能用人之行为的因果关系予以理解的，所谓"天"，可称为历史的偶然性。"究天人之际"，是对历史的偶然性和必然性作一分界。历史的真实是偶然性和必然性、理性和非理性并存。司马迁给予非理性的天命、命某种程度的肯定，实际是对历史荒谬性、非理性的反映，也是对人生丰富复杂性的认识。

/ 第十二章 /

"深文周纳,严刑酷罚"
——武帝酷吏的传记

　　《史记》有《酷吏列传》一篇,主要记录郅都、宁成、周阳由、赵禹、张汤、义纵、王温舒、尹齐、减宣、杜周等十余位酷吏的事迹,基本上反映了武帝时代的刑罚情况。

　　武帝一方面崇儒更化,另一方面又严刑峻罚,这是以儒术缘饰法家的刑罚政治。《汲郑列传》:"天子方招文学儒者,上曰吾欲云云,黯对曰:'陛下内多欲而外施仁义,奈何欲效唐虞之治乎!'上默然,怒,变色而罢朝。"汲黯一针见血地揭示出武帝外儒内法的政治实质。汉继承秦制,至武帝时刑罚非常残酷,形成了他这一代的酷吏政治。这数十位酷吏,一个比一个下流,一个比一个残暴,但武帝皆以为能。酷吏周阳由曲法枉法,"所爱者,挠法活之;所憎者,曲法诛灭之",这是依据个人的爱憎而执法。大酷吏张汤专门看武帝的脸色执法,"主意所不欲,因而毁之;主意所欲,因而誉之"(《汲郑列传》)。酷吏杜周治狱,迎合上意,深文周纳,"上所欲挤者,因而陷之;上所欲释者,久系待问而微见其冤状"。他们之治狱,是严重的不公平、不公正。《张释之冯唐列传》:"释之曰:'法者天子所与天下公共也。今法如此而更重之,是法不信于民也。……廷尉,天下之平也,一倾而天下用法皆为轻重,民安所措其手足?'"酷吏为天子决平,不循三尺法,专以人主意为狱。酷吏治狱,暴虐残酷,穷竟党羽,株连众多。《平准书》曰:"其明年,淮南、衡山、江都王谋反迹见,而公卿寻端治之,竟其党与,而坐死者数万人，长吏益惨急而法令明察。"酷吏王温舒治河内时，捕郡中豪猾，"相连坐千余家"。嗜杀成性，"至流血十余里"，尚不足而叹："嗟乎，令冬月益展一月，足吾事矣！"武帝闻之，"以为能，迁为中尉"。徐复观认为，史公在民众惨怛呼号的巨大悲声中，要暴露武帝"内多欲而外施仁义"的政治真实内容，要描写酷吏政治之狰狞黑暗的本来面目，要说明这种残暴政治皆出于"上以为能"的武帝主动要求，要指出酷吏政治必然使正常政治的运行归于荒废，使社会必然堕落到人间地狱的境地；史公以恸愤之心写出《酷吏列传》，史家最大的良心，莫大于为亿万人民呼冤求救，《酷吏列传》的成立乃史公最大的历史良心的表现。①

这篇传记把十几个人的史事集于一篇，而以严酷苛暴为线索，使全文结构严谨，前后一贯，无零乱割裂之感，真是"结撰灵妙"（姚苎田《史记菁华录》）。传记对每个人物的叙述各不相同，有主有次，有详有略，"笔力极其变化"（唐顺之《唐荆川精选批点史记》），"笔态千曲百折"（姚苎田《史记菁华录》）。传记以"短悍为主"（牛运震《史记评注》），文字精炼，但重点突出，表现出司马迁之杰出的叙事才能。

《酷吏列传》篇首一段，主要是议论。

原文一

孔子曰："导之以政❶，齐之以刑❷，民免而无耻❸。导之以德，齐之以礼，有耻且格❹。"老氏称："上德不德，是以有德；下德不失德，是以无德。法令滋章，盗贼多有。"❺太史公曰：信哉是言也！法令者治之具，而非制治清浊之源也。❻昔天下之网尝密矣，然奸伪萌起❼，其极也，上下相遁❽，至于不振。当是之时，吏治若救火扬沸❾，非武健严酷，恶能胜其任而愉快乎❿！言道德者，溺其职矣⓫。故曰"听讼，吾犹人也，必也使无讼乎"⓬。"下士闻道大笑之"⓭。

---

① 徐复观：《两汉思想史（第三卷）》，华东师范大学出版社，2001，第240页。

> 非虚言也。汉兴，破觚而为圆❹，斫雕而为朴❺，网漏于吞舟之鱼，而吏治烝烝❻，不至于奸，黎民艾安❼。由是观之，在彼不在此❽。

❀ 注释

❶ 先以政令引导。❷ 导之不从者，以刑一之。❸ 免而无耻：苟免于刑罚而无所羞愧。❹ 格：正。❺ 前四句出自《老子》第三十八章，后二句出自《老子》第五十七章。❻ 礼禁未然之前，法施已然之后，故礼乐教化是政治清明之本源。清浊：政治的清明和污浊。❼ 萌起：像初生的草木那样生长。❽ 相遁：上下相互欺瞒。❾ 救火扬沸：若救猛火与扬沸汤而难止；意谓本弊不除，其末难止。或曰：救火，负薪救火；扬沸，扬汤止沸。❿ 恶（wū）：何。⓫ 溺其职：失其职。⓬ 此三句出自《论语·颜渊》。听讼：断狱，判案。⓭ 下士：愚蠢浅陋之人。本句出自《老子》第四十一章。⓮ 除秦之繁苛法令而约法三章。觚（gū）：有棱角的酒器。⓯ 斫（zhuó）：砍削。雕：刻镂。这两句是说，汉初除去严刑酷罚而返于质朴自然。⓰ 烝（zhēng）烝：美厚。⓱ 艾（yì）安：太平无事。艾，通"乂"。⓲ 行政在道德而不在严酷。

这段文字的章法曲折跌宕，意义丰赡。史公首先引孔子之言说明，政治之本是以德礼教化民众而使他们归善，政治之末是以刑罚惩处民众而使他们不敢为恶。史公接着征老子之言说明，统治者制定的法令刑罚愈多愈繁，则盗贼多有。史公继而以秦汉的历史经验说明这种道理。秦时，法网严密，并不能禁奸，反而进一步使上下相互欺骗，枉法巧法，社会秩序不断混乱。当是时，只能采取强健有力的法令予以整治，若再谈论道德教化为时已晚，而失其本职。这造成了恶性循环：社会混乱，则行严刑酷罚；行严刑酷罚，则愈加混乱，最终秦二世而亡。孔子说，听讼断狱，在于犯罪之后，我与他人相同，皆要以刑罚惩治；最好是无讼，即没有人犯罪。这就要求统治者以礼乐教化民众，使他们行善、乐善。汉兴，鉴于秦之灭亡的教训，实行黄老的无为之治，法令、刑罚宽松，民众任其自然本性，社会秩序安定，吏治纯美。由此可知，刑罚乃是政治之末,是在社会政治混乱时而不得不采取的强力措施,有一定的正当性;但理想的政治是民众任顺质朴本性,其本性中自然包含着孝悌等伦理亲情,进而以礼乐教化予以升华。①

第一节 郅都、宁成、周阳由

郅都是景帝时的酷吏。酷吏宁成先事景帝,后事武帝。酷吏周阳由先事文帝、景帝,后事武帝。宁成、周阳由之治效法郅都。史公说:"自宁成、周阳由之后,事益多,民巧法,大抵吏之治类多成、由等矣。"(《酷吏列传》)

一、郅都

传文较为详细地叙述了郅都的事迹,这是酷吏的典范人物,对武帝时期的酷吏有重要的影响。郅都行法独先严酷,不避贵戚,公正廉洁,敢于直谏。他为济南太守时,严惩济南豪猾瞷(xián)氏宗族,居岁余,道不拾遗。他为雁门太守时,匈奴畏之,乃引兵而去。他治临江王狱,刻深而致刘荣自杀,得罪窦太后;景帝虽为他辩解,但终以汉法斩之。

◎ 原文一

> 高后时,酷吏独有侯封,刻轹宗室❶,侮辱功臣。吕氏已败,遂夷侯封之家。孝景时,晁错以刻深颇用术辅其资❷,而七国之乱,发怒于错,错卒以被戮。其后有郅都、宁成之属。
>
> 郅都者,杨人也。以郎事孝文帝。孝景时,都为中郎将,敢直

---

① 陈鼓应认为,上德即道德高尚的人,上德不德,即不表现为形式上的德,即自然地行仁义道德;下德即道德低下的人,下德不失德,即执守形式上的德,实际上是无德。陈鼓应:《老子注译及评介》,中华书局,1984,第212—213页。

谏，面折大臣于朝。尝从入上林，贾姬如厕，野彘卒入厕❸。上目都❹，都不行。上欲自持兵救贾姬，都伏上前曰："亡一姬复一姬进，天下所少宁贾姬等乎？陛下纵自轻，奈宗庙太后何！"上还，彘亦去。太后闻之，赐都金百斤，由此重郅都。

济南瞯氏宗人三百余家，豪猾❺，二千石莫能制，于是景帝乃拜都为济南太守。至则族灭瞯氏首恶，余皆股栗。居岁余，郡中不拾遗。旁十余郡守畏都如大府❻。

注释

❶刻轹（lì）：刻害欺压。❷刻深：苛刻，严峻。资：才能。❸野彘（zhì）：野猪。卒：通"猝"，突然。❹目：用眼示意（而使之救贾姬）。❺豪横奸猾。❻大府：上级官吏。郡守与之平级，但畏惧郅都，犹如郅都统率之。

郅都执法，不避贵戚与地方上豪强，是公正的。他治济南豪族瞯氏，只诛其首恶，并不滥杀。他敢于直谏，在朝廷上面折大臣。他从景帝入上林，贾姬如厕，野猪突然窜入厕所中。郅都不救，也劝说景帝不救，"亡一姬复一姬进，天下所少宁贾姬等乎"，视普通人的生命为草芥，残忍不仁。

原文二

都为人勇，有气力，公廉❶，不发私书❷，问遗无所受❸，请寄无所听。常自称曰："已倍亲而仕，身固当奉职死节官下，终不顾妻子矣。"

郅都迁为中尉。丞相条侯至贵倨也❹，而都揖丞相❺。是时民朴，畏罪自重，而都独先严酷，致行法不避贵戚，列侯宗室见都，侧目而视，号曰"苍鹰"。

临江王征诣中尉府对簿❻，临江王欲得刀笔为书谢上，而都禁吏不予。魏其侯使人以间与临江王❼。临江王既为书谢上，因自杀。窦太后闻之，怒，以危法中都❽，都免归家。孝景帝乃使使持节拜都为雁门太守，而便道之官❾，得以便宜从事❿。匈奴素闻郅都节，居边，为引兵去，竟郅都死不近雁门。匈奴至为偶人象郅都⓫，令骑驰射莫能中，见惮如此。匈奴患之。窦太后乃竟中都以汉法⓬。景帝曰："都忠臣。"欲释之。窦太后曰："临江王独非忠臣邪？"于是遂斩郅都。

注释

❶ 公正廉洁。❷ 不拆私人请托的书信。❸ 问遗（wèi）：送礼。❹ 条侯：周亚夫。倨（jù）：傲慢。❺ 郅都向丞相作揖而已，不拜。❻ 临江王：刘荣，先为太子，后因其母栗姬失宠，被废，为临江王。对簿：在公堂受审。❼ 魏其侯：窦婴。间与：趁间隙而私予之刀笔。❽ 危法：严峻之法。中（zhòng）：中伤。❾ 便道之官：从家即往雁门任职，不必至朝廷谢恩。❿ 便宜从事：根据实际情况处理事情，不必奏请。⓫ 至：竟然。偶人：木偶人。⓬ 中都以汉法：用汉律中伤郅都。

郅都行法，公正廉洁，一心为官，不治家产，不顾妻子。列侯宗室见都，皆侧目而视，号之曰"苍鹰"，即像鹰隼那样鸷击。匈奴畏之，"为木偶人象郅都"，令骑驰射，莫能中。郅都治临江王刘荣严酷，致使临江王自杀。这得罪窦太后及窦婴，郅都因而被诛杀。临江王是窦太后的长孙。窦婴是窦太后的从侄，曾是临江王的太傅。

《五宗世家》：

临江闵王荣，以孝景前四年为皇太子，四岁废，用故太子为临江王。

四年，坐侵庙壖垣为宫，上征荣。荣行，祖于江陵北门。既已上车，轴折车废。江陵父老流涕窃言曰："吾王不反矣。"荣至，诣中尉府簿。中尉郅都责讯王，王恐，自杀。葬蓝田。燕数万衔土置冢上，百姓怜之。

刘荣之母栗姬因失宠于景帝，恚恨而死，刘荣亦由太子被废为临江王。他之侵占宫外的短墙而为宫室，也非大罪。但郅都严酷，致之自杀。临江王葬于蓝田，燕数万衔土置冢上。这是奇异的景象，似表明他之冤屈而死。

二、宁成

宁成是景、武之际的酷吏。其行法的严酷效郅都，但公廉不如，品格卑下。郅都为济南太守时，他为济南都尉，直陵践郅都。景帝任宁成为中尉，他治长安左右宗室犯法者暴虐。武帝即位，徙宁成为内史。外戚多毁谤宁成之短，"抵罪髡钳"。宁成解开刑具逃脱，而归家，买田千顷，租给民众耕种，而收田租，致家产千金。后来，武帝又拜宁成为关都尉，深刻督察出入关者，官吏号之曰"宁见乳虎，无值宁成之怒"。酷吏义纵自河内迁为南阳太守，闻宁成家居南阳。及义纵至关，宁成在旁随行送迎。然义纵气盛，弗为礼，至郡，遂案宁氏，尽破碎其家，宁成"坐有罪"而再一次奔亡隐匿，不知其所终。

原文三

宁成者，穰人也❶。以郎谒者事景帝。好气❷，为人小吏，必陵其长吏；为人上，操下如束湿薪❸。滑贼任威❹。稍迁至济南都尉，而郅都为守。始前数都尉皆步入府，因吏谒守如县令，其畏郅都如此。及成往，直陵都出其上❺。都素闻其声，于是善遇，与结欢。久之，郅都死，后长安左右宗室多暴犯法，于是上召宁成为中尉。其治效郅都，其廉弗如，然宗室豪杰皆人人惴恐。

武帝即位，徙为内史。外戚多毁成之短，抵罪髡钳❻。是时九卿罪死即死，少被刑，而成极刑❼，自以为不复收❽，于是解脱❾，诈刻传出关归家❿。称曰："仕不至二千石，贾不至万万，安可比人乎！"乃贳贷买陂田千余顷⓫，假贫民，役使数千家。数年，会赦。致产数千金，为任侠，持吏长短，出从数十骑。其使民威重于郡守。

注释

❶穰：属于南阳。❷斗狠好胜。❸操：执。湿薪容易捆得很紧。❹滑贼：狡猾凶狠。任威：任意使威。❺直：径直。陵：侵犯，践踏。❻抵罪：判

罪。髡（kūn）钳：髡刑与钳刑。剃光头发称髡，铁环束脖称钳。❼极刑：严重的刑罚，这里指髡钳。❽不复收：不再被录用。❾解脱：解刑具而逃脱。❿传：出关的证明文件，刻于木板上。⓫贳（shì）贷：借贷。陂（bēi）田：有水可灌溉的田地。

宁成行法，残暴效郅都，但不廉洁，且人品极差，喜欢犯上压下。武帝时，死节之风盛行，大臣有罪即自杀，而很少遭刑下狱，以保持生命的尊严。但宁成受髡钳之辱，忍辱求生，自我逃脱而奔走，诈刻文书出关归家。他靠借贷而买良田千余顷，租给平民耕种，然后收租，致产数千金，役使数千家。

◎ 原文四

> 宁成家居，上欲以为郡守。御史大夫弘曰："臣居山东为小吏时，宁成为济南都尉，其治如狼牧羊❶。成不可使治民。"上乃拜成为关都尉。岁余，关东吏隶郡国出入关者❷，号曰"宁见乳虎❸，无值宁成之怒❹"。义纵自河内迁为南阳太守，闻宁成家居南阳，及纵至关，宁成侧行送迎❺，然纵气盛，弗为礼。至郡，遂案宁氏❻，尽破碎其家。成坐有罪，及孔、暴之属皆奔亡，南阳吏民重足一迹❼。

◎ 注释

❶如狼牧羊：比喻行法凶狠险恶。❷官吏受任郡国在关东者，时时出入京师而经过关口。❸乳虎：哺育幼虎的母虎，搏噬过常。❹值：遇。❺侧行：在旁边随行。因为义纵为父母官，宁成恐其以法治其家。❻案：通"按"，审问。❼重足：叠脚而行。一迹：一脚印。

宁成居家良久，武帝又拜宁成为关都尉，督察出入关者，官吏号之曰"宁见乳虎，无值宁成之怒"。他终被义纵"破碎其家"。宁成坐有罪，而奔亡，莫知其终。宁成确是奸猾狡诈之人。由此可见，武帝信以为能的酷吏多是严酷而毫无品节的官吏，故吏治败坏。

三、周阳由

周阳由是侍奉文帝、景帝、武帝的酷吏。他暴酷骄恣,徇私枉法,"所爱者,挠法活之;所憎者,曲法诛灭之"。他好犯上压下,与宁成相类。他为河东都尉时,与河东太守胜屠公争权,相告言罪。胜屠公自杀,而周阳由弃市。

◎ 原文五

周阳由者,其父赵兼以淮南王舅父侯周阳❶,故因姓周阳氏。由以宗家任为郎,事孝文及景帝。景帝时,由为郡守。武帝即位,吏治尚循谨甚,然由居二千石中,最为暴酷骄恣。所爱者,挠法活之❷;所憎者,曲法诛灭之。所居郡,必夷其豪。为守,视都尉如令。为都尉,必陵太守,夺之治。与汲黯俱为忮❸,司马安之文恶❹,俱在二千石列,同车未尝敢均茵伏❺。

由后为河东都尉,时与其守胜屠公争权,相告言罪。胜屠公抵罪,义不受刑,自杀,而由弃市。

自宁成、周阳由之后,事益多,民巧法,大抵吏之治类多成、由等矣。

◎ 注释

❶赵兼:高帝之妾赵美人的弟弟,淮南王刘长即赵美人所生。❷挠法:枉法,曲法。❸忮(zhì):强狠。❹文恶:用法律条文害人。《汲郑列传》云"安文深巧善宦"。❺汲黯与司马安惧周阳由,同车不敢与他争高下。均:等。茵:坐垫。伏:车前横木,即轼。但泷川资言云:"言周由骄恣,而独畏汲黯、司马安。同一车,常下之也。"(《史记会注考证》)

赵兼是赵美人的弟弟。赵美人是刘邦的妃嫔,生淮南王刘长,故赵兼是刘长的舅父,被封为周阳侯。高祖八年(前199),刘邦率兵击韩王信,经赵国。赵王张敖献美人给刘邦,美人得幸而怀妊。九年(前198),赵相贯高等谋反之事被发觉,汉廷逮捕贯高等人,赵王及美人也一同下狱，美人在狱中生下刘长。美人之弟赵兼通过辟阳侯审食其转告刘邦，刘邦不理，美人愤恨而自杀。刘邦后悔，令吕后收养了刘长。刘长尚在襁褓之中，他的生母就含冤而死。汉十一年（前196），刘长两岁左右，被封为淮南王。文帝即位（前179），刘长十九岁，"有材力，力能扛鼎"，骄恣任性，因辟阳侯没有为他母亲说情而用铁椎椎杀了辟阳侯。当时，薄太后以及太子大臣皆惧刘长。文帝六年（前174），诸大臣说："长不奉法度，不听天子诏，乃阴聚徒党及谋反者，厚养亡命，欲以有为。"（《淮南衡山列传》）刘长被废徙蜀，在道中不食而死。

第二节 赵禹、张汤

赵禹与张汤相交甚欢，共同论定诸律令。赵禹年长于张汤，张汤曾兄事赵禹。张汤犯罪，不服，于是武帝使赵禹责问张汤，张汤遂自杀。

一、赵禹

⊗ 原文一

赵禹者，斄人❶。以佐史补中都官，用廉为令史，事太尉亚夫。亚夫为丞相，禹为丞相史，府中皆称其廉平。然亚夫弗任，曰："极知禹无害❷，然文深❸，不可以居大府❹。"今上时，禹以刀笔吏积劳，稍迁为御史。上以为能，至太中大夫。与张汤论定诸律令，作见知❺，吏传得相监司❻。用法益刻，盖自此始。

……

赵禹中废，已而为廷尉。始条侯以为禹贼深❼，弗任。及禹为少府，比九卿。禹酷急，至晚节，事益多，吏务为严峻，而禹治加缓，而名为平。王温舒等后起，治酷于禹。禹以老，徙为燕相。数岁，乱

> 悖有罪❽，免归。后汤十余年，以寿卒于家。

😊 注释

❶郃（tái）：属于扶风，在今陕西武功。❷无害：文无害，即通晓律令，无所凝滞；或曰：无人能胜，特出无比。❸文深：文法深刻。❹大府：丞相府。❺见知：官吏知他人犯罪，如果不揭发检举，则与之同罪，即"见知法"。❻监司：相互监视。属吏有罪，长上坐之；长上有罪，属吏坐之。司，通"伺"。❼贼深：残酷阴毒。❽乱悖：昏聩。

景帝时，赵禹事周亚夫，亚夫以为他文深，不任用。武帝时，赵禹为御史，上以为能，迁赵禹为太中大夫。赵禹中途被罢官，不久任廷尉，徙为内史。赵禹廉洁倨傲，不与大臣、宾客相交通，舍无食客。他以文法律令拘守职之吏，多求官属"阴罪"。至晚年，"治加缓，而名为平"。张汤死后十余年，赵禹以寿卒于家。要之，赵禹行法严酷，文深，但廉平，非枉法之人。

二、张汤为御史大夫

张汤，生年不详，卒于元鼎三年（前114）。他始为长安小吏，精通法律条文。因侍奉周阳侯田胜发迹，官至廷尉、御史大夫。他善于从谀承意，深受武帝宠幸，为汉家制定了一系列的律令。他为御史大夫的七年间，正是汉家多事之秋。他承奉上旨，请造白金及五铢钱，包举天下盐铁，排斥富商大贾，出告缗（mín）令，锄豪强并兼之家，舞文巧诋以辅法。张汤每朝奏事，议论国家之事；一直谈到傍晚，天子忘食。这些特殊政策的实行，虽取得了一定的成就，"国家赖其便"，但更造成了社会政治的进一步动乱，引起上至公卿下至平民的一致痛恨。他执法依从上意，不公平、公正。他对于异己以文深刻暴而随意诛杀之。最终，武帝听信丞相三长史与减宣的奏告，认为张汤怀诈不忠，而逼迫其自杀。

◎ 原文二

张汤者，杜人也。其父为长安丞，出，汤为儿守舍。还而鼠盗肉，其父怒，笞汤❶。汤掘窟得盗鼠及余肉，劾鼠掠治❷，传爰书❸，讯鞫论报❹，并取鼠与肉，具狱磔堂下❺。其父见之，视其文辞如老狱吏，大惊，遂使书狱❻。父死后，汤为长安吏，久之。

周阳侯始为诸卿时❼，尝系长安❽，汤倾身为之❾。及出为侯，大与汤交，遍见汤贵人。汤给事内史，为宁成掾❿，以汤为无害，言大府⓫，调为茂陵尉，治方中⓬。

武安侯为丞相⓭，征汤为史，时荐言之天子，补御史，使案事。治陈皇后蛊狱⓮，深竟党与⓯。于是上以为能，稍迁至太中大夫。与赵禹共定诸律令，务在深文，拘守职之吏。已而赵禹迁为中尉，徙为少府，而张汤为廷尉，两人交欢，而兄事禹。禹为人廉倨。为吏以来，舍毋食客。公卿相造请禹，禹终不报谢，务在绝知友宾客之请，孤立行一意而已。见文法辄取⓰，亦不覆案⓱，求官属阴罪⓲。汤为人多诈，舞智以御人⓳。始为小吏，乾（gān）没（mò）⓴，与长安富贾田甲、鱼翁叔之属交私。及列九卿，收接天下名士大夫，己心内虽不合，然阳浮慕之。

◎ 注释

❶笞：鞭打。❷劾（hé）：审判。掠治：拷打审问。❸传：发出。爰（yuán）书：记录罪犯供词的文书。❹讯鞫（jū）：反复审问，穷究罪行。鞫，审问。论报：把判决的罪行报告上级。❺具狱：把审讯的材料备齐，最后定案。磔（zhé）：分尸酷刑。❻书狱：书写狱词，以练习其事。❼周阳侯：田胜，武帝母王太后的同母弟。❽系：拘禁。❾倾身：用尽心力。❿掾（yuàn）：属官之称。⓫向丞相府推荐。⓬方中：天子预修的墓穴。⓭武安侯：田蚡，周阳侯之兄。建元六年（前135），为丞相。⓮陈皇后：武帝的原配夫人陈阿娇，大长公主的女儿。陈皇后失宠，便召女巫楚服用巫术诅咒。事发之后，武帝命吏穷追之，大兴巫蛊狱。此事发生在元光五

年（前130）。⓯竟：穷究。党与：同党。⓰见狱辞与法令条文相应，即取之，而不覆。⓱覆案：再审案。⓲按其事，以求官属的阴恶。⓳玩弄聪明才智以制御人。⓴以物投水曰没，出物于水曰乾。出入财物，以逐十二之利。

张汤的父亲是长安县丞。张汤为孩童时，父亲外出，留他在家看门。父亲回家后，看到老鼠偷了肉，就对张汤发怒，用鞭子抽他。张汤掘开鼠洞，找到偷肉的老鼠和没有吃完的余肉，就举告老鼠的罪行，反复拷打审问，记录罪状，且报告上级，把老鼠和余肉取来，当堂定案，最后分老鼠尸首。父亲看到这种情景，视其狱辞就像老练的法吏所写，特别惊讶，于是就让他学写断案的文书。张汤天生即有狱吏的禀赋。传记书写这一细节非常生动传神，这是从一个小小的事件把握张汤的个性；由其个性，解释其一生的大致行为。

张汤的发迹，出于偶然的因素。周阳侯田胜拘于长安，张汤倾身为之。后武帝即位，其母为王太后。王太后的同母兄弟田胜、田蚡受到重用，张汤也随之发达。

赵禹与张汤相交甚欢，但二人的个性有所不同。赵禹廉倨，不与公卿大臣交通，舍无食客，一心营职，不务声名，与郅都相类。张汤则喜交公卿大臣、天下名士，食客众多，声名好。张汤个性多诈，是阴阳两面的人，"己心内虽不合，然阳浮慕之"。

原文三

是时上方乡文学❶，汤决大狱，欲傅古义❷，乃请博士弟子治《尚书》《春秋》补廷尉史，亭疑法❸。奏谳疑事❹，必豫先为上分别其原❺，上所是，受而著谳决法廷尉絜令❻，扬主之明。奏事即谴，汤应谢，乡上意所便，必引正、监、掾史贤者，曰："固为臣议，如上责臣，臣弗用，愚抵于此。"❼罪常释。间即奏事，上善之，曰："臣非知为此奏，乃正、监、掾史某为之。"其欲荐吏，扬人之善蔽人之过如此。所治即上意所欲罪，予监史深祸者❽；即上意所欲释，与监史轻平者❾。所治即豪，必舞文巧诋❿；即下户羸弱，时口言，虽文致法，上财察⓫。于是往往释汤所言。汤至于大吏，内行修也。通宾客饮食。于故人子弟为吏及贫昆弟，调护之尤厚。其造请诸公，不避寒暑。是以汤虽文深意忌不专平⓬，然得此声誉。而刻深吏多为爪牙用者⓭，依于文学之士。丞相弘数称其美。及治淮南、衡山、江都反狱，皆穷根本。严助及伍被，上欲释之。汤争曰："伍被本画反谋，而助亲幸出入禁闼爪牙臣⓮，乃交私诸侯如此，弗诛，后不可治。"于是上可论之。其治狱所排大臣自为功，多此类。于是汤益尊任，迁为御史大夫。⓯

注释

❶ 文学：儒学。武帝立"五经"，兴太学，置五经博士及其弟子员。❷ 傅：附会。古义：儒家经书之义。❸ 亭：平断。遇到疑难事即据《尚书》《春秋》之义平断。❹ 谳（yàn）：议罪。❺ 原：原委。❻ 上所是，则受而书之于版，著其上请之事，为定法，复举此令，以宣布上美。决法：判案的法规。廷尉絜令：以廷尉之名公布法令。絜，通"契"（qì）。❼ 上即责，汤谢罪，必引正、监等贤者本为臣建议如上意，臣不用，愚昧不从，故至此。谴：责备。应谢：认错谢罪。抵：至。❽ 深祸者：执法严酷的监史。❾ 轻平者：执法宽松而公平的监史。❿ 舞文：玩弄法令条文。巧诋：巧言诋毁。⓫ 若是平民百姓和贫弱之人，则常常口头向武帝陈述，虽按法律条文应判刑，但请明察裁定；于是，武帝往往予以宽释。下户：百姓。口言：口头上奏。文致法：按法令当治罪。财：通"裁"。⓬ 不专平：不专于持平。⓭ 爪（zhǎo）牙：党羽，得力助手。⓮ 禁闼（tà）：禁中，皇帝居住之处。⓯ 于元狩二年（前121）。

张汤是一位个性非常复杂、深刻的人。他善于从谀上意，但不露骨，而巧为曲折。他奏谳疑事，预先为上分别其原，暗地引导上作出决断。上所是，则著之为法令，扬主之明；上所非，则自责己过，且陈述下吏曾指出错误而自己执迷不悟，这看上去是诚恳的自责，上往往释之。他之执法，揣摩上意，而依从之，但巧妙，"所治即上意所欲罪，予监史深祸者；即上意所欲释，与监史轻平者"。他执法对豪党与下户不同，"所治即豪，必舞文巧诋；即下户羸弱，时口言，虽文致法，上财察。于是往往释汤所言"，这有同情弱者的一面，大概是因为张汤自己出于下层，但并不公正。他有时也与上相争论，例如治淮南、衡山、江都反狱时，严助及伍被，上欲释之。汤争曰杀之，于是"上可论之"。张汤喜结交大臣与天下名士，通宾客饮食，对于故人子弟为吏者及贫困的昆弟，关照和帮助尤厚；且登门拜访诸公，不避寒暑。他也经常向武帝委婉地推荐与自己交厚的官吏，故刻深吏、文学士多为其用，声誉良好。

原文四

会浑邪等降❶，汉大兴兵伐匈奴，山东水旱，贫民流徙，皆仰给县官❷，县官空虚。于是承上指，请造白金及五铢钱❸，笼天下盐铁❹，排富商大贾，出告缗令❺，锄豪强并兼之家，舞文巧诋以辅法。汤每朝奏事，语国家用，日晏❻，天子忘食。丞相取充位❼，天下事皆决于汤。百姓不安其生，骚动，县官所兴，未获其利，奸吏并侵渔❽，于是痛绳以罪❾。则自公卿以下，至于庶人，咸指汤❿。汤尝病，天子至自视病，其隆贵如此。

匈奴来请和亲，群臣议上前。博士狄山曰："和亲便。"上问其便，山曰："兵者凶器，未易数动⓫。高帝欲伐匈奴，大困平城，乃遂结和亲。孝惠、高后时，天下安乐。及孝文帝欲事匈奴⓬，北边萧然苦兵矣⓭。孝景时，吴楚七国反，景帝往来两宫间⓮，寒心者数月⓯。吴、楚已破，竟景帝不言兵，天下富实。今自陛下举兵击匈奴，中国以空虚，边民大困贫。由此观之，不如和亲。"上问汤，汤曰："此愚儒，无知。"狄山曰："臣固愚忠，若御史大夫汤乃诈忠。若汤之治淮南、江都，以深文痛诋诸侯，别疏骨肉，使蕃臣不自安。臣固知汤之为诈忠。"于是上作色曰⓰："吾使生居一郡，能无使虏入盗乎？"曰："不能。"曰："居一县？"对曰："不能。"复曰："居一障间㉗？"山自度辩穷且下吏，曰："能。"于是上遣山乘鄣㉘。至月余，匈奴斩山头而去。自是以后，群臣震慑。

◎ 注释

❶浑邪：浑邪王，匈奴单于手下的诸王之一，于武帝元狩二年（前121）率领四万多人投降汉朝。元狩四年（前119），卫青、霍去病大出兵击匈奴。❷县官：汉代称官府为县官。❸白金：银子。五铢钱：汉代的一种钱币，其重量为五铢。这是今日所说的货币超发，朝廷以货币贬值而取利。❹笼：同"垄"，垄断，政府专营盐铁以取利。❺告缗令：商贾交纳税钱和揭发商贾偷税漏税的法令。缗，钱贯。此令于元鼎二年（前115）颁行，元封元年（前110）终止。❻傍晚。❼丞相备员充位，即丞相清闲无事。❽奸吏在行使职权过程中侵夺渔利。❾绳：制裁。❿指：斥责。⓫易：轻易。⓬事：讨伐。⓭萧然：骚然，扰动的样子。⓮景帝往来东宫，谘谋于太后。⓯寒心：忧心。⓰作色：脸上生怒色。⓱障：边塞御敌的小城堡。⓲乘鄣：保卫鄣。乘，登。鄣，通"障"。

武帝伐匈奴，耗费了国家大量的资财，因而采取特殊的财经政策，例如"请造白金及五铢钱，笼天下盐铁，排富商大贾，出告缗令"等；因特殊的财经政策破坏了政治社会的正常结构，且官吏为非作歹，侵夺渔利，使得民不聊生，吏治腐败，引起山东的盗贼蜂起，最后依靠酷吏之治、屠杀之政。张汤阿谀上意，助纣为虐，一是主张攻伐匈奴，二是提出特殊的财经政策与实行严刑酷罚，三是好事、多事。在当时县官空虚的情况下，汉廷采取的特殊政策，若控制在适度的范围内，可暂时缓解困境；但是，这几条政策在实行的过程中不可控制，官吏从中渔利，因而产生了重大的弊端。于是，天下骚动，上至公卿，下至民众，皆指责张汤。实际上，张汤不过是承武帝意，罪魁祸首应是武帝。司马迁认为，当时武帝首先要停止讨伐匈奴的政策。

博士狄山痛骂张汤"诈忠"。在《汲郑列传》中，汲黯正直敢言，批评张汤说："然御史大夫张汤智足以拒谏，诈足以饰非，务巧佞之语，辩数之辞，非肯正为天下言，专阿主意。主意所不欲，因而毁之；主意所欲，因而誉之。好兴事，舞文法，内怀诈以御主心，外挟贼吏以为威重。"

三、张汤败而自杀

◎ 原文五

汤之客田甲，虽贾人❶，有贤操。始汤为小吏时，与钱通❷，及汤为大吏，甲所以责汤行义过失，亦有烈士风。

汤为御史大夫七岁，败。

河东人李文尝与汤有郤，已而为御史中丞，恚，数从中文书事有可以伤汤者❸，不能为地❹。汤有所爱史鲁谒居，知汤不平，使人上飞变告文奸事❺，事下汤，汤治论杀文，而汤心知谒居为之。上问曰："言变事踪迹安起❻？"汤详惊曰："此殆文故人怨之。"谒居病卧间里主人，汤自往视疾，为谒摩足。赵国以冶铸为业，王数讼铁官事，汤常排赵王。赵王求汤阴事。谒居尝案赵王，赵王怨之，并上书告："汤，大臣也，史谒居有病，汤至为摩足，疑与为大奸。"事下廷尉。谒居病死，事连其弟，弟系导官❼。汤亦治他囚导官❽，见谒居弟，欲阴为之，而详不省。谒居弟弗知，怨汤，使人上书告汤与谒居谋，共变告李文。事下减宣。宣尝与汤有郤，及得此事，穷竟其事，未奏也。会人有盗发孝文园瘗钱❾，丞相青翟朝，与汤约俱谢，至前，汤念独丞相以四时行园，当谢，汤无与也❿，不谢。丞相谢，上使御史案其事。汤欲致其文丞相见知⓫，丞相患之。三长史皆害汤⓬，欲陷之。

◎ 注释

❶贾（gǔ）人：商人。❷以利交。❸李文在内台中，每阅文书，欲求可

中伤张汤者。中：禁宫之中。❹不留余地。❺飞变：因事紧急，不按常规，匿名越级上告。❻安起：从何而起。❼系：拘禁。导官：少府属下的粮谷加工处，是待审罪犯暂时囚禁之所。❽治他囚：办理其他囚犯的案子。❾瘗（yì）钱：埋在陵墓四角的陪葬钱。❿与：参与。⓫汤欲以见知故纵之法，问罪丞相。文：法。⓬丞相有三长史：朱买臣、王朝、边通。

张汤之败，恰遇到几件事情并起，一是赵王告发张汤与鲁谒居有奸，因为赵王曾与张汤、谒居有仇；二是谒居弟告发张汤与谒居谋杀李文；三是丞相及其三长史皆欲害张汤。

张汤私心甚重，对于异己文深刻暴而严加诛杀。他与李文有矛盾，以法杀之。与丞相庄青翟不合，欲以见知故纵法告之。他与大农颜异有隙，以"腹诽"论死。《平准书》：

而大农颜异诛。初，异为济南亭长，以廉直稍迁至九卿。上与张汤既造白鹿皮币，问异。异曰："今王侯朝贺以苍璧，直数千，而其皮荐反四十万，本末不相称。"天子不说。张汤又与异有卻，及人有告异以它议，事下张汤治异。异与客语，客语初令下有不便者，异不应，微反唇。汤奏当异九卿见令不便，不入言而腹诽，论死。自是之后，有腹诽之法比，而公卿大夫多谄谀取容矣。

所谓"腹诽"，即口不言而内心非之。以此治罪，即深及内心的动机和目的，多冤屈。

◎ 原文六

始长史朱买臣，会稽人也。读《春秋》。庄助使人言买臣，买臣以《楚辞》与助俱幸，侍中❶，为太中大夫，用事；而汤乃为小吏，跪伏使买臣等前❷。已而汤为廷尉，治淮南狱，排挤庄助，买臣固心望❸。及汤为御史大夫，买臣以会稽守为主爵都尉，列于九卿。数年，坐法废❹，守长史❺，见汤，汤坐床上，丞史遇买臣弗为礼。买臣楚士❻，深怨，常欲死之❼。王朝，齐人也。以术至右内史。边通，学长短，刚暴强人也，官再至济南相。故皆居汤右❽，已而失官，守长史，诎体于汤。汤数行丞相事❾，知此三长史素贵，常凌折之❿。以故三长史合谋曰："始汤约与君谢，已而卖君；今欲劾君以宗庙事⓫，此欲代君耳。吾知汤阴事。"使吏捕案汤左田信等⓬，曰汤且欲奏请，信辄先知之，居物致富，与汤分之，及他奸事。事辞颇闻⓭。上问汤曰："吾所为，贾人辄先知之，益居其物⓮，是类有以吾谋告之者。"汤不谢。汤又详惊曰："固宜有。"减宣亦奏谒居等事。天子果以汤怀诈而面欺，使使八辈簿责汤⓯。汤具自道无此，不服。于是上使赵禹责汤。禹至，让汤曰："君何不知分也。君所治夷灭者几何人矣？今人言君皆有状，天子重致君狱⓰，欲令君自为计⓱，何多以对簿为？"汤乃为书谢曰："汤无尺寸功，起刀笔吏，陛下幸致为三公，无以塞责⓲。然谋陷汤罪者，三长史也。"遂自杀。

汤死，家产值不过五百金，皆所得奉赐，无他业。昆弟诸子欲厚葬汤，汤母曰："汤为天子大臣，被污恶言而死，何厚葬乎！"载以牛车，有棺无椁⓳。天子闻之，曰："非此母不能生此子。"乃尽案诛三长史。丞相青翟自杀。出田信。上惜汤，稍迁其子安世。

注释

❶在宫中侍奉皇帝。❷使：听候差遣。❸望：怨恨。❹坐法：犯法。废：免官。❺守：暂时代理。❻楚俗剽悍，故怨深。❼死之：置张汤于死地。❽右：汉以右为上。❾行：兼任，代理。❿凌折：欺凌而使折服。⓫劾（hé）：弹劾。君：丞相庄青翟。⓬左：同"佐"，知情的证人。田信是田甲之族人，商人。⓭事辞闻于天子。⓮益居：更多地囤积货物。⓯八辈：八批。簿责：按记录在案的罪行一一责问。⓰重：难以。⓱自为计：引决。⓲塞（sè）责：搪塞罪责。⓳椁（guǒ）：外棺。

丞相的三长史，原来官职皆居张汤之上；后张汤为御史大夫，三长史失官，而暂时代理长史之职。张汤知此三长史素贵，常凌折之，故三长史皆怨恨他。三长史又因张汤欲以见知故纵之法告丞相，故合谋败汤。他们捕获田甲之弟田信，迫其出供词：张汤与田甲、田信交私，武帝有特殊的财经政策，张汤预先告知他们，让他们居物致富，而与自己分财。武帝责问张汤，张汤不谢。减宣亦奏谒居等事。武帝果然以为张汤怀诈而面欺，连续派八批使者责问张汤。张汤具道无此，不服罪，这更触怒了武帝。张汤在武帝及其大臣的威逼之下自杀。张汤与鲁谒居串通陷害李文的事半真半假，张汤心知谒居上变事，而假装不知，且以私恨杀李文。三长史所告之事并非事实。张汤的家产不过五百金，皆俸禄所得，说明他与商人串通谋财一事不实。因此，武帝诛杀三长史，丞相自杀。

元鼎三年（前 114），张汤自杀。《平准书》："是岁也，张汤死而民不思。"张汤所废兴之事，附上困下，故民不思之。

武帝对大臣刻毒残暴。张汤犯事，武帝派八批人责罚张汤，张汤冒犯武帝的威权，不谢不服罪；武帝又派赵禹责罚张汤，张汤最终自杀。后来，武帝又以为张汤冤屈，于是诛杀丞相的三长史，丞相庄青翟自杀。由此可见，武帝视其大臣的生命为草芥。

第三节 义纵、王温舒

义纵、王温舒皆出身盗贼，暴酷狠毒。义纵与王温舒俱为九卿，彼此轻视、嫉恨，相互败坏其功，人格卑劣。王温舒好杀成性，至流血十余里。他们作恶多端，皆得恶报。义纵弃市，王温舒被夷灭五族。

一、义纵

◎ 原文一

义纵者，河东人也。为少年时，尝与张次公俱攻剽为群盗❶。纵有姊姁（xǔ），以医幸王太后。王太后问："有子兄弟为官者乎？"姊曰："有弟无行❷，不可。"太后乃告上，拜义姁弟纵为中郎，补上党郡中令。治敢行❸，少蕴藉❹，县无逋事❺，举为第一。迁为长陵及长安令，直法行治，不避贵戚。以捕案太后外孙修成君子仲，上以为能，迁为河内都尉。至则族灭其豪穰（ráng）氏之属，河内道不拾遗。而张次公亦为郎，以勇悍从军，敢深入，有功，为岸头侯。

宁成家居，上欲以为郡守。御史大夫弘曰："臣居山东为小吏时，宁成为济南都尉，其治如狼牧羊。成不可使治民。"上乃拜成为关都尉。岁余，关东吏隶郡国出入关者，号曰："宁见乳虎，无值宁成之怒。"义纵自河内迁为南阳太守，闻宁成家居南阳，及纵至关，宁成侧行送迎，然纵气盛，弗为礼。至郡，遂案宁氏，尽破碎其家。成坐有罪，及孔、暴之属皆奔亡，南阳吏民重足一迹❻。而平氏朱强、杜衍、杜周为纵牙爪之吏，任用，迁为廷史。军数出定襄，定襄吏民乱败，于是徙纵为定襄太守。纵至，掩定襄狱中重罪轻系二百余人❼，及宾客昆弟私入相视亦二百余人。纵一捕鞠❽，曰："为死罪解脱"。是日皆报杀四百余人❾。其后郡中不寒而栗，猾民佐吏为治❿。

是时赵禹、张汤以深刻为九卿矣，然其治尚宽，辅法而行，而纵以鹰击毛挚为治⓫。后会五铢钱白金起，民为奸，京师尤甚，乃以纵为右内史，王温舒为中尉。温舒至恶，其所为不先言纵，纵必以气凌之，败坏其功。其治，所诛杀甚多，然取为小治，奸益不胜，直指始出矣⓬。吏之治以斩杀缚束为务，阎奉以恶用矣。纵廉，其治放郅都。上幸鼎湖，病久，已而卒起幸甘泉⓭，道多不治。上怒曰："纵以我为不复行此道乎？"嗛之⓮。至冬，杨可方受告缗，纵以为此乱民，部吏捕其为可使者。天子闻，使杜式治。以为废格沮事⓯，弃纵市。后一岁，张汤亦死。

⚙ 注释

❶ 攻剽（piāo）：抢夺。❷ 无行：品行不正。❸ 敢行：勇敢果决。❹ 无所含容。❺ 逋（bū）：逃亡。❻ "宁成家居……南阳吏民重足一迹"，以上内容的注释见于本书第423页。❼ 掩：乘人不备而抓捕。重罪轻系：没有戴刑具的重罪犯人。❽ 一：全部。鞠（jū）：审讯。❾ 报：论，治罪。

❿豪强刁猾者惧义纵的严酷，反而为吏之耳目以助治。⓫鹰击毛挚：喻酷烈凶狠。颜师古注曰："如鹰隼之击，奋毛羽，挚取飞鸟也。"(《汉书》本传）挚，攫取。⓬直指：官名，天子派到地方办理案件的官员，有捕杀二千石的大权。⓭卒：通"猝"，突然。⓮嗛（xián）：心怀怨恨。⓯废格：废弃敬君之礼。格，通"恪"，敬。义纵捕杨可之吏，是违抗天子的诏命，犯不敬天子之罪。沮（jǔ）事：破坏天子要办的大事（告缗）。

义纵，河东人，少时为盗贼。因为其姊幸于武帝母王太后，太后乃告上，上以之为吏。其姊认为义纵无行，不可任用，但武帝用之。盗贼出身的义纵行法严酷。他为河内都尉时，"至则族灭其豪穰氏之属"，道不拾遗。义纵为定襄太守时，突然抓捕定襄牢狱中"重罪轻系二百余人"，以及"宾客昆弟私入相视亦二百余人"。义纵以"为死罪解脱"，是日皆报杀四百余人。其后郡中不寒而栗，猾民佐吏为治。义纵效郅都，较廉洁，但以鹰击毛挚为治，斩杀甚多，终以废格沮事罪，弃市。

二、王温舒

王温舒，阳陵人，少时为盗墓贼。事张汤，迁为御史。督盗贼，杀伤甚多，稍迁至广平都尉。其治，择郡中豪强勇敢者为吏，作为爪牙，温舒握其阴重罪，驱使他们追捕盗贼。如果谁不尽力捕贼，温舒则揭其阴罪，夷灭其宗。广平道不拾遗，而温舒迁为河内太守。他在河内大肆捕杀豪猾，相连坐者千余家，迅速地斩杀，至流血十余里。他尚且不满足，顿足叹曰："嗟乎，令冬月益展一月，足吾事矣！"上闻之，以之为能，迁温舒为中尉。王温舒因为出身盗贼，故任用豪猾者为吏，作为其爪牙，以追捕盗贼。他屡废屡兴，以督盗贼为其天性和职业，且颇有成效而深得武帝的重用。在数十位酷吏中，王温舒极为残暴和贪婪，其行法不公正，趋炎附势，人品极为卑劣低下。恶有恶报，终至于被灭五族。

原文二

王温舒者,阳陵人也。少时椎埋为奸❶。已而试补县亭长❷,数废。为吏,以治狱至廷史。事张汤,迁为御史。督盗贼,杀伤甚多,稍迁至广平都尉。择郡中豪敢任吏十余人,以为爪牙,皆把其阴重罪❸,而纵使督盗贼,快其意所欲得。此人虽有百罪,弗法;即有避❹,因其事夷之,亦灭宗。以其故齐赵之郊盗贼不敢近广平,广平声为道不拾遗。上闻,迁为河内太守。

素居广平时,皆知河内豪奸之家,及往,九月而至。令郡县私马五十匹❺,为驿自河内至长安❻,部吏如居广平时方略❼,捕郡中豪猾,郡中豪猾相连坐千余家。上书请,大者至族,小者乃死,家尽没入偿臧❽。奏行不过二三日,得可事❾。论报,至流血十余里。河内皆怪其奏,以为神速。尽十二月,郡中毋声,毋敢夜行,野无犬吠之盗。其颇不得,失之旁郡国❿,黎来⓫,会春,温舒顿足叹曰:"嗟乎,令冬月益展一月⓬,足吾事矣!"其好杀伐行威不爱人如此。天子闻之,以为能,迁为中尉。其治复放河内,徙请召诸名祸猾吏与从事,河内则杨皆、麻戊,关中杨赣、成信等。义纵为内史,惮未敢恣治⓭。及纵死,张汤败后,徙为廷尉,而尹齐为中尉。

注释

❶椎(chuí)埋:杀人埋尸;或曰,盗坟墓。❷试:任用。❸把:作为把柄。阴重罪:尚没有暴露的重罪。❹即:若。避:躲避,不尽力捕贼。❺私马:私人之马。❻驿:驿站,转送公文与官员之换马处。温舒自行设驿,故用私马。❼部吏:统属狱吏。❽偿臧:偿还赃物。臧,通"赃"。❾得到上批准。❿失:逃亡。⓫等到抓来。⓬展:伸。汉法,春天不执行死刑,死犯必在十二月底前诛杀。⓭温舒惮义纵,不敢恣其酷暴。

传文特突出两点:一是王温舒暴酷,大肆诛杀;二是他因自己出身盗贼,而任用豪猾者为吏,作为其爪牙,以追捕盗贼,吏途杂乱败坏。

原文三

而温舒复为中尉。为人少文，居廷惛惛不辨❶，至于中尉则心开。督盗贼，素习关中俗，知豪恶吏，豪恶吏尽复为用，为方略❷。吏苛察，盗贼恶少年投缿购告言奸❸，置伯格长以牧司奸盗贼❹。温舒为人谄，善事有势者，即无势者，视之如奴。有势家，虽有奸如山，弗犯；无势者，贵戚必侵辱。舞文巧诋下户之猾，以焄大豪❺。其治中尉如此。奸猾穷治，大抵尽靡烂狱中❻，行论无出者❼。其爪牙吏虎而冠❽。于是中尉部中中猾以下皆伏❾，有势者为游声誉❿，称治。治数岁，其吏多以权富。

温舒击东越还，议有不中意者⓫，坐小法抵罪免。是时天子方欲作通天台而未有人⓬，温舒请覆中尉脱卒⓭，得数万人作。上说，拜为少府。徙为右内史，治如其故，奸邪少禁。坐法失官。复为右辅，行中尉事，如故操⓮。

岁余，会宛军发⓯，诏征豪吏，温舒匿其吏华成。及人有变告温舒受员骑钱⓰，他奸利事，罪至族，自杀。其时两弟及两婚家亦各自坐他罪而族。光禄徐自为曰："悲夫，夫古有三族⓱，而王温舒罪至同时而五族乎！"

温舒死，家值累千金。后数岁，尹齐亦以淮阳都尉病死，家直不满五十金。所诛灭淮阳甚多，及死，仇家欲烧其尸，尸亡去归葬⓲。

注释

❶ 为其他官职，则心意蒙蔽，职事不举。惛（hūn）惛：昏聩糊涂的样子。❷ 出谋献策。❸ 缿（xiàng）：接受告密文书的器具，其形状像长颈之瓶，小孔，物可入而不可出。购告言奸：收买告发罪状的情报。❹ 伯格：通"陌落"，街道和村落。在村庄街道设置督察之人。牧司：督察。❺ 焄：通"熏"，火烟熏炙，即胁迫。治下户之狡猾者，以讽动大豪之家。❻ 靡烂：犯人受皮肉之刑，皮开肉绽，以致靡烂。❼ 行论：判决有罪。❽ 吏虎而冠：狱吏像戴冠的猛虎。❾ 部中：辖区内。中猾：中等以下的

狡猾之人。伏：隐伏起来，不敢公开活动。⑩游：宣扬。⑪不中天子意。⑫元封三年（前108），天子于甘泉宫中建通天台，高五十丈。⑬奸巧避役者，考校取之。⑭同于从前的做法。⑮宛（yuān）军发：发兵讨大宛。⑯员骑：在籍骑兵。⑰三族：父母、兄弟、妻子。⑱亡去：尸体被家人偷运去归葬，惧仇家烧尸。

在数十位酷吏中，王温舒极为残暴和贪婪，行法不公正，趋炎附势，人品极为卑劣低下。武帝以之为能，屡废屡用。恶有恶报，终至于灭五族。温舒死后数年，尹齐病死，其家产不满五十金，较为廉洁。死后仇家欲烧其尸，家人不得不夜晚偷运尸体于他处而埋葬。

三、尹齐、杨仆

◎ 原文四

尹齐者，东郡茌（chí）平人。以刀笔稍迁至御史。事张汤，张汤数称以为廉武❶，使督盗贼，所斩伐不避贵戚。迁为关内都尉，声甚于宁成。上以为能，迁为中尉，吏民益凋敝。尹齐木强少文❷，豪恶吏伏匿而善吏不能为治❸，以故事多废，抵罪❹。上复徙温舒为中尉，而杨仆以严酷为主爵都尉。

杨仆者，宜阳人也。以千夫为吏。河南守案举以为能，迁为御史，使督盗贼关东。治放尹齐，以为敢挚行❺。稍迁至主爵都尉，列九卿。天子以为能。南越反，拜为楼船将军，有功，封将梁侯。为荀彘所缚❻。居久之，病死。

◎ 注释

❶廉武：廉洁勇敢。❷木：质朴，如木石之为。❸恶吏不肯为用，独善吏在，故不能治事。❹抵偿罪责，即判罪。❺敢挚行：行事凶猛而果敢。❻杨仆同左将军荀彘在武帝元封三年（前108）共同征伐朝鲜，因作战不利和争功，被荀彘所缚。荀彘坐争功弃市，杨仆因罪免为平民。此事

见于《朝鲜列传》。

尹齐、杨仆，皆以严酷为治。尹齐是刀笔吏出身，质木少文，不同于王温舒以豪猾者为吏，故吏事多废。杨仆治效法尹齐。天子以为能，"吏民益凋敝"，吏民欺蒙，巧伪犯法。

原文五

自温舒等以恶为治，而郡守、都尉、诸侯二千石欲为治者，其治大抵尽放温舒，而吏民益轻犯法❶，盗贼滋起。南阳有梅免、白政，楚有殷中、杜少，齐有徐勃，燕、赵之间有坚卢、范生之属。大群至数千人，擅自号❷，攻城邑，取库兵，释死罪，缚辱郡太守、都尉，杀二千石，为檄告县趣具食❸；小群（盗）以百数，掠卤乡里者❹，不可胜数也。于是天子始使御史中丞、丞相长史督之❺。犹弗能禁也，乃使光禄大夫范昆、诸辅都尉及故九卿张德等衣绣衣，持节，虎符发兵以兴击❻，斩首大部或至万余级，及以法诛通饮食❼。坐连诸郡，甚者数千人。数岁，乃颇得其渠率❽。散卒失亡，复聚党阻山川者❾，往往而群居，无可奈何。于是作"沉命法"❿，曰群盗起不发觉，发觉而捕弗满品者⓫，二千石以下至小吏主者皆死。其后小吏畏诛，虽有盗不敢发⓬，恐不能得，坐课累府⓭，府亦使其不言。故盗贼寖多⓮，上下相为匿，以文辞避法焉⓯。

注释

❶轻犯法：以犯法为轻。酷吏行法繁苛严酷，民众随时皆犯禁获罪，故不把犯法当作一回事。❷自立名号。❸檄（xí）：声讨、晓谕一类的文书。具食：备粮食。❹卤：通"掳"，抢掠。❺督：督促，监察。❻以兴击：以军兴之法讨击。军兴法，即战时的法令制度。❼通饮食：给盗贼供应粮食。❽渠率：渠帅，大帅，首领。❾阻山川：借山川险阻抗击官兵。❿沉命法：隐藏亡逃者而论罪的法令。沉，藏匿。命，亡逃者。⓫满品：达到了规定的数量和程度。品，率，以人数为率。⓬发：报告。⓭坐课：犯法判刑。府：郡府。⓮寖（qīn）：逐渐。⓯诈为虚文，即言

没有盗贼。

自温舒等以恶为治，而郡守、都尉、诸侯二千石欲为治者，其治大抵尽效仿温舒，民众轻易犯罪，盗贼滋起。朝廷派人督察，不能禁止，于是天子兴兵击之，不能止。因此，朝廷对郡县官吏惩处严酷，行"沉命法"；官吏上下蒙蔽朝廷。吏治极端败坏，社会更加混乱动荡。

第四节　减宣、杜周

减宣与张汤有矛盾，曾治张汤狱。杜周事张汤，汤数言其才能突出，杜周因而得到重用。二人之治相仿。然杜周内向少言，外宽内深。杜周执法，阿谀上意，效法张汤。

一、减宣

◎ 原文一

减宣者，杨人也。以佐史无害给事河东守府❶。卫将军青使买马河东，见宣无害，言上，征为大厩丞。官事辨❷，稍迁至御史及中丞。使治主父偃及治淮南反狱，所以微文深诋❸，杀者甚众，称为敢决疑。数废数起，为御史及中丞者几二十岁。王温舒免中尉，而宣为左内史。其治米盐❹，事大小皆关其手，自部署县名曹实物，官吏令丞不得擅摇❺，痛以重法绳之。居官数年，一切郡中为小治辨❻，然独宣以小致大，能因力行之，难以为经❼。中废，为右扶风，坐怨成信❽，信亡藏上林中，宣使郿令格杀信❾，吏卒格信时，射中上林苑门，宣下吏抵罪❿，以为大逆，当族，自杀。而杜周任用。

◎ 注释

❶给事：供职。❷辨：明察。❸微文深诋：深文周纳，陷人入罪。❹米

盐：细碎。❺擅摇：擅自更动。❻治辨：处理事情有条理。❼独减宣能行之，而他人则不能，故不可为常法。经：常。❽坐：因为。❾格杀：射杀。❿下吏：交付官吏。抵罪：判罪。

减宣断狱，微文深诋，杀伤者甚众。他治理官事，米盐细碎，独能行之。他怨恨其属官成信，成信逃藏于上林苑中，减宣派郿县县令击杀成信。吏卒射杀成信时，射中了上林苑之门，减宣被判大逆不道罪，灭族，减宣自杀。由此可见汉法的繁苛与严酷，酷吏是以其人之道还治其人之身。

二、杜周

❂ 原文二

杜周者，南阳杜衍人。义纵为南阳守，以为爪牙，举为廷尉史。事张汤，汤数言其无害，至御史。使案边失亡❶，所论杀甚众。奏事中上意，任用，与减宣相编❷，更为中丞十余岁。

其治与宣相放，然重迟❸，外宽内深次骨❹。宣为左内史，周为廷尉，其治大放张汤而善候伺❺。上所欲挤者，因而陷之；上所欲释者，久系待问而微见其冤状❻。客有让周曰："君为天子决平❼，不循三尺法❽，专以人主意指为狱。狱者固如是乎？"周曰："三尺安出哉？前主所是著为律❾，后主所是疏为令❿。当时为是，何古之法乎？"

至周为廷尉，诏狱亦益多矣。二千石系者新故相因⓫，不减百余人。郡吏大府举之廷尉，一岁至千余章。章大者连逮证案数百⓬，小者数十人；远者数千，近者数百里。会狱⓭，吏因责如章告劾⓮，不服，以笞掠定之⓯。于是闻有逮皆亡匿。狱久者至更数赦十有余岁而相告言⓰，大抵尽诋以不道以上⓱。廷尉及中都官诏狱逮至六七万人，吏所增加十万余人。

周中废，后为执金吾⓲，逐盗，捕治桑弘羊、卫皇后昆弟子刻深，天子以为尽力无私，迁为御史大夫。家两子，夹河为守⓳，其治暴酷皆甚于王温舒等矣。杜周初征为廷史，有一马，且不全[20]；及身久任事，至三公列，子孙尊官，家訾累数巨万矣[21]。

注释

[1]案：通"按"，拷问审理。[2]相编：任用杜周与减宣同列。[3]重迟：决断迟缓。[4]次骨：行法深刻至骨。[5]候伺：窥测主上意。[6]见：现。[7]决平：公平办案。[8]三尺法：法律写在三尺长（二尺四寸）的竹简上，故以"三尺法"称法律。[9]著：著录。[10]疏：分条记载。[11]新故相因：旧的未去，新的又来，新旧相积。[12]连逮：连及。证案：与案件有关的证人。[13]往赴对，即押送会审。[14]如章：按奏章。告劾：揭发罪状。[15]定：定案。[16]更：经历。数赦：屡次赦免。相告言：仍在诉讼。[17]大抵：大都。诋以不道：判为大逆不道之罪。[18]武帝太初元年（前104）改中尉为执金吾，杜周于天汉二年（前99）任执金吾。[19]夹河：黄河两岸。杜延寿任河内（黄河北岸）太守，杜延考任河南太守。[20]不全：配备不完好。[21]訾：通"赀"（zī），钱财。巨万：万万。

杜周治狱，效法张汤，善于窥测人主意而迎合之，曲法枉法，且以人主意作为律令。此乃驰骋人主一人的欲望，这是自私的、秘密的。法令乃具有普遍性、公开性。杜周不仅治狱严酷，且贪婪，为官以来，家资万万。

原文三

太史公曰：自郅都、杜周十人者，此皆以酷烈为声。然郅都伉直[1]，引是非，争天下大体[2]。张汤以知阴阳[3]，人主与俱上下[4]，时数辩当否，国家赖其便。赵禹时据法守正。杜周从谀，以少言为重。自张汤死后，网密，多诋严[5]，官事浸以耗废。九卿碌碌奉其官，救过不赡[6]，何暇论绳墨之外乎[7]！然此十人中，其廉者足以为仪表，其污者足以为戒，方略教导，禁奸止邪，一切亦皆彬彬质有其文武焉。虽惨酷，斯称其位矣[8]。至若蜀守冯当暴挫[9]，广汉李贞擅磔人[10]，东郡弥仆锯项[11]，天水骆璧推咸[12]，河东褚广妄杀，京兆无忌、冯翊殷周蝮鸷❸，水衡阎奉朴击卖请❹，何足数哉！何足数哉！

💡注释

❶ 忼（gāng）直：刚烈正直。❷ 天下大体：关系国家的重要原则。❸ 知阴阳：知人主意旨的轻重。❹ 俱上下：与人主的意见保持一致。❺ 诋严：苛刻严厉。❻ 赡（shàn）：足。❼ 绳墨之外：法律以外的事。❽ 称其位：称职。❾ 暴挫：凶暴地摧残人。❿ 磔（zhé）人：分裂尸体。⓫ 锯项：锯断脖子。⓬ 推成：当作"椎成"，椎击以成狱。⓭ 蝮（fù）鸷：凶狠如蝮毒鸷攫。⓮ 朴击：用木棒打人。卖请：逼人拿钱求得宽免。

《酷吏列传》叙述了酷吏十三人，分别是侯封、晁错、郅都、宁成、周阳由、赵禹、张汤、义纵、王温舒、尹齐、杨仆、减宣、杜周。高后时有酷吏侯封，景帝时有酷吏晁错、郅都，武帝时有酷吏十人。西汉从景帝开始，刑罚逐渐严酷。在十三位酷吏中，张汤是主要人物，传记的文本量最大，叙述的事迹尤多。其次是王温舒，是酷吏中最为暴虐且最没有品行的人物。

在这十三位酷吏当中，自杀、被杀而不能正命而死的，有九位："遂夷侯封之家""错卒以被戮""于是遂斩郅都""遂案宁氏，尽破碎其家""而由弃市""（张汤）遂自杀""弃纵市""（王温舒）自杀""（尹齐）抵罪""（减宣）自杀"。此外，"（杨仆）病死""（尹齐）病死，仇家欲烧其尸""（赵禹）以寿卒于家"、杜周老死。由此可知，酷吏多没有好下场。

传记叙写这十三位酷吏，有详有略。张汤的传记内容约占全文二分之一的篇幅，是司马迁着力叙写的人物。一是作为酷吏，张汤最具有典范性；二是张汤的地位高，为御史大夫而深得武帝的信任；三是不少酷吏皆受到张汤的推荐和重用，张汤是酷吏的中心人物。张汤曾为宁成的属官。赵禹与张汤共事，赵禹逼张汤自杀。王温舒事张汤，迁为御史。尹齐，事张汤。杜周，事张汤。张汤与减宣有隙，减宣告张汤。

武帝任用酷吏，打击豪强，抑制商贾，惩治贵戚奸吏，这是有一定积极意义的。司马迁认识到武帝时代社会政治丛生的种种问题，如贵戚们骄横跋扈，地方豪强为非作歹、鱼肉民众，官吏们知法犯法、蒙上欺下，民众在困境中铤而走险、违法乱禁等。因此，司马迁肯定了酷吏实行严刑峻法的一定合理性、必要性，"虽惨酷，斯称其位矣"，但至于蜀守冯当、广汉李贞等，并非是司马迁所写的酷吏人物，他们简直是豺狼。《太史公自序》："民倍本多巧，奸轨（guǐ，盗窃或作乱的坏人）弄法，善人不能化，唯一切严削为能齐之。作《酷吏列传》第六十二。"

司马迁把酷吏苛政出现的罪责归于武帝，文中多次说"上以为能，至太中大夫""天子以为尽力无私，迁为御史大夫"等，甚至说"汤尝病，天子至自视病，其隆贵如此"。司马迁"深慨"之情，"悲世之意"，溢于言表。

酷吏的共同特点是执法严酷深刻，轻罪重罚，穷究党羽，深文周纳，杀戮者众。这能暂时使民众不敢犯罪，但长此以往，便造成了恶性循环，社会更加混乱，吏治更加败坏，民众以违法犯罪为轻，最终导致民众聚众为盗贼。司马迁也对某些酷吏给予一定的肯定，如对郅都的"伉直"，及其"行法不避贵戚""不发私书，问遗无所受，请寄无所听""奉职死节官下，终不顾妻子"的廉洁奉公的品德，对"居岁余，郡中不拾遗"的治绩给予肯定，甚至说"其廉者足以为仪表"，显示了"不虚美，不隐恶"的"实录"精神。

司马迁所处的时代，是皇权的专制政治尽量地发挥其毒性的时代，是西汉由盛转衰的时代。汉兴，经过六七十年的休养生息，无为而治，到武帝即位初年，国力强盛。武帝不恤民力、财力，疯狂地向四夷征伐、扩张，用将一决于内宠，致使国家人民蒙受了莫大的损失和痛苦。武帝彻底破坏了宰相制度，以加强大一统的一人专制的皇权，由此凸现他自己的才智和好恶，而抑压天下人的才智和好恶。武帝的穷兵黩武大量消耗了社会的资材,又破坏财经制度,不择手段地搜刮财富,导致官场的腐败、社会政治的混乱。《平准书》:"入物者补官,出货者除罪,选举陵迟,廉耻相冒,武力进用,法严令具。兴利之臣自此始也。"武帝又实行严刑酷罚的残暴政治。总而言之,武帝因席丰履厚而生奢泰之心,又由奢泰之心而生穷兵黩武之念,因穷兵黩武而大量消耗国家社会的资材,因大量消耗国家的资材而采取特殊的财经政策,因特殊的财经政策而破坏了政治社会的正常结构,因破坏了政治社会的正常结构而民不聊生,引起山东的盗贼蜂起,便不能不依靠严刑酷罚的酷吏之治、屠杀之政。①

---

① 徐复观:《两汉思想史(第三卷)》,华东师范大学出版社,2001,第230页。

/ 第十三章 /

"高山仰止,景行行止"
——儒家人物的传记

近三百年以来,时代中最巨大、最显著的力量是经济;但在中国,一直到鸦片战争以前,各时代中最巨大、最显著的力量乃是政治。《史记》的"本纪""世家",记录了帝王、诸侯的事迹。"列传"中所述的历史人物,也大多是政治人物。这肯定了政治人物在历史的形成和发展中所发挥的重要作用,但《史记》也为孔子、孟子、荀子、老子、庄子、韩非子、屈原、司马相如等学术人物作传。相对于强势的政治人物,学术人物是一个弱势的群体:一方面,他们的人数不多;另一方面,他们的传记也简短,因为他们不受时人重视而流传下来的事迹和声名甚少或湮没不闻,故司马迁作传记有材料缺失的困难,"巧媳妇难为无米之炊"。司马迁为学术人物作传,肯定了他们的学术思想和精神的价值及对社会、政治、文化等发生的作用,这表现出司马迁的真知卓识。

▌ 第一节 学术人物

一、为学术人物立传

新儒家徐复观说:

他(司马迁)非常重视学术文化在历史形成中的意义。凡有著作流传的,即使作为列传的材料非常缺乏,他也以各种形式为其立传。他所宗依的是孔子。但对诸子百家，都给予历史的地位，而不欲其归于泯灭。对汉初为大家所深恨的法家，也是如此。①

司马迁为孔子立世家，为孔子的众弟子立列传，且《孔子世家》在材料的缀集上特为详备，由此可见他用心之苦、用力之勤。"世家"本是记录诸侯王的世系。孔子并非侯王，为何立世家呢？《正义》曰："孔子无侯伯之位，而称世家者，太史公以孔子布衣传十余世，学者宗之，自天子王侯，中国言'六艺'者宗于夫子，可谓至圣，故为世家。"孔子所传承的礼乐、整理的"六艺"，世代传承而绵延不绝，故为世家。在《孟子荀卿列传》中，司马迁为孟子、驺忌、驺衍、驺奭、淳于髡、慎到、环渊、接子、田骈、荀卿、公孙龙、墨子等作传记。这是以儒家为主而网罗诸子百家，以肯定其历史地位和作用。

司马迁立《儒林列传》，在奠定中国文化的传承上有重大的意义。某一民族如果没有文化传承，即意味着某一民族生命的断绝，同时意味着某一民族在人类中所承担责任的消失。文化传承必须在许多文化遗产中确定一个主流，必须有一定的典籍依据。司马迁创作《儒林列传》，确定了儒家思想作为中国文化的主流，也确定了"六艺"成为中国文化传承的主要典籍。"六艺"是古代文化长时期的积累和总结，有很大的普遍性，又经过了孔子的整理，被赋予新义。儒家最有资格成为中国文化的主流，"六艺"最有资格成为文化典籍的根据。《儒林列传》叙述了儒学在历史中曲折坎坷的发展历程。武帝即位，开始任用儒生，昌明儒学。窦太后崩，武安侯田蚡为丞相，黜黄老、刑名百家之言，延请文学儒者数百人。公孙弘以《春秋》白衣为天子三公，封为平津侯，著《功令》，奏请"为博士官置弟子员"，并根据其学业等级录用为政府官员，"自此以来，则公卿大夫士吏彬彬多文学之士矣"。儒家"学而优则仕"的理想成为了现实，儒者从此走上了仕宦之途，士与大夫结合而成为"士

---

① 徐复观：《两汉思想史（第三卷）》，华东师范大学出版社，2001，第238页。

大夫",这是一件大事。司马迁慨叹说:"余读《功令》,至于广厉学官之路,未尝不废书而叹也。"司马迁感叹的内容究竟是什么呢?后人或以为,儒者从此进入仕途,增加了官僚机构中的文化因素,使专制的政治受到了儒家仁义之道的影响。或以为,儒者仕途通达,则道统阻滞,儒学置于政治权势之下,而更多地遭到政治权势的歪曲和利用;多数儒者成为利禄之徒,失去了以道自任的独立人格。实际上,司马迁的感叹表现了复杂矛盾的思想:一方面,在大一统的专制政治下,儒学如果得不到朝廷的承认和提倡,则很难有长期生存和发展的机会;另一方面,学术之权一旦操于朝廷之手,固然学术会给予政治以若干的影响,但政治会给学术以更大影响,限制学术的发展方向、范围,并进而歪曲学术的自身,且以"阿世"代替了"救世"之目的。这表明现实政治与学术思想的关系是复杂矛盾的。

司马迁在《老子韩非列传》中为老子、庄子、申不害、韩非立传。老子的材料较少,且有数种传说;司马迁采用"信则传信,疑则传疑"的手法写成《老子列传》。学人多批评《老子列传》的材料可疑,且有漏洞,因而怀疑老子本无其人,或认为著《老子》者为李耳而非老聃。徐复观说:综上所述,对老子的生平,我们除了以《史记·老子列传》中的正传为依据外,实再没有其他更好的依据。就《列传》中所根据的材料,我们可以得出两个结论:第一,老子与孔子同时而略早于孔子,且曾发生过关系。……第二,现行《老子》一书,《列传》认为出于老子所自著。"[1]司马迁同样为法家人物作传。商鞅是重要的政治人物,而司马迁在"太史公曰"中提到商鞅所著的《开塞》《耕战》之书。司马迁在韩非传记中列举韩非所著的《孤愤》《五蠹》《内外储》《说林》《说难》十余万言,并详录他的《说难》全文。这皆表明司马迁对学术著作的特别重视。

司马迁为屈原、贾生、司马相如等人作传,说明他重视文学在历史中的重要作用。《屈原列传》的主要特征是记叙传主的行事与

---

[1] 徐复观:《中国思想史论集续篇》,上海书店出版社,2004,第188页。

议论、抒情相结合，且议论、抒情的文字占到了全文二分之一的篇幅，钱钟书所谓"反论赞之宾，为传记之主"①。究其原因：一是屈原行事的材料很少，几乎不见于先秦的任何传世典籍，但屈原的作品章章俱在，司马迁把品评作品和品评人品结合起来；二是司马迁与屈原是异代知音，他有强烈的感情要借题发挥，正如杜甫诗曰："怅望千秋一洒泪，萧条异代不同时。"（《咏怀古迹》）。清人李景星说："通篇多用虚笔，以抑郁难遏之气，写怀才不遇之感，岂独屈、贾二人合传，直作屈、贾、司马三人合传读可也。"（《史记评议》）《屈原列传》所记录的屈原事迹简略且有矛盾，但如果没有司马迁的传记，则屈原的事迹和声名恐怕湮没不闻。徐复观的名文《西汉知识分子对专制政治的压力感》："《离骚》在汉代文学中所以能发生巨大的影响，一方面固然是因为出身于丰沛的政治集团，特别喜欢'楚声'，而不断加以提倡。另一方面的更大原因，乃是当时的知识分子，以屈原的'信而见疑，忠而被谤，能无怨乎'的'怨'，象征着他们自身的'怨'；以屈原的'怀石遂自投汨罗以死'的悲剧命运，象征着他们自身的命运。"②西汉的知识分子贾谊、刘安、司马迁、董仲舒、扬雄等，对屈原的悲剧命运是感同身受的。

二、以文化为骨干之史

徐复观说：

他（司马迁）把以孔子为中心的文化，与现实的政治，保持相当的距离，而把文化的意义，置于现实政治的上位。……在他心目中，对文化的信任，远过于对政治的信任。他所了解的现实，使他相信人类的命运，在文化而不在政治，或者说，在以文化所规整的政治。所以《史记》可以说是以文化为骨干之史。③

---

① 钱钟书：《管锥编（一）》，生活·读书·新知三联书店，2007，第496页。
② 徐复观：《两汉思想史（第一卷）》，华东师范大学出版社，2001，第168页。
③ 徐复观：《两汉思想史（第三卷）》，华东师范大学出版社，2001，第194页。

司马迁把以孔子为中心的文化,与现实的政治保持距离;一方面让儒家文化能较为独立自由的发展,另一方面也让儒家文化能给予政治一定的影响。如果现实政治与学术思想分离,那么学术思想本身可以得到自律的发展,但对现实政治的影响甚微。如果现实政治与学术思想结合,二者处于对立的状态,则现实政治之影响学术思想,远大于学术思想之影响现实政治。如果学术思想在本质上与现实政治相对立,而在形式上又有某程度的合作,则现实政治对学术思想的歪曲,常大于学术思想对现实政治的修正。在现实政治与学术文化的矛盾关系中,司马迁把学术文化置于现实政治的上位。《十二诸侯年表》始于周共和元年(前841),厉王失政,大臣共和行政;终于孔子作《春秋》。孔子作《春秋》,是继王道之大统,救政治之困穷,使人类不能托命于政治,乃转而托命于由《春秋》所代表的文化。

新儒家大师牟宗三说:"吾之生命依据不在现实。现实一无所有矣。试看国在哪里?家在哪里?吾所依据者华族之文化生命,孔孟之文化理想耳。"[1]1982年2月14日,新儒家另一位大师徐复观病重立下遗嘱:"余自四十五岁以后,乃渐悟孔孟思想为中华文化命脉所寄,今以未能赴曲阜亲谒孔陵为大恨也。"[2]思想文化的价值,是置于现实政治的上位,人类不能托命于政治,但可托命于文化。

第二节 至圣孔子

儒家思想是中国传统文化的主流。司马迁十分用心、用力地撰写《孔子世家》,并为孔子的弟子作传而有《仲尼弟子列传》,为孟

---

[1] 牟宗三:《五十自述》,鹅湖出版社,1989,第116页。
[2] 曹永洋等:《徐复观先生年谱》,载《徐复观教授纪念文集》,台湾时报文化出版事业有限公司,1984。

子、荀卿等作传而有《孟子荀卿列传》。

"世家",是记录诸侯王的世系。根据此客观标准,则不应为孔子立世家。司马迁立世家,不仅有客观的标准,也有价值评价的意义。儒家以"六艺"为文化典籍。"六艺"是中国古代文化的总结,孔子传承之而代表了古代整个的历史文化,而诸子百家所代表的是个人的思想。这在学术文化中,司马迁认为孔子不应与诸子百家处于同等的地位,故列入世家以突出之。孔子所传承和发展的儒家思想成为中国文化的主流,世代绵延不绝。孔子没有侯伯之位,而称世家者,以孔子布衣传十余世,学者宗之,自天子王侯,中国言"六艺"者宗于夫子,可谓至圣,故为世家。

司马迁为孔子立世家,在材料的缀辑上详备而有序,"斯以勤矣"(班固语)。《论语》主要记录孔子的言论,涉及一些行为和相关的语境,但零乱琐碎,年月不明,故孔子的主要经历不能得到具体而完整的呈现。司马迁作《孔子世家》,一是排比材料,系之日月;二是"想当然耳"(钱钟书语),丰富材料,且予以生动形象地描述;三是解释材料之间的因果联系,如《报任少卿书》所谓"略考其行事,综其终始,稽其成败兴坏之纪"。

一、孔子居鲁

🕮 原文一

孔子生鲁昌平乡陬邑❶。其先宋人也,曰孔防叔。防叔生伯夏,伯夏生叔梁纥。纥与颜氏女野合而生孔子❷,祷于尼丘得孔子。鲁襄公二十二年而孔子生❸。生而首上圩顶❹,故因名曰丘云。字仲尼,姓孔氏。

丘生而叔梁纥死,葬于防山。防山在鲁东,由是孔子疑其父墓处,母讳之也。孔子为儿嬉戏,常陈俎豆❺,设礼容❻。孔子母死,乃殡五父之衢❼,盖其慎也。陬人挽父之母诲孔子父墓❽,然后往合葬于防焉。

......

孔子贫且贱。及长，尝为季氏史，料量平❾；尝为司职吏而畜蕃息❿。……孔子长九尺有六寸，皆谓之"长人"而异之。

鲁南宫敬叔言鲁君曰⓫："请与孔子适周。"鲁君与之一乘车，两马，一竖子俱，适周问礼，盖见老子云。辞去，而老子送之曰："吾闻富贵者送人以财，仁人者送人以言。吾不能富贵，窃仁人之号，送子以言，曰：'聪明深察而近于死者，好议人者也。博辩广大而危其身者，发人之恶者也。为人子者毋以有己，为人臣者毋以有己⓬。'"孔子自周反于鲁，弟子稍益进焉。

注释

❶陬（zōu）邑：在今山东曲阜。❷野合：叔梁纥（hé）年老而娶年少之颜氏，不合礼也。❸襄公二十二年是周正，夏正是二十一年，即公元前551年。❹圩（wéi）顶：头顶中间低而四边高，像丘之形。❺陈：陈列。俎（zǔ）豆：祭祀时盛猪牛羊等祭品的器具。❻礼容：礼仪。❼殡（bìn）：停放灵柩。衢（qú）：大路。❽挽（wǎn）父（fǔ）：赶车人，同"渔父"。❾料量：称量算数。❿蕃息：繁殖生息。⓫南宫敬叔学礼于夫子。⓬毋以有己：毋我，去己。

孔子生于公元前551年9月28日。他生也不幸，父亲早逝，孤苦无依；母亲少而守寡，生活艰难而没有依靠，而卒早亡。圣人不相，而与众人异，孔子之头顶像丘之形，其身长九尺六寸，谓之"长人"。孔子年少而好礼，岂生而知之乎？！

孔子的家族应是殷商的没落贵族。孔子贫且贱，做过委吏、乘田等小官吏，非常胜任这些工作。孔子曰："吾少也贱，故多能鄙事。"（《论语·子罕》）

孔子问礼于老子，孔子较老子年轻二十余岁。"富贵者送人以财，仁人者送人以言"，乃是名言。老子告诫：聪明人不要轻议、非议他人，不要妄发他人之恶，否则身危近死。

原文二

鲁昭公之二十年，而孔子盖年三十矣。齐景公与晏婴来适鲁，景公问孔子曰："昔秦穆公国小处僻，其霸何也？"对曰："秦国虽小，其志大；处虽僻，行中正。身举五羖❶，爵之大夫，起累绁之中❷，与语三日，授之以政。以此取之，虽王可也，其霸小矣。"景公说。

孔子年三十五，而季平子与郈昭伯以斗鸡故得罪鲁昭公❸，昭公率师击平子，平子与孟氏、叔孙氏三家共攻昭公，昭公师败，奔于齐，齐处昭公乾侯❹。其后顷之，鲁乱。孔子适齐，为高昭子家臣，欲以通乎景公。与齐太师语乐，闻《韶》音，学之，三月不知肉味❺，齐人称之。……景公曰："吾老矣，弗能用也。"孔子遂行，反乎鲁。

孔子年四十二，鲁昭公卒于乾侯，定公立。

……

桓子嬖臣曰仲梁怀❻，与阳虎有隙❼。阳虎欲逐怀，公山不狃止之❽。其秋，怀益骄，阳虎执怀。桓子怒，阳虎因囚桓子，与盟而释之。阳虎由此益轻季氏。季氏亦僭于公室❾，陪臣执国政，是以鲁自大夫以下皆僭离于正道。故孔子不仕，退而修《诗》《书》《礼》《乐》，弟子弥众，至自远方，莫不受业焉。❿

注释

❶ 五羖（gǔ）：五羖大夫百里奚。羖，黑色的公羊。秦穆公用五张黑羊皮赎百里奚。❷ 累（léi）绁（xiè）：捆绑犯人的绳索。❸ 郈（hòu）：姓。君臣因斗鸡而互相攻伐，这是玩物丧志。❹ 乾（gān）侯：晋国地名。齐安置昭公于乾侯，昭公终死于此。❺《韶》乐为虞舜所作，尽善尽美。孔子闻习《韶》乐之善美，而忘记肉味。❻ 嬖（bì）臣：宠幸臣。❼ 阳虎：季氏家臣。隙：矛盾。❽ 公山不狃（niǔ）：季氏宰。❾ 僭（jiàn）：超越本分。孔子谓季氏："八佾（yì）舞于庭，是可忍也，孰不可忍也？"（《论语·八佾》）❿ 学而时习之，不亦说乎？有朋自远方来，不亦乐乎？人不知而不愠，不亦君子乎？

孔子论政，特重视人君之重用贤才，不拘其卑贱身份。孔子习《韶》乐，专心致志，三月不知肉味。孔子三十五岁，因鲁内乱而至齐，事齐景公，有三四年。景公敬见孔子，而不问其礼。齐大夫欲害之，景公亦不用，故孔子返鲁。孔子因鲁自大夫以下皆僭离于正道，而不肯仕，专心修《诗》《书》《礼》《乐》，教育弟子。弟子从远方来，弥众。

原文三

定公十四年❶，孔子年五十六，由大司寇行摄相事❷，有喜色。门人曰："闻君子祸至不惧，福至不喜。"孔子曰："有是言也。不曰'乐其以贵下人'乎❸？"于是诛鲁大夫乱政者少正卯。与闻国政三月❹，粥羔豚者弗饰价❺；男女行者别于涂；涂不拾遗；四方之客至乎邑者不求有司，皆予之以归❻。

齐人闻而惧，曰："孔子为政必霸，霸则吾地近焉，我之为先并矣。盍致地焉❼？"黎鉏曰："请先尝沮之❽；沮之而不可则致地，庸迟乎❾！"于是选齐国中女子好者八十人，皆衣文衣而舞康乐❿，文马三十驷⓫，遗鲁君⓬。陈女乐文马于鲁城南高门外，季桓子微服往观再三，将受，乃语鲁君为周道游⓭，往观终日，怠于政事。子路曰："夫子可以行矣。"孔子曰："鲁今且郊，如致膰乎大夫⓮，则吾犹可以止。"桓子卒受齐女乐，三日不听政；郊，又不致膰俎于大夫。孔子遂行，宿乎屯。而师己送，曰："夫子则非罪。"孔子曰："吾歌可夫？"歌曰："彼妇之口，可以出走；彼妇之谒，可以死败。盖优哉游哉⓯，维以卒岁！"师己反，桓子曰："孔子亦何言？"师己以实告。桓子喟然叹曰："夫子罪我以群婢故也夫⓰！"

注释

❶公元前496年。❷摄相事：担任代理相。相是辅助诸侯的最高行政长官。❸君子乐其高位而礼贤下士。❹与：参与。❺卖羔豚的商人不虚抬价格。粥：通"鬻"，卖。❻予之犹如归家。❼盍（hé）：何不。❽沮（jǔ）：阻止。

❾ 庸：难道。❿ 文衣：华丽的衣服。康乐：靡靡之音。康，安。⓫ 文马：身披彩饰的马。⓬ 遗（wèi）：赠给。⓭ 周道游：请鲁君出游而往观齐之女乐。⓮ 膰（fán）：祭肉。⓯ 夫子感叹虚度岁月。⓰ 群婢：女乐。

定公九年（前501），孔子五十一岁，定公起用他。定公十至十四年，孔子由中都宰为司空，由司空为大司寇，摄相事，主管鲁国的朝政。他励精图治，鲁国的社会政治较安定，道不拾遗，四方之客至者，犹如归家。这是孔子在鲁国仕途上最为得意的时期，不禁面有喜色。

齐献女乐。鲁君贪恋女乐，怠于政事；贵族大臣季桓子也沉溺于女乐中，三日不听政。孔子不得已离开鲁国。他在途中歌咏，一方面斥责女乐将使鲁陷入死败之地，另一方面也哀叹岁月流逝而自己的政治理想难以实现。

二、孔子周游列国

定公十四年（前496），孔子五十六岁，离开鲁国，展开了周游列国的艰难历程，历时十余年，累累如丧家之犬，困顿不遇。

◎ 原文四

孔子遂适卫，主于子路妻兄颜浊邹家。卫灵公问孔子："居鲁得禄几何？"对曰："奉粟六万。"卫人亦致粟六万。居顷之，或谮孔子于卫灵公❶。灵公使公孙余假一出一入❷。孔子恐获罪焉，居十月，去卫。

将适陈，过匡，颜刻为仆，以其策指之曰❸："昔吾入此，由彼缺也。"匡人闻之，以为鲁之阳虎。阳虎尝暴匡人❹，匡人于是遂止孔子。孔子状类阳虎，拘焉五日，颜渊后❺，子曰："吾以汝为死矣。"颜渊曰："子在，回何敢死！"匡人拘孔子益急，弟子惧。孔子曰："文王既没，文不在兹乎？天之将丧斯文也，后死者不得与于斯文也。天之未丧斯文也，匡人其如予何❻？"孔子使从者为宁武子臣于卫，然后得去。

注释

❶谮（zèn）：诬陷，中伤。❷一出一入：公孙余假以兵杖出入，监视、威胁孔子。❸策：马鞭。❹暴：暴虐。❺颜渊与孔子相失在后。❻孔子自谓得之天命。

孔子去鲁适卫，去卫过匡，为匡人围困。

《论语·子罕》："子畏于匡。曰：'文王既没，文不在兹乎？天之将丧斯文也，后死者不得与于斯文也。天之未丧斯文也，匡人其如予何？'"孔子之言，意思是：文王已没，我传承文王之道，当仁不让。天命如果断绝文王之道，则我必不得参与此道；今我既然传承此道，则天命不欲丧绝此文。天既未欲丧此文，那么匡人其奈我何，即必不能违天害己。

原文五

去即过蒲。月余，反乎卫，主蘧伯玉家❶。灵公夫人有南子者，使人谓孔子曰："四方之君子不辱欲与寡君为兄弟者，必见寡小君❷。寡小君愿见。"孔子辞谢，不得已而见之。夫人在絺帷中❸。孔子入门，北面稽首❹。夫人自帷中再拜，环珮玉声璆然❺。孔子曰："吾乡为弗见，见之礼答焉。"子路不说。孔子矢之曰❻："予所不者，天厌之！天厌之❼！"居卫月余，灵公与夫人同车，宦者雍渠参乘❽，出，使孔子为次乘，招摇市过之。孔子曰："吾未见好德如好色者也❾。"于是丑之，去卫，过曹。是岁，鲁定公卒。

孔子去曹适宋，与弟子习礼大树下。宋司马桓魋（tuí）欲杀孔子，拔其树。孔子去。弟子曰："可以速矣。"孔子曰："天生德于予，桓魋其如予何！"❿

孔子适郑，与弟子相失，孔子独立郭东门。郑人或谓子贡曰："东门有人，其颡似尧⓫，其项类皋陶，其肩类子产，然自要以下不及禹三寸。累累若丧家之狗⓬。"子贡以实告孔子。孔子欣然笑曰："形状，末也。而谓似丧家之狗，然哉！然哉！"

> 孔子遂至陈，主于司城贞子家。
> ……
> 孔子居陈三岁，会晋、楚争强，更伐陈，及吴侵陈，陈常被寇。孔子曰："归与归与！吾党之小子狂简❸，进取不忘其初❹。"于是孔子去陈。

注释

❶ 蘧（qú）：姓。❷ 小君：诸侯夫人，即南子。❸ 缔（chī）帷：帷幕。缔，细的葛布。❹ 稽（qǐ）首：一种恭敬的礼节，叩头至地。❺ 璆（qiú）然：环玉相击时发出的圆润之声。❻ 矢：发誓。❼ 我所行如不合礼义，则天厌弃我。❽ 参乘：骖乘，在车的右边陪乘。❾ 好德如好色，则以好德为乐也。子曰："知之者不如好之者，好之者不如乐之者。"（《论语·雍也》）❿ 孔子认为他是受天命而传承礼乐，桓魋等小人不能伤害他。⓫ 颡（sǎng）：前额。⓬ 孔子生于乱世，道不得行，四处奔走，瘦弱疲乏。累累：瘦弱疲乏的样子。⓭ 狂简：志大才疏。⓮ 不忘其初：不变当初之志。

孔子过蒲，月余，又返于卫。不久，孔子去卫过曹，去曹适宋。宋司马桓魋欲杀之，孔子遂适郑，为郑人所耻笑。孔子去郑至陈。居陈三年，晋、楚争强，先后伐陈，孔子去陈。

司马迁为孔子立世家，在材料的缀辑上颇为用心、用力。《论语·子罕》："子曰：'吾未见好德如好色者也。'"《论语·卫灵公》："子曰：'已矣乎！吾未见好德如好色者也。'"《论语·雍也》："子见南子，子路不说。夫子矢之曰：'予所否者，天厌之！天厌之！'"《论语·雍也》："知之者不如好之者，好之者不如乐之者。"《左传》定公十四年，南子依仗卫灵公的宠幸，与情人宋朝"会于洮（táo）"，丑闻传遍朝野。这几则材料散乱于《论语》中，未系年月，也不知孔子是在何种语境下说出的。《孔子世家》叙孔子与南子会见之事，具体、生动、完整，增加了孔子为次乘的情节。南子从帷中再拜，其身上环玉相击，而发出圆润之声，读者似可闻之。

这使一些学者忍无可忍、义愤填膺。清人梁玉绳指责司马迁曰："欲媚夫人，帷中交拜，且使为次乘，俨同宦寺之流，过市招摇，不顾辱身之丑，小人所不为也，而谓孔子为之乎？马迁诬圣，罪在难宽。"（《史记志疑》）宋人朱熹的见识通达："盖古者仕于其国，有见其小君之礼。而子路以夫子见此淫乱之人为辱，故不悦。……圣人道大德全，无可不可。其见恶人，固谓在我有可见之礼，则彼之不善，我何与焉。然此岂子路所能测哉？故重言以誓之，欲其姑信此而深思以得之也。"（《论语集注》）孔子足够坚白，人之不善，不能污之。

❀ 原文六

过蒲，会公叔氏以蒲畔，蒲人止孔子。……

卫灵公闻孔子来，喜，郊迎。问曰："蒲可伐乎？"对曰："可。"灵公曰："吾大夫以为不可。今蒲，卫之所以待晋、楚也，以卫伐之，无乃不可乎？"孔子曰："其男子有死之志❶，妇人有保西河之志。吾所伐者，不过四五人❷。"灵公曰："善。"然不伐蒲。

灵公老，怠于政，不用孔子。孔子喟然叹曰："苟有用我者，期月而已❸，三年有成。"孔子行。

佛肸为中牟宰❹。赵简子攻范、中行，伐中牟。佛肸畔，使人召孔子。孔子欲往。子路曰："由闻诸夫子，'其身亲为不善者，君子不入也❺'。今佛肸亲以中牟畔，子欲往，如之何？"孔子曰："有是言也。不曰坚乎，磨而不磷❻；不曰白乎，涅而不缁❼。我岂匏瓜也哉，焉能系而不食？❽"

……

孔子学鼓琴师襄子，十日不进❾。师襄子曰："可以益矣。"孔子曰："丘已习其曲矣，未得其数也❿。"有间，曰："已习其数，可以益矣。"孔子曰："丘未得其志也⓫。"有间，曰："已习其志，可以益矣。"孔子曰："丘未得其为人也⓬。"有间，有所穆然深思焉，有所怡然高望而远志焉。❸曰:"丘得其为人,黯然而黑,几然而长❹,眼如望羊❺,如王四国,非文王其谁能为此也!"师襄子辟席再拜,曰:"师盖云《文王操》也❻。"

注释

❶ 公叔氏欲以蒲叛,男子以死抗拒,女子亦如是。❷ 公叔氏及其死党四五人,而非蒲之百姓。❸ 期(jī)月:一月。❹ 佛(bì)肸(xī):晋大夫赵简子邑宰。❺ 不入:不入其国。❻ 磷:薄。❼ 涅:黑色染料。缁(zī):黑色。《论语集解》引何晏之言曰:"言至坚者磨之而不薄,至白者染之于涅而不黑,喻君子虽在浊乱,浊乱不能污。"❽ 匏(páo)瓜不食,故系于一处;我须求食,故东西南北奔走。❾ 十日未学新曲。❿ 数:乐曲所含之理。⓫ 由曲之理察知作曲者之心志。⓬ 由作曲者之心志把握其人格。⓭ 孔子穆然深思,怡然远望,与文王的人格相通。⓮ 人格是内外的合一,孔子察知文王的气象:面色黧黑,身材颀长,目光高远,有王天下的气概。几:颀。⓯ 望羊:仰视的样子。⓰《文王操》:文王所作琴曲。

乐曲与个性人格融合于一。孟子曰:"君子所性,仁义礼智根于心。其生色也,睟(suì,润泽)然见于面,盎(洋溢)于背,施于四体(见于动作威仪之间),四体不言而喻(四体不待吾言,则能晓吾意也)。"(《孟子·尽心上》)仁义礼智等道德观念与人的生命和生活相结合,表现于人的形容与言行中。

原文七

明年,孔子自蔡如叶。叶公问政,孔子曰:"政在来远附迩。"他日,叶公问孔子于子路,子路不对❶。孔子闻之,曰:"由,尔何不对曰'其为人也,学道不倦,诲人不厌❷,发愤忘食,乐以忘忧❸,不知老之将至'云尔。"

去叶,反于蔡。长沮、桀溺耦而耕❹,孔子以为隐者,使子路问津焉❺。长沮曰:"彼执舆者为谁❻?"子路曰:"为孔丘。"曰:"是鲁孔丘与?"曰:"然。"曰:"是知津矣❼。"桀溺谓子路曰:"子为谁?"

曰："为仲由。"曰："子，孔丘之徒与？"曰："然。"桀溺曰："悠悠者天下皆是也❽，而谁以易之❾？且与其从辟人之士❿，岂若从辟世之士哉！"耰而不辍⓫。子路以告孔子，孔子怃然曰⓬："鸟兽不可与同群。天下有道，丘不与易也。⓭"

他日，子路行，遇荷蓧丈人⓮，曰："子见夫子乎？"丈人曰："四体不勤，五谷不分⓯，孰为夫子！"植其杖而芸⓰。子路以告，孔子曰："隐者也。"复往，则亡。

⊙ 注释

❶子路不知如何回答。❷厌：通"餍"，满足。❸学道未得，则发愤而忘食；学道已得，则乐之而忘忧。❹长沮（jǔ）、桀溺（nì）：隐者。耦而耕：两人合耕，是古代的一种耕种方法。❺津：渡口，喻治国之道。❻执舆者：执辔（pèi，缰绳）者。子路御而执辔，今下问津，孔子代之。❼孔子周游列国，见识广博，是知"道"者。❽悠悠：《论语·微子》作"滔滔"，水势盛大的样子，比喻社会秩序混乱。❾易之：治理乱世。❿辟人之士：孔子与当时的国君不能相合。辟，通"避"。⓫耰（yōu）：播种后，用土盖上。⓬怃（wǔ）然：怅然，惜隐者不知己意。⓭如果天下平治，我就不参与治理天下了。与（yù）：参与。圣人不敢有忘天下之心，故其言如此。⓮蓧（diào）：一种古代除草的农具。⓯责怪孔子不能从事农业生产，而周游列国。勤：劳。⓰植：倚。芸：耘，除草。

人们曾痛骂孔子"四体不勤，五谷不分"。孔子虽不从事农业劳动，但并不表明他不了解农人的艰辛困苦生活。社会必然分工，孔子主要从事宣扬和推行仁义之道的工作。孟子尤为重视社会的分工："故曰或劳心，或劳力；劳心者治人，劳力者治于人；治于人者食人，治人者食于人，天下之通义也。"（《孟子·滕文公上》）社会有劳心者与劳力者两种分工，这并不表明这两种工作有贵贱之分。

⊙ 原文八

孔子迁于蔡三岁，吴伐陈。楚救陈，军于城父。闻孔子在陈、蔡之间，楚使人聘孔子。孔子将往拜礼，陈、蔡大夫谋曰："孔子贤者，所刺讥皆中诸侯之疾❶。今者久留陈、蔡之间，诸大夫所设行皆非仲尼之意❷。今楚，大国也，来聘孔子。孔子用于楚，则陈、蔡用事大夫危矣❸。"于是乃相与发徒役围孔子于野❹。不得行，绝粮。从者病，莫能兴❺。孔子讲诵弦歌不衰。子路愠见曰："君子亦有穷乎？"❻孔子曰："君子固穷，小人穷斯滥矣。❼"

子贡色作❽。孔子曰："赐，尔以予为多学而识之者与❾？"曰："然。非与？"孔子曰："非也。予一以贯之❿。"

孔子知弟子有愠心，乃召子路而问曰："《诗》云'匪兕匪虎，率彼旷野'⓫。吾道非邪？吾何为于此？"子路曰："意者吾未仁邪⓬？人之不我信也。意者吾未知邪？人之不我行也。"孔子曰："有是乎！由，譬使仁者而必信，安有伯夷、叔齐？使知者而必行，安有王子比干？"

子路出，子贡入见。孔子曰："赐，《诗》云'匪兕匪虎，率彼旷野'。吾道非邪？吾何为于此？"子贡曰："夫子之道至大也，故天下莫能容夫子。夫子盖少贬焉⓭？"孔子曰："赐，良农能稼而不能为穑⓮，良工能巧而不能为顺⓯。君子能修其道，纲而纪之，统而理之，而不能为容⓰。今尔不修尔道而求为容。赐，而志不远矣⓱！"

子贡出，颜回入见。孔子曰："回，《诗》云'匪兕匪虎，率彼旷野'。吾道非邪？吾何为于此？"颜回曰："夫子之道至大，故天下莫能容。虽然，夫子推而行之，不容何病⓲，不容然后见君子！夫道之不修也，是吾丑也。夫道既已大修而不用，是有国者之丑也。不容何病，不容然后见君子！"孔子欣然而笑曰："有是哉颜氏之子！使尔多财，吾为尔宰。⓳"

于是使子贡至楚。⓴楚昭王兴师迎孔子，然后得免。

注释

❶疾：弊病。❷设行：政治措施与行为。❸用事：当权。❹徒役：徒隶。❺兴：起。❻愠（yùn）：怨恨。穷：困厄。❼君子固知有穷，而安于穷

困；小人穷则怨天尤人，且无所不作。❽色作：脸色变，即有不悦之色。
❾子贡之学，多而能识。孔子欲使之知本，故问而发之。❿仁义之道。
⓫率：循。此两句出自《诗经·小雅·何草不黄》。⓬想来我们未必仁智，
故他人不信不行。意：主观猜想。⓭少贬：稍微贬损道，以迎合人君。
⓮稼：耕种。穑：收获。⓯良工能巧，而不能顺他人之意。⓰君子行道，
不求为人君所容。⓱而志：你的志向。⓲不容没有什么耻辱。⓳假使你
多财，则我为你主管财物。这是孔子的戏言，表现他们志向相同的惬意。
⓴子贡善于论辩，有游说之才。

《论语·卫灵公》有两段材料：

在陈绝粮，从者病，莫能兴。子路愠见曰："君子亦有穷乎？"子
曰："君子固穷，小人穷斯滥矣。"

子曰："赐也，女以予为多学而识之者与？"对曰："然，非与？"
曰："非也，予一以贯之。"

司马迁把上面的两段材料联系起来，予以充分的扩充，构成了
《孔子世家》中最为精彩的一段文字，其文学性和思想性皆强。孔
子及其弟子困于陈、蔡之间，粮食断绝，从者病，莫能起，孔子依
然弦歌不衰。他的弟子子路、子贡心怀怨恨，不悦之色可掬。孔子
与弟子们展开了一次发人深省的对话。

子路的个性直率、好勇、不让，其修道的境界不是太高，时常
与孔子闹些矛盾。孔子曾说："由也升堂矣，未入于室也。"（《论
语·先进》）子路心怀不满，嘲弄说："君子亦有穷乎？"孔子回答：
君子本有穷时，一方面能安于穷困，另一方面在困穷时能执守仁义
之道，孔子所谓"君子去仁，恶乎成名？君子无终食之间违仁，造
次必于是，颠沛必于是"（《论语·里仁》）。但小人自以为不应受穷，
故在穷时一方面怨天尤人，另一方面滥作非为。

子贡博学多辞，善于辩论。他游说诸侯，颇得到时君的信任和
重用，这与子贡少贬其道而迎合时君有关。他善于经商，财物最为
饶益，背离"君子喻于义，小人喻于利"之旨。子贡不太能守死善

道。当陷入困境时，他脸露不悦之色。孔子说：你认为我是博学多识吗？子贡自许博学多识。孔子认为，博学多识是事实之知，必须以道德之知为根本。孔子之问意在启发子贡要知学问之本。孔子即以仁义之道作为博学多识的根本。

在孔门中，颜回的道德境界最高，深得孔子的赞扬。子曰："贤哉，回也！一箪食，一瓢饮，在陋巷。人不堪其忧，回也不改其乐。贤哉，回也！"（《论语·雍也》）颜回认为：夫子之道至远至大，而不能为世人所容，但君子应修其道、守其道，不求为世人所容；愈在困境时，愈能见出君子修道、守道、行道之坚贞不屈的品格，"岁寒，然后知松柏之后凋也"（《论语·子罕》）！颜回之论深契孔子之意。孔子在欢欣中戏言：假使你多财，则我为你主管财物。这表现出孔子可亲幽默的情趣。

三、孔子返鲁

孔子从定公十四年离开鲁国，至哀公十一年返回鲁国，"凡十四岁"。① 他回到鲁，其主要工作是整理"六艺"的典籍，且安心教授弟子。

◎ 原文九

孔子之去鲁凡十四岁而反乎鲁❶。

鲁哀公问政，对曰："政在选臣。"季康子问政，曰："举直措诸枉❷，则枉者直。"康子患盗，孔子曰："苟子之不欲，虽赏之不窃❸。"然鲁终不能用孔子，孔子亦不求仕。

孔子之时，周室微而礼乐废，《诗》《书》缺。追迹三代之礼❹，序《书传》，上纪唐虞之际，下至秦穆，编次其事。曰："夏礼吾能言之，杞不足征也。❺殷礼吾能言之，宋不足征也。足，则吾能征之矣。❻"观殷、夏所损益，曰："后虽百世可知也，以一文一质。

---

① 孔子于定公十四年（前496）去鲁，哀公十一年（前484）返鲁，应为十三年。

周监二代，郁郁乎文哉。❼吾从周。"故《书传》《礼记》自孔氏。

……

古者《诗》三千余篇，及至孔子，去其重，取可施于礼义，上采契、后稷，中述殷、周之盛，至幽、厉之缺，始于衽席❽，故曰"《关雎》之乱以为《风》始❾，《鹿鸣》为《小雅》始，《文王》为《大雅》始，《清庙》为《颂》始"。三百五篇孔子皆弦歌之，以求合《韶》《武》《雅》《颂》之音❿。礼乐自此可得而述，以备王道，成"六艺"。

孔子晚而喜《易》，序《彖》《系》《象》《说卦》《文言》。读《易》，韦编三绝⓫。曰："假我数年，若是，我于《易》则彬彬矣⓬。"

注释

❶孔子在哀公十一年返回鲁国。❷举荐正直之人，废置邪曲之人。❸民化于上，从上之所欲所行。❹迹：寻踪。❺我能言夏礼，但杞没有足够的文献（文，典籍；献，贤人）证明。杞：夏后。征：证明。❻文献若足，则我能取之而证吾言。❼周视二代之礼而损益之。监（jiān）：视。郁郁：礼乐完备而美盛。文：礼乐。❽衽（rèn）席：卧席，代指男女情事。❾乱：最后一章。《诗大序》："《关雎》，后妃之德也，风之始也，所以风天下而正夫妇也。"❿《韶》《武》：《韶》是舜之乐，《武》是武王之乐。⓫韦：熟牛皮。⓬彬彬：文质兼备。

孔子整理《书》《诗》《礼》《乐》，作《易传》。

孔子晚年颇好《易》。《易》通天命鬼神之事，幽远而深微，人非到晚年，不能隐知。《田敬仲完世家》曰："太史公曰：盖孔子晚而喜《易》。《易》之为术，幽明远矣，非通人达才孰能注意焉！"《外戚世家》曰："孔子罕称命，盖难言之也。非通幽明之变，恶能识乎性命哉？"

原文十

孔子以《诗》《书》《礼》《乐》教，弟子盖三千焉，身通"六艺"者七十有二人。如颜浊邹之徒，颇受业者甚众❶。

孔子以四教：文，行，忠，信。绝四：毋意，毋必，毋固，毋我。所慎：齐，战，疾。子罕言利与命与仁❷。不愤不启，举一隅不以三隅反，则弗复也。❸

……

子贡曰："夫子之文章，可得闻也。❹夫子言天道与性命，弗可得闻也已。❺"颜渊喟然叹曰："仰之弥高，钻之弥坚。❻瞻之在前，忽焉在后。❼夫子循循然善诱人❽，博我以文，约我以礼，欲罢不能。既竭我才，如有所立，卓尔。❾虽欲从之，末由也已。❿"

注释

❶颇：稍微。❷孔子曰："君子喻于义，小人喻于利。"天命难言，故稀言。仁是行之盛德，少有人及之。❸愤：心欲求通而未得。举一端以告之，其人不思其类，即不能触类旁通，则不重教。❹文章：德之表现于外者，如威仪、文辞等，皆可见闻。❺至于性与天道，孔子罕言之，以前不得闻见，子贡现在始得闻之，而感叹其美也。❻仰弥高，不可及；钻弥坚，不可入。❼夫子之道及其德性人格，恍惚不可形象。❽循循：有次序。❾夫子教以文礼，自己是欲罢不能，竭尽己才，似有所立，但仰望夫子之道的卓然，还有很大的一段距离。❿末：无。虽欲从之，但不能及，又不能止。

《论语·述而》："子曰：'不愤不启，不悱不发，举一隅不以三隅反，则不复也。'"学生首先要"愤"（心求通而未得）、"悱"（口欲言而未能），然后老师开其意、达其辞；接着学生由老师开其意（师举一），进一步地思考而能知三。如果学生不能知三，则老师不再告。具体地说，学生对某一知识有疑难而渴求解决，老师予以开导启发，学生再深入思考，由一而知三，对某一知识的理解提高到一个新的高度。这即是启发式的教育。

《论语·八佾》：

子夏问曰："'巧笑倩兮，美（修饰）目盼兮，素以为绚兮'何谓也？"子曰："绘事后素。"曰："礼后乎？"子曰："起予者商也，始可与言《诗》已矣。"

　　子夏先发问：好口（倩，好口）、好目（盼，黑白分明之目）配以巧笑、修饰，洁白的面容涂抹彩色的化妆品，为何更加动人呢？子夏遇到疑难问题，积极地思考，但心未通，而渴求解决。孔子以"绘事后素"予以启发，即先有白色的画布，然后绘上彩色的图画。子夏由一知三，先有好口、好目之质，再加以修饰；进一步思考：先有内在的仁义之质，再加以外在的礼仪修饰。这深入把握了孔子的仁礼之学：仁是礼内在的精神实质，孔子谓"人而不仁，如礼何？人而不仁，如乐何？"（《论语·八佾》）

❀ 原文十一

　　鲁哀公十四年春❶，狩大野。叔孙氏车子锄商获兽❷，以为不祥。仲尼视之，曰："麟也❸。"取之。曰："河不出图，洛不出书❹，吾已矣夫！"颜渊死，孔子曰："天丧予！"及西狩见麟，曰："吾道穷矣❺！"喟然叹曰："莫知我夫！"子贡曰："何为莫知子？"子曰："不怨天，不尤人❻，下学而上达❼，知我者其天乎❽！"

　　……

　　子曰："弗乎弗乎❾，君子病没世而名不称焉❿。吾道不行矣，吾何以自见于后世哉？"乃因史记作《春秋》，上至隐公，下讫哀公十四年，十二公。据鲁⓫，亲周⓬，故殷⓭，运之三代。约其文辞而指博。故吴、楚之君自称王，而《春秋》贬之曰"子"；践土之会实召周天子，而《春秋》讳之曰"天王狩于河阳"⓮：推此类以绳当世。贬损之义，后有王者举而开之。《春秋》之义行，则天下乱臣贼子惧焉。

　　孔子在位听讼⓯，文辞有可与人共者，弗独有也。至于为《春秋》，笔则笔，削则削⓰，子夏之徒不能赞一辞⓱。弟子受《春秋》，孔子曰："后世知丘者以《春秋》，而罪丘者亦以《春秋》。"

❀ 注释

❶公元前481年春。❷车子：驾车者。❸麟少见到，众人以为不祥之兽。

孔子认为，麟是仁兽，盛世才来。❹河图，黄河中龙马负图，伏羲时出。洛书，洛水中神龟负文而出。这皆是圣王之瑞。图：八卦图。❺麟来于衰世，不当来而来，且为贱者所获，来不逢时。孔子慨叹自己生于乱世，而不能实行仁义之道。❻世人不知、不信、不行自己之道，但不得于天而不怨天，不得于人而不怨人。"人不知而不愠，不亦君子乎？"❼下学人事，而上达天理。❽不知命，无以为君子。❾弗乎：不可。❿称名于后世。⓫以鲁为主。⓬以周为亲。⓭以殷为故旧。⓮僖公二十八年（前632），晋文公召集周天子与诸侯在践土会盟，而确立自己的霸主地位，挟天子以令诸侯。子曰："天下有道，则礼乐征伐自天子出；天下无道，则礼乐征伐自诸侯出。"（《论语·季氏》）⓯听讼：审理诉讼案件。⓰书写与删削，有微言大义。⓱子夏之徒不能助一辞。赞：帮助。

"笔则笔，削则削"，即笔削，即书与不书；大到对某事书与不书，小到对某事发生月日、地点等书与不书。一般而言，书与不书或表示对事实的知与不知。例如《左传》二十四年"春，王正月，秦伯纳之（纳晋文公重耳），不书（《春秋》未记这件事），不告入也（未告鲁史臣，故不知而未录）"。但孔门认为，在《春秋》特定语境中，书与不书，不是表示对史实的知与不知，而是蕴含了微言大义。《春秋》隐公二年"夫人子氏薨"。《公羊传》："夫人子氏者何？隐公之母也。何以不书葬？成公意也。何成乎公之意？子将不终为君，故母亦不终为夫人也。"后面的经文未书"夫人子氏葬"。《公羊传》认为，不书隐公之母葬，隐含了"成公意"的深层义，即成隐公将返位于桓公之意。

四、生荣死衰

◎ 原文十二

明岁，子路死于卫。孔子病，子贡请见。孔子方负杖逍遥于门❶，曰："赐，汝来何其晚也？"❷孔子因叹，歌曰："太山坏乎❸！梁柱摧乎！哲人萎乎！"因以涕下。谓子贡曰："天下无道久矣，莫能宗予❹。夏人殡于东阶，周人于西阶，殷人两柱间。昨暮予梦坐奠两柱之间❺，予始殷人也。"后七日卒。

孔子年七十三，以鲁哀公十六年四月己丑卒❻。

……

孔子葬鲁城北泗上，弟子皆服三年。三年心丧毕，相诀而去，则哭，各复尽哀；或复留。唯子贡庐于冢上❼，凡六年，然后去。弟子及鲁人往从冢而家者百有余室，因命曰孔里。鲁世世相传以岁时奉祠孔子冢❽，而诸儒亦讲礼乡饮大射于孔子冢❾。孔子冢大一顷。故所居堂、弟子内❿，后世因庙，藏孔子衣冠琴车书，至于汉二百余年不绝。高皇帝过鲁，以太牢祠焉⓫。诸侯卿相至，常先谒然后从政⓬。

注释

❶负杖：拄着拐杖。逍遥：徘徊。❷夫子将死之际，思见其弟子。❸太山是众山所仰。❹宗予：尊奉我的主张。孔子伤道之不行。❺坐奠：坐着受人祭奠。孔子的始祖是宋人，宋是殷后。❻鲁哀公十六年：公元前479年。❼子贡在坟冢的边上盖了一间草庐，为孔子守丧六年。❽祠：祭祀。❾讲礼：讲习礼仪。乡饮：乡学结业的仪式。❿在孔子原来所居的堂屋、弟子所居住的房室上建立孔庙。内：内室。⓫太牢：牛、羊、猪三牲皆备的祭祀。⓬谒（yè）：拜祭。

鲁哀公十六年，即公元前479年，孔子去世，享年七十三岁。哲人寂寞逝去，令人伤情！孔子自比作泰山、梁柱，自许为哲人，但在那个礼崩乐坏的时代，他壮志难酬，最终无可奈何地凋零衰落。孔子临死之际，渴望见到自己的弟子，以慰其孤寂和相思的情怀。他念念不忘乱世的无道及其给社会民生带来的深重灾难。他感伤仁义之道的不行以及自己困顿寥落的命运。夫子生以荣，死则备极哀痛。"生则天下歌，死则四海哭。"（《荀子·解蔽》）

孔子葬在泗水边上。宋人朱熹《春日》诗曰："胜日寻芳泗水滨，无边光景一时新。等闲识得东风面，万紫千红总是春。"此诗寓意深远。

孔子去世，弟子守丧三年，独子贡守丧六年。《孟子·滕文公上》："昔者孔子没，三年之外，门人治任将归，入揖于子贡，相向而哭，皆失声，然后归。子贡反，筑室于场，独居三年，然后归。"弟子、鲁人"往从冢而家者百有余室，因命曰孔里"。高皇帝过鲁，以太牢祭祀。诸侯卿大夫至，先拜谒孔子，然后行政。

原文十三

> 太史公曰：《诗》有之："高山仰止，景行行止❶。"虽不能至，然心乡往之。余读孔氏书，想见其为人。适鲁，观仲尼庙堂车服礼器，诸生以时习礼其家，余祇回留之不能去云❷。天下君王至于贤人众矣，当时则荣，没则已焉。孔子布衣，传十余世，学者宗之。自天子王侯，中国言"六艺"者折中于夫子❸，可谓至圣矣！

注释

❶景行（háng）：大道。❷祇（zhī）：恭敬。回留：徘徊留恋。❸以夫子的言论为准则（正）。

孔子就像高山那样令人仰望。他所开辟的光明大道，引导众人行走。司马迁感叹：我虽生不逢时，未能亲自聆听孔子的教诲，但内心十分向往。我在孔子的言行中又仿佛见到了他亲切感人的形象。我到孔子的故乡，参观其庙堂、乘的车子、穿的衣服以及行礼的器具，睹物思人，敬慕不已。诸生按时在孔庙中练习礼仪，代代传承。我内心充满了敬佩之情，留恋徘徊不能离去。天下的君王、贤臣众多。他们生时，凭借其政治权势，富贵荣耀，但死后，他们的名字很快就灰飞烟灭。孔子是一介布衣，没有任何政治权势可依恃，但因创立儒家思想、继承和发展礼乐文化，而世世为人景仰，为人传颂。自天子至王侯，中国谈论"六艺"时皆以孔子之论为准则，可谓至圣矣。"圣人之于民，亦类也。出于其类，拔乎其萃，自生民以来，未有盛于孔子也。"（《孟子·公孙丑上》）孔子是世界十大文化名人之一,他的思想学说对中国传统文化的发展起了重大作用,影响了中国两千多年的历史进程。孔子思想已成为中华文化和中华民族精神的重要组成部分,且得到了国际社会的重视。

《论语》是语录体散文,记载了孔子及其弟子的言行。孔子对现实人生和社会生活有非常深刻的体悟和理解,故颇多言简意赅、富于哲理性和启发性的语句。

五、哲学的突破

孔子生于公元前551年,9月28日是孔子的诞辰,卒于公元前479年,享年七十三岁,可谓"仁者寿"。孔子少而贫贱,年长曾任委吏、乘田等小吏。二十余岁,孔子适周,问礼于老子,学问有长进,弟子益多。三十五岁,孔子因鲁内乱而至齐国,事齐景公,有三四年。景公敬见孔子,而不问其礼。齐大夫欲害之,景公亦不用,孔子返鲁。四十二岁后,孔子因鲁自大夫以下皆僭离于正道,故不仕,退而修《诗》《书》《礼》《乐》,弟子弥众。定公九年(前501),孔子五十一岁,定公起用他。孔子由中都宰为司空,由司空为大司寇。从定公十年(前500)至十四年(前496),孔子摄相事,主管鲁国的朝政,励精图治,鲁国的社会政治较为安定,道不拾遗,四方之客至者犹如归家。这是孔子在鲁国仕途上最为得意的时期,他不禁面有喜色。定公十四年,孔子五十六岁,齐献女乐,鲁之君臣沉溺于此,荒废朝政。孔子不得已离开鲁国,从此展开了周游列国的艰难历程;惶惶如丧家之狗,困顿不遇。哀公十一年(前484),孔子六十八岁,回到了鲁国,从此不仕,整理"六艺"典籍,教授弟子。哀公十六年(前479),孔子卒。

孔子的主要事迹有四:修身学道,设教授徒,从政行道,述而著作。综孔子一生的事迹而观之,其最大成就不在于拨乱反正,而在于设教授徒与整理"六艺"典籍。以学术授之平民,而培养一个以知识和德能为主的新阶层——士人。士人可以学术为事业,也可学成后出仕公卿而取得致用的机会。孔子整理"六艺",奠定了中国传统文化的典籍根据。

古代文明发展过程中有一种"突破"的现象,有人称为"哲学的突破"(philosophic breakthrough),或称为"超越的突破"(transcendent breakthrough)。公元前5世纪左右,古希腊、以色列、印度和中国这几个古老国家,先后方式各异地经历了这种"突破"。所谓"突破",是指某一民族在文化发展到一定的阶段时,对自身在宇宙中的位置与历史上的处境发生一种系统性、超越性和批判性的反省,通过反省,思想的形态确立了,旧传统改变了,整个文化终于进入了一个崭新的、更高的境地。

"哲学的突破"或"超越的突破"是与古代少数圣哲的名字分不开的。这少数圣哲正由于把握到了文化发展的脉搏才能有所"突破",故宋儒所说"天不生仲尼,万古如长夜"点明了突破的一个重要方面。同时,一切突破都发生在一定的历史文化传统之中,不是凭空而来的。古代中国的突破当然也有其独特的文化基础,那便是礼乐文化的传统。

春秋战国是"礼坏乐崩"的时代,王官之学在此崩坏的情势下散失到士阶层的手中。从思想史的角度来说,古代中国的"哲学的突破"或"超越的突破"则是起于文化秩序的"崩坏"。儒家在诸子百家中兴起最早,因此与礼乐传统的关系也最为密切而直接。这就是《庄子·天下》所谓"其在《诗》《书》《礼》《乐》者,邹鲁之士、缙绅先生多能明之"。

孔子一生尊重三代相传的礼乐,但又不满当时礼乐之流为僵死的形式而不复有内在的生命。他慨叹道:"礼云礼云,玉帛云乎哉?乐云乐云,钟鼓云乎哉?"(《论语·阳货》)"仁"是孔子思想的核心,他终于找到了礼乐的内在根据。礼乐是孔子思想的传统部分,"仁"则是其创新的部分。以发生的历程而言,后者正是突破前者而来。以"仁"重新解释礼乐,礼乐的含义遂焕然一新,非复三代相传之旧物。孔子曰:"君子去仁,恶乎成名?君子无终食之间违仁,造次必于是,颠沛必于是。"(《论语·里仁》)君子之实,以其仁。终食,一饭之顷。君子在匆忙、倾覆流离的困境中也必然坚守仁义。颜渊问仁。子曰:"克己复礼为仁。一日克己复礼,天下归仁焉。为仁由己,而由人乎哉?"(《论语·颜渊》)克,胜。己,身之私欲。人之为仁,具有主体性。要之,孔子之道是仁道,孔子之学是仁学,孔子之教是仁教;仁是孔子思想的核心观念;《论语》中随处说仁,主要是从为仁、行仁的修养功夫上说,即仁之用、仁之方。

在诸家的"突破"之中,儒家是最温和平正的一支。儒家一方面继承了礼乐传统,整理了古代经典;另一方面又在继承与整理之际将一种新的精神贯注于旧传统之中。这种寓开来于继往的"突破"途径,正合乎孔子所谓"周因于殷礼,其所损益可知"那种特殊的变革方式。《诗经·大雅·文王》:"周虽旧邦,其命维新。"近代西方学者所说的中国史:"在传统中变迁(change within tradition)。"这都说明儒家"突破"的基本性格。儒家成为中国的主流思想决不是偶然的。

第三节 孟子、淳于髡、荀卿

《史记》有《孟子荀卿列传》,主要传述孟子、邹衍、淳于髡、荀子等事迹。孟子与荀子是孔子以后的大儒,其传记简略。《孟子》《荀子》流传于世,其中也著录了他们的人生历程和诸多事迹,但司马迁并未用心用力地排比材料,以展现他们具体曲折的人生历程。邹衍的事迹记录尤多,叙述淳于髡之事颇为生动传神,这是司马迁之"尚奇"的个性与文风所致。宋人叶适说:"(司马迁)以孟子、荀卿冠之诸子,虽于大体不差,而有可憾者。知不言利之为是,而未知所以不言之意,且于邹衍份数终为多耳。又言武王仁义,伯夷不食周粟,天下惟一理,武王果仁义,则伯夷何名死之?盖传者忘也。后世谓孔孟绝学,秦汉以后,无人可到,亦非虚耳。"(《习学纪言序目》卷二十《史记》)一是批评司马迁不知孟子严于义利之辨的所以然;二是不满司马迁于邹衍的传记分量较孟子、荀子为多;三是批评司马迁不知义为普遍的原理,即"天下惟一理"。有的批评并不合理,例如孔孟之义不可能是西方哲学意义上的原理,它涉及个体之人,且依赖语境而生成于语境。司马迁一方面承认伯夷、叔齐不拥护武王是行其义,另一方面又给武王很高的赞誉。这并不矛盾,因为义有多义性、灵活性,而生成于个体及其语境中,所谓"语境中的人",故不必大惊小怪。

一、孟子的义利之辨

孟子,邹人,受业于子思之门人,约生于公元前372年,约卒于公元前289年。《孟子》是孟子及其弟子著作的。该书反映了孔子以后儒学大师孟子对儒家学说的继承和发展,集中地表达了孟子的基本思想。"读其书,想见其为人",千百年来,我们在阅读《孟子》时能感受到孟子的个性、情感和精神,看到一个大思想家的鲜活形象。

传文简短,只有寥寥的两段文字。

◎ 原文一

太史公曰:余读《孟子》书,至梁惠王问"何以利吾国"❶,未尝不废书而叹也❷。曰:嗟乎,利诚乱之始也! 夫子罕言利者,常防其原也❸。故曰"放于利而行,多怨"❹。自天子至于庶人,好利之弊何以异哉! ❺

孟轲,邹人也❻。受业子思之门人❼。道既通,游事齐宣王,宣王不能用。适梁,梁惠王不果所言❽,则见以为迂远而阔于事情❾。当是之时,秦用商君,富国强兵;楚、魏用吴起,战胜弱敌;齐威王、宣王用孙子、田忌之徒，而诸侯东面朝齐。天下方务于合从连衡❿，以攻伐为贤，而孟轲乃述唐、虞、三代之德⓫，是以所如者不合⓬。退而与万章之徒序《诗》《书》，述仲尼之意，作《孟子》七篇。其后有驺子之属。

注释

❶梁惠王：魏惠王。梁是魏的别称。魏惠王从安邑迁都于大梁（今河南开封），故魏也称作梁。❷废书：放下书。❸防其原：防备乱之本原——利。❹欲利于己，必害于人，故多怨。放（fǎng）：仿，依据。❺自天子至于平民，皆以利为本。❻驺（zōu）：今山东邹城。❼子思之门人：子思的学生。子思是孔子之孙，《礼记·中庸》即子思所作。❽不果：不信，不行。❾迂远而不切实际、不合事之实情。事情：事之实情。战国时代，诸侯混战，用武力和谋诈争夺土地和民众，而孟子宣扬仁义礼信，故不合。❿合从：六国联合抗秦。连衡：秦与齐或楚联合而攻其他五国。⓫唐、虞、三代之德是儒家理想的社会政治之道。⓬不合：不遇。

孟子严于义利之辨，即把义与利严重地对立起来。

《孟子》首篇《梁惠王上》：

孟子见梁惠王。王曰："叟！不远千里而来，亦将有以利吾国乎？"孟子对曰："王何必曰利？亦有仁义而已矣。王曰：'何以利吾国？'大夫曰：'何以利吾家？'士庶人曰：'何以利吾身？'上下交征（求）利而国危矣。万乘之国，弑其君者，必千乘之家；千乘之国，弑其君者，必百乘之家。万取千焉，千取百焉，不为不多矣。苟为后义而先利，不夺不餍。未有仁而遗其亲者也，未有义而后其君者也。王亦曰仁义而已矣，何必曰利？"

当梁惠王问孟子"何以利吾国"时，孟子断然地说："王何必曰利？亦有仁义而已矣。"孟子进而论证说，如果上下交求利，国家就危险了；最后归结说："王亦曰仁义而已矣，何必曰利？"关于义利之辨，孔子尚不太严格分别其对立关系。孔子曰："富与贵是人之所欲也，不以其道得之，不处也。贫与贱是人之所恶也，不以其道得之，不去也。君子去仁，恶乎成名？君子无终食之间违仁，造次必于是，颠沛必于是。"（《论语·里仁》）仁义与利，主要有冲突的一面，也有相融合的次要的另一方面。

《孟子·告子下》：

宋牼（kēng）将之楚，孟子遇于石丘。曰："先生将何之？"曰："吾闻秦、楚构兵，我将见楚王说而罢之；楚王不悦，我将见秦王说而罢之。二王我将有所遇（合）焉。"曰："轲也请无问其详，愿闻其指。说之将何如？"曰："我将言其不利也。"曰："先生之志则大矣，先生之号则不可。先生以利说秦、楚之王，秦、楚之王悦于利，以罢三军之师，是三军之士乐罢而悦于利也。为人臣者怀利以事其君，为人子者怀利以事其父，为人弟者怀利以事其兄。是君臣、父子、兄弟终去仁义，怀利以相接，然而不亡者，未之有也。先生以仁义说秦、楚之王，秦、楚之王悦于仁义，而罢三军之师，是三军之士乐罢而悦于仁义也。为人臣者怀仁义以事其君，为人子者怀仁义以事其父，为人弟者怀仁义以事其兄，是君臣、父子、兄弟去利，怀仁义以相接也，然而不王者，未之有也。何必曰利？"

秦、楚两大国将要交兵，宋牼拟以利劝说两国罢之。孟子批评他要以仁义之道游说两国罢兵，何必曰利？

司马迁诵读《孟子》，不禁放下书而感叹：利确是一切混乱的本原。他深知自天子至于平民皆以逐利为本，"天下熙熙，皆为利来；天下攘攘，皆为利往"（《货殖列传》）。

孟子甚有英气，有光耀，锋芒显露，不同于孔子如美玉，有温润含蓄的气象。孟子特重视士人的进退出处，以保持人格的独立和尊严、思想的自由，所谓"独立之精神，自由之思想"。孟子批评那些曲学阿世、枉道从势、阿谀权贵、从谀承意的求容之人。孟子曰："故士穷不失义，达不离道。……穷则独善其身，达则兼善天下。"（《孟子·尽心上》）孟子曰："古之贤王好善而忘势，古之贤士何独不然？乐其道而忘人之势。故王公不致敬尽礼，则不得亟（jí，急切）见之。见且由不得亟，而况得而臣之乎？"（《孟子·尽心上》）

《孟子·滕文公下》：

景春曰:"公孙衍、张仪岂不诚大丈夫哉?一怒而诸侯惧,安居而天下熄。"孟子曰:是焉得为大丈夫乎?子未学礼乎?丈夫之冠也,父命之;女子之嫁也,母命之,往送之门,戒之曰:'往之女家,必敬必戒,无违夫子!'以顺为正者,妾妇之道也。居天下之广居,立天下之正位,行天下之大道,得志与民由之,不得志独行其道。富贵不能淫,贫贱不能移,威武不能屈。此之谓大丈夫。"

在孟子看来,大丈夫是富贵不能乱其心志,贫贱不能改变其心志,强权不能歪曲其心志,即坚持自己人格与思想的独立自主性,而公孙衍、张仪等人曲学阿世,逢迎君主,乃行"以顺为正者"的妾妇之道。

《孟子·公孙丑下》:

孟子将朝王。王使人来曰:"寡人如就见者也,有寒疾,不可以风。朝将视朝,不识可使寡人得见乎?"对曰:"不幸而有疾,不能造朝。"明日出吊于东郭氏。公孙丑曰:"昔者辞以病,今日吊,或者不可乎?"曰:"昔者疾,今日愈,如之何不吊?"王使人问疾,医来。孟仲子对曰:"昔者有王命,有采薪之忧,不能造朝。今病小愈,趋造于朝,我不识能至否乎?"使数人要于路,曰:"请必无归,而造于朝!"不得已而之景丑氏宿焉。景子曰:"内则父子,外则君臣,人之大伦也。父子主恩,君臣主敬。丑见王之敬子也,未见所以敬王也。"曰:"恶(wū)!是何言也!齐人无以仁义与王言者,岂以仁义为不美也?其心曰'是何足与言仁义也'云尔,则不敬莫大乎是。我非尧、舜之道,不敢以陈于王前,故齐人莫如我敬王也。"景子曰:"否,非此之谓也。礼曰:'父召,无诺;君命召,不俟驾。'固将朝也,闻王命而遂不果,宜与夫礼若不相似然。"曰:"岂谓是与?曾子曰:'晋、楚之富,不可及也。彼以其富,我以吾仁。彼以其爵,我以吾义。吾何慊(qiǎn,少)乎哉?'夫岂不义而曾子言之?是或一道也。天下有达尊三:爵一,齿一,德一。朝廷莫如爵,乡党莫如齿,辅世长民莫如德。恶得有其一,以慢(轻慢)其二哉?故将大有为之君,必有所不召之臣。欲有谋焉,则就之。其尊德乐道,不如是不足与有为也。……管仲且犹不可召,而况不为管仲者乎?"

孟子在齐，准备拜见齐王；可齐王派人叫孟子明日朝见。孟子非常不爽，认为齐王不敬长者，故托病不朝见。第二天，孟子出吊东郭氏，让齐王明白自己无病，之所以不朝见，是因为齐王以其权势而轻慢年长的得道之人。这段叙事形象生动，突出地表现孟子自尊自重的独立人格与道尊于势的光辉思想。

《孟子》七篇：《梁惠王》《公孙丑》《滕文公》《离娄》《万章》《告子》《尽心》，各分为上下。《孟子》中有许多名言佳句，代代传颂，耳熟能详。孟子曰："诵其诗，读其书，不知其人，可乎？是以论其世也。"（《孟子·万章下》）读其书，论其世，知其人。孟子曰："孔子登东山而小鲁，登太山而小天下。故观于海者难为水，游于圣人之门者难为言。"（《孟子·尽心上》）所见既大，则小者不足观。唐代诗人元稹的著名悼亡诗《离思》"曾经沧海难为水，除却巫山不是云"即用此典。孟子曰："君子有三乐，而王天下不与存焉。父母俱存，兄弟无故，一乐也。仰不愧于天，俯不怍于人，二乐也。得天下英才而教育之，三乐也。君子有三乐，而王天下不与存焉。"（《孟子·尽心上》）人生有三乐，王天下不在其中。此三者，是人所深愿而不可必得者，今既得之，其乐可知。得天下英才而教育之，以传承其道。

孟子曰："有不虞之誉，有求全之毁。""人之易其言也，无责耳矣。"（《孟子·离娄上》）朱子解释曰："行不足以致誉而偶得誉，是谓不虞之誉。求免于毁而反致毁，是谓求全之毁。言毁誉之言非实，修己者不可以是遽为忧喜，观人者不可以是轻为进退。""人之所以轻易其言者，以其未遭失言之责故也。"（《孟子集注》）

我们下文简要地载录王朔与金庸的两篇文章，以说明孟子思想之历久弥新的意义。

王朔《我看金庸》：

这些年来，四大天王、成龙电影、琼瑶电视剧和金庸小说，可以说是四大俗。

初读金庸是一次很糟糕的体验：情节重复，行文啰嗦，永远是见面就打架，一句话能说清楚的偏不说清楚，而且谁也干不掉谁，一到要出人命的时候，就从天上掉下来一个挡横儿的，全部人物都有一些胡乱的深仇大恨，整个故事情节就靠这个推动着。

我认为金庸很不高明地虚构了一群中国人的形象，于某种程度上代替了中国人的真实形象，给了世界一个很大的误会。

金庸的东西我原来没看过，只知道那是一个住在香港写武侠的浙江人。按我过去傻傲傻傲的观念，港台作家的东西都是不入流的，他们的作品只有两大宗：言情和武侠，一个滥情幼稚，一个胡编乱造。……金庸可不一样，读的人越来越多，评价越来越多，有好事者还拉下茅盾添上他，把他列为七大师之一，两方面发生了一些口角。……

我尽最大善意理解这件事也只能想到：金庸能卖，全在于大伙活得太累，很多人活得还有些窝囊，所以愿意暂时停停脑子，做一把文字头部按摩。

（参见《中国青年报》1999年11月1日）

金庸《不虞之誉和求全之毁》：

王朔先生发表在《中国青年报》上《我看金庸》一文，是对我小说的第一篇猛烈攻击。我第一个反应是佛家的教导：必须"八风不动"，佛家的所谓"八风"，指利、衰、毁、誉、称、讥、苦、乐……佛家教导说，应当修养到遇八风中任何一风时情绪都不为所动，这是很高的修养，我当然做不到。随即想到孟子的两句话："有不虞之誉，有求全之毁。""人之易其言也，无责耳矣。"

我写小说之后，有过不虞之誉，例如北师大王一川教授他们编"二十世纪小说选"，把我名列第四，那是我万万不敢当的。又如严家炎教授在北京大学中文系开讲"金庸小说研究"……都令我感到汗颜。

"四大俗"之称，闻之深自惭愧。香港歌星四大天王、成龙先生、琼瑶女士，我都认识，不意居然与之并列。不称之为"四大寇"或"四大毒"，王朔先生已是笔下留情。

我与王朔先生从未见过面。将来如到北京耽一段时间，希望能通过朋友介绍而和他相识。几年前在北京大学作一次学术演讲时,有一位同学提问:"金庸先生,你对王朔小说的评价怎样?"我回答说:"王朔的小说我看过的不多,我觉得他行文和小说中的对话风趣幽默,反映了一部分大都市中青年的心理和苦闷。"我的评价是正面的。

王朔先生说他买了一部七册的《天龙八部》,只看了一册就看不下去了。香港版、台湾版和内地三联书店版的《天龙八部》都只有五册本一种,不知他买的七册本是什么地方出版的。我很感谢许多读者对我小说的喜爱与热情。他们已经待我太好了,也就是说,上天已经待我太好了。既享受了这么多幸福,偶然给人骂几句,命中该有,不会不开心的。

(参见《文汇报》1999年11月5日)

我们无意讨论王朔与金庸之论辩的是非曲直。金庸引证孟子之言予以回击,说明孟子之言论及其思想仍具有现代的意义,也具有将来的意义。

二、淳于髡之承意观色

稷下学士淳于髡的传记颇为生动有趣。

◎ 原文二

自驺衍与齐之稷下先生❶,如淳于髡、慎到、环渊、接子、田骈、驺奭之徒,各著书言治乱之事,以干世主❷,岂可胜道哉❸!

淳于髡,齐人也。博闻强记,学无所主❹。其谏说,慕晏婴之为人也,然而承意观色为务❺。客有见髡于梁惠王❻,惠王屏左右❼,独坐而再见之,终无言也。惠王怪之,以让客曰:"子之称淳于先生,管、晏不及,及见寡人,寡人未有得也。岂寡人不足为言邪?何故哉?"客以谓髡。髡曰:"固也。吾前见王,王志在驱逐;后复见王,王志在音声:吾是以默然❽。"客具以报王,王大骇,曰:"嗟乎,淳于先生诚圣人也!前淳于先生之来,人有献善马者,寡人未及视,会先生至。后先生之来,人有献讴者❾,未及试,亦会先生来。寡人虽屏人,然私心在彼❿,有之。"后淳于髡见,一语连三日三夜无倦⓫。

惠王欲以卿相位待之，髡因谢去。于是送以安车驾驷⑫，束帛加璧，黄金百镒。终身不仕。

　　慎到，赵人。田骈、接子，齐人。环渊，楚人。皆学黄老道德之术，因发明序其指意。故慎到著十二论，环渊著上下篇，而田骈、接子皆有所论焉。

　　驺奭者⑬，齐诸驺子，亦颇采驺衍之术以纪文。

　　于是齐王嘉之，自如淳于髡以下，皆命曰列大夫⑭，为开第康庄之衢⑮，高门大屋，尊宠之。揽天下诸侯宾客⑯，言齐能致天下贤士也。

注释

❶稷下：指稷下学宫。战国时期，田氏齐国耗费不少资材，在都城临淄的稷门外筑起高门大屋，广招天下学士来此讲学授徒，著书立说，参议政治，史称稷下学宫。❷干（gān）：求取。❸胜（shēng）：尽。❹学通百家之术。❺承意观色：承人君之意和察人君之色（而言说）。❻见（xiàn）：引见。❼屏（bǐng）：排除。❽此正承意观色处。❾讴者：歌唱者。❿私心实在于马与讴者。⓫一语：一次言说。⓬驾驷：一辆车套四匹马。⓭驺奭（shì）：三驺子之一。⓮列大夫：无具体官职，但其政治和经济地位与大夫同列。⓯开第：修建住宅。衢（qú）：四通八达的大路。⓰揽：招集。

　　淳于髡"承意观色"，富有洞察力，能察人主之脸色而推知人主的心志。《史记会注考证》引中井积德之言曰："志在外者，起居轻躁，颜目不定，唯髡善察之不失。所谓观色，是也。若夫音与驱，则髡之入门而获于见闻者，不足以为奇矣。"

三、荀子之三为祭酒

　　荀子的传记更为简短。荀子一生的事迹不显。荀子名况，字卿，赵人；约生于公元前313年，卒于公元前238年。五十岁时，他游于齐之稷下学宫，"最为老师"。后因小人逸害，去齐至楚，被春申君任为兰陵令。其间，他曾回赵、入秦，后又返回楚国。春申君死后，荀卿废居兰陵，著书以终。

原文三

荀卿❶，赵人。年五十始来游学于齐。驺衍之术迂大而闳辩；奭也文具难施❷；淳于髡久与处，时有得善言。故齐人颂曰："谈天衍，雕龙奭❸，炙毂过髡❹。"田骈之属皆已死。齐襄王时，而荀卿最为老师。齐尚修列大夫之缺❺，而荀卿三为祭酒焉❻。齐人或谗荀卿，荀卿乃适楚，而春申君以为兰陵令。春申君死而荀卿废，因家兰陵。李斯尝为弟子，已而相秦。荀卿嫉浊世之政，亡国乱君相属❼，不遂大道而营于巫祝❽，信禨祥，鄙儒小拘❾，如庄周等又滑稽乱俗❿，于是推儒、墨、道德之行事兴坏，序列著数万言而卒。因葬兰陵。

注释

❶荀、孙，古音相通，先秦诸书或曰"孙"，或曰"荀"。卿，其字，犹虞卿、荆卿之类，不必是尊称。❷驺奭之学文理周备而不切实用。❸雕龙：雕镂龙纹，喻修饰文辞。晋人刘勰著有《文心雕龙》一书。❹炙：烘烤。毂（gǔ）：车轮的中心部分，有圆孔，用以插轴。过：同"輠"（guǒ），盛车脂油的器皿。烘烤毂、輠，油泽不竭，比喻富有智慧。❺修：补充。缺：空缺。❻祭酒：稷下学宫中的主持人，地位尊贵。❼属（zhǔ）：连续。❽营：通"荧"（yíng），惑乱。❾小拘：狭小而拘泥。❿滑稽：能言善辩，言辞流转自如。

公元前4世纪中叶，历史步入了战国时期。田氏齐国耗费大量资材，在都城临淄的稷门之外筑起高门大屋，广招天下贤才来此讲学授徒，著书立说，参议政治，史称稷下学宫。稷下学宫是战国百家争鸣的学术中心。

稷下学宫既然是适应田齐政权的需要而产生并为之服务的，既然是战国时期知识分子阶层进行精神生产和文化创造的重要场所，就必然有政治和学术的双重性质。司马迁在《田敬仲完世家》中表述得十分清楚——"不治而议论""不任职而论国事"。"不治而议论"，即不担任具体的行政官职，而专以议政为务。这是稷下学宫同其他诸侯大夫养士的重要区别。"列大夫"位在大夫之列，爵位与大夫并列，这标示他们的政治地位和政治待遇；但毕竟又不同于有具体官职的大夫，故说"不治"，这表明他们仍保持自由知识分子的身份。他们的"议论"即"论国事""议政事""言治乱"，对国家政治发表意见，特别是批评性的意见。稷下先生在学宫中享有充分的言论自由，可以自由议政，甚至可以批评政府和国君，而这些又得到政府和国君的鼓励和保障。因此，稷下先生们大都敢于直言相谏，对于国家的安危治乱具有一种责任感，不为了迎合君主而发表投机性的言论。古代知识分子的言论自由在稷下学宫中发挥到了最大限度，不仅是空前的，甚至几乎可说是绝后的。以后两千多年的中国社会，再也没有出现过如此宽松的政治环境和如此自由的学术思想之风。

　　田齐统治者为了鼓励稷下学宫的学术活动，还有一条重要的保障，就是政府不干预学宫的学术活动：第一，著书立说；第二，讲学授业；第三，期会争鸣。"期会"即按约会时间定期举行集会。既为集会，就应有德高望重之人召集主持，"祭酒"即这样的主持人或学术领袖。"期会"进行的活动不外乎演讲和辩论两种。通过演讲，各家各派都获得向大家公开自己学说和观点的机会，有利于互相了解、互相吸取，促进了学术思想的交流和发展。稷下的学者大都有出色的口才，都有一套辩论的技巧，在辩论中他们各持己见，互不相让，形成了百家争鸣的热闹场面。田骈、邹衍、邹奭因雄辩而得"天口骈""谈天衍""雕龙奭"的雅号，为人所称道。[①]

[①] 参见白奚：《稷下学研究：中国古代的思想自由与百家争鸣》，生活·读书·新知三联书店，1998。

/ 第十四章 /

"得意而忘言"
——道家与文学人物的传记

《史记》中的《老子韩非列传》《屈原贾生列传》《司马相如列传》，主要叙述老子、庄子等道家人物与屈原、贾谊、司马相如等文学人物的事迹。道家思想最具有艺术的精神，是很多文学、绘画类型等艺术产生的根源，这就同于儒家思想是道德的根源一样。因此，道家的思想及其精神与文学家的心灵是相通的。司马迁为屈原、贾谊、司马相如等作传，是重视文学在历史中的意义的表现。

▎第一节 老子、庄子

《史记》有《老子韩非列传》，主要记录老子、庄子等事迹；传记的内容简短，文本与故事颇不对称。

一、老子犹龙

老子，名耳，字聃（dān），春秋时人，年长于孔子二十余岁，是周之藏书室的长官。孔子至周，问礼于老子；回来以后，学问精进，弟子益多，以老子为龙。老子居周久之，见周衰，乃遂去。他至函谷关，关令尹喜强留其著书。他著《道德经》五千言而去，不知所终。

原文一

老子者，楚苦县厉乡曲仁里人也❶，姓李氏，名耳，字聃，周守藏室之史也❷。

孔子适周，将问礼于老子。老子曰："子所言者，其人与骨皆已朽矣，独其言在耳。❸且君子得其时则驾❹，不得其时则蓬累而行❺。吾闻之，良贾深藏若虚❻，君子盛德，容貌若愚。去子之骄气与多欲，态色与淫志❼，是皆无益于子之身。吾所以告子，若是而已。"孔子去，谓弟子曰："鸟，吾知其能飞；鱼，吾知其能游；兽，吾知其能走。走者可以为网，游者可以为纶❽，飞者可以为矰❾。至于龙吾不能知，其乘风云而上天。吾今日见老子，其犹龙邪！"

老子修道德，其学以自隐无名为务❿。居周久之，见周之衰，乃遂去。至关⓫，关令尹喜曰⓬："子将隐矣，强为我著书。"于是老子乃著书上下篇，言道德之意五千余言而去，莫知其所终⓭。……

世之学老子者则绌儒学⓮，儒学亦绌老子。"道不同不相为谋"，岂谓是邪？李耳无为自化，清静自正。⓯

注释

❶苦县：在今河南鹿邑境内。❷守藏（zàng）室：藏书室。❸《庄子·天道》："圣人已死矣，君之所读者古人之糟粕已夫。"❹君子遇明主则驾车服冕，即做官。❺君子不遇明主，则若转蓬随风而行止。累：转行之状。❻隐藏宝货，外形若虚。❼态色：威仪容色。淫：过甚。❽纶：钓丝。❾矰（zēng）：一种系着丝绳的短箭。❿无名：不求名。⓫关：函谷关，在今河南灵宝东北。⓬关令：负责守关的人。尹喜：人名。⓭老子像龙一样，飘然远逝，无可形象和控御；隐喻超越世俗世界而隐居江湖的得道之人。扬雄《反离骚》："君子得时则大用，不得时则龙蛇。"贾谊《吊屈原赋》："袭九渊之神龙兮，沕（mì，潜藏）深潜以自珍。"⓮绌（chù）：通"黜"，排斥。⓯《老子》第五十七章"我无为而民自化，我好静而民自正"。我无为、好静，而民自化、自正。正：本性之正。

"良贾深藏若虚，君子盛德，容貌若愚"，即内外不一，老子的本意可能是以外表的虚和愚保护自己，没有想到这种行为举止容易流为虚伪狡诈，走向阴谋之术。儒家也有"君子盛德，容貌若愚"之言，但含义不同：君子内有盛德，但始终自以为不足，因而表现在举止上是谦虚谨慎，外表像愚钝之人。

《道德经》又称《老子》，包括《道经》三十七章，《德经》四十四章，共有八十一章，是中国历史上首部完整的哲学著作。它充满了深沉的智慧之言，"像一个永不枯竭的井泉，满载宝藏，放下汲桶，垂手可得"（尼采语）。

老子的思想和行为浪漫（不合时俗），所谓"正言若反"，即正言合于道而反于俗。

老子不重视传统，而强调与时变化，"圣人不朽，时变是守"。

老子思想的特异之处在于首先建立了形而上学的道论。道，是老子哲学的最高概念，是指天地万物的本原。道具有超越性。从认识论上来看，道是不能为人的理性所认知的（超验性）；从存在论上来看，道是位于天地万物之上的（形上性）。老子之道不是人格神，没有意志和目的。儒家之天，尚有人格神的面影。

道之为物，惟恍惟惚。惚兮恍兮，其中有象；恍兮惚兮，其中有物。窈兮冥兮，其中有精；其精甚真，其中有信。（《老子》第二十一章）

恍、惚，即无形无象。窈、冥，即深远、幽暗。道具有神秘性。

道可道，非常道；名可名，非常名。（《老子》第一章）

道不可名，不可言说。道具有无限性、整体性、永恒性。

道生一，一生二，二生三，三生万物。（《老子》第四十二章）

有物混成，先天地生。寂兮寥兮，独立而不改，周行而不殆，可以为天下母。（《老子》第二十五章）

道创生天地万物，即道是天地万物的本原，是人间秩序和价值的终极根据。

"自然"是老子哲学的核心观念。《老子》第二十五章："人法地，地法天，天法道，道法自然。"人、地、天、道皆以自然为法则，自然略有两义。其一，自然是指一种状态，即原初的、本然的、本真的状态。自然与自然界不同，不是物质的实体。自然与文明相对立。儒家强调自然应当人文化才能获得价值。老子认为，自然是一种完美和谐的状态，有内在的目的和价值，而自然的人文化破坏了原初的和谐之大美。其二，自然即自己而然，自然而然。这一观念可能隐含的哲学意蕴表现为两个方面。首先，自然应在本然的意义上理解。天地间万事万物，形形色色，仪态万千，都有其自身独特的、本然的生成方式和存在发展的途径。自然作为自己而然，强调的是这种存在的独特性与无可替代性。万事万物的存在是一种在周遭情境中的自生、自长、自成、自衰、自亡。王维《辛夷坞》："木末芙蓉花，山中发红萼。涧户寂无人，纷纷开且落。"其次，既然万事万物之自然，是各自不断地成为自身和不断地认定自身的过程，那么自然不仅蕴涵着承认自身与非自身之他者的区别，且蕴涵着反对任何他者对自我以及自我对任何他者的干扰和强制。

二、狂人与狂言

庄子（约前369—约前288），名周，战国时人。曾经作过蒙漆园吏。生活困顿，却鄙视荣华富贵、权势名利，而力求在乱世中保持独立的人格，追求逍遥无待的精神自由。庄子不同于世俗之人，他的言论有异于流俗之论。从此意义上来说，庄子是一个狂人，他的言论即狂言。《庄子·大宗师》说，世俗之人游于方之内，而庄子游于方之外。外内不相及，自内视外，在外的人自然是狂。庄子在唐代被尊封为"南华真人"，《庄子》被称为"南华真经"。

❀ 原文二

庄子者，蒙人也❶，名周。周尝为蒙漆园吏，与梁惠王、齐宣王同时。其学无所不窥，然其要本归于老子之言。故其著书十余万言，大抵率寓言也❷。作《渔父》《盗跖》《胠箧》❸，以诋訾孔子之徒❹，以明老子之术。《畏累虚》《庚桑子》之属，皆空语无事实。然善属书离辞❺，指事类情❻，用剽剥儒、墨❼，虽当世宿学不能自解免也❽。其言洸洋自恣以适己❾，故自王公大人不能器之❿。

楚威王闻庄周贤，使使厚币迎之，许以为相。庄周笑谓楚使者曰："千金，重利；卿相，尊位也。子独不见郊祭之牺牛乎⓫？养食（sì）之数岁，衣以纹绣，以入太庙。当是之时，虽欲为孤豚⓬，岂可得乎？子亟去⓭，无污我。我宁游戏污渎之中自快⓮，无为有国者所羁，终身不仕，以快吾志焉。"

注释

❶蒙：在今河南商丘东北。❷大抵：大略。率：类似。寓言：寄托之言。❸胠（qū）箧（qiè）：从旁边打开箱子。❹诋（dǐ）訾（zǐ）：诋毁，诽谤。❺离：摛（chī），铺陈描写。❻连类譬喻事情。用一连串的寓言说理，寓言之中套寓言，多重比喻。❼剽剥：攻击。❽此句有两解：一是当世的博学之士也不能理解庄子之言；二是当世的博学之士也不能避免庄子的攻击。宿学：学识渊博的人。❾洸（guāng）洋：水势浩大的样子，喻庄子之言是"谬悠之说，荒唐之言，无端崖之辞"（《庄子·天下》）。适己：任性适意。❿器之：以之为器，即作为工具使用。⓫独：难道。郊祭：祭祀天帝。牺牛：用作祭品的牛。⓬孤豚：小猪。中井积德曰："肥大之躯，丰供久矣。今乃欲变为小豚，以免于宰割，不可得也。以喻尊官宠禄之人，欲下为匹夫以免死，而不可得也。孤豚乃有小义，未可训孤作小耳。"（《史记会注考证》）⓭亟（jí）：赶快。⓮污渎（dú）：小水沟。

庄子看淡世俗的富贵名利，而追求精神的自由逍遥。

《庄子·秋水》：

庄子钓于濮（pú）水。楚王使大夫二人往先焉，曰："愿以境内累矣！"庄子持竿不顾，曰："吾闻楚有神龟，死已三千岁矣。王巾笥（sì，内衬丝帛，用来放置珍品的小箱子）而藏之庙堂之上。此龟者，宁其死为留骨而贵乎？宁其生而曳尾于涂中乎？"二大夫曰："宁生而曳尾涂中。"庄子曰："往矣！吾将曳尾于涂中。"

"宁其生而曳尾于涂中"，龟谋生艰难，但生命灵动，精神自由。置于庙堂上的神龟，虽尊贵而留名，但生命消逝。

《庄子·秋水》：

惠子相梁，庄子往见之。或谓惠子曰："庄子来，欲代子相。"于是惠子恐，搜于国中三日三夜。庄子往见之，曰："南方有鸟，其名曰鹓（yuān）鶵（chú）（凤凰一类的鸟），子知之乎？夫鹓鶵发于南海而飞于北海，非梧桐不止，非练实不食，非醴泉不饮。于是鸱（chī，猫头鹰）得腐鼠，鹓鶵过之，仰而视之曰'吓！'今子欲以子之梁国而吓我邪？"

惠子如此看重的相位，对庄子来说不过是一只腐烂的老鼠，只有鸱才会喜欢。庄子自比鹓鶵，志向高远，品格高洁，鄙视人世间的富贵名利。晚唐诗人李商隐心有戚戚。《安定城楼》："迢递高城百尺楼，绿杨之外尽汀洲。贾生年少虚垂泪，王粲春来更远游。永忆江湖归白发，欲回天地入扁舟。不知腐鼠成滋味，猜意鹓鶵竟未休。"诗人自比鹓鶵，志向远大，无意贪求富贵利禄，但不料受到嗜腐鼠小人的猜忌和排斥，"虚负凌云万丈才，一生襟怀未曾开"（崔珏《哭李商隐》）。

《庄子·列御寇》：

宋人有曹商者，为宋王使秦。其往也，得车数乘；王悦之，益车百乘。反于宋，见庄子，曰："夫处穷闾阨巷，困窘织屦，槁项黄馘者，商之所短也；一悟万乘之主而从车百乘者，商之所长也。"庄子曰："秦王有病，召医，破痈溃痤（cuó）者得车一乘，舐痔者得车五乘，所治愈下，得车愈多。子岂治其痔邪？何得车之多也？子行矣！"

庄子鄙视富贵名利，坚持自己的独立人格，决不卑贱地阿谀人主。在他看来，曹商之得车百乘，是为君王"舐痔"，人格卑劣，"所治愈下，得车愈多"。

高适诗云："逍遥漆园吏，冥没不知年。世事浮云外，闲居大道边。古来同一马,今我亦忘筌。""古来同一马",即指庄子的齐物思想;"今我亦忘筌",即指庄子的得意忘言思想。

《庄子·外物》:

> 筌(鱼笱)者所以在鱼,得鱼而忘筌;蹄(兔网)者所以在兔,得兔而忘蹄;言者所以在意,得意而忘言。吾安得夫忘言之人而与之言哉!

真正之意存在于主体与客体融合的情境中。言是在主体与客体分离时,主体对主客曾经融合之情境的描述。由于主体已离开主客融合的境界,故其描述不可能切合真正之意。真正之意,不可言说。主体言说,不可得真正之意。主体忘言,即主体达到主客融合的境界,即主体消融于客体之中,迷失于对象之中,如盐融于水中而无迹可寻,此时的主体才能得到真正之意。因此,得意必须忘言。

陶渊明《饮酒》曰:"结庐在人境,而无车马喧。问君何能尔,心远地自偏。采菊东篱下,悠然见南山。山气日夕佳,飞鸟相与还。此中有真意,欲辨已忘言。"此中有真意,即诗人与风景融合为一,诗人沉浸在风景之中,迷失于风景之中,忘记了自我的存在,即没有自我的意识。此时之真意,是主客融合之意。当诗人从主客融合之境回到主客分离的状态,主体清醒了,自我意识恢复了,即主体找回了自己,找回了语言。诗人再想体会和表达刚才的主客融合之意,已不可能。这不是他不能用准确的语言来描述(语言技术的问题),而是主体此时立足于主客分离的状态,已离开主客融合之境,如何能准确体会和描述那时的心境呢?回忆是支离破碎的,突出了一些,遗失了一些,再也不能有完整的、融贯的感受了。

俞平伯的散文《桨声灯影里的秦淮河》有下面的一段文字,颇能证成我们的观点。

犹未下弦,一丸鹅蛋似的月,被纤柔的云丝们簇拥上了一碧的遥天。冉冉地行来,冷冷地照着秦淮。我们已打桨而徐归了,归途的感念,这一个黄昏里,心和境的交紫互染,其繁密殊超我们的言说。主心主物的哲思，依我外行人看，实在把事情说得太嫌简单，太嫌容易，太嫌分明了。实有的只是浑然之感。就论这一次秦淮夜泛罢，从来处来，到去处去，分析其间的成因自然亦是可能；不过求得圆满足尽的解析，使片段的因子们合拢来代替刹那间所体验的实有，这个我觉得有点不可能，至少于现在的我们是如此的。凡上所叙，请读者们只看作我归来后，回忆中所偶然留下的千百分之一二，微薄的残影。若所谓"当时之感"，我决不敢望诸君能在此中窥得，即我自己虽正在这儿执笔构思，实在也无从重新体验出那时的情景。说老实话，我所有的只是忆。我告诸君的只是忆中的秦淮夜泛。至于说到那"当时之感"，这应当去请教当时的我，而他久飞升了，无所存在。

……

凉月凉风之下，我们背着秦淮河走去，悄默是当然的事了。如回头，河中繁灯想定是依然。我们却早已走得远，"灯火未阑人散"；佩弦，诸君，我记得这就是在南京四日的酣嬉，将分手时的前夜。

"当时之感"，再也不能体征；现在有的只是片段的回忆，微薄的残影；这也许是人生悲剧性的重要内容。

三、庄子的艺术精神

孟子之"心"，是道德的主体，心有先验的仁义礼智四端，能自觉地反省以扩充善端，而以心提升自然本性；孟子之"心"能思，也是知识的主体。荀子之"心"重视心之能思能知，而主张虚壹而静之心以求知求道。徐复观认为，庄子之"心"是虚静之心，是艺术精神的主体。他说："于是我恍然大悟，老、庄思想当下所成就的人生，实际是艺术的人生，而中国的纯艺术精神，实际系由此一思想系统所导出。"①

庄子表现出浓厚的艺术趣味。人人皆有艺术精神，这是与生俱来的，但人人的艺术精神有程度大小的不同。孔、孟、荀等儒家与

---

① 徐复观：《中国艺术精神》，华东师范大学出版社，2001，第28页。

韩非子等法家，主要关注现实的社会、政治，且理性精神强烈，故其文所表现的艺术趣味较为淡薄。庄子力求脱离人间世的束缚，其理性与感性并美，故庄文表现出浓厚的文学美感与艺术趣味。《庄子》突出地表现了艺术观照的特征，尤其是对物的观照。庄子对于物（大鹏、斥鷃、草木、瓦石等）往往具有艺术观照的态度和行为。牟宗三说："凡艺术境界皆系属于主体之观照。随主体之超升而超升，随主体之逍遥而逍遥。所谓'一逍遥一切逍遥'，并不能脱离此'主体中心'也。"① 艺术观照，以主体为中心，是主体移情于对象。

最典型的是《庄子·秋水》中记载庄子与惠子的濠梁观鱼之事。庄子曰："鯈鱼出游从容，是鱼之乐也。"鯈鱼之乐，乃是一观照的境界、艺术的境界，而非鱼真的快乐；这是以庄子的自由快乐之心来观照鱼，所谓"一逍遥一切逍遥"。艺术之观照是主客融合、物我合一的境界。惠子并不认为鱼乐，也否定人能知鱼乐。这是认知之境，即主客分离之境。庄子的文字在许多地方皆表现出艺术观照的态度和行为，足以说明他最具有艺术的精神，这与他的虚静之心有关。虚静之心，不是忘却各种事情而不思不想，而是指心通过修养工夫摆脱世俗的各种观念和俗务而虚静，一方面心是自由的，另一方面心因放弃功利实用的观念而追求精神性的享受、无关心的满足；这皆有利于成立审美观照。

《庄子·逍遥游》开篇描写鲲鹏之事，境界开阔，气象宏大。蜩与学鸠嘲笑大鹏说："我决起而飞，枪榆枋而止，时则不至，而控于地而已矣，奚以之九万里而南为？"这是庄子的审美观照。蜩与学鸠实际上并不能如此，是庄子之心投射到它们身上。进行艺术观照的时候，主体能打通人与物、人与人之间的隔限，从而自由无待。徐复观说："庄子秉精神的彻底解放，及共感的纯粹性，所以

---

① 牟宗三：《才性与玄理》，吉林出版集团有限责任公司，2010，第161页。

在他的观照之下，天地万物，皆是有情的天地万物。《庄子·逍遥游》中的鲲、鹏、蜩、鸴、斥鷃、罔两、景、蝴蝶，都有人格的形态，都赋以观照者的内的生命。"① 庄子有情，天地万物因而有情，这足以表明审美观照时主体有激烈的情感活动，不可谓之虚静，只能说主体并不自觉这种情感活动。

《庄子·齐物论》中罔两与景的对话，乃是观照的境界。这是以庄子之心来观照万物，无生命的万物也有人的情思。《至乐》叙述庄子与路旁空髑髅的对话，庄子是以艺术观照的态度而与空髑髅交谈。空髑髅能思能知，而表现出庄子的情思。我们往往用寓言来看待庄子的观照境界，以为庄子不过是借之说理，因而轻视其本身的价值。实际上，庄子之想象诡奇的寓言最能表现其艺术观照的精神。通常的人因缺少艺术精神而并不如此。儿童观照事物往往是艺术观照，其艺术精神的充足乃是天机自然。在小孩子的眼中，无生命的事物也有了生命，也有了情感，这是小孩子的感性思维强烈，而易于审美观照；但随着年龄的增长，理性精神愈来愈强，主客分离，其审美精神逐渐夭落，而对象呈现出客观特性。要之，艺术观照乃是主客融合之境，能直接地开出艺术的境界。

庄子的艺术精神还表现在他的文学性叙事上。一是所叙之事具有浪漫诡奇的色彩，这主要表现在艺术的想象上。庄子想象力非常丰富，且能创造出许多新奇形象。例如小到蜗角之争的故事（《庄子·则阳》），大到任公子钓鱼（《庄子·外物》）等。在庄子的笔下，现实世界之内的事情，有新的形象；现实世界之外的事情，更具有奇异的色彩。二是所叙之事有鲜明生动的形象。如《庄子·外物》有一则寓言，叙述庄子与辙中鲋鱼对话的事情。这则寓言想象神奇，庄周与辙中鲋鱼的对话从何想来？庄子以艺术观照的态度与辙中鲋鱼融合为一，鲋鱼也有人的情思。"激西江之水而迎子"，夸

---

① 徐复观：《中国艺术精神》，华东师范大学出版社，2001，第56页。

张、神奇。

庄子是文学家、诗人，又是哲学家；《庄子》是以文学性的叙事表现其哲学性思想。闻一多先生说："庄子是从哲学又跨进了一步，到了文学的封域。他那婴儿哭着要捉月亮似的天真，那神秘的怅惘，圣睿的憧憬，无边际的企慕，无涯岸的艳羡，便使他成为最真实的诗人。"[①]儿童的天真能打破一切的隔限，从而达到物我合一。诗性的思维是感性的、跳跃的、神秘的。

文学史在讲庄文的文学性时主要从三方面进行讨论。一是庄文以寓言为文章的主干，所谓"寓言十九"（《庄子·寓言》），即用一连串的寓言说理，寓言之中套寓言，多重比喻；哲思融在诸多寓言中，超出以寓言为例证的意义；寓言的想象迷离荒诞。二是庄文的章法结构散漫断续，跌宕跳跃，似断而实非断（意象的跳跃性，意脉的连续性）。王钟陵认为："《庄子》一书，特别是内七篇……在结构与文笔上则似乎更为明显地同神话思维有联系，十分清楚地展示了一种意象性、跳跃性、文学性和一种悟性智慧……表示了从诗性时代向散文时代过渡的特征。"[②]三是庄文富于抒情性。庄子是一个抒情的天才。他的感情多是无端而起，迷茫恍惚。无端而起的情感，是最为本真、本源的情感，而并非因为某个具体的事件而发。《庄子·则阳》："旧国旧都，望之畅然。虽使丘陵草木之缗，入之者十九，犹之畅然。"即使丘陵草木芜杂，掩蔽了十分之九，也觉舒畅。《庄子·山木》："君其涉于江而浮于海，望之而不见其崖，愈往而不知其所穷。送君者皆自崖而反，君自此远矣！"

我们可从"庖丁解牛"等故事中，把握庄子的艺术精神。

庖丁解牛，是《庄子·养生主》中一个著名的故事，庖丁所好者道也，与技不同。庖丁不是技外见道，而是技中见道。他解牛的

[①] 闻一多：《闻一多全集（二）》，生活·读书·新知三联书店，1982，第281页。
[②] 王钟陵：《〈庄子〉中的大木形象与意象思维》，载于《文学遗产》1999年第6期。

特色在"莫不中音，合于桑林之舞，乃中经首之会"，这不是技术自身所需要的效用，而是由技术所成就的艺术性效用。他由解牛所得到的享受，乃是"提刀而立，为之四顾，为之踌躇满志"，这是在他的技术自身所得到的精神性享受，是艺术性的享受。因此，艺术性的效用与享受，正是庖丁"所好者道也"的具体内容[①]。钟泰解释庖丁解牛后"提刀而立，为之四顾，为之踌躇"时说，"犹虞其功有未至也"[②]；这是从功利的结果予以理解。众人行事，一是重视行为的结果而忽视行为本身的过程；二是重视技术带来的物质性享受而忽视精神上的享受。庄子与之不同。庄子对行为本身及其带来的精神性享受，予以突出和重视，无疑是审美精神的体现。要之，庖丁解牛是其心及其形与对象的融合为一，因而得心应手，能充分自由地发挥其解牛的技术。实际上，庖丁解牛从技入道，不仅重视技术的结果，也重视技术的过程；不仅重视物质性的功利效果，也重视精神性的愉悦；而且，在入道的解牛过程中，心是自由解放的，精神性的愉悦含有心灵的自由。

第二节　屈原、贾谊、司马相如

《史记》有《屈原贾生列传》，记录了屈原、贾谊的事迹。屈原、贾谊是文学家。屈原著有《离骚》《九章》《九歌》等诗篇，创造了"楚辞"新诗体，其基本特征有三：一是以有楚国地方特色的乐调、语言和名物创作；二是有南方祭歌神奇迷离的浪漫精神；三是有较强的个体意识、激烈动荡的感情。贾谊著有《吊屈原赋》《鵩鸟赋》等骚体赋，是模拟"楚辞"的风格和体式，以抒情言志为主。汉大赋是一种以夸张铺陈为特征、以叙事写物为主要功能的特

[①] 徐复观：《中国艺术精神》，华东师范大学出版社，2001，第31—32页。
[②] 钟泰：《庄子发微》，上海古籍出版社，1988，第70页。

殊文体。刘勰《文心雕龙·诠赋》："赋者，铺也；铺采摛（chī，铺陈）文，体物写志。"其代表作家和作品是司马相如《子虚赋》《上林赋》。"楚之骚，汉之赋"，乃是一代之文学，是楚、汉最具有特色的文学体裁，其在骚、赋史上树立了后人不可企及的高峰。

一、屈原之忠贞爱国

每年的五月五日，是中国传统的端午节。我们吃粽子，赛龙舟，以纪念人民的诗人——屈原。端午是人民的节日，屈原与端午的结合，便证明了过去屈原是与人民结合着，也保证了未来屈原与人民还要永远结合着。古今没有第二个诗人像屈原那样被人民深爱着，这足以证明屈原是一个真正的人民的诗人。① 宋人张榘《念奴娇》："楚湘旧俗，记包黍沈流，缅怀忠节。谁挽汨罗千丈雪，一洗些魂离别。赢得儿童，红丝缠臂，佳话年年说。龙舟争渡，搴旗捶鼓骄劣。"

司马迁作《屈原列传》，一方面为屈原的身世遭遇鸣不平，并对屈原人格中最闪光的品质——不平、不屈、高洁、自信和追求，给予由衷的赞颂；另一方面，又寄托了司马迁的身世之痛，"信而见疑，忠而被谤"；再一方面，"屈平之作《离骚》，盖自怨生也"，激励司马迁在困境中发愤著书，《报任少卿书》"古者富贵而名磨灭，不可胜记，唯倜傥非常之人称焉。……屈原放逐，乃赋《离骚》"。

原文一

屈原者，名平❶，楚之同姓也❷。为楚怀王左徒❸。博闻强志❹，明于治乱❺，娴于辞令❻。入则与王图议国事，以出号令；出则接遇宾客，应对诸侯。王甚任之。

上官大夫与之同列❼，争宠而心害其能❽。怀王使屈原造为宪令❾，屈平属草稿未定❿。上官大夫见而欲夺之，屈平不与，因谗之

---

① 参见闻一多：《人民的诗人——屈原》，载《神话与诗》，上海人民出版社，2006。

曰："王使屈平为令，众莫不知，每一令出，平伐其功❶，以为'非我莫能为'也。"王怒而疏屈平。

❂ 注释

❶ 屈原（前339—前278），《离骚》谓"名余曰正则兮，字余曰灵均"。❷ 屈、景、昭是楚之族。因此，屈原的爱国主要表现为宗国的感情。❸ 楚怀王在位三十年（前328—前299）。❹ 强志：记忆力极强。❺ 精通国之兴亡盛衰之理。治乱：社会政治安定清明和动荡混乱。❻ 擅长外交辞令。娴（xián）：熟习，擅长。❼ 上官大夫：姓上官，史失其名。❽ 害：妒忌。❾ 宪令：法令。❿ 属（zhǔ）：连缀，书写。⓫ 伐：夸耀。

屈原具有卓越的政治和外交才能，但因小人的谗言而被楚怀王疏远。《离骚》曰："荃不察余之中情兮，反信谗以齌（jì）怒。余固知謇（jiǎn）謇之为患兮，忍而不能舍也。指九天以为正兮，夫唯灵修之故也。"意即：楚王不察我的忠贞之心，反而相信小人的谗言而对我发怒。我本来知道正言直谏容易招致灾祸，但岂因为自我的危险而不劝说？指九天为证，我全是为了君王国家的缘故。

伐功矜能是贤士的一大祸患，而人情所不能免，《老子》第二十四章"自见不明，自是不彰，自伐无功，自矜不长"。

❂ 原文二

屈平疾王听之不聪也，谗谄之蔽明也❶，邪曲之害公也，方正之不容也，故忧愁幽思而作《离骚》。离骚者❷，犹离忧也。夫天者，人之始也；父母者，人之本也。人穷则反本，故劳苦倦极，未尝不呼天也；疾痛惨怛❸，未尝不呼父母也。屈平正道直行，竭忠尽智以事其君，谗人间之，可谓穷矣。信而见疑，忠而被谤，能无怨乎？屈平之作《离骚》，盖自怨生也❹。《国风》好色而不淫❺，《小雅》怨诽而不乱❻。若《离骚》者，可谓兼之矣。上称帝喾❼，下道齐桓，中述汤武，以刺世事。明道德之广崇，治乱之条贯，靡不毕见。其文约，其辞微，其志洁，其行廉❽，其称文小而其指极大，举类迩而见义远❾。其志洁，故其称物芳❿。其行廉，故死而不容⓫。自疏濯淖污泥之中⓬，蝉蜕于浊秽⓭，以浮游尘埃之外，不获世之滋垢，皭然泥而不滓者也⓮。推此志也，虽与日月争光可也。

❀ 注释

❶ 谗：毁谤之言。谄：卑贱地奉承。小人卑贱地奉承君主，并毁谤他人。❷ 离骚：遭遇忧愁。王逸《楚辞章句》认为，"离骚"是离别的忧愁。❸ 怛（dá）：内心伤痛。❹ 发抒怨恨。❺ 好色而不淫：好色不过分而合于礼。淫，无节制。❻ 怨诽（fěi）而不乱：怨恨合于中庸之道，意在讽劝而不是发泄仇恨。乱，不合于礼。❼ 帝喾（kù）：五帝之一。❽ 廉：公正。❾ 迩（ěr）：近。❿ 以香花异草隐喻君子高洁芬芳的品格。⓫ 死而不容：宁死而不求为世俗容纳。⓬ 濯（zhuó）淖（nào）：像荷花一样虽处浊水污泥中，而能自我洗濯，保持洁白。濯，洗。淖，浊水。⓭ 像蝉一样蜕去浊秽之壳而迁于乔木上，吸风饮露，超越于世俗尘埃外。⓮ 皭（jiào）然：洁白的样子。泥而不滓（zǐ）：浸于污泥之中而不被污染。

首先，司马迁突出屈原的怨恨，且认为屈原的怨恨是合理的。屈原正道直行，竭忠尽智以事其君，但小人以逸言离间，而楚王不明，屈原信而见疑，忠而被谤，难道没有怨恨吗？这与班固指责屈原"露才扬己""怨刺其上"不同。其次，司马迁认为，怨恨郁结于心中，不平则鸣，《离骚》正是屈原抒发其忠贞悲愤的诗篇。《报任少卿书》："《诗》三百篇，大抵圣贤发愤之所为作也。此人皆意有郁结，不得通其道，故述往事，思来者。"

司马迁赞颂了屈原志向和行为的高洁。屈原虽生活在污浊的乱世之中，但像莲花一样出淤泥而不染。他坚持自己的独立人格，坚持自己的美政理想，不随俗浮沉，不与小人同流合污。《离骚》："制芰荷以为衣兮，集芙蓉以为裳。不吾知其亦已兮，苟余情其信芳。高余冠之岌岌兮，长余佩之陆离。芳与泽其杂糅兮，唯昭质其犹未亏。忽反顾以游目兮，将往观乎四荒。佩缤纷其繁饰兮，芳菲菲其弥章。民生各有所乐兮，余独好修以为常。虽体解吾犹未变兮，岂余心之可惩。"诗人以芰荷、芙蓉为衣裳,戴着高高的帽子,系着长长的带子,佩戴香花芳草。他的姿容是那样的美好,他的品德是那样的芬芳。人生各有追求,但诗人追求的是美好的品行。虽然不被人理解且遭受打击是孤独痛苦的,但诗人自信自傲。即使遭遇肢解的酷刑,诗人也决不改变自身的品行和节操。

司马迁以蝉蜕于浊秽之外,在高大的乔木上吸风饮露,来隐喻品格的高洁。初唐诗人骆宾王《在狱咏蝉》曰:"西陆蝉声唱,南冠客思深。那堪玄鬓影,来对白头吟。露重飞难进,风多响易沉。无人信高洁,谁为表予心。"晚唐诗人李商隐《蝉》曰:"本以高难饱,徒劳恨费声。五更疏欲断,一树碧无情。薄宦梗犹泛,故园芜已平。烦君最相警,我亦举家清。"诗人以蝉栖高饮露与悲鸣欲绝的两个特点,隐喻自己志行高洁而不免穷困潦倒、满腔悲愤而无人同情的悲剧命运。

司马迁把屈原的诗篇与其人格(文品与人品)结合起来。"推此志也,虽与日月争光可也",不仅是指屈原的诗赋与日月争光,如李白诗云"屈平辞赋悬日月,楚王台榭空山丘"(《江上吟》);而且是指屈原的高洁人格与日月同其光辉。

传文接着侧面叙述了两件事:一是屈原谏请怀王杀张仪,但怀王不听;二是屈原劝谏怀王不要去秦国,但怀王终不听,而最终客死于秦。

原文三

屈平既嫉之,虽放流,睠顾楚国,系心怀王❶,不忘欲反,冀幸君之一悟,俗之一改也。其存君兴国而欲反覆之❷,一篇之中三致志焉❸。然终无可奈何,故不可以反,卒以此见怀王之终不悟也。人君无愚智贤不肖,莫不欲求忠以自为,举贤以自佐,然亡国破家相随属,而圣君治国累世而不见者,其所谓忠者不忠,而所谓贤者不贤也。怀王以不知忠臣之分❹,故内惑于郑袖,外欺于张仪,疏屈平而信上官大夫、令尹子兰。兵挫地削，亡其六郡，身客死于秦，为天下笑。此不知人之祸也。《易》曰："井泄不食❺，为我心恻，可以汲❻。王明，并受其福。"王之不明，岂足福哉！❼

❀ 注释

❶ 杜甫《秋兴八首（其一）》曰："丛菊两开他日泪，孤舟一系故园心。"❷ 反覆之：从覆（政治混乱）返回到政治清明，即拨乱反正。❸ 三致志：多次表达忠君爱国的志意。❹ 分：职分。❺ 泄（xiè）：通"渫"，淘井。井淘干净了，可没有人食用。❻ 汲（jí）：从井里提水。❼ 怀王不明，国家与人民并受灾祸。

本段的主旨有三。一是屈原被放流于江湖，仍关心时事；他眷念怀王，忧患楚国的兴亡，多次在诗文中表达忠君爱国之志。二是怀王昏庸，不知忠臣与小人之分。他认为贤的人实际上不贤，他认为不贤的人实际上贤，把小人的逸言当作忠言，把贤臣的忠言当作邪言。三是怀王的不明给国家和臣民带来了深重灾难，也使自己亡身破国。

"王之不明，岂足福哉！"屈原因怀王的不明而遭流放，又因顷襄王的不明，被放逐到偏远的江南，面容憔悴，身体枯槁，最终自投汨罗江而死，命运相当悲惨。这包含了司马迁身世之感，寄托了他对武帝不明的悲怨。《报任少卿书》曰："明主不深晓，以为仆沮贰师，而为李陵游说，遂下于理。拳拳之忠，终不能自列。因为诬上，卒从吏议。家贫，财赂不足以自赎，交游莫救，左右亲近，不为一言。身非木石，独与法吏为伍，深幽囹圄之中，谁可告诉者！……悲夫！悲夫！"

❀ 原文四

令尹子兰闻之大怒，卒使上官大夫短屈原于顷襄王❶，顷襄王怒而迁之❷。

屈原至于江滨,被发行吟泽畔。颜色憔悴,形容枯槁❸。渔父见而问之曰❹:"子非三闾大夫欤❺?何故而至此?"屈原曰:"举世混浊而我独清,众人皆醉而我独醒,是以见放。"渔父曰:"夫圣人者,不凝滞于物而能与世推移❻。举世混浊,何不随其流而扬其波?众人皆醉,何不餔其糟而歠其醨❼?何故怀瑾握瑜而自令见放为❽?"屈原曰:"吾闻之,新沐者必弹冠,新浴者必振衣,人又谁能以身之察察,受物之汶汶者乎❾!宁赴常流而葬乎江鱼腹中耳,又安能以皓皓之白而蒙世俗之温蠖乎❿!"

乃作《怀沙》之赋。……

于是怀石遂自沈汨罗以死⓫。

屈原既死之后,楚有宋玉、唐勒、景差之徒者,皆好辞而以赋见称;然皆祖屈原之从容辞令⓬,终莫敢直谏。其后楚日以削,数十年竟为秦所灭⓭。

注释

❶ 短:陷害,说坏话。❷ 学人多认为,屈原被放逐两次,第一次是在怀王时,贬到汉水之北,此次时间不长;第二次是在顷襄王时,被逐到偏远的江南,再也没有归来。❸ 形容:形体容貌。❹ 渔父(fǔ):捕鱼人。此指游于江湖的隐士。❺ 三闾大夫:官名,掌王族三姓(昭、屈、景)。❻ 凝滞:执着。❼ 餔(bū):吃。糟:酒渣。歠(chuò):饮。醨(lí):酒。❽ 瑾、瑜:美玉,比喻人的良才美德。❾ 汶(wèn)汶:蒙受尘垢的样子。❿ 温蠖(huò):尘埃,污秽。⓫ 顷襄王二十一年(前278),屈原沉江以死。⓬ 祖:效法,继承。从容辞令:从容自如地运用辞令。⓭ 公元前223年,楚为秦所灭。

屈原流放于江边,憔悴枯槁。他坚持自己的高洁人格和政治理想,决不随波逐流;他深切忧患楚国的盛衰兴亡;他对逸谄小人的误国非常愤恨;他为楚王的不明而悲叹;他自伤其"信而见疑,忠而被谤"的不幸命运。《离骚》:"层歔(xū)欷(xī)(哭泣时的抽噎)余郁悒(忧愁烦闷)兮,哀朕时之不当。揽茹蕙以掩涕兮,沾余襟之浪（láng）浪（泪流不止）。"渔父，是一位隐居江湖的隐士。他劝说屈原不要在浊世中独标自己的高洁，否则会招致世人的打击；不要执着于自己的追求，而要善于变化，随波逐流，否则会陷入困境而不能解脱。《老子》五十六章："挫其锐，解其纷，和其光，同其尘，是谓玄同。"

屈原自沉汨罗而死。他之善于辞赋、辞令的写作技艺被宋玉等继承，但他忠言直谏、坚持自己高洁人格的品节，没有为他的后辈所发扬。屈原知道他所培养的香草，将会为野花杂草所芜秽。《离骚》曰："余既滋兰之九畹（wǎn）兮，又树蕙之百亩。畦（qí）留夷与揭车兮，杂杜衡与芳芷。冀枝叶之峻茂兮，愿竢时乎吾将刈。虽萎绝其亦何伤兮，哀众芳之芜秽。"众芳，指各种香草。芜秽，指长满乱草而荒废。栽培的贤才遭受摧残原不足哀伤，可悲的是他们的变节与堕落。《离骚》："时缤纷其变易兮，又何可以淹留？兰芷变而不芳兮，荃蕙化而为茅。何昔日之芳草兮，今直为此萧艾也？岂其有他故兮，莫好修之害也！"这是屈原在哀叹众芳污秽。

屈原，名平，生于公元前339年正月十四日，属楚国公族。曾任楚怀王左徒。对内主张举贤授能，对外主张联齐抗秦，深得楚怀王的信任。上官大夫出于忌妒，在怀王面前陷害他，怀王不明，怒而疏远屈原。此后，楚国一再见欺于秦，丧师失地。屈原曾谏请怀王杀张仪，又劝谏怀王不要去秦国。怀王终不听，最终客死于秦。顷襄王即位，屈原因为有怨言，再次遭到上官大夫靳尚的逸害，被顷襄王放逐到荒僻的江南。顷襄王二十一年（前278），屈原沉江以死。屈原除了在郢都任职之外，或有两次贬谪游放的经历，一次是在汉北，是屈原遭到怀王疏远离开郢都而去往的地方；一次是在江南，历经长江、洞庭湖、沅水、湘水等处，是屈原遭顷襄王放逐之地。在长期的飘荡和流放的生活中，屈原在诗歌中深切地表达了对故国的悲痛和思念之情，他的大部分诗歌是与漂泊的生涯有关的。《哀郢》："曼余目以流观兮，冀壹返之何时？鸟飞返故乡兮，狐死必首丘。信非吾罪而弃逐兮，何日夜而忘之？"

屈原的一生是悲剧性的一生，他的生命燃烧在诗歌里。今日，当我们诵读《离骚》《哀郢》等篇章，会不禁感慨流涕，想见其为人。屈原虽死，却永远活在我国人民的心中。每年的五月初五，我们过"端午节"，赛龙舟，吃粽子，插蒿艾，与父母兄妹相聚。在欢度传统节日的时候，我们缅怀屈原高洁的人格、不屈的斗志、忠贞爱国的情怀，哀悼其"信而见疑，忠而被谤"的不幸命运。屈原的行事不见于先秦的传世典籍，如果没有史公的《屈原列传》，也许屈原的事迹早就湮没无闻。我们非常感念具有卓越史德、史识、史才的史公。

二、贾谊之怀才不遇

贾谊，生于公元前200年，卒于公元前168年，享年三十三岁。贾谊是我国古代文人怀才不遇的典型人物，有"原型"的意义。李商隐《安定城楼》："贾生年少虚垂泪，王粲春来更远游。"以贾谊、王粲为怀才不遇的文人典型。

贾谊是一位早慧的天才。文帝元年（前179），河南守吴公征为廷尉，向文帝荐举贾谊。文帝召贾谊为博士。文帝二年（前178），贾谊作《过秦论》上、中、下三篇，上奏《论积贮疏》，充分地展示其政治智慧和论辩才能。贾谊不仅能博通诸家之书，还精明社会政治之事，也善言辞。文帝十分宠幸他，"超迁，一岁中至太中大夫"。汉承秦制，继承了秦的一套政治体制、法令制度，而去其繁苛和严酷，但政治的基本精神属法家。贾谊主张对汉初的政治体制和制度进行改革，变更秦之法治，复兴儒家的仁义礼乐，改正朔，易服色，法制度，定官名。文帝议以贾谊任公卿之位。但贾谊的政治改革触犯了朝廷大臣的既得利益，尤其是列侯悉就国等政策。朝臣多是跟随刘邦开创帝业的军功阶层，思想保守，质木少文。因此，贾谊首先遭到朝廷重臣周勃、灌婴之属的嫉恨和打击，接着文帝也疏远他，而不用其议。

文帝三年（前177），贾谊被贬为长沙王太傅。长沙是异姓诸侯小国。贾谊之公卿愿望与僻远小国的太傅几有云泥之隔，他怎能不悲愤欲绝呢？

贾谊谪去，意不自得，渡湘水，想到为楚王流放而自沉汨罗江的贤臣屈原，作《吊屈原赋》。贾谊与屈原异代相感，此赋写得情真意切，词清理哀。

文帝六年（前174），贾谊谪居长沙三年，内心的忧愤更为深重，作《服鸟赋》以自我宽慰。

文帝七年（前173），他被召回朝廷。文帝因感鬼神事，而贾谊具道所以。至夜半，文帝前席，君臣颇为相得，但不问苍生而问鬼神。文帝拜贾谊为梁怀王太傅，梁为褒封大国，自与长沙王太傅不可同日而语。但贾谊志在汉廷，故郁郁失意。

文帝十二年（前168），梁怀王堕马而死，贾谊自伤为傅无状，哭泣岁余，亦死，年仅三十三岁。

原文五

自屈原沉汨罗后百有余年，汉有贾生，为长沙王太傅，过湘水，投书以吊屈原❶。

贾生名谊，洛阳人也。年十八，以能诵诗属书闻于郡中❷。吴廷尉为河南守，闻其秀才，召置门下，甚幸爱。孝文皇帝初立，闻河南守吴公治平为天下第一，故与李斯同邑而常学事焉，乃征为廷尉。廷尉乃言贾生年少，颇通诸子百家之书。文帝召以为博士。

是时贾生年二十余，最为少。每诏令议下，诸老先生不能言，贾生尽为之对，人人各如其意所欲出。诸生于是乃以为能不及也。孝文帝说之，超迁❸，一岁中至太中大夫。

贾生以为汉兴至孝文二十余年，天下和洽，而固当改正朔，易服色，法制度，定官名，兴礼乐，乃悉草具其事仪法，色尚黄，数用

> 五，为官名，悉更秦之法。❹孝文帝初即位，谦让未遑也❺。诸律令所更定，及列侯悉就国，其说皆自贾生发之。于是天子议以为贾生任公卿之位。绛、灌、东阳侯、冯敬之属尽害之，乃短贾生曰❻："洛阳之人，年少初学，专欲擅权，纷乱诸事。"于是天子后亦疏之，不用其议，乃以贾生为长沙王太傅。

❀注释

❶文帝三年，贾谊被贬为长沙王太傅，渡湘水，作《吊屈原赋》以吊屈原，也是自吊自伤。❷属（zhǔ）书：作文。❸超常迁官。❹汉是易姓为王，各种礼仪制度需要更化，以表示新王朝的建立。据邹衍的五德转移说（五行相胜相克），秦为水德，行水德的制度，色尚黑，数用六，以十月为岁首等。汉是土德，行土德的制度，色尚黄，数用五，制定各种新的礼法等。❺未遑（huáng）：没有闲暇。❻短：陷害，说坏话。

  贾谊知识广博，才能卓异，见识深远；少年得志，自负甚高，个性张扬。这种恃才逞能的个性容易招致重臣的妒忌和愤恨，也势必引起以谦让为风范的文帝的不满。贾谊"颇通诸子百家之书"，思想驳杂，包括儒家、道家、法家等。他受老庄思想的濡染较深，《服鸟赋》即发挥了道家思想。老庄思想重视精神人格的独立自由，有助于贾谊形成独立自主的个性。

  贾谊主张以礼治国，礼治文饰太多，往往冠冕堂皇，不切实际。这与文帝实行的黄老无为之治是冲突的。无为之治首先崇尚简易无为，没有过多浮华的修饰；其次重视形名，即循名责实，名实相符。儒家繁礼饰貌，文过于实。如果按文行事，则一方面文不符合事，另一方面多事、生事。贾谊提出的一些措施有多事、生事的成分。文帝时，制度疏阔，贾谊适当地制定礼乐，当然符合文帝的要求。但贾谊过分地文饰而制定新的礼仪制度，渐渐引起文帝的不满。文帝的大臣多质朴少文，休息于无为。因此，贾谊之迁谪，不仅是因为重臣的谗害，也是因为其政治主张与文帝及大臣多相冲突。

原文六

贾生既辞往行，闻长沙卑湿，自以寿不得长，又以谪去，意不自得。及渡湘水，为赋以吊屈原。其辞曰：

恭承嘉惠兮❶，俟罪长沙。侧闻屈原兮，自沈汨罗。造托湘流兮❷，敬吊先生。遭世罔极兮❸，乃陨厥身。呜呼哀哉，逢时不祥❹！鸾凤伏窜兮，鸱枭翱翔❺。阘茸尊显兮❻，谗谀得志；贤圣逆曳兮❼，方正倒植❽。……

讯曰❾：已矣，国其莫我知，独堙郁兮其谁语❿？凤漂漂其高逝兮，夫固自缩而远去。袭九渊之神龙兮⓫，沕深潜以自珍⓬。……

注释

❶嘉惠：文帝的诏命。恭敬地承顺皇帝的诏命。❷造：至。到湘江而托流水。❸罔：无。极：中正之道。❹忠正之人遭遇乱世，而备受打击。❺鸱（chī）枭（xiāo）：恶鸟。善鸟流窜，恶鸟翱翔。❻阘（tà）茸：下才不肖之人。《报任少卿书》曰："今以亏形为扫除之隶，在阘茸之中，乃欲仰首伸眉，论列是非，不亦轻朝廷、羞当世之士邪！"❼逆曳：向后拉扯。❽倒植：倒立。❾讯：告。❿堙（yīn）郁：闷塞，气不舒畅。⓫袭：察。察于神龙，则知藏于深渊之处，可以自我珍重。喻君子在乱世，可隐居而保身。⓬沕（mì）：潜藏。

贾谊被贬为长沙王太傅。在渡湘水时，他想到被楚王流放而自沉汨罗的屈原，作《吊屈原赋》。他借吊屈原抒发"信而见疑，忠而被谤"的悲愤情怀，抨击"鸾凤伏窜兮，鸱枭翱翔"的混乱社会政治，也批评君主的昏昧不明。在无治世和明君的社会政治中，忠信之人备受压制和打击。贾谊伤悼屈原，也是自我伤悼，他和屈原皆忠贞方正，却不能为人君和时世所知、所容，"逢时不祥"。贾谊对政治权势的怨愤情绪相当浓烈，不同于孔孟所谓"不怨天，不尤人"，而与屈原"露才扬己""怨刺其上"的文人性格是一致的。贾谊指出，屈原可以选择的出路有两条：一是像凤凰那样游历九州，哪个地方的人君贤明，重用他，即为他效力，不必忠诚楚国，怀念故都；二是像神龙那样远离浊世，不再关心世事，深居潜藏以保持自己的高洁品格。这两条出路皆为屈原所弃，其最终以一死殉自己的祖国和美政理想。贾谊并不认同屈原之自沉汨罗的选择，但为其忠贞爱国之志所感动，为其悲剧命运而呼号。

原文七

贾生为长沙王太傅三年，有鸮飞入贾生舍❶，止于坐隅。楚人命鸮曰"服"。贾生既以谪居长沙，长沙卑湿，自以为寿不得长，伤悼之，乃为赋以自广❷。其辞曰：

单阏之岁兮❸，四月孟夏。庚子日施兮，服集予舍❹。止于坐隅，貌甚闲暇。异物来集兮，私怪其故，发书占之兮，谶（chèn）言其度❺。曰"野鸟入处兮，主人将去"。请问于服曰："予去何之？吉乎告我，凶言其灾。淹数之度兮❻，语予其期。"服乃叹息，举首奋翼，口不能言，请对以意❼。

注释

❶鸮（xiāo）：俗称猫头鹰。长沙古俗，服（鸮）是不祥之鸟，至人家，主人去。❷广：宽慰。❸单（chán）阏（è）：文帝六年（前174）。❹集：止。❺预测吉凶的定数。谶言：预测吉凶的话。度：数，吉凶定数。❻淹数之度：死之早迟限度。淹，迟。数，通"速"。❼意：通"臆"，料想。

贾谊在长沙悒郁悲愤，借与服鸟的问答抒发怀才不遇的情绪，并以老庄变化无常、齐生死、等祸福的思想来自我排遣。贾谊特别关心的问题，一是人生之穷达吉凶的变化，二是生死的变化。

《服鸟赋》的思想内涵主要有三。其一，齐万物，泯除物之分别，泯除祸福、吉凶、荣辱、生死之分别；因为齐，故没有拣择、好恶、贪嗔，而能顺应事物的变化。其二，乐天知命，事物之变是由神秘之命所支配的，个体不可预知和把握，故安命、顺命。齐的观念基于内在的理性认知，命的观念源于外在神秘力量的强制；内外的结合要求个体顺应事物的各种变化。其三，个体置于永恒的变化之流中，要安于、顺于变化；变成一物，即安于此物；遇到一境，即安于、乐于此境，完全沉浸于此境中，不追念前境，也不预想后境。生则安生，死则乐死；祸则安祸，福则乐福。齐物、安命、物化是发挥《庄子·齐物论》《庄子·大宗师》等思想，但贾谊并没有把客观性的知识与主观性的生活和生命相结合，而形成道的人生境界。

原文八

后岁余，贾生征见。孝文帝方受釐❶，坐宣室❷。上因感鬼神事，而问鬼神之本。贾生因具道所以然之状。至夜半，文帝前席❸。既罢，曰："吾久不见贾生，自以为过之，今不及也。"居顷之，拜贾生为梁怀王太傅。梁怀王，文帝之少子，爱，而好书，故令贾生傅之。❹

文帝复封淮南厉王子四人皆为列侯。贾生谏，以为患之兴自此起矣。贾生数上疏，言诸侯或连数郡，非古之制，可稍削之。文帝不听。

居数年，怀王骑，堕马而死，无后。贾生自伤为傅无状，哭泣岁余，亦死。贾生之死时年三十三矣。……

注释

❶受釐（xī）：举行祭祀神灵的仪式，接受神灵的福佑。釐，通"禧"，福。❷宣室：未央宫前殿正室。❸前席：在席上移膝向前。说明君臣二人谈得投机。❹梁怀王为文帝爱子，梁是褒封大国。

李商隐《贾生》："宣室求贤访逐臣，贾生才调更无伦。可怜夜半虚前席，不问苍生问鬼神。"这是讽刺封建帝王表面上敬贤而实际上不能重贤任贤。贾生非常博学，精通人事和鬼神之道。作为帝王，应重视人事，发挥贾生经世济民的才能，但文帝关心的是鬼神之道。本诗也悲叹贾生的怀才不遇。他空有远大的政治理想，却不遇明君，年华虚度，志意难成。陈子昂《感遇》诗曰："岁华尽摇落，芳意竟何成！"

贾谊的政治眼光是敏锐和深远的。文帝时，高祖所封的同姓诸侯王对中央朝廷逐渐构成大的威胁。贾谊已敏锐地察觉，并主张削减诸侯王的土地。这是合理的建议，但文帝不听。后来，景帝时吴楚七国叛乱，武帝时淮南王刘安兄弟谋反。

贾谊的悲愤是深重的、铭心刻骨的。宣泄忧愤不能消释他的痛苦不平，他企图在老庄思想中求得安宁。"合散消息兮，安有常则"，万事万物变动不居，瞬息而变，生死更替，祸福相转，名利和富贵立即化为乌有，因而一切皆无须执着。"纵躯委命""知命不忧"，是生是死，是祸是福，是穷是达，一切听从命运的安排而无须深虑。他希望以老庄之道来消解自己过大的欲望和悲愤。但他如何能消解呢？《淮南子·齐俗训》："常欲在于虚，则有不能为虚矣。若夫不为虚而自虚者，此所慕而能致也。"后贾谊为梁怀王太傅，这不能满足贾谊的愿望和理想，他又无法归心于老庄，最终在忧伤和怨愤中不幸逝去，令人吁嗟伤怀。

贾谊《陈政事疏》曰："臣窃惟事势，可为痛哭者一，可为流涕者二，可为长太息者六，若其它背理而伤道者，难遍以疏举。进言者皆曰天下已安已治矣，臣独以为未也。"儒家虽有担当时代命运的精神，但关注现实的社会政治而至于痛哭、流涕、长太息，则充分地表现出贾谊对现实政治的强烈忧患意识和积极参与精神。儒家之道远大，富于理想性而不太切合实际，以道自任的儒者也往往迂远而阔于事情。但《陈政事疏》提出了制诸侯、攘匈奴、变风俗、傅太子、崇礼义德教、礼貌大臣等重要决策，除了对付匈奴一项不切实际外，其他各项莫不由后来的史实证明其正确性。这反映了贾谊对现实政治的关切之深、把握之透。

贾谊更多地保持了独立自主的性格，而与政治权势的对立性强烈，道与势的结合主要表现为冲突的特征；且他又沉溺于政治权势太深而难以自拔。因此，他所体验到的专制政治的压力感最强烈。徐复观认为，"西汉知识分子对由大一统的一人专制政治而来的压力感也特别强烈"，"所以他（贾谊）在《鵩鸟赋》中，只有想'释智遗形，超然自丧'，要在庄子思想中来逃避这一黑白颠倒而又没有'选择之自由'的政治情势，所给予他精神上的压力"①。如果贾谊能疏离政治权势，或居于乡野，或隐于朝廷，就不会有深重痛苦。如果他枉道从势，阿谀人主，与政治权势保持统一，也不会有巨大的悲愤。然而，这两方面的假设都是虚拟的。

班固《汉书·贾谊传》：

> 刘向称："贾谊言三代与秦治乱之意，其论甚美，通达国体，虽古之伊、管未能远过也。使时见用，功化必盛。为庸臣所害，甚可悼痛。"追观孝文玄默躬行以移风俗，谊之所陈略施行矣。……谊亦天年早终，虽不至公卿，未为不遇也。

贾生被历代文人看作士之不遇的典型。士之遇和不遇，主要根据士之才能和要求。如果贾生才能平平、愿望不大，则虽不至公卿，也受到文帝的信任，且为诸侯王之相，不为不遇。然而，贾生才能卓异，志向高远，不至公卿而干一番惊天动地的事业，即不遇。

三、司马相如之浪漫情事

《司马相如列传》叙述了司马相如一生的主要遭遇。其中，司马相如与卓文君的私奔之事，尤为后人津津乐道。传文采自司马相如《自传》而有所夸饰；由此可知，相如并不讳言私奔之事。与屈原、贾谊不同，相如下见知于女子，上见知于天子，怀才有遇。

司马相如（约前179—前118），字长卿，蜀郡成都人。少时好读书，喜击剑。景帝时以赀为郎，任武骑常侍，不遂其志。后梁孝王率领枚乘、邹阳等宾客来朝廷，相如与之一见倾心，遂以病为

---

① 徐复观：《两汉思想史（第一卷）》，华东师范大学出版社，2001，第167、168页。

由，客游梁，成为梁园文学集团中的重要成员。居数岁，作《子虚赋》。梁孝王卒，相如归蜀，依附好友临邛县令王吉。他以琴音与临邛富豪女卓文君互通私情，逃奔成都；先贫后富，度过了一段闲散的生活。武帝即位后，偶读《子虚赋》，颇为惊叹。时同乡狗监杨得意侍于侧，遂曰："臣邑人司马相如自言为此赋。"武帝召相如，相如以为《子虚赋》乃叙述诸侯之事，请为天子作游猎赋，遂成《上林赋》。《子虚赋》《上林赋》是汉赋中具有典范意义的作品，其所创造的是一种巨丽之美，是充满浪漫色彩的壮阔画面，成为后世赋家争相仿效而又不可企及的楷模。两赋创作的时间前后相去十年，但内容相连，一贯而下，结构严谨完整，可作为一篇大赋。武帝大悦，以相如为郎。后唐蒙行取夜郎、僰（bó）中，滥用兵力，又严刑峻罚，蜀民惊恐怨恨。武帝遣相如赴蜀安民。不久，又拜相如为中郎将，建节往通西南少数民族诸部，而西南诸部向汉朝廷称臣，天子悦。晚年，相如患糖尿病，免官。武帝元狩五年（前118），相如辞世。临死之前，有《封禅书》上奏。八年之后，即元封元年（前110），武帝封禅泰山。司马相如是西汉著名的文学家，是汉赋创作成就最高的作家。

原文九

　　司马相如者，蜀郡成都人也，字长卿。少时好读书，学击剑，故其亲名之曰犬子❶。相如既学❷，慕蔺相如之为人，更名相如。以赀为郎❸，事孝景帝，为武骑常侍，非其好也。会景帝不好辞赋，是时梁孝王来朝，从游说之士齐人邹阳、淮阴枚乘、吴庄忌夫子之徒，相如见而说之，因病免，客游梁。梁孝王令与诸生同舍，相如得与诸生游士居数岁，乃著《子虚之赋》。

　　会梁孝王卒，相如归，而家贫，无以自业。素与临邛令王吉相善❹，吉曰："长卿久宦游不遂❺，而来过我❻。"于是相如往，舍都亭。临邛令缪为恭敬❼，日往朝相如。相如初尚见之，后称病，使从者谢吉，吉愈益谨肃。临邛中多富人，而卓王孙家僮八百人❽，程郑亦数百人，二人乃相谓曰："令有贵客，为具召之❾。"并召令。令既至，卓氏客以百数。至日中，谒司马长卿，长卿谢病不能往❿，临邛令不敢尝食，自往迎相如。相如为不得已⓫，强往，一坐尽倾⓬。酒酣，临邛令前奏琴曰⓭："窃闻长卿好之，愿以自娱。"相如辞谢，为鼓一再行⓮。是时卓王孙有女文君新寡，好音，故相如缪与令相重，而以琴心挑之⓯。相如之临邛，从车骑，雍容闲雅甚都⓰；及饮卓氏，弄琴，文君窃从户窥之，心悦而好之，恐不得当也⓱。既罢，相如乃使人重赐文君侍者通殷勤⓲。文君夜亡奔相如⓳，相如乃与驰归成都。

注释

❶亲：父母。❷既学：学业完成。❸赀（zī）：资，钱财。❹临邛（qióng）：县名。❺遂：通，达。❻过：访。❼缪：通"谬"，假装。❽僮：奴仆。❾为具：备办酒食之物。召：请。❿谢病：托言有病。⓫为：伪，假装。⓬满座的人皆倾慕司马相如的清高雅致。⓭奏：进。⓮鼓琴一两曲。行：曲，乐府诗歌《长歌行》《短歌行》以"行"为歌曲。一再：一两（曲）。⓯相如在琴声中表达自己的追慕之情，以挑动文君的春心。⓰都：美好。⓱文君领略相如风流倜傥，文采斐然，颇担心自己配不上他。当：适合，得当。相如本来一文不名，无官无职，以为自己配不上文君；通过一番作为，反而使文君以为配不上自己。⓲通殷勤：传达恳切深厚的情意。⓳亡：婚配不合礼谓之"亡"。

《史记》《汉书》皆没有描写卓文君的美色。《西京杂记》卷二记载："文君姣好，眉色如望远山，脸际常若芙蓉，肌肤柔滑如脂。十七而寡，为人放诞风流，故悦长卿之才而越礼焉。长卿素有消渴疾，及还成都，悦文君之色，遂以发痼（gù，积久难治之病）疾。乃作《美人赋》，欲以自刺，而终不能改，卒以此疾致死，文君为诔，传于世。"关于文君和相如的遇合之事，后人多津津乐道，可能是因为他们的私奔在潜意识里满足了人们好奇尚异的心理。

有人认为，相如是通过欺骗的方式得到文君，后来又得到文君丰厚的嫁妆，相如既劫色又骗钱。《索隐》："相如纵诞，窃赀卓氏。其学无方，其才足倚。"扬雄《解嘲》："司马长卿窃赀于卓氏，东方朔割炙于细君，仆诚不能与此数公者并，故默然，独守吾《太玄》。"颜之推《颜氏家训·文章》在批评"自古文人，多显轻薄"时说："司马长卿，窃赀无操。"我们认为，相如的行为确有骗色骗钱的成分：他到临邛与县令王吉相谋，谬为抬高自己的身份地位，以引起富商卓王孙和文君的重视；但相如和文君是知音：相如举止优雅，风流倜傥，这是假装不出的，且他善于弹琴，在琴音中寄托了自己的相思追慕，而文君颇能领悟，"心有灵犀一点通"（李商隐诗）。《索隐》记录相如弹琴之歌："凤兮凤兮归故乡，遨游四海求其皇，有一艳女在此堂，室迩人遐毒我肠，何由交接为鸳鸯。"这即所谓"凤求凰"之歌。

原文十

家徒四壁立❶。卓王孙大怒曰："女至不材，我不忍杀，不分一钱也。"人或谓王孙❷，王孙终不听。文君久之不乐，曰："长卿第俱如临邛❸，从昆弟假贷犹足为生，何至自苦如此！"相如与俱之临邛，尽卖其车骑，买一酒舍酤酒❹，而令文君当垆❺。相如身自著犊鼻裈❻，与保庸杂作❼，涤器于市中。卓王孙闻而耻之，为杜门不出。昆弟诸公更谓王孙曰❽："有一男两女，所不足者非财也。今文君已失身于司马长卿，长卿故倦游❾，虽贫，其人材足依也，且又令客，独奈何相辱如此！"卓王孙不得已，分予文君僮百人，钱百万，及其嫁时衣被财物。文君乃与相如归成都，买田宅，为富人。

注释

❶家徒四壁立：只有四壁，而没有资材。徒，空。❷有人劝说卓王孙分钱给文君。❸第：暂且。如：往。❹酤（gū）酒：卖酒。❺垆：通"垆"（lú），酒店里安放酒瓮的土台子。❻著：穿。犊（dú）鼻裈（kūn）：衣服像牛犊鼻子一样奔拉。裈，衣服。❼保庸：奴仆。❽更：交替。❾故

通"固",本来。倦游:倦于游宦。

文君和相如驰归成都,文君忍受不了贫穷的生活,要求暂回临邛。他们在临邛买一酒店卖酒,其意可能有二:一是度日谋生;二是使文君父卓王孙感到羞耻,以分家财给他们。文君当垆,美人卖酒。韦庄《菩萨蛮》:"人人尽说江南好,游人只合江南老。春水碧于天,画船听雨眠。垆边人似月,皓腕凝霜雪。未老莫还乡,还乡须断肠。""垆边人似月",正暗用文君当垆之事。

武帝即位后,偶读《子虚赋》,颇为惊叹。同乡狗监杨得意侍于侧,遂曰:"臣邑人司马相如自言为此赋。"武帝征召相如,相如以为《子虚赋》乃叙述诸侯之事,请为天子作游猎赋,遂成《上林赋》。

《子虚赋》《上林赋》是具有典范意义的汉大赋,两篇赋的内容是在一个虚构框架中以问答体的形式展开的。

楚国使者子虚出使齐国,向齐国之臣乌有先生夸耀楚国云梦泽的巨大和楚王在此游猎的盛况。乌有先生不服,夸称齐国山海宏大以压倒之。代表天子的亡是公,又铺陈天子上林苑的巨丽和天子游猎的盛举,表明诸侯不能与天子相提并论。然后"曲终奏雅",说出一番提倡节俭的道德教训:

不务明君臣之义、正诸侯之礼,徒事争于游戏之乐、苑囿之大,欲以奢侈相胜,荒淫相越,此不可以扬名发誉,而适足以贬君自损也。

《子虚赋》《上林赋》最突出的特点是极度的铺张扬厉。这反映了时代的精神。司马相如用夸张的文笔、华丽的词藻,描绘一个无限延展的巨大空间,对其中万千的生民、宏伟的山川、繁华的都市、巍峨的宫殿、宽广的林苑、丰饶的物产、昌隆的文教、千乘万骑的出猎、隆重排场的典礼、盛大庄严的仪仗、场面壮观的歌舞、侈靡奢豪的宴饮,逐一铺陈排比,向人们展示了数量众多、体积宏伟、场面广阔、力量巨大、威势无比的巨丽之美。这两篇赋渲染了统治者的奢侈生活,并把他们的物质享受再造为精神享受。①

从两赋的内容上看,一是对大一统观念的弘扬。《天人三策》:"《春秋》大一统者,天地之常经,古今之通义也。"《子虚赋》作于景帝时,诸侯王的势力强大,士人可游于诸侯国。此赋是诸侯王臣子彼此夸耀。《上林赋》作于武帝时,大一统的皇权专制政治业已成熟,诸侯王的势力受到严重削弱,士人以中央王朝为目的地。此赋用中央王朝和诸侯比,使之黯然失色,相形见绌,突出了中央王朝的核心地位和绝对权威。二是对帝国形象的塑造。武帝时代,物质财富高度增长,帝国的版图大幅度扩展,统治者的雄心和占有欲极度膨胀。对游猎盛况的极度渲染,表现出帝国以武力征伐四夷、开疆拓土的雄心壮志。三是对时代精神的展现。司马相如以"苞括宇宙,总览人物"的巨大时空意识,通过呆板堆砌而又浑厚雄伟的铺陈描写,展示了中华民族进入一个新的历史时代征服世界、占有世界的自豪和骄傲,展示了那个时代繁荣富强、蓬勃向上的生气。这里弥漫着令后人不断回首惊叹的大汉气象。四是对仁义礼乐之治的向往。武帝时的文化建设和政治改革是"崇儒更化",确立了"六艺"与孔子之术的主流地位。

武帝大悦,以相如为郎。久之,又拜相如为中郎将,出使西南。

原文十一

> 天子以为然,乃拜相如为中郎将,建节往使❶……至蜀,蜀太守以下郊迎,县令负弩矢先驱❷,蜀人以为宠❸。于是卓王孙、临邛诸公皆因门下献牛酒以交欢❹。卓王孙喟然而叹,自以得使女尚司马长卿晚❺,而厚分与其女财,与男等同。司马长卿便略定西夷。……还报天子,天子大说。

---

① 参见何新文:《辞赋散论》,东方出版社,2000,第54—55页。

注释

❶ 节：使者的符节。❷ 县令背负弓箭在前引路。❸ 宠：荣。❹ 门下：司马相如门下。交欢：结好。❺ 尚：嫁。

对于文君私奔的行为，卓王孙前后有三次举动。开始时，卓王孙大怒，曰"女至不材，我不忍杀，不分一钱也"。接着，文君和相如来到临邛买一家酒店，文君当垆，相如打杂；卓王孙感到耻辱，不得已分给文君僮百人、钱百万与出嫁的衣被财物。后来，相如为天子出使成都，经临邛。卓王孙喟然感叹，以为嫁女给司马相如太晚，而厚分其财给文君，与儿子一样。这前后的变化，说明了世态人情的势利冷暖。相如以中郎将回到临邛，一方面是夸耀自己的富贵，另一方面也是表现自己的复仇情绪，即以他今日的地位尊贵来发泄当年受卓王孙之辱的怨恨。

司马相如无意于权势，且一直患糖尿病；晚年，病重，免官。元狩五年（前118），辞世。临死之前，他创作《封禅书》，欲上奏。八年之后，即元封元年（前110），武帝封禅泰山。

原文十二

相如既病免，家居茂陵。天子曰："司马相如病甚，可往从悉取其书；若不然，后失之矣❶。"使所忠往，而相如已死，家无书。问其妻，对曰："长卿固未尝有书也。时时著书，人又取去，即空居。长卿未死时，为一卷书，曰有使者来求书，奏之。无他书。"其遗札书言封禅事，奏所忠。忠奏其书，天子异之❷。……司马相如既卒五岁❸，天子始祭后土。八年而遂先礼中岳，封于太山，至梁父禅肃然❹。

注释

❶ 恐相如之书将遗失。❷ 异之：以之卓异。❸ 相如卒于元狩五年（前118）。❹ 肃然：泰山下的小山。

要之，司马相如是一个文人，富有文学才华，沉浸于辞赋的创作，取得了辉煌的成就；饶有资财，不慕官爵，淡泊名利。他是文学侍从，晓知天子之意，受武帝知遇；其赋夸赞天子之事，也有所讽谏；行为颇为浪漫，与文君谐合，婚姻美满。

　　文君与相如的私奔，不太符合礼，而受到世人的诟病；但世人又津津乐道，觉得他们的私情自有一种隐秘的美感；这是所谓的"弱德（在道德上弱化）之美"。叶嘉莹先生认为：有一种男女私情，不太符合伦理道德的规范，但真挚动人；因为这种感情为世人所不容，故在表达时幽约隐微、低回婉转，自有一种难以言说的、隐曲的神秘美感，有一种"偷不着"的神秘风情，所谓"弱德之美"。① 李商隐"无题"爱情诗所歌咏的，可能也是夫妻之外的男女私情，故幽约隐微、低回婉转。清代著名词人朱彝尊的《静志居琴趣》，即体现了这种"弱德之美"。朱彝尊（1629—1709），字竹垞（chá），秀水（今浙江嘉兴）人，浙西词派的创始人。《静志居琴趣》共收词八十三首，皆为爱情词。这些情词为世称颂，独具风韵。朱氏所写的乃是现实中所有而不为现实伦理所容的一段男女私恋之情，即他和妻妹冯女（名寿常，字静志）的一段私情。关于朱氏与冯女的恋情，如果只就现实的爱情事件而言，则并不能为重视伦理道德的社会所容；然而朱氏与冯女之间特殊的爱情关系，"难言之处""弱德之美"确实成就了朱词的特殊美感：词之深微幽隐而富于言外的意蕴。朱氏早年过着贫困落拓的生活，心情寂寞痛苦。冯女能独赏其才华，甚至不惜以身相许，则冯女的灵心慧质与挚爱深情足以令朱氏感激倾心而终身不忘，故朱氏甘愿承受一切的难言之苦，甘愿承受后人的嘲讽，也不听从友人之劝而删除他为冯女所写的恋词。"弱德之美"全出于其对冯女的爱恋和尊重。

　　朱彝尊《桂殿秋》：

---

① 叶嘉莹：《从艳词发展之历史看朱彝尊爱情词之美学特质》，载《清词丛论》，北京大学出版社，2008。

思往事，渡江干，青娥低映越山看。共眠一舸听秋雨，小簟轻衾各自寒。

学人或谓，这首《桂殿秋》是清词的压卷之作。不知本事的读者，恐怕很难理解这首词的内容。朱氏全家可能有数次与冯女同船相伴。"青娥"指冯女虽在船上，也不能认认真真地看朱氏，只能在假装看越地之山时偷看。在江南绵绵不断的秋雨声中，同船的妻儿睡着了，只有他们两人不能成眠，虽同船，但不能亲近，各自的簟衾和身心皆是清寒的。